LE CORPS EXPEDITIONNAIRE FRANÇAIS EN ITALIE 1943-1944

Paul GAUJAC

Histoire & Collections

LE CORPS EXPEDITIONNAIRE FRANÇAIS EN ITALIE 1943-1944

AVANT-PROPOS

Depuis la parution dans l'immédiat après-guerre de la première étude documentée[1], de nombreux livres ont été publiés sur le Corps expéditionnaire français en Italie. Cependant, aucun auteur[2] n'aborde vraiment les différentes composantes du CEF selon leur logique propre. Aussi, afin d'apporter un regard neuf sur le sujet, c'est dans le cadre de cette problématique que s'inscrit résolument le présent ouvrage.

Une fois replacé le corps expéditionnaire dans le contexte du réarmement de l'armée française et retracés les différents épisodes de la campagne à laquelle il a participé, les armes et les services ayant opéré en Italie sont donc successivement examinés dans des chapitres différenciés. Mais les événements de novembre 1943 à juillet 1944 étant évidemment les mêmes pour chacun, on aurait pu craindre quelques redondances. Or il n'en est rien, car chaque arme ou service - avec ses missions propres, ses méthodes, ses préoccupations et son style particuliers - vit de manière distincte des situations apparemment similaires. Qui plus est, certains événements, présentés sous des angles et des points de vue différents, prennent de ce fait une densité et un relief inhabituels. Cela est notamment vrai pour la bataille du Garigliano qui occupe tout naturellement une place privilégiée dans chaque chapitre. Ces regards croisés apportent de la sorte une connaissance renouvelée sur un sujet en fait moins bien connu qu'il n'y paraît.

Pour la première fois - et dans l'esprit de la nouvelle « histoire-bataille » -, la vie des unités et des hommes est ainsi décrite à travers leur organisation, leur matériel, leur action, leur mode de vie, leur comportement au combat et leur psychologie, à la fois en ce qu'ils ont de spécifique les uns par rapport aux autres et de commun entre eux.

Outre cette approche originale, il a paru judicieux, en dépit d'archives souvent lacunaires, d'aborder des sujets sensibles et généralement éludés par de nombreux auteurs, comme le « débauchage » des soldats de l'armée d'Afrique organisé par les Français libres en Afrique du Nord ou les exactions et les viols imputés aux Marocains en Italie. Grâce à l'intervention d'un chef du service historique de l'armée de terre lors d'un colloque à Milan, un pan du voile qui recouvrait cette dernière affaire a été, assez récemment, levé. Mais, si la réalité en est avérée, il apparaît aussi que les auteurs en sont plus divers que ce qui fut rapporté à l'époque des faits et que les accusations portées à l'encontre du commandement

***15 juin 1944** à Rome. Posté sur le terrasse du monument à Victor-Emmanuel, Pierre Ichac a photographié les troupes de la 2e division marocaine défilant triomphalement sur la* via dell'Impero, *rue majestueuse de 850 mètres et 30 de large inaugurée en octobre 1932. De là il a une perspective grandiose sur les monuments les plus importants de la Rome antique : au fond le Colisée, à droite la basilique de Constantin et le forum de César, à gauche celui d'Auguste. (P. Ichac)*

français, bien après la guerre, relèvent principalement du procès d'intention.

Présentée dans le même esprit, la relation de la préparation en Afrique du Nord peut déconcerter certains lecteurs. Or, cette période - avec la mise sur pied, l'entraînement et l'acheminement des unités jusqu'à Naples - n'est, pour ainsi dire, jamais traitée. C'est en outre l'occasion de rappeler les villes et villages d'Algérie d'où, par familles entières, des Pieds-Noirs sont partis se battre en Italie et que, revenus le territoire national libéré et la victoire acquise, ils ont du quitter définitivement moins de vingt ans plus tard... Mais surtout cette phase paraît essentielle dans la mesure où elle détermine l'engagement du CEF, puis éclaire la situation difficile et délicate de ses composantes à partir du printemps de 1944.

A ce moment, en effet, le choix du futur objectif se pose irrémédiablement aux Alliés : Danube ou France méridionale. On sait aujourd'hui ce qu'il est advenu et, même si certains historiens argumentent encore sur la justesse de la solution imposée par les Américains et ayant la faveur du général de Gaulle, il n'y a pas lieu de revenir sur une controverse qui, à l'époque, préoccupa surtout les états-majors. En revanche, la préférence pour la France a néanmoins des conséquences bien avant que la décision soit prise. En effet, il est clair aujourd'hui que, les combats de l'hiver terminés, l'Italie n'intéresse plus grand monde à Alger : tous les regards sont désormais tournés vers la Métropole. Et si des formations sont encore envoyées en renfort, c'est maintenant pour les aguerrir avant le débarquement prévu en Provence.

Peut-être le lecteur s'étonnera-t-il aussi de certaines absences. Il en est ainsi de l'appui aérien, passé volontairement sous silence car pour ceux du CEF - à l'exception de quelques opérations de ravitaillement par air - il n'y a pas eu d'appui direct de l'aviation. Tout au plus des avions alliés les survolent qui, trop souvent, viennent par erreur les bombarder ou les mitrailler ! Quant aux habituelles descriptions de tirailleurs et de goumiers montant à l'assaut la baïonnette haute ou repoussant l'ennemi à coups de pierre leurs munitions épuisées, elles ne figurent pas non plus dans le chapitre consacré à l'infanterie... Ces faits d'armes ont été si souvent contés dans les ouvrages sur l'épopée d'Italie qu'il a paru superflu de le faire une fois de plus ici.

Cette nouvelle approche de l'étude du Corps expéditionnaire français en Italie a été, outre les sources habituelles rappelées dans les notes, rendue possible grâce à l'étude minutieuse des journaux de marche des unités et, surtout, à de très nombreux témoignages écrits ou oraux, souvent inédits, recueillis depuis une cinquantaine d'années.

Sur un plan plus formel, un certain nombre d'autres choix ont été faits dans cette publication afin de faciliter la compréhension du lecteur, notamment par l'adoption de l'orthographe actuelle des noms de lieu, légèrement différente de celle de 1944 et surtout de certains documents d'archives. Par contre, le vocabulaire de l'époque - sans guillemets pour ne pas alourdir le texte - est fréquemment conservé car il en est le reflet. C'est le cas, par exemple, d'indigène auquel est donnée souvent une connotation péjorative n'existant pas alors, ou de nord-africain remplacé volontiers aujourd'hui par maghrébin. L'emploi de ce dernier terme serait d'ailleurs, dans un travail historique, un anachronisme linguistique.

Finalement, si le CEF n'est plus lorsque les Français abordent la côte des Maures, ce sont en fait de ses anciennes troupes qui entament les premières le combat. Dans leurs rangs, comme en Italie, se côtoient Algériens, Corses, Métropolitains engagés ou mobilisés, évadés de France par l'Espagne, volontaires des Forces Françaises Libres, cadres d'active, Européens et Européennes originaires d'Afrique du Nord qui, dans leur très grande majorité, ont déjà combattu en Italie. Pour ceux-là, la campagne de ce printemps 1944 auréolée de victoire demeure inoubliable et éclipse celle de Colmar ou même d'Allemagne, car « rarement une telle cohésion, une telle harmonie dans l'effort ont été atteintes. C'est sans doute là, au Garigliano, que s'est manifesté avec une telle clarté l'esprit CEF, tendu, sans réticence et sans équivoque, vers le seul but : battre l'adversaire[3] ».

1 Colonel Goutard, *Le Corps Expéditionnaire Français dans la campagne d'Italie*, Charles-Lavauzelle 1947.

2 Hormis, dans un passé récent, Henri de Brancion, *La campagne d'Italie 1943-1944, artilleurs et fantassins français*, Presses de la Cité 1996.

3 Colonel Pierre Le Goyet, *La campagne d'Italie 1943-1945, une victoire quasi inutile*, Nouvelles Editions Latines, Paris 1985.

NEUF MOIS DE PREPARATION, HUIT MOIS D'OPERATIONS

***15 Mars 1944.** Précédant les troupes du Commonwealth, les premières bombes alliées tombent sur la ville de Cassino dominée par son abbaye. L'échec de l'attaque quelques jours plus tard entraînera un remaniement du dispositif allié et l'installation du CEF sur le Garigliano. (P. Ichac)*

Le 22 octobre 1942 dans une villa isolée près de Cherchell en Algérie, le général américain Mark W. Clark, venu de Gibraltar en sous-marin, rencontre clandestinement le général Mast, commandant la division d'Alger et porte-parole du général Giraud. Pour le représentant du commandement allié, il s'agit d'étudier l'assistance que les Français pourraient apporter à un « éventuel » débarquement en Afrique du Nord.

Or, les convois de la flotte d'invasion sont déjà en route. Et lorsque, le 8 novembre, les forces anglo-américaines se présentent devant les côtes du Maroc et d'Algérie, elles sont reçues à coups de canon. Puis, après trois jours de violents combats, un cessez-le-feu intervient sur ordre de l'amiral Darlan qui se trouve à Alger, tandis que les troupes de Tunisie entrent en action contre les Allemands.

Le 13 novembre, l'amiral assume la responsabilité des intérêts français en Afrique en plein accord avec les autorités américaines et - comme promis à Giraud devenu commandant en chef des forces françaises - la loi américaine « prêt-bail[1] » est étendue à l'AFN. Puis Darlan assassiné le 24 décembre, Giraud est désigné par le Conseil de l'Empire comme commandant en chef civil et militaire.

De Londres, le général de Gaulle propose alors une rencontre pour établir *« un pouvoir central provisoire et élargi »* et Giraud accepte. Cependant, l'entrevue organisée le 24 janvier 1943 à Anfa[2] par Churchill et Roosevelt, tourne court.

Giraud et de Gaulle se retrouvent finalement à Alger et, le 3 juin, le Comité français de libération nationale est constitué sous leur coprésidence. Mais cette dyarchie ne résiste pas longtemps à leurs divergences de conception et de caractère. D'autant que Giraud s'oriente vers les questions militaires et ses fonctions de commandant en chef et de co-président se révèlent à l'expérience incompatibles. Aussi, le 25 septembre, de Gaulle propose-t-il de remplacer la double présidence par un pouvoir unique. Et, le 9 novembre, Giraud lui-même appose sa signature à l'ordonnance qui le dépossède de tout pouvoir politique.

Entre temps sont intervenus la fin de la campagne de Tunisie, la conquête de la Sicile par les Alliés, la signature de l'armistice avec l'Italie à laquelle le CFLN n'a pas été associé, l'intervention française en Corse, le débarquement à Salerne et la prise de Naples... mais aussi l'arrivée des premiers matériels américains.

***Ci-dessus : croix de guerre 1939**, décernée avec les citations obtenues jusqu'en mars 1941. (Coll. particulière)*

« Un seul but : la Victoire »[3]

Au cours des discussions à Cherchell, Clark ayant fait part du vœu du président des Etats-Unis d'apporter son aide aux forces françaises d'Afrique qui reprendraient le combat, Mast a proposé un plan détaillé de réarmement portant sur dix divisions dont deux blindées disponibles trente jours après le débarquement.

Ce « plan Mast » sert ensuite de base de travail à l'étude sur la réorganisation des forces armées menée par le commandement français à partir de l'évaluation des ressources en Afrique du Nord et en Afrique Occidentale.

Une première approximation montre que les ressources en « Français » permettent d'envisager la mise sur pied de dix divisions : huit en AFN et deux coloniales en AOF. Il est alors admis que les Américains mettront en œuvre les « bases d'opérations » et, qu'en conséquence, les Français n'en auront pas la charge. Puis, en raison de prévisions plus audacieuses, Giraud rajoute une grande unité blindée.

C'est donc un programme de onze divisions que le général Béthouart emporte à Washington le 15 décembre. Et c'est ce programme qui est pris en compte, le 24 janvier 1943, lors de la signature entre Roosevelt et Giraud de ce que l'on appelle les « accords d'Anfa » définissant les conditions du réarmement des forces d'Afrique.

Le problème immédiat est d'équiper les 40 000 combattants engagés en Tunisie, dont le comportement déterminera la confiance que les Alliés accorderont à l'Armée française[4]. Puis, une fois le principe du réarmement acquis, la préoccupation de Giraud est d'obtenir l'accélération des livraisons de matériel afin que le corps expéditionnaire puisse intervenir dans les meilleurs délais.

Commandée en février 1943 aux Etats-Unis, une partie de la première tranche du programme

---

1. Lend and Lease Act *du 11.3.41 donnant la possibilité de reporter après la victoire le règlement financier du matériel perçu.*
2. *Faubourg de Casablanca où, du 14 au 26.1.43, se tient la conférence interalliée. Giraud est sur place dès le 17, de Gaulle n'arrive que le 22.*
3. « Je vous avais donné un seul but : la Victoire » *(ordre général n° 19 du Commandant en Chef, 15.4.44)*
4. *Faute d'un équipement suffisant, la confiance « retrouvée » coûtera à l'Armée d'Afrique un quart des effectifs lancés dans la bataille.*

- comprenant l'équipement de trois divisions d'infanterie - parvient en AFN fin avril. La deuxième tranche est livrée à partir d'août et la troisième s'échelonne ensuite jusqu'en novembre.

Après un mois de traversée, le matériel arrive ainsi dans les ports d'Alger, Oran et Casablanca en lots constitués correspondant aux tableaux d'organisation américains. Il est alors pris en compte dans les différents centres qui en assurent le montage, puis les répartissent entre les formations désignées. Celles-ci ont expédié sur place des équipes de perception qui convoient jusqu'à leurs garnisons respectives les équipements chargés sur les véhicules perçus.

Mais, faute de ressource aux Etats-Unis, certains ne sont pas livrés et doivent être remplacés par du matériel de substitution. En outre, des prélèvements doivent être effectués pour l'instruction ou l'équipement des unités « hors programme[5] ». Enfin, certains services pratiquent dans les centres de répartition des méthodes peu conformes, comme en témoigne un rapport de juillet sur *« les erreurs lamentables de l'Intendance »* à Casablanca :

« Effets. Sont livrés par colis individuels, selon la taille. L'Intendance défait ces colis, classe les effets par paquets de 25. Les tailles sont mélangées et quand il s'agit de faire la distribution on est obligé de retailler les effets neufs.

Les petits objets contenus dans les paquetages : rasoir, blaireau, etc. ont disparu. Des serviettes éponges ont été distribuées aux hommes (deux par homme). Elles ont été reprises pour être remplacées par des serviettes ordinaires.

Toiles de tente. L'Intendance essaie de ne donner que deux toiles de tente pour trois au lieu d'une par homme. »

L'optimisme règne néanmoins jusqu'à ce que, fin septembre, l'arrivée soudaine d'un tonnage important d'équipement de « maintenance[6] » crée le chaos au centre de répartition de Casablanca :

« Jusqu'ici, les équipements de première dotation étaient seuls arrivés. A partir de l'automne voici que la maintenance débarque par milliers de caisses, valables pour un an. Et cela juste au moment où les corps du CEF sont sur le point d'embarquer pour l'Italie. Au lieu de pouvoir inventorier et classer à loisir les innombrables types d'objets, il faut ouvrir à la hâte les emballages, distribuer d'urgence les lots de rechange, souvent en plein champ. Où trouver en effet les quelques 60 000 casiers nécessaires à cette immense épicerie ? Le précieux matériel est parfois perdu, détérioré, à la grande indignation des Américains...[7] »

Ces derniers déclarent alors tout net que les livraisons sont suspendues tant que la situation ne sera pas clarifiée. Si cette mesure a peu d'effet sur les divisions du premier échelon du corps expéditionnaire qui ont déjà reçu l'essentiel de leur équipement, elle concerne par contre les « soutiens » et la future base d'opérations du CEF.

Mais disposer de matériel moderne est une chose. Encore faut-il qu'il soit servi par un personnel qualifié suffisamment nombreux.

Initialement - grâce à la remise en vigueur du décret de 1939 autorisant le rappel sous les drapeaux de classes de plus en plus anciennes - les effectifs disponibles paraissent correspondre en gros à l'armement prévu selon les normes en vigueur. En revanche, il est évident que la masse d'hommes attendus sous les drapeaux rend nécessaire la formation de plus de cadres et de spécialistes.

En conséquence, la création de deux centres d'instruction d'élèves aspirants en Algérie et au Maroc est décidée dès le 28 novembre 1942. Et, le 15 décembre, une première série de 1 101 élèves arrive à Cherchell et à Mediouna pour un stage interarmes accéléré d'une durée de six mois. Il est également prévu que des élèves algériens ou tunisiens soient reçus à Cherchell et obtiennent le grade d'aspirant de réserve indigène pour servir dans l'infanterie

Brochure de la même époque *publiée par* l'Office of War Information, *consacrée au réarmement des forces françaises par les Américains.*
(Coll. particulière)

ou les formations à cheval de la cavalerie[8]. Cette possibilité est également offerte aux militaires de carrière ayant suivi un peloton spécial avec succès.

Fin mai 1943, le centre de Mediouna étant fermé, tous les élèves rejoignent désormais Cherchell où une deuxième série est déjà à pied d'œuvre. Puis une troisième, à partir d'octobre, porte à 2 846 le nombre d'aspirants, sergents ou caporaux - selon le classement de sortie - formés.

La nouvelle armée, conçue moderne et motorisée sur le modèle américain, exige également un grand nombre de spécialistes et de techniciens. Or, une fois satisfaits les besoins en petits cadres et ceux du maintien d'un minimum de vie économique, notamment pour soutenir l'effort de guerre allié, la ressource se révèle insuffisante en dépit de la quasi-mobilisation générale de la population française en Afrique.

Le problème est donc pour l'état-major d'utiliser au mieux le personnel français dont il dispose. Il est d'abord décidé de réserver pour le corps expéditionnaire les hommes de moins de 35 ans. Puis sont établis, pour chaque type d'unité, des tableaux d'effectifs de guerre résultant d'un compromis entre l'utilisation maximum du soldat indigène et le maintien de l'encadrement technique et de commandement français, indispensable à la solidité et à la cohésion qu'une longue expérience des troupes indigènes permet de chiffrer[9].

En ce qui concerne les Indigènes, en effet, leur population est certes *« plus nombreuse et constitue une réserve dans laquelle on peut puiser. Mais indigènes nord-africains ou noirs, s'ils font d'excellents combattants de rang, ne sont pas aptes à toutes les tâches qu'offre une armée moderne[10] »*

C'est la raison pour laquelle ils constituent la base des régiments d'infanterie et complètent ensuite les armes plus techniques. La part qui leur est attribuée dans les effectifs théoriques

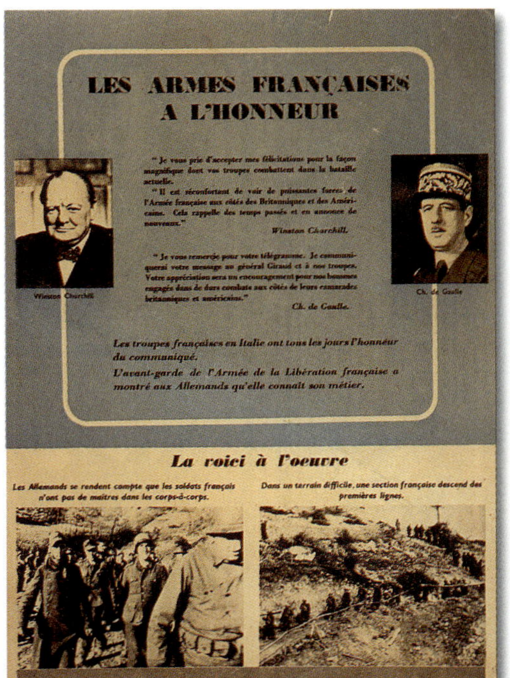

Tract de février 1944 *vantant les mérites - photos à l'appui de* « l'avant-garde de l'Armée de la Libération [qui] a montré aux Allemands qu'elle connaît son métier » *et portant curieusement les portraits de Winston Churchill et de Charles de Gaulle.*
(Coll. particulière)

	Sous-officiers	Troupe	Total
Régiment de reconnaissance	3 %	15 %	13 %
Régiment de chasseurs de chars	5 %	24 %	21 %
QG divisionnaire	2 %	39 %	26 %
Groupe de FTA	6 %	36 %	32 %
Groupe d'obusiers de 105	6 %	43 %	36 %
Compagnie de transmissions	9 %	46 %	41 %
Bataillon du génie	12 %	49 %	43 %
Bataillon médical	10 %	58 %	49 %
Régiment de tirailleurs	26 %	77 %	69 %
Bataillon	31 %	81 %	73 %
Compagnie	43 %	85 %	79 %

5. C'est-à-dire ajoutées au programme primitif du corps expéditionnaire, soit quatre groupes de tabors marocains, le corps franc d'Afrique, des compagnies muletières, le bataillon de choc, trois bataillons de plage...

6. La maintenance est l'ensemble des pièces ou objets de rechange alloués automatiquement aux unités pour l'entretien de leur matériel.

7. Georges Maret, Le réarmement français en Afrique Nord (1942-1944), *Revue politique et parlementaire n° 172, novembre 1947. Tout en reconnaissant les difficultés auxquelles les Français sont confrontés, l'officier enquêteur américain constate la complète désorganisation du centre de réception et de distribution, les vols et les erreurs dans les affectations de matériels... A quoi les Français répondront :* « Il fallait faire vite avec presque rien ! »

8. Instruction n° 881/MGP-CAB du 30.3.43. Cette possibilité est également offerte aux Marocains dans un centre d'instruction non déterminé. Quant aux candidats algériens et tunisiens, ils seront formés à Bou Saada.

9. Lettre n° 2262 EMG/I-M/3 du 10.4.43.

10. Le réarmement français en Afrique Nord *(1942-1944), op. cit.*

Insigne de nationalité *en laiton adopté pour l'armée française en 1943, représentant un coq gaulois se détachant sur un soleil levant. (Coll. particulière)*

Une fois les rayons *du soleil peint en bleu, blanc et rouge, l'insigne de nationalité devient celui du CEF en Italie, généralement porté sur la poche de poitrine. (Coll. particulière)*

varie donc suivant les unités.

Enfin, la fusion avec les Forces françaises libres amorcée en juillet, crée de nouveaux besoins pour constituer la « Division Leclerc » en grande unité blindée entièrement « blanche » et équiper la « Division Brosset ».

Néanmoins, à la fin de l'automne, la situation est à peu près stabilisée pour le premier échelon. Grâce au rappel de 8 000 Français des classes 1930 à 1932, à l'apport de nombreuses volontaires féminines, à l'arrivée de 15 000 évadés de France par l'Espagne et à la fin des opérations en Corse qui permet d'étendre la mobilisation au premier département métropolitain libéré, ses besoins en nombre et qualité sont à peu près satisfaits.

Dans le domaine de l'instruction, le problème de la formation tactique ne se pose pas avec acuité, dans la mesure où la majorité a déjà acquis l'expérience du combat en France ou en Tunisie. Aussi est-il décidé qu'elle sera confiée au seul encadrement français. En revanche, l'assistance américaine pour la formation technique est évidemment recommandée puis réclamée.

Au début, cette assistance est fournie par le commandement local, de sa propre initiative. Puis les divisions reçoivent une quinzaine de jours de nombreux cadres français qui découvrent puis enseignent à leur tour les rudiments de l'armement, des transmissions, de la conduite et de l'entretien des véhicules...

Ainsi, « *grâce au large concours apporté par les autorités et l'armée américaine, les résultats obtenus ont été entièrement satisfaisants : à titre d'exemple, les régiments d'infanterie des 2*e *et 3*e *divisions marocaines disposent dès maintenant de 85 % de leurs conducteurs, soit 450, alors qu'il y a trois mois il existait 20 conducteurs par régiment au maximum. Il a notamment été formé un pourcentage appréciable de conducteurs indigènes.*[11] »

A la mi-mars de 1943, la section Instruction du 3e bureau de l'Allied Force Headquarters à Alger s'estime satisfaite : « *les Français se passionnent pour la mécanique et font de grands progrès* »... Cependant, souhaitant qu'ils soient parfaitement familiarisés avec le matériel américain, Eisenhower confie à la 5e armée le soin de les instruire en ouvrant largement les portes de ses *Training Centers*[12] et en mettant en place dans les unités des équipes plus étoffées d'instructeurs. Puis la *French Training Section*, créée pour la circonstance, est chargée de coordonner toutes les activités. Dirigée à partir de mai par le Brigadier General Allen F. Kingman[13], elle regroupe bientôt 150 officiers[14] et moniteurs détachés dans les

Sur une piste *de Tunisie, une colonne de mulets d'une batterie d'artillerie de montagne « marche la route » pour se mettre en position. (P. Ichac)*

11. Lettre n° 2262 EMG/I-M/3 du 10.4.43.

12. Fifth Army Invasion *(FAITC) à Arzew - Port aux Poules*, Engineer *(FAETC) près de Guercif*, Leadership and Battle *(FALBTC) à Slissen*, Tank Destroyer *(FATDC) à Sebdou.*

13. Chef de la French Training Section *du comité mixte du réarmement. Son deputy est le lieutenant-colonel L'Huillier.*

14. Beaucoup de ces advisers accompagneront leurs camarades français en Italie, où plusieurs seront cités pour leur conduite au feu.

Le général Juin, commandant le CEFI

Né le 16 décembre 1888 à Bône en Algérie, Alphonse Juin choisit le 1er RTA de Blida à sa sortie de Saint-Cyr dont il est major de promotion. Sa carrière dans la troupe se déroule ensuite exclusivement dans l'Armée d'Afrique : 2e régiment de chasseurs indigènes, Régiment de marche des tirailleurs marocains et 1er RTM pendant la Grande Guerre au cours de laquelle il est blessé à deux reprises et cité quatre fois, chef de bataillon au 19e RTA et commandant du 3e Zouaves en 1935.

Breveté de l'Ecole de guerre en 1921 où il reviendra comme professeur en 1933, il sert au Maroc dans divers états-majors de région ou de groupe mobile notamment lors de la guerre du Rif en 1925, puis accompagne le maréchal Lyautey comme chef d'état-major au conseil supérieur de la Guerre et chef du cabinet militaire du Résident général au Maroc.

Général de brigade le 26 décembre 1938, il devient chef d'état-major du théâtre d'opérations de l'Afrique du Nord le 2 septembre 1939 puis prend, le 4 décembre en France le commandement de la 15e division motorisée. Après le dur combat de Gembloux, où elle inflige de lourdes pertes à l'ennemi, la division se replie sur Lille et se défend jusqu'à épuisement des munitions le 30 mai 1940.

Promu général de division le 20 février 1941 alors qu'il se trouve en captivité, il est libéré le 16 juin et nommé commandant en chef les forces terrestres et aériennes et les éléments maritimes de défense du littoral en AFN le 20 novembre comme général de corps d'armée. Il se trouve donc à Alger au moment du débarquement anglo-saxon et, le 15 novembre 1942, il prend le commandement du Détachement d'armée française sur le front de Tunisie et est promu général d'armée le 25 décembre.

Le 24 août 1943, il est nommé à la tête du CEF qu'il conduit en Italie, ce qui lui vaut le titre prestigieux de compagnon de l'ordre du Bain décerné par le roi George VI, la *Distinguished Service Medal* remise par le General George C. Marshall et la plaque de grand officier de la Légion d'honneur des mains de son camarade de promotion de Saint-Cyr, le général de Gaulle. La victoire de mai est sa plus grande gloire et justifie amplement le titre de « duc du Garigliano » que certains de ses officiers lui attribueront affectueusement à l'instar des généraux d'Empire.

En effet, si c'est vraisemblablement Giraud qui conçoit la stratégie par l'Italie du nord et la vallée du Danube, c'est Juin qui progressivement amène les Américains à adopter la manœuvre par la montagne et ouvre ainsi aux Alliés la route de Rome. Mais surtout, alors que l'attaque de la première nuit ne donne pas les résultats escomptés, il refuse de la répéter et la prépare pour le lendemain, puis saisit l'opportunité qui se présente à son aile gauche pour déplacer l'effort vers le sud et lancer l'exploitation.

« *Dans l'établissement du plan de manœuvre, écrira le général Beaufre, Juin avait été un tacticien accompli - à l'erreur près de l'attaque sans préparation d'artillerie - mais par cette relance proprement héroïque, il méritait pleinement le bâton de maréchal qu'il recevra sept ans plus tard.* »

Le 12 août 1944, il devient chef d'état-major général de la Défense nationale, poste où il joue un rôle essentiel notamment dans la conservation de Strasbourg et l'équipement par les Américains des divisions métropolitaines.

Après la guerre, il revient au Maroc comme résident général en mai 1947 tout en assurant le commandement en chef en AFN à partir d'avril 1949 et l'inspection générale de forces armées en janvier 1951.

Elevé à la dignité de maréchal de France le 7 mai 1952, il commande d'août 1953 à octobre 1956 les forces alliées du secteur Centre Europe. Il meurt à Paris le 27 janvier 1967, après avoir connu dans les dernières années de sa vie la querelle de la communauté européenne de défense et le drame algérien.

***28 décembre 1943** à Cherchell. Le drapeau de l'école des élèves aspirants lors du baptême de la promotion Tunisie. La devise inscrite dans la soie est* « Devenir un chef au service de la Patrie ». *(©ECPAD/France)*

divisions. La plupart - 20 officiers et 125 sous-officiers - arrivent en juin de l'*Heliopolis Training Center* près du Caire, où, pendant sept mois, ils ont instruit les Britanniques.

En accord avec le commandement français, la FTS organise également à partir de septembre la visite des formations pour y faire le point de l'équipement réalisé. Le général d'armée Juin, commandant désigné du corps expéditionnaire, y attache une grande importance car *« l'impression recueillie [par les Américains] sera de nature à avoir des répercussions profondes sur l'avenir du CEF. Les conditions de son emploi sur un théâtre d'opérations en dépendront pour une large part, de même que les livraisons ultérieures du matériel attendu[15] »*.

Bien qu'il s'agisse d'évaluer le degré d'instruction technique atteint par chaque unité, les rapports d'inspection donnent de fait des informations sur leur capacité opérationnelle et donc leur aptitude à servir en Europe. Celles-ci sont reprises dans le rapport mensuel élaboré par le Comité mixte du réarmement précisant le degré de préparation au combat en ce qui concerne le matériel, le personnel, l'instruction et l'entretien. Ainsi, en conclusion du rapport du 15 novembre, le général Kingman indique que les trois premières divisions nord-africaines réarmées peuvent être considérées comme *« ready for combat »*.

Pour l'entraînement, les éléments du corps expéditionnaire doivent simultanément porter leur effort sur les débarquements de vive force et sur les opérations terrestres. Mais, en raison de la nouveauté des opérations amphibies et de la nécessité de recourir aux moyens et aux procédés alliés, le commandement est pratiquement contraint d'attribuer la priorité à la préparation des débarquements.

Aussi, la suppression momentanée, en août 1943, des stages au centre amphibie d'Arzew est-elle mise à profit pour pousser activement l'entraînement aux opérations terrestres selon les directives du général Juin :

« Il faut attacher une importance particulière à la marche à pied. En effet, on constate trop souvent que, dans l'esprit de la troupe, les combattants seront désormais transportés uniquement par moyens autos. C'est une grave erreur : quelque que soit l'étiquette " moderne " ou " motorisée " du CEF, les armes (sauf les blindés) et surtout l'infanterie seront obligées, au combat, d'accomplir, matériel à dos, de véritables performances de marche à pied.

L'entraînement à la marche à pied, en colonnes sur les routes ou en ordre plus ou moins dispersé en terrain varié, sera donc poussé. Jusqu'à nouvel ordre la discipline de marche est d'ailleurs indispensable à la mise et au maintien en condition des troupes indigènes.

En outre, la troupe sera habituée à vivre sans aucun confort et à accomplir de durs efforts physiques pendant plusieurs jours[16].»

L'entraînement tactique doit également être poursuivi, en particulier l'étude de l'action du groupement, isolé ou encadré. A cet égard, la formule préconisée à l'*Invasion Training Center*[17] peut servir de modèle initial. Constituant un type général de groupement tactique de base, elle permet aux états-majors, aux cadres, aux troupes et aux services de se connaître, de s'apprécier et de travailler dans un cadre suffisant pour étudier en commun les différents problèmes tactiques et logistiques.

Le « Corps expéditionnaire français »

Depuis le 18 mars 1943, le général Juin assure le commandement de toutes les formations appelées à faire partie du « Corps expéditionnaire français » soit la totalité des divisions à réarmer : trois motorisées et deux blindées en Algérie, trois motorisées et une blindée au Maroc.

Sur ces neuf grandes unités, trois d'infanterie équipées en avril et mai doivent constituer un premier échelon. Mais si deux d'entre elles peuvent être aisément mises sur pied au Maroc si la situation en Tunisie n'exige pas d'autres renforts, en revanche, la création de la troisième en Algérie est plus délicate. Aussi est-il proposé au général Giraud de créer d'abord les deux du Maroc, puis d'envoyer la première prête relever sur le front l'une des grandes unités de marche algériennes pour la moderniser à l'arrière [18].

Les divisions motorisées sont alors dites « partiellement motorisées » parce que leurs moyens automobiles organiques ne permettent de transporter, si besoin est, qu'un seul des trois régiments de tirailleurs. Organisées sur le type ternaire, elles se distinguent du modèle américain par l'adjonction d'un régiment de reconnaissance et d'un groupe antiaérien[19]. Il est en outre prévu qu'une unité de chasseurs de chars leur soit affecté en renforcement. C'est ce que, dans leur jargon, les états-majors appellent des « divisions ordinaires ».

C'est ainsi qu'avec le matériel de la première tranche du programme d'Anfa doivent être finalement équipés :

- en Algérie, la 3e division, des élé-

Le général Carpentier, chef de l'état-major du CEFI

Né le 2 mars 1895 à Preuilly sur Claise en Indre-et-Loire, Marcel Carpentier est affecté au 90e RI à sa sortie de Saint-Cyr le 6 août 1914. Après deux citations et trois blessures, il suit les cours d'élève pilote à Avord puis de l'école d'acrobatie et de tir aérien à Pau comme capitaine de mars 1915 à août 1916. A la suite d'un accident, il est réintégré dans l'infanterie et obtient encore deux citations avec la 161e division.

Après une affectation à Saint-Cyr comme instructeur et à l'état-major de l'Infanterie, il est reçu à l'école de guerre en 1923 puis est affecté dans divers états-majors de corps d'armée.

D'avril 1933 à juin 1935, il est chef d'EM de la mission militaire au Brésil, avant de rejoindre la Syrie où il prend le commandement du 4e bataillon du 1er RTM en décembre. Il demeure ensuite au Levant occupant divers postes : état-major du commandant supérieur, chef de cabinet du haut-commissaire, chef du 3e bureau du théâtre d'opérations de Méditerranée orientale. Rapatrié en novembre 1940 et affecté au 152e RI, il rejoint en fait l'état-major du général Weygand à Alger en février 1941.

Colonel le 25 juin 1942, il commande depuis un mois à Meknès le 7e RTM avec lequel il participe à la campagne de Tunisie. Juin le prend ensuite comme chef de son état-major et il est promu général de brigade sept jours plus tard.

Après le CEFI et la 1re armée, il succède au général Dody à la tête de la 2e DIM le 18 septembre 1944 et obtient sa troisième étoile le 25 décembre. Ayant cédé sa division au général de Linarès en avril 1945, il prend le commandement de la 15e région à Marseille en septembre puis celui des troupes du Maroc en mars 1946 avec une quatrième étoile en novembre.

Il séjourne ensuite en Indochine de septembre 1949 à décembre 1950 comme commandant des forces terrestres alors que se produit le désastre de Cao Bang. Il est ensuite mis à la disposition du commandement suprême allié en Europe puis est nommé inspecteur de l'infanterie en février 1951 avant de commander les forces terrestres alliées du secteur Centre Europe sous les ordres de Juin de septembre 1953 à mars 1956 comme général d'armée.

Décédé le 14 septembre 1977 à Mettray (Indre-et-Loire).

***Tract allemand** de mars 1944 destinée aux « Frères arabes » les invitant à cesser de combattre pour les Alliés qui profanent leurs lieux saints et se rendre aux Allemands qui les recevront en amis. (Coll. particulière)*

15. *Note de service n° 254/CEF-4 du 20.8.43.*
16. *Directive n° 712 CEF/3-TS du 7.8.43 sur l'entraînement du 1er corps de débarquement.*
17. Regimental Combat Team *(RCT) à trois* Battalion Landing Teams *(BLT).*
18. *Note n° 186 EMG/I-O du 4.2.43 sur la mise sur pied de l'Armée de demain.*
19. *La division américaine dispose d'un seul escadron* (troop) *de reconnaissance et d'aucune unité antiaérienne. Elle est en revanche généralement renforcée par un bataillon de DCA et un de chars moyens.*

Le colonel André Zeller, sous-chef d'état-major du CEFI

Né le 14 janvier 1898 à Besançon, André Zeller s'engage au 59e RA en mai 1915. Sous-lieutenant en septembre 1916, il termine la guerre au 8e RA avec deux citations. Affecté au 6e RA puis au Levant, il suit ensuite les cours à l'école d'Artillerie en 1922 et sert dans divers régiments avant son entrée à l'école de guerre en 1931.

A sa sortie, il rejoint l'état-major du 19e CA à Alger en 1934 puis le 54e RA en 1936 et l'état-major de la 19e région à Lyon. Promu chef d'escadron en mars 1938, il rejoint le 11e RA automobile à Vernon en juillet.

Le 2 septembre 1939, il est nommé à la sous-commission du réseau ferroviaire de Lyon-Perrache. Et le 10 mai 1940, on lui confie la direction des transports en Belgique.

Fin septembre, il est affecté à l'état-major de la 19e région et devient le 25 mai 1942 « commissaire militaire du réseau algérien et du réseau méditerranéen Niger » avant d'occuper comme lieutenant-colonel le poste de chef d'état-major de la division d'Alger le 25 octobre avec laquelle il entre en campagne un mois plus tard en Tunisie.

Affecté à l'état-major du CEF le 1er septembre 1943, il occupe le poste de 2e sous-chef 1er - 4e bureaux puis celui de sous-chef tout court à partir de février 1944. Colonel le 18 avril, il est réclamé - apparemment sans en être informé - par le général Cochet, « délégué militaire pour le théâtre d'opérations sud » pour occuper le poste de directeur des transports par voie ferrée en zone sud. Le général de Gaulle ayant donné son accord, il est ainsi muté le 24 juillet, rappelé à Alger le 7 et désigné comme chef d'état-major du DMOS le 9 août. Quatre jours plus tôt, il a vu passer à Naples son frère Henri arrivant de France où il coordonnait l'action des FFI avec les plans dressés par les Alliés pour débarquer en Provence.

Considérant qu'il serait plus vite à pied d'œuvre pour s'occuper du réseau français, le général de Lattre l'emmène avec lui en Provence. Puis ayant trouvé un remplaçant en la personne d'un spécialiste en congé d'armistice à Marseille, Zeller continue jusqu'à prendre le commandement de l'artillerie de la 1re DB le 28 septembre après avoir été pressenti pour celle de la 3e DIA.

Directeur puis inspecteur de l'artillerie et général de brigade depuis le 20 mai 1946, il est nommé commandant de la 3e région à Rennes en décembre 1951. Il devient ensuite chef d'état-major de l'armée en juin 1955 et démissionne en mars 1956. Le général de Gaulle le rappelle en juillet 1958 pour exercer à nouveau les fonctions de chef d'état-major comme général d'armée jusqu'en octobre 1959.

En avril 1961, il fait partie du « quarteron » de généraux ayant déclenché le putsch d'Alger et sera condamné à quinze ans de détention, puis libéré après cinq années de séjour à la prison de Tulle.

Décédé le 18 septembre 1979 à Paris.

ments des 1re et 3e DB, un groupe de DCA de réserve générale et deux bataillons de réparation ;

- au Maroc, les 4e puis 2e divisions, des éléments de la 2e DB et deux groupes de DCA destinés à l'armée coloniale.

En juin et juillet, les trois divisions d'infanterie avec deux groupements de tabors gagnent l'Oranie pour y parfaire leur instruction et constituer le « Premier Corps de débarquement ».

Puis, début août, Juin installe son PC à Trouville, près d'Oran, et le 1er CD est articulé en deux groupements principaux susceptibles d'agir isolément sur des théâtres d'opérations différents :

• 1er groupement comprenant la 2e division marocaine et la 3e division algérienne, plus les 3e et 4e groupes de tabors marocains ;

• 2e groupement formé autour de la 4e division marocaine de montagne.

L'état-major du général Giraud étudie alors avec le 3e bureau d'AFHQ l'engagement en Europe : Corse, Sardaigne ou Italie péninsulaire... L'opération de Corse, qui pourrait être déclenchée une fois la Sicile conquise, est jugée la plus appropriée. C'est peut-être la raison de la création du second groupement.

Le 21 août, arguant du formidable effet psychologique que cela aurait sur les Italiens, AFHQ recommande qu'une à deux divisions soient engagées sur le continent. Trois jours plus tard, Eisenhower se tourne vers Juin, commandant en chef en l'absence de Giraud en voyage à Washington, et lui demande d'envisager l'emploi en Italie, avec la 5e armée américaine, des troupes françaises disponibles en dehors de celles prévues pour l'opération de Corse.

Le 27, alors que l'état-major du CEF achève les études préparatoires, le général Clark - commandant maintenant la 5e armée - vient au PC de Juin exprimer sa satisfaction d'avoir bientôt sous ses ordres des divisions françaises et demander que soient étudiés en commun les problèmes soulevés par leur participation aux opérations en préparation[20].

Au cours de l'entrevue, Clark *« a fixé entre D + 45 et D + 60 la date probable d'enlèvement de la première de nos grandes unités, précisant que le débarquement s'opèrerait, dans un port ou sur des plages déjà protégées, mais que l'éventualité d'opérations amphibies ultérieures sur l'arrière des positions ennemies était toujours à envisager et à préparer[21] »*.

Juin, pour sa part, insiste sur l'urgence de l'engagement rapide du CEF :

« Je n'ai toutefois pas dissimulé au général Clark que le retard apporté à notre engagement, serait assez mal accueilli par les troupes désignées pour s'embarquer les premières et qu'il ne saurait se prolonger sans avoir une certaine répercussion sur leur moral. Ces troupes, en effet, outre l'impatience qu'elles ont de combattre, sont maintenant tendues à l'extrême (moralement et physiquement) après avoir été soumises à un entraînement intensif. Il faudra, sous peine de voir nos gens se débiliter à la fin de l'été, leur demander maintenant des efforts moindres tout en les occupant, ce qui n'est pas chose facile. Elles risquent, au surplus, d'être surprises dans leurs bivouacs par la mauvaise saison.[22] »

Le 6 septembre, le chef d'état-major d'Eisenhower confirme les intentions du commandement allié de transporter un corps de deux divisions en Italie dans le courant de l'hiver afin de prendre part aux opérations dans le Nord de la péninsule et éventuellement dans le Sud de la France. D'autres divisions suivront, en fonction des possibilités logistiques. En outre, les forces françaises devront participer à toute opération déclenchée en France méridionale.

Le 9 alors que la 5e armée débarque à Salerne, un détachement de liaison du CEF est mis en place auprès de l'échelon arrière à Mostaganem afin de régler les problèmes liés aux mouvements vers l'Italie. Puis, une semaine plus tard, il rejoint la péninsule et son chef rend compte ponctuellement de l'évolution des opérations. Il indique notamment que « dans le terrain très difficile de la zone d'action de la 5e armée, les unités motorisées ont éprouvé les plus grandes difficultés de progression et de ravitaillement ; le commandement USA a dû se résoudre à « hippomobiliser » un certain nombre d'unités : la proportion adoptée a été d'un Regimental Combat Team par division[23] ».

Exercice *de débarquement. (IWM TA 4452)*

C'est ce que Juin, venu le 29 septembre se faire une idée de la situation au PC de Clark à Sorrente, peut constater sans surprise. Les divisions motorisées, liées aux routes, n'ont pu se déployer et donc manœuvrer. Quant aux divisions blindées, elles n'ont pas trouvé leur emploi, sauf par pelotons ou, au maximum, escadrons, poussant des pointes sur les routes. Il en conclue que leur engagement ne peut être envisagé avant le débouché dans la plaine du Pô[24] et demande que des compagnies muletières et la 4e division de montagne lui soient affectées sans délai.

Le 9 novembre, AFHQ fait connaître que la première moitié du « groupement Juin » embarquera partie à Oran, partie à Bizerte pour arriver à Naples le 30. Le mouvement des deux autres divisions devrait s'achever la première le 31 janvier, la seconde le 28 février. En consé-

20. C'est-à-dire Avalanche, *le débarquement à Salerne ayant pour but la conquête du port de Naples.*

21. Lettre n° 910 CEF/3/TS du 31.8.43.

22. Ibid.

23. Fiche mémento n° 262/OL-S du 1.10.43.

24. Ce qui n'empêchera pas deux divisions blindées - américaine et sud-africaine - de manœuvrer avec succès en Toscane.

Janvier 1944. *Elève officier indigène à l'instruction en Algérie. (©ECPAD/France)*

quence, AFHQ demande que la troisième division soit désignée sans attendre.

Le 18, le 1er groupement devient « 1re Armée française » et c'est sous cette dénomination que, mis à la disposition du 15e groupe d'armées allié, ses premiers éléments arrivent en Italie. Mais à la demande de Juin - pour des raisons d'opportunité et de discrétion à l'égard de Clark - l'appellation de « Corps expéditionnaire français » est officiellement adoptée le 3 janvier 1944.

Au lieu des quatre grandes unités que comportait le 1er corps de débarquement, le CEF n'en dispose alors que de deux : la division blindée est jugée inadaptée au théâtre d'opérations et celle de montagne est engagée en Corse.

Les divisions de montagne

Encore sous le choc de la défaite de 1940, tous ceux qui comptent à Alger - et notamment les cavaliers - rêvent d'une armée mécanisée qui les mènerait à la victoire. Mais le temps passant, la perspective d'un engagement en Europe - réclamé au plus tôt par le général Giraud et donc forcément dans le bassin méditerranéen - modifie quelque peu les plans initiaux.

C'est ainsi que, alors que les premiers convois américains arrivent dans les ports nord-africains, l'état-major d'Alger doit modifier le déroulement de la première phase des opérations de réarmement. Souhaitant disposer, aux environs du 16 juillet, d'une force cohérente de cinq divisions, Giraud a en effet décidé qu'une grande unité de montagne serait mise sur pied. En conséquence, une fois assuré l'équipement de deux divisions d'infanterie « ordinaires » avec le matériel en cours de débarquement et d'une troisième avec celui déjà assigné, la 2e division algérienne de montagne sera équipée pour être prête le 15 juin[25].

Or les éléments désignés depuis décembre 1942 pour la constituer sur le territoire de la division d'Oran sont, pour l'heure, engagés en Tunisie. Ce qui n'empêche pas l'état-major de prévoir :

- deux brigades d'infanterie, chacune d'un régiment de tirailleurs algériens (2e de Mostaganem et 6e de Tlemcen) et d'un groupe de tabors marocains ;
- une compagnie antichar divisionnaire ;
- 2e régiment de spahis algériens à deux escadrons à cheval et un *Reconnaissance Troop* ;
- 66e régiment d'artillerie d'Afrique à trois groupes de 75 de montagne français provenant des 65e, 67e et 68e RAA ;
- 36e groupe de DCA, ex-24e groupe de réserve générale :
- 82e bataillon du génie et la compagnie de transmissions 82/84 ;
- compagnies de QG 82, de transport 182 et muletières 282 et 382 ;
- 4e groupe d'exploitation de l'intendance et 4e bataillon médical, type spécial.

Arguant de la cohabitation d'éléments marocains et algériens au sein de la « 2e division d'infanterie algérienne de montagne » Juin demande alors que cette appellation soit remplacée par « 1re division nord-africaine de montagne ». A quoi le Major Général s'oppose, tout en précisant :

« Il y a lieu de remarquer que la constitution de cette grande unité n'a été faite qu'à titre provisoire, en attendant que le matériel américain nécessaire à sa mise sur pied sur son type définitif, soit arrivé en Afrique du Nord.[26] »

Puis, le général Welvert, désigné pour en prendre le commandement, ayant été tué en Tunisie à la tête de la Division de marche de Constantine, Juin propose pour le remplacer les spécialistes « montagne » disponibles en AFN :

- le général de brigade Mathenet, ancien chasseur alpin, qui commande sur le front la Division de marche du Maroc ;
- le général de division Boissau, commandant la Division de marche d'Oran, *« qui connaît très bien les questions alpines »* ;
- le général de brigade Conne, également spécialiste de la montagne.

Pour le commandement des brigades, Juin envisage :

- le général Guillaume, directeur des affaires politiques du Maroc, en raison de la présence des groupes de tabors et pour ses qualités de montagnard ;
- le colonel Chevillon, ancien chef d'état-major du XVe Corps au cours de la campagne de 1939-1940 dans le secteur Sud des Alpes.

En ce qui concerne l'armement, il est prévu, en mai, que seuls le troisième régiment d'infanterie - il n'est donc plus question de tabors marocains - et le groupe de DCA seront équipés à l'américaine, sauf les fusils-mitrailleurs et, le cas échéant, les mortiers qui seront français

C'est finalement Mathenet qui est désigné le 28 avril, alors que la plupart des formations originaires de la division territoriale d'Oran combattant en Tunisie sont désormais regroupées au sein de la division commandée par Boissau.

La campagne terminée, les unités de la DMO rejoignent leurs garnisons d'origine. Puis, le 16 juillet, quatre divisions « ordinaires » sont créées dans le cadre de la réorganisation de l'armée. Parmi elles figure la 8e division d'infanterie algérienne, composée des éléments prévus pour la 2e d'Oranie. L'état-major a donc abandonné son projet de division algérienne spécialisée. Les corps en ont été informés le 20 mai de manière laconique :

- La 4e division de montagne (Maroc) remplace la 2e division de montagne.

Le général Sevez, commandant la 4e DMM

Né le 22 novembre 1891 à Chambéry, François Sevez, après des études de droit couronnées par la licence, accomplit son service militaire au 97e d'infanterie alpine qu'il termine en 1913 comme sous-lieutenant de réserve.

Mobilisé en 1914 au 359e RIA, sa brillante conduite et ses cinq blessures lui valent les galons de capitaine et la Légion d'honneur.

En 1918, il est affecté à l'état-major des armées alliées sur le Rhin, puis après un stage à l'école de guerre de 1925 à 1927, il est nommé chef de bataillon et rejoint le Maroc. A la tête du 1er bataillon du 4e régiment étranger, il participe alors aux opérations dans l'Atlas marocain et aux confins sahariens, obtenant trois autres citations. Puis lieutenant-colonel en mars 1935, il sert successivement au conseil supérieur de la guerre, à l'inspection d'Afrique du Nord et du Levant et au centre des hautes études militaires.

Colonel en 1939, il prend à la mobilisation le commandement du 13e RTA qui combat en Moselle et en Belgique avant d'embarquer à Dunkerque. Revenu à Cherbourg en passant par l'Angleterre, il commande la 1re DINA puis la 32e division légère en Normandie le 15 juin 1940.

Fait prisonnier et rapatrié en 1941, il est nommé chef d'état-major du général Juin en AFN et reçoit les étoiles de brigadier le 20 août 1942. Puis il participe à la campagne de Tunisie avec le Détachement d'armée française.

En septembre 1943, il reçoit le commandement de la 4e DMM qu'il conduit de la Corse à l'Alsace. Le 20 décembre 1944, il quitte à regret sa division, Juin l'appellant à ses côtés comme adjoint au l'état-major de la Défense nationale. C'est à ce titre que, au nom de la France, il signe à Reims le 7 mai 1945 l'acte de reddition de l'Allemagne.

Promu grand officier de la Légion d'honneur le 10 mai, il commande le 1er CA à Fribourg le 1er septembre, obtient sa quatrième étoile le 25 décembre et, le 8 octobre 1946, prend le commandement des troupes d'occupation en Allemagne.

Le 29 février 1948, il trouve accidentellement la mort au cours d'une partie de chasse, laissant le souvenir *« d'un esprit clair, ordonné, bienveillant, aussi tenace que méthodique, extrêmement accueillant aux plus humbles »*.

Il est en effet prévu que la 3e division, en formation depuis mars 1943 par prélèvement sur les unités du territoire de Marrakech, change d'appellation et de spécialité le 1er juin[27].

Cette création est cependant en contradiction avec les conceptions du 3e bureau de l'état-major qui, après l'expérience de la 2e division algérienne, considère que *« toutes les divisions doivent être interchangeables et si une spécialisation momentanée s'impose, c'est avec les éléments de réserve générale qu'elle pourra être réalisée [28] »*. Mais il est vrai que l'engagement rapide prime et qu'une division de montagne paraît mieux adaptée au futur théâtre d'opérations.

Insigne de bras *de la 4e DMM. (Coll. particulière)*

25. Note de service n° 673 EMG-I/O du 7.4.43.
26. Lettre n° 898 EMG/I-O du 18.4.43.
27. Ordre n° 1185/EM-1-S du 19.5.43. D'abord appelée division marocaine de montagne, elle devient le 24.8.43 division de montagne marocaine. En fait, les deux appellations seront employées indifféremment durant la campagne d'Italie.
28. Fiche n° 495 EMGG/CEF/3-TS au 28.7.43 au sujet du programme de réarmement Guerre en cours d'étude.

Le général Dody, commandant la 2e DIM

Né le 26 octobre 1887 à Besançon, André Dody est reçu à l'Ecole navale mais doit abandonner pour une légère déficience visuelle. Il entre alors à Saint-Cyr et choisit à sa sortie en 1909 le 19e bataillon de chasseurs à pied.

Revenu à l'Ecole comme instructeur en 1913, il participe ensuite à la Grande Guerre dans les rangs des 9e et 3e Zouaves. Deux fois blessé, six fois cité, il est chevalier de la Légion d'honneur lorsqu'il prend le commandement du centre d'instruction de Saint-Maixent en 1919.

Admis sur titre à l'Ecole de guerre qui rouvre ses portes, il prend ensuite le commandement d'un bataillon de chasseurs alpins, puis revient à l'Ecole comme professeur-adjoint et chef du cours infanterie avant de rejoindre le 4e bureau de l'état-major de l'armée comme lieutenant-colonel.

Colonel le 25 décembre 1935, il prend le commandement du 150e RI à Verdun l'année suivante, puis de l'infanterie de la 12e DI motorisée à Châlons-sur-Marne en 1939 après avoir suivi les cours du centre des hautes études militaires.

Nommé général de brigade en mars 1940, il se voit confier la 8e DINA devenue 8e DI avec laquelle il termine la campagne de France. En juillet, il commande le département du Cher avant de rejoindre la division territoriale de Meknès où il reçoit sa troisième étoile le 20 février 1942.

Le 1er mai 1943, il crée la 2e division marocaine qu'il conduit en Italie. On le dit alors « *précis, méticuleux, appliqué avec une certaine tendance au paradoxe* ». Il a en tout cas horreur de la publicité et ses cadres lui vouent une chaude estime concrétisée entre autres par l'appellation familière de « Dudule » qu'il utilise à l'occasion. Ainsi après la prise de la Mainarde en décembre 1943, il les félicite ainsi par message : « *Bravo, les Cigognes. Signé Dudule.* »

En octobre 1944, il devient gouverneur militaire de Metz qui ne sera libérée que le 25 novembre. Il y reçoit sa quatrième étoile le 25 mars 1945 et est nommé inspecteur de l'Infanterie tout en conservant ses fonctions territoriales en Lorraine.

Elevé à la dignité de grand officier de la Légion d'honneur en avril 1946, il quitte l'armée peu après avec la discrétion qui avait marqué toute sa carrière et meurt le 2 juin 1960.

Conçue en vue des opérations en Corse, la 4e DMM est aussi organisée sur le type ternaire, mais avec des troupes adaptées au combat en montagne. Les différences essentielles par rapport aux divisions « ordinaires » sont la présence de trains muletiers dans les régiments de tirailleurs, le remplacement des canons de 105 d'infanterie par des mortiers de 81, l'équipement des trois groupes d'artillerie avec des pièces de montagne transportés à dos de mulets, et l'adjonction de deux compagnies muletières. Et pour accélérer sa mise sur pied, elle est autorisée à conserver une partie de son matériel français spécifique. En fait, l'équipement américain dont elle dispose a bien souvent été retiré à des unités de corps d'armée déjà équipées, mais dissoutes ou dont l'urgence n'a pas été jugée prioritaire.

Elle comprend donc les formations suivantes :

- 1er régiment de tirailleurs marocains de Port-Lyautey[29], 2e de Marrakech et 6e de Casablanca ;
- 4e régiment de spahis marocains de Marrakech ;
- 69e régiment d'artillerie de montagne de Fès[30] ;
- 32e groupe de FTA de Casablanca ;
- transmissions, train et services à Meknès.

Enfin, formé en juin à Hussein Dey, le 82e bataillon du génie rejoindra fin juillet, dans la région de Tlemcen.

Du 22 juin au 6 août, la division a en effet fait mouvement sur l'Oranie où le véritable entraînement débute alors et se poursuivra, pour la plupart des éléments, jusqu'en février 1944.

Le 4 septembre, le général Sevez, chef d'état-major de Juin, succède au général Henry Martin, nommé à la tête du 1er corps d'armée. Quatre jours plus tard, la division manœuvre devant le général Giraud et, le 11, les unités désignées pour participer à l'opération de Corse[31] gagnent le port d'Oran.

L'inspection détaillée de la division par la commission dirigée par le général Kingman est passée du 25 au 27 novembre. Les inspecteurs - huit américains et treize français répartis en trois groupes commandés par un officier supérieur français - passent pendant trois jours les unités au peigne fin.

Symboles adoptés *dès le début de la campagne par la 2e division marocaine, la cigogne et l'étoile chérifienne sont associées à la devise en arabe :* « Tous ensemble avec Dieu ». *(Coll particulière)*

De leurs investigations, il ressort que « *dans l'ensemble la dotation de la Division a été réalisée et il n'y a pas de manquants importants en ce qui concerne le matériel automobile et l'armement. Mais la situation est beaucoup moins satisfaisante en ce qui concerne les accessoires, l'outillage spécialisé et les pièces de rechange* ». Les inspecteurs notent que, bien que la tâche des conducteurs indigènes illettrés ait dû être limitée, l'entretien du matériel auto est satisfaisant. Ils préconisent néanmoins le remplacement des 70 camions Chevrolet présentant des difficultés de transmission et donc peu fiables. Par ailleurs, ils jugent préoccupant l'état sanitaire des animaux, sous-alimentés depuis quelque temps. Enfin, ils réclament l'échange de huit mortiers de 60 et soixante de 81 contre des mortiers américains :

« *Aux 2e et 6e RTM, il y a par régiment, quatre mortiers français de 60 et trente-deux mortiers américains. Dans les deux mêmes régiments, les trente mortiers de 81 sont français au lieu d'être américains. Ces mortiers français sont nettement usés et devraient être remplacés après quelques semaines de campagne. Les tubes sont érodés et les vis de pointage ont un jeu exagéré.*

Ces inconvénients sont d'autant plus graves que, d'une part, le mortier français a 1 000 mètres de portée de moins que les mortiers américains. D'autre part, les régiments d'infanterie n'ont pas d'artillerie régimentaire. Enfin, l'Artillerie divisionnaire ne compte que trois groupes de 75 de montagne en service depuis longtemps. Il serait donc très important que la portée et la puissance de feu des mortiers soient maintenues aussi élevées que possible. »

En conclusion, « *les inspecteurs ont été particulièrement frappés du soin apporté dans la pré-*

29. Prévu initialement à la 1re DM, il remplace le 3e RTM de nouvelle formation.

30. Remplace le Régiment d'artillerie coloniale du Maroc initialement prévu.

31. Groupement Louchet, composé du 1er RTM et d'un groupe du 69e RAM.

Novembre 1943 *dans le port de Naples. Passant devant un alignement de* Liberty ships, *un LCT amène à quai des éléments de la 2e division marocaine arrivant d'AFN. (©ECPAD/France)*

sentation des matériels par les unités stationnées, à proximité de la mer, au lendemain de journées pluvieuses. Le personnel français et indigène connaît généralement très bien le matériel auto et l'armement américain qui lui sont confiés. Il en est fier et l'entretient correctement.

L'état moral de la Division est excellent. Cadres et troupes brûlent d'un ardent désir d'être dirigés, le plus tôt possible, sur un théâtre d'opérations actif[32] ».

Enfin, le 9 février 1944, la décision est prise d'acheminer la totalité de la division en Italie. Les embarquements à Oran, Alger et Bizerte à bord de tous les bateaux disponibles - croiseurs et navires affrétés français, *Liberty ships*

DÉCEMBRE 1943 *dans le port de Bizerte. Embarquement d'éléments du quartier général du CEF et de la 3e division algérienne. (OFIC)*

- commencent aussitôt. Mais, compte tenu des moyens utilisés, le transport des éléments d'AFN s'achève seulement le 18 mars avec l'arrivée de la compagnie de commandement du bataillon du génie. Quant à ceux de Corse, ils rejoignent une semaine plus tard, à l'exception de la 288e compagnie muletière qui débarque seulement le 1er mai et rallie la division à la veille de l'offensive de printemps. Après huit mois de séparation, les vingt mille hommes de la 4e division marocaine sont enfin réunis.

Les divisions « partiellement motorisées »

La 2e division marocaine a entamé ses préparatifs de mise sur pied dès le 1er avril 1943. Placée sous les ordres du général Dody, commandant la division de Meknès, elle regroupe des unités issues de l'armée de transition[33] stationnées au Maroc : 4e RTM de Taza, 5e RTM d'Oujda et 8e RTM[34] de Meknès, 3e régiment de spahis marocains de Meknès et 63e régiment d'artillerie d'Afrique de Fès.

Les formations de spécialistes nécessaires au commandement et à la vie d'une grande unité moderne et motorisée, sont constituées grâce aux ressources de l'ensemble du Maroc, de Casablanca en particulier, avec l'appoint de métropolitains ayant réussi à rejoindre l'AFN : 87e bataillon du génie de Fès, 32e groupe des forces terrestres antiaériennes de Casablanca et transmissions, train et services à Meknès.

Comme à la 4e division de montagne, les Marocains de la 2e DIM, montagnards, bergers, citadins même, sont des soldats nés. Héritiers des traditions guerrières des Berbères, ils sont intelligents, débrouillards, fiers de leurs armes et de leur uniforme, naturellement braves et d'une endurance à toute épreuve surtout à la marche où ils sont capables de performances stupéfiantes. D'un dévouement absolu aux chefs qu'ils connaissent et qu'ils aiment, leur personne a, à leurs yeux, plus d'importance encore que leur fonction. C'est dire l'importance des cadres, officiers et sous-officiers, pour la plupart de la vieille armée d'Afrique, vétérans du Maroc, tous bien connus des « caïdats » de Meknès, Marrakech, Fès et Taza.

« *La Division est l'image fidèle du monde nouveau qui s'élabore en Afrique du Nord. En premier lieu, les populations indigènes venues du bled montagneux qui fournissent la masse des tirailleurs. Puis les Français, d'horizons très divers : anciens de la guerre 1914-1918, rescapés de 1939 et baroudeurs du djebel maghrébin. Toutes les classes de la société nord-africaine sont représentées, mais le Maroc, surtout, fournit de nombreux éléments.*[35] »

Constituée le 16 avril, elle prend officiellement l'appellation « d'infanterie marocaine » le 1er mai et, dans le courant du mois, commence à percevoir à Casablanca et à Alger l'équipement américain qui arrive à cadence accélérée. Et en même temps qu'elle se familiarise avec les nouveaux matériels, elle s'instruit et s'entraîne à Port-Lyautey et au camp d'El Hajeb, à 30 km au sud-est de Meknès.

Au début de juillet, la division, matériel perçu, est prête pour l'instruction d'ensemble. Elle fait donc mouvement sur Marnia, Nemours et Nedroma, en Algérie, où les unités sont alors soumises à une activité intense permettant notamment aux cadres de se familiariser avec l'emploi des armes nouvelles. Manœuvres combinées, entraînement à la marche et aux bivouacs, exercices de cadres se succèdent ainsi sans interruption.

En septembre et octobre, la division se déplace vers la région d'Oran afin de suivre un stage amphibie au FAITC, qui s'achève le 30 octobre.

Le 9 novembre, deux jours avant le départ, le 41e groupe colonial de FTA[36] est affecté organiquement en remplacement du 32e groupe.

Tandis que la plupart des 15500 hommes et 2850 véhicules de la division sont dirigés sur Bizerte par la route et le chemin de fer, et de là vers Naples à bord de navires de débarquement organisés en trois convois, le reliquat - dont les spahis - embarque à Oran sur des LST[37].

La deuxième grande unité envoyée en Italie est la 3e division algérienne, dont la mise sur pied donne des inquiétudes à l'état-major d'Alger depuis février 1943[38].

A l'époque, en effet, tous les régiments de tirailleurs algériens sont ou vont être engagés en Tunisie et ceux d'artillerie y ont envoyé les deux tiers de leurs unités. Il ne reste donc en Algérie qu'un régiment de tirailleurs sénégalais, trois de zouaves en cours de réorganisation et un de tirailleurs tunisiens à deux bataillons dont un de recrues non instruites. Ces formations n'ont pas la valeur suffisante et leur désignation aurait un effet moral désastreux :

« *Les unités algériennes actuellement engagées sur le front, qui se sont bien battues, pourraient considérer qu'elles sont traitées comme des unités de deuxième zone puisque l'on ne veut pas leur donner en priorité l'armement moderne qu'elles ont toujours espéré.*[39] »

Quant aux éléments revenus du front[40], ils ne peuvent constituer l'ossature de régiments modernes faute d'effectifs et d'encadrement, mais aussi du fait de la présence d'éléments indigènes tunisiens, dont l'utilisation sur le front jusqu'à la fin de la bataille de Tunisie est jugée inopportune par le général Juin.

Par ailleurs, on ne peut demander à ce dernier de compromettre la défense du secteur imparti aux Français en renvoyant à l'arrière une division de tirailleurs et de la remplacer par des zouaves ou des tirailleurs sénégalais.

Enfin, la constitution d'une troisième division marocaine a de nombreux inconvénients, notamment :

« *- mouvements importants de réservistes français d'Algérie au Maroc ;*

- impression fâcheuse dans les unités algériennes qui se croiraient traitées en parents pauvres ;

- impression fâcheuse dans les milieux civils

32. Rapport n° 460/OL/SR/S du 5.12.43.
33. *Les 80000 hommes de l'armée dite « de l'armistice » en AFN sont répartis entre armée de transition (80 %), armée du Levant (6 %), forces terrestres antiaériennes (7 %), formations autorisées en sus de l'armée (1 %) et employés civils (6 %).*
34. *Initialement prévu à la 1re DM (note n° 622 EMG/I-O du 22.12.42), le 8e RTM est finalement affecté à la 2e DM en remplacement du 11e RTA.*
35. *De Meknès à Bitburg, historique du 512e régiment du Train.*
36. *Créé par changement d'appellation du 25e groupe de DCA, formé avec des éléments du groupe d'artillerie de côte colonial et de DCA du Maroc et du groupe de DCA de la Côte d'Ivoire, et rattaché à la 2e DIM pour l'instruction depuis le 1.7.43.*
37. *Landing Ship, Tank.*
38. *Note n° 186 EMG/I-O du 4.2.43.*
39. *Note n° 186 EMG/I-O du 4.2.43.*
40. *4e Zouaves, un bataillon du 43e RIC, 4e RTT, 3e REI.*

Le général de Monsabert, commandant la 3e DIA

Né le 30 septembre 1887 à Libourne, Joseph de Goislard de Monsabert est admis à Saint-Cyr en 1907 et sert au 50e RI à Périgueux avant de rejoindre l'Ecole l'année suivante. A sa sortie en 1910, il est affecté au 44e RI à Epinal puis, volontaire pour l'armée d'Afrique, il gagne l'Algérie et le 3e Tirailleurs en 1912.

Le 2 septembre 1914, il est au 1er régiment mixte zouaves-tirailleurs qui se rassemble à Mérignac, près de Bordeaux. Capitaine en mai 1915 et chef de bataillon en octobre 1918, il sert alors au 9e de marche de zouaves.

Puis en novembre 1920, il suit les cours de l'école de guerre et rejoint à l'issue l'état-major du territoire de Tadla au Maroc. Après dix mois passés au 14e RTA en 1925, il sert au groupement de Taza puis à la 3e division de marche.

Le 25 décembre 1927, il est affecté à l'état-major du 2e CA à Lille puis est professeur à l'école de guerre de 1928 à 1932. Il rejoint ensuite l'état-major général comme rédacteur puis chef de la section d'outre-mer.

Lieutenant-colonel depuis le 21 février 1934, il prend le commandement du 9e RTA à Blida trois ans plus tard et passe colonel en juin 1937. Il commande ensuite la 81e DI à Miliana en décembre 1939 puis la 5e brigade d'infanterie d'Afrique à Blida en juillet 1940.

Général de brigade en août 1941, il soutient les Anglo-américains qui débarquent, ce qui lui vaut d'être mis aux arrêts. Grâce à Giraud, il part en Tunisie avec le corps franc d'Afrique le 25 novembre 1942 et surtout obtient - avec trois étoiles - le commandement de la 3e DIA le 31 mars 1943. Après la campagne d'Italie et la bataille de Marseille, le 2e CA lui est confié le 31 août 1944 et, le 20 novembre, il est fait compagnon de la Libération.

Le 24 juillet 1945, il prend comme général de CA le commandement des troupes d'occupation en Allemagne et reçoit sa cinquième étoile le 25 septembre 1946. Cinq jours plus tard, « Monsabre » - comme on l'appelait affectueusement à la « division aux trois croissants » - quitte l'active.

Il se lance ensuite dans la bataille politique et représente les Basses-Pyrénées à l'Assemblée de 1951 à 1955. Puis, retiré à Hastingues sur les rives de l'Adour, il meurt le 13 juin 1981 à Dax.

indigènes marocains qui ne voudront voir dans cette mesure qu'un lourd tribut imposé aux unités marocaines.[41] »

Aucune solution n'étant satisfaisante, le moindre mal est le retour d'une grande unité algérienne relevée d'un seul bloc par la 1re division marocaine. Il est ainsi décidé en mars que les éléments provenant de la Division de marche de Constantine seront ramenés courant avril dans le Constantinois. Mais son futur chef, le général Welvert, est tué à l'ennemi le 10 avril et, pour faire face aux nécessités du combat, ses unités sont progressivement rattachées aux autres divisions de marche.

La 3e DIA est néanmoins créée officiellement le 1er mai et le général Goislard de Monsabert, venant du Corps franc d'Afrique engagé dans le secteur nord du front tunisien, en prend le commandement. Seuls sont alors à pied d'œuvre deux régiments et les détachements de perception de matériel rassemblés aux environs d'Alger.

Un mois plus tard, la campagne de Tunisie achevée, toutes les unités disponibles sont néanmoins rassemblées en Algérie. La plupart proviennent de la DMC :
- 3e RTA de Bône, regroupé autour de Batna après la campagne de Tunisie, et 7e RTA de Sétif ;
- 67e régiment d'artillerie d'Afrique de Constantine renforcé par un groupe du 65e RAA venu de Maison-Carrée ;
- 83e bataillon du génie et compagnie mixte de transmissions 83/84 ;
- compagnies de quartier général n° 83 et de transport n° 183 ;
- 3e groupe d'exploitation de l'Intendance.

D'autres sont constituées d'éléments existants ou créées de toute pièce :
- 4e régiment de tirailleurs tunisiens à la Meskiana, retour de Tunisie, renforcé par un bataillon du 16e RTT stationné à Saïda depuis son retour de Syrie[42] ;
- 3e régiment de spahis algériens, mis sur pied à Batna à partir du 3e Spahis de Constantine avec l'appoint de cadres et de spécialistes du 9e RSA ;
- 37e groupe de DCA à Ténès ;
- 3e compagnie de réparation et 3e bataillon médical à Constantine.

La formation des spécialistes est d'abord assurée dans des centres américains du Maroc (armes Z à Oujda, mines et pièges à Guercif), tandis que l'instruction tactique est menée autour de Batna. Puis la division gagne la région à l'est de Mostaganem.

La 3e DIA éprouve plus de difficultés que les divisions marocaines, en raison de l'hétérogénéité de ses éléments et de leur participation massive à la campagne de Tunisie. Cependant, Monsabert, grâce à ses cadres de carrière et aux nombreux gradés « Pieds-Noirs » parvient à constituer un ensemble homogène et cohérent, comme le constate la commission Kingman qui l'inspecte le 14 septembre[43].

Puis la division rejoint Perrégaux, à proximité du FAITC où s'entraînent les trois groupe-

***Janvier 1944** à Naples. Débarquement de LST des premiers éléments du 64e régiment d'artillerie de réserve générale. (©ECPAD/France)*

41. *Ibid.*
42. *Un autre bataillon du 4e RTT reçoit également un fort contingent de cadres et de jeunes musulmans des Chantiers de la Jeunesse provenant du Groupement 106 de Sbeitla.*
43. *Le rapport d'inspection fait néanmoins des réserves sur la capacité réelle de la division à participer à des opérations amphibies et insiste sur la nécessité de mieux instruire les conducteurs de véhicules.*

ments de débarquement. Le 4e RTT y arrive justement le 1er octobre, jour choisi pour célébrer la fête de l'Aïd Seghir. Le groupement de débarquement n° 6[44] - comprenant le régiment, le 3e groupe du 67e RAA, le 40e GCFTA, la compagnie 83/2 du génie, la 3e compagnie de ramassage et un détachement de transmissions - bivouaque ainsi dans la forêt de la Macta.

La première semaine au Centre d'invasion est consacrée à la remise en état du matériel, à l'instruction des unités au sein des bataillons et à des conférences et visites organisées par le centre. Suivent une vingtaine de jours d'entraînement intensif, la presque totalité des exercices de combat à l'intérieur des terres étant exécutés avec tir réel. Les manœuvres de débarquement et d'embarquement sont réalisées sur maquette puis sur des embarcations réelles. Toutes les unités effectuent chacune à leur tour combat de rue, prise de blockhaus, traversée d'un champ de mines, destructions d'obstacles de plage, *waterproofing*... Enfin, chaque BLT[45], puis le GD 6 en entier, participent à un débarquement de nuit suivi d'une manœuvre.

Monsabert, qui assiste à ce dernier exercice, exprime au colonel Roux sa satisfaction pour la belle tenue du régiment. Quant au Captain Champlain, directeur de l'Area IV, il conclue ainsi son rapport sur les enseignements à tirer de la manœuvre amphibie :

« *En général, l'exercice a été exécuté avec beaucoup d'agressivité. La liaison et le contrôle ont été excellents. Les unités médicales ont été particulièrement louées par le Lieutenant Potter, instructeur du Corps médical, pour avoir exécuté un des meilleurs exercices qu'il ait vu à l'école.*

Je crois que l'exercice a montré que les officiers et les hommes du GD 6 ont accompli avec succès leur mission d'entraînement au Centre d'entraînement d'invasion[46]. »

Le séjour du groupement étant prolongé de quelques jours, les unités en profitent pour procéder à Arzew à des exercices d'embarquement et de débarquement de véhicules. Puis, le 22, le Colonel reçoit à la popote de l'état-major du régiment les officiers instructeurs de l'Area IV et les remercie « *d'avoir contribué à rendre le GD 6 apte à remplir la mission de débarquement qu'il " brûle " de se voir confier* ». Et devant tous les officiers américains et français réunis, il remet au Captain Champlain l'insigne du 4e RTT.

Le lendemain, le régiment bivouaque à Ste Barbe du Tlélat, d'où les BLT se rendent à Arzew. Les hommes y embarquent sur des LCVP[47] et LCM[48], grimpent à bord d'un transport d'assaut par le filet et s'entraînent à la vie à bord. De là, ils prennent place dans des barges qui les déposent sur la plage pour un exercice de jour et de nuit. Puis, sur le chemin du retour, chaque BLT effectue à Bou Henni un exercice contre blindés avec le 3e Spahis.

Le 13 novembre, Giraud vient inspecter la DIA, dont le PC est alors installé à Saint-Denis du Sig. La journée est marquée par un spectacle - donné sur la place de la mairie de Damesme avec des numéros présentés par chaque corps - auquel assistent les généraux Juin, Kingman et Roosevelt, officier de liaison auprès du CEF.

Une semaine plus tard, l'ordre est donné de préparer l'embarquement à destination de l'Italie. Comme pour la Division marocaine, les « gros » embarquent à Bizerte, le reste suivant à Oran. Puis le voyage vers Naples s'effectue à bord de LST et de LCI[49] entre le 24 et le 29 décembre.

Du 9 au 11 décembre, les éléments de la 2e division marocaine - ici des tirailleurs regardant passer des camions de la compagnie de transmissions - relèvent les Américains de la 34th Infantry Division. (IWM NA 9735)

Sur l'insigne de la 3e DIA figurent la Victoire de Cirta et les croissants tricolores symbolisant les trois pays du Maghreb. (Coll. particulière)

Les éléments de réserve générale

Au cours du second semestre de 1943, la difficulté, pour les états-majors, est d'une part de concilier le désir du général Giraud de mettre sur pied le maximum d'unités de combat avec les exigences américaines pour plus de formations des services, et d'autre part de constituer un ensemble cohérent de forces en vue de la libération du territoire tout en étoffant et soutenant le « détachement d'armée » en Italie.

Un premier bilan fait par l'état-major d'Alger le 1er juillet 1943 après la livraison des deux premières tranches du plan d'Anfa montre que seulement la moitié des formations de réserve générale prévues ont été mises sur pied :
- un régiment d'artillerie lourde sur trois ;
- quatre bataillons de tank destroyers sur sept ;
- dix groupes de DCA de 37 ou de 40 sur quinze ;
- deux groupes de DCA de 90 sur neuf.

Et si deux bataillons de transmissions de corps d'armée sur trois ont commencé à recevoir leur matériel, aucune formation du génie n'est encore équipée.

Ce bilan ne satisfait pas le 3e bureau qui juge le programme de réarmement inadéquat « *du point de vue des opérations et compte tenu de ce que le CEF doit pouvoir constituer un Détachement d'Armée*[50] ».

Il propose donc que, dans l'hypothèse où les trois divisions blindées seraient mises sur le type allégé[51], trois groupes de chars et un régiment antichar soient constitués et viennent renforcer les divisions d'infanterie dans la phase initiale de rupture du dispositif ennemi en Italie. Pour le génie, il demande que soient maintenus les trois bataillons « classiques » et les six de plage prévus au programme, ces derniers pouvant être utilisés soit pour faire débarquer une division de vive force, soit comme unités de sapeurs de réserve générale. Quant aux forces terrestres antiaériennes, il juge préférable d'augmenter la proportion des groupes légers de façon à en avoir deux par division, soit au total dix-huit groupes de 40 et sept de 90.

Enfin, dans l'éventualité d'opérations à conduire en pays montagneux, il serait nécessaire de posséder des formations spécialisées : un régiment d'infanterie à deux ou trois bataillons, un régiment d'artillerie à deux groupes et un bataillon de mortiers.

La 5e armée achève alors la planification du mouvement vers l'Italie du complément des troupes venant s'ajouter aux forces prévues de débarquer à Salerne. Le CEF en fait partie, avec 66 850 hommes, 11 900 véhicules et 1 580

44. Les GD 1, 3 et 5 appartiennent à la 2e DIM, les GD 2, 4 et 6 à la 3e DIA.
45. Un bataillon d'infanterie, une batterie d'artillerie et une de FTA, un détachement du génie.
46. Journal des marches et opérations du 4e RTT.
47. Landing Craft, Vehicle and Personnel.
48. Landing Craft, Medium.
49. Landing Craft, Infantry.
50. Fiche n° 495 EMGG/CEF/3-TS du 28.7.43 au sujet du programme de réarmement Guerre en cours d'étude. Cette fiche ne concerne évidemment que « les troupes relevant du général Giraud ».
51. Ce qui sera le cas. Mais le matériel récupéré sera utilisé à autre chose.

Le général Guillaume, commandant les goums mixtes marocains

Né le 30 juillet 1895 à Guillestre dans les Hautes-Alpes, Augustin Guillaume est admis à Saint-Cyr le 23 septembre 1913. Affecté le 6 août 1914 au 16e bataillon de chasseurs à pied à Lille, il est fait prisonnier le 11 novembre et ne sera rapatrié que le 27 janvier 1919.

Après une affectation à l'Armée du Danube à Bucarest, il est mis huit mois plus tard à la disposition du résident général au Maroc et commande le 12e puis le 15e goum mixte. Puis en 1924, il sert à l'armée du Rhin au 26e BCP et à l'état-major de l'infanterie avant d'occuper le poste d'attaché militaire adjoint à Belgrade.

Au 47e RI en 1926, il entre à l'école de guerre et, à sa sortie en septembre 1928, rejoint l'état-major du commandant des troupes du Maroc avant d'être détaché auprès du résident général en septembre 1933[1]. Pendant dix années, sa carrière se déroule en AFN: chef du bureau politique en août 1939 comme chef de bataillon puis sous-chef à l'état-major du théâtre d'opérations en avril 1940, état-major de l'inspection générale en juillet, adjoint puis directeur des affaires politiques à Rabat en mai 1941, commandant les goums mixtes marocains avec deux étoiles en juin 1943.

Les goums qu'il conduit en Italie et en France lui doivent tout: leur réarmement, l'engagement en Italie et en Provence, et sa protection lorsqu'une campagne de dénigrement se développe après la marche sur Rome.

Le 1er septembre 1944, il quitte ses Marocains pour la 3e DIA qu'il mène jusqu'en Allemagne. Puis il rejoint Moscou comme attaché militaire le 28 juillet 1945, revient en France occuper le poste d'adjoint au général de Lattre, inspecteur général de l'armée de terre, en octobre 1947. Adjoint aux troupes d'Allemagne en mars 1948, il en devient le commandant en chef le 24 juin 1950.

Nommé résident général de France au Maroc le 28 août 1951, il devient chef d'état-major général de forces armées le 4 juin 1954. Mais se trouvant en désaccord avec le gouvernement, il démissionne le 1er mars 1956 et quitte l'active sur sa demande quatre mois plus tard. Il meurt le 9 mars 1983 à Guillestre.

1. Il est cité à onze reprises de 1921 à 1933.

chevaux, dont le transport doit être assuré à partir de J + 59[52].

A la même époque, on l'a vu, le 1er corps de débarquement est articulé en deux groupements correspondant aux deux hypothèses d'emploi: Italie et Corse. Il est prévu que celui d'Italie bénéficie de l'appui des tabors marocains et de trois régiments - chars, tank destroyers et artillerie - détachés de la 1re division blindée, et du soutien d'une base d'opérations adaptée[53].

Mais lorsque, le 10 septembre, le 4e bureau du CEF adresse à la 5e armée la liste des unités composant le premier groupement, les éléments de la 1re DB et les tabors n'y figurent plus. Seuls sont mentionnés deux régiments de tank destroyers, trois groupes d'artillerie et trois de FTA, deux bataillons du génie et un régiment de pionniers[54].

La 5e armée, qui juge insuffisant le nombre de ces unités, propose alors l'appoint de quatre groupes de 155 et deux de 90, un régiment du génie, deux bataillons de mortiers chimiques et deux bataillons du matériel[55].

A la même époque, AFHQ éprouvant un regain d'intérêt pour les opérations amphibies, invite quatre groupements des 2e et 3e divisions à s'entraîner au FAITC jusqu'au 15 octobre. Le séjour est ensuite prolongé, puis il est proposé de compléter l'instruction à terre par l'entraînement d'ensemble à la mer au cours d'exercices *Ship to Shore*. Si ces mesures viennent à point pour occuper les unités qui s'impatientent en Algérie[56], elle posent en revanche le problème des deux bataillons de réserve générale qui ont bien reçu un entraînement de « génie de plage » pour les opérations amphibies, mais ne sont, pour l'instant, ni constitués ni dotés comme un *Shore Battalion* américain.

Puis, le 6 octobre, Juin retour d'Italie, propose à Giraud des aménagements portant essentiellement sur l'adaptation du CEF au caractère montagneux du futur théâtre d'opérations: création de compagnies muletières - en utilisant au besoin les 4000 mulets italiens de prise en Corse - et affectation de goumiers marocains:

« Le général Clark m'a exprimé avec insistance son désir de disposer de goumiers marocains. Il est de fait que le théâtre d'opérations de l'Italie péninsulaire est bien à la mesure de nos tabors.

Je vous demande donc instamment l'affectation au 1er groupement du 1er corps de débarquement de deux groupes au minimum et, si possible, de trois groupes de tabors. Suivant l'importance des groupes de tabors que vous déciderez de mettre à ma disposition, le général Guillaume et l'EM de groupement seront ou non à adjoindre au premier échelon de forces sous mon commandement.[57] »

18 DÉCEMBRE 1943, *dans le secteur du Pantano. Un goumier du 11e Tabor en grande discussion avec un curé et des militaires italiens sur les mérites de la binoculaire française. (IWM TA 10633)*

Les goums marocains sont en fait des unités supplétives entretenues par le budget du Protectorat et mises à la disposition des autorités locales en vue d'assurer la police et la sécurité des tribus. Mais, en mai 1940, douze d'entre eux ont été momentanément regroupés pour opérer contre les Italiens en Tunisie. L'idée est ensuite reprise, mais dans la perspective d'opérations classiques. C'est ainsi que les goums de marche, recomplétés notamment avec des éléments des régiments de tirailleurs dissous, sont réunis en onze tabors à l'insu des commissions de contrôle germano-italiennes. Puis, de février 1941 à avril 1942, les tabors sont à leur tour rassemblés en quatre « groupes de supplétifs marocains ».

INSIGNE GÉNÉRAL *des goums mixtes marocains est constitué par un poignard à bout recourbé ou koumia portant le sigle GMM. (Coll. particulière)*

Le 1er puis le 2e GSM sont engagés en Tunisie et se conduisent brillamment. Aussi, le commandement français décide-t-il de mettre quatre groupes à la disposition du corps de débarquement. Et pour assurer l'administration des unités en campagne et les liaisons entre les goums, l'état-major de l'armée régulière et la résidence générale au Maroc, tout en étant à même d'exécuter les missions tactiques qui pourraient leur être confiées, un « commandement des goums marocains » est créé et le général Guillaume placé à sa tête en juillet 1943.

Quatre groupes de tabors marocains sont ainsi placés sous son autorité pour entrer dans la com-

52. Note AG 370.09 Y du 3.8.43 sur le reliquat des troupes de l'opération Avalanche. J + 59 correspond au 7 novembre.
53. Notes de service n° 125 CEF/4 du 9.8.43 sur la mise sur pied du 1er corps de débarquement et n° 142 CEF/4-S du 12.8.43 sur la constitution des bases.
54. Lettre n° 570 CEF/4 du 10.9.43.
55. Lettre n° 1003 CEF/3-TS du 10.9.43. Les bataillons « chimiques » sont dotés de mortiers de 106 mm.
56. Il se peut aussi qu'elles entrent dans le plan de déception allié visant à faire croire aux Allemands à un débarquement en France ou dans les Balkans !
57. Lettre n° 1245 CEF/3-TS du 6.10.43.

2 Apennin du Nord
- a : Montagne
- b : Côte ligure

3 Le pays des collines et montagnes de Toscane, d'Ombrie et du Latium
- a : Zone des bassins
- b : Monts de Toscane
- c : Collines et monts du Latium
- d : Côte Tyrrhénienne

4 Apennin central et méridional et bordure
- a : Massif des Abruzzes
- b : Matese et Volture
- c : Monts Lepini
- d : Plaine de Campanie
- e : Côte Adriatique

5 Apulie

position du corps expéditionnaire : 3e et 4e en premier échelon, 1er et 2e en deuxième échelon. En outre, le 4e Tabor est détaché auprès de l'armée américaine et le 14e Tabor fait office de centre d'instruction divisionnaire et de dépôt[58].

Le 4e Tabor est d'abord engagé en Sicile et le 2e GTM en Corse. Puis les trois autres groupes rejoignent la région de Tlemcen où ils sont inspectés par la commission mixte franco-américaine qui constate un déficit important en véhicules, armement, munitions et habillement. Elle note cependant que *« cadres et goumiers connaissent très bien leur matériel et l'entretiennent parfaitement. Leur moral est excellent. Tous n'ont qu'un ardent désir : se battre le plus tôt possible »*.

Or, les goums ne sont pas inclus dans le programme d'Anfa et ne peuvent être équipés qu'avec les moyens du bord. C'est ainsi que les deux GTM de premier échelon, dont la présence est absolument nécessaire dans les Abruzzes, partent en Italie avec leur armement français.

Dans le même esprit est constituée une brigade de marche de spahis destinée à opérer en Italie avec la 5e armée. Créée officiellement le 20 octobre, elle comprend deux régiments à cheval[59] :

- le 7e Spahis algériens, formé à Médéa en juillet et regroupé dans la région de Maison-Carrée où il reçoit du matériel (armement, équipement, véhicules...) prévu pour d'autres unités ;
- le 5e Spahis marocains, constitué en avril à Meknès et qui rejoint la brigade après avoir reçu du matériel américain à Casablanca.

Signe de l'intérêt que les Américains portent à l'engagement d'une unité à cheval en Italie, le détachement de liaison du CEF rend alors compte que *« l'échelon arrière de la 5e armée à Mostaganem a été avisé par son PC avant qu'un régiment de cavalerie était mis à sa disposition et que son embarquement à destination de l'Italie avait priorité sur celui de tout autre unité française. »*

Selon le commandement français, la brigade est en effet *« apte à toutes les missions normalement dévolues à la Cavalerie à cheval. De plus, la rusticité des chevaux barbes, l'endurance et l'entraînement des Spahis permettent l'emploi de cette cavalerie en zone montagneuse. Très souples, très manœuvrières, composées de cavaliers ayant le sens de l'infiltration et de l'utilisation du terrain, les unités de Spahis sont particulièrement aptes aux patrouilles et aux opérations d'exploitation et de poursuite »*.

Cependant, *« la Brigade qui vient d'être mise sur pied n'est toutefois pas riche en armes antichars et en armes antiaériennes. Il faut donc pas l'engager sans précautions spéciales (renforcement en unités DCA et DCB[60]) dans les zones où elle pourrait en particulier se heurter à des formations blindées importantes[61] »*.

Le 25 novembre, la brigade entre ainsi dans la composition de la 1re Armée[62]. Il lui faut cependant attendre le 1er février 1944, pour que lui parvienne l'ordre d'embarquement : 7e RSA à partir du 15 à Alger, 5e RSM cinq jours plus tard à Oran. Mais le manque de bateaux pouvant transporter des chevaux retarde son départ jusqu'à ce que l'évolution des opérations en Italie rende sa présence inutile.

Le terrible affrontement dans les Abruzzes

Lorsque, à la fin de novembre 1943, les premiers soldats français arrivent à Naples, il y a déjà plusieurs mois que GIs et Tommies combattent sur le sol de la péninsule. La Sicile conquise, la 5e armée a en effet débarqué à Salerne le 9 septembre, le lendemain de l'annonce de l'armistice italien avec les Alliés. Et après quelques difficultés à maintenir une tête de pont, ses éléments - 10 Corps britannique à

58. *Soit au total 1 077 Français (246 officiers, 727 sous-officiers, 104 caporaux) et 12 570 Marocains dont 924 Moqadem (sergents).*
59. *Effectif total 2 197 dont 1 744 Indigènes. 2 016 animaux et 95 véhicules.*
60. *Défense contre les blindés.*
61. *Note n° 891 EMP/3.S du 14.11.43 relative aux différentes unités des forces expéditionnaires françaises.*
62. *Ordre général n° 14 du 18.11.43.*

DÉCEMBRE 1943, *dans un village de vallée du Volturno. Tirailleurs marocains et femmes italiennes se retrouvent à la fontaine pour y puiser l'eau si précieuse. (IWM NA 9732)*

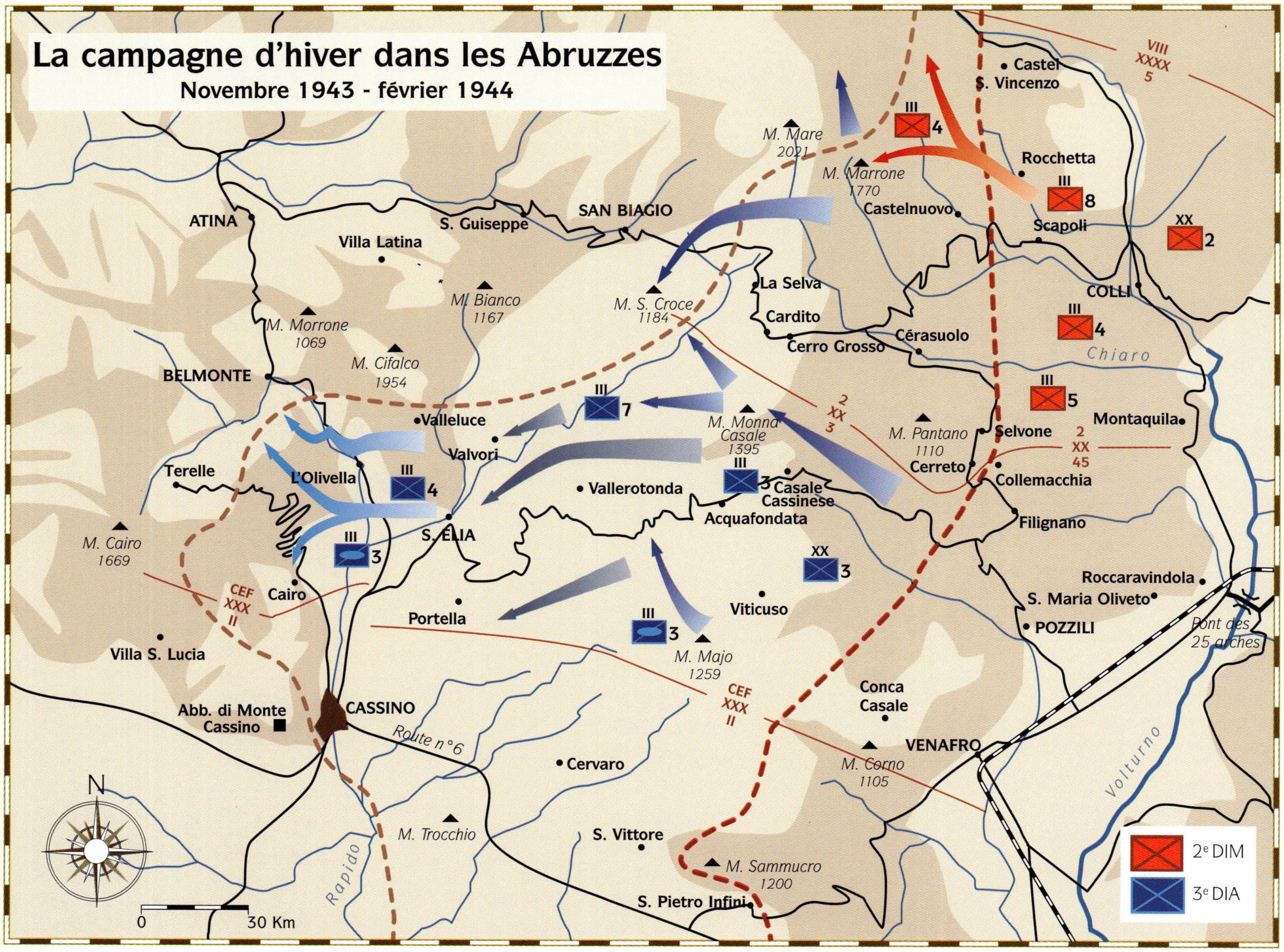

gauche, VI Corps américain à droite - sont parvenus à Naples le 1er octobre.

N'ayant pu empêcher le débarquement à Salerne, ni s'opposer à la poussée britannique sur le versant Adriatique, le commandement allemand a en fait renoncé à défendre Naples. Mais il est bien décidé à couvrir Rome le plus longtemps possible, afin de gagner les délais nécessaires à l'achèvement d'une position de défense dans la région de Pise-Rimini.

A la mi-novembre, le front est ainsi stabilisé. Renforcée par le II Corps, la 5e armée est *« au contact des avancées de la Ligne dite d'Hiver de l'ennemi, sur le bas Garigliano, à Mignano, et sur le Volturno de Venafro, en liaison assez lâche, au travers de l'Appennin des Abruzzes, avec la VIIIe Armée britannique de Montgomery déversée vers l'Adriatique, sur le front du Sangro[63] »*.

Les opérations reprennent au début de décembre par une série d'attaques en avant de Cassino. Mais le II Corps n'obtient qu'un demi-succès car les Allemands réagissent violemment. Il apparaît alors évident qu'ils sont décidés à s'opposer au forcement de la partie nord du système défensif protégeant la ville et à contraindre les forces alliées à s'engager seulement dans les parties basses.

En face d'un ennemi qui résiste opiniâtrement, mais s'use davantage tous les jours, une période de calme relatif finit par s'établir. Du côté allié, elle est mise à profit pour mettre au repos les unités les plus fatiguées et reconstituer des réserves. C'est alors que, dans la zone du VI Corps, la 34th Infantry Division est relevée par la 2e division d'infanterie marocaine.

Le secteur attribué à la Division marocaine se situe dans le massif des Abruzzes, composé de montagnes abruptes, élevées, coupées de vallées et de gorges étroites et sinueuses, aux escarpements rocheux, irréguliers, couverts de broussailles et de chênes rabougris. Sur les sommets, dont la hauteur varie entre 1 000 et 2 000 mètres, le climat est rigoureux - pluie incessante en novembre, neige à partir du 15 décembre, puis gel - et l'observation difficile à cause de la brume fréquente. Plus bas règnent le maquis et les forêts clairsemées de hêtres et de châtaigniers. Et sur les pentes douces, on trouve des vignes, des vergers, des oliveraies. Les villages sont généralement situés sur des buttes en « oppidum » et les maisons construites en pierre et aux murs épais, sont invulnérables à tout, sauf aux coups directs d'artillerie.

Dans les vallées et les parties cultivées, les routes sont généralement bordées de murs de pierre qui sont une gêne pour la circulation. En montagne, en dehors des routes principales, les pistes et chemins constituent les seules voies de communication que les troupes et les animaux doivent emprunter colonne par un. En outre, ponts, sections de route et points de passage obligés ont été abondamment et méticuleusement détruits ou minés.

Une pluie persistante gonfle rivières et torrents, transformés un moment en obstacles formidables. Et les ponts détruits obligent continuellement à construire des ouvrages provisoires pour permettre le passage des véhicules à roues, des engins lourds, du matériel et du ravitaillement.

Les Allemands n'ont jusque-là cédé de terrain que très lentement, se retirant généralement sur des positions préparées. Maintenant retranchés dans leurs quartiers d'hiver, ils opposent aux Alliés une résistance obstinée, supérieure à celle rencontrée lors des campagnes précédentes de Tunisie et de Sicile. La ligne *Gustav* qu'ils ont l'intention de tenir à tout prix pour barrer la route de Rome, suit d'abord la coupure du du Garigliano et du Rapido, dont le confluent est dominé par la butte du mont Cassin. Elle se poursuit vers le nord-est jusqu'à la rivière Sangro en secteur britannique. Cette ligne principale de résistance est couverte vers l'avant par la ligne d'hiver, ou ligne *Bernhard*, qui, dans le secteur du CEF, suit la ligne de partage des eaux entre Volturno et Rapido.

« A l'inverse de la ligne Gustav, *[la* ligne Bernhard*] a été aménagée principalement par la troupe qui va s'y battre, même si 6 000 ouvriers italiens ont participé aux travaux et aux transports. Elle est précédée d'un fossé antichar et constituée d'emplacements de combat protégés et camouflés. Les Allemands y ont fait preuve de leur habituelle maîtrise dans l'utilisation et l'organisation du terrain.[64] »*

63. Mémoires du maréchal Juin - *Librairie A. Fayard, Paris 1959.*
64. *Chef de bataillon F. Boulnois,* L'armée allemande face au Corps expéditionnaire français en Italie - Réalité et renseignement *(inédit). 30 000 mines ont été posées en avant de la ligne* Bernhard *et 45 000 sur la position elle-même.*

Le 11 décembre à 0 heure, la 2e DIM prend donc à sa charge le secteur. Elle est encadrée par la 78th Infantry Division de la VIIIe Armée britannique au nord et la 45th Infantry Division du VI Corps dont elle dépend au sud. Le beau temps des derniers jours de novembre ne s'est pas maintenu et des orages torrentiels rendent impraticables la plupart des chemins de montagne.

Dans la nuit du 14 au 15, la Division et le 4e GTM partent à l'attaque. De violents combats se déroulent d'abord à la Cluse San Michele et sur le Pantano, puis à la Mainarde qui est conquise le 27. L'action, relancée deux jours plus tard dans le secteur de la Monna Casale, est finalement suspendue le 30 en raison de violentes tempêtes de neige.

Le 3 janvier 1944 à midi, le CEF relève le VI Corps et prend en compte sa mission : atteindre la transversale San Elia, Atina pour déborder par le nord le mont Cassin, objectif d'armée. Six jours plus tard, la relève de la 45th Division terminée, la 3e DIA occupe avec le 3e GTM le secteur à gauche des Marocains.

Le 12, les deux divisions nord-africaines passent à l'offensive, appuyées par treize groupes d'artillerie. Axées sur la Costa San Pietro, la Monna Casale et Acquafondata, elles rompent aussitôt la ligne *Bernhard* et talonnent l'ennemi en direction de San Elia et du col de San Biagio. Mais, dans la nuit du 15 au 16, les chasseurs de montagne qui leur font face parviennent à se dégager et passent à l'ouest du Rapido. Pour éviter que le dispositif soit enfoncé et tourné au nord, ils ont préféré se rétablir sur la ligne *Gustav* et tenir fermement les monts Croce, Carella et Cifalco d'où l'on peut surveiller toutes les avancées du front de Cassino.

La 2e DIM aborde alors le Croce inclus dans la ligne *Gustav*. Renforcée par le 7e RTA, elle s'efforce, pendant plusieurs jours, de s'en emparer. Le sommet est atteint à deux reprises, mais, en dépit d'un appui d'artillerie massif, elle en est rejetée par les contre-attaques des grenadiers prussiens.

Sur la gauche du CEF, les Américains se sont heurtés à la même défense opiniâtre. Après trois jours de combat acharnés, un régiment du II Corps a bien réussi à passer sur l'autre rive du Rapido, mais il n'a pas pu s'y maintenir. Or, des éléments de la 5e armée ont débarqué le 22 janvier sur les arrières ennemis dans la région d'Anzio, au sud de Rome et l'heure n'est donc pas venue de relâcher l'étreinte : *« les violents coups de boutoir assénés par nos troupes constituent, sans nul doute, une contribution à la manœuvre d'armée*[65] ».

Le 23 au matin, le général Clark vient donc au PC du CEF à Venafro faire connaître ses intentions : s'emparer de Cassino et des hauteurs au nord-ouest avant de forcer le passage du Rapido. En conséquence, la 3e DIA, coordonnant son attaque avec celle de la 34th Infantry Division, devra s'emparer du Belvédère et du Colle Abate, qui font partie intégrante de la ligne *Gustav*. Et l'action menée sur le Croce n'ayant plus de raison d'être, la 2e DIM se bornera dès lors à en masquer la partie qui lui incombe et à fixer l'ennemi par une attitude nettement agressive.

Avers du fanion *de la 3e compagnie du 5e régiment de tirailleurs marocains. (Musée de l'Infanterie)*

Pour la Division marocaine, les opérations visant à rompre la position ennemie s'achèvent donc. Si elle n'a pu réaliser la percée, elle a néanmoins contraint l'ennemi à engager, et maintenir dans le secteur, des forces qui lui ont fait défaut ailleurs, en particulier à Anzio. Mais plus de trois mille de ses hommes ont été mis hors de combat, qui ne seront que partiellement remplacés[66].

65. Rapport n° 406 CEF/3/TS du 22.1.44.

66. En janvier, la division et les unités rattachées ont perdu 578 tués dont 19 officiers, 2 329 blessés dont 29 officiers et 114 disparus, auxquels il faut ajouter 900 évacués pour « pieds gelés ». 1 540 hommes sont arrivés d'AFN en renfort et 500 autres ont été récupérés à leur sortie des formations sanitaires.

18 décembre 1943*, Filignano. Une colonne de mulets chargés de ravitaillement part ravitailler les éléments du 5e RTM en position sur le Pantano. (US Army)*

***ITALIE 1944**, 15 mars. Au hameau de San Michele, sur la rive d'en face, des enfants regardent les premières bombes tombant sur Cassino. (P. Ichac)*

Le 25 janvier débute ainsi la deuxième offensive de Cassino. Le 4ᵉ RTT franchit le Rapido et l'un de ses bataillons s'empare des deux objectifs de la Division : Colle Belvedere et Colle Abate. Le 26 au soir, une brèche est ouverte, qu'il faut maintenir et consolider face aux infiltrations ou aux contre-attaques ennemies. Finalement, la position est définitivement assise dans la nuit du 3 au 4 février. Là aussi, les combats sont d'une rare violence et les pertes sévères[67].

Au cours de la troisième offensive de Cassino, qui débute le 2 février pour s'achever le 20 par un nouvel échec, le CEF a une mission statique de couverture du flanc droit du II Corps. Pour étoffer le dispositif de la 2ᵉ division marocaine, un groupement italien est alors mis à sa disposition. Puis des éléments de la 4ᵉ DMM arrivés d'Algérie commencent à relever, face au Cifalco, ceux de la 3ᵉ DIA.

Le front se stabilise ensuite, autant en raison de l'usure des unités en ligne que des difficultés rencontrées par les Alliés pour conquérir le mont Cassin. Puis, à la suite des échecs répétés du II Corps et des Néo-zélandais sur le Rapido et le môle de Cassino, le général Alexander, commandant le 15ᵉ groupe d'armées, décide, le 25 mars, de suspendre toute action offensive et de procéder à un remaniement du dispositif.

Pour le CEF, la campagne d'hiver est terminée, comme en rend compte à Alger le général Juin :

« Nous sommes au bout de la première phase de l'engagement des forces françaises d'Italie. Cette phase a été brillante et nous confère, aux yeux des Alliés, un grand prestige : outre les gains de terrain et les 1 200 prisonniers comptés à ce jour, on a bien voulu reconnaître, dans une synthèse de la 5ᵉ armée, qu'en ces jours critiques le CEF avait retenu 17 bataillons allemands sur son front, soit 44 % des forces ennemies engagées sur l'ensemble de la 5ᵉ armée, Anzio mis à part.

l'Armée française a retrouvé ses lettres patentes et c'est là, assurément, le meilleur gage de notre pays.

On peut donc dire que Mais son effort doit être entretenu et je reste, à cet égard, sur les conclusions de ma note du 29 janvier sur les opérations en Italie ; c'est-à-dire sur la nécessité de disposer d'un corps carré à quatre divisions qui permette de durer, par relève, et d'avoir une plus grande puissance dans les actions offensives.[68] »

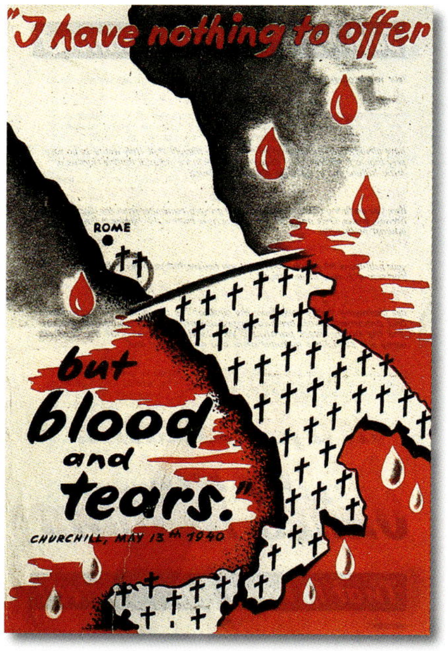

***TRACT ALLEMAND** sur lequel figure la zone conquise en Italie par les Alliés peu après le débarquement d'Anzio en janvier 1944, parsemée de croix de bois et assortie du rappel de la déclaration de Churchill le 13 mai 1940 : «Je n'ai à vous offrir que du sang et des larmes ». (Coll. particulière)*

Le mémoire du 4 avril

Depuis l'échec de la troisième offensive sur Cassino, le général Alexander ne se fait plus d'illusion. Pour obtenir un succès stratégique, il faut attendre le printemps qui redonnera à l'aviation et aux blindés leurs possibilités d'action, et aux Alliés leur supériorité. Et pour donner plus de cohérence et de force à ses troupes, il reprend l'idée - qui l'année précédente a fait ses preuves en Tunisie - de constituer des ensembles homogènes.

Le général Juin, qui a également vécu la Tunisie, est circonspect :

« L'idée est peut-être bonne, mais difficilement réalisable pour des éléments qui ne sont pas interchangeables quant aux moyens ; nous allons en effet assister, pendant un mois, à un remue-ménage indescriptible pour regrouper Franco-Américains à gauche et Anglo-Polonais à droite, car une telle opération comporte nécessairement le transfert des dépôts et installations de toutes sortes…

Il est probable que tous ces regroupements sont le prélude d'une opération offensive d'ensemble en direction d'Anzio… Elle se dessine déjà sous la forme d'un effort puissant

67. 2 091 hommes hors de combat : 264 tués dont 22 officiers, 1 280 blessés dont 37 officiers, 547 disparus dont 5 officiers.

68. Rapport n° 568 CEF/3/TS du 8.2.44.

de rupture, dans la direction de la trouée du Liri, qui serait confié aux Britanniques et qu'aiderait au sud une action en montagne où nous, Français, aurions à jouer le premier rôle.[69] »

La 2e DIM est donc relevée par les Polonais, la 3e DIA par des Anglais. Regroupé en arrière dans une zone de repos, le CEF doit ensuite occuper une partie du secteur tenu par le 10 Corps britannique au sud du Liri, en liaison à sa gauche avec le II Corps américain s'appuyant à la mer.

Le 29 mars, Juin prend le commandement du nouveau secteur au contact de la ligne *Gustav*, qui s'étend du Liri au débouché du Garigliano[70] dans la plaine côtière. Au nord, seules les pentes à l'est du fleuve sont tenues, tandis qu'au sud, une tête de pont de trois kilomètres de profondeur sur une largeur de six a été conquise par les Britanniques en janvier.

Renforcée de quelques cavaliers et goumiers chargés de la surveillance de la partie nord, la 4e DMM occupe le secteur et toutes les précautions sont prises pour que l'ennemi ignore sa présence. De leur côté, les 2e DIM et 3e DIA, au repos, se remettent en condition tout en instruisant les renforts arrivés d'AFN. Quant aux goums, regroupés dans une zone montagneuse, ils s'entraînent pour les opérations futures. Enfin, la 1re DMI, qui vient de recevoir l'ordre d'embarquement, devrait rejoindre dans le courant du mois d'avril. Juin disposera alors du corps d'armée « carré » qu'il réclame depuis janvier.

Or, le CEF, dont les troupes ont remporté des succès tactiques remarquables et montré la valeur de leur formation et leur esprit de sacrifice, sort glorieux de la campagne d'hiver. Il a également fait la preuve de la puissance de travail de son état-major et de la justesse de conception de son chef, désormais décidé à ne plus se laisser imposer un plan ne répondant pas à ses vues personnelles.

Alexander semble alors vouloir abandonner les attaques localisées au profit de deux actions de rupture, liées dans le temps à leur débouché : l'une, primordiale, menée par la VIIIe Armée, l'autre confiée à la 5e armée visant à retenir des forces ennemies loin de la direction principale. Mais celle-ci est toujours la route n° 6 avec l'obligation, au préalable, de faire sauter le verrou de Cassino. Dans ce schéma, les Américains assurent simplement la couverture des Britanniques, chargés de l'effort principal sur la direction essentielle.

Ce schéma est maintenu dans la décision prise courant avril : la 5e armée protègera le flanc de la VIIIe Armée et l'aidera en s'emparant des routes traversant le massif montagneux entre les nationales n° 6 et 7. En conséquence, Clark prévoit son action, non par la nationale n° 7 qui suit la côte et est trop bien défendue, mais le long des routes menant de Minturno à Pico par Castelforte et Esperia. Pour lui, les monts Aurunci sont impénétrables et il n'envisage d'y prendre pied que pour s'ouvrir la route d'Esperia. C'est simplement de cela que le CEF sera chargé.

Le 1er avril, le général Donald W. Brann, chef du 3e bureau de la 5e armée, présente ce plan à Juin, qui ne cache pas sa déception : c'est encore la même tactique qui a conduit, tout l'hiver, à se casser les dents sur le Rapido, alors qu'il proposait, vainement, un vaste débordement par le nord en direction d'Atina, que seul

Blouson américain *(Olive-Drab Field Jacket modèle 1941) ayant appartenu au général Juin. (Musée de l'Armée, Paris)*

le CEF - disposant de troupes de montagne aguerries - était d'ailleurs en mesure d'exécuter.

Il lui apparaît cette fois que lancer une offensive sur un axe unique ne manquera pas d'attirer l'attention des Allemands et qu'une relève, en plein combat, du CEF par le II Corps, exécutée par la seule route d'Esperia, conduira vraisemblablement à un gigantesque embouteillage de sept divisions entassées sur un front de deux kilomètres. Selon lui, il est préférable que l'offensive soit lancée sur un plus large front et sur plusieurs directions. Il propose ainsi que les Américains se maintiennent dans la zone côtière tandis qu'il lancera ses troupes à travers la montagne et le long des vallées pour atteindre la rocade Itri-Pico.

Impressionné par la logique des arguments présentés par les officiers de l'état-major du CEF, Brann est finalement convaincu de la supériorité de la proposition fraçaise, d'autant qu'elle a l'immense avantage de leur laisser la responsabilité et les risques de l'exécution. Il prie donc Juin d'établir un mémorandum à ce sujet. C'est ainsi que, le 4 avril, ce dernier envoie à Clark un mémoire où il met par écrit ce qu'il a exposé : la direction idéale est par la montagne, par les monts Aurunci jugés impénétrables. Ce « fameux » mémoire bouleverse en fait les conceptions des chefs alliés et dépasse, de loin, le cadre étroit du CEF pour se placer au niveau de l'armée et du groupe d'armées.

Deux solutions s'opposent ainsi :

- la solution anglo-américaine, où il s'agit d'attaquer sur une direction où l'ennemi est sûrement présent, comme les cartes renseignées le montrent ;
- la solution du général Juin, consistant à *« foncer à toute vitesse à travers la montagne, là où l'ennemi ne peut tenir en force »*.

Pour Juin, si la montagne est impraticable à des armées trop modernes, trop soumises aux véhicules et aux routes, elle ne représente rien d'extraordinaire pour ses unités formées en Afrique du Nord. Cadres et troupes sont rompus à la manœuvre et à la guerre dans des terrains absolument équivalents, et les distances de trente kilomètres sans routes ne posent aucun problème aux tirailleurs ou aux goumiers.

Le plan de Juin est finalement adopté, d'abord par Alexander à son retour d'un voyage, puis par Clark. Diffusé le 20 avril, l'ordre de ce dernier ne présente donc pas de différence essentielle avec le mémoire du 4 avril, d'autant que celui-ci plaçait déjà sa manœuvre dans le cadre de la manœuvre souhaitable de la 5e armée. Etabli à la suite de nombreuses entrevues avec Juin, au cours desquelles le commandant du CEF a su faire partager sa conviction, il adopte la direction à travers la montagne et fixe un objectif stratégique intermédiaire : la rocade Itri-Pico.

Clark a d'autant mieux accepté les suggestions de Juin qu'elles assurent à la 5e armée le rôle principal dans l'offensive de printemps et la placent en tête de la course vers Rome. Et si Alexander réalise bien que les plans américains diffèrent des siens, il est persuadé que la VIIIe Armée percera rapidement les défenses allemandes. Et, de toute façon, les chefs alliés ne croient pas beaucoup aux chances de succès des Français sur la ligne *Gustav* et à travers les monts Aurunci.

La division française libre

Si Juin a renoncé finalement à ses spahis à cheval, il souhaite toujours disposer d'une division supplémentaire pour pouvoir manœuvrer et percer enfin le front de Cassino. Or, qui dit grande unité supplémentaire, dit appuis et soutiens supplémentaires. Le 3e bureau du

***3 mars 1944** à Venafro. Le lieutenant-colonel Loth, chef du 3e bureau du CEF, fait un topo à ses commandants sur le nouveau secteur du Garigliano. (IWM NA 13733)*

***Au centre : tract allemand** lancé sur Rennes le matin de Pâques 1944. (Musée de l'Armée, Paris)*

69. Rapport n° 773 CEF/3/TS du 9.3.44.
70. Résultat de la réunion du Liri et du Rapido.

Le losange tricolore *frappé de la Croix de Lorraine, conçu à Londres en janvier 1942 pour les Forces Françaises Libres, est adopté en Tunisie par la 1re DFL où il est porté sur le bras gauche. (Coll. particulière)*

général Giraud s'en inquiète, alors que la 4e DMM regroupée en Italie commence à occuper le secteur sur le Garigliano :

« *Les services du CEF sont en gros ceux qui avaient été estimés nécessaires pour deux divisions. Or le CEF en aura quatre. Il faut donc prélever des services sur l'Armée B pour les envoyer en Italie (il ne saurait être question de prélever des services sur le 1er CA, puisque la 4e DMM y sera remplacée par une autre division). Pour les mêmes raisons, il faudra affecter des nouveaux éléments de réserve générale au CEF : artillerie, DCA, génie, groupes de transport, éventuellement régiment de reconnaissance.*[71] »

Le besoin est d'autant plus crucial que, après la division de montagne, le CEF attend la 1re division motorisée d'infanterie désignée depuis bientôt six mois.

Les origines de la Division remontent à la 1re division légère française libre créée le 25 mai 1941 en Palestine, avec des éléments provenant directement d'AEF ou ayant combattu en Libye ou en Erythrée. Dissoute après la campagne de Syrie, elle donne naissance à trois brigades indépendantes. La 1re d'abord pressentie pour être engagée en Union soviétique, gagne finalement le *Western Desert* et combat à Bir Hakeim. La 2e vient la rejoindre en Libye, tandis que la 3e demeure au Levant.

Après les fortes pertes subies dans le désert, les deux brigades sont réorganisées en divisions légères qui participent à la bataille d'El Alamein avec la VIIIe Armée britannique avant d'être dissoutes pour former, le 1er février 1943, la 1re division française libre commandée par le général de Larminat.

Rassemblée dans la région de Sousse à l'issue de la campagne de Tunisie, la 1re DFL est bientôt jugée indésirable par le commandement d'Alger et contrainte, le 8 juin, de retourner en Tripolitaine. La cause de cet ostracisme est la campagne de « débauchage » menée par les FFL auprès des troupes d'AFN pour accroître leurs effectifs. Mais ce qu'ils appellent, non sans humour, « changements de corps spontanés » l'armée d'Afrique les considère comme des désertions :

« *Les relations entre les Forces françaises libres et l'armée d'Afrique sont d'abord très froides. Elles lui reprochent une résignation trop rapide, une compromission avec l'hitlérisme. Les événements ont séparé deux armées, l'une traditionnelle, disciplinée inconditionnellement et traumatisée par le serment au Maréchal, l'autre modernisée par son passage chez les Britanniques dont elle copie les usages. Intransigeante, elle constitue un monde fermé, presque mystique, une sorte de secte où l'ancienneté d'appartenance joue un rôle important. La pauvreté de ses effectifs lui fait craindre l'absorption. Aussi entreprend-elle auprès de l'armée d'Afrique une campagne de recrutement. Les débauchages qui s'ensuivent amènent heurts et animosité.*[72] »

A l'issue de la campagne de Tunisie, les Français Libres n'y comptent en fait que seize mille hommes au plus[73], parmi lesquels un certain nombre de Levantins et Africains rapatriables, tandis que l'armée d'Afrique va bientôt disposer de quarante fois plus[74]. Pour eux, il est naturel d'accueillir ceux qui souhaitent les rejoindre parce qu'ils partagent le même idéal et la même désinvolture vis-à-vis des règles militaires. Mais ils ont aussi et surtout l'obligation d'accroître par tous les moyens leurs effectifs, pour ne pas être absorbés dans l'armée d'Afrique et perdre leur spécificité. Mais ce qui est pour la DFL une question de survie est intolérable à ceux qui depuis trois ans ont tout fait pour que l'armée ne soit pas « contaminée » par la dissidence. Aussi, les incidents se multiplient entre « moustachus » de l'Armée Giraud et « mercenaires » de l'Armée de Gaulle...

Le plus spectaculaire se produit à l'occasion du défilé de la victoire à Tunis. Le 15 mai 1943, en effet, le chef d'état-major de la 1re armée britannique, demande par l'entremise de la liaison française, si « *un détachement de la France Libre armée pourrait défiler à Tunis avec le 19e Corps* ».

Quatre jours plus tard, l'officier de liaison de la 1re armée britannique auprès du 19e corps confie « *aux officiers de son état-major que les Britanniques désirent voir au plus vite l'union des diverses forces armées françaises et ne plus avoir à s'occuper des forces gaullistes à part ; ces dernières n'ayant plus, dans leur esprit, aucun traitement de faveur à attendre d'eux* ».

Constatant que « *certains civils ou militaires recrutés au profit des troupes relevant du général de Gaulle se déplacent d'ouest en est par voie ferrée ou routière pour rejoindre les formations de la France Libre en Tunisie* », Giraud prescrit la mise en place de barrages et le contrôle des voyageurs. Toute personne ne pouvant justifier de sa situation à l'égard des mesures de mobilisation sera ainsi remise à la Sûreté pour contrôle de situation[76].

Le 28 mai, c'est le commandant des troupes du Maroc qui rend compte de la disparition de cinq gardes du 9e régiment à Casablanca :

« *Le chef de corps émet l'hypothèse, non vérifiable, d'un départ pour les forces du général de Gaulle. Les intéressés sont recherchés comme déserteurs.* »

En fait, le nombre de transfuges est peu élevé[77], mais suffisant pour agacer les autorités d'Alger et des trois territoires et perturber la mise sur pied des unités.

25 août 1940 *à Moaskar (Egypte). Le Bataillon d'infanterie de marine reçoit un drapeau tricolore portant la devise :* « France Toujours ». *L'emblème vient ainsi rejoindre l'*Union Jack *remis par le gouverneur britannique de Chypre lors du ralliement des Français. (IWM E 491)*

La réponse étant « *certainement* » la VIIIe armée fait connaître le lendemain que le détachement sera de 400 hommes. Le 17, un officier est donc envoyé en régler les détails auprès de Larminat qui, arguant du délai trop court et de l'absence d'accord entre les généraux Giraud et de Gaulle, décide que ses troupes éléments défileront avec la VIIIe armée[75].

Le 19, veille du défilé, le colonel commandant l'infanterie de la division de marche du Maroc est « *insulté à Zaghouan par un détachement de la Légion du général de Gaulle. Dans divers régiments, des tentatives de débauchage ont eu lieu par des éléments de la dite Légion* ». Pour éviter que de tels incidents se renouvellent, la DMM demande que des mesures soient prises d'urgence.

Le 3 juin, Giraud et de Gaulle parviennent cependant à un accord et, le 22, le commandement est réorganisé à Alger avec Juin et Larminat comme chefs d'état-major respectifs. On pourrait alors penser que les « mutations spontanées » ont fait leur temps, mais il n'en

71. Fiche EMP/3 du 14.3.44.
72. Colonel Le Goyet, Psychologie du combattant du CEF en Italie *(1943-1944), in Revue historique des armées n° 3/1971.*
73. 9672 à la 1re DFL et 6347 à la Force Leclerc selon le 1er bureau des FFL. D'autres sources donnent des estimations allant de 8000 à 14000.
74. 596000 en AFN, 60000 en AOF, 30000 évadés de France et 10000 femmes.
75. Télégramme chiffré sans numéro du 18.5.43 du commandant Boulet de l'EM du général Juin au général Devinck.
76. Note n° 1042 EM/4 du 26.5.43.
77. Par exemple, 437 dont 120 au 5e RCA, 107 au 1er REI, 42 au 3e REI, 28 au 410e DCA, 15 au 15e RTS, avec un seul officier, au 3e Zouaves, du 13 au 27.5.44 selon un compte rendu du 19e corps.

Le général Brosset, commandant la 1re DMI

Né le 3 octobre 1898 à Buenos-Aires mais issu d'une vieille famille lyonnaise, Diego Brosset s'engage à 18 ans pour la durée de la guerre dans un bataillon de chasseurs. Après vingt mois d'opération au cours desquels il est cité quatre fois et nommé adjudant, il est reçu en novembre 1920 à l'école d'officiers de Saint-Maixent.

Il se tourne alors vers la Coloniale et l'Afrique où il va pratiquement servir jusqu'à la déclaration de guerre : au 2e RTS, dans une compagnie saharienne et à la tête d'un goum en AOF, puis au BTS n° 1 et méhariste en Mauritanie[1], enfin au Maroc de 1933 à 1937 comme commandant de goum et officier des affaires indigènes.

Entre-temps, il commande une compagnie au 23e RIC à Paris en 1928, y revient capitaine à titre exceptionnel pour instruire des officiers de réserve et obtenir un diplôme d'arabe à l'institut des langues orientales. Reçu à l'école de guerre en 1937, il est affecté à sa sortie à l'état-major du Corps d'armée colonial comme chef du 2e bureau en novembre 1939 sur la ligne Maginot avant d'être promu commandant le 25 décembre.

Supportant mal l'ambiance de la « drôle de guerre » il se rend insupportable à ses supérieurs qu'il accuse ouvertement de manquer d'audace et d'imagination[2] » et est expédié, en avril 1940, à la mission militaire en Colombie. Le 27 juin, il rallie les Forces Françaises Libres et quitte Bogota en octobre.

A Londres, il fait fonction de sous-chef d'état-major et, à ce titre, accompagne le général de Gaulle en Erythrée et en Egypte. Nommé auprès du général Catroux le 10 janvier 1941 à Beyrouth, il prend le commandement en septembre des « territoires de l'Euphrate » avec le grade de lieutenant-colonel. Puis nommé colonel à titre temporaire, il obtient de conduire la 2e brigade française libre du désert égyptien à la Tunisie.

Général de brigade le 1er juin 1943, il prend le commandement de la 1re DFL deux mois plus tard et participe à sa tête aux campagnes d'Italie et de France. Le 20 novembre 1944, au retour d'une inspection dans les environs de Belfort, il dérape avec sa jeep, franchit le parapet d'un pont et tombe dans un torrent :

« Comme il arrivait, passait, partait, revenait, reparaissait partout dans la vie, Brosset entra en trombe dans la mort. Ainsi disparut, dans le feu de l'action, ce chef d'une ardeur peu commune.[3] »

1. C'est à Adrar en 1930 qu'il achève le manuscrit d'un roman sur les mœurs et les coutumes locales
2. Annuaire de la 1re DFL et des unités dans la guerre 1939-1945.
3. Mémorial des Compagnons de la Libération.

est rien. Ainsi, début juin, trois militaires des FFL sont pris en flagrant délit de débauchage à Pont du Fahs et aussitôt dirigés sur le tribunal militaire de Tunis. Les barrages sont donc maintenus, renforcés même par des gendarmes, non sans raisons. Le mois suivant, quarante-cinq spahis du 3e RSA venu défiler à Sousse, sont débauchés et s'engagent dans les FFL. Parfois, les motifs de départ sont particuliers : un adjudant du 9e RCA parti avec la caisse des sous-officiers du régiment aurait ainsi rejoint l'Angleterre !

La situation continue donc de se détériorer au cours de l'été, au point que le commandement allié s'inquiète des nombreuses « mutations spontanées » individuelles et collectives, des mouvements d'une faction à l'autre et de l'indiscipline des troupes chargées de la protection des communications.

A Alger, cependant, l'unification des forces armées est décrétée le 31 juillet. Et, deux jours plus tard, le CFLN décide que la 1re DFL, complétée avec du personnel européen et indigène, constituera une division d'infanterie motorisée type britannique.

Revers du fanion *de la compagnie d'accompagnement du bataillon d'infanterie de marine et du Pacifique portant notamment les inscriptions :* « Girofano » *et* « San Giorgio di Liri ». *(Musée des Troupes de Marine)*

Informé de cette décision, le commandement allié fait remarquer que, compte tenu des limitations imposées aux transports maritimes, l'équipement anglais lui étant destiné n'arrivera pas avant le début de 1944. Giraud, peu disposé à dissoudre une de ses divisions pour l'équiper, décide alors qu'elle recevra le matériel récupéré sur les unités de Tunisie et pourra donc être engagée en Italie avec ses anciens compagnons d'armes de la VIIIe Armée.

Lorsque les Alliés apprennent avec stupeur que la troisième brigade attendue d'Egypte sera dotée de matériel américain, ils décident de mettre un terme à cette « folie ». Le 6 octobre, ils informent Giraud que, consultée, *« la VIIIe Armée ne considère plus la 1re DFL comme faisant partie de ses troupes et n'a donc pas l'intention de la réclamer ».* Ce dernier n'a alors d'autre ressource que de proposer, le 26 octobre, un aménagement du plan d'Anfa afin d'y inclure la DFL comme huitième division d'infanterie.

***Après les combats** de Bir Hacheim en mai-juin 1941, le général Koenig en conversation avec des officiers de l'état-major de la 1re BFL et le père Lacoin, aumônier des fusiliers marins. (OFIC)*

La réponse d'Eisenhower est immédiate et sans ambages : l'arrangement est inacceptable, puisqu'il ne peut qu'entraîner une diminution des services. Et afin que Giraud ne se berce plus d'illusion sur l'utilisation de formations logistiques américaines pour soutenir les combattants français, il déclare qu'il n'engagera pas de forces françaises tant que celles-ci ne disposeront pas des services suffisants, obtenus, si nécessaire, aux dépens des unités de combat[78].

La Division est finalement rassemblée en septembre dans la région de Nabeul, au sud-est de Tunis. Le 26 juillet, la troisième brigade l'a rejointe et le général Brosset la commande depuis le 5 août.

Le retour en Tunisie se passe dans de bonnes conditions. Accompagné d'un intendant général, le commandant des troupes du territoire prend contact les 24 et 25 août. Et, dès le 1er septembre, un premier renfort arrive d'Algérie et du Maroc, suivi quelques jours plus tard par un autre d'Algérie. En même temps, des conducteurs partent à Constantine récupérer les véhicules reversés par la 2e DFL. Puis de nombreux officiers arrivent d'Algérie. Six d'entre eux, affectés au 22e bataillon nord-africain, *« sont reçus très cordialement à la popote après avoir signé leur engagement et avoir affirmé leur libre adhésion aux Forces Françaises Combattantes[79] ».*

Le 29 septembre, Giraud vient inspecter la « 1re division motorisée d'infanterie »[80] et, à cette occasion, chacun arbore pour la première fois sur la manche gauche l'insigne de la Division : une Croix de Lorraine rouge sur fond tricolore. La manière dont chacun relate cette visite est très révélatrice :

« Le bataillon participe à la revue suivie d'un défilé de la brigade par le général Giraud commandant en chef les forces françaises.[81] »

« Inspection de la 1re DFL par le général Giraud commandant en chef des armées françaises. Revue, défilé. Le général interroge tous

78. On est alors en pleine « bataille des services » les Américains cherchant désespérément à obtenir des Français qu'ils consacrent des effectifs plus importants à ces formations.
79. JMO du 22e BMNA.
80. Par note de service n° 1682 EMGG du 24.8.43, la 1re Division Brosset devient 1re DMI et la 2e Division Leclerc la 2e DB.
81. Journal de marche du BM 24.

les chefs de corps et commandants de compagnie, leur demandant des renseignements détaillés et précis sur les effectifs, l'armement et la combativité des troupes. Conclusion : « Notre encadrement est faible et notre combativité à mettre à l'épreuve. Pendant les quelques jours ou semaines qui nous restent avant que nous soyons engagés, il faut habituer les hommes aux chars et aux avions ».[82]

« Inspection de la 2e brigade par le général d'armée Giraud, commandant en chef le corps expéditionnaire.[83]*»*

« Le général Giraud rend visite à la 1re BFL et la passe en revue à 10 h 30. Le 2e BLE met sur pied trois compagnies avec drapeau et clique. En fin de défilé, réunion des chefs de bataillon et des commandants de compagnie. La promesse de partir rapidement en opérations est bien accueillie.[84]*»*

Mais au 22e bataillon est composée *« La protestation à la visite du général Giraud »* débutant par ce couplet :

« Nous sommes trois mille sans reproche à la croix d'or à double bras.

Nous avons vu même le boche s'enfuir en hâte devant nos pas.

Vous qui voulez qu'on nous absorbe, qu'avez-vous à nous remontrer.

Nous n'avons pas connu l'opprobre, nous n'avons pas capitulé. »

La « troisième division » du CEF

L'état-major d'Alger n'en continue pas moins d'envoyer des renforts et la DFL. est maintenant au complet, sur le type anglais, au point de vue personnel et armement, à l'exception du régiment de reconnaissance :

« Ainsi la 1re DMI à deux brigades d'infanterie, qui représente un outil puissant en raison de la supériorité de l'armement anglais en armes automatiques et en artillerie, pourra être disponible à la fin du mois d'octobre[85]*.»*

Le 5 novembre, le général Carpentier, chef d'état-major de Juin, prend également contact avec la division. La fiche rédigée à son retour à Oran par le 4e bureau du CEF donne une idée de la manière dont l'armée d'Afrique entrevoit la DFL :

Revers du fanion *du bataillon de marche n° 21 rappelant ses origines - 8e RTS et BTS des Côtes françaises des Somalis - et les combats auxquels il a participé dont:* « San Andrea » *et le* « Calcinajo ». *(Musée des Troupes de Marine)*

« Grande unité très différente des divisions d'infanterie actuellement formées en Afrique. Différences :

- de recrutement : grosse proportion d'hommes servant volontairement et unités d'origines différentes (bataillons de légion, d'infanterie coloniale, Noirs, Nord-Africains, Marine) ;

- de structure : trois brigades, deux régiments d'artillerie plus un groupe ;

- d'armement : britannique, mais avec des éléments français ou américains.

Mais très apte à être encadrée dans le CEF et à combattre côte à côte avec les autres divisions :

- parce que ce sont des Français ;

- parce que c'est une grande unité déjà cohérente, vivante et rodée ;

- parce qu'elle a déjà les moyens de vivre et de combattre par elle-même (en particulier le service de santé et le service du matériel correspondant à l'échelon armée).[86]*»*

26 janvier 1944 *à Metline (Tunisie). M. Jacquinot, commissaire à la Marine, remet au 1er régiment de fusiliers marins le « drapeau de pacotille ». (OFIC)*

En conclusion, la division sera prête le 15 décembre et la nature de son armement et de son équipement n'est pas un obstacle à son entrée en ligne :

« La 1re DMI, dont la majeure partie des éléments est en campagne depuis trois ans, est parfaitement cohérente, très entraînée et résistante. Les cadres, comme la troupe, paraissent animés d'un très fort esprit militaire et du désir de se battre. C'est, en définitive, une excellente Division, dont l'engagement rapide sur un théâtre d'opérations est souhaitable[87]*. »*

Le 24 novembre, elle reçoit la visite de Juin en route pour l'Italie. Devant les chefs de corps réunis au QG, il *« exprime l'émotion que lui cause cette prise de contact, dit sa fierté d'avoir bientôt la 1re DFL sous ses ordres et laisse entrevoir un départ relativement proche*[88] *».* Puis, le 6 décembre, les unités reçoivent les directives pour le marquage du matériel en vue d'un transport par voie maritime. Et, le lendemain, Brosset est convoqué à Alger, tandis qu'un détachement d'officiers rejoint Oran pour y suivre un cours d'embarquement.

Le général Kingman, qui inspecte alors la Division, se déclare très satisfait :

« La 1re DMI est parfaitement instruite. Son moral est très élevé. Pour une question de maintien de ce moral et d'union, il me semble que le départ de cette grande unité pour un théâtre d'opérations actif s'impose dès que possible, soit dans son état actuel, soit équipés à l'américaine[89]*.»*

Cela n'est malheureusement que péripéties. En réponse à une demande d'AFHQ, Giraud, arguant de raisons militaires autant que politiques, a bien désigné, en novembre, la 1re DMI comme troisième division pour l'Italie. Mais, en même temps, il est revenu sur sa proposition de modification du plan de réarmement, maintenant ainsi la DFL en dehors du programme.

AFHQ interroge alors les futurs employeurs en Italie. La réponse d'Alexander est transmise à Giraud le 1er décembre :

« Je ne suis pas disposé à accepter la Division Brosset comme troisième division française. Il est sans intérêt d'avoir à sa disposition une division qui ne possède pas de réserves de matériel derrière elle, et la majeure partie de son équipement anglais est inférieur à la dotation normale. Si toutefois la Division Brosset doit être engagée en Italie, je recommande alors qu'elle soit rééquipée avec du matériel américain. Le Général Clark est d'accord quant à ces recommandations. »

Giraud désigne alors la 9e division coloniale qui, répondant aux conditions fixées par le commandement allié, devra être prête à rejoindre les ports d'embarquement à partir du 20 décembre[90]. On pourrait objecter, comme le fait d'ailleurs l'état-major de la Division, que la présence de 56 % d'Africains dans ses rangs s'oppose à ce qu'elle soit engagée en l'Italie, région froide et humide, sans courir de risque sanitaire grave. Mais la 1re DMI n'en compte-t-elle pas près de 30 % !

De toute manière, le Comité de la Défense nationale n'admet pas que la Division Brosset

82. Journal de marche du BM 21.
83. Journaux de marche des BM XI.
84. Journaux de marche du 2e bataillon de Légion.
85. Fiche de renseignements n° 2643 EMGG/I-O du 15.9.43 sur le recomplètement de la 1re DMI, approuvée par le général Giraud.
86. Fiche n° 2372 CEF/4 du 8.11.43 relative à la Division Brosset.
87. Fiche n° 2369 CEF/4 du 8.11.43 relative à l'emploi de la 1re DMI (Division Brosset) dans le cadre du CEF.
88. Journal des marches et opérations de la 1re DFL.
89. Compte-rendu au sujet de la visite du général Kingman à la 1re DMI daté du 15.12.43.
90. Lettre n° 913 EMP/3.S du 9.12.43.

soit écartée. Giraud est donc contraint d'en informer les Alliés et de demander à Juin de faire comprendre à Clark *« combien, ici, des raisons politiques et psychologiques interviennent, sans compter que la DIM est une excellente division, pourvue de très gros moyens. Ne pas l'employer est une faute*[91]*. »*

Devant le refus catégorique de Giraud de déshabiller la 9e DIC ou la 7e DIA[92] au profit de la 1re DMI et alors que se discutent avec les Alliés les aménagements à apporter au plan de réarmement en vue de l'engagement en France des éléments de la 2e Armée, le Comité décide d'abord de ne rien décider[93]. Puis Giraud désigne à nouveau la 1re DMI qui devra être prête à partir pour l'Italie le 1er février. Et, beau joueur, il conclue :

« Il y a un intérêt évident à ce que cette division soit réarmée sans retard avec du matériel américain.[94] *»*

Cependant, dans sa séance du 17 janvier, le CDN revient aussi sur sa position, mais pour décréter le contraire :

« Dans le cas où, sur demande des Alliés, une nouvelle division serait envoyée en Italie, c'est la 9e DIC qui serait désignée ».

La 1re DMI est en conséquence rattachée à l'Armée B[95], avec toutefois une compensation : sa transformation « sans délai » sur le type américain. Elle reversera donc les matériels anglais qu'elle détient au fur et à mesure de la perception des matériels américains de catégorie correspondante

Le général de Lattre s'empresse alors de lui rendre visite. Le 29 janvier, devant quatre cents officiers et sous-officiers réunis dans la salle de cinéma de Nabeul, il renouvelle l'assurance que la Division sera engagée au premier rang lors du débarquement en France. Dans cette perspective, le premier trimestre de 1944 est donc consacré à la perception du matériel américain, à la réorganisation des unités pour les adapter aux nouvelles structures et à l'entraînement accéléré du personnel.

Le 23 février, la DFL, organisée sur le type américain, comprend toujours trois brigades : 1re composée des deux bataillons de Légion et du 22e nord-africain, 2e à trois bataillons de tirailleurs d'AEF et 4e associant le bataillon d'infanterie de marine et du Pacifique à deux bataillons de tirailleurs ralliés à Djibouti. Le 1er régiment de fusiliers marins fait fonction d'unité de reconnaissance et les appuis comprennent le 1er régiment d'artillerie, le 21e groupe antillais de FTA, les 1ers bataillons du génie et de transmissions. L'ensemble est complété par les services : compagnie de QG 50, 101e et 102e compagnies auto, 9e compagnie de réparation, groupe d'exploitation de l'intendance n° 1 et 1er bataillon médical.

D'UNE VALLÉE À L'AUTRE : *le haut Volturno dominé de la rive gauche par le village de Colli puis le Rapido avec l'abbaye du mont Cassin, la vallée du Liri noyée dans le brume et les monts Aurunci en fond de tableau, et enfin le calme trompeur du Garigliano. (©ECPAD/France et Coll. particulière)*

91. Lettre n° 925 EMP/3.S du 10.12.43.
92. La 9e DIC est l'ancienne 1re division coloniale et la 7e DIA l'ex-1re DIA d'Alger.
93. Notes personnelles du chef du 1er bureau de l'EMGG. La 2e Armée regroupe les éléments stationnés en AFN en dehors de ceux prévus pour la Corse et l'Italie.
94. Fiche n° 12 EMP/1 du 10.1.44 adressée au Chef d'EM Guerre. Une partie du matériel viendra finalement de la 7e DIA, transformée en grande unité « cadre ».
95. Les forces opérant sous le commandement du général Juin s'appellent désormais « Détachement d'armée A » et celles sous les ordres du général de Lattre de Tassigny « Armée B ».

19 AVRIL 1944. *Inauguration du cimetière de la 3e DIA à Casale,* « sous un ciel de printemps dans la douceur d'un soleil d'Italie ». *Les détachements - ici celui du 3e RTA - en jalonnent les allées et le pourtour.* (©ECPAD/France)

En fait, les effectifs ont doublé depuis la fin de la campagne de Tunisie grâce à l'apport de volontaires et de renforts d'Afrique du Nord, mais aussi à l'arrivée d'unités entières : 4e brigade, groupe antillais. Mais, contrairement à ce qui se passe au Maroc pour la Division Leclerc où s'effectue l'amalgame avec deux tiers d'unités de l'armée d'Afrique, la structure FFL est conservée et aucune formation n'est incorporée en corps constitué afin que soit préservé l'esprit « Français Libre ».

Pendant ce temps à Alger, l'envoi de deux divisions en Italie et en Corse est à nouveau évoqué lors d'un entretien, le 7 mars, entre les généraux Giraud et Wilson, successeur d'Eisenhower. Quelques jours plus tard, le chef d'état-major d'AFHQ indique que les transports devraient pouvoir commencer au début d'avril et que le général Wilson pense que la division pour la Corse devrait être une division d'Afrique du Nord : la 1re DMI, par exemple, qui pourrait compléter son entraînement dans l'île.

Consulté, le 3e bureau de l'état-major particulier est d'un avis différent. Pour lui, *« il serait préférable de désigner :*
- pour l'Italie : la 1re DMI car combattant côte à côte officiers et hommes de provenances différentes pourraient se connaître, se comprendre et s'apprécier…
- pour la Corse : la 9e DIC. A noter d'ailleurs que le climat en Italie est encore dur pour les Noirs[96]. »

Giraud choisit donc la 1re DMI, qui sera prête à faire mouvement à partir du 10 avril, lorsqu'elle aura reçu le complément du matériel dont elle est pour l'instant déficitaire. Et il ajoute à l'intention de Wilson qu'il *« serait heureux que cette Grande Unité combatte côte à côte avec les autres Grandes Unités de l'Armée Française qui sont déjà en opération en Italie.*[97]»

Le 23 mars, le chef d'état-major d'AFHQ informe Giraud de l'accord des autorités alliées puisque la 1re DMI est prête pour les opérations, contrairement à ce qu'il croyait. Et il ajoute, afin qu'il n'y ait pas d'ambiguïté :

« Comme vous le savez, le général Alexander, afin de diminuer la complexité du problème du ravitaillement et de l'entretien, insiste pour que toutes les divisions françaises soient complètement pourvues d'un équipement américain. Il est aussi entendu que la 1re DMI dispose de la totalité de son équipement initial et des dotations de base avant de quitter l'Afrique du Nord, afin d'éviter de faire des demandes imprévues à la base de ravitaillement américaine en Italie.»

Le 25 mars, le premier avis d'embarquement à destination de l'Italie lui est ainsi notifié. L'infanterie doit embarquer en tête, afin de donner aux autres unités les délais nécessaires à leur recomplètement. Et des ordres sont donnés au commandant de la Base de Casablanca en vue de hâter l'expédition de tous les matériels, au besoin par train spécial. Les canons de 40 Bofors sont livrés sur les quais de Bône, tandis que la centaine de mortiers de 60 viennent des 1re et 5e DB mises à contribution. Faute d'équivalent américain, seuls quarante-six tubes de 81 sont finalement conservés.

Dépêchés par la 5e armée, plusieurs officiers américains arrivent le 7 avril à la DFL. Pendant quatre jours, ils s'informent de son organisation et font le point de son équipement. Aussitôt après leur départ, passe à nouveau *« le général de Lattre qui déjeune au QG puis exprime aux Officiers réunis autour de lui ses vœux de réussite en Italie et les assure que le départ de la Division pour ce théâtre d'opérations ne compromet pas les chances qu'elle a d'être engagée en France après les premiers débarquements*[98] ».

La nouvelle de l'engagement en Italie n'a suscité qu'un enthousiasme mitigé :

« Ces Français libres souhaitaient aller se battre en France. La 1re DFL envie la 2e DB qui va être dirigée sur l'Angleterre. Ses espoirs sont déçus, sauf pour quelques Corses qui désirent régler des comptes. L'Italie n'est pas pour elle l'objectif principal… Elle appréhende aussi de se trouver isolée au cœur du CEF, de l'Armée d'Afrique, malgré l'admiration qu'elle porte objectivement à ceux qui ont réussi à s'emparer du Pantano, de la Mainarde, du Belvédère et du mont Casale.

La visite du général de Lattre à la division en mars 1944 a toutefois apporté un grand réconfort… Il ne reste plus qu'à prendre patience et à participer avec le CEF aux combats de la péninsule italienne.[99]»

Les véhicules et les conducteurs commencent à embarquer à Bizerte vers le 12 avril et le reste du personnel suit à Bizerte et Bône, afin que le mouvement de la Division vers l'Italie soit achevé au début de mai. Puis, du 18 au 28, quatre transports de troupe et quinze *Liberty ships* appareillent pour Naples, emportant avec eux 15 400 hommes et 3 000 véhicules.

Le 1er mai, la Division prend l'appellation officielle de « 1re division de marche d'infanterie ». Deux jours plus tard, elle est enfin rassemblée dans la région de Naples, avec plus de trois mois de retard sur les prévisions mais à temps pour participer à l'offensive du Garigliano.

La rencontre avec le CEF ne se passe finalement pas trop mal. Il est vrai que la DFL se trouve dans la situation inverse de celle de l'année précédente en Tunisie :

« Pour nous qui sommes arrivés en Italie avec le printemps et qui n'avons pas pataugé pendant l'hiver dans la boue et la neige, la campagne d'Italie n'a que des couleurs de fête et de vacances… Elle se déroulera sans surprises majeures, d'abord parce qu'elle est très bien conduite par Juin et aussi, il faut bien le dire, parce que en mai 1944 tout le monde sait que la guerre ne peut plus être perdue par les Alliés…[100] »

SAUF-CONDUIT *de la 5e armée incitant les Allemands à se rendre car ils seront bien traités, nourris et soignés.* (Coll. particulière)

Le CEF ouvre aux Alliés la route de Rome puis de Florence

Le succès de l'offensive de printemps repose d'abord sur l'effet de surprise et donc sur la conservation du secret. C'est ainsi que des mesures draconiennes sont

96. *Fiche du 14.3.44 au sujet de la lettre du 11 mars du général Gammell.*
97. *Lettre n° 344 EMP/3.TS du 19.3.44.*
98. *Journal des marches et opérations de la 1re DFL.*
99. *Colonel Pierre Le Goyet,* La campagne d'Italie 1943-1945, une victoire quasi inutile, *Nouvelles Editions Latines, Paris 1985.*
100. *Roger Barberot,* A bras le cœur, *Robert Laffont, 1972.*

prises sur l'ensemble du front d'Italie afin que l'ennemi reste jusqu'au dernier moment dans l'ignorance de ce qui se prépare.

Dans le secteur du Garigliano, il s'agit avant tout de faire croire aux Allemands que les Britanniques l'occupent toujours et, pour se faire, tous les subterfuges sont employés : casques plats des Tommies portés en première ligne, avions à cocardes anglaises survolent la zone, réseaux radios fictifs, accrochages des tirs réduits au minimum, etc. La zone et la population qui y vit sont particulièrement surveillées par la sécurité militaire et un plan de camouflage très strict est appliqué.

La difficulté est de pouvoir déboucher de l'étroite tête de pont avec un maximum de moyens tout en assurant aux éléments de deuxième échelon un franchissement rapide de la coupure sur l'ensemble du secteur. D'où une série de reconnaissances préparatoires, d'aménagement préalables de PC, de postes de secours, de dépôts, de pistes « jeepables »... Les déplacements se font dans la plus grande discrétion, de nuit ou sous le couvert d'écrans fumigènes ou de filets de camouflage qui, près de la rive, masquent les équipages de pont prêts à être lancés sur l'autre rive.

Dans la nuit du 18 au 19 avril, un tirailleur du 6e RTM est cependant fait prisonnier et les Allemands identifient la 4e DMM. Mais ils ne décèlent pas les préparatifs alliés, du moins dans leur ampleur. Ainsi, au moment de l'attaque, ils ne déclenchent aucun tir de contre-préparation sur la tête de pont où pourtant la densité des troupes d'assaut est particulièrement importante.

L'offensive est ainsi déclenchée le 11 mai. La 2e DIM est chargée de rompre le dispositif ennemi sur le mont Majo. Puis, sans attendre la fin de la rupture de la ligne *Gustav*, le corps de montagne - 4e DMM et tabors marocains - doit exploiter rapidement vers les massifs du Petrella et du Revole. A l'aile droite, la 1re DMI nettoiera le coude du Garigliano, tandis qu'à l'aile gauche la 3e DIA, initialement en réserve, s'emparera de Castelforte avant de s'engager en direction du verrou d'Esperia. Celui-ci conquis, il s'agira alors de forcer la ligne *Hitler* jusqu'à Pico.

***15 mai 1944**, sur la route d'Ausonia. Le général de Monsabert, commandant la 3e division algérienne, écoute le compte-rendu d'un officier du 4e spahis marocains. (©ECPAD/France)*

Pour y arriver, le CEF a d'abord à franchir un premier massif montagneux dominé par le Majo et jalonné par le Castellone, le Feuci et le Faito sur lesquels s'appuie le dispositif ennemi. Sur ce « bourgeonnement » de crêtes se prêtant admirablement à la défensive, lance-flammes, champs de mines et barbelés abondent, tandis que les contre-pentes sont truffées d'abris. Puis, la vallée de l'Ausente passée, on pénètre au cœur des monts Aurunci culminant à plus de 1 600 mètres dans le Petrella et qu'aucune route ne traverse. C'est pour cela que les Allemands n'y ont laissé qu'un simple rideau, préférant porter leur effort sur les zones de parcours facile où deux positions de recueil et d'arrêt ont été aménagées afin de donner de la profondeur au système fortifié : la ligne des Orangers, qui doit empêcher l'enroulement de la ligne *Gustav* par le sud, et la ligne *Dora*, destinée à interdire toute exploitation par les collines au bord du Liri.

Le 11 mai, donc, l'infanterie de la 2e DIM attaque à 23 heures, par nuit noire, tandis que l'artillerie pilonne les arrières ennemis. Mais, dans l'obscurité traversée par les explosions et les jets de lance-flammes, le combat tourne à la confusion et, lorsque le jour se lève, il faut se rendre à l'évidence : la ligne *Gustav* tient. L'attaque est donc reprise le 13 au petit jour et, cette fois, l'ensemble Feuci-Majo est conquis et le dispositif enfoncé sur quatre kilomètres tandis que Castelforte est largement débordé.

Le 14 mai, la ligne des Orangers est franchie et le corps de montagne entre en action, s'infiltrant dans le Petrella pour gagner l'ennemi de vitesse et atteindre ses arrières. Esperia est occupé le 17 par la 3e DIA, tandis que les Polonais tiennent enfin les ruines de l'abbaye du mont Cassin. Puis, du 18 au 21, se déroule la bataille de Pico, dernière occasion pour le commandement allemand de stopper l'enroulement qui se dessine. Le 23, l'offensive générale est déclenchée

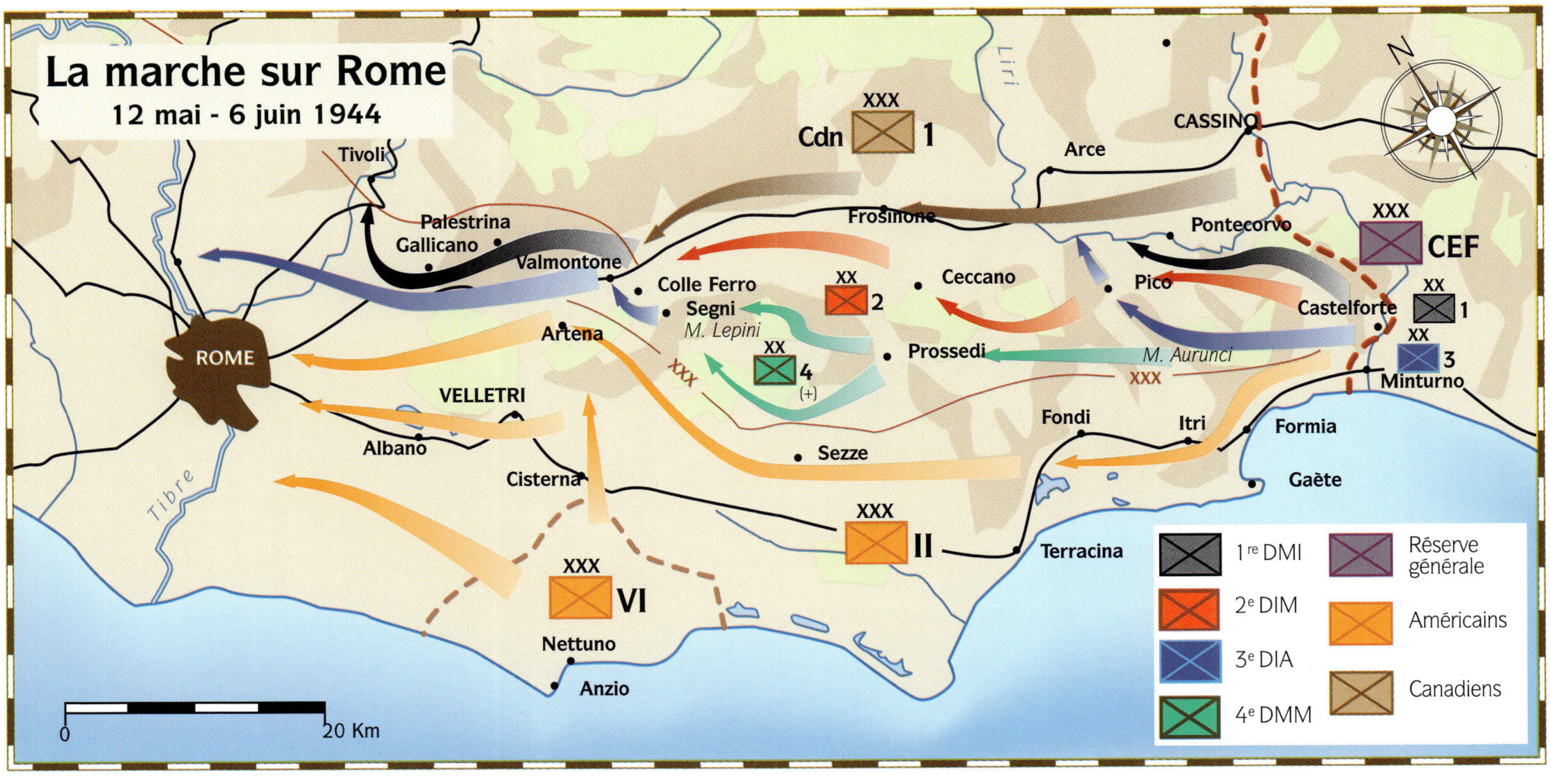

***Le mont Fammera**, culminant à 1175 mètres, vue de la route d'Ausonia. On aperçoit à son sud la trouée par laquelle les tirailleurs de la 4e division marocaine venant de Selvacava se sont infiltrés dans la partie nord du massif des Aurunci. (Coll. particulière)*

depuis Anzio jusqu'au Liri alors que l'ennemi se replie sur la ligne *Caesar*, en avant de Rome. Enfin, le 26, tous les objectifs fixés au CEF étant atteints, la course vers Rome commence.

Articulées en deux échelons, les quatre divisions françaises avancent maintenant en direction du nord-ouest, le flanc droit découvert à cause du retard des Britanniques dans la vallée du Liri puis du Sacco. Le 30 mai, les verrous de Ceccano et du col de la Palombara sautent. Puis, le 2 juin, la liaison est assurée vers Valmontone avec les Américains arrivant de la tête de pont d'Anzio tandis que le corps de montagne est placé en réserve[101]. Le lendemain, de concert avec le II Corps, la 3e DIA marche sur Rome sans se soucier du retard pris par les Britanniques avec lesquels 1re DMI et 2e DIM en échelon refusé s'efforcent de garder la liaison. Le 5, alors que les Français franchissent le Tibre, ordre leur est donné de stopper et de dégager la nationale n° 6 qui appartient à la VIIIe Armée. Et le 6, jour du débarquement en Normandie, le CEF reprend sa place à la droite de la 5e armée, au sud-est de Rome déclarée ville ouverte.

***Brochure Road to Rome** éditée par la 5e armée et rendant hommage aux combattants américains, britanniques et français qui ont participé ensemble aux opérations ayant conduit à la chute de Rome. (Coll. particulière)*

Ainsi s'achève la « campagne de printemps » au cours de laquelle le CEF a ouvert la route de la Ville éternelle et, par la dernière manœuvre de débordement sur Tivoli, causé l'évacuation précipitée des Allemands de la capitale italienne.

Rome accueille les Français avec enthousiasme. Mais la pause est de courte durée. Placé à la charnière des 5e et VIIIe Armées, un corps de poursuite aux ordres du général de Larminat est engagé à partir du 10 juin sur un front d'une vingtaine de kilomètres en direction du nord-ouest, axé sur le lac de Bolsena que la 3e DIA longera à l'ouest et la 1re DMI à l'est.

L'objectif annoncé est l'Arno que, suivies des unités marocaines, elles devront atteindre en suivant la nationale n° 2. Face à elles, l'ennemi compte sur les nombreuses destructions et l'intervention des chars ou des automoteurs pour ralentir les colonnes motorisées alliées et gagner le temps nécessaire pour se rétablir sur la coupure de l'Arno. Le terrain offre en effet de grandes possibilités aux défenseurs qui ont aménagé plusieurs positions d'arrêt ou de résistance :

- à hauteur de Montefiascone, abordée le 10 juin ;
- sur la ligne Mont Amiata - Radicofani - Mont Cetona, enfoncée le 18 ;
- le long de la coupure de l'Orcia ou ligne *Frieda*, tenue du 21 au 23 ;
- le long de l'Ombrone ou ligne *Edith*, abandonnée dans la nuit du 27 au 28 ;
- en avant de Sienne ou ligne *Gustav*.

Cette dernière position n'est en fait pas tenue, car les Allemands préfèrent évacuer Sienne déclarée ville ouverte.

Puis, les combats entre Sienne et l'Arno, du 4 au 22 juillet, sont parmi les plus durs de la campagne d'Italie. C'est que le CEF a alors perdu beaucoup de sa puissance. Déjà, le 20 juin, la 1re DMI a été dépassée sur ses positions par la 2e DIM et, le 4 juillet, la 4e DMM a fini de relever la 3e DIA.

Le 22, les Marocains approchent de Florence quand ils sont à leur tour relevés par les Indiens et les Néo-Zélandais. Et le 23 à 0 heure, le général Juin passe le commandement du secteur à la VIIIe Armée britannique.

Le général de Lattre, commandant l'Armée du Sud qui doit débarquer en Provence, a depuis le 16 installé son PC à Naples. Le lendemain, le général de Larminat et le premier échelon de l'Armée B gagnent les ports de Tarente et de Brindisi où ils doivent embarquer pour la France.

Le 23 juillet à minuit, toutes les unités du CEF sont placées sous le commandement de de Lattre et son état-major s'intègre, en grande

101. 35 000 hommes et 7 000 animaux ont progressé de plus de 100 km en 22 jours.

La 2e DIM a conquis Sienne, la 3e DIA l'a occupée *pourrait être la légende de ce dessin humoristique du lieutenant Duroc rappelant la compétition entre les deux divisions pour arriver en tête dans la resplendissante cité. (Musée de l'Armée, Paris)*

***Les premiers tirailleurs** de la Division algérienne entrent dans Sienne par la Porta Romana. (©ECPAD/France)*

partie, à celui de l'Armée B. C'est ainsi que, pour les Français, s'achève la campagne d'Italie.

Dure campagne qui se termine parce qu'il faut, à ce moment, que les troupes du CEF participent au débarquement de Provence.

Commencée dans les Abruzzes, elle prend d'abord l'allure d'une guerre d'usure où l'infanterie supporte le poids le plus lourd des combats, analogues à ceux menés dans les Vosges au cours de la Grande Guerre. Les hommes se battent alors autant contre les éléments que contre l'ennemi et les moyens modernes leur sont d'une faible utilité. C'est une guerre de fantassin appuyé par l'artillerie et assisté par le service de santé, une guerre de position particulièrement sanglante et éprouvante.

Puis vient la pause qui permet la réorganisation et la remise en condition des deux divisions nord-africaines, rejointes peu à peu par la division de montagne et la division française libre. La préparation de l'offensive occupe alors tous les esprits, du général au simple tirailleur, au simple sapeur aussi, qui joue alors un rôle essentiel sur la coupure du Garigliano pour maintenir le lien avec la tête de pont.

Enfin arrive la percée puis l'exploitation sur les pistes et à travers la montagne, l'avance à tout crin où le cavalier, le transmetteur et l'observateur en avion - libérés des astreintes du terrain ou de la météo - impriment à la manœuvre son rythme vif et saccadé. Guerre moderne de mouvement en contraste complet avec les combats menés dans les

Le général de Larminat, commandant le corps de poursuite

Né le 29 novembre 1895 à Alès, Edgard de Larminat, admissible à Saint-Cyr au moment de la déclaration de guerre, est nommé sous-lieutenant à titre temporaire en décembre 1914. Après avoir servi aux 134e, 321e et 121e RI, il termine la guerre comme capitaine avec trois blessures et quatre citations.

Il entre ensuite à Saint-Cyr et choisit, à la sortie, l'Infanterie coloniale. Il rejoint le Maroc où il participe aux opérations avec le 3e RTS. Après un court séjour en métropole, il prend le commandement d'un cercle en Mauritanie en novembre 1923, puis revient en France à l'état-major du XVe Corps à Marseille avant de partir en Indochine où il est promu chef de bataillon en septembre 1928.

En 1932, il prend le commandement d'un bataillon du 4e RTS à Fréjus puis il est reçu à l'Ecole de Guerre l'année suivante. Lieutenant-colonel le 25 décembre 1935, il rejoint Beyrouth où il prend les fonctions de sous-chef puis chef d'état-major du commandement supérieur des troupes du Levant puis du commandant en chef du théâtre d'opérations du Moyen-Orient.

Colonel le 25 mars 1940, il manifeste son désir de continuer le combat après l'armistice, est emprisonné, s'évade et passe en Palestine le 30 juin. Après le ralliement de l'AEF, il en devient le haut commissaire et commandant des troupes avec les étoiles de brigadier[1]. En août 1941, il revient au Levant comme adjoint du général Catroux, puis il prend le commandement de la 1re brigade en décembre. Six mois plus tard, il est promu général de division à compter du 1er juillet 1941 pour titres exceptionnels.

Après Bir Hakeim - dont la position a été organisée par ses soins en tant que commandant des FFL dans le Western Desert -, il prend le commandement de la 1re DFL qu'il conduit jusqu'en Tunisie où il reçoit une quatrième étoile le 25 mai 1943. Le 22 juin, il devient chef d'état-major des FFL à Alger, puis reçoit le commandement du 2e CA le 24 août. Ayant rejoint l'Italie le 11 mai 1944, il commande le corps de poursuite du 10 juin au 3 juillet 1944, puis débarque en Provence le 16 août. Se trouvant rapidement en désaccord avec le général de Lattre de Tassigny, il quitte le 2e CA pour le détachement d'armée de l'Atlantique en octobre.

La guerre terminée, il devient inspecteur général des troupes d'outre-mer en novembre 1945 puis inspecteur des forces terrestres d'outre-mer en 1946. Trois ans plus tard, il est mis à la disposition du ministre de la Défense nationale. Promu général d'armée en septembre 1953, il est nommé inspecteur des troupes coloniales fin 1955.

Atteint par la limite d'âge de son grade en novembre 1956, il est rappelé à l'activité le 2 juin 1962 pour présider la cour militaire de justice. Malade, il est alors admis au Val de Grâce, puis obtient de le quitter et se suicide dans la nuit du 30 juin au 1er juillet. Sur sa table, il laisse cette lettre ouverte :

« Je me donne volontairement la mort parce que je suis incapable d'accomplir mon devoir qui est de présider la cour militaire de justice. »

1. Tandis qu'en France il est déchu de la nationalité française le 8.12.40 et condamné à mort par contumace le 10.7.41.

Escortés par des soldats *d'une compagnie de pionniers nord-africains, des prisonniers allemands traversent Esperia en bon ordre le 21 mai 1944. (IWM NA 15 320)*

Campiglia d'Orcia *selon le lieutenant Jouanneau-Irriera, peintre des traditions de l'Afrique du Nord, illustrateur de* « La victoire sous le signe des trois croissants ». *(DR)*

Abruzzes et dont les objectifs - Rome et Florence - sont prestigieux.

Mais la campagne d'Italie est surtout marquée par la victoire du Garigliano :

« Dans cette victoire où le montagnard a peut-être joué le rôle principal, l'artilleur par la précision de ses tirs, le conducteur de char par son audace, le sapeur par la rapidité de ses interventions, le transmetteur par sa patience, le tringlot, le muletier par leurs initiatives et leur célérité, tous

Effectifs et pertes du CEF

Effectifs théoriques

Ils sont indiqués en chiffres globaux arrondis, tenant compte des modifications intervenues dans les tableaux d'effectifs jusqu'à la fin de la campagne :

ERG et services	40 000	dont 35 % d'Européens
1re DMI	17 250	dont 57 % d'Européens
2e DIM	16 840	dont 41 % d'Européens
3e DIA	16 840	dont 41 % d'Européens
4e DMM	20 450	dont 33 % d'Européens
Total	111 380	dont 40 % d'Européens

Effectifs réalisés

Aux 113 000 en mai 1944, il faut ajouter les blessés et malades dans les hôpitaux ou les centres de convalescence, le personnel à l'instruction en attente d'affectation, et les soldats alliés rattachés au CEF, soit environ 130 000 hommes au total.

Le 4 juillet les divisions sont en net sous-effectif en dépit des renforts reçus :

ERG et services	37 264	moins 6 %
1re DMI	15 317	11 %
2e DIM	13 594	19 %
3e DIA	12 876	24 %
4e DMM	19 117	7 %
Total	98 168	12 %

A la fin de ce mois, les effectifs des forces expéditionnaires et de souveraineté sont ainsi réparties sur l'ensemble du globe[1] :

	Officiers	Européens	Indigènes	Total
Italie	18 %	20 %	17 %	115
Corse	7 %	9 %	6 %	43 347
AFN	58 %	60 %	52 %	344
Grande-Bretagne	3 %	4 %	1 %	
Empire	13 %	7 %	24 %	116
Total	24 057	224 749	384 932	633 738
	4 %	35 %	61 %	

Pertes pour faits de guerre

	Tués	Blessés	Disparus	Total
ERG et services[2]	1 953	6 778	935	7 274
Goums marocains	598	4 386	8	2 998
1re DMI	673	2 066	-	2 739
2e DIM	1 396	6 744	315	8 455
3e DIA	1 068	4 529	679[3]	6 276
4e DMM	889	3 389	151	4 429
Total	6 577	23 506	2 088	

Selon une étude réalisée à l'issue du conflit[4], les causes d'hospitalisation des 25 000 patients du CEF sont les suivantes : blessure au combat 60 %, maladie 28 %, accident 6 % et pour gelures 6 %.

La même étude permet de déduire les pertes en Italie par catégorie :

	Officiers	Sous-officiers	Troupe
Tués	257	5 711	5 969
Blessés	-	-	24 064
Prisonniers	4	117	121
Total	-	-	30 154
Disparus[5]	7	770	777

Prenant pour base 1 000 hommes en un an, il est possible de comparer la proportion de tués et des pertes « santé » en Italie et à la 1re armée française :

	Tués	Blessés	Malades	dont gelés[6]	Accidentés	Total
CEF	150	570	310	60	60	1090
5e Armée	89	280	810	140		1319
1re Armée	69	292	281	58	50	667

1. Note n° 7651 EMGG/1-E du 24.7.44.
2. Y compris les éléments de réserve générale mis à la disposition des divisions.
3. Dont 460 du 4e RTT lors des combats du Belvédère.
4. Etude statistique sur les pertes au cours de la guerre 1939-1945 *par le médecin lieutenant-colonel P. Santini.*
5. Compris dans les tués ou les prisonniers selon leur situation à la fin des hostilités.
6. Ne couvrant que la moitié de l'année, devraient être normalement multiplié par deux.

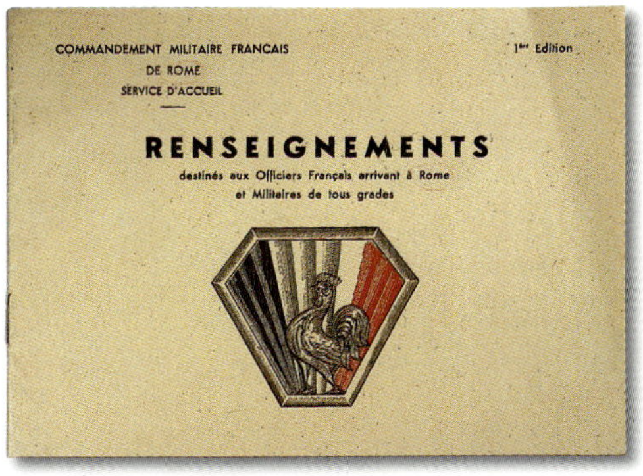

Brochure de renseignements *pratiques éditée par le service d'accueil du commandement français de Rome et destiné aux militaires arrivant dans la ville. (Coll. particulière)*

les Services, Intendance, Matériel, Santé, poussant au plus près des premières positions pour diminuer les délais, tout l'EM par la minutie de sa préparation, tous ont l'impression d'avoir fait ce qu'il était humainement possible de faire pour remplir la mission commune : neutraliser ou anéantir l'adversaire.

Rarement une telle cohésion, une telle harmonie dans l'effort ont été atteintes. C'est sans doute là, au Garigliano, que s'est manifesté avec une telle clarté l'esprit CEF, tendu, sans réticence et sans équivoque, vers le seul but : battre l'adversaire.[102] »

102. La campagne d'Italie 1943-1945, une victoire quasi inutile, *op. cit.*

Fanion de commandement de la 3e division d'infanterie algérienne. (Musée de l'Infanterie)

Cimetière de la Division algérienne à Castel Azzara. (Coll. particulière)

L'INFANTERIE, REINE DES BATAILLES

18 NOVEMBRE 1943, quai de la Pêcherie à Bizerte. La compagnie hors rang et le 3e bataillon du 4e RTM attendent d'embarquer à bord de LST. (©ECPAD/France)

Le fantassin se trouve naturellement aux avant-postes. Il y vit les désagréments du climat et de l'isolement, l'anxiété du retour des patrouilles dans le *no man's land*, de l'attaque à découvert ou de la contre-attaque qui le mènent au corps à corps. Certes, il n'est pas seul en première ligne : l'observateur avancé d'artillerie y règle les tirs, le brancardier en ramène les blessés, le muletier apporte les munitions et les vivres, le transmetteur pose ou répare les lignes téléphoniques, le sapeur ouvre des pistes et dégage les mines... Mais il est le seul à subsister avec ce qu'il porte sur le dos et, surtout, à se trouver face à face avec l'ennemi au moment de l'assaut.

Il mène donc une existence difficile : le froid et les pieds gelés, la chaleur et le manque d'eau, la fatigue des marches ou des nuits sans sommeil, les obus, les grenades et les balles, l'angoisse alors que les munitions s'épuisent, la blessure et le long brancardage jusqu'au poste de secours... Sa vie est faite de petits riens qui prennent une grande importance : un repas chaud, le courrier, la recherche d'un confort précaire, l'arrivée de renforts ou la relève...

Au CEF, le fantassin est surtout nord-africain[1] :

« Les Indigènes nord-africains sont d'excellents combattants du rang et surtout de merveilleux fantassins. Elevés en général en pleine nature, dans des conditions de vie très dures, ils sont très résistants à la fatigue, aux privations et aux intempéries, endurants et excellents marcheurs, ce sont d'ailleurs pour la plupart des montagnards solides et adroits. Ayant en outre un sens inné du terrain, une vue et une ouïe très bonnes, ils excellent dans la manœuvre en terrain difficile. Fatalistes et possédant un vieil atavisme guerrier, ils ont naturellement braves. Ils ne redoutent que les dangers qu'ils ne connaissent pas bien, d'où leur nervosité lors des premiers combats et leur calme imperturbable après les premières épreuves du feu...[2]*»*

Musulmans et très attachés à leur religion, ils acceptent la mort avec philosophie, car elle est le passage de la vie terrestre et temporelle à une vie éternelle. Ils sont ainsi fatalistes et s'en rapportent à la puissance divine.

« Ils réprouvent l'usage de la chair et de la graisse de porc ; leur nourriture doit donc en être totalement exempte et aucune tromperie ne doit être tolérée à ce sujet car elle pourrait être génératrice de troubles graves. Les boissons fermentées leur sont interdites : certaines d'entre eux en usent cependant et souvent même en abusent, ce qui les conduit à des actes d'indiscipline.[3] *»*

CI-DESSUS : INSIGNE DU 4E RÉGIMENT de tirailleurs marocains formé par une étoile chérifienne portant la devise en arabe : « En avant avec joie ». (Coll. particulière)

Ne pouvant occuper leurs loisirs par la lecture et la correspondance, ils s'adonnent au jeu, mais sont mauvais joueurs et vindicatifs. Ils ont par ailleurs une très haute conception de leurs droits, d'autant plus que leur crédulité leur fait considérer comme acquis ce qui leur a été promis. Et toute inégalité les révolte :

« En outre, ils sont de race blanche, le savent, tiennent à être traités comme tels et sont très susceptibles à ce sujet.[4] *»*

Ce qui compte avant tout, c'est celui qui les commande :

« Le Nord-Africain a le sentiment très marqué de la hiérarchie. L'officier est le chef par excellence, tour à tour paternel et sévère, conciliant et intransigeant, mais toujours juste, sachant récompenser et punir. Il est également celui qui ne doit pas se tromper, mais surtout celui qui ne doit pas tromper. La droiture, le courage, le désintéressement, la justice, la bonté doivent être ses qualités essentielles. L'attachement que lui témoignent ses hommes, fait d'admiration et de vénération, est alors total et ira jusqu'au sacrifice suprême.[5] *»*

Existe-t-il des différences entre les territoires ? Cadres et gradés européens - si importants avec de telles troupes et à pareil moment - diffèrent peu, tant le brassage est important entre la Métropole et l'AFN et entre les trois territoires. Si différence il y a, elle tient plutôt au recrutement : appel en Algérie et volontariat au Maroc.

Pour ce dernier territoire, les goumiers constituent une troupe à part, différente des par les origines, l'organisation et le mode de vie :

« Le goumier, individualiste, fruste, est plus encore que les autres Marocains un guerrier dans l'âme. Il a l'instinct du piégeur, du contrebandier, du coupeur de routes, mais il est inapte à la défensive statique. Parfois inconstant dans l'effort, il est exalté par le succès, mais très sensible à l'échec. Il ne raisonne pas, suit ses chefs et seulement ses chefs avec une confiance aveugle...

1. 28 bataillons sur 36 et 9 tabors.
2. Remarques relatives aux différentes unités des forces expéditionnaires françaises diffusées le 14.11.43 sous n° 891 EMP/3.S à l'intention du commandement allié.
3. Ibid.
4. Ibid.
5. Psychologie du combattant du CEF en Italie (1943-1944), op. cit.

Les formations d'infanterie

Le régiment de tirailleurs nord-africains

Commandé par un colonel assisté d'un lieutenant-colonel, le régiment comprend un état-major, des unités régimentaires et trois bataillons.

La compagnie hors-rang dispose d'une section de reconnaissance et observation à deux groupes d'orienteurs portés chacun sur trois jeeps et une section de pionniers.

La compagnie antichar est articulée en trois sections de quatre pièces tractées et une section de mineurs.

La compagnie de canons d'infanterie dispose de six obusiers de 105.

Chaque bataillon comprend :

- une compagnie de commandement,
- trois compagnies à trois sections de fusiliers-voltigeurs et une section de mitrailleuses et d'engins,
- une compagnie d'accompagnement à deux sections de mitrailleuses lourdes, une section de mortiers de 81 et une section de canons antichars.

	Officiers	S/officiers	Troupe	Total	Véhicules
EM	9	-	-	9	-
CHR	9	31	171	211	38
CAC	4	28	124	156	23
CCI	4	17	112	133	22
1er bataillon	22	110	735	867	37
2e - 3e bataillons	44	220	1 470	1 734	74
total	**92**	**406**	**2 612**	**3 110**	**194**

La proportion d'Indigènes atteint 69 % pour le régiment, 74 % pour le bataillon, 79 % pour la compagnie de FV, 52 % pour la CAC et 36 % pour la CCI.

Le régiment d'infanterie type montagne

Le régiment type montagne suit à peu près la même évolution que le type partiellement motorisé, bien qu'il n'existe pas de modèle américain.

Les différences essentielles sont le remplacement de la CCI par une compagnie de douze mortiers de 81 et l'adjonction d'un échelon muletier aux sections ravitaillement et sanitaire de la CHR et aux différentes unités.

	Officiers	S/officiers	Troupe	Total	Véhicules	Animaux
EM	10	-	-	10	-	-
CHR	9	37	213	259	37	56
CAC	4	28	129	161	23	-
CM	3	25	167	195	4	58
1er bataillon	24	128	984	1 136	34	163
2e - 3e bataillons	48	256	1 968	272	68	326
total	**98**	**474**	**3 461**	**3 943**	**166**	**603**

La proportion d'Indigènes atteint 77 % pour le régiment, 79 % pour le bataillon, 82 % pour la compagnie de FV et 77 % pour la CM.

Le groupe de tabors marocains

Chaque groupe comprend un goum de commandement et d'engins et trois tabors.

Le GCE dispose notamment d'une section de protection et de pionniers, d'un peloton d'estafettes à cheval, d'un peloton antichar et de mortiers et d'un groupe muletier.

Le tabor compte un GCE - à une section de mortiers de 81, un peloton de cavaliers et un groupe du train - et trois goums type infanterie chacun à trois sections.

	Officiers	S/officiers	Troupe	Total	Véhicules	Animaux
GCE	11	32	249	292	16	77
Tabor	14	51	826	891	14	236
deux tabors	28	102	1 652	1 782	28	472
total	**53**	**185**	**2 727**	**2 865**	**166**	**785**

La proportion d'Indigènes atteint 77 à 78 %.

Avers du fanion *de la 10e compagnie du 3e régiment de tirailleurs algériens. (Musée de l'Infanterie)*

Considéré comme un mercenaire et un partisan, il a deux préoccupations : le baroud et la famille. L'inaction lui pèse, et les chicayas *se réveillent, alimentées par des griefs à ses yeux justifiés : permissions promises et non accordées, retards dans les soldes, envois d'argent, et surtout interdiction de se livrer au pillage.*[6] »

Il ne faut cependant pas se méprendre : le tabor n'est pas un bataillon ni le groupe un régiment. Aucun ne dispose en effet de défense antiaérienne et le nombre d'armes automatiques ou antichars est réduit par rapport aux tirailleurs. Les tabors sont, en conséquence, inaptes au combat en plaine et doivent être employés groupés, de préférence dans les régions difficiles peu propices aux troupes motorisées.

Dans les régiments nord-africains, on trouve évidemment de nombreux Européens originaires d'AFN : « troncs de figuier » du Maroc et surtout « pieds noirs » d'Algérie... Volontiers frondeurs, volubiles, jaloux de leurs particularismes, surprenants pour des « Français de France » qui ne comprennent pas leur argot nuancé selon chaque région, ils sont fidèles et dévoués. Parlant généralement l'arabe, ils servent comme sergents, caporaux, radio, chauffeurs, tireurs à la mitrailleuse ou chefs de pièce de mortier... Des familles entières se retrouvent sous les drapeaux : fils, frères, cousins[7]. Des filles mêmes se sont engagées.

De son côté, la 1re DMI comporte six bataillons de tirailleurs d'origines très diverses, hérités de la DFL ou de la colonne Leclerc, que l'on désigne communément sous le nom de « Sénégalais », qu'ils soient originaires d'AOF ou d'AEF :

« Ce sont des Noirs, frustres et, en général, peu évolués mais solides physiquement et très aptes à recevoir une instruction militaire simple. En effet, guerrier par hérédité, insouciant et fataliste, le Noir Africain est également discipliné par tempérament et par habitude, son état social l'ayant soumis, au cours des siècles, à l'autorité presque toujours tyranniques de chefs puissants. Il fait en général un bon soldat extrêmement dévoué à ses cadres européens et très attachés à ses devoirs militaires. Il est bon marcheur et résistant à la fatigue et aux privations.[8]»

Novembre 1943, *dans la campagne napolitaine. Des tirailleurs marocains achètent à des petits Italiens des légumes et des fruits pour améliorer leur ordinaire. (©ECPAD/France)*

6. Ibid.

7. 118 000 mobilisés, soit 14 % de la population européenne d'AFN.

8. Remarques relatives aux différentes unités des forces expéditionnaires françaises.

En période chaude, il lui faut cependant une grande quantité d'eau de boisson, soit cinq à dix litres par jour et par homme. La base de son alimentation est le riz et le mil, mais il peut se contenter un certain temps d'un régime à base de féculents et de pain.

Trente pour cent des tirailleurs - les Soudanais en particulier - sont musulmans et réprouvent la consommation de viande de porc et d'alcool. Les mêmes précautions sont donc à prendre avec eux.

Enfin, il y a le légionnaire, excellent soldat de métier :

« Sa vraie patrie, c'est la Légion. Au Corps expéditionnaire, celle-ci présente un visage inhabituel. La majorité n'est plus germanique mais méditerranéenne : Espagnols, italiens, Yougoslaves. Elle est marquée par les combats de Syrie en 1941 et souffre surtout de l'absence de renforts. Sous une apparence plus relâchée, elle reste une troupe solide, souple, endurante, digne de toute confiance.[9] »

« Zidou l'goudem ! »

Les tirailleurs de la 2e DIM sont les premiers à monter en ligne. Dans leur secteur, les collines dominant à l'ouest la vallée du Volturno sont aux mains des Alliés. Au delà commence la montagne, qui passe de 1 200 mètres - l'horizon immédiat - à plus de 2 000 mètres au sommet de la Meta. Le terrain est argileux, humide, boueux, mouvementé, d'accès difficile... Les pistes sont rares et la route Colli-Atina est l'unique voie permettant aux véhicules de passer de la vallée de Venafro à celle de Cassino. Dans ce terrain, tirailleurs et goumiers[10] réalisent vite qu'il ne s'agit plus d'un combat de petites unités, mais d'un affrontement d'homme à homme dans un paysage où la vue s'arrête souvent dix mètres à peine en avant des avant-postes. Les rochers n'y garantissent pas une protection absolue, surtout lorsque l'artillerie allemande ajoute aux projectiles les éclats de pierres volant dans toutes les directions. En outre, l'unique compagnie muletière est insuffisante pour transporter les vivres et les munitions des unités dont la cavalerie n'a pas encore rejoint.

Le 14 décembre à 17 heures[11], les premiers voltigeurs franchissent comme prévu la base de départ. Ils sont en tenue de combat, avec dotation complète de cartouches et grenades, capote, toile et piquets de tente, imperméable, gants de laine, deuxième couverture... L'idée du commandant de l'infanterie divisionnaire est d'éviter l'action frontale vouée à l'échec et d'attaquer par surprise par le nord, en se rabattant ensuite sur les arrières ennemis. Le Monte Mare, couvert de neige épaisse, doit pouvoir être atteint de nuit par la Cluse San Michele. Une fois au sommet, ce sera un jeu de déboucher derrière l'ennemi et de rompre son front...

« Le général Dody comprend tout ce qu'il y a de tentant dans cette proposition, mais il estime surhumain, donc impossible, que les tirailleurs atteignent en une nuit la position de départ que propose le colonel Callies sur le Monte Mare. Evidemment, Dody a fait toute sa carrière en France et nos quatre colonels d'infanterie, vieux marocains, ne lui envoient pas dire qu'il n'a aucune notion de la valeur des jarrets marocains !

Malheureusement, Dody se laisse convaincre et son ordre d'opération sera celui souhaité par les colonels... En signant l'ordre que je vais porter aux exécutants, le général me confie qu'il na aucun espoir de le voir réaliser mais qu'il doit en prendre et en supporter l'entière responsabilité dans l'incapacité où il se trouve de contrer brutalement ses subordonnés dès cette première action de combat ![12] »

Lors de l'offensive *de janvier 1944, des tirailleurs algériens transportent un blessé jusqu'à la piste où attendent jeeps et infirmiers. (©ECPAD/France)*

A 23 heures, la cluse est occupée par le bataillon de tête du 8e RTM[13]. Mais celui du 4e RTM[14] se heurte à des mines et des tirs de blockhaus sur les pentes du Castelnuovo. Et, en arrière, certaines unités s'égarent dans le noir :

« Toute la nuit, nous allons suivre par radio la pénible progression dans la cluse San Michele. Très vite, il apparaît que des retards se produisent sur les prévisions et lorsqu'à l'heure H (8 heures) se déclenchent tout le long du front les tirs d'artillerie qui doivent accompagner le débouché de l'infanterie, il faut bien constater qu'il n'y a aucun débouché sur le front de la 2e DIM : les tirailleurs sont empêtrés dans la cluse San Michele.

Vers 12 heures, le général Lucas arrive, glacial, au PC de la Division. Le général Dody, prenant à son compte toute l'erreur de conception de sa manœuvre, attend la réaction du commandant de corps d'armée... Celle-ci est claire : le général Lucas ne porte aucun jugement sur le passé. Il l'oubliera même à une condition : que la 2e DIM s'empare du massif du Pantano. Il est évident pour nous que c'est la dernière chance offerte à l'armée française de participer à la poursuite de la guerre.[15] »

Fiche d'évacuation *du colonel Roux, commandant le 4e RTT, établie le 27 janvier 1944 au poste de secours régimentaire. (Coll. particulière)*

C'est donc au 5e RTM[16] qu'échoit la mission de prendre le Pantano, véritable château fort naturel sur lequel les Américains se sont cassé le nez à onze reprises. Le 16 décembre à 6 h 15, la montagne s'illumine et, tandis que les obus éclatent sur les sommets, une troupe de fantômes se glisse silencieusement dans la pénombre[17]. Débouchant de la base de départ, elle atteint bientôt le premier piton dans un crépitement d'armes automatiques. Le jour se lève, les tirailleurs donnent l'assaut au pistolet-mitrailleur, à la grenade et au couteau, en poussant leur cri de guerre : « Zidou l'goudem[18] ! ». Mais derrière la crête, les Allemands, échelonnés à la contre-pente, réagissent... Pendant deux jours et deux nuits, des corps à corps furieux font rage. Et la neige qui se met à tomber rend encore plus difficiles l'évacuation des blessés

9. Psychologie du combattant du CEF en Italie, *op. cit*
10. *La 2e DIM est renforcée par des unités de RG américaines et françaises : 776th TD Bn, 3d Chemical Mortar Bn doté de mortiers de 42, 4e GTM, 3/201e RPNA, 32e GAFTA et 14e Cie muletière.*
11. *Tombée de la nuit.*
12. *Souvenirs du général Marcel Rousseau, alors à l'état-major de la 2e DIM, communiqués à l'auteur par son fils.*
13. *Colonel Molle.*
14. *Colonel Laparra puis Bridot le 12.4.44.*
15. *Souvenirs du général Marcel Rousseau.*
16. *Colonel Joppé, puis lieutenant-colonel Piatte le 16.2.44.*
17. *La nuit est sans lune jusqu'à 21 h 30.*
18. *En avant.*

Goumier d'un peloton *à cheval du 3e groupe de tabors marocains dans le secteur de San Elia, fin janvier 1944. (National Archives)*

et le ravitaillement en vivres et munitions. Le 17, une fois la nuit tombée, l'ennemi se replie enfin et le Pantano est définitivement conquis[19].

Sans répit, les trois bataillons et le 11e Tabor marchent sur la Monna Casale. Mais la défense est trop forte et, le 30 décembre, le 5e cède la place au 4e. Puis, le 16 janvier, il faut marquer une pause car les régiments sont affaiblis par la fatigue extrême et les fortes pertes.

Deux tentatives sont encore faites du 21 au 24 janvier. Sur le Croce, la visibilité est nulle et l'on se fusille à quinze mètres. Les tirs d'artillerie se suivent à intervalles réguliers, mais, pour les tirailleurs du 5e RTM, il est impossible de trouver un abri tant les pentes ont été concassées par les obus. Un aspirant commande maintenant la 3e compagnie et à la 7e un sergent a pris sous son aile ce qui reste de deux sections : *« Vers 10 heures, nouvelle concentration suivie, quelques minutes après, d'une troisième. Des clameurs s'élèvent : les Boches contre-attaquent. Une grêle de balles les arrête. Cependant les munitions s'épuisent et il faut deux heures pour aller en chercher. La liaison radio ne fonctionne plus. La liaison par file est coupée et aussitôt rétablie. Un brouillard impénétrable continue à maintenir les deux clans dans un champ clos, empêchant tout réglage d'artillerie et tout appui des unités les plus proches. Malgré les demandes de renfort, rien n'arrive. Si, pourtant : une section de la 5e compagnie. Elle est réduite à onze hommes… Un peu avant midi, quatrième concentration, accompagnée d'une nouvelle tentative pour nous rejeter. Nouvel échec de l'adversaire. Les pertes, le transport des blessés, l'acheminement des munitions ont réduit les sections à leur plus simple expression…*[20]»

Le froid humide fait également des ravages : *« A 1 500 m d'altitude, c'est la souffrance terrible du froid, des pieds gelés aux avant-postes… Visages ravagés par la douleur, des tirailleurs qui, ne pouvant plus s'appuyer sur leurs pieds, se déplacent en se traînant sur leurs mains pour avertir le chef de section qu'ils ne peuvent plus poursuivre leur mission immobile parmi les rochers couverts de neige.*

Depuis que nous sommes ici, notre lieutenant se fait des cheveux blancs, presque tous les jours quatre ou cinq hommes sont évacués pour pieds gelés. Les sections diminuent à vue d'œil ; à la section de mortiers nous n'avons pas trop de pertes. Tous les matins, je fais déchausser les hommes et exige qu'ils se frottent les pieds avec de la neige.[21] »

La 3e DIA, engagée le 12 janvier, a pendant ce temps progressé jusqu'au Rapido. Et le 25 janvier, les Tunisiens du 4e RTT[22] se lancent à l'attaque du Belvédère, bientôt renforcés par le 7e RTA[23] puis soutenus par le 3e RTA[24]. Et lorsque la bataille s'achève le 4 février, le 4e a perdu près de la moitié de son effectif :

	Effectif 1.1.44	Tués	Blessés	Disparus	Total	Pourcentage
Officiers	101	14	19	5	38	38 %
Français	901	48	127	79	254	28 %
Tunisiens	2 149	145	593	342	1 080	50 %
Total	**3 151**	**207**	**739**	**426**	**1 372**	**43 %**

Enfin arrive la relève tant attendue. Elle commence le 22 mars par la Division marocaine qui part au repos à Conca della Campania. La Division algérienne suit une semaine plus tard et vient cantonner dans la région de Teano.

Les régiments ont besoin de se remettre en condition après les pertes de l'hiver. Le 8e RTM, par exemple, a perdu un millier d'hommes :

	Effectif 12.12.43	Tués	Blessés	Disparus	Total	Pourcentage
Officiers	102	9	19	-	28	27 %
Sous-officiers	357	40[25]	93	-	133	37 %
Troupe	2 695	135	628	3	766	28 %
Total	**3 154**	**184**	**740**	**3**	**927**	**29 %**

Aux pertes au combat, il faut ajouter les malades évacués et les nombreux « pieds de tranchée ». Or les hommes récupérés à la sortie des formations sanitaires et ceux arrivés échelonnés d'AFN[26] permettent à peine de combler le déficit.

Des armes et des hommes

Le commandement s'inquiète de cette hémorragie et en cherche les raisons. Il pense d'abord à la nourriture et à l'habillement insuffisants auxquels les services tentent de remédier. Mais la faiblesse de l'armement est également mise en cause…

Lorsque les régiments arrivent à Naples, ils disposent bien de la totalité de sa dotation. Mais, à la 2e DIM par exemple, les fusils-mitrailleurs ont été perçus cinq jours avant l'embarquement sans qu'aucune instruction préalable ait pu être menée. Le BAR américain est d'ailleurs beaucoup plus compliqué que le 24-29 français et les Indigènes notamment éprouvent des difficultés à le servir et l'entretenir. Pour l'armement individuel, des fusils à répétition ont été livrés faute de disposer des armes semi-automatiques[27] dont les formations américaines commencent à être dotées. La situation se complique un peu plus lorsque la 4e DMM arrive avec des fusils et des FM français de calibre différents tandis que la 1re DMI utilise encore ses *Bren* dont l'approvisionnement en munitions doit être assurée sur place par les services britanniques. Quant aux goums, ils disposent d'un échantillonnage varié d'armes[28].

Tout cela ne correspond pas évidemment aux standards américains. En mars 1944, un officier du *Service of Supply* en inspection

19. Le 5e RTM a perdu 16 officiers, 46 sous-officiers et 235 tirailleurs.

20. Historique du 5e RTM, *Imprimerie nationale de Fribourg en Brisgau, 1948.*

21. Victoire en Italie, *Gauthier-Villars Editeur, Paris 1945.*

22. Colonel Roux tué le 27.1.44, puis lieutenant-colonel Guillebaud (colonel le 25.3.44).

23. Colonel Chappuis.

24. Lieutenant-colonel Gonzalez de Linarès (colonel le 25.3.44).

25. Dont le sergent-chef El Ghazi, champion d'Europe de cross-country, le 25.12.43 sur la Mainarde.

26. 700 hommes soit 10 officiers, 78 sous-officiers et 612 tirailleurs.

27. M1903 Springfield *et M1917* Enfield *au lieu du M1* Garand *et pistolet à la place de la carabine M1.*

28. FM 7,5 mm, pistolets 7,65 mm, mousquetons et revolvers 8 mm.

En janvier 1944, *tirailleurs de la 2e division marocaine jouant aux cartes. (IWM AI 11332)*

en Méditerranée s'en étonne et envoie un rapport qui fait quelque bruit à Washington et à Alger. Selon lui, la puissance de feu de l'infanterie du CEF est inférieure à celle des Allemands et des Américains, parce qu'elle utilise seulement des fusils à répétition en mauvais état[29]. En conséquence, le taux de pertes en personnel est anormalement élevé et complique sans nécessité l'exercice du commandement américain. Bien évidemment, le général Juin déclare que les progrès accomplis l'ont été sans pertes exagérées. Il avance - et cela sera confirmé par la suite - que l'infériorité ne vient pas des armes elles-mêmes, mais de leur diversité. A l'automne, on a bien songé à ne garder que le *Springfield* préféré par les Français, mais cela n'a pas été possible en raison du grand nombre d'*Enfield* déjà en place et du fait qu'il était seul à disposer de manchons lance-grenades. La solution serait évidemment de donner à tous les nouveaux *Garand*, mais, compte tenu de la pénurie, le CEF ne peut en obtenir même de la 5e armée[30].

L'autre problème est celui du maintien des effectifs, d'autant plus crucial que les pertes frappent un personnel bien instruit. C'est une des raisons - les autres sont évidentes - pour abriter les blessés, qu'un mur de pierres hâtivement dressé par les brancardiers, une simple toile de tente, deux caisses de pansement et un fanion à croix rouge « sur lequel se portent souvent les regards inquiets du millier d'hommes du bataillon ». Les blessés y sont déposés, grelottant de froid. Médecin ou infirmier pansent les plaies, immobilisent les fractures, injectent tonicardiaques ou morphine, avant que des brancardiers, venus en renfort du régiment ou du bataillon médical, les portent au relais suivant, par des sentiers escarpés :

« Les évacuations durent des heures à travers la montagne, réalisées souvent comme par miracle, grâce à des prisonniers. Les brancardiers ne sont pas assez nombreux et leurs pertes sont égales à celles des combattants.[31] »

Mais l'arrivée au dernier poste de secours ne signifie pas forcément la fin du calvaire. En attendant les sanitaires, des obus peuvent tomber. Et dans la voiture qui roule tous feux

***17 janvier 1944**, dans la zone de stationnement de Caivano. Goumiers du 3e GTM examinant les fusils à répétition français dont ils sont les seuls à être dotés au CEF. (IWM TAP 12 689)*

lesquelles le service de santé fait tous ses efforts pour assurer aux fantassins les soins nécessaires, soins auxquels les généraux Giraud et Juin apportent une attention toute particulière.

Dans le djebel, il n'y a même pas une ruine. Deux tentes, dressées côte à côte sur le sol boueux recouvert de pierres et de branchages, abritent le poste de secours régimentaire : l'une sert de salle de pansement, l'autre de dortoir et de salle d'attente. De la neige fondue sert à préparer les infusions. L'humidité et les gels successifs paralysent les gestes et les bombardements ne retiennent même plus l'attention. La lutte contre le froid devient le seul enjeu : les couvertures ont été depuis longtemps emportées par les premiers évacués et les bouillottes chimiques américaines ne constituent qu'un insuffisant palliatif.

Les postes de secours de bataillon sont plus haut, à flanc de montagne. De là, les PS régimentaires paraissent de somptueuses installations. Car ici il n'y a fréquemment, pour éteints, les heures passent, prolongeant les souffrances, aggravant les blessures, créant peu à peu la torpeur où sombre insensiblement le blessé... Une fois soigné dans un hôpital, on espère - si sa blessure n'est pas trop grave - qu'il pourra revenir ensuite au régiment !

L'autre souci du commandement français est d'alimenter les unités en personnel instruit. Pour résoudre ce problème, l'état-major a prescrit initialement que soit créé dans chaque division un centre d'instruction d'infanterie comprenant une compagnie des services et une de passage par régiment de tirailleurs. Leur mission est de fournir les renforts immédiatement disponibles, administrer les réserves de cadres, recevoir les isolés et servir de centre d'instruction[32].

***Revers du fanion** du 4e groupe de tabors marocains portant, sur sa soie, la* koumia *des goums et les inscriptions :* « Abruzzes », « Rome » *et* « Toscane ». *(Musée de l'Armée, Paris)*

Au moment du départ, le CEF intervient afin que le rôle des CID soit étendu. Il demande que leur organisation ne soit pas limitée à l'infanterie, mais comprenne un escadron de passage (régiment de reconnaissance), une batterie (artillerie et FTA) et une compagnie mixte (génie et transmissions) sur le type formation « cadres » d'infanterie.[33]

En fait, les CID des 2e et 3e divisions sont alors transformés en centres d'armée ouverts à tous[34]. Rattachés à la Base 901 à leur arrivée à Naples, le CIA 2[35] s'installe ainsi à Cardito et le CIA 3[36] à Caivano.

Le 1er mars 1944, le CIA 2 absorbe le CID[37] de la 4e DMM et constitue le Centre d'instruction d'armée marocain et colonial, tandis que le CIA 3 prend l'appellation de Centre d'instruction d'armée algéro-tunisien. Puis le CID de la 1re DMI[38] débarqué le 3 mai s'établit à Albanova et devient, quatre jours plus tard, Centre d'instruction d'armée colonial. Le centre de Cardito perd alors sa fonction coloniale[39] et forme le Centre d'instruction d'armée marocain.

L'organisation adoptée par le CEF[40] est ensuite prise en compte par l'état-major d'Alger qui précise les missions des centres :

- alimenter les formations en cadres et troupe au moyen des renforts provenant d'AFN et des récupérés des formations sanitaires d'Italie ;
- administrer « renforts de l'arrière » et « évacués sanitaires de l'avant » jusqu'à la date de leur affectation ou de leur réaffectation à une unité ;
- instruire le personnel destiné aux unités combattantes[41].

---

29. Les M1903, livrés aux Britanniques après Dunkerque, ont servi pendant deux ans à la Home Guard.

30. Le 20.7.44, l'ensemble des forces françaises aura reçu 47 000 M1903, 167 000 M1917, 13 400 carabines M1 et seulement 740 Garand, tous livrés au 1er RCP de l'armée de l'air qui sera ainsi, avec la 2e DB, la seule formation à en être dotée.

31. JMO du 8e RTM.

32. Note n° 1568 EMGG/I du 20.8.43. Chaque compagnie doit pouvoir absorber 200 hommes.

33. Fiche n° 1204 CEF/3-S du 1.10.43. Les unités demandées ne seront pas créées, mais les CID assureront dès lors leur mission au profit de tous.

34. Note de service n° 1737 CEF/1 du 20.10.43.

35. Chef de bataillon Fornel, débarquement les 29 et 30.12.43.

36. Lieutenants-colonels Guillebaud (parti au 4e RTT) puis colonel Jamilloux, débarquement les 2 et 3.1.44.

37. Arrivé le 25.2.44, regroupé à Caserte puis San Clemente.

38. Créé le 13.2.44 à Sionville aux ordres du lieutenant-colonel Bavière, il a géré en Tunisie les importants mouvements affectant la DFL : départ des Africains, Syriens et Libanais et arrivée des renforts d'AFN

39. Qu'il exerçait au profit du RACL et des 40e et 41e GCFTA.

40. Note de service n° 5491 CEF-1 du 19.5.44.

41. Note de service 5997 EMGG/1-O du 9.6.44.

Les pertes lors de la bataille du Garigliano

Se basant sur l'expérience de l'hiver et de la guerre dans les Abruzzes, l'état-major du CEF admet que toute division en ligne perd, en moyenne, 90 hommes par jour dont 82 % de fantassins.

Avec quatre divisions engagées, les pertes quotidiennes sont donc estimées à 360 hommes, plus environ 10 % pour les réserves générales. Ce qui, pour 30 jours d'opérations, donne un total de 12 000 hommes dont 10 000 fantassins.

Les demandes de renfort sont adressées dans ce sens à l'état-major d'Alger, mais l'AFN ne peut totalement les satisfaire. A la date du 31 mai, le CEF a en effet subi les pertes suivantes :

	Tués	Blessés	Disparus	Total		Pertes moyennes jour de combat
ERG	87	227	9	323	4 %	-
1re DMI	300	1 338	81	1 719	18 %	123
2e DIM	258	1 643	78	1 979	21 %	132
3e DIA	473	1 686	115	2 274	24 %	142
4e DMM	409	1 558	100	2 067	22 %	103
Goums	177	772	13	962	10 %	48
Total	**1 704**	**7 224**	**396**	**9 324**		
	18 %	78 %	4 %			

12 JANVIER 1944, sur la Costa San Pietro. Le ventre traversé par une balle, le lieutenant Barbarin, de la 6e compagnie du 8e RTM, est transporté par des soldats allemands capturés une heure auparavant. (©ECPAD/France)

Le CIAAT doit passer de trois à cinq compagnies de passage et d'instruction avec la charge des éléments de réserve générale. Le CIAM, organisé en six unités, n'en comprend plus que quatre. Quant au CIAC[42], il conserve ses trois compagnies.

Les renforts arrivent d'AFN d'abord par paquets de cent à six cents hommes. Puis, au début de février 1944, le général Giraud demande que mille cinq cents hommes toutes armes soient équipés, habillés et prêts à embarquer pour rejoindre chacune des divisions engagées[43].

Mais la cadence des renforts dépasse bientôt les prévisions et les centres, où les hommes doivent recevoir un complément d'instruction, n'arrivent pas à alimenter la bataille. Car les détachements quittent l'AFN sans armes et, pour les former sur l'armement américain, il est nécessaire d'utiliser une fraction du stock d'entretien dont dispose la base de Naples. Et certains effets d'habillement ou d'équipement ne peuvent être délivrés faute de disponibilité ou parce que le séjour à Oran est trop bref.

Au renfort n° 10, par exemple, un fort contingent est destiné au 4e Tirailleurs. Cinq cents hommes proviennent du 106e bataillon tunisien formé avec les anciens appelés des Chantiers et un encadrement européen du IV/4e RTT. Quant aux 150 autres venant d'Algérie, ils sont retardés par une épidémie de rougeole dans leur garnison et doivent être remplacés d'urgence par le 3e Zouaves[44]. L'autre partie - soit 800 hommes - est fournie par l'Algérie et le Maroc. Six cents sont des fantassins provenant des bataillons de tradition des 3e Zouaves et 3e, 7e et 11e Tirailleurs, instruits mais n'ayant jamais vu de matériel américain.

A Bizerte, les officiers logent en ville, séparés de la troupe qui bivouaque dans des conditions très précaires en zone d'attente, couverte de boue, sans éclairage ni installations sanitaires. Au renfort n° 10, destiné en majorité au 4e RTT, les hommes proviennent de diverses unités : 106e bataillon tunisien, formé avec les anciens appelés des Chantiers, 3e Zouaves, 3e, 7e, et 11e Tirailleurs. Les hommes ne possédant pas tous un paquetage de base uniforme, chacun doit être équipé en particulier à la cadence de trois cents par jour.

Puis les éléments sont embarqués au gré des départs des croiseurs alliés affectés au transport rapide de troupes vers l'Italie. C'est ainsi qu'un premier détachement[45] arrive à Naples le 23 février à bord du *Gloire*, suivi quatre jours plus tard par un second[46] réparti sur le *Scipione Africano* et le *Montecucolli*.

CANON DE 57 M1 antichar du 4e RTM en position dans le secteur de Scapoli lors de la relève des Américains. (IWM NA 9741)

Le « nouvel Africa Corps »[47]

Ces renforts arrivent opportunément pour combler les vides creusés dans les rangs au cours des combats dans les Abruzzes. Les régiments sont alors au repos : ceux de la 2e DIM vers Conca, le 4e RTT du côté de Teano et les deux corps algériens dans la région de Salerne. Chacun intègre ses renforts et envoie les unités les plus fatiguées se reposer au centre de Bagnoli. Certains peuvent ainsi visiter Amalfi, Sorrente, Pompéi, Paestum... et beaucoup profitent, comme le général Juin l'a autorisé pour l'ensemble du CEF, de permissions à Naples :

« Naples, ses sites, sa baie, son ciel, le Vésuve en éruption, ses promenades, ses rues grouillantes, ses restaurants, ses coiffeurs chics, ses bas quartiers, ses musiciens et son hospitalité intéressée, mais si commode, et ses filles à l'accent traînant, nonchalantes... et piquantes aussi.[48] »

Ces « quarante-huit heures » sont particulièrement goûtées des tirailleurs, très peu nombreux à utiliser les dortoirs du centre d'hébergement auquel ils préfèrent la nuit chez l'habitant.

Mais la guerre demeure présente. Ainsi, l'instruction est reprise dès l'arrivée dans les zones de regroupement, car il s'agit d'intégrer les bataillons de renfort formés en AFN, d'amalgamer les nouveaux venus et de leur insuffler l'esprit qui a animé les régiments pendant la campagne d'hiver. A la 3e DIA, l'accent semble être mis sur la manœuvre tactique. A la 2e DIM, l'effort porte sur l'instruction technique : mines et pièges, franchissements, attaques de blockhaus... La nature a maintenant un aspect

42. Lieutenant-colonel Aubé, venant du 16e RTS, depuis le 16.5.44.
43. Fiche n° 79 EMP/1 du 4.2.44.
44. Message express n° 1426 EMGG/I-E du 12.2.44.
45. 26 officiers, 362 Européens, 665 Nord-Africains.
46. 15 officiers, 168 Européens, 263 Nord-Africains.
47. « Chantons, buvons ferme et méprisons la mort, Et levons nos verres au nouvel Africa Corps », *chant du II/4e RTM sur l'air de Lily Marlène.*
48. *Victoire en Italie, op. cit.*

24 mai 1944. *Avant de quitter Pico, un capitaine du 7e RTA explique son idée de manœuvre aux cadres de sa compagnie. (IWM NA 15333)*

Avers du fanion *de la compagnie antichar du 2e régiment de tirailleurs marocains. (Musée de l'Infanterie)*

féerique auquel les fantassins, très terre à terre, sont extrêmement sensibles.

La 4e DMM est en place depuis mars au bord du Garigliano avec ses régiments : 6e RTM[49] engagé auparavant avec la Division algérienne, puis 2e RTM[50] regroupé à Aversa et enfin 1er RTM[51] arrivé d'Algérie. Et à partir du 9 avril, leurs unités effectuent des séjours dans la tête de pont pour se familiariser avec le secteur. Puis c'est le tour des régiments de la 2e DIM, bientôt suivis par les bataillons de la 1re DMI.

Celle-ci, ayant conservé les appellations britanniques, comporte donc trois brigades à trois bataillons. La 1re brigade[52] regroupe deux bataillons de Légion, issus de la 13e demi-brigade formée pour l'expédition de Narvik en 1940, et le 22e bataillon de marche nord-africain dont les origines remontent aux compagnies formées en Syrie avec des éléments du 1er RTM en 1941. La 2e brigade[53] coiffe les bataillons de marche n° 4 et 5 formés au Cameroun et n° 11 au Levant. Enfin, la 4e brigade[54] comprend les BM 21 et 24 ralliés à Djibouti et le Bataillon d'infanterie de marine et du Pacifique constitué après Bir Hakeim par fusionnement du 1er BIM et du BP.

Enfin, le général Guillaume dispose maintenant de l'état-major des goums[55], du 4e GTM[56] arrivé avec la 2e DIM, du 3e GTM[57] engagé avec la 3e DIA et du 1er GTM[58] débarqué à Naples du 14 au 21 avril[59].

Du haut de la plus haute tour du palais ducal de Sessa Aurunca où est installé le PC du CEF, on aperçoit vers le nord-ouest, au-delà des oliveraies, bordant le fleuve nonchalant, un massif abrupt dont les sortilèges de la lumière déguisent mal la rudesse. Et au-dessus se silhouette, très haut dans le ciel, un triangle éclatant de blancheur : le Monte Majo et le Petrella. C'est la tête de pont du Garigliano.

Pour le fantassin dans son trou protégé par un parapet de cailloux, la vision n'est évidemment pas la même. Il voit *« une barrière hideuse, sans végétation, où les massifs s'alignent les uns derrière les autres comme pour se camoufler derrière celui qui en réunit toutes les laideurs… Collines lépreuses, aux pentes douces sur les sommets, si douces que tout mouvement individuel devient impossible de jour, car on est vu de toutes parts…*[60] *»*.

Ce terrain, effroyable et lunaire, rappelle les collines pelées du camp d'El Hajeb :

« Il n'y a guère plus de cent à deux cents mètres entre les crêtes et les fonds de vallée. Mais au lieu de pentes normales, c'est un chaos de pierres d'un calcaire pourri. Entre ces pierres, quelques très maigres broussailles. Quelques lentisques et chênes verts rabougris donnaient l'illusion de plaques vertes sur les pentes. Les artilleurs se sont chargés de tout araser. Pour les attaquants, rien qui accroche l'œil, des cailloux ! Impossible d'ébaucher un trou individuel, seule ressource, entasser des cailloux. C'était facile… Les Allemands, qui avaient eu le temps d'aménager ce terrain, l'avaient creusé à la barre à mine et, profitant des anfractuosités, avaient construit des abris aux mur épais recouverts de pierre, indétectables.[61] *»*

Du barbelé traîne dans la rocaille des ravins et des mines couvrent la position allemande. Des blockhaus sortent des tuyaux qui intriguent les tirailleurs : ce sont des lance-flammes fixes renforçant une défense déjà riche en mortiers et mitrailleuses.

49. Colonel Cherrière le 16.2.44.
50. Colonel Buot de Lépine, puis chef de bataillon Cornet le 3.7.44.
51. Lieutenant-colonel Brissaud-Desmaillet le 31.3.44.
52. Colonel Delange, compagnon de la Libération le 2.12.41.
53. Lieutenant-colonel Garbay, compagnon de la Libération du 25.6.41.
54. Colonel Raynal.
55. 12 officiers, 26 Français et 82 Marocains débarqués du croiseur Duguay-Trouin *le 26.1.44.*
56. Lieutenant-colonel Soulard puis Gautier le 15.2.44 - 5e, 8e et 11e Tabors.
57. Lieutenant-colonel Massiet du Biest - 9e, 10e et 17e Tabors.
58. Lieutenant-colonel Leblanc - 2e, 3e et 12e Tabors.
59. 46 officier, 145 Français, 2 428 Marocains et 23 femmes à bord du croiseur Emile Bertin *venant d'Alger.*
60. Le 8e RTM rompt le dispositif ennemi au Faito, exposé et témoignages *par le général de Badts de Cugnac.*
61. Ibid.

De certains points bien choisis on peut voir assez loin, mais les vues rapprochées sont impossibles. A certains endroits, les trous de guetteurs sont même à portée de voix. Et l'ennemi, installé sur la contre-pente, multiplie patrouilles et coups de main pour que les Français n'en aient aucun aperçu. Les accrochages vont parfois jusqu'au à corps. Mais aussi, plusieurs rencontres se produisent, à l'occasion de corvées d'eau ou autres, où chacun s'en est allé de son côté sans tirer de coup de fusil. Sur le Cerasola, des échanges de cigarettes américaines contre des rations allemandes ont même lieu : le commandement s'indigne, mais préfère étouffer l'affaire.

Les compagnies accrochées à ces pentes sauvages voient en arrière d'elles rouler vers le Garigliano un moutonnement de verdures et les pistes ouvertes par les Anglais qui partent des flancs dénudés pour se perdre aussitôt sous un berceau de feuillages. Dans la vallée, des coquelicots flamboient, en larges nappes, ou coulent en ruisseaux rutilants sur les prairies neuves. Un nuage de fumigènes brouille le regard sur le fleuve et l'on en sent parfois l'odeur âcre. Au-delà, ce sont les libres espaces de la rive gauche où des jeeps filent parmi les vergers, contrôlées au passage par les plantons de la régulatrice :

« La circulation routière, qui comprenait avec l'intendance et le service de santé la plupart des Israélites de l'armée, réglait aux carrefours la marche des convois, les aiguillait sur leur direction. Il était curieux de voir ces Juifs gesticuler ; à peine arrivés, ils repartaient vers d'autres lieux.

Les PC, au dernier moment, se portèrent très en avant des batteries, aussi près que possible des lignes de l'infanterie. Le général de division s'établit sous la tente au sommet de la piste Merzeau qui escaladait la montagne au-dessus du pont du Tigre. Il se trouvait à hauteur du PC du 4e RTM dont les guitounes portées à dos de mulet, par un sentier raboteux qui s'appelait Bear Street, étaient nichées dans un taillis au rebord d'une gorge broussailleuse. Un cheval de selle, blanc, appartenant au colonel, paissait dans un espace herbeux. Dans la montagne sonore, les mortiers enchevêtraient de si bruyants échos que l'oreille trompée ne situait pas exactement les points de chute.[62] »

Casque Adrian *modèle 1926 avec insigne des Zouaves, Spahis et Tirailleurs nord-africains. (Coll. particulière)*

Au 3e bataillon du 8e RTM, qui doit attaquer derrière le 1er en direction du Faito, les compagnies se préparent pour l'assaut :

« Dans les unités, la mise au point de la tenue, de l'armement, du chargement en munitions et en vivres, est poussée dans les plus petits détails. Koulchi moujoud, tout est prêt, disent les commandants de compagnie.

Un détail amusant : les boujadis prennent strictement leur dotation de munitions, les anciens, par contre, ceux qui ont fait la Mainarde et San Pietro, resquillent tout ce qu'ils peuvent par crainte de manquer et les chefs de section doivent intervenir pour alléger certains chargements excessifs.[63] »

L'ennemi a bien décelé des préparatifs. Il croit cependant que, se couvrant à l'ouest dans la montagne par une action secondaire, les Français, à l'instar des Américains et des Britanniques, agiront dans la vallée du Liri. La présence de la 4e DMM - qu'il connaît grâce à des prisonniers - concorde avec cette hypothèse et le port de casques anglais leur paraît naturel : dernière arrivée en Italie, elle a dû, comme les goumiers, bénéficier de vieux stocks. Comment peut-il supposer que dans le secteur où une division tient à peine, le CEF va en engager quatre, plus les goumiers ?

Dans la journée du 11 mai, *« un pressentiment passa comme une fièvre sur le front français. L'espérance allumée dans les âmes prit la force d'une certitude... Sur les lignes, on connaissait la grave et religieuse attente, qui suspend hors de la vie les combattants à l'approche d'un assaut. Les branchages s'argentaient sous un large soleil blanc. Au crépuscule, des rossignols dans toutes les futaies chantèrent une nuit qui semblait leur appartenir ; mais à 23 heures s'énormes étoiles incandescentes s'embrasèrent à la bouche des canons, accompagnées de détonations sèchent et remplirent les bois, les ravins, les crêtes d'un intense rayonnement. La face du ciel s'enflamma d'éclairs ininterrompus qui volaient du nord au sud...*

A l'aube du lendemain, les pistes embaumées qui plongeaient vers le fleuve étaient à peu près désertes... Un grand silence enveloppait les montagnes. Il n'était point nécessaire de poser des questions dans les états-majors pour avoir la confirmation d'un échec...[64] ».

La percée au-delà du Garigliano

La 1re compagnie du 8e RTM est partie en tête, munie seulement de ses mitrailleuses et de ses grenades afin d'aller plus vite. Elle débouche sur une trentaine de blockhaus solidement tenus et, aussitôt, c'est le feu d'artifice : grenades, barbelés, mines, mortiers, fusées éclairantes... L'avance se fait bloc à bloc, les groupes serrés à vingt-cinq mètres les uns des autres. La nuit est toujours aussi noire. Blessés, cadres et tirailleurs continuent. Après une demi-heure de combat, la position est enlevée et un Alsacien blessé, qui a réussi à se rendre, se met à la disposition du commandant de compagnie pour guider les tirailleurs à travers le terrain truffé de mines.

Colonne par un, deux sections partent vers le Faito et l'occupent alors que la lune se lève : une lueur de veilleuse s'étend sur le paysage, doublant chaque roche, chaque ravin d'une ombre complice... Les hommes sont en tenue de twill et malgré l'imperméable, le froid se fait sentir... Epuisé de fatigue, la carte dans la main gauche et la torche électrique dans la main droite, le commandant du III/8 finit par s'assoupir dans le trou dont les aspérités sont amorties par le couvre-pied que son ordonnance a soigneusement étendu. L'observateur est à portée de main avec le téléphone et à quatre mètres, un sous-officier tient le poste radio...

Mais à l'aube, ni le Girofano au nord ni le Ceschito au sud ne sont atteints. Les tirailleurs du 4e RTM ont été fauchés par les mitrailleuses allemandes et ceux qui s'étaient glissés dans le ravin entre Cerasola et Girofano n'ont pu s'y maintenir : les lance-flammes au jet saccadé ont dévoré des hommes et terrifié les tirailleurs qui n'avaient jamais affronté les langues de feu.

« A l'échelon régiment, on était convaincu de l'existence d'une position passant approximativement par 611, la Noce, Cisternola. C'était une impression qui ressortait des CR quotidiens. Elle était basée sur certains indices discutables, sur quelques observations fugitives, sur des compte rendus imprécis de patrouilles, mais non étayée par des preuves formelles.

Comme tout bon *fantassin qui se respecte, ces tirailleurs du 22e bataillon de marche nord-africain, devant attendre les bateaux qui leur feront franchir le Garigliano, en profitent pour dormir. (OFIC)*

62. *Georges Gaudy,* Combats libérateurs, *H. Lardanchet, 1946. Il s'agit du général Dody et du colonel Bridot, dragon passé dans l'infanterie en 1917.*
63. *Colonel Jean-Louis Labadie,* Barbillon, carnet de route janvier 1943 - septembre 1944.
64. *Ibid.*

BONNET DE POLICE *des goums confectionné chez Janvier Corruzzolo, à Naples. (Coll. particulière)*

15 MAI 1944, *près de Castelnuovo. Pièce de fusil-mitrailleur 24-29 du 3e RTA en batterie sur une butte, couvrant la progression des voltigeurs. (US Army)*

Le Haut Commandement, par contre, estimait avec vraisemblance que le centre de gravité de la défense devait être situé plus en arrière, sur la muraille de Crisano, au-delà du fossé du Rio Grande.

En conséquence, la grosse masse de la préparation d'artillerie s'est appliquée sur cette zone et le régiment s'est heurté lors du débouché à des organisations presque intactes dont la conquête a été ardue.[65]»

Il y a d'autres raisons à cette préparation inopportune : la trop grande proximité des lignes amies qui aurait exigé de les abandonner le temps nécessaire à la sécurité des attaquants et l'obligation d'adopter le même horaire que les Alliés.

« Plus à droite, vers le Garigliano bordé de vergers dont les branches portent des grenades à fusil, la 1re DFL s'est elle aussi heurtée à une résistance affreusement efficace. Les Calédoniens et les Tahitiens du Bataillon d'Infanterie de Marine et du Pacifique ont conquis, au prix de lourdes pertes, le pain de sucre dit cote 541 : il commande, à l'est du Girofano, le couloir existant entre montagne et rivière. Mais vers 4 heures 30, la 1re compagnie du BIMP doit abandonner, sur ordre, cette position : elle a été soumise à un tir de mortiers d'une densité extraordinaire, elle n'a plus personne ni sur sa gauche, ni sur sa droite, elle est à court de munitions.[66] »

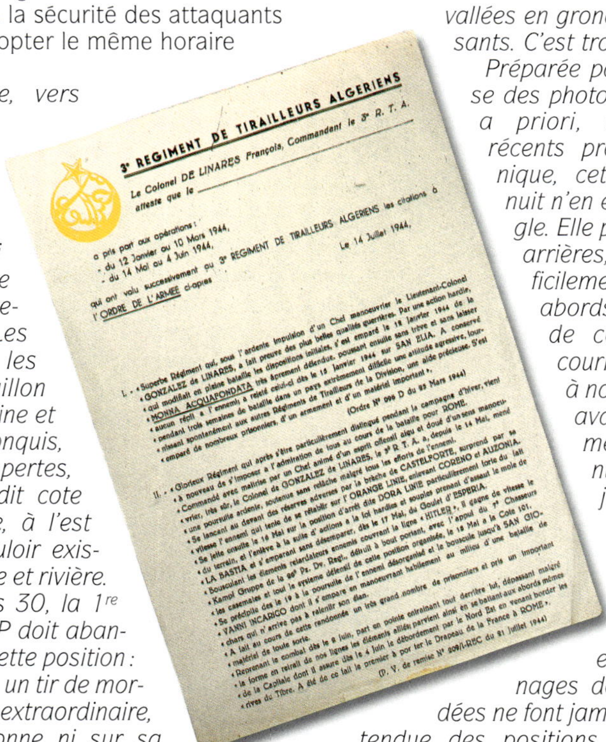

3e REGIMENT DE TIRAILLEURS ALGERIENS

Le Colonel DE LINARES François, Commandant le 3e R. T. A.
atteste que le ____________

a pris part aux opérations :
- du 12 Janvier au 10 Mars 1944,
- du 14 Mai au 4 Juin 1944,

qui ont valu successivement au 3e REGIMENT DE TIRAILLEURS ALGERIENS les citations à l'ORDRE DE L'ARMEE ci-après

Le 14 Juillet 1944,

I. - « Superbe Régiment qui, sous l'ardente impulsion d'un Chef manoeuvrier le Lieutenant-Colonel « GONZALEZ de LINARES, a fait preuve des plus belles qualités guerrières. Par une action hardie, « qui modifiait en pleine bataille les dispositions initiales, s'est emparé le 12 Janvier 1944 de la « MONNA ACQUAFONDATA très âprement défendue, poussant ensuite sans trêve et sans laisser « aucun répit à l'ennemi, a rejeté celui-ci dès le 15 Janvier 1944 sur SAN ELIA. A conservé « pendant trois semaines de bataille dans un pays extrêmement difficile une attitude agressive, four- « nissant spontanément aux autres Régiments de Tirailleurs de la Division, une aide précieuse. S'est « emparé de nombreux prisonniers, d'un armement et d'un matériel important ».

(Ordre N° 096 D du 25 Mars 1944)

II. - « Glorieux Régiment qui après s'être particulièrement distingué pendant la campagne d'hiver, vient « à nouveau de s'imposer à l'admiration de tous au cours de la bataille pour ROME.
« Commandé avec maîtrise par un Chef animé d'un esprit offensif aigu et doué d'un sens manoeu- « vrier très sûr, le Colonel de GONZALEZ de LINARES, le 3e R. T. A. a, depuis le 14 Mai, mené « une poursuite ardente, soutenue sans relâche malgré tous les efforts de l'ennemi.
« Se lançant au devant des réserves adverses par la brèche de CASTELFORTE, surprend par sa « vitesse l'ennemi qui tente de se rétablir sur l'ORANGE LINIE, enlevant CORENO et AUZONIA.
« Se jette ensuite le 16 Mai sur la position d'arrêt dite DORA LINIE particulièrement forte du fait « du terrain, et l'enlève à la suite d'actions à la fois hardies et souples prenant d'assaut le mole de « LA BASTIA et s'emparant sans désemparer, dès le 17 Mai, du Goulet d'ESPERIA.
« Bousculant les éléments retardateurs ennemis couvrant la ligne « HITLER », il gagne de vitesse le « Kampf Gruppe de la 90e Pz. Dv. Regt., détruit à bout portant, avec l'appui du 7e Chasseurs « les casemates et tout le système défensif de cette position organisée, le 18 Mai à la Cote 101.
« Se précipite dès le 19 à la poursuite de l'ennemi désorganisé et le bouscule jusqu'à SAN GIO- « VANNI INCARICO dont il s'empare en manoeuvrant habilement au milieu d'une bataille de « chars qui n'arrive pas à ralentir son élan.
« A fait au cours de cette randonnée un très grand nombre de prisonniers et pris un important « matériel de toute sorte.
« Reprenant le combat dès le 2 Juin, part en pointe entraînant tout derrière lui, dépassant malgré « la forme en retrait de nos lignes les éléments alliés; parvient ainsi en se battant aux abords mêmes « de la Capitale dont il assure dès le 4 Juin le débordement par le Nord Est en venant border les « rives du Tibre. A été de ce fait le premier à porter le Drapeau de la France à ROME ».

(D. V. de remise N° 209/I-REC du 21 Juillet 1944)

CERTIFICAT DE PARTICIPATION *aux opérations du 3e RTA en Italie. Remis aux intéressés le 21 juillet 1944, il comporte le texte des deux citations obtenues en Italie par le régiment. (Coll. particulière)*

Les Allemands contre-attaquent même et le 12 en fin de journée la percée n'est pas réalisée. Cependant, devant l'échec de la 4e DMM sur le Ceschito et de l'avance des Américains à gauche de la 3e DIA, celle-ci prend à son compte l'action sur Castelforte :

« Le ciel est illuminé sur tout l'horizon. Une voûte de feu nous recouvre et le tonnerre des éclatements se répercute dans les vallées en grondements assourdissants. C'est trop et c'est trop peu.

Préparée par l'étude minutieuse des photos aériennes, réglée a priori, d'après les plus récents progrès de la technique, cette préparation de nuit n'en est pas moins aveugle. Elle porte surtout sur les arrières, car on pourrait difficilement l'appliquer aux abords mêmes de la ligne de contact sans faire courir de risques graves à nos propres éléments avancés. Enfin, commencée tôt dans la nuit, elle se poursuit jusqu'au matin à une cadence fortement ralentie. Et les plus grands chiffres de canons alignés, et les plus gros tonnages de munitions accordées ne font jamais, rapportés à l'étendue des positions ennemies, qu'une densité de feux finalement bien faible rapportée au mètre de terrain. Le combattant de première ligne, la première surprise passée, en éprouve le sentiment très net…

Dans le jour naissant, les compagnies qui s'étaient glissées sur leur base de départ depuis une heure du matin s'élancent derrière une série de tirs d'artillerie déplacés selon un horaire convenu… Les premières centaines de mètres franchies, l'échelon avancé est bloqué par les feux croisés de mitrailleuses sous casemates, placées à contre-pente. La préparation d'artillerie est tombée loin dans la vallée sans inquiéter en rien les défenseurs, camouflés et abrités. Des concentrations denses de mortiers boches s'abattent sur les nôtres. Des brancardiers déjà sont à l'œuvre, un travail pénible, harassant, le long des pentes.[67] »

Tirailleurs et blindés progressent lentement, les uns bloqués par les champs de mines et les autres par les tirs d'armes automatiques. En fin de journée, les lisières de Castelforte sont débordées, mais la position ennemie n'est encore qu'ébranlée. L'attaque est donc reprise le 13.

« La nuit se passe en réflexion, en calculs. Il faut tirer l'enseignement de cette journée tragique et adapter sa tactique au terrain, à l'ennemi maintenant dévoilé. Puisque l'attaque avec appui massif d'artillerie avait échoué, il faudra manœuvrer, finasser, et prendre une à une les casemates ennemies, par une série d'action successives, combinées pour tirer un parti maximum de nos feux et du terrain[68].»

Vers midi, fantassins américains et tirailleurs tunisiens abordent Ventosa et Castelforte. Puis, à 15 heures, le sommet du Majo est occupé par le 5e RTM. Appuyés par les spahis marocains, les GIs prennent ensuite d'assaut le Rotondo et le 4e RTT achève le nettoyage de Castelforte. A la nuit tombée, la rupture du front est générale dans le secteur du CEF…

Tandis que les Marocains défilent des hauts monts vers les vallées, la Division algérienne s'engouffre dans la vallée sur la route de Coreno et Ausonia. Le 4e RTT, ayant perdu plus de trois cents hommes[69], se regroupe sur place. Son 1er bataillon mis au repos relève ses morts sur le Siola, tandis que le reste du régiment suit derrière les 3e et 7e RTA qui mènent l'exploitation.

Au nord, sur les sentiers de chèvres rendus encore plus escarpés par les éboulis de pierrailles causés par les bombardements, hommes et mulets, bataillons souvent mélangés, marchent dans la nuit vers Vallemajo et Ausonia. Les 2e et 3e bataillons du 8e RTM se portent dans la région de Rotondo et de Castelnuovo :

« 20 heures. Départ. Il fait encore clair : en tête la section Carayol qui s'est déjà promenée dans la région cet après-midi. En queue, Klein et nos 40 brêles. Progression très difficile ; jamais tant vu de cailloux ; pistes chaotiques

65. *Lieutenant-colonel Le Gouvello,* Etude sur le combat défensif illustrée par un épisode de la défense allemande au nord du Garigliano, *in Revue militaire d'information*
66. *Pierre Jarry,* Les Français en Italie, mai, juin, juillet 1944.
67. L'épopée du 4e régiment de tirailleurs tunisiens, *par des officiers ayant fait la campagne avec le régiment.*
68. *Ibid.*
69. *49 tués et 258 blessés.*

encadrées d'épaisses murettes de pierres sèches… Nous dépassons le PC du capitaine de Villaucourt du 5e RTM dont nous ne voulons pas interrompre le sommeil. Impossible de reconnaître qoi que ce soit dans l'obscurité. On bute à chaque pas. Grosse fatigue. Au moindre arrêt dans la colonne, les hommes s'endorment sur place et la colonne risque d'être coupée si les cadres ne sont pas perpétuellement aux aguets… Au clair de lune, nous croyons distinguer le village de Castelnuovo. Nous faisons des ruses de Sioux pour l'aborder… Erreur d'optique… ce ne sont que des roches. A 4 heures du matin, à la limite de la fatigue, nous formons le bataillon en carré et tout le monde s'endort sur place, sauf quelques guetteurs.[70]»

L'unique et mauvaise piste entre Faito et Feuci, déjà encombrée par les goums, permet d'amener derrière le Majo, au petit matin, quatre bataillons et leur train muletier :

« *Le jour se lève.* Hachouma ! *Nous sommes près des lisières est de Rotondo, à trois kilomètres à vol d'oiseau de notre point de départ d'hier soir. Et nous avons marché toute la nuit… Liaison avec le colonel de Linarès. Il fonce avec son régiment, le 3e RTA, et des éléments blindés, en direction de Castelnuovo…*[71]»

Le soir de ce 15 mai, la 2e DIM passe en réserve. Le 8e RTM, qui a été au plus fort de la bataille, compte près de quatre cents hommes hors de combat[72], dont trois chefs de bataillon. Au bivouac sous les châtaigniers non loin de Sipicciano où il se remet en condition, il reçoit heureusement un complément d'effectif venu du CIAM[73].

Derniers renforts, nouveaux combats

Au fur et à mesure que part de Caivano et de Cardito le personnel instruit, des renforts parviennent de Bizerte ou d'Oran[74]. Arrivés le 6 mai à bord de cinq *Victory ships*, ceux destinés au CIAAT[75] sont composés pour les deux tiers d'éléments du 9e Tirailleurs. Car les ressources des centres d'organisation sont maintenant épuisées et des corps constitués doivent être désormais expédiés au CEF pour combler les pertes prévisibles de l'offensive du printemps.

La 1re DMI en particulier reçoit, soit directement soit par le biais du CIAC, la valeur de quatre bataillons correspondant au renouvellement de plus du tiers de ses unités de fusiliers-voltigeurs. Il est même question de transformer la 1re brigade en régiment de tirailleurs algériens dont le 22e BMNA formerait le noyau, le dépôt de la Légion à Sidi bel Abbes ne pouvant à la fois mettre sur pied deux régiments blindés ou portés et maintenir les effectifs des unités de tradition de la 13e demi-brigade. C'est alors que le 16e régiment de tirailleurs sénégalais[76] rejoint au début de mai Albanova où il est intégré le 1er juin au CIAC qui conserve la garde de son drapeau. Un mois plus tard, le 2e bataillon est dissous, les compagnies étant réparties dans les deux brigades coloniales de la 1re DMI[77].

***Insigne du 2e régiment** de tirailleurs marocains, sur lequel la mosquée de la Koutoubia et les monts de l'Atlas enneigé rappellent Marrakech. (Coll. particulière)*

Le 3 mai arrivent également les premiers éléments du 9e tirailleurs algériens[78], dont la dissolution n'est pas aussi aisée car l'esprit de corps y est plus fort. Rentré en juin 1943 de Tunisie où il s'est vaillamment comporté, le régiment perçoit son matériel américain à Casablanca

---

70. Barbillon, *op. cit.*
71. *Ibid.*
72. 80 tués dont 6 officiers et 14 sous-officiers, 309 blessés dont 14 officiers et 45 sous-officiers, 8 disparus.
73. 17 officiers, 33 sous-officiers, 251 tirailleurs plus 16 « récupérés ».
74. 935 hommes dont 18 officiers pour le CIAMC le 20.4.44.
75. N°s 19 et 21, le n° 16 étant pour les goums et le n° 17 pour les éléments de RG.
76. Venant de la 10e DIC dissoute et comprenant seulement les unités régimentaires et le 2e bataillon, soit 61 officiers dont 2 Indigènes, 432 Européens et 1 403 Indigènes.
77. La division reçoit également, via le CIAC, le renfort du BM 12 arrivé à Naples les 6 et 9.6.44 avec 22 officiers, 511 Européens et 316 Indigènes.
78. Venant de la 7e DIA dissoute et comprenant au total 92 officiers dont 6 Indigènes, 526 Européens et 2 278 Algériens.

Des tirailleurs algériens *dans Pico encombré de véhicules, cherchent à se mettre à couvert au moment où une rafale d'obus de mortier s'abat sur le village. (IWM MEM 1051)*

et s'entraîne dans la région de Miliana. Puis, en avril 1944, il reçoit l'ordre de s'embarquer au complet à destination du CEF[79]. Officieusement, son colonel est informé que le commissaire à la Guerre a donné des instructions pour que le régiment ne soit pas dissous. Et avant l'embarquement à Oran puis en Italie, on lui assure qu'il sera inclus progressivement par bataillon dans l'une des deux divisions marocaines dont il constituera, à terme, le troisième corps en remplacement d'un régiment marocain.

Tambour arabe *ou* derbouka, *orné de la flamme du 1*er *régiment de tirailleurs marocains. (Musée de l'Infanterie)*

Mais, le 7 mai, le colonel Hogard est détaché provisoirement auprès du général Guillaume. Et, le 21, les unités régimentaires sont dissoutes pour aider le III/9 à passer sur le type montagne... Ce ne peut être que la fin du régiment, comme l'explique le lieutenant-colonel Goutard dans son rapport :

« Je n'insisterai pas sur la désillusion et l'amertume profonde ressenties à l'annonce de cette décision par les officiers, sous-officiers et tirailleurs, aussi bien français qu'indigènes, et qui croyaient avoir conquis en Tunisie le droit de combattre à nouveau dans " leur Régiment "... Une mesure aussi grave que celle qui consiste à rompre les liens qui unissent étroitement les membres d'un régiment riche en traditions, à se priver de la force morale que représente l'esprit de corps n'a pas été prise sans des nécessités impérieuses que j'ai expliquée de mon mieux aux cadres présents à Caivano... [Ils] comprennent mal ces dissolutions de régiment, catastrophiques au point de vue du moral, pour renforcer d'autres régiments, toujours les mêmes en ligne en Italie depuis le début des opérations.

Les cadres se demandent si toutes les divisions d'Algérie dont notre belle Division d'Alger qui avait montré en Tunisie sa magnifique cohésion, ne vont pas venir se fondre dans les divisions marocaines, dont le nombre ne correspond pas aux possibilités de recrutement, alors que l'Algérie aux vastes ressources ne restera représentée que par les deux tiers d'une division mixte.[80]»

Il fournit d'abord un renfort au 22e BMNA. Puis, dissous le 31 mai, il cède deux bataillons à la 4e DMM, le troisième étant réparti entre la 1re brigade, le 2e RTM et le 202e RPNA. C'est ainsi qu'une compagnie de tirailleurs est intégrée avec armes et bagages dans chacun des deux bataillons de Légion[81].

Comme le 9e, le 2e RTA revient de Tunisie en juin 1943 et occupe ses anciens cantonnements de Mostaganem, Tiaret et Relizane. Affecté à la 8e puis à la 7e DIA, il est désigné le 21 mai 1944 pour l'Italie où il sera utilisé en unités constituées[82]. Ayant rejoint Oran, il doit y reverser son matériel et être recomplété en effectifs indigènes :

« Mais le centre de transit d'Eckmuhl est mal outillé pour recevoir un tel afflux d'effectifs et les unités sont obligées de faire des tours de force pour exécuter les différentes opérations qui leur incombent : reversement du matériel d'artillerie, des effets français, perception de l'habillement américain, marquage des effets, confection des plaques d'identité, mise à jour de la comptabilité à la suite de tous ces mouvements... De fait, le régiment partira en ayant un déficit considérable en habillement, sans équipement sauf les officiers, sans campement.[83]»

Le colonel Gesrel embarque le premier à Mers el Kebir le 29 mai avec le I/2 à bord du croiseur Duguay-Trouin et les deux autres bataillons suivent deux jours plus tard sur le paquebot Ville d'Oran. Cantonné ensuite à Succivo, le régiment est accolé au CIAAT avec lequel il doit parfaire son instruction en matériel américain, percevoir son armement et le complément d'habillement et de matériels divers. Mais seul le I/2 fait mouvement vers le nord pour être rattaché à la 2e DIM. Passant par Rome le 9 juillet, il gagne Monteroni d'Arbia puis Sienne avant de revenir à Naples le 25[84].

Tirailleurs et tabors ont alors parcouru bien du chemin depuis le Garigliano :

« Après avoir franchi l'Ausente et la route d'Ausonia, le 3e bataillon aborde les basses pentes vallonnées précédant la falaise du Fammera. L'ascension commence, lente, harassante sous le soleil, dans les bois et les taillis d'abord, puis dans la pierre calcaire. Montée pénible, matériel à dos, car le train muletier du bataillon est bloqué sur l'étroite piste par les convois des tabors. Il faut faire vite. Aussi abandonnant la piste rocailleuse qui se faufile en lacets dans la falaise abrupte, le bataillon en deux colonnes pique sur le Fammera suivant la ligne de plus grande pente. Les fardeaux d'armes lourdes, de mortiers et de munitions brisent bras, reins et jambes... On s'installe pour la nuit ; quelques cabanes de chaume serviront comme PC. L'air est vif, d'un froid piquant.

Le PC du régiment, à la tombée de la nuit, vient se regrouper à Case Cantare, au pied de la cheminée par laquelle il réalisera l'ascension du Fammera. Il est suivi par le 1er bataillon qui attend que la piste muletière, seul itinéraire de toute une division hétérogène (4e DMM, Tabors, groupes du 69e RAA de montagne, avec leurs innombrables mulets) soit un peu dégagée...

Le 16, avant le jour, l'ascension commence pour le PC et le 1er bataillon, dans un paysage dantesque rempli d'ombres mystérieuses, d'élancements rocheux, de vertigineux précipices. Sept heures de peine ; les mulets tombent dans les ravins avec leur chargement ; les caissettes de munitions, les armes lourdes glissent sur les pentes et disparaissent dans l'ombre épaisse. Les tirailleurs redescendent l'à-pic, les rechargent. Labeur sans fin que vient enfin clore l'arrivée dans la cuvette qui s'étire entre les dents aiguës et sales du Fammera.[85] »

Deux boîtes *de la ration de combat type K américaine, constituant le quotidien des tirailleurs en première ligne :* déjeuner *(Dinner) et* dîner *(Supper). (Musée des Troupes de Marine)*

Quatre jours plus tard, à l'aile gauche du Corps de montagne, les tirailleurs marocains occupent définitivement la crête du Pezze dominant la route d'Itri à Pico :

« La faim nous creuse l'estomac. Depuis la veille au soir, nos vivres de réserve sont épuisés, et le ravitaillement, qui doit se faire à dos de mulet, n'a pu suivre notre rapide progression (une unité voisine a été ravitaillée par parachutages). Affaiblis, tenaillés par la faim, nous devons nous contenter de mâcher quelques pastilles vitaminées, et, la bouche pâteuse et le ventre vide, nous nous mettons en route pour le court trajet qui nous sépare de San Nicola, terme de notre bond.

Après une descente en pente douce à travers la forêt et dans une nuit impénétrable, qui nous contraint à nous agripper les uns aux autres, nous atteignons une route, la première depuis Pantano, soit depuis le 6 mai. Nous ne tardons pas d'ailleurs, à la quitter. La route, c'est fait pour les véhicules, les chars, mais les tirailleurs, ces obscurs biffins, leur élément n'est-ce pas la montagne, les sentiers de chèvre, les rochers, les thalwegs, la nature et tous ses obstacles ? Nous le savons trop bien et sommes sans ambition.[86] »

Une fois la ligne *Gustav* forcée par les troupes régulières, les goumiers ont noyé le massif montagneux qui barre le chemin vers la campagne romaine et empêché toute résistance de se réorganiser. L'ennemi n'est plus le froid, la neige et la boue comme dans les Abruzzes, mais *« un véritable masque de poussière collé sur la figure ruisselante de sueur. Dans l'inénarrable tenue canari, bientôt transformée tant bien que mal en short et blouson à manches courtes, les goumiers maudiront plus d'une fois la grosse chaleur et l'horrible soif qui sèche la bouche et gerce les lèvres tandis qu'ils s'essoufflent à gravir une suite ininterrompue de pitons abrupts, aux sommets parsemés de monstrueux parpaings, énormes, difformes, coupants,*

---

79. Note n° 2902 EMGG/1 du 24.4.44, précisant que « le drapeau et les instruments de musique seront emmenés en Italie ».

80. Rapport n° 4678/RMD du 25.5.44. Le lieutenant-colonel Goutard remplace le 27.5.44 au 3e RTA le lieutenant-colonel Bourgeois tué le 18.5.44 vers Esperia.

81. Du 17 au 25.5.44, la 1re brigade a perdu 9 officiers et 212 sous-officiers et légionnaires.

82. Note de service n° 5162 EMGG/1 du 19.5.44.

83. JMO du 2e RTA.

84. Le 7.8.44, les trois bataillons seront affectés à la 2e DIM. Puis le régiment dissous le 16.9.44 forme le détachement français de Rome.

85. Le 7e tirailleurs algériens dans la bataille, *Imprimerie nationale de Trêves, 1948.*

86. Jean Ciaux, De Naples à Florence avec le 6e tirailleurs marocains, *chez l'auteur, 1966.*

15 juin 1944 *à Rome. Venant de la Via dell'Impero en tête des troupes à pied, la nouba de la 2e division marocaine gagne la place de Venise où, pendant tout le défilé, elle jouera la* « Marche des Tirailleurs ». *(©ECPAD/France)*

éboulés les uns sur les autres. Mais cette nature sauvage dans laquelle se fondent les djellabas tigrées sera un précieux auxiliaire pour nous[87] ».

La route franchie, viennent encore les monts Ausoni puis la marche sur Rome :

« A partir du 23 mai, commence dans un tourbillon de poussière, sous le même ciel implacablement bleu qu'en 1940, une course sans merci. Les officiers de liaison ne retrouvent plus, aux emplacements reconnus, les postes de commandement qui se déplacent sans cesse, et dont il faut chercher le tracé par les boqueteaux et les vignes. Des cartons de rations K et des cendres chaudes signalent autour des fermes, dans les prairies piétinées, parmi les buissons, le passage du régiment qui pousse en avant ses irrésistibles antennes.

Les pétillements de la fusillade s'éloignent comme une averse emportée par le vent. Chaque unité reçoit une mission de brève durée ; elle enlève un village, une hauteur, et passe en réserve, laissant la suivante continuer la progression, dans un roulement perpétuel. Nos troupes s'enfoncent par une chaleur africaine entre des montagnes kabyles, dans des trouées où la lumière de la Provence baigne les verdures de la Touraine.[88] »

« La dignité du vainqueur »

Mais alors que les régiments approchent de Pastena et de Castro dei Volsci, le général Juin est préoccupé par l'attitude de certains éléments du CEF vis-à-vis de la population italienne :

« Des actes de banditisme ont été commis. Les vols à main armée et les viols ont ému les populations du front qui s'en plaignent amèrement aux autorités alliées.

Il y a lieu évidemment de faire la part de l'exagération, mais de tels faits risquent de jeter le discrédit sur une armée composée en majeure partie d'éléments coloniaux.

Aussi sévères que puissent être nos sentiments vis-à-vis d'une nation qui a attaqué traîtreusement la France, il importe de rester dignes.

L'armée française s'est attirée le respect de tous sur les champs de bataille d'Italie. Il lui est facile de compléter cette réputation en adoptant l'attitude qui convient, en pays conquis, vis-à-vis d'une population qui éprouve en ce moment les maux les plus affreux de la guerre et dont la situation est pitoyable aux yeux de nos Alliés qui en ont la charge administrative.

12 juillet 1944 *au sud-est de Poggibonsi. Une patrouille française reconnaît les caves du château de Lecchi où les habitants du village sont réfugiés depuis huit jours. (©ECPAD/France)*

Les généraux de division et le général commandant les goums prendront, sans délai, toutes les mesures qui s'imposent pour faire cesser tous actes que réprouvent la morale et la dignité du vainqueur.[89] »

Notifiant cet ordre à ses subordonnés de la 2e DIM, le général Dody ajoute :

« Les faits signalés par le général d'armée commandant le CEF ne doivent plus se produire dans les unités de la Division. Ils sont contraires à la discipline et les chefs doivent sévir d'une manière exemplaire.[90] »

De son côté, le commandant des prévôtés du CEF n'apprécie guère que les nombreuses plaintes émanant des carabiniers italiens lui parviennent relayées par les services alliés et s'en plaint auprès du service de l'AMG[91], chargé des relations avec l'administration et la population italiennes :

« Au cours de la récente avancée et dans les zones de repos précédemment occupées, il s'est produit d'assez nombreux incidents, entre la population italienne et les troupes, desquels la Prévôté n'a pas été saisie ou dont elle n'a été avisée que trop tardivement. Ces omissions ou retards nuisent à la répression des crimes et délits et peuvent laisser l'impression aux autorités alliées que le Commandement français se désintéresse du maintien de l'ordre.[92] »

Et deux jours avant la chute de Rome, le général Guillaume réagit à son tour :

« Les Goums viennent de se battre remarquablement. Ils ont remporté des succès brillants, se conformant strictement aux mots d'ordre qui leur avaient été donnés : Vitesse et Audace. Il faut désormais joindre à ces mots celui de Discipline.

Malgré tous les ordres donnés, les incidents avec la population civile se multiplient. Il faut y mettre fin avec la dernière énergie. Déjà, deux goumiers pris en flagrant délit de pillage et de viol ont été fusillés. Des mesures extrêmes doivent continuer à être appliquées sans la moindre hésitation jusqu'à la disparition de tout acte de vandalisme.[93] »

Quelques jours plus tard, le 18 juin, c'est le cardinal Tisserant qui intervient auprès de Juin à propos d'exactions commises par des Marocains dans la région de Valmontone. Dans la fiche préparée en réponse par le 1er bureau du CEF, il est précisé que quinze militaires inculpés de viol et pris sur le fait ont été exécutés sur le champ. Et cinquante-quatre autres ont été condamnés par les tribunaux depuis le 15 mai à des peines allant de cinq ans d'emprisonnement aux travaux forcés à perpétuité pour viol ou tentative de viol, meurtre ou tentative de meurtre, et vol. Cette répression brutale a apparemment atteint son but puisque ces incidents sont devenus exceptionnels. En revanche, l'armée a apporté son aide à la population en de nombreuses occasions, soignant notamment des centaines de blessés dans les formations sanitaires de l'avant. Des soldats français ont même sauté sur des mines en se portant au secours de civils.

Mais l'affaire n'en reste pas là. Au cours de l'audience accordée le 30 juin, le Pape se plaint de la conduite des *Marocchini* - sans préciser davantage - au général de Gaulle horrifié.

Il s'agit en fait des goumiers, dont justement l'emploi dans la future campagne de France est alors en discussion. De leur association avec la 4e DMM au sein du Corps de montagne, celle-ci retient que *« fluides, rapides, ayant de la " chasse à l'homme " un instinct très sûr, les goumiers sont très à l'aise dans toutes les opérations exigeant de la vitesse, de la manœuvre,*

87. *Historique du 4e GTM.*
88. Combats libérateurs, *op. cit.*
89. *Note de service n° 5684 CEF/1 du 24.5.44.*
90. *Notification n° 3782/CH du 29.5.44.*
91. *Allied Military Government.*
92. *Note de service n° 394/2 du 24.5.44 du commandement des prévôtés du CEF.*
93. *Note de service n° 149 GMM/2 du 4.6.44.*

Insigne du 4e RTT *sur lequel figure au centre du croissant et de l'étoile entrelacés la devise en arabe :* « La victoire ou la mort ». *(Coll particulière)*

voire même de l'astuce[94] ». Mais en raison de l'insuffisance de leur encadrement français et de l'absence d'armement antichar, ils sont inaptes à mener des actions contre un ennemi solidement établi ou attaquant en force et ne peuvent s'engager dans des terrains perméables aux chars. Il faut ajouter une sensibilité peut-être plus accusée que chez les réguliers aux tirs massifs d'artillerie et la réticence manifeste à l'égard des opérations de nuit :

« *Les tabors en général préfèrent stopper leur action dans la soirée, passer une partie de la nuit à leur bivouac aussi confortablement que possible pour reprendre au lever du jour l'exécution de la mission.*[95] »

A quoi le général Guillaume répond :

« *Les goums marocains ont montré sur le front d'Italie leur aptitude à combattre en Europe à condition d'être employés sous un commandement qualifié, dans un terrain et pour l'exécution de missions répondant à leurs possibilités particulières.*[96] »

Et, plus tard, il écrira :

« *Sans doute, des violences avaient-elles été commises, inévitables dans la guerre, mais tous les renseignements que je recueillais m'assuraient qu'elles étaient le fait d'hommes appartenant aux services, souvent recrutés dans les bas-fonds des ports, et non pas des combattants de première ligne. Aussitôt informé, je réclamai une enquête officielle. Elle n'eut pas lieu.*[97] »

En attendant, les commandements allié et français s'inquiètent de l'effet désastreux que peut avoir sur les populations libérées le mauvais comportement de certaines troupes « coloniales ». Des incidents graves viennent en outre de se produire à l'île d'Elbe, renforçant l'appréhension des Alliés et obligeant les autorités françaises à prendre des mesures d'urgence[98].

Il est certain que des exactions sont commises et dès les premières semaines de l'engagement du CEF. La prévôté est d'ailleurs là pour s'en occuper et il existe dans chaque division un tribunal militaire et une prison prévôtale. Les enquêtes portent généralement sur des vols au préjudice des Italiens ou des Américains, des échanges de coups de feu ou des rixes avec les mêmes, des incidents à l'intérieur des unités, des suicides... Il s'agit bien souvent de vols de bétail ou de poules, pour améliorer l'ordinaire collectif ou personnel, auxquels parfois les civils s'opposent, au besoin par les armes. Les cas les plus graves - viols, homicides, désertions, abandons de poste, refus d'obéissance - sont jugés par le tribunal militaire. Tantôt des Italiens sont tués, tantôt des soldats, et dans certaines régions, il est même prescrit à ces derniers de ne pas s'éloigner des bivouacs par crainte des mines ou des fusils de chasse.

Il semble[99] que les incidents - viols et vols - deviennent fréquents lorsque les unités relevées dans les Abruzzes sont au repos à l'est de Salerne et dans la région de Teano, puis qu'ils se multiplient après la percée sur le Garigliano et lors de la marche sur Rome, avec de fortes suspicions à l'égard des goumiers et des pionniers. Il apparaît également que les enquêtes n'aboutissent pas toujours faute de pouvoir identifier les auteurs des méfaits ou les unités auxquels ils appartiennent. En outre, sur les arrières immédiats ou lointains, les formations du CEF sont largement imbriquées avec celles de la 5e armée ou des bases.

Mais, à l'époque, comment cela est-il perçu :

« *Les Marocains pris sur le fait sont fusillés. Mais des coups de fusil ne peuvent déchirer les lourds bandeaux d'un atavisme millénaire. Ils ne peuvent éclairer non plus sur les subtilités de la politique romaine des cervelles berbères... Enfin des hommes qui n'ont jamais vu que des oueds sans eau, sont un jour portés sur la grande mer, jetés sur une rive où ayant la guerre ils se figurent avoir leur droit... Ils trouvent plus simple de se livrer à leur instinct, de suivre leur penchant. Si l'officier français les tue - et que lui ont-ils fait pour provoquer cette colère ?* Inch Allah ! *Ce qui doit arriver, arrive... Du reste, l'étonnant n'est pas que certains aient violé, mais qu'un si petit nombre se soit livré à ces excès.*[100] »

Rome dépassée, l'ennemi de gibier devient adversaire habile et dangereux à partir du lac de Bolsena :

3 juillet 1944 *à Sienne. Dans les faubourgs de la ville, les Italiens sont très heureux d'offrir à leurs libérateurs un solide casse-croute : jambon, pain et vin.* (©ECPAD/France)

« *La conquête du massif de l'Amiata, le passage de la vallée de l'Orcia représentent de longues, lentes et rudes journées. Pour arriver jusqu'à l'Orcia, le 3e RTA, le 7e RTA, le 4e RTT ont peiné sans grogner ni broncher tandis que l'attention du monde se fixait invinciblement sur les combats de la Normandie. A aucun moment de la campagne d'Italie, les tirailleurs du général de Monsabert ne m'ont sans doute paru plus dignes d'admiration et d'amitié...*[101] »

Puis, une fois Radicofani enlevé d'assaut par ses Légionnaires, la 1re DMI part vers le sud. A l'époque, « *de plus en plus, des informations se font jour sur le comportement des Marocains. Il est signalé un peu partout des viols suivis d'assassinats. Le commandement américain en fait grand cas et demande au commandement français de faire des exemples. A Casale, il semble en effet que les viols ont été nombreux. Les sanctions sont alors immédiates. Sur la place du village nous voyons alors exposés les corps de cinq goumiers marocains qui viennent, publiquement, d'être fusillés sur ordre du général Guillaume commandant la division que constituent les trois groupes de tabors. Ce spectacle affreux me soulève le cœur !*

Certes des mesures extrêmes peuvent se révéler justifiées en temps de guerre, mais il ne faut pas oublier que les Marocains ont une conception très particulière de leurs « droits de guerriers », surtout lorsque la guerre a lieu dans un pays ennemi. Pour eux l'Italie est une « nation ennemie » de la France !...

Cette pensée est partagée par beaucoup d'officiers et ouvre la voie à de nombreux commentaires à l'égard des Américains dont la moralité en temps de guerre est assez curieuse. Ils admettent en effet que le bombardement d'agglomérations occupées par une population civile est un droit, mais jugent qu'un viol par un soldat marocain, allant parfois jusqu'au meurtre, est un acte de barbarie qui mérite sans discussion la mort du coupable.

Le commandement fit savoir que les goumiers ainsi fusillés n'étaient pas des combattants de première ligne, mais des hommes dépendant du service de santé, chargés du ramassage des

94. *Etude sur le Corps de montagne rédigée par le 3e bureau de la 4e DMM du 29.6.44.*
95. *Ibid.*
96. *Note au sujet des possibilités d'emploi en France des goums marocains.*
97. *Général Guillaume,* Homme de guerre, *France-Empire, Paris 1977.*
98. *Plusieurs tirailleurs sénégalais passés par les armes et deux chefs de corps relevés de leur commandement.*
99. *Faute d'archives disponibles et donc d'étude sérieuse et complète.*
100. Combats libérateurs, *op. cit. L'auteur appartient au 4e RTM.*
101. Les Français en Italie, *op. cit.*

blessés et des morts, pris à Casale en flagrant délit... sans avoir combattu. Cette interprétation des faits avait, à l'évidence, pour but de protéger les Tabors des accusations portées contre eux... les combattants[102] ».

Le commandement n'a pas tout à fait tort. Par exemple, le 19 juin, sept sapeurs de la 101/2 sont signalés à la sécurité militaire de la 3e DIA : ils auraient participé à « *des pillages à main armée et à un viol dans le village de Samprugnano* ». Deux jours plus tard, alors que la compagnie du génie 83/21 s'apprête à quitter Abbadia San Salvatore, un Italien porte plainte : trois soldats en armes auraient commis un viol près de là. Un pionnier est aussitôt reconnu, qui avoue le lendemain et dénonce deux de ses camarades indigènes de la 83/21 et de la 4/201. Tous trois sont ensuite conduits à la prévôté pour fin d'enquête.

Quelques jours plus tard, Sienne investie tombe intacte. Mais l'entrée triomphale des Tunisiens de la Division algérienne cause quelque mauvaise humeur passagère parmi les spahis et tirailleurs marocains qui se jugent aussi bien placés. Ils sont en tout cas absents le 4 juillet quand « *le général Juin descend du Municipe. Les honneurs lui sont rendus. Noubas, chèches blancs, gants blancs. L'armée d'Afrique des grands jours. Marseillaise. Quatre milliers de Siennois massés aux fenêtres, sur les édifices du Campo applaudissent chacun des couplets et, finalement enlevés par l'émotion de notre hymne sacré, entonnent les derniers refrains*[103] ». Les tirailleurs des divisions marocaines sont alors plus au nord, guerroyant en direction de San Gimignano.

La 3e DIA part à son tour pour Naples. Et le 16 juillet, le CEF relevé de sa mission offensive, les goums commencent à lever le camp :

« *Le CEF, comme une fleur merveilleuse, s'effeuille pétale après pétale.*[104] »

Avers de fanion *du 1er bataillon du 8e régiment de tirailleurs marocains. (Musée de l'Infanterie)*

Les régiments marocains restent encore quelques jours en Toscane avant de refaire, en sens inverse et en trois jours, le chemin parcouru en neuf mois jalonné « *par les croix que beaucoup ont plantées à l'endroit qu'ils avaient conquis et où ils sont tombés*[105] ».

Après l'Italie, les unités issues du CEF combattent en France et en Allemagne. Puis, la guerre terminée, il faut que la gloire acquise chèrement sur les champs de bataille demeure inscrite dans les plis des drapeaux. Présidée par le général de Monsabert, une commission est alors créée, dont les travaux s'achèvent en 1948. Six noms de bataille sont attribués pour rappeler la campagne :

	Abruzzes	*Le Belvédère*	*Garigliano*	*Pontecorvo*	*Rome*	*Toscane*
3e RTA	•		-	-	•	-
4e RTT	-	•	•	-	-	-
7e RTA	•	-	-	-	•	-
1er RTM	-	-	-	-	•	•
2e RTM	-	-	•	-	•	-
4e RTM	•	-	•	-	-	-
5e RTM	•	-	•	-	-	-
6e RTM	-	-	•	-	-	-
8e RTM	•	-	•	-	-	-
13e DBLE	-	-	-	-	•	-
1er RIC[106]	-	-	•	-	-	-
2e RIC[107]	-	-	-	•	-	-

Quant à *Italie 1944*, elle est accordée aux goums marocains[108].

102. Journal de marche du capitaine Henri Tartaroli du II/RACL en Italie en 1944, *inédit. Il s'agit de Casale di Pari, 30 km au sud de Sienne, où le groupe met en batterie le 25.6.44.*

103. *Pierre Lyautey,* La campagne d'Italie 1944, souvenirs d'un goumier, *Plon 1945.*

104. *René Chambe,* L'épopée française d'Italie 1944, *Flammarion 1952.*

105. Historique du 5e RTM, *op. cit.*

106. *Au titre de la 4e brigade.*

107. *Au titre de la 2e brigade.*

108. *Et à l'Infanterie coloniale du Pacifique dix ans plus tard.*

8 juillet 1944. *Tirailleurs du 5e RTM traversant Sienne pour rejoindre les éléments de la 2e division marocaine engagés plus au nord. (US Army)*

SCOUT CARS ET TANK DESTROYERS SUR LA ROUTE DE ROME

22 DÉCEMBRE 1943. *Les tank destroyers du 2e escadron du 8e RCA, transportés jusqu'à Naples à bord d'un* Liberty ship, *sont déchargés directement sur le quai. (©ECPAD/France)*

Dès les premières études menées à Alger, il est prévu que - au contraire des Américains dont les divisions d'infanterie ne comprennent qu'une simple compagnie de reconnaissance - les grandes unités françaises réarmées seront dotées d'un bataillon de reconnaissance type division blindée. L'idée n'est pas nouvelle[1] et répond à des préoccupations tactiques, mais elle témoigne aussi du souci des cavaliers de conserver la structure régimentaire existante, nécessaire au maintien de l'esprit de corps indispensable aux formations de la nouvelle armée.

En revanche, les unités de chasseurs de chars ne sont pas intégrées aux divisions d'infanterie, mais font partie de la réserve générale. Elles ne constituent pas une subdivision particulière comme dans l'US Army, mais appartiennent à l'Arme blindée[2].

C'est dans cet esprit que, en février 1943, est commandée une première tranche de six bataillons également répartis entre reconnaissance et tank destroyers.

Les Spahis et la reconnaissance

Après le débarquement des Américains en novembre 1942, le 3e régiment de spahis reste au Maroc pour constituer l'unité de reconnaissance d'une division motorisée. Les officiers, gradés et spahis français mais aussi les plus aptes des Marocains reçoivent alors une instruction sur la conduite, l'entretien ou le dépannage des engins au 1er chasseurs d'Afrique à Rabat, puis à la 2nd Armored Division bivouaquée en forêt de la Mamora.

Le 15 mars 1943, l'affectation du régiment à la 2e division marocaine est officiellement confirmée :

- Le 3e régiment de spahis marocains, régiment de reconnaissance, sera créé le 1er avril au quartier Baudot à Meknès par prélèvement sur le 3e RSM[3].

Le personnel des deux groupes d'escadrons de Rabat et Meknès est d'abord affectée administrativement au 5e RSM qui devient dépôt de guerre et régiment de souveraineté. Puis celui entrant dans la composition du régiment de reconnaissance est muté au 3e RSMR dont le lieutenant-colonel Pique-Aubrun, du 1er GE à Rabat, prend le commandement

Le choix des hommes est évidemment difficile et le chef d'escadrons chargé de la mise sur pied a du mal à concilier les directives de l'état-major - tableau d'effectifs, répartition entre active et réserve et entre Européens et Marocains - avec l'intérêt du service et le souhait de chacun. Car les officiers d'active sont tous également désireux de partir et ceux de réserve n'ont pas abandonné leurs exploitations et leurs biens pour rester au Maroc. Le problème est le même pour les sous-officiers qui sont finalement choisis parmi ceux les plus rapidement capables de servir du matériel blindé léger.

Pour la troupe, l'effectif français du régiment à cheval - nettement inférieur à celui du nouveau corps - est complété par des réservistes du Maroc ou d'Algérie, des recrues provenant des Chantiers et des jeunes évadés de France par l'Espagne. En ce qui concerne la troupe marocaine, dont le pourcentage ne représente qu'un cinquième des effectifs montés, la sélection est aisée parmi les plus aptes à une motorisation rapide et au combat à pied puisqu'ils formeront le gros des éléments portés du régiment :

Dès le 3 avril, un détachement part à Alger percevoir le matériel. Il s'installe à Staouéli chez l'habitant, puis sous la tente dans un bois de pins après un bal organisé à la Mairie qui s'est achevé dans la confusion.

Dans le port d'Alger, les *Liberty ships* se succèdent. Dès qu'un bateau est vide, il quitte le quai pour faire place à un navire chargé qui est vidé dans les moindres délais. La perception commence le 21 et, huit jours plus tard, les premiers chars[4] et half-tracks arrivent à Meknès salués par le général Dody et les autorités américaines. Un mois passe et la presque totalité du matériel américain destiné au régiment est perçu.

Quelques jours auparavant, trois cents treize réservistes sont arrivés d'Alger qui n'ont pas fait bonne impression : ils sont solides, mais un peu débraillés et relativement disciplinés. Néanmoins, après l'élimination de quelques « incurables », ces Pieds-Noirs s'affirment au contraire comme de très bons soldats, disciplinés, dévoués, débrouillards et, plus tard, amoureux du panache et très braves au feu.

Après une quinzaine de jours d'instruction dans la région de Port-Lyautey où les escadrons s'exercent à tour de rôle avec les tirailleurs, le régiment quitte Meknès le 15 juillet, salué aux portes de la ville par le 6e chasseurs d'Afrique.

1. Elle fut présentée par le général Requin au 3e bureau de l'armée à Royat (lettre n° 90/3.S du 12.3.41 sur l'Armée moderne).
2. Créée par ordre n° 1 du 24.11.42 signé du général Giraud.
3. Note de service n° 2307 CSTM/I/O. Mob du 15.3.43.
4. 21 chars légers M5 et 8 obusiers M8, ces derniers perçus par le détachement puis affectés à un corps d'Algérie, et finalement récupérés subrepticement en gare de Boufarik et raccrochés au train partant pour Meknès.

Véhicules chenillés par le train, à roues et half-tracks par la route gagnent Martimprey du Kiss où l'instruction se poursuit, marquée notamment par un entraînement physique poussé à base de cross et de sports de combat. Le régiment s'installe ensuite à Lourmel et à Bou Tlélis et l'instruction menée par le FAITC commence sur les plages de Bou Sfer et des Andalouses.

Puis, après une série d'inspections techniques, les spahis quittent Aïn el Arba pour Assi ben Okba où ils découvrent les charmes des *staging areas* :

« Drôle de bled, désert et sablonneux, séparé de la mer par de hautes dunes de sable. L'Armée américaine y a implanté un immense camp de toile... Il pleut et il fait un froid de gueux... Grâce aux caillebotis, l'intérieur des tentes est sec mais les allées sont des fleuves de boue.[5]»

L'embarquement se prépare : les chenilles de chars sont remplacées par des neuves et, dans chaque escadron, l'officier ayant suivi le stage TQM prépare les états du même nom. Le matériel est réparti dans les bateaux selon l'espace disponible et non en fonction de l'organisation tactique :

***Juillet 1943**. Au cours d'une manœuvre organisée dans la région de Batna, les équipages de scout car du 3e RSAR s'exercent au tir à la mitrailleuse de 50. (©ECPAD/France)*

« Alors on embarque le matériel d'un bord avec les seuls conducteurs et gradés d'encadrement indispensables, et les personnels de l'autre. Au débarquement Dieu et le TQM aidant, chacun reconnaîtra les siens. Inch Allah ! *Et en fait, grâce à la minutie et au sens de l'organisation des Américains, ça se passe très bien, sauf accident naturellement.*[6]»

Le 14 novembre, matériel et chauffeurs se présentent donc au port d'Oran, qui sont répartis non sur quatre comme convenu mais sur sept LST. Les TQM doivent donc refaire le plan de chargement dans la cabine de l'un des commandants de navire, puis l'embarquement commence :

« Les équipes de Noirs américains d'arrimage des véhicules travaillent avec une lenteur désespérante et cessent le travail à chaque instant : impossible de continuer à charger les véhicules, les Américains s'y opposent, il faut arrimer au fur et à mesure et ce travail doit être fait par eux-mêmes... Sur le LST 320, le travail cesse de 4 heures du matin à 10 heures faute de moyens d'arrimage des véhicules. Sur les deux autres, il cesse de 6 heures et demi à 8 heures et demi et même 9 heures, les équipes étant parties.[7] »

L'embarquement du personnel débute le 16, théoriquement par escadron constitué. Or le personnel du 3e voyage isolément sur les LST 305 et 326, tandis que ses véhicules sont à bord du LST 351 avec le personnel du 4e dont le matériel est chargé sur le LST 402. Le capitaine français de la base d'Oran, à qui il est demandé d'embarquer les hommes de préférence avec leurs véhicules, répond désabusé :

« Impossible de faire quoique ce soit en ce sens. Nous donnons des listes aux Américains. Ils les mettent dans une machine comme celle à fabriquer les saucisses où l'on met un cochon à un bout et il sort des saucisses par l'autre bout. Là ce sont des listes de personnel et de matériel que l'on présente et il sort de la machine américaine des plans de chargement intangibles. Une intervention est impossible pendant la confection des plans ».

Le 17 au soir, il ne reste plus au bivouac que l'état-major. Mais, le lendemain, le convoi qui tournait en rond depuis trois jours au large d'Oran a disparu : le bureau TQM du port a tout simplement égaré la liste d'embarquement et le Régiment est parti sans son colonel ! Ce dernier trouve heureusement trois places dans un avion pour Alger puis Naples, où il arrive le 22 à temps pour assister au débarquement des premiers éléments.

Installé à Batna, le 3e Spahis algériens suit à peu près le même processus de formation que son homologue marocain.

Si le 3e RSM est rattaché à la Cavalerie du Maroc, le 3e RSA dépend de la Cavalerie d'Algérie jusqu'à l'arrivée du matériel américain[8]. En attendant, les conducteurs sont formés, des moniteurs - armement, auto - sont instruits chez les Américains et, à l'occasion, les

***Insigne du 3e RSM**, portant sur le mors la devise en arabe : « La victoire vient de Dieu ». (Coll. particulière)*

spahis font la chasse aux parachutistes allemands largués dans la région.

C'est aussi le 1er avril 1943 que le 3e spahis algériens de reconnaissance est constitué à partir du 3e RSA dissous et des cadres et spécialistes à provenir du 3e chasseurs d'Afrique de Constantine et du 9e de Mascara[9].

Le 18, un fort détachement part en autocars pour Alger. Puis l'un après l'autre les escadrons reviennent à Batna avec leur matériel. Les stages se succèdent à un rythme accéléré : atelier à Oran, dépannage, transmissions et circulation routière à Constantine, char léger à Tlemcen, information à Douera, mécanique à Hussein-Dey, Z à Oujda, mines à Aïn Smara et Guercif...

Le 15 mai, le colonel Béguery - qui, *« bougon et fier, regardait* (les) *chevaux barbes disparaître pour se transformer en jeeps, scout cars, half-tracks, camions ou chars...»* - est affecté au commandement de la subdivision de Mascara et le lieutenant-colonel Bonjour du 9e RCA lui succède.

Après une manœuvre de six jours dans les Aurès, le régiment part avec la Division en Oranie au début d'août. Puis il change à plusieurs reprises de cantonnement : *« Cassaigne avec ses vignes appétissantes et ses manœuvres à tir réel, Saint Denis du Sig avec ses moustiques et son champ de mines, Arzew et ses exercices de waterproofing, Aïn el Arba avec le feu de camp d'adieu, Oran enfin et la fièvre froide de l'embarquement...*[10]»

Un premier détachement embarque en effet à Oran le 7 décembre sur trois *Liberty ships*[11] et, dix jours plus tard, leur convoi arrive en baie de Naples. Puis les hommes sont transportés en camions à l'Area n° 3 avant de gagner Caivano. Un deuxième, avec le colonel et l'étendard, embarque sur deux navires[12] et rejoint le 21, alors que le troisième prend place sur le Samuel Adams à Mers el-Kébir.

Marquée par les fêtes de fin d'année et le défilé des troupes devant le général Giraud dans les rues de Caivano nettoyées pour la circonstance, l'arrivée sur le sol italien est malheureusement endeuillée par la mort accidentelle de deux spahis français.

Le 4e régiment de spahis marocains est revenu au Maroc fin août 1940, après avoir longtemps tenu garnison à Senlis et s'être distingué lors des combats sur la Meuse. C'est à Marrakech qu'il s'installe et que, le 1er avril 1943 à l'instar de son alter ego de Meknès, il se dédouble pour donner naissance à un régiment de reconnaissance et un de souveraineté. Une partie des cadres français, la majorité des Marocains et tous les chevaux forment ainsi le 2e RSM qui restera au Maroc. La plupart des Français, avec des réservistes ou des évadés de France plus une centaine de Marocains, constituent un nouveau 4e RSM aux ordres du colo-

5. Le 3e Régiment de Spahis Marocains 1923-1962, *op. cit.*
6. *Ibid.* Task Quartermaster *: officier d'embarquement.*
7. *Rapport du chef d'escadrons de Geloës, commandant le train du 3e RSM, au sujet de l'embarquement du régiment à Oran en date du 18.11.43.*
8. *Note de service n° 305 EMGG/I-O du 23.2.43.*
9. *Note de service n° 66 19e RM/O/I. S du 14.3.43.*
10. *Capitaine J.M.A. Lassale,* Panaches rouges - *Boppard/Rhein, 1947.*
11. Edwin A. Stevens, Jonathan Worth *et* James Blair.
12. Francis Marion *et* Felipe de Neve.

nel Brunot[13] et destiné à la 4e division marocaine.

Le matériel américain arrivé à Marrakech en sept convois échelonnés de fin avril à la mi-juin, le régiment fait mouvement sur Tlemcen. Mais, alors qu'il s'exerce et manœuvre en Oranie puis dans l'Algérois, les 1er et 2e escadrons sont envoyés en Corse où ils participent aux combats avec les tirailleurs.

Le 19 octobre, le colonel Brunot, appelé au commandement de la 1re brigade de spahis destinée à l'Italie, fait ses adieux aux éléments bivouaqués près d'Alger et le chef d'escadrons de Lambilly assure l'intérim. Le régiment défile ensuite à Alger le 11 novembre, puis il est inspecté par la commission franco-américaine avant de s'embarquer pour la Corse où il est enfin regroupé dans la région de Corte le 14 décembre.

Le 24 mars, tous les escadrons quittent leurs cantonnements respectifs et partent pour Ajaccio où ils campent de la route des Sanguinaires au col de Pruno. Ce même jour, Lambilly promu lieutenant-colonel prend le commandement du régiment après un intérim de cinq mois.

Les Chasseurs de chars

Les Allemands ayant autorisé un accroissement des effectifs pour mieux assurer la défense de l'Afrique Occidentale française et du point d'appui de Dakar après la tentative avortée de ralliement du territoire à la France libre fin septembre 1940, un groupe d'escadrons autonome - constitué à Rabat par le 1er chasseurs d'Afrique - embarque le 14 juin 1941 et s'installe au Niger dans la région de Bamako.

Le 16 août, le 8e chasseurs d'Afrique est officiellement créé aux ordres du colonel Pansard. Mais il faut attendre fin septembre pour que le second groupe d'automitrailleuses rejoigne et que le régiment soit installé à Segou au Soudan. C'est là que, le 22 novembre, il est présenté à l'étendard du 8e chasseurs à cheval d'Orléans dont il devient l'héritier.

Puis le débarquement anglo-américain survient et, le 8 janvier 1943 à l'issue du défilé à Bamako, le général Giraud annonce le retour au Maroc. Le 7 février, le régiment rejoint Dakar, mais il doit attendre un bateau qui le transporte à Casablanca et un autre vers Oran via Gibraltar. Le 26 mars, enfin, le train dépose les escadrons à Lourmel et à Er Rahel :

***Hiver 1944**. Avant un exercice, un chef de peloton du 7e RCA donne ses instructions aux chefs de char et de voiture vêtus à l'américaine, mais avec le blouson de cuir hérité des Chantiers de la Jeunesse. (National Archives)*

« Après deux mois de voyage où l'on est trop abruti pour se poser des questions sans réponses, demain il sera temps de repenser à la guerre ; ce soir : trouver un lieu pour dormir confortablement !... Le lendemain viendra assez vite avec ses revues de détails, les ennuis pour la ceinture rouge perdue, la toile de tente déchirée, la mise en place d'un cantonnement, tout ce qui fait en somme la servitude militaire et ne rappelle que de très loin la grandeur de servir.[14] »

Le sort du régiment vient d'être fixé par l'état-major :

« Le 8e Régiment de Chasseurs d'Afrique, rapatrié d'AOF, sera mis sur le type " Régiment de Reconnaissance de Division Blindée " (tableau d'effectifs de guerre n° 23 EMG/I-O du 7 janvier 1943). Il dépendra directement, jusqu'à nouvel ordre, du Général commandant le Corps blindé.[15] »

Mais le contre-ordre arrive : le Régiment sera de chasseurs de chars[16] !

Les groupes disparaissent alors, le 2e escadron devient 1er de reconnaissance et les trois unités antichars sont constituées. Puis, le 3 avril, un détachement part percevoir le matériel américain à Alger. Il est prévu que les *tank destroyers* attendus soient partagés entre les 7e et 8e RCA et que les automitrailleuses ne pouvant être fournies par les Américains seront remplacées - provisoirement - par des scout cars et des half-tracks[17].

Le 1er mai, arrive à Lourmel le premier des convois de matériel qui vont se succéder à un rythme tel que, trois semaines plus tard, chaque escadron est sur pied de guerre. En même temps, arrivent de nouveaux officiers d'active et de réserve, et de jeunes aspirants sortis de Cherchell.

« Si l'on travaille fiévreusement, on n'a pas pour autant renoncé à toute distraction. L'entraînement sur route aboutit presque chaque soir à la plage de Bou-Sedjar ou à celle de Sassel ; la baignade est un délice après une journée de labeur et d'exercices en tous terrains dans l'été brûlant d'Oranie.[18] »

Vers le 10 juillet, le régiment prend la suite du 9e RCA au *Fifth Army Tank Destroyer Center* à Sebdou :

« Charmante contrée, pas d'eau, de la poussière et, pour agrémenter le paysage, de l'alfa, encore de l'alfa, toujours de l'alfa. Les Américains ont établi là, à l'écart de tout, un centre immense d'entraînement. La considération que

Le régiment de reconnaissance

Si la structure et les effectifs des régiments de reconnaissance de division d'infanterie demeurent tels que fixés au début de 1943, en revanche, leur dotation en matériel évolue jusqu'en mai 1944.

Ceux engagés en Italie ne sont affectés que par les modification apportées jusqu'à l'hiver 1943-1944. Ainsi, les automitrailleuses M8 - dont les Américains ne disposent pas en nombre suffisant - sont remplacées par des half-tracks M2 et les canons de 37 antichars sur Dodge 4x4 (ACAM) par des 57 tractés avec des Dodge 6x6. Puis, au cours de la campagne, les unités apportent des modifications comme, par exemple, le regroupement des obusiers de 75 en pelotons d'appui.

L'état-major dispose d'un peloton de commandement et d'un peloton de transmissions. L'escadron hors rang regroupe les services, l'approvisionnement, l'échelon et le peloton sanitaire.

L'escadron de chars dispose de trois pelotons de cinq chars légers.

Les trois escadrons de reconnaissance comprennent chacun trois pelotons de combat ainsi organisés :

• groupe d'automitrailleuses	4 AM M8
• groupe de soutien	4 jeeps
• groupe de canon d'assaut	obusier M8 avec remorque blindée half-track M3 armé

	Officiers	Sous-officiers	Troupe	Total	Véhicules
EM et EHR	15	24	121	160	53
1er escadron	4	20	85	105	26
2e escadron	4	27	164	195	49
3e et 4e escadrons	8	54	328	390	98
total	**31**	**125**	**698**	**854**	**226**

La proportion d'Indigènes est de 15 % pour la troupe et de 13 % pour l'ensemble du régiment.

13. *Brunot a pris le commandement le 30.5.40 en pleine bataille de France.*

14. Journal de marche du Huitième régiment de chasseurs d'Afrique 1941-1945, *impression de la section topographique de la 8e région.*

15. *Note de service n° 546 EMG/I-O du 23.3.43.*

16. *Note de service n° 564 EMG/I-O du 24.3.43.*

17. *31 AM remplacées par 13 scout cars M3A1 et 18 half-tracks M2.*

18. Journal de marche du Huitième régiment de chasseurs d'Afrique, *op. cit.*

nous portent nos instructeurs alliés a augmenté. A quelques officiers, stagiaires à Slissen au mois d'avril précédent, on avait gravement enseigné la méthode pour ouvrir une boîte de conserves et la manière de se servir d'une paire de jumelles... Là ce fut plus sérieux. On tira de vrais coups de canons, blindés lourds et légers s'en donnèrent à cœur joie et cavalcadèrent fougueusement à travers ces vastes espaces libres...[19] »

Le retour sur la région d'Oran s'effectue dans la journée du 12 août et des permissions de huit jours sont ensuite accordées. Même les Métropolitains peuvent en profiter tant de familles pieds-noirs veulent les accueillir.

Le 6 septembre, le colonel Pansard est nommé inspecteur de la Cavalerie et le chef d'escadrons Simon[20] prend le commandement.

Selon le manuel, la mission essentielle des TD est la destruction des chars ennemis par un feu d'une concentration supérieure de ses canons afin que les unités blindées soient conservées en vue d'un emploi décisif :

« *L'action du* tank destroyer *est caractérisée par un esprit offensif. La mobilité d ces unités permet de les concentrer rapidement sur des positions avantageuses. Elles manœuvrent de façon à tromper et à surprendre l'ennemi jusqu'à l'ouverture du feu. Elles ne pratiquent pas l'autodéfense, les* tank destroyer *coopérant étroitement avec les autres troupes.*[21] »

Il s'agit donc de rechercher le renseignement sur les chars ennemis, puis de précéder ceux-ci sur les positions de tir et d'ouvrir le feu à faible portée pour les détruire.

En ce qui concerne les tirs indirects effectués par les TD ou les chars, le général Juin - tout en reconnaissant l'intérêt pour le CEF de disposer d'un complément à son artillerie - s'inquiète de l'usure des tubes qui en résulterait et demande son avis au général Touzet du Vigier, commandant de la 1re DB. La réponse est claire : l'emploi des TD en renforcement de l'artillerie peut être envisagé, mais il doit rester secondaire[22].

Ce que la chanson du Régiment traduit de manière humoristique :

« Cet engin qui fume, qui tire, qui cherche et détruit n'est pas un char
Car il est fait pour lutter contre lui.
Cet engin n'est pas non plus d'l'Artillerie.
Il appartient à la Cavalerie. »

Le régiment s'installe ensuite à Parmentier, puis il se déplace le 27 octobre vers St Leu pour participer au stage amphibie, avant de gagner la zone d'attente d'Assi ben Okba le 8 décembre. Le matériel part le premier dans les jours qui suivent tandis que le personnel attend sous une pluie diluvienne qui noie le camp et oblige les hommes à rester sous la tente. Le 17, enfin, l'EHR embarque à Mers el-Kebir sur le *Samuel Adams* tandis que le personnel prend place sur le *James C. Birney* à Oran. Puis une semaine plus tard, le convoi se forme et se dirige vers l'est.

En Afrique du Nord, les Chantiers de la Jeunesse représentent 75 000 jeunes des classes 39 à 44 répartis en sept groupements - un au Maroc, quatre en Algérie et deux en Tunisie - dont deux pour les Musulmans.

Leur chef est le commissaire Van Hecke, un officier de carrière qui, avec le « Groupe des Cinq », a joué un rôle important dans les tractations précédant le débarquement anglo-américain et le retour de Giraud en AFN. Fort de la position acquise, il obtient alors du général en chef l'autorisation de constituer à l'école de cadres de Fort-de-l'Eau une « Unité de Tradition des Chantiers » avec des anciens et des jeunes des classes 40 et 41[23].

Mais l'état-major d'Alger ayant insisté pour conserver la totalité des classes 40 à 42, il est décidé d'utiliser 800 volontaires de la classe 43. Et comme l'école reçoit un nouveau contingent d'élèves et que la région se prête mal aux exercices, Van Hecke installe l'unité à Ben Chicao, au sud de Medea, le 15 février 1944.

Or, le 5 mars, la décision est prise officiellement de créer une unité de tradition des Chantiers sous la forme d'un régiment de chasseurs de chars dont le matériel sera livré à partir du 15 avril. Pour faciliter sa mise sur pied, un lieutenant-colonel destiné à prendre le commandement et trois capitaines seront désignés par l'état-major. Et le personnel en excédent sera remis à la disposition tandis que les 206 Indigènes nécessaires seront prélevés dans les Chantiers de Jeunes musulmans[24].

Les modalités de mise sur pied sont alors fixées : tableau d'effectifs, rattachement à la 1re DB pour l'instruction et au Dépôt commun des unités blindées à Alger pour l'administration, instruction des conducteurs, prise en charge du nouveau matériel, stages pour les cadres[25]. Et pour le stationnement, Giraud entérine

Brochures utilisées *lors de la formation en AFN :* Ce que tout officier doit savoir sur les chars *rédigée par l'état-major du Commandement supérieur des troupes du Maroc et* Notice technique sur les tank destroyers M10. *(Coll. particulière)*

***9 décembre 1943.** Le chef d'escadrons Turnier, commandant en second le 3e RSM, discute des dispositions prises pour le détachement d'honneur fourni à San Angelo d'Alife, à l'occasion du passage du* Secretary of War *au PC de la 34th Infantry Division. (IWM NA 9720)*

19. Ibid.
20. Robert Simon, frère cadet du commandant du 5e RCA, affecté au régiment le 5.12.41 au retour de Syrie, lieutenant-colonel le 25.9.43.
21. Circulaire d'instruction n° 68 du 24.6.43 du War Department.
22. Lettre n° 174/3S du 13.9.43.
23. Note n° 502 EMG/I-O du 20.12.42.
24. Lettre n° 361 EMG/I-O du 5.3.43.
25. Note de service n° 480 EMG/I-O du 14.3.43.

le choix de Van Hecke pour Ben Chicao comme il le désigne chef de corps. Puis il est décidé que le régiment s'appellera « 7e Régiment de Chasseurs d'Afrique » : tout son personnel portant l'uniforme de l'Arme blindée avec les écussons du 7e RCA[26].

Parmi les vingt-sept officiers, on trouve treize fantassins, six cavaliers, quatre artilleurs, deux du service de santé, un du génie et un du train. Autre particularité : le régiment est autorisé à garder en sureffectif une section sanitaire de huit ambulances[27] et une fraction de la musique des Chantiers.

Giraud intervient ensuite auprès de l'état-major Guerre afin que le 7e Chasseurs reçoive du personnel venant de France par les prochains convois d'Espagne : un commandant, quatre capitaines ou lieutenants et vingt sous-officiers ayant servi dans les chars, des mécaniciens spécialistes, radio, etc[28]. Enfin, le régiment peut emmener en campagne les quatre ambulances offertes aux Chantiers par le Président Roosevelt : *« Toutefois »* précise le chef du 1er bureau *« ces sanitaires devront être conduites par des hommes, aucune conductrice ne devant faire partie d'un corps de troupe »*.

Les premières jeeps arrivent le 21 avril et les TD huit jours plus tard, le onzième détachement de matériel américain parvenant à la ferme Roudil le 14 mai.

Le premier soir de juin, Van Hecke est convoqué à Alger au Palais d'Eté, résidence du général Giraud. Ce dernier pense que les Gaullistes vont déclencher un putsch et demande au 7e Chasseurs d'assurer la protection de la ville. La situation est d'autant plus cocasse que, quelques heures auparavant, le général de Gaulle a décidé que le régiment faisait partie des FFL et était affecté à la Division Leclerc. Quoiqu'il en soit, l'escadron de reconnaissance quitte Ben Chicao au petit jour, suivi dans la matinée par le 4e escadron et un état-major réduit. Puis la crise dénouée sans affrontement, le détachement rentre au cantonnement, sauf le 1er escadron maintenu à El Riath où les possibilités d'instruction sont excellentes.

Le 23 juin, le régiment est passé en revue sur le terrain d'aviation de Boufarik par le Roi d'Angleterre. Et, deux jours plus tard, le général Dario, commandant le 1er corps blindé, l'inspecte en compagnie du général Touzet du Vigier de la 1re DB.

CI-DESSUS ET PAGE SUIVANTE : *partis la veille de Pozzili mais retardés par une destruction, les chars légers M5A1 du 1er escadron du 3e RSAR dépassent maintenant Acquafondata pour rejoindre le col menant à San Elia. (©ECPAD/France)*

Puis il gagne par le train Saint Denis du Sig et s'installe le 26 juillet à Mercier-Lacombe où l'instruction peut débuter dans le cadre de la Brigade de soutien. Il est question un moment d'aller au TD Center, mais le général du Vigier s'y oppose : *« Il est inutile d'envoyer le 7e RCA au camp de Sebdou »*, répond-il à l'officier de la *French Training Section* qu'il a au téléphone. Ce régiment est en excellentes conditions à Mercier-Lacombe pour faire sur place son instruction et ses tirs.

Toujours avec la 1re DB, le régiment gagne en septembre la région de Mascara, puis il exécute une manœuvre de cadres avec la 3e DIA et s'instruit avec le Combat Command n° 1 à Noisy les Bains.

Enfin, le 15 novembre, le 7e Chasseurs est rat-

Le régiment de chasseurs de chars

Les deux corps engagés en Italie sont dits du premier type, établi en novembre 1943 et calqué sur le TD Bn (SP) américain.
L'état-major dispose d'un peloton de commandement et d'un peloton de transmissions. L'escadron hors rang regroupe les services, l'approvisionnement, l'échelon et le peloton sanitaire.
L'escadron de reconnaissance comprend un peloton de pionniers et trois pelotons formés de deux groupes comprenant chacun un scout car, trois jeeps et un motocycliste.
Il doit permettre aux TD de s'engager dans les meilleures conditions et avec le minimum de risques, en fournissant des informations sur le terrain ou l'ennemi recueillies auprès des troupes déjà engagées. Exploitant ces renseignements, ses pionniers aménagent alors les passages nécessaires aux chars ou préparent des destructions sur les axes dangereux.
Les trois escadrons antichars comprennent trois pelotons de combat ainsi organisés :

• groupe de commandement	moto
	half-track radio
• groupe de protection	4 jeeps armées
• groupe de DCA	2 Dodge 4x4 avec mitrailleuse jumelée de 50
• 1er groupe antichar	2 TD M10
• 2e groupe antichar	2 TD M10

Le peloton de TD est l'unité élémentaire. Son groupe de protection le met à l'abri des coups de main d'éléments légers et le groupe de DCA le protège contre l'aviation.

	Officiers	Sous-officiers	Troupe	Total	Véhicules
EM et EHR	14	25	142	191	49
1er escadron	5	16	126	147	36
2e escadron	4	23	159	186	46
3e et 4e escadrons	8	46	318	372	92
total	**31**	**110**	**745**	**886**	**223**

La proportion d'Indigènes est de 27 % pour la troupe et de 23 % pour l'ensemble du régiment.

26. *Note de service n° 575 EMG/I-O du 26.3.43.*
27. *Note de service n° 1020 EMG/I-O du 28.4.43.*
28. *Note n° 1678/EM-I du 24.5.43.*

taché à la Division[29] et trois jours plus tard, il rejoint Fleurus où l'ordre d'embarquement arrive le 13 décembre. Les préparatifs sont alors activement poussés et en un temps record, sous la pluie, les chenilles sont remplacées et les escadrons prêts au départ[30].

« Fantassins » et « artilleurs » dans les Abruzzes

Arrivé le 30 novembre 1943, l'état-major du 3e RSM rejoint dans la soirée à Caivano les escadrons débarqués à Nisida huit jours auparavant. La pause dans la banlieue de Naples est mise à profit pour visiter la ville, acheter de bonnes chaussures de montagne italiennes moins imperméables que les boots américains et compléter le parc auto par des emprunts selon une méthode réprouvée par les prévôts mais largement pratiquée par tous les soldats alliés.

Le 7 décembre, le régiment gagne San Angelo d'Alife, les véhicules garnis de chaînes car il pleut toujours et la boue est collante. Deux officiers sont détachés en liaison aux 78th et 45th Infantry Divisions qui encadrent la 2e DIM.

« Dans la journée du 14, l'Etendard est renvoyé à la garde de la base arrière, les unités devant à leur tour monter en ligne, à pied bien sûr. Aucun emploi de véhicule dans cette muraille abrupte [de la Mainarde] n'est en effet possible, avant que les passages en aient été forcés.

A 23 heures, le Colonel avec un PC réduit et le 4e escadron, se portent à Rocchetta Vecchia… Pour grimper de la route, il y a six kilomètres de rude montagne. Les hommes sont chargés et pas équipés pour le portage. On arrive sur la position le 15 à 3 heures du matin. Bivouac peu confortable, maisons en ruines vitres cassées, froid de gueux. On dort sur des tas de maïs moisi. La radio gênée par les masques ne marche pas.[31] »

Dans la journée, un groupement à pied est constitué aux ordres du commandant Barrou avec les 3e et 4e escadrons. Du haut de leur perchoir, les Spahis assistent à l'assaut de la muraille d'en face par l'infanterie de la 2e DIM. Puis le 3e, relevé à Castelnuovo par les tirailleurs, rejoint Rochetta Nuova un peu moins délabré.

Jusqu'au 19 janvier, le groupe d'escadrons oscille entre Rocchetta et Castel San Vincenzo pour assurer la liaison avec les Britanniques et couvrir les observatoires d'artillerie du secteur. C'est en fait un combat d'infanterie, avec patrouilles, embuscades, capture de prisonniers, récupération de déserteurs - autrichiens notamment - et, parfois, échanges de coups de feu avec les Tommies de l'East Surrey Regiment qui, la méprise reconnue, s'achèvent par une cordiale tasse de thé…

Tout au long de l'hiver, les escadrons sont en ligne à tour de rôle, faisant un travail de fantassin en attendant un hypothétique engagement monté. Ainsi, dans la nuit du 4 au 5 février, une reconnaissance offensive est montée sur le Colle San Martino en liaison avec le 5e RTM. Le capitaine de Benoist y participe avec une trentaine de spahis de son 2e escadron. Mais malgré les précautions prises, le groupe est décelé par l'ennemi qui déclenche sur lui un violent tir de mortiers : le capitaine et un sous-officier sont tués ainsi qu'un lieutenant des Tirailleurs. A 1 heure du matin, leurs corps sont évacués sur Valvori par les brancardiers.

Pendant ce temps, le sous-lieutenant Molle continue la progression vers l'objectif qu'il aborde vers 2 h 30 et attaque aussitôt. En face, la réaction est immédiate : l'officier est grièvement blessé par une grenade, deux spahis reçoivent une rafale de mitraillette et un troisième disparaît dans la nuit. Le maréchal des logis Grandgérard prend alors le commandement et décide de se replier avec les blessés, couvert par un petit groupe. Le brigadier Percy du Sert et le spahi de Langalerie portent l'officier sur leurs épaules, les deux autres blessés vont à pied comme ils peuvent :

« Chaque fois que Molle, très choqué, reprend connaissance, ayant d'un coup d'œil jaugé la situation critique de la patrouille que les Allemands sont en train d'encercler malgré les efforts de Schiano et de ses hommes (du groupe de couverture), *il appelle Grandgérard et à plusieurs reprises, il lui donne d'une voix claire et calme l'ordre formel de l'abandonner sur le terrain.*

Grandgérad refuse et la descente continue… A mi-parcours, dans ce terrain chaotique, les porteurs sont épuisés… Le sous-lieutenant Molle qui a perdu beaucoup de sang ne donne plus signe de vie. La mort dans l'âme, pour sauver sa patrouille, Grandgérard décide d'abandonner le corps de Molle après l'avoir dissimulé dans une anfractuosité.[32] »

Le sous-officier disperse alors ses hommes afin qu'ils puissent mieux s'échapper et, grâce à la nuit, ce qui reste de la patrouille est regroupé à Valvori vers 9 heures du matin.

Toutes les nuits, du 6 au 17 février, des patrouilles de l'escadron avec l'appui des tirailleurs tentent vainement de récupérer le corps du lieutenant sur le terrain. Mais la neige qui tombe en abondance à partir du 11 et l'ennemi vigilant obligent à monter un véritable coup de main en liaison avec le 5e RTM et un Tabor. Le 18, enfin, le corps est retrouvé miraculeusement conservé par la neige et descendu au PC du Régiment où le colonel Molle, commandant le 8e Tirailleurs, vient reconnaître son fils[33].

De son côté, le 8e Chasseurs, une fois débarqué à Naples et à Pozzuoli, se rassemble aussi à Caivano :

« C'est une petite ville surpeuplée qui possède son " corso " comme de bien entendu, mais ne présente en dehors de cette artère centrale qu'un incroyable lacis de ruelles étroites, obscures et sales. L'intérieur des maisons ne jure pas avec le délabrement de l'extérieur. Une marmaille dépenaillée grouille dans les ruisseaux ; les " appartements " mis à notre disposition sont vieux, mal meublés, sombres, poussiéreux, dépourvus des commodités les plus essentielles… Pour comble de bonheur, une pluie glaciale se met à tomber, rendue plus désagréable encore par le souffle rude du vent du Nord.[34] »

Heureusement, il y a Naples que les chasseurs visitent à la recherche de restaurants fameux ou de Napolitaines troublantes. Les premiers sont rares et d'un abord difficile, les secondes non, mais certains - qui avaient pourtant été prévenus par des panneaux suffisamment explicites : *« Off limit - VD[35] »* - font à leurs dépens l'expérience des chevaliers de Charles VIII.

Puis, le 4e escadron ayant enfin rejoint le 4 janvier[36], le régiment, tous feux éteints, se porte à Venafro dans la nuit du 9 au 10. De là, dans l'obscurité rendue encore plus dense par les brusques éclairs de départ des batteries au milieu desquelles passe le convoi, les escadrons arrivent vers 1 heure du matin dans des oliveraies, sur une pente où la boue est si épaisse qu'il est impossible de s'y déplacer. Les équipages y attendent le jour dans les véhicules, leur sommeil troublé par le vacarme de l'artillerie.

A l'aube, les chasseurs découvrent au sommet de la pente, le village perché de Fornelli où le PC est installé et dont les ruelles étroites abritent les voitures du 1er escadron :

« Des remparts, la vue est magnifique ; sous le soleil, le massif de la Mainarde resplendit, couvert de neige, le parc national des Abruzzes barre l'horizon d'un trait de splendeur et si nous admirons ce panorama grandiose, le grondement du canon roulant dans les vallées étroites nous laisse songeurs… qu'allons-nous pouvoir faire sur nos roues et nos chenilles dans un pays aussi tourmenté, aussi dépourvu de voies de communication ?[37] »

Dès que l'attaque se déclenche, le Colonel suit attentivement son évolution pour engager ses chars dans la brèche. Mais toutes les reconnaissances sont formelles : ni les routes ni l'ennemi ne s'y prêtent.

« Le 8e Chasseurs ne se jettera pas de tout son poids dans la bataille ; ce n'est pas encore sur ce terrain que, dans le grondement de leurs moteurs, les cavaliers chargeront, bousculant l'ennemi. Un rôle plus humble leur sera réservé, mais qu'importe ![38] »

Ce qui vaut à la chanson du régiment quelques couplets supplémentaires :

« Il paraît qu'cet engin là détruit les chars qu'il voit.
En attendant ce bonheur on joue aux Artilleurs.

CI-DESSUS : ÉCUSSON DE COL et de manche du 3e régiment de spahis marocains. (Coll. particulière)

---

29. *Note n° 1552 CEF/3/S du 8.11.43.*
30. *L'effectif est alors de 720 Européens et 175 Indigènes, plus 11 conductrices de la section ambulancière féminine.*
31. Le 3e Régiment de Spahis Marocains 1923-1962, *op. cit.*
32. *Ibid.*
33. *Evadé de France par l'Espagne, Joseph Molle avait rejoint le 2/3e RSM le 1.6.43.*
34. Journal de marche du Huitième régiment de chasseurs d'Afrique, *op. cité.*
35. « Interdit aux troupes alliées - maladies vénériennes » *(VD : Veneral Disease).*
36. *Embarqué le 21.12.43 sur le* George Matthews, *il n'est arrivé à Naples que le 3.1.44.*
37. Journal de marche du Huitième régiment de chasseurs d'Afrique, *op. cité.*
38. *Ibid.*

***21 décembre 1943.** Cavaliers du 3e escadron à pied du 3e RSM en observation face au village de Pizzonni, dans le secteur de Castel San Vincenzo.*
(National Archives)

On vient même de percevoir règles, compas, queue de trajectoire. Une parallaxe grand modèle pour trouver le parallèle. »

Le peloton de pionniers du 1er escadron aide ainsi les sapeurs à déminer la route de Cardito qui seule permet de ravitailler les unités engagées et d'évacuer leurs blessés. Puis, les escadrons transformés en batteries d'artillerie exécutent des tirs d'interdiction et pilonnent la route d'Atina de dix mille obus.

Mais, en ligne, les avant-postes des tirailleurs s'affaiblissent et il est fait appel au 1er escadron pour renforcer le dispositif. La mise en place s'effectue dans la nuit du 23 février, sous le couvert d'une chute abondante de neige et d'un épais brouillard. L'escadron à pied est désormais soumis aux aléas de la dure vie du fantassin.

Deux jours auparavant, le capitaine Broussard, officier de transmissions, a été gravement blessé alors qu'il mettait au point les circuits téléphoniques du 2e escadron. Près de lui, un chasseur est tué, un maréchal des logis, un brigadier et trois chasseurs sont touchés. Car le ralentissement des opérations dans le secteur n'est qu'apparent et l'artillerie allemande toujours active : février coûte en effet trois tués et seize blessés alors que le Régiment n'est pas engagé dans une véritable bataille. Il joue en tout cas son rôle en déversant sur la route de San Biagio 38 000 obus de ses destroyers.

Enfin, le 15 mars au matin, alors que les bombardiers alliés commencent à pilonner Cassino, un à un les escadrons partent au repos au sud d'Isernia, dans un village sur l'autre rive du Volturno au nom prédestiné : San Agapito.

Le lendemain, c'est au tour du 3e RSM de prendre la route de Macchia d'Isernia et de se remettre en condition après les séjours en ligne.

A la 3e division algérienne, 3e Spahis et 7e Chasseurs ont vécu la même vie et les mêmes tourments. Ainsi, au 3e RSAR monté en ligne le 7 janvier, un groupement est constitué avec trois escadrons de reconnaissance, un bataillon du 4e Tirailleurs tunisiens et la compagnie de garde divisionnaire. Disposant de l'appui de deux groupes de 105 et 155, il a pour mission de relever les Américano-Canadiens de la 1st Special Service Force sur le Majo et de reconnaître les hauteurs au nord. En outre, une unité de marche est constituée sous les ordres du commandant du 1er escadron.

Un dépôt de vivres, d'eau et de munitions est d'ores et déjà en place à Conca Casale où stationneront le poste de secours avancé et le convoi muletier du groupement : une section de 40 mulets du Train et 15 mulets conduits et encadrés par un gradé et cinq spahis par escadron.

« *Il serait exagéré de dire que l'annonce de notre prochain engagement à pied a rempli de joie tout le monde. Cavalier d'abord, chacun avait rêvé du travail passionnant de découverte et de reconnaissance en voiture... Il faut, pour l'instant, abandonner ces songes, mettre le sac au dos et, s'armant de courage, de patience et de bonne humeur, vivre l'âpre et dure vie de la " Biffe "...*[39] »

Pour les spahis, la première épreuve commence par le franchissement du col du Monte Corno dominant de 750 mètres le village de Venafro. Une piste muletière abrupte et enneigée les y amène peinant sous leur fardeau. Puis tout le monde redescend par un chemin verglacé sur le village de Conca Casale où se trouvent les Américains qu'ils doivent relever :

« *Conca Casale ! Première vraie vision de guerre pour la plupart d'entre nous... l'agglomération a été durement " marmitée " par les Américains puis par les Allemands. Presque toutes les maisons sont détruites, les églises éventrées... Des cadavres sont encore visibles dans les champs alentour. Les habitants, dont quelques-uns parlent français dans un pur accent faubourien, nous accueillent bien. Les Américains nous accueillent encore mieux et, dans leur hâte de repartir en arrière, nous abandonnent matériel et provisions...*[40] »

La nuit arrive avant que tous les éléments soient parvenus au village. Puis avec l'aube, les escadrons se portent à leur emplacement sous la conduite de guides américains.

Le 12 janvier à 7 heures, le jour commence à poindre lorsque, brusquement, le Monna Casale dans le fond du paysage et toutes les montagnes jusqu'aux positions de spahis sont littéralement embrasés par les éclatements d'obus... C'est la préparation d'artillerie au profit de la 3e DIA qui attaque. Le Régiment marche alors avec les tirailleurs tunisiens et, derrière eux, la base avancée suit jusqu'à Viticuso. Puis le 15, alors que l'on parle de relève, les pelotons du 1er escadron sont renvoyés sur Venafro pour que l'unité de chars puisse se reformer.

L'ennemi ayant décroché, les escadrons recherchent son contact en direction du Rapido par la route de San Elia et par l'Inferno. Le 3e escadron, qui progresse sur Villa, commence par reconnaître Portella et capturer une dizaine de fantassins allemands. L'un d'eux, un Alsacien ayant servi dans les zouaves durant

***Ci-dessus : casque modèle 1935** des unités motorisées porté par les spahis algériens. (Coll. particulière)*

39. Panaches rouges, *op. cit.*
40. *Ibid.*

Insigne du 3e RSAR. *La devise en arabe portée sur le croissant signifie* : « Entreprends sans crainte et tu réussiras ». *(Coll. particulière)*

la campagne de France et tout heureux de se retrouver parmi des Français, donne des renseignements sur le dispositif ennemi. Puis l'escadron s'avance dans l'Inferno...

C'est alors qu'une rafale d'obus s'abat sur le 2e escadron qui suit dans le ravin. Au 2e peloton, l'aspirant Rebeillard[41] est tué et enterré sur place, le lieutenant Regnery, le maréchal des logis chef Cauchy et le brigadier-chef Levesque sont blessés et évacués. Puis le tir d'efficacité commence, les obus se succédant par quatre presque sans interruption. Deux tombent au milieu du 2e peloton du 3e escadron qui se regroup : l'aspirant Trémeau[42] est blessé aux jambes et meurt en arrivant au poste de secours malgré tous les efforts du lieutenant de Buxeuil de Roujoux pour hâter le brancardage. L'adjudant-chef Pinson, gravement blessé au bras, refuse toute aide et rejoint le poste de secours par ses propres moyens. Quatre autres spahis sont également évacués.

L'un après l'autre, les escadrons à pied sont ensuite relevés et tout le régiment se regroupe le 17 à Venafro pour s'y reconstituer sur le type motorisé. A proximité se trouvent les éléments du 7e Chasseurs également au repos.

Le matériel de son 4e escadron a quitté Oran sur le *George H. Thomas* et, après une escale à Bizerte, est arrivé à Naples le 26, le déchargement étant terminé deux jours plus tard. Celui de l'état-major, de l'EHR et des 1er et 3e escadrons embarqués sur le *Hilary A. Herbert* et du 2e escadron à bord du *George Matthews* partent le 27. Après un détour par Malte, leur convoi arrive en rade de Naples, mais en raison de l'état de la mer, les *Liberty ships* ne peuvent être déchargés qu'à partir du 3 janvier et les derniers véhicules ne parvienant ainsi à Caivano que le lendemain dans la matinée.

Le PC du régiment, débarqué deux jours plus tôt du *Nea Hellas* est déjà installé et le Colonel s'est rendu à Orta où il a déjeuné avec les généraux Juin et de Monsabert. Puis, il a rendu visite au lieutenant-colonel Bonjour, commandant d'Armes de Caivano.

Le 7e Chasseurs quitte ensuite Caivano et forme, sous les ordres du chef d'escadron Pouzadoux[43], un « détachement d'intervention d'artillerie » qui prend position le 11 à la tombée de la nuit sur les pentes au nord-est de Pozzili afin de participer à la préparation de l'attaque du lendemain. Organisé autour du 4e escadron, il comprend en outre le peloton de pionniers, un atelier de transmissions et un détachement sanitaire.

Le 13 vers 19 heures, le régiment est alerté : il doit se porter dans la nuit dans la région d'Acquafondata. Mais la route est tellement embouteillée qu'il ne quitte finalement pas le bivouac des environs de Pozzili qui, le 15 peu avant minuit, est bombardé par des 170 et 230. Le lendemain, le tir, plus violent, débute à l'heure du dîner et dure toute la nuit. Aussi le lieutenant-colonel Jamilloux, major de zone et commandant des arrières, donne l'ordre de décamper et de s'installer à Venafro.

Le 21 janvier, les deux régiments blindés sont toujours en réserve, le 7e Chasseurs participant néanmoins aux tirs de neutralisation sur le Belvédère et le Cifalco en renforcement de l'AD 3.

Puis la Division prépare l'attaque qui doit soutenir celle de la 34th Infantry Division censée faire tomber le « musoir » de Cassino. Le 4e Tirailleurs, chargé de l'effort principal, reçoit en renforcement les Sherman de la compagnie A du 755th Tank Bn[44], plus le 4e escadron du 7e RCA qui se met en place sans problème dans la nuit. Il est couvert au sud par le 3e RSAR renforcé de la Compagnie B/755, de la compagnie de garde du QG et du 2e escadron de TD.

Le groupement blindé du capitaine Spangenberger du 1er escadron quitte Venafro le 23 à la tombée de la nuit. Brouillard, neige, verglas, la route est extrêmement pénible et la progression très lente sur l'itinéraire américain. La jeep du lieutenant commandant les trois canons d'assaut M8 du 3e escadron, s'écrase contre le parapet de la route. Et dix TD sur les douze de l'escadron Planes « déchenillent », affolant les Américains qui craignent une réaction de l'artillerie allemande... Malgré tout la colonne avance, tandis que le colonel Bonjour anxieux vient se rendre compte lui-même, en jeep, de la progression.

A 10 heures du matin, le groupement arrive enfin sur ses positions sans être repéré grâce à un brouillard intense. Puis, à 13 heures, le PC

41. *Pierre Dubreucq dit Rebeillard, affecté au 3e RSAR à sa sortie de Mediouna (promotion* Weygand*) le 30.4.43.*
42. *Affecté au 3e RSAR à sa sortie de Cherchell (promotion* Weygand*) le 30.4.43.*
43. *Artilleur, commandant en second, évacué le 12.1.44 sur l'hôpital d'Acera pour crise d'urémie, affecté ensuite à la Base 901.*
44. *Détaché dès le 29.12.43 au CEF avec lequel il va faire toute la campagne d'Italie.*

Tourelles des tank destroyers *en position de route, un peloton antichar du 8e RCA attend l'ordre de se mettre en route. (IWM NYF 16274)*

Revers du fanion *du 3e RSAR portant les noms des lieux où le régiment est passé au cours de la campagne de libération, notamment* « Naples », « Venafro », « Terelle », « Monticelli »... *(Salle d'honneur du 1er régiment de spahis)*

Revers du fanion *du 1er escadron de chars légers du 1er RFM portant la devise* « Félon » *et les noms des combats auxquels il a participé, notamment* « Garigliano-Liri » *et* « Montefiascone ». *(Salle d'honneur des fusiliers marins, Lorient)*

s'installe et des reconnaissances sont lancées vers San Elia. Le second groupement, aux ordres du capitaine de Chevalier d'Almont commandant le 2e escadron, part alors de Venafro avec deux sections de Sherman et un peloton de chars légers et se dirige vers San Elia où il doit retrouver la compagnie de garde qui servira de soutien porté.

Le 25, l'attaque est déclenchée. Mais au second groupement, trois Sherman s'embourbent et sont abandonnés par leurs équipages, tandis que les autres engins ne parviennent pas à franchir le Rapido. Le premier groupement est alors engagé, mais toutes les patrouilles sont arrêtées par les inondations et trois chars légers s'enlisent.

Le 27, les tirailleurs tiennent le Belvédère, mais l'ennemi s'infiltre dans la vallée et menace leurs liaisons vers l'arrière. Le groupement Spangenberger est alors lancé en contre-attaque sur l'Olivella et dégage les tirailleurs qui reprennent confiance. Malheureusement, en relevant les blessés, on trouve le corps du commandant du 4e RTT au milieu des cadavres allemands.

Le lendemain, l'Olivella doit être à nouveau nettoyée. Le peloton du lieutenant Salantin prend la route qui court à flanc de colline et arrive devant une destruction infranchissable aux chars. Alors qu'après avoir inspecté l'obstacle, il revient au devant du chef de la section d'infanterie appelée à la rescousse, une rafale claque. Le cavalier puis le fantassin sont touchés et s'effondrent. Les chars, qui ne voient rien et ne peuvent tirer, se replient légèrement et les brancardiers ne peuvent passer : trois sur cinq sont blessés.

A 10 h 30, les tirailleurs ayant repris leurs positions, le capitaine Spangerberger part seul à pied jusqu'au char de tête, grimpe sur la tourelle et fonce en avant. Le corps du lieutenant est alors hissé sur le char, qui fait demi-tour sur la route étroite et reçoit en partant une volée de balles. Spangerberger, blessé et crispé sur son précieux fardeau, tombe dans un tournant en arrivant à hauteur du half-track du colonel et doit être évacué.

Le 5 février, c'est sur la route de Terelle, près de son half-track de commandement, que le capitaine d'Almont est mortellement atteint par un éclat d'obus. Et trois jours plus tard, dans le même secteur, le lieutenant Mistarlet du 3e escadron est tué par une rafale de mitrailleuses alors qu'il cherchait un observatoire d'où il pourrait régler le mieux le tir de ses obusiers.

Après l'affaire de Terelle, les éléments blindés reviennent au bivouac et profitent de la pause pour réviser les moteurs. Le 11 mars, pour son action avant le débarquement de novembre 1942, Van Hecke est fait officier de la Légion du Mérite au nom du Président des Etats-Unis par le général Clark en présence du général Beucler, chef de la mission française auprès de la 5e armée.

Le 4 avril, le 7e RCA en une seule colonne quitte Venafro et dans la matinée, sans incident en dépit des convois montant et descendant, rejoint les cantonnements aux alentours de Roccamonfina. Six jours plus tard, le 3e RSAR abandonne définitivement le secteur des Abruzzes pour s'installer vers Casale et Teano, dans la nouvelle zone de stationnement de la Division algérienne.

Depuis le 25 mars, le 3e RSM est à Gallucio dans le nouveau secteur :

« Adieu les Abruzzes ! Adieu le Rapido ! Vive le Garigliano ! »

Spahis, chasseurs et marins sur le Garigliano

Depuis le 16 mars 1944, le 8e chasseurs d'Afrique est au repos dans les villages autour d'Isernia. Si certains ont fait une escapade à Naples pour visiter la ville et voir le Vésuve cracher des flammes comme il ne l'avait fait depuis plus de deux siècles, le repos relatif est mis à profit pour changer les canons de leurs TD ou « peaufiner » l'instruction à pied des équipages en répétant patrouilles, coups de main et embuscades.

Dès le 20 mars, le lieutenant-colonel Simon prend contact avec le général Sevez, commandant la Division de montagne, en vue de l'engagement dans le secteur du Garigliano. L'escadron de reconnaissance passe ensuite aux ordres du 3e Spahis marocains - détaché à la 4e DMM - pour monter en ligne dans la région de Galluccio et Cocuruzzo et les TD se répartissent dans les vergers garnissant les pentes des collines depuis Valle jusqu'à San Carlo et même Rongolise[45].

Deux cavaliers *d'un équipage de char léger du 1er escadron du 4e RSM le 16 mai 1944 à Castelnuovo. (P. Ichac)*

Si, de jour, aucun mouvement de véhicule n'est possible et les déplacements à pied doivent être limités, la nuit, en revanche, les spahis peuvent se dégourdir les jambes lors de patrouilles concertées avec les tabors jumelés aux escadrons. Pour dissimuler aux Allemands la relève des Britanniques, le casque plat est imposé aux cavaliers qui regrettent leur si seyante coiffure de motorisé. Qu'à cela ne tienne ! Ils se ruent sur les merceries du coin, achètent toute la laine possible et les « plats à barbe » se trouvent illico surmontés d'un ravissant pompon vert cousu sur le filet de camouflage. Ce casque anglais a néanmoins l'avantage d'éviter les méprises avec les goumiers et les Hindous voisins qui en portent un semblable.

Les pelotons sont généralement installés sur une crête dans une maison en ruine, avec observatoire et abri aménagés, bien camouflée et proche du cantonnement - partagé avec les Italiens - pour que les relèves fréquentes restent discrètes. Il s'agit essentiellement d'épier les gens d'en face et d'observer de temps en temps un tir de mortiers ou d'artillerie. Le danger vient des mines posées par les uns et les autres, des obus qui s'abattent sur les positions au moindre mouvement et des chasseurs alliés qui parfois se trompent de rive[46].

Puis, dans la nuit du 6 au 7 avril, la reconnaissance du 8e Chasseurs est remplacée à Gallucio par le 4e RSM, dont deux escadrons vont en ligne.

Une nouvelle formation s'intègre également au dispositif en relevant les escadrons du 3e Spahis marocains demeurés autour de Cocuruzzo : c'est le 1er régiment de fusiliers marins de la 1re DMI.

« Drôlement décontractés les pompons rouges ! Ils sont montés en ligne avec peu ou pas de munitions, comme s'ils allaient à la pêche. Les escadrons relevés leur refilent la moitié de leurs unités de feu, avec conseil de se recompléter au plus tôt, le coin n'étant pas tellement franc, et de faire refluer les trop nombreux véhicules qu'ils ont amenés.[47] *»*

A l'origine, le 1er bataillon de fusiliers marins, créé à Londres en juillet 1940, est une formation d'infanterie. Doté après la Syrie de canons

45. *Facétieux, les chasseurs d'Afrique le transforment en* « rigolons ici » *et le spahis* « vin de Cocu » *le cru emprunté à Cocurruzzo.*
46. *Au cours de cette période considérée comme calme, le 8e RCA tire près de 49 000 obus et perd 11 tués et 30 blessés.*
47. Le 3e Régiment de Spahis Marocains 1923-1962, *op. cit.*

Fanion de commandement *du 7e RCA portant l'insigne du corps inspiré de celui des Chantiers de la Jeunesse. (SHAT)*

de 20 antiaériens, il quitte Beyrouth avec la 1re brigade française libre et combat à Bir Hakeim puis en Tunisie. Intégré ensuite à la 1re DFL, il retourne en Tripolitaine où il attend du nouveau matériel et du personnel.

C'est à Bou Ficha, début septembre 1943, qu'il apprend sa transformation en régiment de reconnaissance de la Division[48]. Le Recce - comme on l'appelle à la mode britannique dans la DFL - est donc créé sous le commandement du capitaine de corvette Amyot d'Inville[49]. L'instruction débute alors avec cinq scout cars perçus à Tunis, puis cinq automitrailleuses arrivées de Constantine venant s'ajouter aux vingt-quatre AM usagées cédées fin juillet par les spahis marocains. Puis le régiment occupe la caserne de Metline et deux renforts arrivent du Caire et de Dellys, tandis qu'un détachement part à Casablanca percevoir les véhicules américains. En attendant, trois chars légers sont prêtés pour entamer l'instruction des équipages et trois chevaux de selle sont également perçus à Tunis, sans doute pour ne pas faire mentir le dicton[50] !

Le 8 novembre, les premiers véhicules arrivent enfin de Casablanca, avec des marins ayant quitté clandestinement le Maroc. A la même époque, quatre officiers de la *Military Police* se présentent au Régiment à la recherche d'une vingtaine de jeeps volées. Si les voitures ne sont pas retrouvées, en revanche, le général Brosset ordonne de reverser les soixante-dix hommes arrivés de Casablanca.

Le 13 décembre, le Général inspecte le RFM accompagné du général Kingman. Le 27, c'est le tour du général Koenig qui annonce l'arrivée prochaine d'un complément de matériel américain. Le régiment enchaîne alors manœuvre sur manœuvre, teste un scout car armé d'un canon de 37, perçoit encore une dizaine de ces engins à Boufarik et incorpore une centaine d'Algériens afin d'être fin prêt pour partir avec la Division.

Enfin, le 13 avril, un premier détachement quitte le camp de Bou Ficha pour Bône tandis qu'un autre gagne le lendemain la zone d'attente de Sidi Ahmed. Pendant une semaine, les véhicules arrivent à Bizerte et embarquent non sans mal sur divers *Liberty ships* qui appareillent le 22. Trois jours plus tard, le convoi arrive en rade de Naples et le 29 dans la soirée le déchargement est terminé. Il ne reste alors à Bizerte qu'une dizaine de véhicules qui rejoindront le 3 mai.

Puis les escadrons quittent Albanova pour relever les Marocains au bord du Garigliano, tandis que les chars légers s'instruisent et manœuvrent avec une compagnie de Sherman. Puis le Commandant reconnaît le secteur en *Cub* et les pelotons de reconnaissance occupent les observatoires face à San Ambrogio :

« On nous fit abandonner les voitures dans un champ. L'escadron partait en guerre à pied ! A dix heures du soir. C'était manquer d'imagination. Capucine[51] nous indiqua qu'il fallait emporter le strict minimum : donc, par bonhomme, six grenades autour du ventre, quatre chargeurs de FM, des cartouches pour la carabine, le masque à gaz, un obus de mortier, une caisse de balles de 7,62, trois jours de rations K, un jour de ration C, le casque. Surtout mettre les guêtres, ne pas oublier la pèlerine anti-gaz, les jumelles, prendre aussi le revolver, la boussole, les couvertures et le porte-cartes, remplir le bidon d'eau si l'on voulait du pinard. C'est ainsi qu'on nous transforma en fantassins légers destinés à occuper des positions avancées.

Les mulets étaient du voyage. Ils portaient les surplus du peloton : munitions pour tenir un encerclement d'une semaine, bidons de 20 litres, ravitaillement et tout ce qui ne sert à rien et qu'on remorque partout. Nos guides étaient des goumiers. Capucine nous dit de marcher à dix mètres les uns des autres… Gué-gué [quartier-maître Guénanten] nous dit qu'une fois de plus on allait faire les andouilles, qu'il ne s'était pas engagé dans la Marine pour naviguer avec 50 kg sur le dos et qu'il en avait marre.

Chacun y mit son grain de sel et puis il n'y eut plus que le bruit cadencé de nos pas, le trot léger

48. Ordre n° 510 SCEMG du 17.9.43 et DM n° 91EMG/PMO du 26.9.43. Le BFM en est informé le 20 et la plupart des textes postérieurs indiquent le 24 comme date de création. Le plan d'armement généralement admis est de 37 officiers, 87 officiers mariniers et 762 matelots.
49. Commandant du 1er BFM après la mort du CC Détroyat devant Damas le 21.6.41, Compagnon de la Libération depuis le 9.9.42.
50. « Sitôt à terre sitôt à cheval, sitôt à cheval sitôt à terre ».
51. Enseigne de vaisseau Chatel, chef de peloton au 2e escadron.

Fin février 1944, *près de Venafro. Lors d'une période de repos mise à profit pour reprendre l'instruction, un tank destroyer du 7e RCA sur lequel sont juchés les cavaliers à pied de la protection, croise le char à bœuf d'un paysan italien. (IWM IA 18475)*

***31 mai 1944**, en avant de Carpineto Romano. Le sous-lieutenant Emig, chef de peloton au 3e escadron du 7e RCA, tire les derniers coups de 76,2 : il sera tué le lendemain par un éclat d'obus. (P. Ichac)*

des ânes et l'impact des pierres quand nous marchions trop au bord du sentier...[52] »

Au 3e Algériens, où « *le chef du service auto et ses adjoints ont couru toutes les routes, tous les parcs, toutes les compagnies de réparation, prenant chez les Américains, chez les Français, sur les véhicules abandonnés, toutes les pièces nécessaires à la remise en état du matériel*[53] », l'aumônier bénit les fanions des escadrons le jour de la Fête de Jeanne d'Arc.

Au 7e Chasseurs, les 8 et 9 mai, le 4e escadron règle et tire sur des observatoires au nord de Castelforte. Puis le reste du régiment abandonne le cantonnement de Garofali pour occuper la position intermédiaire de Rongolisi.

Au même moment, le colonel Pique-Aubrun[54] porte le PC avancé du 3e RSM à Rocca d'Evandro et son 1er escadron quitte Gallucio pour la position d'attente. Nous sommes le 11 mai :

« *Deux Focke-Wulf allemands survolent le secteur. Il fait très beau. Le front du Garigliano est étrangement calme.*[55] »

Le « coupe-gorge » de San Andrea

Le CEF aligne alors six régiments de reconnaissance et de chasseurs de chars, plus deux bataillons de Sherman, répartis dans les deux divisions devant agir par les vallées.

Au nord, la 1re DMI a reçu, le 6 mai, le 3e RSM, le 8e RCA et le 757th Tank Battalion pour constituer un groupement mixte chars-infanterie qui débouchera en trois vagues successives entre le Garigliano et la route de San Apollinare.

Au sud, la 3e DIA dispose, depuis le 7 mai, de l'état-major du 2nd Armored Group, du 755th Tank Bn et du 4e RSM dont - comme la 2e DIM pour le 3e RSM - la 4e DMM n'a pas l'emploi dans son secteur. Le groupement Guillebaud constitué autour du 4e Tunisiens doit agir en deux colonnes sur Castelforte selon l'avance des voisins : 88e américaine à gauche et Division de montagne à droite.

A partir de 21 heures, les chars de la 1re DMI commencent à rouler lentement en colonne vers les ponts qui franchissent le Garigliano : celui du *Tigre* et le tout nouveau pont du *Jaguar*. Dans la nuit, les blindés font une rumeur sourde et continue à peine couverte par l'artillerie lorsqu'ils abordent les passages. Puis, entre 3 et 5 heures du matin, le groupe de brèche établit un passage dans le fossé antichar sur la rive ouest. La première vague s'y engouffre aussitôt, suivie par les deux autres qui s'infiltrent dans la cuvette entre la route de San Apollinare et le fleuve.

La vague n° 1[56], aux ordres du commandant Amyot d'Inville, devait démarrer à l'aube. Mais son débouché ayant été avancé à 4 h 30, c'est dans la nuit, alors que la fumée et la brume très épaisses réduisent la visibilité à cinquante mètres, que les deux colonnes à droite s'engagent dans la plaine en direction du nord. Mais un kilomètre plus loin, les chars s'enlisent : les berges du fleuve n'ont pas eu le temps de sécher en profondeur et l'herbe drue couvre une terre gorgée d'eau qui cède au passage des engins. Certains continuent sur leur lancée en rugissant et disparaissent dans la brume. Peu à peu, le jour se lève et lorsque, vers 9 heures, le soleil apparaît, l'enseigne de vaisseau Barberot[57], qui commande le 1er escadron, découvre une vingtaine de chars embourbés et immobilisés, les Sherman tous panneaux fermés mêlés aux chars légers des marins. Autour, des fantassins blessés cherchent la protection du blindage.

Un premier peloton de reconnaissance du 8e Chasseurs est alors engagé, mais une jeep et un scout car sautent sur des mines ! Les pionniers commencent alors à dégager l'obstacle, mais un autre fossé antichar miné apparaît. Et à 17 heures, huit cents mètres seulement ont été parcourus. C'est bien ce qui se disait la veille au régiment :

« *A première vue, le terrain de l'attaque est le prototype du coupe-gorge* ».

Au moins, les TD ont-ils réussi à neutraliser les blockhaus en tirant sur leurs embrasures et protéger ainsi les fantassins.

Barberot n'a alors de liaison qu'avec son PC arrière : deux pelotons ont foncé dans la brume et le lieutenant Soudée, chef du troisième - qui allait entraîner derrière lui sur la route les Sherman enfin décidés à avancer après de longs palabres - a été blessé par un éclat de mortier.

Des snipers font impunément des cartons sur les blessés et les équipages et c'est seulement après l'intervention de deux compagnies du 22e BMNA que les brancardiers relèvent les uns et qu'un *wrecker* américain dégage un à un les autres.

Le commandant du 1er RFM décide alors de revenir vers le sud et la troisième colonne pour emprunter la route. Puis l'intervention de six Sherman - les seuls qui ne soient pas enlisés - permet de nettoyer les collines et de dégager le terrain en avant. Mais des ponts ayant sauté, les chars reçoivent, à 21 heures, l'ordre de rentrer.

52. *Eugène Jestin,* Les nuits du Garigliano, *in* Le Lien, *journal du 1er RFM. Les conseils donnés par les spahis ont en tout cas été suivis.*
53. Panaches rouges, *op. cit.*
54. *Promu le 30.4.44.*
55. *Le 3e Régiment de Spahis Marocains 1923-1962, op. cit.*
56. *Chars légers du 1er RFM, Sherman du 757th Tank Bn, 4e escadron du 8e RCA, 22e BMNA et éléments du génie.*
57. *Compagnon de la Libération le 7.3.41 au titre du 1er Bataillon d'Infanterie de Marine.*

Ce n'est qu'à la nuit que plusieurs équipages des pelotons perdus rejoignent les lignes, exténués et couverts de boue, leurs habits déchirés, ramenant leurs blessés. Le lendemain, l'enseigne de vaisseau Goéré, chef du 2e peloton, est récupéré : ayant détruit à l'abordage un canon antichar, il a réussi à s'extraire blessé de son char en flammes et a fait le mort parmi les Allemands jusqu'à l'arrivée de ses camarades.

Au cours de ce premier combat, le régiment a perdu trois tués et 18 blessés dont deux officiers. Trois chars ont été détruits par l'ennemi et deux sont restés enlisés. Le 8e Chasseurs a deux tués - dont le tout nouvellement promu chef du peloton des transmissions - et dix blessés dont un officier et un sous-officier chef de peloton.

Le 13 à 13 heures, la vague n° 2[58], commandée par le capitaine de Galbert de l'escadron de chars légers du 3e RSM, reçoit l'ordre de dépasser la première vague en direction du col du Marroni dont la conquête permettrait le débordement de San Ambrogio et ouvrirait la première fenêtre sur la vallée du Liri.

Dans le terrain vallonné et couvert bordant le côté droit de la route, le 1er escadron de spahis avance suivi des Sherman, tandis que les TD déployés en arrière protègent de leurs feux la progression. L'adjudant-chef Benoit débouche en tête sur la route et aussitôt les canons de Pak ouvrent le feu. A toute vitesse, les quatre chars foncent et se mettent à l'abri au pied de San Andrea : le col est maintenant à mille mètres. Puis c'est la charge... Déjà, les fantassins allemands quittent les fossés, affolés... Mais les deux premiers chars sont touchés en pleine vitesse, puis les deux autres sont stoppés. Les équipages sautent à terre et engagent le combat. Benoit blessé, le maréchal des logis chef Simon organise la défense autour des engins foudroyés.

Les deux autres pelotons commencent alors à manœuvrer par la droite, tandis que la colonne des Sherman accourt pour écraser les défenses du col. Celles-ci réduites et les survivants du peloton Benoit dégagés, les fantassins embarquent sur les chars qui descendent vers San Apollinare. Mais le village est encore bien tenu et la colonne s'arrête bientôt comme si la fin du jour marquait, en même temps, la fin du combat.

A 20 heures, le 2e escadron de spahis qui a passé la journée terré dans les fossés du fleuve, franchit le Garigliano et, dans la nuit, progresse en direction de l'escadron de Galbert sur sa gauche. A 2 heures du matin, les 2e et 4e font leur jonction et, deux heures plus tard, ils arrivent à hauteur des chars légers.

Le 14 au matin, le 1er escadron s'avance à travers le brouillard en direction de San Giorgio. Un premier 75 Pak est réduit au silence, puis un deuxième est découvert dans un petit chemin. A San Apollinare, les Sherman doivent être appelés à la rescousse. Le lieutenant Sollum, dont le premier char a déjà sauté sur une Tellermine, un deuxième percé au col du Morroni, a les jambes arrachées par deux obus qui traversent la machine de part en part. Près des chars de commandement, deux maréchaux des logis - Deruelle, évadé de France, et le Marocain Aïdane ben Ali - sont déchiquetés. Le tireur du char du capitaine est blessé et le lieutenant Piobetta du 22e BMNA tué.

A 18 heures, les spahis du 2e escadron - qui ont participé au ratissage des berges du Garigliano avec le 4e - grimpent sur les chars légers et foncent sur San Giorgio du Liri. Au mât d'antenne du Turenne, l'engin du capitaine de Galbert, flotte un grand pavillon afin que nul n'ignore que la Reconnaissance a préparé la route...[59].

Insigne en laiton *de la subdivision d'arme des chasseurs d'Afrique. (Coll. particulière)*

De Castelforte à Esperia

A l'autre extrémité du secteur du CEF, la « colonne ouest » du lieutenant-colonel de Lambilly, commandant le 4e RSM, franchit le Garigliano de minuit à 3 heures du matin au pont de la voie ferrée au sud-est de Castelforte. Puis le premier échelon de la « colonne est » du chef d'escadrons Dodelier, commandant en second, passe au pont du *Lion* de 2 heures à 3 h 30. Le second échelon le suit de 5 h 15 à 6 h 15.

Ainsi, dès 6 heures le 12 mai, les deux colonnes du groupement blindé de la 3e DIA sont à pied d'œuvre dans la tête de pont, face à leurs objectifs respectifs : San Cosma e Damiano pour la colonne ouest et Castelforte pour la colonne est.

A 7 h 15, le détachement Dodelier atteint le pont coupé du Rio Grande et peu après effectue la liaison avec l'autre détachement qui vient d'occuper San Lorenzo. Puis, à 8 h 30, les deux colonnes ralentissent leur allure de manière à permettre l'enveloppement préalable des défenses des hauts par les deux divisions d'attaque américaine et marocaine. En fait, elles commencent à se heurter à une position bien organisée avec casemates, maisons organisées en fortins, réseaux de barbelés et champs de mines...

La matinée s'écoule et le début de l'après-midi arrive sans que le débordement se soit produit. Il apparaît cependant que le point faible du dispositif ennemi se situe à gauche.

58. *Chars légers du 3e RSM, une compagnie de Sherman, 1er et 3/8e RCA et une compagnie du 22e BMNA.*
59. *La citation à l'ordre de l'armée du 1/4e RSM mentionne un bilan de plus de 200 prisonniers, 12 canons antichars, 20 véhicules blindés ou banalisés.*

Venant de la rive gauche, *un Dodge 4x4 du 8e RCA franchit le Garigliano sur le pont Treadway lancé en aval du confluent du Liri et du Rapido le 17 mai par une compagnie du génie américaine. (OFIC)*

Aussi, afin de ne pas se laisser retarder plus longtemps, le général de Monsabert ordonne au groupement Guillebaud d'attaquer l'agglomération de Castelforte au plus vite : il ne s'agit donc plus d'exécuter un simple nettoyage, mais d'entreprendre une action de force qui conditionne le franchissement des autres éléments de la Division algérienne.

L'attaque est amorcée vers 16 heures par la colonne ouest qui se heurte à un barrage à l'entrée de San Cosma e Damiano. Trois Sherman du 755th Tank Bn sautent sur des mines et deux canons de Pak prennent les autres à partie : la route est maintenant obstruée et la dénivelée interdit toute manœuvre par les bas-côtés. Les TD s'installent donc en base de feux tandis que deux compagnies de tirailleurs tunisiens s'infiltrent dans la partie sud du village. Au cours de ces actions, l'aspirant Duros est blessé alors qu'il guidait un TD. Puis un obus tombe sur *Dompteur*, blessant le chef de char et le lieutenant Lecomte qui refuse d'être évacué et reste en position jusqu'à la prise de Damiano, ramenant lui-même ensuite ses chars à San Lorenzo.

A l'est, la colonne est également freinée par de nombreuses mines et, à l'entrée de Castelforte, un char détruit barre le seul accès. Là aussi, les TD neutralisent une à une les armes automatiques en position aux lisières alors que les fantassins pénètrent dans le village et en tiennent la partie sud. Mais, alors que le lieutenant Joubert précédant ses chars légers se portait au devant des tirailleurs, une rafale de mitrailleuse tirée d'une maison le blesse grièvement et il doit être évacué.

Vers 19 heures, le groupement s'arrête pour la nuit. Parmi les 82 prisonniers rassemblés, certains parlent d'un repli probable des défenseurs sur une *Orange Linie* située en avant de Coreno, mais leurs déclarations sont imprécises.

Toute la nuit, les sapeurs travaillent à dégager la route et la rue principale de Damiano. Et, à 7 heures, un peloton à pied, appuyé par des TD et des Sherman, se porte vers le col de Castelforte. Il se heurte à un premier barrage de mines battu par des mitrailleuses qui est enlevé à 10 heures, puis à un autre cent mètres plus loin :

« Impossible d'avancer, rend compte le chef de peloton. Fais déminer. Reprendrai progression dès opération terminée ».

La progression, reprise à 13 heures après une préparation de mortiers des pelotons, amène au col les spahis qui capturent 51 Allemands dont quatre officiers. Et, dans l'après-midi, un bulldozer, protégé par des Sherman et deux jeeps armées, remet la route en état depuis Damiano jusqu'au col où les TD se sont mis en position.

A 17 h 45, le 4e escadron de spahis ayant reçu l'ordre de pousser plus loin, un peloton renforcé de chars légers américains part en reconnaissance sur la route de Coreno. Mais au débouché du col, une concentration s'abat sur tout le secteur : plusieurs véhicules brûlent, un half-track saute avec ses munitions et bloque la route. Quant aux pelotons en reconnaissance, ils sont stoppés plus loin devant un pont détruit et préfèrent revenir au col.

Le PC du 4e RSM reste pour la nuit à Damiano où il a reçu quelques obus dans l'après-midi. A minuit, nouveau bombardement : le peloton PC perd deux tués et trois radios blessés. Au poste de secours, le maréchal des logis Berthier, gravement blessé, déclare avec un flegme imperturbable au capitaine médecin :

« Avec le bruit des obus, il n'y a vraiment pas moyen de travailler sérieusement en radio. Ça brouille tout ! »

Dans la nuit, le bulldozer rétablit la coupure sur la route de Coreno criblée de trous. Et, à droite, le nettoyage de Castelforte s'achève, avec de nombreux prisonniers.

Le 14 au lever du jour, le détachement Dodelier est autorisé à traverser le secteur américain pour remonter la vallée de l'Ausente et prendre Ausonia par le sud-est. A 9 heures, le 3e escadron démarre de San Lorenzo. Mais en arrivant près de la rivière, le peloton de tête est arrêté par une compagnie de Sherman qui obstrue la route dont les abords sont minés. Vers 11 h 30, après de longs pourparlers, les chars consentent à dégager la route et à laisser passer l'escadron. Mais alors que, un peu plus loin, il est arrêté par un champ de mines, les Américains obtiennent de la Division que le détachement sorte de la vallée. Les spahis empruntent alors une étroite piste et reconnaissent Casale.

***Au cours de la progression** en direction d'Ausonia, un tank destroyer du 2e escadron du 7e RCA franchit un ruisseau boueux dans la vallée de l'Ausente. (©ECPAD/France)*

***26 mai 1944**. Sur la route entre Vallecorsa et Castro dei Volsci, une mine explose sous un engin du 1er escadron du 4e RSM, blessant le chef de char qui est évacué sur l'arrière par ses camarades. (©ECPAD/France)*

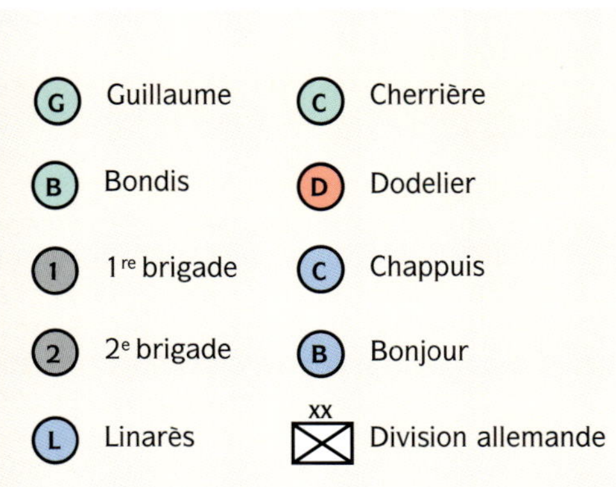

FLAMME DE TROMPETTE du 8e RCA aux couleurs bleu et jonquille des chasseurs d'Afrique. (SHAT)

Quelques TD ayant rejoint, une action est alors montée sur Colle Torrerisi avec les goumiers et des chars américains qui est bientôt gênée par des mines. L'escadron de reconnaissance des Chasseurs qui suit est alors envoyé en protection des éléments avancés pour la nuit. Entre-temps, les spahis ont tenté de franchir l'Ausente à un gué aménagé par les goumiers, mais des Sherman surviennent alors qui passent dans l'autre sens. Après quoi, le passage est tel que l'escadron préfère rester sur place en halte gardée. La tête de la colonne du lieutenant-colonel Pernot[60] vient alors buter sur les derniers véhicules et bientôt toute circulation est interdite. Le lieutenant Brunel, officier des transmissions, veut rejoindre plus rapidement son colonel : il laisse sa jeep, part à pied, mais il est écrasé entre deux véhicules et doit être transporté au poste de secours d'un GTM puis évacué le lendemain.

Au détachement de Lambilly, le bulldozer ayant rétabli le passage, la progression reprend également à 9 heures. Mais presque aussitôt, le char de tête reçoit de plein fouet deux coups de 75 tirés par un automoteur dissimulé dans les couverts de Cardito. Le village doit alors être nettoyé maison par maison par les tirailleurs algériens. Puis une compagnie de Sherman traverse Coreno et double les éléments du 3e RTA qui n'ont atteint que les lisières du village alors que, de part et d'autre, les sections de tête sont bien en avant. Les chars s'arrêtent en vue d'Ausonia sur la route au-dessus du cimetière où ils se font sérieusement matraqués par l'artillerie. Ils tentent ensuite de déboucher, mais ils sont arrêtés par une destruction mille mètres au-delà.

L'avance des tirailleurs sur les flancs contraint toutefois les Allemands à décrocher et le PC du 3e RSM s'installe à Coreno. Aux abords de la route, des canons sont abandonnés et, dans le village, les tables servies, le repas de midi préparé dans les cuisines, les sacs individuels abandonnés dans l'église qui servait d'écurie aux les ânes et aux mulets, témoignent du départ précipité des Allemands.

A 19 heures, un fourneau de mine à retardement ayant été découvert dans l'église, le PC déménage précipitamment et s'installe quatre cents mètres plus loin sur la route d'Ausonia. Une pancarte « Eglise minée » est placée à la porte :

« Le Père Herbaux, aumônier du Régiment, retiendra cette formule et à chaque fois que nous arriverons dans un village, il mettra sur la porte de l'église " Eglise minée " afin d'éviter que les Indigènes ne rentrent dedans.[61] »

Le 15 mai, la 3e DIA récupère le détachement Dodelier mis la veille à la disposition du Corps de montagne et, dès 6 h 30, le détachement de Lambilly occupe Ausonia,

A la demande du général de Monsabert, le peloton Bonnardel du 2e escadron est alors envoyé reconnaître Selvacava et pousser sur la Bastia. Le maréchal des logis-chef Vuillerez et le mdl Favreau, accompagnés de quelques hommes, partent vers la Bastia à pied. Tout à coup, une mitrailleuse ouvre le feu à cent mètres : la rafale tue net Favreau, blesse grièvement le spahi Castera. Le pied traversé par une balle, le spahi Michel parvient néanmoins à se replier. Protégé par le canon d'assaut, l'aspirant Bonnardel tente alors de manœuvrer la mitrailleuse avec le mdl Clerc et quelques spahis. Mais la réaction ennemie est très vive et la patrouille Vuillerez doit décrocher, sa mission de reconnaissance étant accomplie.

60. Artilleur, arrivé au 7e RCA le 30.1.44 comme chef d'escadron chargé des tirs d'artillerie.
61. JMO du 4e RSM.

Lors des combats *dans le secteur de Pico, un capitaine commandant un escadron de reconnaissance du 3e RSAR donne ses ordres à la radio, utilisant le poste SCR 508 de son scout car de commandement. (P. Ichac)*

L'aspirant repart avec le Clerc et cinq spahis pour récupérer le blessé. Et, une fois de plus, ils sont cloués au sol par le tir précis des armes automatiques. Alors du groupe se détache le spahi Khalloul :

« *Je vais le chercher* » dit-il.

Il fait cinquante mètres en rampant et s'immobilise : une balle a traversé son casque, déchirant gravement le cuir chevelu. Couvert de sang, il revient vers le groupe. Le spahi Sitguesy se propose alors. Sa progression est lente : encore vingt mètres - encore dix mètres. Il parvient jusqu'à Castera, le fait boire et Castera meurt presque aussitôt. Il revient alors lentement, blessé lui aussi et exténué.

Le chef Carbonnel poursuit le nettoyage de Selvacava et protège les flancs du peloton, tandis que le maréchal des logis Tharaud tire sans arrêt avec le 75 de son M8.

Il est maintenant 15 heures et le combat dure depuis 10 heures du matin :

« *Mais que font les tirailleurs ?* »

Un bataillon du 3e RTA arrive enfin et dépasse le peloton. Un groupe de volontaires avec des brancards l'accompagne. Favreau et Castera sont retrouvés et ramenés vers les véhicules. Mais il manque à l'appel le spahi Dada et l'aspirant repart le chercher avec quelques hommes. L'isolé retrouvé blotti dans un trou, la patrouille revient au crépuscule.

L'aube du 16 se lève enfin. Le peloton Bonnardel[62] reçoit l'ordre de rejoindre son escadron. Et, à 10 heures, le régiment se porte en direction d'Esperia. A quatre kilomètres du village, le détachement Dodelier est stoppé par une série de casemates. Puis il est arrêté - pour la journée - par les tirs violents de canons automoteurs.

Dans le secteur de la 1re DMI, le terrain au-delà de San Giorgio n'étant guère favorable aux blindés, le 3e Spahis est rendu à la 2e DIM dans l'après-midi.

Pour les spahis et les chasseurs d'Afrique, ce n'est pas encore l'exploitation à bride abattue, mais ce n'est plus le « crapahut » des fantassins.

Toute fois, l'évacuation par les Allemands de l'abbaye du mont Cassin le 17 mai signifie que la manœuvre du CEF a parfaitement réussi. Et le « verrou » d'Esperia forcé, il s'agit dès lors de poursuivre sans désemparer pour empêcher les Allemands de se rétablir sur la ligne *Hitler*.

Monticelli

Confinés jusque-là dans un rôle de fantassins, les cavaliers devraient pouvoir enfin réaliser ce à quoi ils rêvent et se préparent depuis l'Algérie : combattre en motorisés au sein de groupements interarmes. Mais pour les unités de reconnaissance ou de chasseurs de chars, l'inconvénient majeur est que les autres éléments ne sont pas - si l'on peut dire - du même pied : la plupart marchent ou roulent en camion tandis que les cavaliers sont entièrement motorisés tout en ne disposant pas d'un véritable engin de reconnaissance :

« *Le char léger M5 peut à la rigueur être utilisé comme tel* » déclare alors Bonjour « *mais le scout car est une mauvaise voiture de dragons portés liée à la route. Les Américains l'ont d'ailleurs remplacé par des half-tracks* ».

Ci-dessus : *casque des unités motorisées modèle 1935 porté par les spahis marocains. (Coll. particulière)*

En outre, si la cavalerie divisionnaire manœuvre, reconnaît en voitures, blindées ou non, elle combat à pied. Or le régiment est mal outillé pour ce type de combat : effectif trop faible pour mettre en œuvre tout l'armement, mitrailleuses de 30 trop lourdes, portée et efficacité des mortiers de 60 insuffisantes...

Dans ces conditions, les appuis sont d'une importance primordiale. Les obusiers M8, d'abord, regroupés aux ordres d'un officier, effectuent des tirs de soutien immédiat. Les *tank destroyers* ensuite qui, grâce à la trajectoire tendue et à la précision de leur tube de 76,2, prennent à partie les pièces antichars, les canons automoteurs et les casemates.

Arguant de la faible protection des servants de TD, la note d'orientation des armes avait prescrit leur utilisation « *au maximum de la portée de leurs pièces* ». Or, le M10 a le même châssis que le Sherman - seule la tourelle diffère - comme le M8 a celui du char léger M5. Conçus pour le combat rapproché, TD et obusiers évoluent donc dans la même zone que les Sherman ou les Stuart et, à plus forte raison, que les scout cars et les half-tracks de commandement encore plus ouverts que les tourelles des M10. De l'expérience acquise, il est évident que les chasseurs de chars ne détruiront jamais les chars adverses - pas plus que les armes antichars ou les canons automoteurs s'opposant à la progression d'un groupement blindé ou motorisé - s'ils suivent le règlement...

« *Les M8 et les M10, conclue Bonjour se faisant ainsi le porte-parole des commandants de régiment de reconnaissance, doivent être " à la botte " du commandant du groupement pour suivre à vue l'évolution de la bataille, y adapter constamment leurs feux en exécution d'ordres verbaux immédiatement exécutables ne souffrant aucun délai de transmission* ».

Antichar et, à la rigueur, canon d'artillerie, le TD commence également à être utilisé comme un char moyen. A la 5e armée, qui dispose pourtant de Sherman, on l'emploie ainsi. Les Français, qui n'en ont pas organiquement, font donc de même :

Tributaires de leur matériel, les unités blindées le sont aussi du terrain - viabilité, possibilités de déploiement, obstacles, couverts, champs de tir - et leur rendement en dépend directement.

La région de San Oliva, devant laquelle se trouve maintenant le CEF, est partagée entre les deux plaines parallèles du Liri et de la Forma de San Oliva et les avant-monts d'altitudes modérées. Les passages sont aisés mais verrouillés à San Oliva et Pico. Au-delà commencent les monts Ausoni, zone de transition entre la montagne et la plaine, compartimentée et pénétrable. Les bassins intérieurs, très larges et très bas, se succèdent le long de l'Amaseno qui constitue ainsi le compartiment le plus important. Les gros bourgs perchés défensivement sur des éperons au pied d'un versant y sont plus nombreux - Pastena, Lenola, Castro dei Volsci, Priverno - et constituent, avec Pico, les principaux nœuds routiers.

62. *A 10 heures, l'aspirant Bonnardel sera grièvement blessé à l'omoplate droite alors qu'il arrive au PC du 2/4e RSM.*

Parti de Lauro le 18 mai dans la matinée, le 3e RSAR fait un premier bond jusqu'à Ausonia. Puis le colonel Bonjour reçoit au PC de la 3e DIA l'ordre de constituer un groupement d'exploitation avec le 4e RSM, le 7e RCA, un bataillon de Sherman et des éléments du 4e RTT[63]. Sa mission est de nettoyer le plaine de San Oliva et de déboucher dans la plaine de Pico par la vallée de la Forma de San Oliva.

Parti de Castelnuovo à une heure du matin pour prendre contact avec les colonels de Linarès et de Lambilly, Bonjour arrive à Monticelli alors que des véhicules brûlent dans les rues. Depuis la veille, en effet, les Allemands vident leurs caissons sur le village où s'est installé le PC du 4e Spahis : le GMC de l'état-major est détruit, la remorque de l'officier de renseignements brûle avec le filet de camouflage et les conducteurs de jeeps dont les moteurs tournent encore s'arrachent les rares pneus qui ne soient pas crevés. La liaison établie avec le lieutenant-colonel de Lambilly, Bonjour doit se rendre à l'évidence : spahis et chars américains qui combattent depuis le 12 mai, sont très fatigués. Le groupement d'exploitation sera donc difficile à mettre sur pied et la manœuvre ne pourra être entreprise avant l'arrivée de troupes fraîches, en particulier le 3e RSAR, les escadrons de TD non encore engagés et les tirailleurs.

A 6 heures, Bonjour établit son PC avec celui du 3e RTA à la villa Bergamaschi, un kilomètre et demi au sud-est de Monticelli, et prépare le débouché pour le lendemain au jour. Les 1er et 3e escadrons avec la base légère rejoignent alors l'entrée d'Esperia, les deux autres unités étant au sud d'Ausonia. Le 3e escadron du 7e RCA est à Santa Maria della Valle où les autres *tank destroyers* doivent le rejoindre.

Une demi-heure plus tard, Lambilly se déplace au carrefour à l'ouest de Monticelli. Puis, le secteur étant à nouveau bombardé, il se porte en bout de piste quatre cents mètres au sud. Bonjour et Van Hecke l'ont rejoint pour faire le point à l'abri d'un chemin creux alors que l'artillerie adverse tire sur le secteur. La réunion s'achève et Van Hecke s'en va, lorsqu'un obus tombe sur le rebord du talus. Le commandant Gassiat, adjoint de Bonjour, est blessé au visage et Lambilly atteint par un éclat au côté droit s'écroule. A l'adjudant Munster qui lui demande s'il est blessé, il répond seulement *« Je crois »* et décède aussitôt. Convoqué auparavant au PC avancé, le capitaine de Farcy, du 3e escadron, arrive sur ces entrefaites et emmène le corps du Colonel au poste de secours régimentaire à Monticelli, accompagné de l'adjudant et d'un spahi blessés.

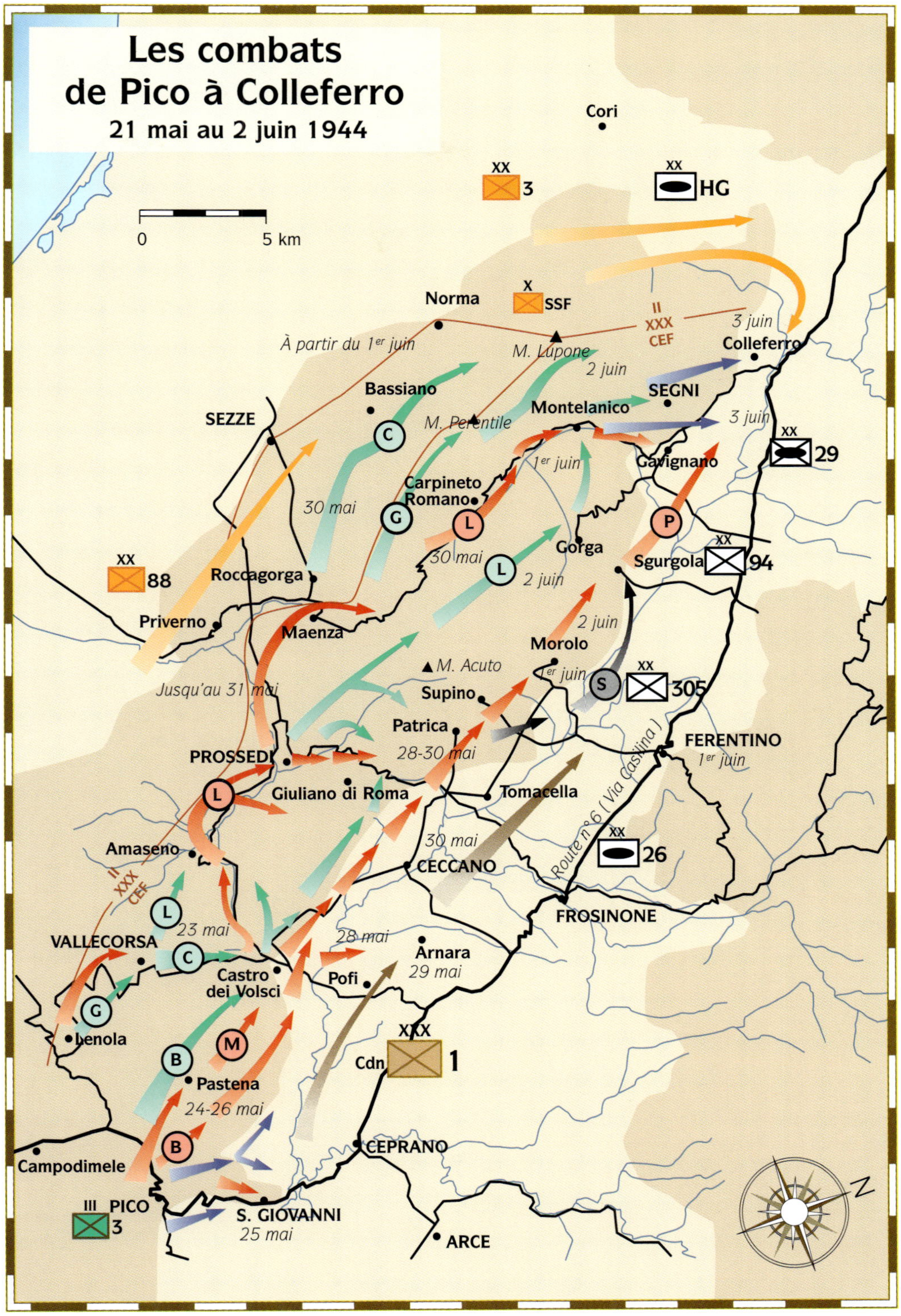

Le commandant Dodelier prend alors le commandement du régiment et confie celui du détachement au chef d'escadrons Drezet, commandant les Trains. Puis il demande au commandant d'Epenoux d'éloigner de Monticelli le PC arrière et, avec le lieutenant Pugliesi-Conti, fait le point des unités engagées et en réserve.

Aussitôt prévenu de la mort de Lambilly, le colonel de Linarès envoie un double de l'ordre d'opérations à Dodelier, qui vient ensuite à son PC prendre contact.

Dans la matinée, l'infanterie attaque la cote 101 en direction de Pontecorvo, appuyée par un peloton de chars légers du 4e RSM et deux pelotons de *tank destroyers* qui détruisent une à une les casemates. Les Allemands contre-attaquent et incendient trois TD dont cinq hommes d'équipage sont grièvement brûlés, mais la colline reste aux mains des tirailleurs.

Puis le commandant du 1er escadron fait reprendre la progression de San Oliva sur Pico sous la protection des TD et des Sherman. Mais les Américains refusent de partir sans préparation d'artillerie et une discussion interminable s'engage, tandis que des obus tombent sur la colonne. Bilan : trois spahis tués et six blessés.

Vers 15 heures, le lieutenant Dupuy du 2e escadron, qui a un observatoire sur le clocher de l'église de Monticelli, signale une importante colonne motorisée roulant sur la route de Pontecorvo à Pico. Des chars sont également repérés sur les pentes nord du mont Leucio. En face, en effet, commencent à se concentrer entre mer et Liri les unités blindées et motorisées qui, progressivement, se substituent à l'infanterie épuisée.

A partir de 18 heures, le 3e RSAR relève sous une pluie battante les escadrons du 4e RSM qui sont envoyés au repos à l'ouest de Spigno. Dodelier prend alors congé au PC de la 3e DIA à Esperia, puis il se présente au général Sevez pour recevoir sa nouvelle mission et part déjeuner au CEF à Sessa.

La bataille de chars de Pico

Prenant le commandement, le colonel Bonjour obtient que 3e RSAR et 7e RCA soient au complet pour occuper le mont Leucio et dégager la route conduisant à Pico. Le détachement Van Hecke s'emparera alors du carrefour au nord-est du village couvert sur le Leucio par celui du chef d'escadrons de Carmejane[64].

Le 20 mai aux premières lueurs de l'aube, le détachement de Carmejane[65] démarre dans la brume et pénètre dans la Forma San Oliva par la piste de l'est. Puis le PC du groupement se porte au gué de la Caldaia. A 9 heures, la queue du détachement passe enfin la rivière, talonnée par les deux pelotons de chars légers du 1/3e RSAR qui éclairent le détachement Van Hecke.

63. Plus deux groupes de 105 et une compagnie du génie.
64. Commandant en second depuis le 17.3.44, remplace le commandant Gassiat blessé la veille.
65. 3/7e RCA, C et D/755th Tank Bn, III/4e RTT.

25 mai 1944. *Les chefs de corps des deux régiments de cavalerie opérant avec la Division algérienne - colonel Bonjour du 3e RSAR et lieutenant-colonel Van Hecke du 7e RCA - posent devant le Panther détruit au coude de la route 82 au nord-est de Pico. (IWM NA 15500)*

Ceux-ci progressent sur la piste de gauche qui serpente au flanc du mont Pola, le troisième peloton suivant toutefois un chemin plus commode. Fermant la marche du détachement, le 4e escadron du 7e RCA est alors en halte gardée un peu avant Esperia, d'où les équipages peuvent apercevoir le bombardement de Pontecorvo.

Dès que le détachement Van Hecke[66] arrive à sa hauteur, Bonjour le pousse vers Pico par les pentes nord-est du mont Pola.

Sur la route, les chars légers aperçoivent trois véhicules détruits et le lieutenant-colonel Pernot blessé[67]. Aussitôt alertés, les pionniers relèvent les mines repérées et découvrent trois autres corps.

A 10 heures, le peloton de tête des spahis est arrêté par des armes antichars à la sortie de la vallée et perd trois chars. Le PC du groupement avance alors dans la Forma, les trois escadrons de reconnaissance demeurant en réserve. Puis, à 12 h 30, quatre chars ennemis en mouvement sont détruits par les TD appelés à la rescousse et deux autres par l'artillerie, tandis que les tirailleurs tunisiens du détachement de Carmejane occupent le sommet du Leucio.

Un correspondant de guerre suit l'action de près :

« Lorsque les chars du Colonel Bonjour remontaient la rive droite de ce méchant rio qui s'appelle Forma di San Oliva, l'Allemand s'accrochait encore aux pentes buissonneuses du Pola, et son artillerie taquinait les mamelons situés à l'Est de la rivière. Nos obus éclataient sur le Leucio, djebel détaché de la montagne comme un parfait échantillon de piton italien et dessinant sur le ciel limpide, une de ces chapelles-observatoires qui dégoûtaient les combattants d'Italie des manifestations monumentales de la religion. Aucune opération n'était simple, dans un terrain aussi riche en accidents qu'une boîte à sable travaillée par un professeur de tactique un peu sadique.[68] »

A 18 heures, conscient de la menace blindée pesant sur le 3e DIA, le CEF lui attribue le 756th Tank Bn dont les chars pourraient renforcer le groupement Bonjour.

Le lendemain 21, le détachement Van Hecke se met en route à 5 heures. Mais lorsque le peloton de chars légers progressant le long de la rivière débouche sur la route de Pontecorvo, plusieurs canons ouvrent le feu : un tir d'artillerie est demandé. Celui-ci tardant à se déclencher et les tirailleurs entrés dans la nuit à Pico ayant été rejetés hors du village, le détachement stoppe sur place et s'organise en points d'appui. Des chars légers sont néanmoins envoyés au carrefour qu'ils trouvent inoccupé et, à 20 heures, un autre peloton pousse une pointe jusqu'aux abords de San Giovanni sans rencontrer de résistance.

Le détachement de Carmejane tient alors la position du Campo dei Morti en liaison sur la droite avec les éléments du 3e RTA qui ont relevé les Tunisiens. La progression dans la journée a été très lente, les Allemands engageant des chars[69] et de l'infanterie pour reprendre le Leucio. Massée vers la Caldaia, l'artillerie a tiré sans arrêt pour stopper les blindés et contrebattre les *Nebelwerfer* emplissant le ciel du hurlement des roquettes tandis que les éclatements d'obus de tout calibre mouchetaient le paysage...

Ci-dessus : insigne en laiton *porté sur le béret vert des Chantiers conservé par les cavaliers du 7e RCA. (Coll. particulière)*

A ce moment, la 1re DMI sur la droite ayant été assez malmenée, le 3e escadron du 3e RSAR[70] - auquel l'aumônier du régiment vient de dire la messe, car c'est dimanche - est poussé en hâte vers le col entre le Leucio et le Mandrone pour protéger le groupement contre toute éventualité :

« Dans la nuit noire, par d'affreux chemins creux coupés d'ornières profondes et de ponceaux étroits, le 3e escadron, renforcé du peloton de chars du lieutenant Delavenne, progresse difficilement. Les chefs de voiture marchent devant ou se tiennent sur le marchepied pour guider le volant dans les mains du conducteur. On ne voit pas à deux mètres devant soi et il faut souvent écouter les bruits de moteurs pour s'assurer que l'on est bien toujours derrière la voiture précédente.

Malgré toutes les précautions, les accidents sont nombreux. Le mdl-chef Bret, coincé entre son scout car et un arbre, a le bassin fracturé. Le mdl-chef Lhorens est renversé au cours d'une manœuvre par sa voiture blindée qui lui passe sur les deux jambes : par chance il n'a rien de cassé. Les ressorts rompus, deux scout cars sont immobilisés et une jeep a sa direction brisée dans une ornière.[71] »

L'escadron arrive finalement sur sa position vers 4 heures du matin après sept heures de marche à l'aveuglette. Le capitaine de Quénetain place ses pelotons de part et d'autre de la route. Il fait toujours aussi noir et trois coups d'antichar saluent le déplacement d'une jeep... Puis le calme revient.

« Les guetteurs ne signalent rien jusqu'à l'aube, où arrive l'ordre de fin d'alerte et de repli auprès du PC du colonel Bonjour vers la cote 130, sur les pentes du mont Pola... Beaucoup de fatigue et d'efforts pour rien... C'est la Guerre.[72] »

A une dizaine de kilomètres au sud, le détachement blindé Dodelier - composé d'éléments de provenance diverse[73] qui ont fait un grand détour par Minturno et Itri pour rejoindre le secteur du Corps de montagne - est arrêté au carrefour des routes vers Pico et Lenola. Engagé le long de la route n° 82 en direction de Pico, il a aidé successivement les groupements de montagne à traverser la rocade d'est en ouest.

La mission du groupement Bonjour reste inchangée le 22 et le dispositif de la veille en fin de journée est maintenu. Cependant, de l'un des points d'appui du 7e RCA, deux pelotons de chars légers appuyés par les TD du 4e escadron se portent vers le carrefour de Pico et, après un échange de coups de feu, quelques Allemands sont capturés qui permettent d'identifier des grenadiers de la 26. Panzerdivision.

66. 1 et 4/7e RCA, A/755th Tank Bn, II/4e RTT.
67. Parti la veille en reconnaissance avec le sous-lieutenant Labitte du 3e escadron qui, capturé par les Allemands, reviendra à l'escadron le 21.8.45.
68. Pierre Jarry, Les Français en Italie mai, juin, juillet.
69. Le Cobra du 3/8e RCA en détruit trois.
70. Le régiment est resté en réserve avec un escadron de TD, la compagnie B du 755th Tank Bn et le I/4e RTT.
71. Panaches rouges, *op. cit.*
72. Ibid.
73. 1 et 3/4e RSM, une compagnie de Sherman du 756th Tank Bn, 4/8e RCA venant de la 1re DMI, une batterie de FTA.

D'ailleurs, vers 9 heures, trois compagnies et une douzaine de chars ennemis contournent par la droite les TD et half-tracks qui tirent de toutes leurs mitrailleuses. Jugeant l'affaire mal engagée sans infanterie, les Sherman préfèrent se replier.

« Nous installons à terre plusieurs mitrailleuses cal. 30 prélevées sur les véhicules. L'ordre est de tenir coûte que coûte en attendant une compagnie de tirailleurs. Le Capitaine me demande de préparer des grenades incendiaires pour détruire les engins légers pour le cas où complètement piégés nous devrions nous replier à pied. Je passe en bandoulière deux sacs de chargeurs pour ma Thompson et poursuis mon boulot devant mon poste radio.[74] »

Le tir d'artillerie demandé est enfin déclenché vers 11 heures, dense et précis...

« Les blindés allemands, belles bêtes d'acier, descendent vers nous en plein jour, par la route en lacets qui vient de San Giovanni Incarico ; ils se déploient sans vergogne face à la trouée Pola-Leucio. Notre artillerie divisionnaire les pourchasse, les oblige à changer constamment de place. Alors que le 7e RTA est désarmé devant ces engins, les canons antichars n'ayant pas d'itinéraire pour rejoindre, à notre droite, dans la Campo del Mora, Panthers et Tigres se heurtent aux tank destroyers du 7e RCA : c'est le massacre. Des équipages allemands tentent de s'échapper par les tourelles entr'ouvertes ; ils retombent sur leurs carapaces d'acier, enveloppés par le suaire de fumée noire qui sort de leurs engins détruits.[75] »

Les éléments du 3e RSM sont alors dans la région de San Oliva qu'ils ont rejoint dans l'après-midi venant de Gallucio. Relevés à partir du 15 mai par les fusiliers marins, ils y sont restés au repos du 18 au 21, repos qui a permis aux hommes de se laver et de réviser et recompléter le matériel.

Vers 19 heures, l'ordre arrive du PC de la 2e DIM de former un groupement aux ordres du colonel Pique-Aubrun avec un bataillon du 4e RTM, une compagnie de Sherman, un escadron de TD du 8e Chasseurs et un groupe de 105 en appui. Sa mission est de reconnaître et si possible enlever Pico et Pastena, puis exploiter en direction de Ceccano.

Un sous-groupement de tête aux ordres du chef d'escadrons de Geloës d'Elsloo est organisé autour du 4e escadron. Il doit être suivi par le commandant de Bernède avec les deux autres escadrons de reconnaissance et un bataillon de tirailleurs en soutien. Enfin, les moyens de commandement et de protection de l'EHR, les éléments réservés et le groupe d'artillerie marcheront immédiatement derrière.

Le 23 au matin, l'élément de tête aborde donc Pico que les Algériens ont dû évacuer sous la pression ennemie et se heurte aussitôt à des résistances. Laissant au soutien le soin de les nettoyer, le commandant de Geloës fonce sur la route 82 pour atteindre son objectif, le Colle Calcarato qui domine le carrefour vers Pastena. Mais il est vite arrêté par une importante destruction que les équipages de chars légers aménagent rapidement pour permettre le passage. Et la progression reprend :

« Le peloton de chars légers du lieutenant Donot portant sur les plages arrières une section de tirailleurs est en tête. En arrivant à Colle Calcarato, le char de pointe le Risque Tout *se trouve nez à nez avec un* Panther *allemand qui l'ajuste à 60 mètres. Premier coup au but. Le* Risque Tout *est percé et immobilisé. Les Spahis Schmitt et Servera sont tués. Les deux autres membres de l'équipage, blessés, n'ont pas le temps de les sortir de la carcasse. Le* Risque Tout *encaisse un deuxième coup au but du* Panther *et flambe. Les deux cadavres carbonisés ne pourront plus être récupérés qu'à la nuit,*

Casque américain *pour équipages de blindés. (Coll. particulière)*

quand le brasier sera éteint : il n'en reste plus grand chose.

Les chars médium américains interviennent, suivis par les TD. Le Panther *ajuste et en détruit deux avant d'être lui-même détruit et incendié par les TD. Face à face, le petit char français et le monstre allemand flambent dans la nuit qui descend.[76] »*

Le 4e escadron démonté s'installe sur le Pastenese, tandis que les tirailleurs occupent après de violents combats les collines dominant Pastena au sud. Le reste du groupement passe la nuit au sud de Pico où, entre 2 heures et 3 heures du matin, des avions allemands viennent larguer quelques bombes.

Au groupement Bonjour, la progression a repris à 6 heures. Avec pour objectif San Giovanni, le détachement de Goyoneche place sur chacune des deux pistes y menant vers le nord un ou deux pelotons de reconnaissance, un de chars légers, deux TD et quelques Sherman. Sur sa gauche, dans la même direction, le détachement Van Hecke doit assurer la liaison avec les tirailleurs.

Les premiers éléments du détachement de droite, qui progresse sur les hauteurs au nord-est du Campo dei Morti en direction de Colle Grande, refont le chemin parcouru la veille jusqu'à un mamelon d'où la vue s'étend jusqu'à l'objectif. Mais bientôt un obusier M8 reçoit un obus de 88 et brûle. Prudents, les deux TD restent à couvert tandis que leur chef cherche une position et observe. Un Mark IV ayant été repéré derrière une maison à mille mètres, les destroyers approchent de la crête, à défilement de tourelle, et tirent. Puis ils reculent, reviennent et tirent à nouveau, sept ou huit fois de suite. Un puis deux chars flambent et une colonne de fumée noire s'échappe vers le ciel. Le peloton voisin se met de la partie et bientôt deux autres engins sont incendiés.

La liaison radio avec le PC du groupement étant très mauvaise, le capitaine de Lestrange du 2e escadron de spahis retourne alors en arrière pour rendre compte de la situation et demander des ordres avant d'exécuter le bond suivant :

« Puisque votre gauche n'est pas nettoyée » lui dit Bonjour *« et que cela n'avance pas sur la route Pico-San Giovanni, dites à Spangerberger[77] d'abandonner son axe de progression et de descendre vers la route par la piste ».*

Lorsqu'il revient vers 14 heures, l'artillerie ennemie est entrée en action et des obus sont tombés au milieu d'un groupe de chars : le sous-lieutenant Dabadie, le lieutenant Nicolas du 7e RCA et trois spahis sont tués. Un peu plus loin, le lieutenant Lorne a reçu un éclat qui traversant son casque le blesse légèrement. Les tirailleurs sont également là, mais ils n'ont pas encore l'ordre d'attaquer.

La pluie se met à tomber. La réception à la radio est toujours brouillée, mais l'on comprend qu'une contre-attaque allemande se prépare sur la droite. Puis des obus commencent à arri-

Epave du char *léger* Risque Tout, *du 1er escadron du 3e RSM, détruit le 23 mai 1944 sur la route de Pastena. (P. Ichac)*

74. Pierre Petit, Jeune de France, devoir et destin. *L'auteur, alors maréchal des logis radio du 4e escadron, sera nommé aspirant à sa sortie de Cherchell en juin 1945.*
75. Le 7e Tirailleurs dans la bataille, *Imprimerie nationale de Trêves, 1948. Le Panzer IV au 75 à frein de bouche est fréquemment pris pour un Tigre ou un Panther.*
76. Le 3e Régiment de Spahis Marocains 1923 - 1962, *op. cit.*
77. *Capitaine commandant le 1/3e RSAR.*

Insigne du 8e RCA, *le rhinocéros - mais celui d'Asie à une corne copié sur le dictionnaire Larousse de l'époque - rappelant les origines du corps. (Coll. particulière)*

ver, comme des boulets, qui n'éclatent pas. Ce sont des chars qui tirent à l'aveuglette sans oser déboucher. Les TD en aperçoivent enfin un et le détruisent en deux coups de canon.

Le capitaine commandant la compagnie d'infanterie arrive alors :

« L'heure H est 13 heures 10. Il est 13 heures et nous devons partir derrière vous. Est-ce que vous démarrez ? »

Les chars légers démarrent donc, mais les véhicules à roues s'embourbent et ne peuvent suivre. Puis un scout car est atteint de plein fouet par un obus, tandis que les hommes courent pour rester à hauteur des chars. Deux TD doivent rejoindre la base arrière leur train de roulement avarié. Finalement, spahis et chasseurs se retrouvent isolés deux kilomètres en avant de la compagnie de tirailleurs, arrêtée car le reste du bataillon est stoppé par ailleurs.

Pendant ce temps, le capitaine Spangerberger a atteint la route deux kilomètres au sud de Colle Grande. Au passage du premier char, une lueur rouge a jailli et une sorte de boule de feu est passée derrière les moteurs... C'est un coup de *Panzerfaust*, dont le tireur est aussitôt cueilli par les patrouilleurs à pied.

La progression étant impossible, la décision est prise de maintenir les éléments sur la route et de replier ceux trop avancés avant de les relever par le 3e escadron.

Celui-ci, après avoir passé la journée en réserve au pied du Leucio sous les tirs de harcèlement ennemi, est alerté vers 18 heures et se porte vers le Campo dei Morti. Laissant leurs véhicules au bord de la route de Pico à Pontecorvo, les pelotons à pied filent sur les pistes au nord. A la nuit, sans pertes, l'installation est terminée : deux pelotons couvrent l'élément sur la route, l'autre est en cercle autour d'un calvaire en protection des *tank destroyers*. L'endroit est sinistre :

« Autour d'une maisonnette en planches à demi détruite, une ambulance boche est arrêtée, criblée de balles. Dedans, deux cadavres dont un est assis, la tête penchée en avant, figé par la mort alors qu'il allait être évacué. Tout autour, du sang et d'autres cadavres horribles à voir... Un peu plus loin les corps des lieutenants Dabadie et Nicolas sont encore là. Hâtivement, chacun creuse un trou...[78]»

L'artillerie s'est tue, mais des avions passent et repassent au-dessus du secteur, cherchant leur cible et larguant des grenades à la lueur des fusées éclairantes.

Sur la gauche, Van Hecke - dont le PC s'est installé à Pico dans la matinée - a prévu de reprendre l'attaque, une colonne empruntant la route n° 82, couverte à gauche par une autre progressant sur des pistes. Mais l'action est reportée au lendemain : il agira toujours sur la route, soutenu par le détachement de Goyeneche sur la droite et les tirailleurs du 3e RTA progressant à gauche dans les collines.

Le 24 au matin, la progression reprend donc. Les Sherman partent en flèche et sortent de la route : l'un d'eux est bientôt détruit et deux chars ennemis sont incendiés. Un peu plus tard, l'ennemi rejète les tirailleurs hors du bois de Colle Grande puis une compagnie menace le flanc droit et parvient à trente mètres des Américains qui ne les voient pas. Les TD tirent alors une rafale d'explosifs, puis l'artillerie et les canons automoteurs américains interviennent.

A 17 h 30, l'ordre est donné au détachement Van Hecke d'attaquer le village et la crête du Colle Grande d'où l'ennemi bloque la progression. Les TD partent en tête, suivis des Sherman et des tirailleurs. Un char léger est touché, puis un TD et enfin un char moyen. Les fantassins à leur tour sont mitraillés. Mais ils parviennent à rejoindre les chars et le Colle Grande, nettoyé à l'obus explosif de 76 ou de 105, est pris.

Dans cette affaire, les canons d'assaut du 755th Tank Battalion ont joué un rôle déterminant, comme le confirme le colonel Bonjour :

« Le 24 mai après-midi, notre infanterie attaquait la cote boisée 271 et la hauteur boisée à l'est, éprouvant des grosses difficultés pour réduire les casemates ennemies et arrêter les contre-attaques.

Deux escadrons à pied de mon Régiment assuraient la couverture du flanc nord-est avec l'aide d'un peloton de Sherman *et d'un peloton de chars légers, soutenus par des tank destroyers du 7e RCA.*

L'ennemi exerça à partir de 16 heures une violente pression contre ce flanc ; le feu des chars qui furent aperçus sur la crête entre Colle Grande et Colle Arduine, clouait les défenseurs au sol, tandis que les fantassins ennemis, progressant dans le ravin empli de blé très haut et de vignes, n'étaient arrêtés par nos feux qu'à moins de 50 mètres.

Bien que le Bataillon ne fut plus à mes ordres depuis le matin, l'Assault Gun Battery continuait son soutien. Alertée, elle envoyait une première salve sur les chars et mit le feu à deux sur la crête au sud-est de Colle Grande. Continuant ses tirs observés, elle écrasa l'infanterie ennemie par ses barrages dans le ravin, ses tirs se rapprochant progressivement de notre position et répondant exactement à nos demandes pendant près de trois heures.

On peut dire qu'au cours de cette fin d'après-midi c'est grâce à l'Assault Gun Battery du 755e Bataillon que mes escadrons ont pu maintenir leur position et remplir leur mission très importante pour la Division.[79] »

A la nuit, les blindés retournent au bivouac, sauf le 3e escadron qui reste sur place pour assurer la sécurité antichar sur la route de San Giovanni.

La matinée du 25 est calme et les escadrons soufflent un peu. A 14 heures, le colonel Bonjour et le chef d'escadrons de Buretel de Chassey, commandant la base légère, vont au tournant de la route n° 82 voir un *Panther* détruit. Trouvant le secteur calme, ils continuent vers le nord et arrivent sans incident au Colle Grande. Aussitôt, Bonjour ordonne au capitaine de Goyeneche d'avancer sur San Giovanni qui est reconnu à pied dans la soirée.

« La 3e DIA ayant atteint tous ses objectifs passe en réserve de corps d'armée et le Régiment est au repos pour quelques jours, repos qu'il a bien gagné car il est sur la brèche sans arrêt depuis le 9 mai et a été en tête de toutes les attaques ainsi que l'artisan principal de la rupture des lignes Gustav *et* Hitler.

Certes ses pertes sont sévères : 27 tués dont cinq officiers, 64 blessés dont six officiers, huit chars hors de combat. Mais son tableau de chasse est éloquent : 28 chars détruits, 10 canons antichars et 127 prisonniers.

La première bataille de chars du théâtre d'opérations d'Italie s'est terminée à l'avantage du Régiment.[80]»

Rome de la tourelle d'un TD

Après la bataille de Pico, tandis que les tirailleurs « crapahutent » en tout terrain, les unités de cavalerie, intégrées aux groupements motorisés ou blindés, continuent d'agir sur les routes et les pistes, et approchent de Rome.

18 mai 1944, *au delà d'Esperia. Ces spahis du 4e RSM sont ravis d'exhiber leur trophée - un pavillon à croix gammée - à la demande du photographe de l'agence américaine Planet. (IWM NYP 25028)*

78. Panaches rouges, *op. cit. En plus des officiers, le 3e RSAR perd dans la journée 10 tués et 29 blessés.*
79. *Lettre de félicitation du 27.5.44 approuvée par le général de Monsabert et adressée au colonel Cronk, commandant le 2nd Armored Group.*
80. *JMO du 7e RCA. Une autre source donne, du 11 au 23 mai, 29 tués dont 5 officiers et 7 sous-officiers, 46 blessés, 9 TD détruits dont deux sur mine et deux accidentellement.*

***24** MAI **1944**, au nord de Pico. Suivi par les observateurs d'artillerie, un peloton du 3e escadron du 3e RSM s'est engagé dans un chemin de terre sans issue et doit faire demi-tour. A la radio, le chef de char du canon d'assaut M8* Formidable *rend compte. (IWM NA 15330)*

De la tourelle de son char, un cavalier du 7e Chasseurs vit heure par heure la course vers la Ville éternelle puis le séjour dans la capitale italienne :

« 4 juin - 5 heures. L'aube, en trombe vers Rome, mêlés aux Anglais et Américains. Les troupes des trois Nations doivent y pénétrer en même temps, question de prestige. Suivons la Route 6 jusqu'à Ost - Finocchio[81]*, atteignons la Via Prenestina.*

6 h 50. Rome : 12 km. En position sur une crête surveillant la plaine. Suis à 100 m devant le char fouillant l'horizon avec mes jumelles. Ordre de départ.

9 heures. Atteignons une route où stationne un important matériel blindé américain. Sommes mitraillés par trois chasseurs. Notre half-track de commandement est transpercé de balles, sans dommage pour l'équipage réfugié entre les chenilles. Un Américain tué sous son char.

10 heures. Tor Sapienza : charmant groupe de villas bâti à 5 km de Rome dont on aperçoit les immeubles. Quelques résistances allemandes aux portes de la ville (coups de mortiers). La population est bien mise, sympathique ; on nous applaudit, nous sommes les premiers blindés arrivés à ce point. Les jeunes filles sont charmantes, on nous offre des fleurs, on nous questionne, des vieilles pleurent de joie, en somme on nous accueille en libérateurs.

12 heures. Ce n'est pas nous qui pénétrerons les premiers dans Rome. Par la Via Collatina filons sur Lunghezza où notre infanterie se heurte à une grosse résistance. Faisons bouchon antichars.

5 juin - Appui d'infanterie en direction de la route 5 (Rome - Tivoli).

8 heures. A défilement de tourelle, bombardons un hôpital transformé en nid de résistance.

15 heures. Nos troupes franchissent l'Aniene et progressent. Mission accomplie. Bivouaquons près de Frascati. L'entrée de Rome, ville ouverte est interdite aux troupes. Seule la MP y règle la circulation et y patrouille.

6 juin - Repos sur place. Notre objectif atteint, le bruit court que nous rejoindrions la 1re DB. Notre chef de peloton nous annonce le débarquement allié en France et la prise du Havre. Attendons la confirmation officielle ; le bobard du 6 avril sert de leçon[82] »

A peu près au même moment, une patrouille du 4e escadron du 1er RFM en reconnaissance au-delà de Tivoli tombe sur un officier de la Royal Air Force égaré près du terrain d'aviation de Guidonia et dont le camarade aurait été capturé avec des documents importants. L'ORIC Silvy[83] part donc à sa recherche, mais alors que, de sa jeep, il donne l'ordre de tirer sur des Allemands repérés, il reçoit une balle et tombe mort. Son peloton se replie puis des chars légers interviennent, mais le terrain est si peu propice qu'ils font demi-tour.

« 7 juin - Toujours à Frascati parmi la vigne. Le char est quasi invisible, nous l'avons fait entrer dans une maison de bois. Nous mangeons confortablement, chez une famille aisée réfugiée là. Le débarquement est confirmé…[84] »

Le 3e RSM se regroupe alors à Artena où il restera six jours.

« 8 juin - Visite de Rome. Beaux monuments, rues droites et larges, beaux parcs. Visite du Vatican : somptueux, peintures et sculptures accumulées… Palais Victor-Emmanuel II blanc, imposant. Bon nombre de francophiles, on note de nombreuses inscriptions de Vive la France. Des femmes portent des insignes à nos couleurs. La circulation est réglée par des Français.[85] »

Le PC du 1er RFM, dont tous les escadrons sont maintenant au repos, s'installe à Corcolle, au sud de Tivoli. Et le 3e RSAR, d'abord regroupé au haras de Settecamini, vient à Centocelle, dans les faubourgs est. Pour les spahis, c'est l'émerveillement :

« Rues anciennes et étroites de la vieille Rome, noyées d'ombre entre les perspectives larges et ensoleillées des avenues modernes, fontaines jaillissantes des « piazza », clochers de cent églises, oasis de verdure des Villas et des Terme di Traiano… Magasins aux couleurs vives, vitrines pleines de trésors, glaces appétissantes des « gelaterias », bars de l'Excelsior et du Plazza envahis par une foule cosmopolite, vielles maisons lourdes de splendeurs passées, buildings modernes de la ville mussolinienne, arcs de triomphe couleur du temps, vieilles pierres du Forum sillonné par les Jeeps et les GMC…[86] »

81. *Il s'agit en fait de l'Osteria di Osa et Finocchio-Borghesiana.*
82. Carnet de route de Louis Lucchini, *op. cit.*
83. *L'officier de réserve interprète et du chiffre (équivalent d'aspirant) Henry Silvy, jeune attaché d'ambassade rallié dès 1940, sera fait Compagnon le 26.9.45 à titre posthume.*
84. Carnet de route de Louis Lucchini, *op. cit.*
85. *Ibid.*
86. Panaches rouges, *op. cit.*

4 JUIN 1944 *au petit matin. Rome n'est plus qu'à une douzaine de kilomètres. A l'abri d'une crête, l'équipage du* Beaujolais, *tank destroyer du 2e escadron du 7e RCA, refait le plein de munitions de 76,2. (OFIC)*

Au 8e RCA, le colonel Simon, voulant permettre à tous les hommes de visiter la ville, organise des voyages quotidiens. Mais certains refrènent leur impatience jusqu'au 10 juin, afin d'arborer ce jour-là, anniversaire de la déclaration de guerre à la France, un uniforme français. Et d'autres, malgré leur désir de s'y rendre, n'aspirent qu'à un repos bien mérité : il faut compléter les équipages squelettiques avec le renfort arrivé d'AFN et remettre en état ce qui reste de véhicules[87].

Venant du 3e bureau du CEF, le lieutenant-colonel Loth prend le commandement du 4e RSM bivouaqué à Artena et qui reçoit du centre d'instruction de Cardito une cinquantaine de gradés et spahis.

« *10 juin - 8 h 30. Plein nord. Traversons Rome, fanion au vent, des quartiers neufs que je n'avais pas vus, il y a deux jours. Voilà le Tibre aux eaux boueuses, qu'enjambent des ponts blancs à arches multiples. Une large avenue de platanes, des jardinets, des pelouses, de riches maisons, des promeneurs. On se dirait sur les bords de la Seine entre les Ponts Alexandre III et Iéna. Prenons la route 2 vers Vetralla. Dans les fossés, des centaines de camions détruits par l'aviation, des Tigres, des Panthères, des Mark IV, des automoteurs. A 16 heures : Tuscania, où de nombreuses destructions de routes nous obligent à traverser les rivières à gué.*

11 juin - 9 heures. Atteignons Piansano évacué par les Allemands pendant la nuit. Toute la population massée sur la route, nous acclame, nous offre du vin. Avançons de colline en colline accompagnés par l'infanterie.[88] »

Le repos aura été de courte durée et à l'état-major du CEF, on est conscient de l'état d'usure dans lequel se trouvent les blindés, notamment les chasseurs de chars qui ont perdu chacun onze officiers tués ou blessés :

« *En définitive, ils font le travail des chars par suite de la carence des chars américains. Ils ont de ce fait été, peut-être, exposés outre mesure, ce qui a entraîné des pertes en officiers élevées dans les 7e et 8e chasseurs d'Afrique... Le général Juin a bien insisté sur la médiocrité tactique des chefs et des équipages, ainsi que sur le peu d'allant des bataillons de chars américains. Certains bataillons de chars ont dû être précédés et entraînés par des tank destroyers.*[89] »

Aussi Juin insiste-t-il pour que lui soient envoyés un troisième régiment de TD, pour permettre aux deux autres d'être relevés et de « souffler », et le régiment de chars moyens promis par le général de Gaulle lors de sa dernière visite car, *« pour le combat rapproché, il est nécessaire que les gens parlent la " même langue " »*.

En attendant cet hypothétique renfort, le 8e Chasseurs, conduit par le chef d'escadrons de Buron[90], se met en mouvement le 13 à une heure du matin :

« *L'aube le voit entrer à Rome par la voie des triomphes alors que le soleil levant revêt d'or fané les vielles pierres du Colisée.* »

Mais c'est à la 2e Division marocaine, « bélier du CEF », que revient l'honneur de défiler solennellement sur la Via del Impero le 15 juin. Le détachement du 3e Spahis roulant juste derrière les jeeps de la circulation routière, sort ainsi de Rome et prend la route pour rejoindre le régiment qui a fait mouvement sur Cesano.

Au sud du lac de Bolsena

Le 9 juin à 8 heures, le 4e escadron du 7e Chasseurs quitte son cantonnement pour rejoindre le groupement Bonjour et emprunter la route n° 2 dont les accotements sont encombrés d'amas de ferraille rougeoyante ou noircie, de carcasses calcinées de chars, de chevaux morts éventrés ou gonflés... Puis la colonne quitte la Via Cassia à Vetralla et, par une piste poussiéreuse, gagne les bois au sud de Tuscania.

« *A la tombée de la nuit, dans la maison isolée qui lui sert de PC, au milieu des Italiens effarés et se confondant en saluts, le colonel Bonjour donne ses ordres pour la journée de demain...*[91] »

Prévoyant des actions retardatrices sur les routes, le Colonel organise le groupement en trois détachements : Goyeneche sur l'axe principal en direction de Valentano, Rivière sur l'axe secondaire vers Capodimonte et Gassiat, progressant par la campagne, prêt à être engagé entre les deux autres éléments. Il garde en réserve les six automoteurs de 105 du 755th Tank Battalion, la 6e compagnie sur camions et les canons d'infanterie du 7e RTA. Et à minuit arrive, après de nombreuses difficultés dues aux destructions, le 3e bataillon qui occupe solidement Tuscania après avoir relevé les blindés américains.

Dès l'aube du 10, le détachement de Goyeneche[92] part 3e peloton du 2e escadron de spahis en tête, précédé par deux jeeps qui reconnaissent le pont au nord de Tuscania. Celui-ci est détruit, mais la colonne passe le ruisseau : seul, un TD ne voulant pas suivre les autres, roule sur le côté et saute sur une *Tellermine*[93]. Il fait beau. Un calme impressionnant règne. Les dispositions de combat prises sur la route, le détachement Gassiat[94] dégage sur la droite en tout terrain.

Un peu plus loin, la colonne est à nouveau arrêtée par une destruction. Mais cette fois, les Allemands réagissent. Laissant sur la route en bouchon un peloton appuyé par les obusiers et des TD, scout cars et Sherman débordent alors Piansano par la droite. Mais ils sont très vite stoppés : debout à sa mitrailleuse sur la voiture de tête, un spahi a la tête emportée par un obus et deux sous-officiers doivent être évacués. Aux canons de Pak se joignent bientôt les mitrailleuses qui prennent en enfilade la piste empruntée par la colonne. L'affaire devient sérieuse, d'autant que l'artillerie ennemie commence à « marmiter » le PC du détachement et les véhicules alentour. Un *tank destroyer* brûle sur la route, un autre saute sur une mine et casse une chenille...

Voyant que la progression n'est plus possible, Goyeneche demande l'autorisation de déborder largement Piansano pour rejoindre le détachement Gassiat déjà en vue de Valentano, les trois obusiers et un TD restant sur la route en soutien de la section de tirailleurs annoncée.

Les fantassins allemands débouchent alors de Piansano appuyés par des chars :

« *Sur la route, c'est un embouteillage de véhicules. Le peloton Pacaux fait un demi-tour difficile à cause des remorques blindées et des canons de 37. Les M8 et le destroyer laissés aux ordres de l'aspirant commandant la section d'Infanterie vident leurs caissons à bout portant sur les fantassins allemands... Dans le vacarme infernal de la bataille, nos tirailleurs, à peine arrivés, à découvert, flottent et ne peuvent tenir. L'aspirant donne l'ordre de repli et le décrochage s'effectue juste à temps, les voitures du peloton Pacaux chargeant les tirailleurs pour aller plus vite...*[95] »

Le reste de la 6e compagnie arrive maintenant pour protéger la CCI en batterie au carrefour au sud du village, qui tire sur les chars et les fantassins repérés aux lisières.

---

87. *Le 8e RCA a perdu 33 tués dont 2 officiers, 180 blessés dont 10 officiers, 8 TD détruits ou endommagés, 11 jeeps et un half-track détruits.*
88. Carnet de route de Louis Lucchini, *op. cit.*
89. *Rapport en date du 5.6.44 du lieutenant-colonel Frandon de l'EMDN/3 sur sa mission auprès du CEF.*
90. *Commandant en second du 8e RCA.*
91. Panaches rouges, *op. cit.*
92. *2/3e RSAR, une section de Sherman, un peloton de TD, une section du génie.*
93. *Mine plate (Teller : assiette) antichar.*
94. *Un peloton de chars légers, 3/3e RSAR, deux sections de Sherman et deux pelotons de TD.*
95. Panaches rouges, *op. cit. L'adjudant-chef Pacaux est chef du 2e peloton du 2/3e RSAR.*

A la demande de Bonjour, dont le PC s'est porté à Casabella, un bataillon supplémentaire est engagé sur l'axe. Tandis que le reste du 2e marche au canon, la caravane du 3e traverse ainsi Tuscania pour déborder Piansano par l'ouest et atteindre Valentano. Cinq kilomètres plus loin, il débarque en voltige au milieu des éclatements, les chars ennemis ayant repéré le convoi, et entame sa progression en silence à travers vignes et champs. Quelques coups de feu éclatent, puis la nuit tombe et les compagnies s'installent en points d'appui fermés.

En avant, le détachement Gassiat progresse également vers Valentano. Déployés en éventail, les pelotons du 3e escadron avancent de haies en haies, de tournants en tournants, suivis des chars légers et des Sherman.

Un *Cub* survole le détachement et le pilote fait de grands signes montrant que la voie est libre. Mais Gassiat juge sa position trop avancée par rapport aux autres détachements et la progression se poursuit normalement en direction du Monte Rosano puis de la route Capodimonte - Valentano.

Sur la droite, deux pelotons de reconnaissance et de chars légers du détachement Rivière[96] ouvrent la route vers Marta :

« Sommes arrêtés par un pont coupé », signalent-ils à la radio. Un mauvais gué se trouve à proximité.

Malgré la chaleur et le temps sec, le sol n'est pas sûr et le capitaine Rivière préfère ne garder sur l'axe qu'une patrouille et les chars légers. Le reste du peloton suivi par tout l'escadron prend une piste à gauche suivant le ruisseau en direction de Marta sans le traverser. Soudain, au loin, partent des rafales de mitrailleuse. La radio grésille :

« Mitrailleuse et antichar devant nous. Demandons les M8 ».

Les obusiers démarrent aussitôt et regagnent la route. Puis le tir commence sur les points suspects. Près d'une maison isolée, des soldats sortent des trous en courant et se réfugient dans la forêt, poursuivis jusqu'aux lisières par les obus de 75.

Pendant ce temps, la progression continue sur la piste caillouteuse. D'une colline, un canon de Pak ouvre le feu. Une patrouille essaie de repérer l'arme tandis qu'une autre se porte vers la maison bombardée par les M8 et y capture un Allemand endormi au volant de sa sanitaire.

Un peu plus loin, à un carrefour, une magnifique Chevrolet chargée de *Panzerfaust* est interceptée[97]. Puis les premiers éléments à pied pénètrent dans Marta, suivis de très près par les véhicules :

Revers du fanion *du 3e escadron de reconnaissance du 1er RFM portant la devise de l'unité : « Mollit pas » et les noms des combats auxquels elle a participé, notamment « Montefiascone ». (Salle d'honneur des fusiliers marins, Lorient)*

« En quelques instants, les voitures sont couvertes d'Italiens criant de joie. Les vieux se précipitent sur nous et nous embrassent, les filles ont revêtu leurs plus beaux atours et le vin commence à couler. Dans toutes les rues, les couleurs françaises et italiennes, entremêlées de drapeaux blancs, apparaissent aux fenêtres. Partout des fleurs, des banderoles, de la joie... Nos gars sont gris de poussière de la tête aux pieds. Seule la place des lunettes d'auto qu'ils ont retiré est encore un peu propre. La sueur inonde tous les visages car la chaleur est étouffante. Mais quels sourires sur ces figures hâlées, quelle joie.[98] *»*

Capodimonte est ensuite traversé en trombe par les premières voitures, mais les suivantes doivent se frayer le passage au milieu d'une foule enthousiaste qui les couvre de fleurs La route longe maintenant la rive du lac de Bolsena, bordée d'arbres magnifiques. Au bout de la ligne droite, un tir d'artillerie s'abat sur le carrefour, suivi un peu plus loin de quelques rafales de mitrailleuse :

« Ce sont des éléments retardateurs qui évidemment tomberont tout seuls, comme disent nos grands stratèges. En général, c'est très rare et dans les cas les plus généreux il faut les aider puissamment pour les inciter à décrocher.

Deux officiers sont venus pour voir où en est l'affaire. Ils s'étonnent de la lenteur de la progression et demandent des cartouches pour leurs armes personnelles. Ils ont de beaux képis et cherchent l'ennemi à tout prix pour en tuer. Il leur faudrait quelques obus pour les ralentir. Les obus arrivent en miaulant et lorsqu'on se relève, ils glissent tous deux, insensiblement vers leur auto.[99] *»*

Puis un canon antichar et des armes automatiques se dévoilent et, protégés par les virages de la route, les équipages s'installent alors pour la nuit qui vient.

Au centre du dispositif, quatre kilomètres en avant des premiers éléments de Goyeneche, Gassiat arrive sans encombre sur la cote 442, d'où l'on voit nettement les véhicules sur la route entre Valentano et Piansano. Des chars sont signalés, probablement des Panther et les TD commencent d'ailleurs à reconnaître des positions de tir tandis que les obusiers se postent dans un fond de thalweg. Puis une batterie en position à l'est de Valentano est repérée tirant du côté de Piansano. Une première salve de 60 coups de 75 est envoyée à laquelle l'ennemi riposte au jugé. L'observateur commande « feu à volonté »

15 juin 1944 à 17 h 30. *Ouvrant le défilé dans Rome de la 2e division marocaine derrière les jeeps de la circulation routière, le scout car du colonel Pique-Aubrun, commandant le 3e RSM, dépasse le monument de Victor-Emmanuel et arrive place de Venise. (©ECPAD/France)*

96. *Un peloton de chars légers, 4/3e RSAR, 4/7e RCA moins trois pelotons, une section du génie.*
97. *Le colonel Bonjour s'en servira jusqu'en Allemagne.*
98. Panaches rouges, *op. cit.*
99. *Journal de marche du 4e escadron du 3e RSAR.*

Insigne du 1er RFM : *deux hippocampes encadrant un écu frappé de la Croix de Lorraine. (Coll. particulière)*

et 300 obus partent : en face, le tir s'arrête.

Le soir descend. Les deux détachements se regroupent à quelques tours de roue de distance et le PC du groupement se porte vers Marta. Mais comme la route est coupée par des destructions et des mines, il emprunte une mauvaise piste et ne parvient au village qu'à 2 heures du matin.

Le 3e escadron du 7e Chasseurs est parti à son tour le 9 juin à 13 heures pour rejoindre le 1er RFM qui doit gagner Sutri ou Vetralla pour y relever les Américains.

Commandée par le capitaine de frégate Amyot d'Inville, la pointe d'avant-garde[100], suivie à quatre-vingt-dix minutes par le « gros[101] », part à 11 h 30. Passant par les faubourgs nord-est de Rome, elle atteint dans la soirée Viterbe occupée par la 1st Armored Division. Le PC avec deux escadrons s'installent sous les arbres au nord-ouest de la ville et les chars légers dans le parc d'une vieille et grande bâtisse qui est la maison du Parti. Le carrefour au nord est coiffé par le 3e escadron qui pousse un peloton sur la route n° 2. Mais il est vite arrêté par des abattis et des mines et quelques fantassins sont demandés pour couvrir son dispositif pendant la nuit.

Le 10 juin, Amyot d'Inville quitte le PC vers 7 heures et forme le groupement sur la route, dans l'ordre inverse des escadrons, puis PC avant avec le génie, chars moyens et *tank destroyers*.

Les ordres sont donnés :

- Reconnaître sur deux axes : vers Montefiascone et vers Marta. Ensuite Poggio di Biagio, Castel Giorgio et Bolsena, San Lorenzo, pour s'assurer au plus tôt de la route n° 74 au nord du lac de Bolsena.

Le 1er peloton de l'enseigne de vaisseau Millet ouvre la marche : trois scout cars suivis de deux jeeps et des sapeurs. Le half track radio du lieutenant de vaisseau Kermadec[102] vient ensuite, puis le 2e peloton.

« Il fait un temps magnifique, déjà chaud malgré l'heure matinale. L'air est empesté par la puanteur des cadavres d'hommes et de chevaux tués par l'aviation américaine. La progression est assez lente du fait des destructions multipliées par l'ennemi. Routes et chemins sont truffés de tellermines et autres pièges mortels...[103] »

L'escadron est arrêté devant un pont détruit, mais un passage paraît possible par un sentier en contrebas traversant le lit desséché du ruisseau. Avant de s'y aventurer, Millet l'inspecte avec méfiance. Le passage lui semble d'autant plus suspect qu'il paraît plus aisé. Il a raison : de la terre émerge le bouchon allumeur d'une *Tellermine* mal dissimulée... Un matelot la neutralise, puis les sapeurs ouvrent un passage signalé par des tresses blanches.

Mais en remontant la berge opposée, les premiers véhicules sont stoppés par le tir d'un canon de Pak :

« Ici Dudule, *suis arrêté en 415-337 par canon antichar »,* rend compte le radio de Millet. *« Suis à l'abri. Vais tenter de passer par la droite. »*

Kermadec retransmet le message à Amyot d'Inville qui se trouve trois cent mètres en arrière.

« Attends-moi », répond celui-ci. *« J'arrive. »*

Le half track stoppe à l'abri d'un talus sur la droite.

« J'en profite pour ouvrir une boîte de ration. Il faut bien manger, et ce matin il n'a pas été question de café... Un petit rosé du pays a fait l'affaire !

Quelques minutes plus tard, la jeep du Pacha est à notre hauteur.

Amyot, jambe sur le marchepied extérieur, ses cartes sous le bras, en chemise, short, colt à la ceinture relié au cou par une tresse de ficelle, sa casquette décolorée a des teintes mauves. Il dit à Kermadec : " Avance, je te suis "...

Je me trouve alors près de la mitrailleuse 7,62 à l'arrière du half-track et je regarde la jeep du Pacha suivre à quinze mètres dans nos traces. Un calme relatif s'est fait dans les tirs et explosions de tout à l'heure. J'allume une Chesterfield.

Et soudain... une lueur... une explosion violente... Cigarette et casque voltigent... nous sommes touchés ! Non, ce n'est pas nous. Dans la fumée, la poussière, je vois une roue monter très haut... puis un corps disloqué qui retombe... Bon Dieu ! C'est la jeep... Antichar ? mine ? nous ne réalisons pas encore. Je saute à terre. Je vois le corps d'Amyot d'Inville face contre terre, le dos

100. 1, 2 et 3/1er RFM, une compagnie de Sherman du 757th Tank Bn, 3/7e RCA, une batterie d'artillerie et des sapeurs.

101. 2e brigade, EHR et 4/1er RFM, 1er groupe de 105 moins une batterie, 1re compagnie du génie.

102. Jean Brasseur, dit Kermadec, Compagnon de la Libération le 20.1.46..

103. Récit du quartier-maître de 1re classe André Le Gouic.

Char léger M3A3 *du 1er escadron du 1er RFM appuyant la progression des fantassins arrêtés devant une résistance. (Coll. particulière)*

ouvert, la nuque brûlée… mort sur le coup. Je récupère ses cartes dans l'herbe et la caillasse. Les débris de la jeep sont retombés dans les buissons à vingt mètres de là. Dans ces buissons, on y trouvera le chauffeur du Pacha, très sonné, mais indemne. Un miracle ![104]»

C'était bien une mine. Les sapeurs dégagent d'ailleurs comme ils peuvent des engins en bakélite de couleur jaune, enterrés par paquets de dix. Kermadec rend compte au PC et le lieutenant de vaisseau de Morsier, commandant en second, prend le commandement.

Le corps du Commandant est à peine relevé qu'une des jeeps de tête ramène l'EV Millet[105], blessé par un obus qui a atteint son scout car en plein moteur. Au canon se joignent maintenant des mitrailleuses postées sur une colline boisée et qui interdisent le passage aux fantassins du BM 11. Kermadec demande l'aide des chars.

Le 1er peloton de chars légers, une section de Sherman, un peloton de TD et les obusiers M8 du 3e escadron interviennent alors à gauche de la route n° 2 :

« L'assaut du Mont Jugo est donné par les chars et, à 15 heures, ce mont est entre nos mains. Les chars permettent la capture d'une vingtaine de prisonniers.[106] »

Puis la progression reprend, gênée par les mines et un pont sauté sur la rivière Vezzarella. On voit maintenant la plaine en avant de Montefiascone, perché sur une éminence et dominé par la coupole du Dôme. Soutenus par les Sherman prêts à tirer, les chars légers se déploient en zigzaguant. Des canons ouvrent le feu, puis brusquement s'arrêtent : les chars ont dû arriver dans un angle mort. A leur tour, les Sherman démarrent et les rejoignent sans encombre à travers les vignes et les oliveraies. Scout cars et jeeps avancent maintenant sur la route toute droite, disparaissent au premier virage et s'abritent contre le talus à côté d'un char léger. En avant, un char brûle et des obus de mortiers commencent à tomber : l'avance est pour l'instant stoppée.

Sur l'axe de gauche, bien que gêné par des mines et des destructions, le 2e escadron précédant le BM 4 progresse assez rapidement. A 10 h 10, le PC du lieutenant de vaisseau Savary[107] est à la Madonnella et, une heure plus tard, le peloton de tête atteint le carrefour avec la route venant de Montefiascone. Mais, un peu plus loin, la route de Marta est bloquée par des tirs de mortiers et d'infanterie. Laissant un bouchon sur place face à l'ouest, Savary se rabat alors sur Montefiascone, emmenant avec lui les fantassins, trois TD et deux Sherman. Arrêté un moment par des armes automatiques associées à deux chars, il parvient néanmoins à s'infiltrer sur les arrières des éléments bloquant la route n° 2.

Le contact est alors établi avec le 3e escadron tandis que l'ennemi se replie sur Montefiascone. Puis, vers 20 heures, la liaison est prise à droite avec les Sud-Africains. Et, à la nuit, les escadrons se regroupent 1 500 mètres derrière l'infanterie.

Le lendemain, Amyot d'Inville est enterré dans le petit cimetière de Viterbe :

« Le régiment défila une dernière fois devant lui. De Morsier prononça quelques paroles. On avait mis une simple croix de bois sur sa tombe et sur elle on avait posé sa casquette, sa fameuse casquette aux galons d'or ternis qui ne l'avait pas quitté depuis 1940 et dont le drap marine avait tourné au violet sous le soleil du désert.[108] »

Radicofani

A partir du 11 juin, la poursuite se déroule désormais selon un scénario presque immuable :

« Au début, les seuls Allemands rencontrés sont des traînards, trahis dans leur fuite éperdue par leur voiture, leur bicyclette ou leur monture. Souvent, l'après-midi, le contact est repris. Les Boches ont organisé un bouchon solide pour protéger leur retraite. Les marins tâtent l'ennemi, déterminent ses contours, ses moyens. Puis l'attaque est appuyée, s'il le faut, par l'artillerie et l'infanterie qui suit en camions.

Au soir, les marins cantonnent dans un village qui les accueille en libérateurs. On visite les caves des fascistes du lieu, on égorge poulets, faisans et dindons. On fait le plein d'essence et de munitions. Et, le lendemain, la course vers le Nord reprend.[109] »

Le Recce subit des pertes dès le premier jour : l'aspirant Herbout est tué d'une balle devant Fortino, cinq hommes sont blessés et trois scout cars détruits.

La route n° 74 est franchie le 13. La progression continue, ralentie par les destructions et les obstructions. Tantôt l'ennemi se dérobe laissant derrière lui de nombreuses mines[110], tantôt il contre-attaque violemment. Et la Luftwaffe réapparaît.

Acquapendente est atteint et la Paglia franchie le 15. Dans la soirée, on apprend au

104. Ibid.
105. Compagnon de la Libération le 20.1.46.
106. JMO du 1er RFM.
107. Compagnon de la Libération le 10.1.45.
108. A bras le cœur, *op. cit.* Son frère Jacques, capitaine au 3e REI, avait été tué le 29.4.43 en Tunisie.
109. René Guillemin, Cavalerie de Marine, *Les Editions du Scorpion, Paris 1965.*
110. Un quartier maître mécanicien saute ainsi sur une mine le 14.6.44 au cours d'une récupération de matériel faite par l'aumônier du Régiment.

Le 1er RFM à Radicofani - juin 1944, *tableau de Roger Chapelet, peintre de la Marine. La scène se passe le 18 juin 1944, alors que les scout cars des fusiliers marins, appuyés par des Sherman, engagent le combat à l'entrée de Radicofani dont on aperçoit le « donjon » en fond de tableau. (R. Chapelet)*

Recce que l'escadron du 7e Chasseurs sera relevé par des éléments du 8e.

Le 16 à l'aube, la colonne du 8e Chasseurs part de Vetrella et par Montefiascone et San Lorenzo rejoint Acquapendente où une partie de ses éléments est mise à la disposition de la 1re DMI. Sur la route n° 2, le chef d'escadrons de Buron prend le commandement d'un groupement articulé en deux éléments : escadron Kermadec d'une part et escadron Savary aux ordres du capitaine Frappa du 4e escadron d'autre part[111]. Et orienté sur San Casciano di Bagni, le 2e escadron avec un peloton de chars légers, se met en place à l'est.

A 9 h 30, Savary part de Ponte Gregoriano et, quelques kilomètres plus loin, un scout car saute sur une mine au pont sur l'Evella. Une heure plus tard, le peloton de tête arrive au Rigo et cherche un gué. Puis, contournant d'autres destructions, il remonte la vallée, harcelé par l'artillerie et les mortiers. Mais à Pantano, il se heurte à une résistance sur la route en lacets montant vers Radicofani :

« Je vais voir Burin des Roziers et trouve son peloton cloué au sol, sous un feu nourri allemand. Les balles ricochent un peu partout : mortiers et surtout armes automatiques, sans laisser beaucoup de place à la manœuvre, sur cette route étroite et sinueuse en terrain fortement escarpé.[112] »

La résistance ayant cessé, le peloton repart pour être à nouveau pris sous un feu violent d'artillerie et d'armes automatiques. Il reçoit alors l'ordre de se mettre à l'abri.

Le groupement de Buron est donc échelonné sur la route. Du pont sur la Paglia, il lui faudra monter jusqu'à Radicofani, dominé par un vieux donjon culminant à près de 900 mètres. Et, pendant vingt kilomètres, le parcours sera exposé aux vues plongeantes des observatoires ennemis et de plus en plus miné. Précédé par Kermadec parti du pont du Rigo et qui reconnaît les deux axes menant à l'objectif, le groupement parvient à hauteur du carrefour à moins de neuf kilomètres de Radicofani. Mais deux destroyers ont été endommagés et la pluie qui se met à tomber rend plus infecte encore l'odeur des cadavres de chevaux...

Sur la droite, un peloton du 4e escadron de TD quitte le Ponte Gregoriano en direction de Trevinano. A 14 h 30, il signale une destruction un kilomètre après le village, puis le contact radio est perdu jusqu'à son arrivée à San Pietro, cinq heures plus tard.

Le 17 juin, le 3e escadron de TD[113] essaie de progresser sur les axes de la veille. Mais, à l'ouest, il se heurte aussitôt à des canons antichars et, comme les Algériens sur sa gauche sont en retard, Buron décide d'utiliser uniquement la route n° 2 en laissant simplement un bouchon au carrefour du pont du Rigo.

L'infanterie et les Sherman démarrent donc et, progressant par bond, atteignent Pantano sans que l'ennemi se soit manifesté. Mais à midi trente, les chars qui se portent à hauteur des Légionnaires arrêtés à 500 mètres au nord du village, sont accueillis par des obus perforants et l'un d'eux est touché. Les deux TD qui suivent ouvrent le feu a priori sur le col puis repèrent des *Panther* qui de derrière un talus tirent et s'esquivent. Les pentes de la cote 632 où des fantassins allemands sont apparus et les mitrailleuses repérées au sommet sont ensuite canonnées avant de rejoindre le PC de l'escadron arrêté sur la contre-pente avec les Sherman tandis que, sur la gauche, l'infanterie progresse malgré les tirs d'artillerie et occupe la cote 632.

Vers 15 heures, le 1er bataillon de Légion ayant atteint les crêtes à l'ouest du col, les Sherman s'y portent avec l'officier de liaison de la 1re DMI qui aperçoit deux chars allemands embossés sur le bord de la route, leur canon tourné vers le col. Deux TD gagnent alors la cote 632 par des itinéraires détournés, mais ils ont dû être repérés de Radicofani car, dès leur arrivée, une concentration coiffe la colline. Puis *Koulikoro* accroche un rocher et ne peut plus avancer, tandis que *Koulouba* s'approche à défilement de tourelle et ouvre le feu : quatre obus par char, les deux sont touchés. Un troisième, passé inaperçu, riposte en vain.

Mais à 16 h 30, alors que la pluie n'a pas cessé, il faut se rendre à l'évidence : on ne peut déboucher. La nuit tombe et les TD retrouvent la section de Légion avec laquelle ils s'installent en bouchon antichar à trois kilomètres de Radicofani. Sur la droite, un peloton du 4e escadron du Recce partant de la vallée de l'Evella a atteint Cel-

111. Le groupement comprend en outre le peloton de pionniers du 8e RCA, une compagnie de chars légers et une compagnie de Sherman du 757th Tank Bn.

112. Bertrand Chatel, Combats (1943-1945), *La Pensée Universelle, Paris 1989. L'EV Chatel commande le 1er peloton, l'Ingénieur du génie maritime Burin des Roziers le 2e.*

113. Deux escadrons sont au repos : 1er à Montalfina et 2e à la sortie sud d'Acquapendente.

Avers du fanion du 4e escadron *de reconnaissance du 1er régiment de fusiliers marins portant la devise :* « Fais ce que dois » *de l'unité et les noms des combats auxquels elle a participé, notamment* « Montefiascone ». *(Salle d'honneur des fusiliers marins, Lorient)*

le sul Rigo, tandis qu'un autre est arrêté sur le Rigo devant un pont coupé battu par l'artillerie. Plus à l'est, le 2e escadron de TD éclairé par des chars légers est entré à San Casciano mais a été stoppé par des tirs de mortiers et de *Nebelwerfer* : marins et chasseurs devront passer la nuit sur place.

Le 18, le détachement de Chazelles[114] - 4e escadron du Recce suivi des TD du 2e escadron - reprend la progression à 5 heures et le carrefour de la Madonna delle Vigne est occupé sans incident. Mais à partir de 9 heures, des automoteurs tirent à vue : deux chasseurs sont tués, plusieurs autres blessés, un half-track et trois jeeps sont endommagés. Puis, vers midi, arrivent les premiers fantassins du 22e BMNA qui ont progressé par les hauteurs. Les Allemands contre-attaquent alors sur le Calacinaio où les fantassins se trouvent bientôt en difficulté. Les TD du peloton Michelet[115], engagé à gauche avec les Nord-Africains, ouvrent le feu à courte distance et ceux du peloton de Villoutreys[116] appuient, face au Calcinaio, le BIMP appelé à la rescousse.

Vers 17 heures, l'ennemi contre-attaque sur le carrefour. L'enseigne de vaisseau Cisterne est tué et l'ingénieur mécanicien Tilly, second du 4e escadron, prend le commandement de son peloton. Le peloton Ayoun[117] engage alors ses TD seuls dans un terrain difficile et réussit après une manœuvre audacieuse à détruire deux *Panther*[118] qui menaçaient le peloton Michelet. Dans la soirée, les marins reçoivent l'ordre de se replier sur l'échelon. Puis, l'infanterie s'étant établie au carrefour, les TD se retirent.

Mais ce 18 juin, c'est sur la route n° 2 que se déroule l'action principale :

« Le jour levant, gris et sale, éclaire des nappes de brouillard qui stagnent dans tous les fonds. L'heure est favorable : là-haut le donjon n'apparaît plus, caché par la brume. Ordre de départ immédiat, on espère pouvoir arriver sur l'objectif sans être vu.

Et la colonne blindée s'ébranle, pendant que l'infanterie progresse à son abri. Mais voici que, un kilomètre à peine parcouru, nos éléments, gagnant de l'altitude, émergent du brouillard protecteur ![119] »

Le sous-groupement léger du lieutenant de vaisseau Kermadec ouvre la marche avec son escadron, une section de chars légers américains et une section de génie. Le sous-groupement lourd du capitaine Frappa le suit avec son escadron de TD, une section de Sherman et le peloton de pionniers.

Dès 8 h 30, les deux TD[120] en tête tirent sur les couverts des pentes sud de Radicofani pour aider l'infanterie qui se met en place en vue de l'attaque. Puis la colonne s'engage sur la ligne droite montante précédant le virage d'entrée du village.

« *J'approche de Radicofani* », signale le commandant de Buron à la radio. Le bourg paraît vide, on ne voit pas bouger un rat.

A 9 heures, les marins abordent les premières maisons. Kermadec, qui a reçu des Sherman en échange des chars légers, doit contourner l'objectif par l'est et Frappa passera par le sud et l'ouest.

Puis, tout d'un coup vers 11 heures, alors que la colonne est momentanément arrêtée, canons et mitrailleuses se déchaînent. Buron rend compte :

« *Des résistances viennent de se révéler dans le village, il y a un monde fou* ».

Tout le monde tire sur l'immense bâtisse à arcades[121] d'où partent les tirs. Un char qui tentait de déborder par la droite saute sur une mine et un autre s'enlise, obstruant le passage. L'intervention de l'artillerie est demandée sur le donjon et la bâtisse, tandis que les TD tirent à vue sur les antichars repérés. Aussitôt le tir levé, les légionnaires bondissent et nettoient le point d'appui[122]. Puis c'est le tour de l'observatoire de tomber entre leurs mains. Au total, 92 Allemands sont capturés : deux officiers sont blessés, deux autres ont été tués et leur chef s'est suicidé[123].

A 17 h 30, le village est pratiquement conquis et les pionniers se mettent au travail pour dégager un passage dans les champs de mines particulièrement denses. Et, à 19 heures, le 4e escadron du Recce installe un bouchon à la sortie Est.

Le lendemain 19 juin, les fusiliers marins, relevés par deux escadrons du 3e spahis marocains, se regroupent au sud de Bolsena. On sait maintenant que le régiment est retiré du front « *pour participer à une nouvelle mission* » et il faut donc démonter le matériel pour le remettre en état.

3 juillet 1944 à Sienne. *Le* Vengeur II, *char léger du 1er escadron du 3e RSM, arrive aux portes Est de la ville. (©ECPAD/France)*

3 juillet 1944 *à Sienne. Jeep d'un chef de peloton du 3e spahis marocains entrant dans les faubourgs Est, derrière le détachement de Castries, mais avant les tirailleurs de la Division algérienne. (©ECPAD/France)*

114. Le 10.5.44, le capitaine de Chazelles a succédé à la tête du 2/8e RCA au capitaine de la Morsanglière, blessé dans un accident de jeep un mois auparavant.

115. Lieutenant Michelet, chef du 1er peloton à la suite de l'évacuation du lieutenant Francœur le 13.3.44.

116. Lieutenant de Villoutreys de Brignac, chef du 3e peloton depuis la création du régiment.

117. Lieutenant Ayoun, chef du 2e peloton à la suite de l'évacuation du lieutenant Gauthier le 23.3.44.

118. Le TD Manoa *sera ainsi crédité de deux engins blindés et le TD* Manga *d'une arme antichar.*

119. Journal de marche du Huitième Régiment de Chasseurs d'Afrique, *op. cit.*

120. Le San II *sera crédité de trois armes antichars pour les 17 et 18.6.44.*

121. Rendez-vous de chasse des Medicis devenu relais de poste et où coucha le Pape Pie VII se rendant à Paris pour couronner Napoléon 1er.

122. Disposant de deux canons de 75, quatre de 20 et huit mitrailleuses.

123. Le colonel Simon tiendra à ce que le Major commandant le II/67e Panzer-Grenadier-Regiment *soit enterré décemment en face de la position qu'il n'a pas voulu abandonner vivant.*

Avers du fanion *de l'escadron hors rang du 3e RSAR. La symbolique est évidente : la grande roue dentée de l'EHR entraîne et soutient les petites roues des escadrons. (Salle d'honneur du 1er régiment de spahis)*

Un hommage est rendu aux morts du Régiment au cimetière divisionnaire de Viterbe près de la tombe du commandant Amyot d'Inville, dont la fourragère rouge orne maintenant l'étendard[124]. Puis, le 26 dans la soirée, les escadrons quittent les prairies des bords du lac de Bolsena[125] pour rejoindre la région d'Albanova, véhicules à roues directement par la route et chenillés vers Anzio puis par mer jusqu'à Naples.

L'un des disparus du 4e escadron réapparaît le 6 juillet. Conducteur de scout car, le matelot commis Favennec a été capturé près du terrain d'aviation de Guidonia. Emmené avec huit autres marins dans la région de Bologne, il s'est évadé en compagnie d'un capitaine anglais et a rejoint les lignes alliées le 28 juin en rapportant des informations intéressantes.

Volant à basse hauteur *au-dessus de la campagne au sud de la vallée de l'Orcia, un Cub du peloton avions de l'artillerie de la 3e division algérienne reconnaît un itinéraire et en particulier la viabilité des ponts. (OFIC)*

La campagne close, le régiment compte ses pertes : 52 tués dont quatre officiers, 140 blessés dont treize officiers, neuf disparus. Seize chars ont été détruits, plus seize scout cars et half-tracks, vingt jeeps et trois camions.

Mais pour les autres régiments blindés, la campagne n'est pas terminée.

Ainsi, le 8e Chasseurs continue d'appuyer la Légion. Bien que les Allemands aient décroché, leur artillerie est toujours très active : une jeep est détruite et le half-track du commandant de Buron[126] incendié sur la route n° 2. Puis le lieutenant de Villoutreys saute sur des mines bondissantes alors que, avec l'aspirant Dreyfus du génie, il reconnaît une coupure à San Piero in Campo.

Le 22 juin, le régiment est rattaché à la 2e division marocaine avec laquelle il va rester en ligne encore quinze jours. Mais il est alors en piteux état. La fatigue des hommes est telle que leur rendement est diminué de moitié et le matériel a un besoin urgent de révision. Il ne reste en fait qu'un seul peloton de reconnaissance et cinq pelotons de chars de marche, le régiment ayant perdu au total vingt-et-un TD, détruits ou endommagés : huit par armes antichars, six sur des mines et sept par l'artillerie.

Pour le colonel Simon, ces pertes résultent essentiellement d'une mauvaise utilisation des unités de chasseurs de chars. Engagées sur un terrain peu propice, en appui de l'infanterie ou dans le cadre d'un groupement blindé, elles ont toujours travaillé avec des unités de reconnaissance, des chars légers et moyens américains dont la diversité, l'organisation et la composition ont influé sur leur emploi :

« Les unités de reconnaissance à base de scout car ont eu leur action limitée aux routes et souvent arrêtées par la moindre destruction. Aussi l'escadron de reconnaissance de TD à base de jeeps, plus souple et plus mobile s'est vu amené à assurer les missions de ces unités.

Les chars légers et médiums américains, pour de multiples raisons n'ayant pas rempli leur rôle, les TD ont pratiquement été employés comme des chars.

Lors de la composition des groupements blindés, la constitution des réseaux de transmission radio, différente dans les unités de reconnaissance, dans les unités de chars, dans les unités de TD, l'absence de moyens de commandement et de transmissions à l'échelon groupement a gêné énormément la coordination des actions des différents éléments et leur rapidité d'intervention.

Mais la plus grande cause d'un emploi anormal des TD a été la conception fausse que certains chefs se font d'eux. Pour beaucoup :

- tout engin blindé est un char, pas de différence entre le char léger, le médium, le TD et qui dit char dit invulnérable ;

- tout engin chenillé passe partout quel que soit le terrain.

Conclusion facile : ils ne veulent plus se déplacer sans avoir devant eux chacun un char. Il serait peut-être temps de ramener les esprits de ces chefs (certains d'un grade élevé) à une conception plus saine et une connaissance un peu plus précise des caractéristiques et des possibilités des engins blindés.[127] »

Sauf à la 1re DMI, ses TD ont été répartis a priori dans les groupements et sous-groupements alors que, à l'instar de l'artillerie seulement adaptée, ils auraient dû être employés

124. Ce n'est pas le « drapeau de pacotille » confié par le commissaire à la Marine en Tunisie et qui a d'ailleurs été aussitôt brûlé, mais un autre fait à Rome d'une soie épaisse comme du drap. Le bleu est un peu clair et les lauriers sont avantageusement remplacés par des hippocampes brodés d'or par les sœurs d'un couvent.

125. Le 22.6.44, le général Brosset, qui connaît son monde, a interdit tout cantonnement dans les villages.

126. Revenu au PC du colonel Simon ses brûlures pansées, il trompera son inaction en racontant avec force détails la prise de Radicofani, récit qui lui vaudra une immense cravate bleu et jonquille offerte par les officiers du Régiment.

127. Rapport sur l'emploi des chasseurs de chars au cours des opérations en Italie du 11 mai au 4 juin 1944 en date du 25.6.44, en réponse à la note de service n° 167 CEF/3-S du 10.6.44.

par le commandant de régiment comme il le jugeait utile pour remplir sa mission :

« Lors des opérations du Garigliano, de San Andrea, San Giorgio, Chiaia, le Général commandant la 1re DMI l'avait fort bien compris en laissant parfaitement autonomes les TD mais en confiant à leur Chef différentes missions au bénéfice, suivant la situation, de l'infanterie et des groupements blindés.[128] »

Il insiste ensuite sur le paradoxe d'un régiment employé fractionné en éléments séparés parfois par des distances excédant la portée des postes radio, sans moyens de commandement suffisants et avec une organisation logistique centralisée ne pouvant satisfaire rapidement les escadrons dispersés sur le terrain.

Enfin, en ce qui concerne le matériel, scout cars et half-tracks doivent être remplacés par des automitrailleuses avec inverseur à l'escadron de reconnaissance et par des jeeps dans les escadrons antichars. Quant au peloton de pionniers, il doit être doté d'un bulldozer, le prêt d'un engin du génie n'étant qu'une solution boiteuse. Enfin, un *Cub* serait très utile au commandant des TD :

« Au cours de ces dernières semaines, l'aide apportée au commandant du 8e RCA par un Cub *américain mis à la disposition du commandant du 757e Bn a permis la réduction rapide et sans mal, une premier fois d'un nid de résistance de deux canons antichars, deux mitrailleuses (22 cadavres trouvés sur le terrain ; une deuxième fois de deux Panthères et d'un canon antichar.[129] »*

Bien que l'ordre de relève ait été donné le 28 juin, le dernier peloton de combat ne rejoint Sienne et la caserne du 5e Bersaglier que le 6 juillet à minuit, une fois la suite passée au 894th Battalion. De la fenêtre d'une maison à la périphérie, le maréchal des logis Amat jette un dernier regard vers Sienne épargnée par l'artillerie :

« J'ai sous les yeux le panorama de cette ville avec ses tours carrées de briques rouges et ses clochers. Je l'avais découvert, ce panorama, il y a plusieurs jours, mais en une tout autre circonstance. C'était celui d'une ville promise, mais le prix à payer était cher : les Français ont bien gagné le droit de s'y promener aujourd'hui en touristes.[130] »

Puis le régiment s'ébranle vers le sud et s'établit à San Quirico d'Orcia. Il y reste deux jours pour préparer son mouvement, *destroyers* et half-tracks étant ensuite transportés sur des porte-chars à Civita Vecchia où ils embarquent pour Naples.

Le 14 juillet, véhicules à roues venus par la route et chenillés débarqués du bateau sont rassemblés à Casapesenna et, douze jours plus tard, le général Juin vient remettre la croix de guerre à l'étendard et aux fanions des 1er et 2e escadrons. Le régiment a alors perdu 40 % de l'effectif total en 45 jours d'offensive[131].

De son côté, le 7e RCA, une fois relevé, a été mis au repos au bord du lac de Bolsena, entre Marta et Capodimonte. Si ses pertes sont moins sévères que celles du 8e, elles sont néanmoins importantes pour un régiment blindé[132].

Quelques jours auparavant, répondant au souhait du 3e bureau du CEF, le lieutenant-colonel Van Hecke a rédigé un rapport sur l'emploi du régiment de TD au cours de la campagne de printemps. Ce texte de six pages - qui s'inscrit en contrepoint de la notice élaborée en Algérie en septembre 1943 - met en évidence les possibilités et servitudes des matériels comme les erreurs à ne pas commettre dans l'emploi des unités tel qu'il apparaît à l'issue de la campagne.

Le tank destroyer Simono *du 3e escadron du 8e RCA photographié avec son équipage le 5 juillet 1944 à Sienne où le régiment est au repos depuis la veille. (Coll. particulière)*

Van Hecke insiste d'abord sur la fragilité du régiment lié à la fourniture des pièces de rechange ou au remplacement des matériels et des spécialistes, au fur et à mesure des pertes[133]. En conséquence, les unités ne doivent pas être employées sans discontinuité.

Pour lui, le tir direct, à vue, le tireur ayant l'objectif dans sa lunette, est la norme, au contraire du tir d'artillerie qui est à proscrire[134] car il use rapidement les tubes, plus utiles pour d'autres usages. Par ailleurs, si le blindage est suffisant contre les balles et les éclats, et la tourelle ouverte propice à l'observation et au réglage du tir, celle-ci n'abrite pas l'équipage des fusants ou des grenades. Enfin, totalement infirme la nuit, le destroyer peut néanmoins participer à un plan de feu par des tirs repérés.

Malgré sa lourdeur, l'engin est rapide et manœuvre aisément en tout terrain, même s'il déchenille assez facilement sur les pentes prises de travers. Mais, haut et volumineux, il est particulièrement visible et vulnérable à toutes les armes antichars[135]. D'où la nécessité du défilement et de l'observation assurée par l'équipage et les éléments de reconnaissance ou de protection, ceux-ci d'ailleurs indispensables en raison de l'absence d'armement rapproché. Car la mitrailleuse juchée sur la tourelle n'est qu'une arme de DCA.

Insigne du 4e RSM : *un cavalier face aux monts de l'Atlas. (Coll. particulière)*

Le *tank destroyer* est donc un automoteur puissant, précis et mobile. Mais il ne peut en aucun cas être considéré comme un char de combat et il est contre-indiqué de l'utiliser constamment en accompagnement des troupes à appuyer :

« Il est incontestable qu'en plusieurs occasions l'apparition des TD en premier échelon a suffi à décupler le mordant d'une infanterie admirable mais fatiguée. Mais cette infanterie et ses chefs ont de ce fait pris l'habitude de considérer les TD comme des chars d'assaut et ne conçoivent plus leur place que devant eux.

C'est une grave erreur et elle coûte très cher : 135 tués ou blessés dont 15 officiers, la plupart chefs de peloton, 8 chars détruits par l'ennemi.[136] »

Les pelotons doivent au contraire progresser de position de tir en position de tir, éclairés et couverts par les jeeps et les scout cars de leur propre escadron de reconnaissance.

Parmi les modifications à apporter, Van Hecke propose l'affectation de chars légers de commandement pour les commandants d'unité et les chefs de peloton qui, dans la plupart des cas, se déplacent à pied à côté de leurs chars et subissent ainsi des pertes : onze chefs de peloton hors de combat. Et, comme les marins, il souhaite *« des automitrailleuses en remplacement des scout cars dont le procès n'est plus à faire »*. Pour l'armement, il préconise des FM 24-29 à la place des mitrailleuses de 30 de l'escadron de reconnaissance et des carabines, mitraillettes ou pistolets pour tous les équipages au lieu des encombrants fusils.

Le 28 juin, les capitaines commandants sont convoqués au PC pour y prendre les ordres en vue du mouvement vers le Sud. Aussitôt, la nouvelle se répand, confirmant pour certains les bruits

---

128. Ibid .

129. Ibid.

130. Yvan Amat, Lettre à ses parents, banlieue de Sienne le 6.7.44. Le mdl Amat est alors chef du groupe de protection du 2e peloton du 3/8e RCA,

131. 30 officiers sur 37, 57 sous-officiers sur 115, 259 brigadiers et chasseurs sur 756.

132. Contrairement au 8e RCA, le régiment a reçu un renfort en mai. Le 20, par exemple, son 2e escadron « touche » 23 sous-officiers et cavaliers.

133. Le régiment a reçu en tout et pour tout, le 28 mai, 14 hommes en renfort, dont un sous-officier dépanneur, un conducteur PL et un motocycliste non confirmé.

134. Les Artilleurs ont évidemment un avis différent. Dans le rapport sur les enseignements de la campagne, l'intérêt des TD pour ce genre de tir est souligné, car « ils permettent, grâce à leur portée, d'étendre, en profondeur, l'interdiction sur les itinéraires ».

135. Trois TD perforés par un Pak 50 à la cote 101 près de San Oliva et un TD détruit, masque de canon perforé, près de Pico par un Pak 75.

136. Rapport sur les remarques faites au cours des opérations du Garigliano au Tibre en ce qui concerne l'emploi du régiment de TD en date du 13.6.44.

entendus chez les voisins :

« Les FFL nous ont dit, il y a quelques jours, qu'ils repartaient pour l'Afrique du Nord. Ce sera peut-être aussi notre destination, à moins que ce ne soit la Corse ? Ce serait magnifique de défiler à Alger le 14 juillet.[137] »

Les éléments légers partent le 29 en fin d'après-midi et, suivant l'itinéraire emprunté par les autres régiments, ils arrivent à Sabaudia dans la deuxième partie de la nuit pour atteindre Villa Literno, près de Naples, dans la nuit du 30 juin au 1er juillet. Et, comme leurs prédécesseurs, chars et obusiers sont transportés à Civita Vecchia où ils embarquent sur un LST grec qui les dépose dans l'après-midi du 4 à Pozzuoli.

Au delà de Sienne

Après les combats à l'ouest du lac de Bolsano, le 3e spahis algériens s'est regroupé le 12 juin le long de la route de Valentano à Capodimonte. Il manque alors une centaine d'hommes, dont une trentaine de sous-officiers. Au lieu de vingt-sept patrouilles, les escadrons de reconnaissance n'en alignent plus que dix-huit aux équipages réduits et dont certains spécialistes sont remplacés par du personnel tout venant, indigène en particulier. Quant à l'escadron de chars légers, il ne comprend que deux pelotons de deux engins : sept ont été détruits et six sont en réparation à la compagnie divisionnaire. En conséquence, le colonel Bonjour obtient que son régiment soit désormais engagé fractionné, afin que les unités puissent procéder aux révisions et recomplètements nécessaires. Un premier escadron de marche est ainsi constitué le 13 et mis à la disposition du 7e RTA, puis relevé le 17 par une autre unité, remplacée à son tour le 21.

Entre-temps, Bonjour a décidé de rendre le séjour des éléments au repos plus agréable et de laisser Capodimonte au 7e Chasseurs. Une fois assuré qu'il n'y a pas de mines, il les installe du côté de Gradoli, entre route et lac, au milieu des fermes et des cabanes de pêcheur. Du 19 au 29 juin, le régiment se remet ainsi en condition et reçoit le complément de matériel, réparé ou neuf.

Le 3e escadron de marche n'est finalement pas engagé et reste en réserve à Santa Fiora. Pendant quatorze jours, les spahis passent donc leur temps en promenades et excursions baptisées « séances d'instruction ».

« Pour ne pas laisser ses hommes dans l'inaction, le lieutenant Lassale envoie chaque jour des patrouilles de reconnaissance sur tous les itinéraires. Chacune de ces sorties se fait sous les ordres directs du chef de peloton… On y étudie la marche de la patrouille blindée et on en ramène du ravitaillement supplémentaire pour l'ordinaire… Le Fiume Fiora fournit des truites délicieuses tandis que le barrage de la station électrique permet de prendre des bains agréables…[138]»

« Le 3 juillet, alerte, défilé à Sienne, dernière victoire de la 3e DIA. L'escadron arrive en retard et retourne à Santa Fiora, l'oreille basse.[139] »

Puis les pelotons rejoignent leurs unités respectives près de Capodimonte où le régiment se rassemble. Alors, comme les autres avant lui, le 3e RSAR prend la direction du sud et, par Cesano et Sabaudia, gagne Casale, non sans faire une pause à Rome où les spahis disposent d'un après-midi pour visiter la ville.

A ce moment, les deux régiments de spahis marocains sont toujours en ligne.

Le 3e RSM regroupé à Cesano, au nord-ouest de Rome, a profité des journées des 16 et 17 juin pour remettre en ordre le personnel et les matériels. Puis le régiment au complet est venu bivouaquer près d'Acquapendente à la disposition de la 1re DMI. Des groupements

COLONNE DE CHARS *légers du 1er escadron du 3e RSM stoppée dans une rue étroite de Sienne pavoisée.* (©ECPAD/France)

137. Jeune de France, *op. cit.*
138 *Ibid.*
139 *Journal de marche du 4/3e RSAR.*

commencent à s'organiser dans la nuit, quand la relève de la division par la 2ᵉ DIM les 20 et 21 modifient les ordres.

Le groupement Pique-Aubrun est alors fractionné en deux détachements de composition identique[140] - 2ᵉ escadron à l'ouest avec le 8ᵉ RTM, 4ᵉ escadron à l'est avec le 5ᵉ RTM - et les 1ᵉʳ et 3ᵉ escadrons en réserve. Sitôt mis sur pied, ils rejoignent Radicofani et bivouaquent près du PC du 8ᵉ Chasseurs.

Ainsi recommence la manœuvre des détachements, comme l'action retardatrice adverse qui a tant gêné le régiment une fois la ligne *Gustav* percée :

« La méthode allemande de retardement est d'une simplicité biblique : accumuler sur les itinéraires accessibles aux véhicules de la reconnaissance, obstructions, destructions, coupures, champs de mines, obstacles battus par le feu de quelques chars, canons antichars et éléments légers d'infanterie motorisée ou motocyclistes qu'il faut manœuvrer pour pouvoir rétablir l'itinéraire.

Ces manœuvres de rétablissement de l'axe prennent naturellement du temps. Par ces retards accumulés, la reconnaissance est amenée à aborder en fin de journée un " bouchon " solide, établi en un point fort du terrain, composé d'une unité d'infanterie qui a eu le temps de s'organiser, bien appuyée par des armes lourdes, des canons antichars et quelques chars très mobiles, bénéficiant éventuellement d'un appui d'artillerie bien préparé.[141] »

La réduction de ce genre de résistance dépasse évidemment les moyens de la reconnaissance, qui doit faire appel à l'infanterie loin derrière... Le temps d'arriver, de débarquer, de se mettre en place et de reconnaître le terrain de l'attaque, l'ennemi a décroché dans la nuit, laissant derrière lui de petits éléments chargés « d'amuser » l'attaquant qui, neuf fois sur dix, tombe dans le vide. Nuit perdue par l'assaillant, mais gagnée par le défenseur qui a ainsi tout loisir de préparer la manœuvre suivante, saboter les itinéraires prévisibles et installer les bouchons adéquats.

Débouchant de Radicofani le 20 juin à l'aube, le détachement Est progresse en direction de San Piero in Campo, mais le détachement Ouest, sur la route n° 2, est confronté à des destructions et des mines. Trois jours plus tard, le 4ᵉ RTM ayant été engagé au centre pour appuyer la progression sur la route n° 2, un troisième détachement est constitué autour du 3ᵉ escadron. Et le 27, un quatrième élément[142] est mis sur pied aux ordres du capitaine de Castries, chef du service auto régimentaire. Sa mission est d'effectuer un *« raid profond sur l'axe Montalcino - Buonconvento en liaison avec la 3ᵉ DIA à gauche pour désorganiser les arrières ennemis dans la mesure du possible »*.

Au soir du 2 juillet, le 2ᵉ escadron - qui vient de recevoir le renfort du 1ᵉʳ - a dépassé Monteroni d'Arbia, suivi de près par le 8ᵉ Tirailleurs. Le 3ᵉ escadron et le 4ᵉ Tirailleurs retardés à Chiusure n'ont pu progresser au-delà de Pievina. Quant au 4ᵉ escadron, il est en réserve avec le 5ᵉ RTM. A gauche de la route n° 2, le détachement de Castries se trouve à Monsindoli, cinq kilomètres au sud de Sienne, devant les premiers éléments de 3ᵉ DIA et largement en pointe de ceux de la Division.

« Les reconnaissances de nuit poussées en avant, ne trouvent plus de contacts sérieux. Il semble bien que l'ennemi ait décroché, ne laissant derrière lui que quelques snipers couvrant les champs de mines et les destructions qui obstruent les itinéraires principaux.

Partout la progression reprend aussitôt. Laissant au gros le soin de rétablir et déminer les axes nécessaires au ravitaillement des unités, des détachements blindés légers fusent dans la nuit à partir des trois groupements de pointe, utilisant toutes les petites routes secondaires parallèles aux axes de progression, souvent avec le concours de guides italiens recrutés sur place.

C'est la course folle dans les ténèbres vers Sienne où chacun des groupements de tête, dans une courtoisie rivalité, a bien l'intention d'entrer le premier.[143] »

C'est le détachement de Castries qui gagne la course et pénètre dans la ville le 3 juillet à 6 h 25 du matin, spahis, tirailleurs et sapeurs marocains doublant en cours de route les Algériens de la 3ᵉ DIA arrivant par la porte romaine de l'ouest. Puis, à 7 h 15, le chef d'escadrons Barrou entre à son tour par l'est, précédant les premiers Tunisiens. Après un « jus » symbolique

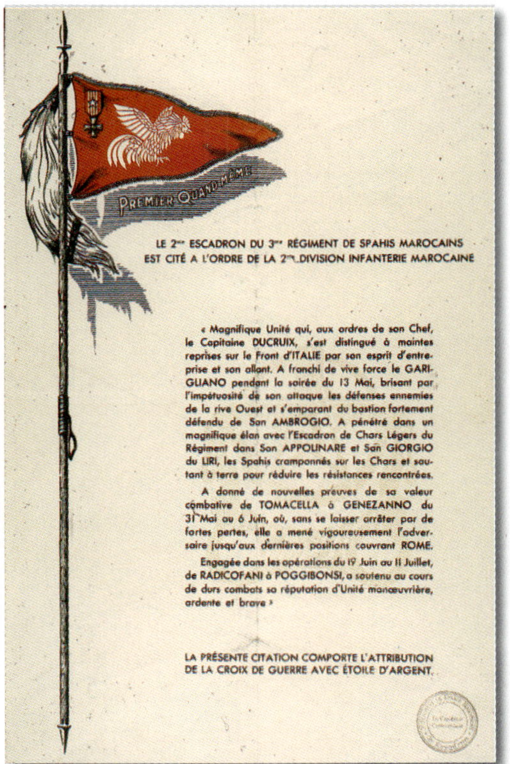

LE 2ᵐᵉ ESCADRON DU 3ᵐᵉ RÉGIMENT DE SPAHIS MAROCAINS
EST CITÉ A L'ORDRE DE LA 2ᵐᵉ DIVISION INFANTERIE MAROCAINE

« Magnifique Unité qui, aux ordres de son Chef, le Capitaine DUCRUIX, s'est distingué à maintes reprises sur le Front d'ITALIE par son esprit d'entreprise et son allant. A franchi de vive force le GARIGLIANO pendant la soirée du 13 Mai, brisant par l'impétuosité de son attaque les défenses ennemies de la rive Ouest et s'emparant du bastion fortement défendu de San AMBROGIO. A pénétré dans un magnifique élan avec l'Escadron de Chars Légers du Régiment dans San APPOLINARE et San GIORGIO du LIRI, les Spahis cramponnés sur les Chars et sautant à terre pour réduire les résistances rencontrées.

A donné de nouvelles preuves de sa valeur combative de TOMACELLA à GENEZANNO du 31 Mai au 6 Juin, où, sans se laisser arrêter par de fortes pertes, elle a mené vigoureusement l'adversaire jusqu'aux dernières positions couvrant ROME.

Engagée dans les opérations du 19 Juin au 11 Juillet, de RADICOFANI à POGGIBONSI, a soutenu au cours de durs combats sa réputation d'Unité manœuvrière, ardente et brave »

LA PRÉSENTE CITATION COMPORTE L'ATTRIBUTION DE LA CROIX DE GUERRE AVEC ÉTOILE D'ARGENT.

CITATION À L'ORDRE *de la division du 2ᵉ escadron du 3ᵉ RSM. (Musée de l'Armée, Paris)*

pris ensemble dans la ville, les deux détachements repartent vers le nord. La mission est de « coller aux fesses » de l'ennemi pour l'empêcher de se rétablir. Puis ayant dépassé Poggibonsi, le 3ᵉ RSM est relevé par les Britanniques.

Regroupés d'abord à Marciano, les spahis partent pour Naples le 27 en milieu de nuit. Contournant Sienne par l'ouest, ils suivent ensuite la route n° 2, passent à l'ouest de Rome et empruntent la route n° 7. Après une halte à Sabudia au bord de la lagune où la baignade est autorisée l'après-midi, le régiment s'installe à Avellino que les véhicules chenillés débarqués à Naples rejoignent à son arrivée.

De son côté, le 4ᵉ Spahis marocains se trouve encore dans la région de Frascati lorsque, le 14 juin, il lui est demandé de fournir un détachement blindé au groupement Guillaume.

AVERS DU FANION *du 2ᵉ escadron du 7ᵉ RCA. (Musée de l'Armée, Paris)*

Les 1ᵉʳ et 4ᵉ escadrons aux ordres du chef d'escadrons Dodelier quittent donc le bivouac et viennent camper à hauteur de Pitigliano.

La progression ayant commencé la veille devant les éléments du 1ᵉʳ RTM, le 2ᵉ peloton de chars légers reçoit, le 18 à l'aube, mission d'appuyer les éléments de reconnaissance progressant sur la route de Triana en direction d'Arcidosso. Il pleut, le brouillard est intense. Tout se passe donc bien jusqu'au moment où le char de tête est touché par un antichar. Tirés de 800 mètres environ, deux obus pénètrent à hauteur du coupleur : le chef de char est blessé aux jambes, son tireur a le talon emporté... Tous deux dégagent le conducteur qui ne peut sortir du char, mais les fantassins allemands se rapprochant, ils sont bientôt contraints de l'abandonner et les deux autres chars doivent se replier avec le peloton à pied pour éviter d'être encerclés. Puis une compagnie de tirailleurs ayant pris position sur les hauteurs dominant la route, il est possible d'évacuer le conducteur demeuré seul sur le terrain.

Arcidosso est enlevé le lendemain et la progression reprend vers Sienne. Après dix jours de combat, le détachement arrive en vue de la ville le 30. Il est alors relevé de sa mission et va rejoindre le reste du Régiment au repos dans la région de Pari.

Pendant quelques jours encore, le 3ᵉ escadron, participe aux opérations de la 4ᵉ DMM entre Sienne et Castelfiorentino. Puis, le 21 juillet, le régiment quitte la vallée de l'Ombrone pour Sabaudia puis Carano, près de Sessa Aurunca, tandis que les chars embarqués à Piombino arrivent à Pozzuoli.

Vient alors le temps des récompenses, remises le plus souvent par le général Juin et officialisées beaucoup plus tard. Puis le conflit terminé, il s'agit de reconnaître - en toute équité - les mérites de chacun. C'est ainsi que le 3ᵉ RSAR verra inscrire sur son étendard *Abruzzes* et *Rome* et les 3ᵉ RSM et 8ᵉ RCA *Garigliano*[144]. Les autres régiments auront droit à *Garigliano*, mais le 7ᵉ RCA devra s'en contenter[145] tandis que le 4ᵉ RSM recevra en plus *Rome* et le 1ᵉʳ RFM[146] *Montefiascone*.

---

140. Un escadron de reconnaissance, deux pelotons de chars légers et de Sherman du 757th Tank Bn, un peloton de TD du 8ᵉ RCA, une compagnie portée de tirailleurs, une section du génie.

141. Le 3ᵉ Régiment de Spahis Marocains 1923-1962, *op. cit.*

142. Deux pelotons de reconnaissance du 3ᵉ escadron, un peloton de chars légers du 1ᵉʳ escadron, une section de Sherman, un peloton de TD du 8ᵉ RCA, une compagnie portée du 4ᵉ RTM, une section du génie.

143. Le 3ᵉ Régiment de Spahis Marocains 1923-1962, *op. cit.*

144. Abruzzes supprimée le 30.5.47 par la commission d'attribution.

145. Inscription portée sur l'étendard remis le 2.4.45. Rome *a été refusée en dernier ressort par le cabinet du ministre.*

146. Compagnon de la Libération le 12.6.45.

EN PASSANT PAR L'ITALIE AVEC NOS CANONS...

« **Frenchmen fight the Boche in Italy** » *indique la légende anglo-saxonne de ce cliché d'une pièce de 105 HM2 en pleine action lors d'une préparation d'artillerie. (IWM NYF 35583)*

Pour les rédacteurs de la note d'orientation des armes de mai 1943, le rôle essentiel de l'artillerie demeure l'appui des fantassins et des chars.

Le colonel Blanc, sous-chef 1er - 4e bureaux, pense - en tant qu'artilleur - que cette mission est prioritaire. Mais il sait aussi que l'Artillerie passe après l'Arme blindée et que la composition de ses unités et leurs effectifs dépendent directement du type de matériels et des ressources en personnel européen. C'est ce qu'il indique dès les premières réunions de l'état-major à Alger en décembre 1942 :

Avers du fanion *de la 6e batterie du 63e RAA de la 2e division marocaine. (Musée de l'Artillerie)*

- Le matériel sera livré par unités collectives du type américain. C'est le seul procédé de commande qui soit de nature à abréger les délais. Il est donc indispensable, de limiter rigoureusement les effectifs aux possibilités du matériel et d'adapter le contenu au contenant. Le seul problème est la proportion d'indigènes à insérer dans les unités pouvant atteindre 40 % dans l'Artillerie. Il faut donc que le remplacement des Français par des Indigènes soit porté au taux le plus élevé, compatible avec l'aptitude des unités à leur mission.

Conformément à ces directives, la section organisation se met donc au travail et diffuse en janvier 1943 les premiers tableaux d'effectifs et de dotation en matériels. Il reste ensuite à coordonner au niveau du CEF la mise sur pied et l'instruction des unités dans le cadre des documents qui sont bientôt modifiés pour tenir compte des améliorations apportées par les Américains à leurs propres « tables d'organisation ».

C'est ainsi que, le 15 juin, le général Chaillet prend le commandement de l'artillerie du Corps expéditionnaire, avec pour adjoint le colonel de l'artillerie métropolitaine Baschung[1] et un état-major comprenant cinq officiers dont le commandant Houpert, affecté le 1er septembre en qualité de conseiller technique Air.

Six régiments sont finalement engagés en Italie : quatre constituent les artilleries divisionnaires et deux font partie de la réserve générale. C'est bien peu, eu égard aux besoins du CEF. Il aura fallu cependant dix mois pour arriver à ce résultat.

Les régiments du Maroc

Moins tributaires des opérations en Tunisie que les formations d'Algérie, celles du Maroc sont ainsi rapidement organisées et modernisées.

Le 63e régiment d'artillerie d'Afrique a été recréé à Fès après la campagne de France avec un groupe de 75 tracté et trois de 65 de montagne hippomobiles, puis renforcé par un second groupe de 75 formé autour des éléments rapatriés du Levant.

Lorsque, en décembre 1942, la Division de marche du Maroc est mise sur pied, son seul groupe automobile gagne donc la Tunisie. Aussitôt engagé dans le secteur de Pont du Fahs, il perd le 18 janvier 1943 son chef fait prisonnier avec une partie de l'état-major et la 1re batterie anéantie lors d'une attaque de chars allemande.

Pendant ce temps, le reste du régiment se constitue sur des bases définies par le commandement de l'artillerie du Maroc et entérinées par l'état-major d'Alger :

1. Note n° 1863 EM/I du 4.6.43. Le colonel Navereau, affecté comme adjoint, arrive le 31.8.43 pour repartir le 9.10.43 à Alger.

- changement de dénomination de la BHR et du 5e groupe pour former celle de l'AD de la 2e division marocaine et son 3e groupe ;
- transformation du 4e sur le type lourd avec du 155 court ;
- création d'un XIe qui, ultérieurement, formera le 1er groupe.

Ces éléments sont mis sur pied le 1er avril mais, alors que la campagne de Tunisie tire à sa fin, il est décidé de conserver le 1er groupe et de l'équiper avec du matériel américain à son retour au Maroc et de former le 2e groupe avec le XI/63. C'est ainsi que le régiment est constitué le 1er juin, le colonel Poydenot ayant pris l'AD2 un mois plus tôt.

Pendant les mois qui suivent, manœuvres et écoles à feu se succèdent aux camps d'El Hajeb et d'Ifrane. Puis en juillet à l'*Invasion Training Center*, les groupes de 105 sont associés pour la première fois aux régiments de tirailleurs pour constituer des groupements de débarquement, un usage qui sera pérennisé sous la forme de groupements tactiques : 4e RTM et II/63, 5e RTM et I/63[2], 8e RTM et III/63.

Le deuxième régiment mis sur pied est le 64e RAA, qui a participé à la campagne de France et s'est particulièrement distingué à la bataille de Gembloux. Evacués à Dunkerque, les rescapés ont gagné Brest puis Marseille pour rejoindre le Maroc l'armistice signé. Le corps fonctionne alors comme dépôt puis, en mars 1941, les divers éléments forment trois groupes de 75 et le régiment prépare sa motorisation tout en dissimulant dans la montagne et les entreprises civiles, canons, armes et véhicules. A l'insu de la commission d'armistice germano-italienne[3], des auto-canons[4] sont même construits qui équiperont l'une des batteries antichars engagées en Tunisie.

Le 64e fournit en effet à la Division de marche du Maroc une grande partie de son artillerie. Le 18 janvier 1943, son 3e groupe est ainsi attaqué par des chars *Tigre* et ses batteries, déployées à hauteur des premiers éléments d'infanterie, restent sur place et tirent leurs derniers obus avant de faire sauter les pièces. Beaucoup d'artilleurs capturés reviendront d'ailleurs en s'évadant par l'Espagne.

Pendant ce temps, les éléments demeurés au Maroc se réorganisent afin de constituer l'artillerie de la 3e division motorisée. Il est alors prévu d'équiper le 1er groupe à son retour de Tunisie, de former un nouveau 2e et de transformer sur le type lourd le plus anciennement motorisé. Mais la campagne achevée, le régiment est affecté à la 1re DB et une section hors rang type blindé doit être constituée par prélèvement sur la BHR de l'AD 3. En conséquence, les trois premiers groupes mis sur pied le 1er avril - grâce notamment à l'arrivée de nombreux rappelés oranais - et demeurés sur le type motorisé faute de matériel, rejoignent l'Oranie.

Puis, début octobre, nouveau changement : les groupes deviennent de réserve générale et le colonel Latarse en prend le commandement[5]. Dernier avatar qui inspire à un artilleur irrévérencieux le refrain de la chanson du I/64e RAA :

« Qu'on soit blindé ou de réserve, qu'on nous foute où on voudra,

En avant-garde ou en conserve, le soixante-quatre est un peu là ! »

19 AOÛT 1943, MANŒUVRES *au camp de Bedeau en Oranie. Servant d'une pièce de 105 du 64e RAA profitant d'une pause pour fumer une cigarette. (©ECPAD/France)*

2. *C'est alors, en août 1943, que l'air de* En passant par la Lorraine, *le lieutenant Louet, mort pour la France devant Sienne l 3.7.44, compose la chanson du 1er groupe :* « En passant par l'Italie avec nos canons, Nous irons les foutre en l'air, Avec nos canons l'on laire, Oh, Oh, Oh, Avec nos canons. »
3. *Dans un tout autre registre, cette commission est amenée à faire des « représentations » au colonel après que, lors d'une fête de régiment en 1942, on ait entendu hurler à plein gosier par la chorale du I/64 :* « Et merde pour ce cochon d'Hitler qui n'a pas encore gagné la guerre ».
4. *Tube de 75 monté sur affût pivotant boulonné sur le plateau d'une camionnette.*
5. *Note n° 13 374 EMGG/P/AR du 3.10.43. Le colonel Latarse succède au colonel Rousset qui prend le commandement de l'ADB/1.*

SUR LE FRONT TUNISIEN, *une batterie de 75 hippomobile se met en position. (IWM NA 2829)*

Insigne de l'artillerie *type 1943 en laiton. (Coll. particulière)*

Troisième corps mis sur pied au Maroc, le 69e RAA est d'abord destiné à la 2e division blindée, son premier groupe devant être formé par le I/63 à son retour de Tunisie, tandis que les 2e et 3e seront mis sur pied le 1er avril avec les IV et III/63 et rattachés au dépôt de guerre du 63e en attendant la création du régiment.

Puis il est affecté à la Division de montagne et la BHR formée par le 64e RAA devient le 1er juin celle de l'AD 4 tandis que le II/63 constitue le 1er groupe à Fès. Puis les divers éléments se rassemblent dans la région de Sefrou sous la direction du colonel Roubertie, le lieutenant-colonel Cerisier commandant le régiment - appelé désormais « d'artillerie de montagne » - en coordonnant l'instruction. Il s'agit alors simultanément de combler les vides dans les effectifs, de recevoir le complément d'animaux et d'habillement français et de s'équiper entièrement en matériels auto et transmission à percevoir à Alger, Oran et Casablanca ou dans les différentes garnisons du Maroc et d'Algérie. En revanche, les approvisionnements en munitions de 75 de montagne Schneider[6] étant largement suffisants, il est décidé que les groupes conserveront ce matériel.

Dans la seconde quinzaine de juillet, les groupes gagnent la région de Tlemcen où ils sont adaptés aux régiments de tirailleurs pour constituer des groupements tactiques : 1er RTM et II/69, 2e RTM et I/69, 6e RTM et III/69. Mais c'est le III/69 qui part avec le 1er Tirailleurs en Corse en septembre et participe à la prise de Bastia le 3 octobre.

Ainsi, lorsque le colonel Navereau, venant du cabinet du général Juin, prend l'AD le 30 décembre, le 3e groupe est toujours dans l'île tandis que l'état-major, la BHR et les deux autres groupes sont cantonnés dans la région d'Alger.

***Fin juillet 1943**. Pièce de 105 HM2 - portée 11 km, cadence de tir 4 coups/minute - du 63e RAA lors d'une école à feu au champ de tir d'Oujda. (National Archives)*

On pourrait penser que tous ces avatars nuisent à la cohésion des unités. Or il n'en est rien, car les modifications interviennent avant la réception du matériel et le fait que le 63e ait donné naissance au 64e en 1941 puis au 69e deux ans plus tard garantit, une fois en opération, une excellente coopération entre groupes de pied différent mais de commune origine[7].

Les unités d'artillerie

L'artillerie de division d'infanterie

Commandée par un général de brigade, ou colonel, assisté d'un état-major réduit, comptant à celui de la division, elle comprend une batterie hors rang, trois groupes d'obusiers de 105 et un groupe d'obusiers de 155.

La BHR au moyen de laquelle le général peut éventuellement concentrer l'action de tout ou partie de l'artillerie divisionnaire est rattachée au groupe de 155.

Chaque groupe comporte un état-major, trois batteries de tir de quatre pièces et une colonne de ravitaillement rassemblant les divers services et échelons. Chacun dispose de détachements assurant la liaison et l'observation au niveau du régiment et des bataillons d'infanterie.

	Officiers	S/officiers	Troupe	Total	Véhicules	Avions
BHR	8	22	117	147	28	2
1er groupe de 105	23	76	402	501	88	2
2e et 3e groupes	46	152	804	1 002	176	4
4e groupe de 155	23	76	423	522	89	2
total	**100**	**326**	**1 746**	**2 172**	**381**	**10**

La proportion d'Indigènes, fixée à 38 %, ne doit pas en principe, sauf cas particuliers, être dépassée.

L'artillerie de division de montagne

L'artillerie de division de montagne est organisée selon le même schéma que celle de division d'infanterie, mais avec seulement trois groupes, équipés de canons de 75 Mle 1928. A l'un de ces groupes est rattachée, en fonction de la situation, la BHR.

Une des batteries peut être armée de canons de 105 M, au lieu de 75 M. Dans ce cas, cette unité comporte quatre mulets de pièce supplémentaires.

	Officiers	S/officiers	Troupe	Total	Véhicules	Animaux	Avions
AD	3	1	6	10	2	-	-
BHR	5	12	91	108	14	30	2
1er groupe de 75	24	90	755	869	54	388	2
2e - 3e groupes	48	180	1 510	1 738	108	776	4
total	**80**	**283**	**2 362**	**2 725**	**178**	**1 194**	**8**

La proportion d'Indigènes atteint 67 %, en raison notamment du nombre important de muletiers.

Le groupe d'artillerie lourde longue

Le groupe de réserve générale équipé de 155 longs a la même organisation que le groupe lourd divisionnaire.

Officiers	S/officiers	Troupe	Total	Véhicules	Avions
23	78	476	577	82	2

La proportion d'Indigènes est de 42 %.

Le 67e régiment d'Algérie

Dans le Constantinois, le 67e régiment d'Afrique, réorganisé après l'armistice de 1940 avec un important renfort de cadres, comprend trois groupes : 75 hippomobile à Sétif, 75 à pneus tractés à Constantine et 65-75 de montagne à Batna. Comme au Maroc, la mobilisation est préparée dans le plus grand secret et le matériel dissimulé dans les fermes isolées. C'est ainsi que, en février 1943, les réservistes rappelés individuellement perçoivent le matériel « camouflé » et constituent un quatrième groupe comportant notamment une batterie de 155 court. Le régiment est alors engagé en Tunisie avec treize batteries dont une antichar disposant, entre autres, de deux engins *« formés d'un 75 de marine sur support tous azimuts juchés au sommet de camions préhistoriques »* avec lesquels son capitaine prétend « chasser le char boche »[8].

La campagne terminée, le 67e destiné à la 3e DIA revient donc à Constantine. Son chef de corps,

6. La 7e batterie du 3e groupe est cependant dotée de 105 de montagne.

7. Voir à ce sujet le n° 12 (février 1997) du Bulletin de liaison de l'association des amis du musée de l'artillerie à Draguignan comportant une excellente étude sur la filiation des régiments d'Afrique et des groupes de FTA originaires du Maroc.

8. Historique du 67e régiment d'artillerie d'Afrique 1942-1945 *- Imprimerie nationale, Neustadt-Haardt, 1947. Ces engins font la joie des Américains qui proposent de les échanger contre quatre tank destroyers pour les envoyer dans un musée des Etats-Unis.*

le colonel Radiguet de la Bastaie note alors dans le rapport sur le moral :

« Les officiers rentrent d'une campagne couronnée de succès. Ceux-ci ont fait oublier toutes les peines, toutes les fatigues. Ils rentrent pour toucher le matériel moderne qui doit leur permettre de repartir bientôt ».

Mais il ajoute aussitôt : *« Là commencent les désillusions... ».* En particulier, ils constatent *« avec amertume que pendant qu'ils se battaient, on préparait à l'arrière une organisation nouvelle de l'Armée, dans laquelle beaucoup de ceux qui étaient loin du front, ont déjà pris des places qui évinceront ceux qui reviennent...*

Cette réorganisation sur le type américain est très critiquée de ceux qui ont fait campagne en Tunisie. Le matériel américain en vaut un autre. Tout ce qui est auto semble parfait. Pour les artilleurs, l'obusier de 105 ne paraît pas la perfection. Les matériels anglais sont meilleurs. Dans le cadre de l'organisation proprement dite, la conception anglaise paraît très supérieure, pour ceux qui l'ont vue à l'œuvre, à la conception américaine. Beaucoup regrettent d'être mis au moule américain.

L'obusier de 105 HM3 *- portée 6 km, cadence 15 coups/minute - équipe les CCI des régiment de tirailleurs. (IWM NYP 14197)*

L'impression de l'artilleur, rentrant de Tunisie, est que cette campagne a consacré magnifiquement les anciennes conceptions françaises (celles d'avant 1939) sur l'emploi de l'Artillerie.[9]*»*

L'artillerie de la 3e DIA est finalement créée le 25 mai et le général de Hesdin en prend le commandement[10]. Il s'agit de reverser le matériel français, puis d'envoyer des chauffeurs et tous les dépanneurs percevoir à Alger le nouveau matériel, qui parvient d'ailleurs au « compte-gouttes ». Ainsi, le 1er groupe n'est constitué que le 10 juin à Sétif, tandis que le 2e achève de s'équiper dans la région de Constantine le 23 juillet. De son côté, le 3e passé au 66e RAA[11] est remplacé par le I/65e qui rejoint le 21 juin[12]. Quant au 4e revenu le dernier de Tunisie, il est dissous et un nouveau groupe est formé avec du 155 court :

« Sans doute est-il exact qu'une AD se distingue d'un régiment d'artillerie, sans doute aussi de récentes décisions, faisant du commandant de groupe un chef de corps semblent-elles éliminer - ou diminuer - pour notre Arme la notion de Régiment. Il reste que pour l'heure ces Artilleurs de la 3e DIA arborent l'écusson du 67e Régiment d'Artillerie d'Afrique. Ils en portent aussi la fourragère aux couleurs de la Médaille Militaire... Trois de leurs groupes, le 1er, le 2e, le 4e, engagés en Tunisie avec un équipement déficient et un matériel surclassé, y ont fait échec aux troupes de Rommel. Le 3e groupe n'est encore qu'un enfant d'adoption. Il n'a pas fait la Tunisie : jusqu'au 1er mai 1943, il était le I/65e - mais du 65e il n'apporte pas un moindre héritage. Il sait qu'on l'attend à l'épreuve et son ardeur s'en attise.[13] *»*

Matériel perçu et personnel équipé, le régiment fait mouvement sur l'Oranie pour tirer et s'exercer avec la Division. Puis, parachevant l'entraînement, des manœuvres interarmes avec tirs réels ont lieu jusqu'au milieu de septembre, suivies de séjours sur le littoral où les groupes se succèdent pour participer à l'instruction dans le cadre du FAITC : II/67 et 3e RTA, I/67 et 7e RTA, III/67 et 4e RTT.

Mais l'équipement est encore incomplet, notamment les mitrailleuses, le campement, l'habillement... Et, comme le rapporte la sécurité militaire[14], les Européens commencent à trouver le temps long :

« Les officiers estiment avoir amenés leurs unités à un point d'instruction qui ne sera dépassé que par l'expérience du feu... Ils considèrent que tous les retards ne peuvent que minimiser les résultats obtenus en maintenant dans des bivouacs souvent malsains des unités dont l'état sanitaire laisse par ailleurs à désirer ».

Les sous-officiers et la troupe pensent de même :

« L'argument donné depuis trois mois que les unités doivent être au grand complet et prêtes à démarrer dans le moindre délai en cas de départ soudain commence à perdre de son poids ».

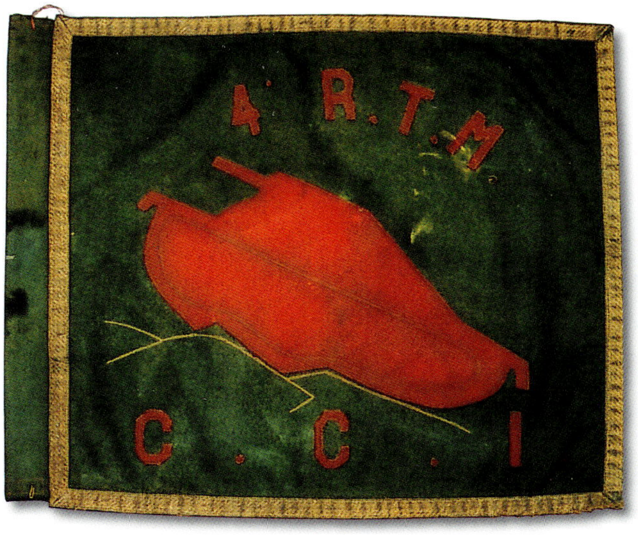

Avers du fanion *de la compagnie de canons d'infanterie du 4e RTM. (Musée de l'Infanterie)*

Les Indigènes n'ont apparemment pas les mêmes préoccupations. Originaires de la plaine du Chéliff et des hauts plateaux du Sud Constantinois, ce sont pour la plupart des engagés ou rengagés de qualité, grâce à la sélection opérée lors de la réorganisation qui a vu partir la moitié de l'effectif. Cependant, seize seulement d'entre eux ont obtenu leur permis de conduire et le déchet a été considérable à l'instruction. Ils remplissent en général des fonctions secondaires, les mieux doués étant utilisés dans le service des mitrailleuses de DCA. Vivant plutôt à l'écart, ils s'adaptent mieux que les Européens aux bivouacs prolongés et leur principale doléance porte sur l'absence totale de femmes[15].

Un mois passe ainsi. Puis, le 5 décembre, parvient enfin l'ordre attendu :

- La 3e DIA doit commencer son mouvement vers Bizerte, en vue de son embarquement vers un théâtre d'opération extérieur.

Le Régiment d'artillerie coloniale du Levant et les canonniers marins

En novembre 1942, le RACL comprend un groupe de 75 tractés tous-terrains à Casablanca et un autre de montagne à Marrakech[16]. Réduits en personnel et matériel, ils peuvent néanmoins servir d'ossature à des unités plus étoffées et les 75 sur pneus « camouflés » dans le parc d'artillerie de Marrakech et dans un dépôt au pied de l'Atlas devraient en équiper un troisième.

Une première réorganisation consiste à rassembler les unités à Marrakech, le 1er groupe passant au Régiment d'artillerie coloniale du Maroc qui cède en contrepartie deux de mon-

---

9. Rapport sur le moral n° 1185/S du 1er juin 1943.
10. Désigné officiellement le 1.5.43, rejoint le 21.6.43
11. Initialement prévu comme XI/66, cède en mai 1943 son matériel de montagne au 69e RAM du Maroc et devient V/67 « de souveraineté ».
12. Groupe de 75 hippomobile de Maison-Carrée, il a changé de dénomination le 1.5.43.
13. L'Heure H - texte anonyme, inédit.
14. Rapport SM en exécution de la note de service n° 78/503 SM/4 du 2.10.43.
15. Rapport n° 2747/RE de l'officier AMM de l'AD 3 du 2.11.43. L'officier a-t-il été entendu : quelques jours plus tard, un BMC, installé dans une ferme, est mis à la disposition des sous-officiers, brigadiers et canonniers indigènes.
16. A son retour de Syrie en 1941, le RACL a simplement été réparti « tête-bêche » avec le RAC du Maroc et ses deux garnisons.

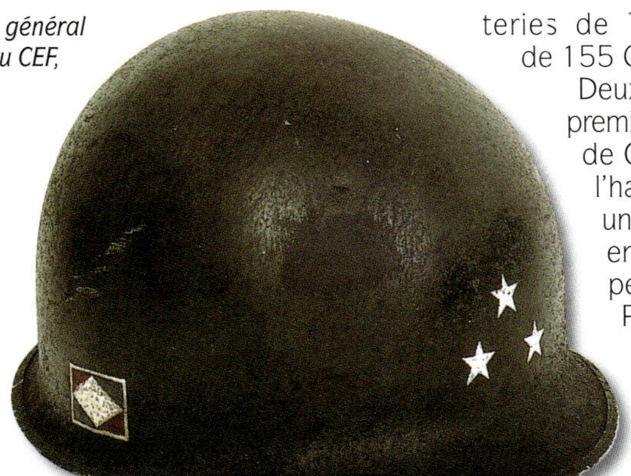

***Casque M1** ayant appartenu au général Chaillet, commandant l'artillerie du CEF, sur lequel figure ses trois étoiles et la marque de nationalité. (Coll. particulière)*

tagne. Et deux « batteries de récupération » complétées à Meknès par le 64e RAA rejoignent le front de Tunisie où elles constituent avec une troisième créée sur place un 4e groupe qui, la campagne terminée rejoindra Marrakech.

A la portion centrale, de nombreux officiers et sous-officiers en provenance d'AOF ont renforcé le régiment et le personnel a été progressivement complété par des Martiniquais, Réunionnais et Malgaches. Cependant, alors que le RACM rejoint la 1re division coloniale, future 9e DIC, le sort du régiment n'est toujours pas fixé.

Le 12 mai, enfin, l'état-major d'Alger décide qu'il constituera, à partir du 1er juin, l'artillerie du 1er corps de débarquement avec un groupe de 155 GPF et deux de 155 courts français et américains[17]. Aussitôt, les détachements de conduite de matériel, puis le 4e groupe de Tunisie, sont réclamés à la portion centrale. Mais à peine un détachement de perception parti à Casablanca, le commandement au Maroc est avisé par message que « le 1er groupe d'artillerie de la réserve générale à mettre sur pied par le RACL devra comprendre trois batteries de 75 tracté au lieu de 155 GPF[18] » !

Deux jours plus tard, les premiers véhicules arrivent de Casablanca avec de l'habillement et, le 20, un détachement gagne en train Alger afin d'y percevoir du matériel. Puis le régiment rejoint Oujda et Nemours et, début août, les seize canons - des 155 Gun maintenant - et leurs tracteurs livrés à Casablanca sont répartis entre les deux premiers groupes.

L'état-major décide ensuite que le régiment comprendra l'état-major, la BHR et seulement deux groupes de 155 américains, éventuellement renforcés par le 64e RAA primitivement affecté à la 1re DB[19]. Puis, le 4 septembre, un officier venu d'Alger annonce la dissolution du régiment et la création de deux groupes autonomes à tableaux d'effectifs nouveaux. Aussitôt, le lieutenant-colonel Missonier adresse au général Chaillet une longue lettre dans laquelle il plaide la cause du régiment :

« J'ai servi au RACL comme lieutenant de 1926 à 1928, puis comme capitaine de 1935 à 1937 ; j'y suis revenu comme lieutenant-colonel en mai 1942 et en ai pris le commandement le 1er juin 1943. C'est dire que je connais le Régiment dans ses traditions comme dans son état actuel... Un régiment qui a un tel passé ne se dissout pas d'un trait de plume ».

17. Note n° 1259 EMG/I-O du 12.5.43. Le type des matériels n'est pas encore arrêté.
18. Décision confirmée le 12.6.43 par note n° 1675 EMG/I-O.
19. Note de service n° 1372 EMG/I-O du 14.8.43.

Le général Chaillet, commandant l'artillerie du CEF

Né le 3 février 1893 à Montceau-les-Mines, Claude Chaillet entre à Polytechnique en 1913. Blessé et cité à deux reprises dans les rangs du 30e RA puis de l'Artillerie coloniale à partir de 1916, il est promu capitaine en 1918. L'année suivante, il participe aux opérations de Bessarabie et de Macédoine et obtient une quatrième citation.

Après un séjour en France au cours supérieur technique puis à la direction des affaires militaires au ministère des Colonies, il part pour l'Indochine en 1925. Partageant ensuite sa carrière entre l'outre-mer et la métropole, il effectue deux séjours successifs en Asie du Sud-est et deux autres en AOF alternés avec le commandement en 1934 d'un groupe du 3e RAC à Joigny puis en 1935 du 12e RAC à Agen comme lieutenant-colonel.

Colonel en juin 1938, il prend le commandement du 6e RAC à Dakar le 2 septembre 1939 et après avoir dirigé l'artillerie de l'AOF en 1940-41, devient comme général de brigade commandant militaire du Soudan le 16 février 1942. Promu divisionnaire à titre temporaire le 1er juin 1943, il prend la tête de l'artillerie du CEF le 24 août.

Son optimisme communicatif, son étonnante maîtrise de l'arme, sa vaste culture comme son esprit de finesse et sa rondeur bourguignonne, lui permettent de forcer tous les obstacles du réarmement. Et, sur les positions, l'arrivée en jeep ou en Cub de « Papa Chaillet » coiffé du casque américain est toujours appréciée.

Le 5 janvier 1945, il est nommé président de la commission d'épuration des corps des fabrications d'armement, puis commandant de l'artillerie des troupes d'occupation en Allemagne le 13 novembre, il fait partie de la commission d'épuration et de réintégration des militaires rapatriés d'Extrême-Orient le 6 février 1946.

Le 1er juin, il décide de se retirer et meurt le 17 septembre 1955 à Jully-les-Buxy en Saône-et-Loire.

***Le canon de 155 Gun M1** - portée 23 km, cadence 1 coup/minute - équipe les deux groupes du Régiment d'artillerie coloniale du Levant dont on voit ici l'une des quatre pièces de la 4e batterie en position dans la cuvette d'Acquafondata le 24 février 1944. (©ECPAD/France)*

Equipe du 67e RAA *sur le Monna Casale le 14 janvier 1944, communiquant par SCR 609 ses observations au PC de tir. (©ECPAD/France)*

Reprenant ensuite les raisons avancées par l'état-major - obligation de se calquer sur l'organisation similaire américaine et nécessité de procéder à des économies d'effectifs -, il montre que « *si cette dissolution présente de sérieux inconvénients dans le triple domaine moral, administratif et tactique, elle n'aboutit qu'à une économie de personnel illusoire et sans rapport avec les inconvénients consentis*[20] ».

L'état-major d'Alger confirme néanmoins la disparition du régiment[21] et la constitution, en principe fin septembre, des deux groupes formant l'artillerie lourde du 1er CD. Ultérieurement, deux autres du même type seront mis sur pied, qui feront partie du corps expéditionnaire[22]. En revanche, la création d'un état-major de groupement sur le type « régiment d'artillerie lourde » est autorisée[23]. Le 3e groupe réintègre donc ses onze 155 courts Schneider au parc d'Oujda et rejoint Casablanca à la disposition du commandant de la Base à la chaîne de montage.

Finalement, les derniers canons, tracteurs chenillés et véhicules perçus, l'EM de groupement et les 1er et 2e groupes sous les ordres de Missonier, quittent Oujda le 10 janvier 1944 pour embarquer à Oran.

Quatre mois auparavant, en septembre 1943, un officier de l'état-major de la Marine était venu au Régiment étudier la formation d'un groupe de canonniers marins. Et quelques jours plus tard, le régiment avait été informé que « *la Marine devant mettre sur pied le cinquième groupe de 155 L (matériel attendu en octobre), [détacherait] auprès des groupes du RACL en cours de mise sur pied en Oranie, quatre officiers et 120 hommes en vue de leur instruction en commun*[24] ». C'est en fait à la demande de la Guerre, que la Marine avait décidé de constituer un groupe d'artillerie lourde de trois batteries pour le corps expéditionnaire en Italie[25].

Le détachement annoncé étant arrivé de Casablanca le 25 octobre, le personnel est aussitôt réparti entre les 1er et 2e groupes. Mais les canons de 155 tardent à venir :

« *Dans ces conditions* », explique alors le colonel Blanc au général Giraud, « *se pose la question de l'affectation à donner au personnel du 1er groupe de canonniers marins qui comptait recevoir son matériel en octobre et s'entraîne assidûment depuis deux mois avec les deux groupes du RACL déjà mis sur pied* ».

Afin d'éviter à ses marins la désillusion d'une inaction prolongée sine die, l'amiral Lemonnier propose alors de leur confier la mission temporaire de servir une des batteries de 155 GPF récupérées en Italie[26]. Des canons ont en effet été retrouvés à Capri et à Procida par la 5e armée qui, dès septembre, a proposé de les utiliser. Mais en raison de l'état du matériel, une seule batterie de quatre pièces, servies par des Italiens avec un noyau de cadres détachés du RACL, a pu être formée. Juin intervient alors auprès de Giraud, en précisant :

« *En ce qui concerne les canonniers marins, prévus pour l'armement de la première batterie remise en état, la 5e armée est d'accord avec moi pour estimer qu'il serait opportun de les diriger, dès que possible, sur l'Italie après les avoir équipés.*[27] »

Le 15 décembre, le capitaine de frégate Le Coroller reçoit donc l'ordre de détacher le personnel d'une batterie de son groupe et de prélever l'équipement américain sur la dotation. Embarqués à Oran dix jours plus tard, les marins[28] arrivent ainsi à Naples le 2 janvier 1944 et prennent possession des canons

Acquafondata, 13 février 1944. *Equipe de pièce de 155 Gun du RACL venant de recevoir l'ordre de cesser le feu. La veille, la 4e batterie y a été coiffée par un tir de gros calibre (National Archives)*

Le général Poydenot, commandant l'AD 2

Né le 6 janvier 1895 à Bayonne, Marie Olivier Poydenot fait ses études à Versailles puis s'engage dans l'artillerie en 1914. Lieutenant en 1917, il sert aux 49e, 57e et 257e RA, effectue un stage à l'école d'artillerie de Fontainebleau et suit enfin les cours de Polytechnique de 1919 à 1920.

Capitaine en 1923, il entre à l'école de guerre en 1929 et est promu chef d'escadron trois ans plus tard. Lieutenant-colonel en 1939, il sert au cabinet du général Gamelin puis à celui du ministre de la Défense nationale. Colonel en 1941, il est affecté au Maroc où il commande la subdivision de Meknès.

Le 1er mai 1943, il prend le commandement de l'artillerie de la 2e DM. Nommé général de brigade le 1er septembre, il dirige la mission de liaison auprès de la 5e armée, puis revient à l'AD 2 qu'il quitte le 24 juin 1944 pour prendre la Direction de l'artillerie à Alger.

Divisionnaire le 25 mars 1946, il devient Inspecteur des FTA et de l'Artillerie en mai 1948. De janvier 1950 à octobre 1951, il commande la 2e région à Lille. Quatre étoiles en septembre, il dirige ensuite l'Institut des hautes études de la défense nationale et le centre des hautes études militaires jusqu'en 1953 où il devient chef d'état-major adjoint de SHAPE, le commandement suprême allié en Europe.

Passé dans le cadre de réserve en 1955, il dirige le Souvenir français de 1958 à 1971. Il meurt le 23 février 1990 à Versailles.

---

20. *Lettre n° 1379/CE du 5.9.43.*
21. *Payerait-il sa participation à la campagne de Syrie en 1941, comme certains le disent ?*
22. *Note de service n° 2211 EMGG/I-O du 4.9.43.*
23. *Note de service n° 2861 EMGG/I-O du 21.9.43.*
24. *Message express n° 2619 EMGG/I-O du 15.9.43.*
25. *Note n° 50 EMG/MO du 3.9.43.*
26. *Note n° 348 EMG/3 du 30.11.43. Il s'agit des 285e et 286e batteries armées de 155 GPF type B Puteaux munis de bandages et utilisées comme artillerie de côte depuis mars.*
27. *Lettre n° 18 CEF/3-S du 7.12.43.*
28. *6 officiers, 23 officiers mariniers, 146 quartiers-maîtres et matelots commandés par le lieutenant de vaisseau Jourdain.*

Pointeur d'une pièce *de 105 HM2 effectuant sa visée avec le télescope panoramique M12. (IWM MISC 13710)*

en triste état. Mais grâce aux efforts de tous, la batterie est prête à tirer le 25[29].

Déjà, on songe à Alger à constituer un état-major de groupe réduit et une 2e batterie avec les quatre pièces de 155 GPF existant en Tunisie[30]. Et ses quelques tubes reversés au III/RACL, le personnel[31] quitte donc Casablanca pour Mers el-Kebir où il cantonne à partir du 17 février. Puis un détachement gagne la Tunisie pour récupérer les canons et les convoyer en Italie.

La Costa San Pietro

Les premiers artilleurs du 63e RAA embarquent le 1er novembre 1943 à Mers el-Kebir sur l'*Alexander Graham Bell* dont l'installation est rudimentaire :

« Dans chaque travée il y a trois hamacs superposés, on grimpe sur les deux premiers pour atteindre le supérieur qui m'est affecté. Dans un coin de la cale, des toilettes et WC sans cloison. Les Américains paraissent s'en accommoder très bien et font salon en même temps que leurs besoins, sur les sièges des WC.[32] »

Le *Liberty ship* fait un détour vers l'est, puis vient mouiller deux jours en rade d'Augusta avant d'emprunter le détroit de Messine :

« Un local clair, avec hublots, est aménagé en salle à manger et nous y déjeunons justement, vers 12 h 30, lorsqu'une violente secousse est ressentie, suivie de l'arrêt du bateau qui racle le fond, nous levons la tête vers le hublot… à quelques mètres à peine une chapelle.

La crainte des anciens n'était pas un vain mot, qui leur faisait craindre de tomber " de Charybde en Sylla ". Nous venons de nous échouer sur la plage de Charybde en traversant le détroit de Messine.

Faute de navigation ? Le commandant de bord s'en excuse : dans le civil, il est directeur d'une compagnie de distribution d'eau.[33] »

Le navire parvient à se dégager, mais le convoi a continué et il faut attendre le suivant pour arriver enfin à Naples le 19, avec un retard de plus d'une semaine.

Le I/63 embarqué à Bizerte arrive devant Pozzuoli avec une mauvaise mer qui contraint les LST à s'y prendre à deux fois. L'opération se déroule néanmoins sans anicroche et, dès leur sortie des bateaux, les véhicules rejoignent la zone de rassemblement en suivant l'itinéraire jalonné par l'officier TQM.

« Le premier contact avec l'Italie est pris dans une zone de petites aires marécageuses, proches de la mer au nord-ouest de Naples, en terrain volcanique où les Américains ont installé les staging areas. Pluie, boue accueillent les hommes secoués par la traversée dans les bâtiments peu faits pour le large. La ville de Naples, encore tremblante de la peur des bombardements alliés, est dans la misère, et tout se vend - ou s'achète. Le 26 novembre, le groupe se déplace pour un cantonnement d'attente au nord de Naples : village pauvre, avec des terrasses dont les cultures soigneuses étonnent nos canonniers.[34] »

Les quelques jours de pause sont mis à profit pour nettoyer le matériel, tirer à la mitrailleuse sur les pentes du Vésuve et visiter Naples et Pompéi. Et le 4 décembre, la Sainte-Barbe, fête des Artilleurs, est dignement célébrée dans les bivouacs.

Le 6 au matin, le III/63 prend la route de Caserte où les hommes peuvent admirer au passage le château du roi de Naples épargné par la guerre et maintenant occupé par le QG de la 5e armée. Puis le Volturno est franchi près d'Alife et le bivouac monté dans la vallée. La température est douce, le paysage magnifique. Les hommes en profitent pour visiter les petites fermes bâties au flanc des collines, chacune avec un four à pain dans la cuisine.

Préparation des tirs *au PC d'une batterie du 63e RAA, le 14 décembre 1943 à la veille de l'attaque sur la Cluse San Michele. (©ECPAD/France)*

Le lendemain dans la soirée, les reconnaissances partent sous la pluie.

« Les routes sont effroyablement défoncées. Ça et là apparaissent les croix de bois de la dure bataille du Volturno. Le soir, après avoir franchi maints ponts effondrés, les reconnaissances arrivent à Colli où les guitounes montées près d'une batterie américaine permettent de prendre un repos sans rêves.

Le lendemain, les reconnaissances s'affairent, étudient les accès, reconnaissent les positions, les possibilités. On chaussera les bottes des Américains. Mais quelles bottes ! De la boue, un terrain difficile, en gradins, peu défilé… Le repas pris en commun avec les Américains, grands garçons sympathiques, heureux d'être relevés, efface à peine l'inquiétude causée par cette position. Et le soir voit revenir des hommes soucieux à travers les embouteillages des convois.[35] »

Le 9, les futures positions sont reconnues par les autres groupes et la 7e batterie trouve la sienne dans un piteux état et le secteur peu accueillant, comme le raconte son commandant au retour :

« Colli et la route qui y mène et celle qui en part sont parfaitement visibles du mont Marrone occupé par les Allemands. Durant la reconnaissance, ils ont d'ailleurs tiré quelques coups dans la région, mais ils semblent manquer de tubes ou de munitions. En tout cas, l'animation causée par la relève de la 34e division américaine me paraît bien grande ».

A 15 h 30, le 1er groupe part le premier remplacer les Américains à 50 kilomètres de là. Deux heures de route sur un itinéraire difficile, et la relève commence. La région est inhospitalière : accès difficile, sol rocailleux, points d'eau rares, pentes très raides, couverts peu nombreux et clairsemés, pitons élevés séparés par de profonds ravins orientés en tous sens et enchevêtrés les uns dans les autres. Et les vues en première ligne sont limitées. Un officier envoyé en liaison au PC de l'AD, y fait le point :

« Les positions sont à 1 500 mètres au sud-ouest du village de Montaquila, relativement loin des lignes. Le terrain ne permet pas d'en occuper d'autres plus avancées. De ce fait, les tirs les plus proches se font à une distance dépassant huit kilomètres. Les pluies continuelles des dernières semaines ont saturé le sol. Les alvéoles de pièces sont détrempées, les servants ont de l'eau jusqu'aux chevilles, l'emplacement des échelons est transformé en lac de boue ».

La situation de l'observatoire du groupe est tout aussi délicate :

« La montée est longue, le ravitaillement pénible, l'établissement et le maintien des liaisons difficiles. La ligne téléphonique s'allonge sur cinq

29. Elle dispose de 900 coups en Italie et 1 700 sont attendus d'AFN.
30. Note de service n° 947 EMGG/1-3-O du 1.2.44.
31. 13 officiers, 36 officiers mariniers, 198 quartiers-maîtres et matelots aux ordres du lieutenant de vaisseau Normand.
32. Souvenirs du général Marcel Rousseau communiqués à l'auteur par son fils.
33. Ibid.
34. Général François Valentin, Le 3e groupe du 63e régiment d'artillerie d'Afrique dans la campagne d'Italie, 1944, *SHAT, Vincennes 1987.*
35. Journal de marche de la 4e batterie du II/63e RAA.

Revers du fanion *de la 9e batterie du 64e régiment d'artillerie d'Afrique à la symbolique originale : un lévrier courant sur un canon, inscrits dans une roue dentée.* (Musée de l'Artillerie)

***Février 1944**, dans le secteur de la 3e DIA. Obusier de 105 HM2 du 67e RAA lors du recul au départ du coup.* (OFIC)

kilomètres en pleine montagne, suivant un itinéraire dont les abords sont minés en maints endroits. Les liaisons radios sont également difficiles et les zones de silence, très nombreuses dans cette région accidentée, exigent de nombreux relais ».

Le 2e groupe part à son tour sous la pluie. Les voitures roulent lentement, passent le pont des 25 arches puis arrivent à Colli et sur la position où il faut toute la nuit hisser les pièces avec les treuils des GMC et consolider le terrain à l'aide de madriers, voire de douilles vides. Et le 10 décembre, « *le pâle matin voit les pièces en place, les camions garés, les guitounes montées. Le tout uniformément garni de boue visqueuse. La première pièce tire. Sa plate-forme s'effondre. La pièce se déplace. Un réglage. Les premiers coups de canon français tirés en Italie*[36]. »

Pendant un mois, la 2e DIM tient seule le secteur. Aussi lorsque, le 3 janvier 1944, le général Chaillet prend le commandement de l'artillerie engagée sur le secteur du CEF, il dispose de quatorze bataillons américains pour seulement quatre français. Entre temps, le 67e RAA est arrivé à Naples, suivi par deux groupes du 64e.

« *Ainsi donc le I/64e débarque à Pozzuoli dans la baie de Naples le 1er janvier sous une pluie battante, rapide drue et verticale, une pluie qui n'ignore aucun détail de l'anatomie, une pluie qui alourdit les vêtements, glace la peau, fustige les nerfs. C'est sous cette eau que le personnel du groupe part à pied vers l'area N° 1 et aboutit après maints détours au Collège Ciano, tout démantelé par les bombardements alliés. Sacs à terre c'est la détente, le café chauffé, les boîtes de beans s'ouvrent… et il faut repartir immédiatement pour Cassandrio, agglomération des environs de Naples. C'est encore sous la pluie, mais cette fois en GMC non bâchés que le transport se fait. Arrivée dans la nuit, gîte assuré, sommeil de plomb.*

Le lendemain, le personnel fait plus ample connaissance avec l'Italie et peut toucher du doigt le contraste majeur entre les châteaux (vides) et les masures (surpeuplées), entre la vie des notables et celle des " povere "[37] »

En attendant de monter en ligne, les cadres des nouveaux groupes sont « briefés » sur la manière dont les Américains utilisent leur artillerie :

« *Après avoir adopté un système plutôt rigide, la tendance actuelle est à une organisation plus semblable à la nôtre, permettant à la fois un appui constant des troupes et la manœuvre des feux selon la situation. Sur le plan technique, l'emploi découle de la richesse en matériel et en munitions, et de l'instruction des cadres, qui semblent plus aptes à la mise en œuvre théorique de l'outil qu'à l'application de procédés demandant du coup d'œil et du métier ».*

Leur interlocuteur assure que les principes et la technique d'emploi de l'artillerie française conviennent parfaitement.

Avers du fanion *du 1er groupe du 67e régiment d'artillerie d'Afrique sur lequel figure l'insigne du corps créé en 1944.* (Musée de l'Artillerie)

« *Il faut toutefois noter* », ajoute-t-il, « *l'emploi fréquent de l'artillerie « en masse » et la nécessité pour les unités de pouvoir être intégrées sans difficultés dans un dispositif d'artillerie allié. Quant aux consommations importantes de munitions, elles peuvent certainement être réduites par une organisation plus poussée de la recherche des objectifs et l'exécution des tirs observés, chaque fois que cela est possible.*

Pour la bataille qui s'annonce, chaque artillerie divisionnaire dispose d'un groupe du 64e RAA et d'un bataillon de tank destroyers. *En outre, l'AD 3 devra être en mesure d'appuyer avec trois groupes l'action de la 2e DIM jusqu'au col de San Biagio, l'AD 2 lui fournissant en retour l'appui de deux groupes. Quant aux dix bataillons américains, ils sont articulés en quatre groupements : deux adaptés aux divisions et deux d'action d'ensemble chargés durenforcement des feux, de la contre batterie et de l'action lointaine*[38] ».

A la 2e DIM, le général Dody a décidé d'attaquer avec ses trois régiments accolés. Le III/63 est chargé d'appuyer les 1er et 2e bataillons du 8e RTM ayant pour objectifs la Costa San Pietro et la cote 1025.

Peu après la prise de la Mainarde, le groupe a occupé des positions avancées dans la région de Colle Papa, à proximité de la route de Colli à Atina. La zone de déploiement, à environ cinq kilomètres à vol d'oiseau de la Costa San Pietro, convient très bien pour appuyer l'attaque projetée. Mais les positions de batterie sont difficiles : il a fallu descendre les pièces en contrebas de la route avec les treuils de GMC et la plupart des tirs doivent être effectués en tir vertical. En revanche, les défilements sont bons et bien que les lacets de la route aient été bombardés à plusieurs reprises, il semble peu probable que les batteries aient été repérées par les Allemands.

Le PC de tir est depuis le 30 décembre à Colle Alto, dans une petite bâtisse où il peut travailler correctement bien qu'elle soit en vue de l'ennemi qui envoie quelques obus de temps à autre. L'observatoire de la Mainarde, à 1 478 mètres d'altitude, est occupé en permanence par une équipe fournie alternativement par l'état-major du groupe et les 7e et 9e batteries. Il donne sur la partie sud-ouest du secteur des vues comparables à celles que l'on peut avoir d'un avion d'observation et, par temps clair, permet d'apercevoir un paysage grandiose

36. *Ibid.*
37. *Lieutenant Corsini,* Historique du 1er groupe du 64e RA de 1914 au 15 avril 1949, *Meknès dactylographié.*
38. *Note n° 31/3 du 8.1.44 sur l'emploi de l'artillerie.*

Le général Besançon, commandant l'AD 3

Né le 26 septembre 1897 à Lillebonne (Seine-Inférieure), Fernand Besançon s'engage au 34e RA le 28 décembre 1914. Aspirant en mai 1915, il est ensuite blessé au 60e RA. Lieutenant le 15 avril 1918, il entre à l'Ecole Polytechnique et joue dans l'équipe de football qui remporte le championnat militaire, puis suit les cours de l'école d'artillerie de Fontainebleau et de Poitiers.

Revenu au 60e RA à Strasbourg en 1922, il est promu capitaine en 1926 au 306e RA. Sorti de l'école supérieure de guerre en 1933 et chef d'escadron le 1er décembre, il sert au 2e bureau de l'état-major de l'armée de 1934 à 1936. Il sert ensuite au 25e RA à Châlons-sur-Marne, puis rejoint l'ESG comme professeur d'artillerie avant d'occuper les fonctions de sous-chef du 2e bureau du GQG à la déclaration de guerre.

Lieutenant-colonel le 25 mars 1940, il est chef du 2e bureau de l'EMA en septembre, poste qu'il quitte comme colonel - depuis le 25 juin 1942 - pour prendre à Tunis le commandement du 62e RAA le 20 juillet, puis de la subdivision de Tunis le 20 juin 1943.

Inspecteur de l'artillerie le 30 août, il est appelé en Italie au commandement de l'AD 3 le 18 février 1944. Général de brigade le 25 juin, il est blessé accidentellement le 9 septembre et quitte la 3e DIA le 15 pour commander un temps l'artillerie du 2e CA puis devenir chef de cabinet du ministre de la Guerre en mars 1945.

Général de division le 25 décembre, il commande successivement la 3e DIA, l'Elément divisionnaire n° 3, la zone d'occupation Nord en 1946, l'artillerie des TOA en 1947 avant d'occuper en 1950 les fonctions d'adjoint au général Guillaume, commandant les forces françaises en Allemagne.

C'est comme inspecteur de l'artillerie et des FTA depuis janvier 1952 et général quatre étoiles le 1er février 1953, qu'il est tué dans une collision aérienne près de Tlemcen le 23 août 1956.

s'étendant jusqu'au monastère du mont Cassin. A l'ouest et au nord-ouest, au contraire, les vues sont beaucoup moins bonnes, le champ d'observation étant limité par la crête du Monte Cavallo et l'éperon du San Pietro. Le second observatoire, aménagé par la 8e batterie sur le Pantano, dans la partie gauche du secteur de la Division, ne peut être atteint qu'après un détour de trente kilomètres : son utilisation n'est donc prévue que dans des circonstances exceptionnelles. Il offre cependant de bonnes vues, quoique un peu lointaines, sur les pentes sud et sud-est de la Costa San Pietro et la région de la Selva et du San Croce.

Le 11 janvier au soir, les moyens de renforcement et les équipes de liaison et d'observation sont en place. Le chef d'escadron Loiret a rejoint le PC du colonel Molle avec son détachement, tandis que l'équipe d'observation de l'état-major est gardée en réserve. Celle de la 8e batterie aurait dû se trouver auprès du 2e bataillon, mais comme elle est à l'observatoire, le lieutenant Thonier, officier de tir de la 9e, s'est proposé pour accompagner les tirailleurs.

Bénéficiant de l'effet de surprise, les deux compagnies de tête du II/8 atteignent les abords de la Costa le 12 au matin. Puis, son deuxième échelon se lance directement à l'assaut de la cote

***Emballage** pour le transport maritime des munitions d'obusier de 105 mm. (Technical Manual 9-1901)*

1450 qui est conquise à 8h30. Jusque-là, le groupe d'appui direct n'a exécuté que deux brèves concentrations contre des organisations ennemies repérées les jours précédents. Mais la réaction ne se fait pas attendre : à 9h35, une forte contre-attaque, menée par des chasseurs de haute montagne, débouche du nord-ouest sur le flanc droit du bataillon. Au bout de trois quarts d'heure de combat, elle est stoppée par le feu des armes automatiques et le tir d'arrêt du groupe renouvelé à plusieurs reprises. Laissant la 8e batterie en surveillance sur ce tir, Loiret donne alors l'autorisation à l'équipe du Pantano de contrebattre avec les deux autres batteries les éléments ennemis qui paraissent vouloir intervenir contre le San Pietro. C'est ainsi qu'est « assommée » une batterie de *Nebelwerfer*[39] mal camouflée aux abords du village de la Selva. Puis des mortiers au bas des pentes de la Costa sont pris à partie à leur tour. Mais leurs servants, extrêmement tenaces et bien dispersés dans les vergers, ne consentent à arrêter le tir que pour changer d'emplacement et recommencer de plus belle. Cependant, comme Thonier le signale à la radio, les tirs des deux batteries vaut au bataillon quelques instants de calme.

A 11 h 35, les bombardements reprennent brutalement sur la cote 1450, précédant de quelques minutes une contre-attaque débouchant du nord-ouest. Le tir d'arrêt de la 8e batterie est aussitôt déclenché, complété peu après par le feu des deux autres batteries du groupe

39. Lance-roquettes de 150 mm à six tubes.

***L'obusier de 155 court** 17-18 Schneider - portée 11 km, cadence 5 coups/minute - équipe les groupes lourds des artilleries divisionnaires (ici le IV/63e RAA le 5 janvier 1944). Fabriqué en France et cédé aux Américains pendant la Grande Guerre, il est équipé d'une nouvelle culasse et livré aux Français en 1943. (IWM 10566)*

Derniers préparatifs *avant l'attaque de janvier 1944 au 3e groupe du 64e RAA, placé en action d'ensemble de la 2e DIM. Pour la petite histoire, le bouc nommé* Arthur *est tenu par l'artilleur Boyer, d'Oran. (©ECPAD/France)*

qui abandonnent leurs objectifs inopinés. Trois fois, Thonier fait raccourcir les hausses. Au PC du 8e RTM où l'on n'ignore pas la situation dramatique du bataillon qui épuise ses dernières bandes de mitrailleuses prises à l'ennemi, au PCT et aux batteries où l'on réalise pleinement que les Allemands ont abordé la position, les nerfs sont tendus et l'émotion est à son comble. Enfin, au bout d'une vingtaine de minutes de tir à cadence maximum, l'observateur avancé fait allonger la hausse : la deuxième contre-attaque a été brisée. Entre deux commandements de tir, l'observateur n'a pas hésité à faire le coup de feu...

Dans la matinée, Loiret ayant demandé qu'un groupe de même calibre le renforce et que l'artillerie d'action d'ensemble intervienne sur les zones où les contre-attaques allemandes sont susceptibles de se préparer, satisfaction lui est donnée en partie : le III/64e RAA en position vers Scapoli pourra intervenir éventuellement en tir d'arrêt.

Profitant de la pause suivant la contre-attaque, Thonier met en place, à 200 mètres des premiers éléments, deux tirs d'arrêt confiés à chacun des groupes. La chose est d'autant plus aisée que, avant l'attaque, les deux unités ont échangé des officiers de liaison qui, tout au long de la matinée, ont suivi le combat à la radio. Le répit est cependant de courte durée. A 12 h 40, les Allemands lancent une troisième contre-attaque : les deux groupes déclenchent aussitôt les tirs d'arrêt. Au III/64, les batteries jonglent du 4e au 5e RTM et satisfont toutes les demandes, ce qui ne va pas sans de sérieuses manœuvres de force, avec 180° de champ d'action. Mais bientôt, les hausses doivent être raccourcies :

« Plus près de cent mètres.
Plus près de cinquante mètres. »

Cette fois, il semble bien que l'ennemi ait réussi à prendre pied sur le sommet de 1450. Dans la crainte d'une erreur, il est demandé à Thonier de répéter le dernier commandement.

« Tirez sur nous ! Tirez ! Mais tirez donc », répond-il, tandis que l'on entend distinctement à la radio le crépitement des mitraillettes allemandes.

Les tirs se succèdent. Puis, vers 13 heures, une poignée d'hommes du 1er bataillon et du PC du 2e contre-attaquent. Surpris, l'ennemi recule et de nouveau l'observateur fait allonger le tir. Cinq minutes plus tard, alors qu'il se porte en avant d'une trentaine de mètres, près d'un rocher d'où il aura des vues plongeantes sur les ravins par lesquels les contre-attaques allemandes se sont infiltrées, le lieutenant Thonier est frappé d'une balle en pleine poitrine[40].

Dès qu'il apprend sa mort, le capitaine Leinekugel se propose pour le remplacer. Mais Loiret refuse : bien qu'il soit le plus proche de la Costa San Pietro, il importe que l'observatoire de la Mainarde reste entre les mains d'un artilleur expérimenté. En revanche, l'équipe du sous-lieutenant Le Masne de Chermont[41], maintenue en réserve, est toute désignée.

Le Masne quitte donc le PC du groupe à 14 heures, laissant à son adjoint le soin de rassembler le matériel nécessaire à l'équipement d'un second poste 609 et de guider le reste du détachement. Après une longue marche, le jeune officier arrive à 21 h 30 à la Costa San Pietro et se présente au chef de bataillon Allard, commandant du III/8e RTM, qui a reçu l'ordre de relever le 2e bataillon.

La nuit est calme. Et au petit matin, lorsque son adjoint arrive au sommet, Le Masne décide de renvoyer à l'arrière l'équipe Thonier. Le III/64, mis entièrement à la disposition du 8e RTM, est maintenant à l'écoute sur le réseau du III/63 et peut être alerté directement par l'observatoire du San Pietro. Les tirailleurs ont prévu pour 11 heures une attaque à objectif limité. Mais alors qu'ils s'acheminent vers leur base de départ, un bombardement violent s'abat sur la position, prélude à la première contre-attaque de la journée. Il est 10 h 38 : l'observateur déclenche les tirs d'arrêt.

L'ennemi hésite, puis tire au fusant pour neutraliser les défenseurs mal protégés contre les rochers : le sous-lieutenant Le Masne est blessé dans le dos et refuse d'être évacué. A 12 h 15, les Allemands attaquent à nouveau, mais sans conviction. Dès que la blessure de Lemasne a

40. Premier observateur avancé tombé en Italie, il avait été reçu à l'école d'artillerie de Poitiers comme sous-officier, puis cité en 1940 pour sa conduite en Belgique et son évasion, avant de servir au Levant avec le RACL.
41. Polytechnicien de la promotion 1942.

Equipe de pièce *de la 1re batterie de canonniers marins chargeant un canon de 155 GPF tirant à 19 km à la cadence de 4 coups/minute. (IWM 13 966)*

été annoncée au PC du groupe, le capitaine Huré a ordonné au lieutenant Mornard[42], chef du détachement de liaison auprès du 8e RTM qui se trouve alors à la hauteur du PC du I/8 vers la cote 1025, de rejoindre l'observatoire. Mornard parti seul arrive à 14 h 30 au PC du III/8, sur les pentes est du San Pietro.

A 14 h 38, l'ennemi repart à l'assaut avec des effectifs importants. Puis, vers 15 h 30, Mornard arrive essoufflé d'avoir gravi la pente et décide de raccourcir les hausses afin de bloquer les éléments qui ont réussi à franchir le barrage des tirs d'arrêt. Un premier bond de 200 mètres lui paraissant insuffisant, il fait diminuer la portée de 50 mètres. Puis, quelques minutes plus tard, il ordonne une nouvelle fois :

« Plus près cinquante mètres ! Tirez ! Tirez jusqu'à épuisement complet des matériels ! »

Aux positions de batterie, les pièces mises au repos par roulement successif pour les refroidir sont remises instantanément en action. Au même instant, les feux de l'AD et des obusiers de l'artillerie de corps dont l'intervention éventuelle avait été demandée au début de l'après-midi, s'abattent sur les ravins à l'ouest de la Costa San Pietro. Ce « marteau[43] » de cinq groupes sème le désarroi parmi les assaillants qui se replient définitivement.

Le commandant Allard s'approche alors de l'emplacement où se trouvent les artilleurs. Il veut faire allonger le tir. Il entend le poste radio :

« Allo, allo, répondez, je ne vous entends pas, répondez... »

Le radio Vasseur cependant est là, penché sur le poste, mais il est mort près du sous-lieutenant Le Masne mort lui aussi, une grenade dans sa main crispée. Mornard va répondre, mais il s'affaisse.

Une forte équipe de brancardiers conduite par le maréchal des logis Scotte du détachement de liaison, part alors au pas de course pour la Costa San Pietro. Au bout de trois heures, elle arrive au poste de secours du III/8. Le lieutenant n'a pas repris connaissance, mais il respire encore et les brancardiers repartent dans la nuit glacée pour rejoindre le poste régimentaire. Mais un quart d'heure après leur arrivée à Colle Alto, Mornard rend le dernier soupir. L'aspirant Desprey, du DLO, a déjà pris le chemin de l'observatoire.

Au cours de ces deux journées, le III/63 a tiré plus de 10 000 obus. Le colonel Molle, qui la veille au soir accrochait l'insigne de son régiment à leur calot, déclare au commandant Loiret et au capitaine Huré :

« Merci ! si nous sommes restés sur la Costa, c'est grâce à vous, artilleurs. »

D'Acquafondata à San Elia

Pour les artilleurs du CEF, les combats jusqu'à la bataille du Belvédère ressemblent beaucoup à ceux de la Costa San Pietro... Une différence toutefois, l'entrée en lice du RACL, la seule artillerie lourde française.

Débarqué en plusieurs échelons du 18 au 30 janvier, le régiment met en batterie à Acquafondata et les premiers réglages par Cub sont exécutés le 9 février. Dès lors commence pour les « bigors[44] » auxquels les canonniers-marins sont associés, la vie rude de la guerre de position par un hiver froid - la température descend couramment à moins 15 ° - en montagne, dans un pays déshérité où les villages sont en grande partie détruits :

« On patauge sans arrêt dans la boue glacée ; il y aura au cours de l'hiver un nombre important d'évacuation « pour pieds gelés ». Le ravitaillement est très difficile, on est par la force des choses limité aux conserves américaines dont on sait à quel point le manque de saveur et la monotonie sont lassants...

L'activité, sans être considérable, est constante ; chaque jour des concentrations sur PC ou rassemblement ennemis, sur des batteries en action ; des réglages ou contrôles sont presque quotidiennement exécutés par SOM, observation terrestre ou Piper Cub. *Observatoires et positions de batterie sont parfois soumis à de sérieuses réactions ennemies.[45] »*

Le « groupement d'action d'ensemble n° 1 » est alors constitué, appellation confirmée par l'état-major d'Alger qui, sur les recommandations du général Chaillet, décide que le 64e RAA - dont la SHR s'est révélée très insuffisante - sera également doté d'une batterie de groupement grâce à un complément de personnel et matériel acheminé dès que possible du Maroc[46].

***La cuvette d'Acquafondata** et les lacets de la route vers San Elia, vus d'un Cub de l'artillerie de la 3e division algérienne le 24 février 1944. (©ECPAD/France)*

A Acquafondata, les Coloniaux prennent la place des groupes algériens qui s'y étaient « agglutinés » au fur et à mesure de l'avance.

Arrivée de Frattamaggiore via Bizerte et Naples, l'artillerie de la 3e DIA s'est mise en place le 6 janvier 1944 :

« En deux semaines, trois au plus, passer de Rio Salado, Misserghin ou Lourmel à Frattamaggiore, cette " grosse petite ville " de la ban-

42. *Industriel, officier de réserve, arrivé de France en AFN au cours de l'été 1942*
43. *Marteau :* tir en concentration sur un objectif ponctuel.
44. *Appellation familière des Artilleurs coloniaux.*
45. Le Régiment d'artillerie coloniale du Levant dans la campagne de Libération 1943-1945, *sans date ni éditeur. SOM : section observation et météo.*
46. *Note de service n° 1862 EMGG/I-O du24.2.44.*

Insigne du 64ᵉ régiment *d'artillerie d'Afrique portant une gazelle, symbole de rapidité et d'adresse. (Coll. particulière)*

lieue napolitaine, c'est une aventure ! Pourtant les Artilleurs de l'AD 3 ont goûté là quelques joies solides et profondes. Celle par exemple, de s'y trouver, pour la première fois, réunis tous ensemble et comme en famille.

Et l'on ne parle ici, évidemment, de ceux de nos Canonniers à l'ascendance campanienne qui dépistaient un grand-père, une tante, des cousins, non plus que de ces adoptions inattendues - et temporaires - auxquelles s'ouvraient tant de foyers napolitains à l'hospitalité abusive et déconcertante.

Il s'agit de la famille " AD " ! De groupe à groupe, on s'était jusqu'alors peu " vus ". On fit connaissance. Quelle était sympathique, en fin de journée, cette inondation d'artilleurs battant de son flot animé les rives du " Corso Durante " ! Et le coudoiement dans les " trattoria " à l'atmosphère épaisse de friture et de chandelle permettait de découvrir - et d'applaudir - les " types " du Groupe voisin qui, eux aussi, savaient " en pousser une ! "

Ce fut tout cela Frattamaggiore ! Et puis il fallut se lever des tables du Réveillon pour courir aux reconnaissances, aux observatoires, aux positions, sans prendre le temps de songer qu'on montait pour une attaque.[47] »

Le 13 janvier, le III/67 met en batterie sur la route de Viticuso, puis le I/64 venu la veille de Naples et rattaché à l'AD 3, prend position au sud-est d'Acquafondata. Et le 14 arrivent à leur tour les trois autres groupes.

Insigne du Régiment *d'artillerie coloniale du Levant où le chevalier en armure rappelle le krak des croisés. (Coll. particulière)*

« Une fois passée l'Artillerie de campagne, la " cuvette " accueillera les groupes lourds qui nous renforcent. En différents recoins de son paysage désolé, le passant verra ces tubes impressionnants soulever, pour leur tir, leur filet de camouflage. Il verra aussi, à certains jours, l'eau affleurer le bord de la digue, c'est-à-dire de la route, et les Artilleurs évacuer leurs positions inondées. Parfois, revenant de Casale en jeep, et surpris par le vide apparent et le silence de ce cirque, une soudaine " arrivée " sur la route, à quelques pas, lui fera comprendre que ce silence est celui de la mort, et, regardant mieux, il verra, roulés déjà dans une couverture et prêts à être descendus vers l'arrière, ceux qui font le tragique bilan des harcèlements de la journée.[48] »

Le 8 février vers 14 h 30, alors que l'AD 3 s'apprête à faire un bond jusqu'à la vallée du Rapido, la 3ᵉ batterie est bombardée par l'artillerie ennemie : sept hommes sont blessés, dont le capitaine Guéricolas qui succombera le lendemain en arrivant au 3ᵉ bataillon médical. Le chef d'escadron Clappier[49] commandant le I/67 se rend aussitôt sur les lieux, puis il rejoint le PC avancé de l'AD pour y attendre le passage des autres batteries prévu dans la nuit.

A 20 heures, un obus éclate à proximité. Seul des quatre officiers qui viennent de dîner ensemble, Clappier est atteint à l'avant-bras droit par un petit éclat. Quelques instants plus tard, une nouvelle explosion plonge le PC dans l'obscurité. Cette fois, tous sont touchés. La poitrine traversée par un éclat, Clappier meurt en quelques instants. Le colonel Radiguet de la Bastaie est blessé, le commandant Maurin, chef d'état-major, a l'avant-bras gauche fracturé, et le commandant Defert, S.3[50], est atteint à la cuisse. Avant d'accepter d'être soigné, le Colonel, fait appeler le colonel Latarse du 64ᵉ RAA et lui passe le commandement provisoire de l'AD 3[51].

Vers 23 heures, les 1ʳᵉ et 2ᵉ batteries puis l'état-major font mouvement vers les nouvelles positions à l'ouest de San Elia, qui sont atteintes entre 2 et 4 heures du matin. Pendant ce temps, au PC du groupe, une section rend les honneurs sous la neige au commandant Clappier, qui sera inhumé deux jours plus tard au cimetière de Venafro en présence du commandant de l'Artillerie du CEF.

En fait, la bataille se ralentit. Les attaques, préparées et plusieurs fois ajournées, cèdent le pas à une défensive agressive :

« On travaille, on s'installe, on s'enterre. Les techniques s'étudient, contre les obus ennemis certes, mais plus encore contre la pluie, contre la boue, contre la neige. Avons-nous assez béni le luxueux emballage des munitions américaines, ces caisses aussi utiles comme sacs à terre que comme combustible, ces tubes de carton qui serviront de pieux ou de tuyaux de poêle, ces trèfles de métal avec leurs tringles à écrou,

15 février 1944 *dans la cuvette d'Acquafondata. Une pièce de 155 Gun du RACL vient d'ouvrir le feu. (IWM IA 15338)*

47. L'Heure H, *op. cit.*
48. *Ibid.*
49. *Polytechnicien, affecté au Levant après un séjour à Tlemcen, il participe aux opérations de Syrie avant de rejoindre le 67ᵉ RAA le 1.4.43.*
50. *Les artilleurs du CEF ont adopté la terminologie américaine. Le S.3 est ainsi l'officier chargé des opérations au niveau d'un régiment ou bataillon.*
51. *Qu'il conserve jusqu'à l'arrivée du colonel Besançon le 18.2.44.*

Le général Navereau, commandant l'AD 4

Né le 10 mars 1896 à Saint-Brieuc, André Navereau entre au service en 1915. L'année suivant, il est sous-lieutenant d'artillerie et gravement blessé à Verdun.

Capitaine en 1926, chef d'escadron en 1934, il sert comme breveté d'état-major au poste de chef adjoint du cabinet militaire du général Georges avant de rejoindre le 4e RA hippomobile à Colmar.

En septembre 1939, il est adjoint au chef de cabinet du commandant du front nord-est, puis sert à l'état-major de l'artillerie de la 15e division militaire à partir d'août 1940. Lieutenant-colonel et professeur à l'école d'artillerie en mai 1941, il prend ensuite le commandement du 68e RAA le 1er octobre 1942 comme colonel.

Il occupe le poste de chef de cabinet du général Juin à Alger le 6 août 1943, puis devient adjoint du général Chaillet le 30. Il prend ensuite le 12 décembre le commandement de l'artillerie de la 4e DMM qu'il quitte le 25 mars 1945 avec deux étoiles pour l'artillerie du 2e CA.

Affecté le 9 septembre à l'école d'artillerie créée à Idar Oberstein, il en prend le commandement le 20 mai 1946. Puis chef d'EM du général de Lattre, inspecteur général de l'armée de terre, de juin 1948 à 1950, il obtient sa troisième étoile en août 1949. Sous-chef d'EM du général désigné pour exercer le commandement en chef des forces terrestres de l'Europe occidentale, il sert ensuite à la 4e DI en Allemagne comme adjoint en mai 1951 puis commandant en janvier 1953. Général de corps d'armée en février 1953, il prend la 6e région à Metz le 1er avril et passe dans le cadre de réserve le 10 mars 1956.

Il décède en mai 1978 à Fontainebleau.

précieux pour consolider une paroi douteuse.[52] »

Le temps, toujours aussi peu clément, ne facilite pas les déplacements. Ainsi, lorsque le IV/63 change de position, la pluie qui n'a cessé de tomber immobilise les camions à munitions embourbés sur la piste. Les Diamond envoyés à leur secours s'enlisent à leur tour et, en arrière, les douze camions du 2e groupe du 11e régiment italien doivent stopper alors qu'ils ont encore à acheminer vers les batteries 7 000 coups de 100. La circulation est donc arrêtée jusqu'au jour en attendant que les tracteurs à chenilles du RACL parviennent à extraire les véhicules de la boue.

Le 10 février, les batteries du IV/67 dont les 155 renforcent le groupe d'appui direct du 7e Tirailleurs, font un bond en avant :

« *De Charybde en Scylla, le groupe reçoit ordre d'aller mettre en position à San Elia où il devait rester jusqu'au 23 février sous le feu constant des mortiers de 120... Puis il quitte la cuvette de San Elia pour s'établir dans l'Inferno, à trois kilomètres devant Cassino. La position de l'Inferno ? Imaginez le lit d'un oued presque à sec, aux berges pratiquement verticales, profondes d'une quinzaine de mètres et séparées à leur partie supérieure d'une quarantaine de mètres. Au pied du glacis, dans des positions acrobatiques, les pièces de 155. Taillés à même la contre-pente, les trous individuels recouverts de rondins où chacun se réfugiait en cas d'alerte et qui tenaient lieu également de chambre à coucher. A mes pieds, la ville de Cassino le plus souvent estompée par les nuages de poussière causés par les arrivées, et en face dominant tout le paysage, le Mont Cassin et son Abbaye...*

Comme mission : tirs de harcèlements, concentrations, contrebatteries et éventuellement tirs d'arrêt sur Terelle, le Cairo et le Cifalco. Et comme à Acquafondata et San Elia, c'est la guerre de position qui recommence sous la neige et les obus de 170, car non seulement les deux extrémités de ce ravin, où sont concentrés plusieurs groupes d'artillerie, sont toutes deux vues du Mont Cassin, mais encore cet endroit est le seul où puissent venir se nicher des canons, et quel endroit pourtant. Nous subissons de nombreux tirs de harcèlement de jour et même quelques petites concentrations, mais ce qui est le plus régulier, c'est le harcèlement de nuit, généralement de 20 à 24 heures, heure à laquelle les boches doivent s'imaginer qu'arrivent nos convois de ravitaillement. Heureusement l'endroit est encaissé et la plupart des coups tombent soit trop longs, soit trop courts...[53] »

AVERS DU FANION *de l'artillerie de la 4e division marocaine de montagne. (Musée de l'Artillerie)*

Le bombardement de Cassino, auquel les artilleurs assistent aux premières loges de leurs observatoires, marque pour eux la fin de la campagne d'hiver. La veille 14 mars dans la nuit, les batteries du III/64 sont sorties de position et ont rejoint leurs échelons à Scapoli. Premier à quitter le secteur, le groupe en convoi s'est ébranlé à 7 heures et par Venafro et Teano a gagné Cascano où des Anglais se préparent à partir et des Américains s'installent également.

Le général Chaillet, qui s'est rendu au PC de la 4e DMM puis à celui du 10 Corps, rend compte à son retour au général Juin des dispositions prises pour la relève des Britanniques. Il sait pouvoir maintenant compter sur les groupes de la 4e DMM en cours de débarquement à Naples et de la 1re DMI dont la venue est annoncée. Mais il attend toujours l'arrivée du Maroc de l'élément de commandement du groupement n° 2[54] et de l'unité de repérage et d'observation demandée depuis un mois.

AFHQ et la Marine ayant donné un avis favorable, Giraud a bien prescrit à l'état-major d'étudier sans retard la création d'une batterie de repérage[55]. Puis il a décidé que le personnel du 1er groupe de canonniers marins serait mis en route sur l'Italie pour y constituer l'unité demandée, le matériel d'optique et de repérage provenant des disponibilités et la dotation en postes radio et véhicules étant complétée par les unités classées en dernière urgence[56].

Le 7 avril, les marins de la 2e batterie et de la batterie d'état-major quittent donc Oran et arrivent à Naples une semaine plus tard. Rassemblés à San Clemente, où la 1re batterie est installée depuis une dizaine de jours, ils sont pris en charge par le RACL qui assure leur instruction. Mais les effectifs étant insuffisants, seuls sont constitués l'unité d'observation et un ensemble de services généraux desservant à la fois les deux batteries.

***11 MAI 1944**. Les pourvoyeurs d'une compagnie canons préparent les projectiles avant le tir. (©ECPAD/France)*

52. L'Heure H, *op. cit.*
53. Historique du IVe groupe du 67e RAA durant les campagnes de Tunisie, Italie, France, Allemagne, réalisé sous la direction du chef d'escadron Hermelin, *sans éditeur ni date.*
54. *Pour diverses raisons, la nouvelle BHR du 64e RAA ne rejoindra que le 11.7.44.*
55. *Fiche n° 153 EMP/1 du 6.3.44.*
56. *Note de service n° 2244 EMGG/1-O du 7.3.44.*

17 avril 1944 *sur la position du Friello, à l'est du mont Camino. Pièce de 155 Gun du 1er groupe du RACL participant aux tirs de harcèlement sur la rive droite du RACL. (IWM NA 14158)*

« Good luck and good shooting ! »[57]

Pour les artilleurs aussi, le changement de secteur et l'arrivée du printemps sont bienvenus : *« En ce mois d'avril, la nature a pris un aspect féerique. La pluie, enfin vaincue par le printemps, a disparu et, pour les combattants, une nouvelle existence commence, moins dure. La batterie est installée près de Sipicciano, sa gauche dans le coude d'une route qui la surplombe de quelque dizaine de mètres. De cette route, peu avant ce coude, le passant peut voir le paysage magnifique de la vallée du Garigliano dont le versant opposé, ensoleillé, semble inoffensif... Les pièces, habilement camouflées, ombragées, sont invisibles. Il fait bon vivre. La bonne humeur est générale...*[58] »

Après quelques jours de repos consacré au nettoyage des canons et à des sorties organisées à Naples, le travail reprend avec l'aménagement des nouvelles positions. Le trajet se fait en camions, de nuit. Puis les hommes restent cachés la journée, attendant l'obscurité pour niveler ou débroussailler le terrain et préparer les accès aux emplacements. Le troisième soir, avant le départ, tout est camouflé à nouveau.

Pour ne pas changer la physionomie du secteur, la consigne est de déployer les groupes strictement nécessaires à la contrebatterie et à l'action lointaine. Une fois les pièces en place, les réglages se font le plus discrètement possible, une pièce par groupe à la tombée de la nuit, parfois sous le couvert sonore de groupes américains en position depuis longtemps. Aucun réglage n'est effectué par les unités déployées dans la tête de pont. En aucun cas il ne doit être fait usage de la radio et le survol du secteur est interdit aux *Cubs* portant les couleurs françaises.

Au commandement de l'Artillerie du CEF, le général Chaillet dispose maintenant de quatorze officiers dont trois supérieurs, soit six de plus que ne prévoit l'effectif théorique[59]. Ce n'est pas trop, car des missions de liaison sont apparues que le 1er bureau d'Alger ne pouvait prévoir : à la 13th Brigade pour diriger la contrebatterie, au centre d'interprétation photo et à l'escadrille de reconnaissance tactique, comme avec les 13 Corps britannique et II Corps américain.

Le 20 avril, Chaillet, accompagné de son S.3, le capitaine Huret, se rend au CEF pour soumettre les différentes solutions possibles de déplacement de l'artillerie en vue de l'attaque. Juin en choisit une qui, avant d'être diffusée aux exécutants, sera étudiée par le 3e bureau. Quatre jours plus tard, Chaillet revient donc à Sessa Aurunca avec un projet amélioré :

« Celui-ci devrait vous convenir » dit-il à Juin. *« Outre les trois groupes de montagne du 69e RA*[60]*, il ne prévoit dans la tête de pont que deux groupes motorisés de l'AD 2. Quant au 67e RA, il restera en totalité en deçà du Garigliano ».*

Le projet adopté est aussitôt diffusé. Puis, le 9 mai dans la matinée, tous les artilleurs français et alliés concernés se retrouvent à Sessa pour étudier les dernières propositions de l'AD 2 et adopter un plan de feux définitif. Enfin, les grandes lignes de la manœuvre d'artillerie y sont rappelées brièvement :

- Afin de bénéficier de l'effet de surprise, il a été décidé que l'attaque sera effectuée sans préparation. Mais, dès son débouché, la 2e Division marocaine doit pouvoir être appuyée et protégée par la totalité des tubes du CEF, par encagement du terrain et contrebatterie.

Chaque régiment de premier échelon de la division sera ainsi appuyé par deux groupes de 105. Et l'action d'ensemble - assurée par deux bataillons de 155 et trois groupes des 63 et 64e RAA - sera renforcée par les feux des trois autres artilleries divisionnaires.

Ensuite, la manœuvre doit s'adapter à celle du CEF. Ainsi, à l'attaque de rupture succèderont plusieurs actions simultanées :

- L'attaque de la crête du Mont Feuci sera menée par la 4e DMM sur un axe général est-ouest passant par le milieu de cette crête. Les appuis seront fournis par le 64e RAA et l'AD 3, avec la protection d'un groupement adapté.

Elle sera suivie par l'exploitation en direction du nord-ouest par le Majo et l'Agrifoglio, soutenue par l'AD 2 - dont deux groupes auront été mis en place dans la vallée de Sujo la veille de l'attaque - et le 69e RAM installé dans la tête de pont dans les mêmes conditions.

- Le but, commente l'artilleur, est de donner à la 2e DIM une artillerie susceptible de la suivre et de l'appuyer jusqu'à ses objectifs finaux d'exploitation alors que le 105 n'aura plus la possibilité de le faire.

Enfin, le nettoyage de la région San Andrea, Vallemajo, San Ambrogio, en débouchant de la tête de pont le long du Garigliano, sera conduit par la 1re DMI disposant de son AD ou au minimum de deux groupes de 105.

- L'action des deux divisions marocaines, ajoute l'officier, sera protégée par un groupement adapté de l'artillerie de corps d'armée.

Dans une troisième phase, la 4e DMM s'engagera vers l'est en direction du Mont Revole, sous la protection d'un groupement d'ACA.

- Jusqu'au Petrella, le 64e RAA et l'AD 3 l'appuieront, ce qui nécessitera à un moment donné de lancer les groupes sur l'axe Castelforte - Coreno. Au-delà, le 69e RAM prendra la relève, avec un ou deux groupes du 64 s'il est possible de les pousser près de Spigno. Le 64 devra pour cela être libéré au plus tôt de sa mission d'appui de la 2e Division en poussant l'AD 2 dans la région San Andrea, Vallemajo. Il en sera de même pour l'AD 3 au moment de l'intervention de sa division.

En quatrième et dernière phase, la 3e DIA doit en effet s'engager entre la 4e DMM au sud et la 2e DIM au nord, sur l'axe Coreno - Ausonia - Esperia, appuyée par son AD, l'AD 1 et un ou deux groupes du 64e, avec toujours un groupement adapté d'artillerie en protection.

L'AD 1 assurera la liaison avec le 13 Corps et la 8th Indian Division[61] également servie par l'AD 2, le RACL avec le II Corps et les AD 3 et 4 respectivement avec les 88th et 85th Infantry Divisions.

« Enfin », termine l'officier du CEF, *« je rappelle qu'un observatoire sera poussé sur les flancs du Majo et que la surveillance continue du champ de bataille sera assurée par un* Cub *par AD, chacun dans sa zone, à partir du matin ».*

Grâce au Brigadier General Thomas E. Lewis, *Artillery Officer* du général Clark, le CEF bénéficie de l'appui de plus de la moitié de l'artillerie de la 5e armée. Il reçoit en particulier la quasi-totalité de son artillerie à longue portée, capable de soutenir la progression au cours des deux premières phases sans avoir à se déplacer. Avantage appréciable, car il sera difficile, voire impossible, de trouver de bonnes positions de batterie à l'est de la vallée de l'Ausente.

57. Message du commandant de la 13th FA Brigade aux groupes français et américains placés sous ses ordres.
58. Sous-lieutenant Brockers, Journal de marche de la 4e batterie du 2/63e RAA.
59. 4 officiers viennent du RACL, un du 64 et un de chez les marins.
60. Tous sont maintenant dotés de 75 depuis que le III/69 a échangé ses 105 contre des canons modèle 1919 ou 1928 récupérés avec 10 000 coups complets et remis en état en Corse en début d'année.
61. Puis la 78th ID britannique lorsque celle-ci dépassera les Indiens.

Caisse secrétaire *du lieutenant-colonel Rousseau, de l'état-major de l'artillerie de la 2e division marocaine. (Musée de l'Artillerie)*

Articulation de l'artillerie du CEF
11 mai 1944

Commandement de l'Artillerie du CEF		
Général de division Chaillet	Sessa Aurunca	
AD de la 1re DMI		
Lieutenant-colonel Laurent-Champrosay[1]		
14e, 15e, 19e et 20e SOAA		
Groupement de 105 chef d'escadron Ravet		
1er groupe du 1er RA	105 HM2	capitaine Chavanac[2]
2e groupe du 1er RA	105 HM2	chef d'escadron Jonas[3]
3e groupe du 1er RA	105 HM2	chef d'escadron Marsault[4]
Groupement de 155 lieutenant-colonel Maubert		
4e groupe du 1er RA	155 HM1	chef d'escadron Crespin
AD de la 2e DIM		
Général de brigade Poydenot		
3e, 7e, 9e et 24e SOAA de l'AD/2, 4e et 5e SOAA du 64e RAA		
Appui direct du 4e RTM		
1er groupe du 63e RAA	105 HM2	chef d'escadron Gouttefarde
2e groupe du 63e RAA	105 HM2	chef d'escadron Girard
Appui direct du 8e RTM		
3e groupe du 63e RAA	105 HM2	capitaine Huré-Domquerelles
3e groupe du 64e RAA	105 HM2	chef d'escadron Moraillon
Action d'ensemble		
4e groupe du 63e RAA	155 C 17-18	lieutenant-colonel du Garreau
1er groupe du 64e RAA	105 HM2	chef d'escadron Piroth
2e groupe du 64e RAA	105 HM2	chef d'escadron Mengus
Groupement Meyer		
17th FA Group		
17th FA Bn	155 HM1	
933th FA Bn	155 HM1	
AD de la 4e DMM		
Colonel Navereau		
1re, 6e et 21e SOAA		
1er groupe du 69e RAM	75 M 28	chef d escadron Canioni
2e groupe du 69e RAM	75 M 28	chef d escadron Lepage
3e groupe du 69e RAM	75 M 28	chef d escadron Duvoisin
AD de la 3e DIA		
Colonel Besançon[5]		
2e, 9e, 10e et 22e SOAA		
1er groupe du 67e RAA	105 HM2	chef d'escadron Pradier[6]
2e groupe du 67e RAA	105 HM2	chef d'escadron Constans[7]
3e groupe du 67e RAA	105 HM2	chef d'escadron Azambre[8]
4e groupe du 67e RAA	155 C 17-18	chef d'escadron Sarrabezolles
Groupement Anderson		
178th FA Group		
178th FA Bn	155 HM1	
248th FA Bn	155 HM1	
13th FA BRIGADE		
1st FA Observation Bn		
Surveying Information Center (centre d'information topographique)		
Btry A et Btry B		
630th FA Bn	8' How	
939th FA Bn	4'5 Gun	
Groupement d'action d'ensemble n° 1		
Lieutenant-colonel Missonier, commandant le RACL		
12e et 16e SOAA		
1er groupe du RACL	155 Gun	chef d'escadron Guillard[9]
2e groupe du RACL	155 Gun	chef d'escadron Rancurel
1er groupe de canonniers-marins		lieutenant de vaisseau Jourdain
1re batterie	155 GPF	rattachée pour emploi au RACL
2e batterie	repérage	
194th FA Group		
groupement d'armée rattaché pour l'emploi au RACL		
633rd FA Bn	155 Gun	
985th FA Bn	155 Gun	
995th FA Bn	8' How	
698th FA Bn	240 How	
Btry A	deux pièces	
Btry B	deux pièces	
Formations de DCA pouvant être utilisées pour le tir à terre		
67th AAA Gun Bn	90 AA	
Btries A, B et C		
403d AAA Gun Bn	90 AA	
Btry C		

1. Compagnon de la Libération du 9.9.42.
2. Compagnon de la Libération du 2.6.43.
3. Compagnon de la Libération le 7.8.45.
4. Compagnon de la Libération le 16.10.45.
5. Depuis le 18.2.44.
6. A succédé au chef d'escadron Clappier, tué le 8.2.44.
7. A succédé le 10.3.44 au chef d'escadron François Huré, muté à l'EM du 1er CA.
8. Venant de la liaison du CEF à Alger, permute le 21.4.44 avec le chef d'escadron de Chergé.
9. A succédé le 15.3.44 au chef d'escadron Joubert, affecté à l'EM du groupement, chargé notamment des sections d'aviation.

Modèles d'emballage
pour le transport des charges propulsives de 105 mm. (Technical Manual 9-1901)

Le général Carl C. Bank[62] dispose ainsi de dix bataillons américains et deux groupes du RACL, installés pour la plupart au sud du Mont Camino. L'un des groupements est cependant resté sur ses anciennes positions le long de la route n° 6 et peut ainsi appuyer à la fois CEF et 13 Corps à hauteur du Rapido, les Britanniques pouvant tirer sur demande au profit du CEF. Au sud, en revanche, il n'est pas prévu d'appui réciproque avec le II Corps.

Avant l'heure H, l'activité doit demeurer normale, puis les groupes ouvriront le feu en même temps. Durant les 40 premières minutes, il est prévu que toutes les positions de batterie ennemies connues reçoivent une concentration de 24 à 48 obus en deux minutes, renouvelée quinze à vingt minutes plus tard. Puis les six heures suivantes seront consacrées aux tirs de harcèlement et d'interdiction pour isoler la zone d'attaque, neutraliser les réserves ennemies et détruire les PC et dépôts.

Depuis quelques jours, un nombre considérable de camions chargés d'hommes, de munitions, d'approvisionnements de toute sorte passe le fleuve vers la tête de pont.

« Le trafic commence dès la tombée de la nuit. Serrés les uns derrière les autres les véhicules lourdement chargés descendent lentement, tous feux éteints, soulevant une poussière d'une densité incroyable. Le ronronnement des moteurs emplit la vallée. Avant le lever du jour, ils remontent à vide. Plus de cinq cents passent ainsi la nuit dans chaque sens couvrant d'un enduit impalpable, personnel, pièces et installations de la 7e batterie qui a la malchance de se trouver au débouché de la piste.[63] »

A l'AD 1, seul le 1er groupe, en position deux kilomètres en arrière des trois autres, est autorisé à effectuer des tirs dès le 7 mai : les autres devront attendre pour ouvrir le feu.

A l'AD 2, le I/63 quitte son bivouac de Boiani le 8 mai, pour occuper dans la nuit les positions reconnues et en partie aménagées un kilomètre à l'est du Mont Rotondo, dans la cuvette d'Harrogate. Le déplacement s'effectue tous feux éteints par Grottola, Roccamonfina, San Martino, la piste du Lévrier, le pont Jaguar, la route Chamois et enfin la piste Merzeau. Quelques obus de harcèlement ennemi saluent au passage la traversée du fleuve. Au matin, le groupe est en batterie sous son camouflage. Les lignes téléphoniques - certaines doublées voire triplées par des itinéraires différents - sont en place, comme les mises en direction des pièces, faites avec un soin particulier.

A l'AD 3, *« l'une après l'autre, soir après soir, nos batteries quittent discrètement cantonnements et bivouacs de repos. L'une après l'autre, de Sessa Aurunca elles descendent par la piste poussiéreuse de Rongolisi vers Lauro, San Castrese, Corigliano, Aconorisi. Dans la vallée embrumée du Garigliano, elles viennent s'insérer au milieu du dispositif de secteur - d'un secteur calme où les anciens du Rapido ne verront pas, sans étonnement,*

62. Vétéran de la Première Guerre mondiale, le colonel puis général Bank porte fièrement le ruban de la Légion d'Honneur. Il a pris le 7.1.44 le commandement de la 13th Brigade, la plus prestigieuse de la Field Artillery *qui, après avoir participé aux grandes manœuvres de 1940 et 1941, a débarqué au Maroc, en Sicile et en Italie.*
63. Médecin capitaine Paul Morin, Un groupe d'artillerie française en Italie (décembre 1943 - août 1944). *Il s'agit du III/64e RAA.*

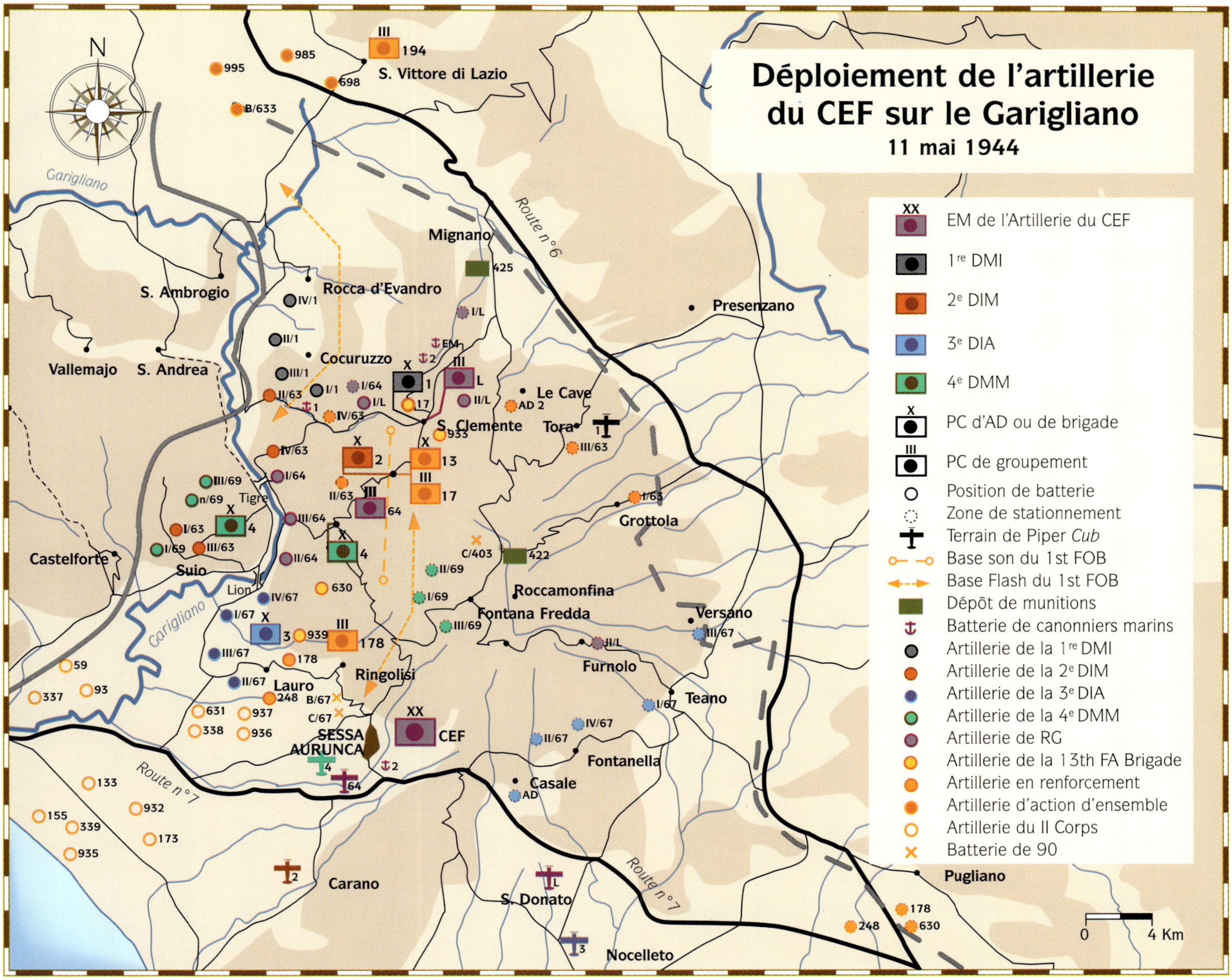

au jour, les civils italiens laver leur linge et les enfants jouer autour des canons. A croire que nous venons rejoindre l'AD voisine simplement pour changer de villégiature !

Personne pourtant ne s'y trompe. Dans les jeeps, les Dodge ou les tracteurs de pièce, entre deux cahots ou deux bouffées de poussière ocre, ceux qui ne somnolent pas peuvent sentir le chèvrefeuille en fleur, entendre le chant du rossignol… Voici que vient de partir, détachée dans le silence, une salve de " Médium " américains, harcelant les arrières à la raisonnable cadence d'un secteur tranquille. Ce simple rappel suffit. Oui, tous le savent : l'offensive est proche…

Les batteries ont pris position. Jour après jour, quatre coups se sont faufilés au milieu d'une rafale des groupes en secteur : c'est le seul " accrochage " permis. Voici que rejoignent quelques initiés, officiers qui ont participé, vers Roccamonfina et Garofani, à une répétition, sur un terrain analogue, du premier acte qui sera la rupture du verrou de Castelforte. Notre Infanterie, le 4e Tunisiens, et nous-mêmes, y avons fait la connaissance des autres exécutants, chars et chasseurs de chars, spahis de la division voisine, préludant à ce qui sera le détachement Dodelier ou le groupement Lambilly.[64]».

Avec un jour de retard sur les prévisions, car l'on a craint un moment l'intervention de fortes patrouilles allemandes dans le secteur, les batteries du II/63 partent le 10 à 21 heures occuper les positions prévues pour l'attaque.

« L'infanterie monte en ligne et, conduire dans l'obscurité totale, avec le souci de ne pas écraser un fantassin,n'est pas une sinécure. Un char, tombant dans un fossé, coupe en deux le chef de char dont le buste sortait dela tourelle.[65] »

Ce dernier groupe en position, toute l'artillerie du CEF est maintenant en place et la journée du 11 mai s'écoule, plutôt calme.

Ci-dessus : revers du fanion *du 1er groupe du 63e régiment d'artillerie d'Afrique. (Musée de l'Artillerie)*

A la position du I/64, admirablement camouflée en pleine forêt, les canonniers déclouent les caisses, vérifient les tubes…

« Le PCT prépare ses tirs et si l'on entend un bruit discordant, c'est celui des cris du Capitaine chef du PCT qui actionne ses calculateurs, dépouille sondage sur sondage et, à la fin, se fiant à ses seuls instruments (doigt mouillé et thermomètre), envoie au diable toutes les préparations et les recommence.[66]»

Chacun sent bien que c'est pour très bientôt et l'on dit dans les batteries que la concentration sera si impressionnante que l'illumination générale provoquée par les lueurs de départs et d'arrivées devrait guider les fantassins vers leurs premiers objectifs avant le lever de la lune.

A 17 heures, les AD sont averties que l'heure H est fixée à 23 heures[67]. Et, en début de soirée, l'information est communiquée aux unités. Dans les popotes et sur les positions de batterie, les ordres du jour des généraux Alexander, Clark et Juin sont lus aux troupes. Moins lyrique,

64. L'Heure H, *op. cit.*
65. *Journal de marche de la 4e batterie du II/63e RAA. Il s'agit vraisemblablement d'un Sherman du 757th Tank Battalion rattaché à la 1re DMI.*
66. *Lieutenant Corsini,* Historique du 1er groupe du 64e RAA de 1914 au 19 avril 1949, *inédit.*
67. *Ordre général n° 61 du 10.5.44. Le jour J 1 correspond à l'appellation D alliée.*

le message du colonel Bank est et plus proche des préoccupations de ses artilleurs : « *Good luck and good shooting !* »

La bataille du Garigliano

Puis, brusquement, à l'heure dite, un tonnerre de cataclysme se déchaîne. C'est le début des quarante minutes de contrebatterie générale :

« *Le sol tremble. Le ciel est illuminé de lueurs fulgurantes. De tous les coins et recoins possibles, au fond des ravins, derrière les sommets, tout le long des rives du Garigliano, dans le massif qui nous fait face, de chaque côté des routes, des pistes, des centaines de pièces de tous calibres aboient furieusement crachant de longues flammes orangées.*[68] »

Des observatoires d'ensemble de l'Ornito et de Cocuruzzo occupés par le III/64 tandis que le III/63 marche avec l'infanterie, on aperçoit des myriades de points, de courts traits lumineux rouges, verts, blancs, qui se suivent inlassablement… Au sommet pelé, les obus passent en masse au-dessus des têtes et dans la nuit qui semble ne pas finir, les messages transitent par des relais radio :

« *L'un d'eux, animé par un simple canonnier radio, distribuera avec une rare intelligence les canaux disponibles et fera respecter les urgences de demande tir grâce à sa compréhension des situations respectives.*[69] »

Le jour se lève enfin et à 7 heures le premier *Cub* décolle. Une heure plus tard, l'ensemble des tirs préparés ayant été exécutés, l'artillerie d'action d'ensemble, jusque-là centralisée, adopte une organisation plus souple pour s'adapter aux fluctuations de la situation. Les groupements de 155 viennent alors renforcer l'artillerie des divisions marocaines, tandis que les obusiers de 8' tirent sur San Andrea et Castelforte pour couvrir leurs flancs.

Au cours des dix-neuf premières heures, l'Artillerie du CEF tire ainsi près de 100 000 obus :

	Nombre de groupes	75-105	155	8' -240	Total
AD 1	4	16 688	3 339	-	20 027
AD 2	4	9 350	3 475	-	12 825
AD 3	4	15 750	2 365	-	18 115
AD 4	3	7 984	-	-	7 984
64e RAA	3	14 390	-	-	14 390
13th Brigade	12	2 870	19 555	3 068	25 493
Total	**30**	**67 032**	**28 734**	**3 068**	**98 834**

Mais l'attaque n'ayant pas donné les résultats escomptés, il faut la reprendre le 13 au matin en engageant cette fois la Division algérienne à gauche de la 4e DMM et en faisant donner son maximum à l'artillerie. L'action sur le Cerasola et le Girofano est ainsi précédée d'une préparation de 45 minutes exécutée par douze groupes. Et un mécanisme analogue est monté pour l'attaque du Feuci.

Comme prévu, la batterie d'état-major du RACL a reçu le 10 mai les mulets nécessaires à l'ascension du Majo. Puis, dès que l'heure de l'attaque a été connue, l'aspirant Ponroy et son équipe sont partis vers le PC du 8e RTM afin de progresser avec l'attaque et occuper un observatoire dès le Majo conquis. La nuit passe, puis la journée et une autre nuit : la batterie n'a aucune nouvelle de l'aspirant. Le 13 vers 8 heures, le capitaine Tartaroli décide de partir à sa recherche et une heure et demi plus tard, il retrouve observateurs, téléphonistes et conducteurs muletiers arrêtés à la position du III/63 sur la piste Mouflon. Il est alors décidé de tenter de s'installer dans l'après-midi en gardant le contact radio lors de vacations.

Revers du fanion *de la 2e batterie du 69e régiment d'artillerie de montagne portant, sur fond de France, un mulet chargé d'un canon qui, d'une ruade, brise la croix gammée. (Collections de la salle des goums du musée de l'Infanterie)*

De son côté, le I/RACL occupe un observatoire principal sur les pentes du Camino et deux observatoires secondaires sur le Trocchio et le Maggiore servis par une quinzaine d'hommes, alignés à quatre jours de vivres supplémentaires pour le cas où ils se trouveraient isolés. De là on voit très bien les chars canadiens qui franchissent le Gari et les colonnes de prisonniers traversant la rivière et se dirigeant vers l'est. Puis, à 13 h 40, la chute du Majo est annoncée et, quelques instants plus tard, on peut voir à la binoculaire le drapeau tricolore flottant au sommet[70].

***12 mai 1944** devant Castelforte. De sa jeep SCR 609, un DLO d'un groupe d'appui direct rend compte de la progression des chars et des fantassins à sa suite. (©ECPAD/France)*

Au soir du 13 mai, la rupture du front est en effet générale dans le secteur du CEF. Pour les artilleurs, la cause est entendue :

- Le feu est l'élément décisif de la manœuvre et c'est grâce à la puissance de l'artillerie que la ligne *Gustav* a pu être rompue.

C'est donc maintenant au Corps de montagne d'entrer en action. Dès le 14 à 1 heure du matin, le I/69 quitte ainsi ses positions et prend l'étroite piste menant d'Harrogate aux bords de l'Ausente qu'il atteint avec peine dans la journée du 15 après avoir croisé les convois de la 3e DIA roulant vers Coreno. Le II/69 est à portée de voix, près du gué. Deux de ses batteries ont été retardées par l'embouteillage à l'entrée de San Lorenzo et le capitaine de la troisième, blessé à la jambe par un coup de pied de cheval, a dû être dirigé sur la base arrière.

De son côté, le III/69 - qui n'a pu démarrer d'*Harrogate* tant la piste était encombrée - reçoit

68. Un groupe d'artillerie française en Italie, *op. cit.*

69. Le 3e groupe du 63e régiment d'artillerie d'Afrique dans la campagne d'Italie.

70. *La liaison radio sera assurée le lendemain par le lieutenant Chauvet, observateur de la 5e batterie qui a pris en charge le « goum » de la BEM 2.*

15 mai 1944. *Après avoir traversé la route de Castelforte à Ausonia, la colonne de mulets du 1er groupe du 69e RAM, rattaché au groupement Guillaume, se porte vers les gués de l'Ausente. (©ECPAD/France)*

l'ordre de faire mouvement le 15 à 4 h 30 par le carrefour sud de Castelforte. Peu après midi, alors qu'il se dirige vers un emplacement de bivouac, il est mis à la disposition du 1er GTM et son commandant et l'officier de liaison partent aussitôt rejoindre les goumiers montant vers le col de Strampaduro. Mais, toujours en raison de l'embarras des pistes, le groupe ne dépasse pas Spigno.

Le 64e RAA est depuis le 15 à la disposition de la 4e DMM. Le II/64 s'est porté au nord-est de Spigno, le long de la route de Formia. Quant au I/64, en position au nord-est du village, il exécute quelques tirs au profit de la 2e DIM puis de la 3e DIA au nord d'Ausonia mais il se trouve rapidement hors de portée. Le III/64 est en attente et son chef piaffe d'impatience car le détachement de circulation ne donne toujours pas le signal du départ. N'y tenant plus, il se rend au PC de l'AD 4 à Casale pour obtenir des ordres et se retrouve finalement le 17 matin à un kilomètre au sud-ouest d'Ausonia.

Pendant ce temps, le colonel Navereau et son état-major ont rejoint le PC avant de la Division au bord de l'Ausente et le 15 au soir, il apparaît des renseignements parvenus au cours de la journée que la progression de l'infanterie est rapide. Néanmoins, pour parer à toute éventualité, des ordres sont envoyés aux 1er et 3e groupes du 69e RAM :

« *Portez-vous dans le Massif afin d'être en mesure le plus tôt possible d'appuyer de vos feux le mouvement des groupements Guillaume et Bondis* ».

Parti le 16 à 4 heures du matin, le I/69 rejoint son détachement d'observation avancé qui est avec le 1er bataillon du 1er RTM stoppé au pied du Fammera en attendant que l'unique piste soit dégagée. A 14 h 30, l'itinéraire est enfin libéré et le groupe entame aussitôt l'ascension en colonne de batteries, état-major en tête.

Insigne du 69e régiment *d'artillerie de montagne : un dragon crachant du feu sur un fond de montagnes. (Coll. particulière)*

17 mai 1944. *Ayant quitté leurs emplacements sur la rive gauche du Garigliano, les batteries du 1er groupe du RACL gagnent San Apollinare pour s'installer en position d'attente. (©ECPAD/France)*

« Ascension dure pour des mulets fatigués (six mulets tués par chute). Le groupe rejoint le groupement du colonel Bondis et met deux batteries immédiatement en position pour agir en direction d'Esperia. La 3e batterie est arrêtée à son arrivé sur le plateau, car il fait nuit ; elle rejoindra le lendemain à l'aube.[71]*»*

Du côté de Spigno, les reconnaissances du III/69 rejoignent le commandant de groupe au col de Strampaduro le jour levé, la dernière batterie arrivant trois heures et demi plus tard après une montée très dure. En début d'après-midi, la 9e est poussée en avant en vue d'appuyer les éléments qui ont atteint le Revole. Elle s'y installe en fin d'après-midi, suivie dans la soirée par les deux autres unités.

Mis à la disposition du 4e GTM, le II/69 a poussé la 6e batterie en direction du Strampaduro le 15 vers 15 heures, mais elle éprouve de grandes difficultés à pénétrer dans le massif tant les pistes menant au col sont encombrées. Finalement, sur ordre du général Guillaume le reste du groupe se met en marche le 16, traverse Spigno et bivouaque au pied du col.

Le 17, *« les liaisons avec les groupes marchent fort mal en raison des masques qui séparent les différents postes radios. Les groupes tirent quelques coups de canon.*

Le Colonel commandant l'AD demande au 64e RAA de déclencher des tirs bouclier et masse[72] *sur les pentes du Monte Calvo (SO d'Esperia) sur des éléments ennemis qui entreprennent l'ascension de ce massif.*

Demande de tirs de harcèlement sur la route Itri-Pico et sommets à l'est de la route sur des éléments débarqués de camions et venant au contact du groupement Guillaume. Le Colonel commandant l'AD transporte son PC à Spigno.[73]*»*

Au III/69, les 7e et 8e batteries sont sur bât, prêtes à reprendre la progression derrière les goumiers et les tirailleurs. Mais, vers 15 heures, l'observatoire du Revole repère des Allemands progressant sur la piste carrossable de Valle Piana. La 9e restée en position ouvre alors le feu, bientôt suivie par les deux autres qui ont réoccupé leurs positions et tirent sur la piste et les pentes du Faggeto, contraignant l'ennemi à se replier en désordre.

Dix kilomètres en arrière, le I/69 effectue tout au long de la journée des tirs de protection sur le flanc du groupement, en direction d'Esperia. Vers 20 heures, deux sections muletières apportent 700 coups destinés aux trois groupes et un dépôt est installé où le I/69 puis le III/69 se ravitaillent.

Esperia selon le lieutenant *Jouanneau-Irriera, illustrateur de* La victoire sous le signe des trois croissants. *(DR)*

Insigne du 67e régiment *d'artillerie d'Afrique : un lion rugissant appuyé sur un croissant portant la devise en arabe :* « Je rugis comme le tonnerre, je frappe comme la foudre ». *(Coll. particulière)*

Les communications entre les groupes et l'AD, déjà difficiles pendant la traversée du Petrella et du Fammera, deviennent franchement mauvaises à partir du 18. Seules de brèves liaisons peuvent être réalisées par un *Cub*, tandis que quelques évacuations sanitaires sont assurées par des avions volant au profit du CEF. En revanche, les tentatives d'utilisation de terrains de fortune échouent, car les troupes au sol surestiment les performances techniques du *Cub* :

« Celui-ci est beaucoup plus exigeant que le prétend la légende quant aux dimensions des pistes, les minima variant beaucoup en fonction de l'altitude, de l'état du terrain et de la charge de l'avion. 300 m sur 100 peut être pris comme une moyenne pour une piste de roulement bien dégagée à ces extrémités.[74]*»*

Un équipage en fait l'expérience le 19, lors d'une reconnaissance de terrain entre le Petrella et le Revole. La piste, au sol mou, se termine sur une murette de deux mètres de haut. Avec 40 au badin, le manche tiré à fond pour sauter l'obstacle, l'appareil heurte le mur et capote. L'avion est détruit, mais les deux officiers s'en tirent avec quelques écorchures. Empruntant une des pistes précédemment reconnues, ils repartent à pied, sales et sans galons, et croisent en chemin le général Sevez, qui leur prête sa jeep pour rejoindre le terrain de Sessa[75]. Une demande d'évacuation est refusée le lendemain en raison de l'impraticabilité de la piste, puis une seconde le 21, un vent très violent soufflant dans les vallons au nord du Monte d'Orso.

Le 19, le PC de l'AD se transporte à la sortie ouest d'Esperia. Puis, le 21 dans la soirée, il rejoint celui de la 4e DMM au sud de Campodimele. Le lendemain, le III/69 franchit la route d'Itri à Pico.

La concentration d'Esperia

Plus à l'est, lorsque les « bigors » du I/RACL empruntent la route longeant la rive droite du Liri, ils passent peu après San Giorgio devant la tombe du chef d'escadron des Lions, officier S.2 du groupement[76] tué le 15 mai alors qu'il cherchait à prendre contact avec les éléments de tête[77]. Les artilleurs amorcent ensuite la montée vers le col d'Esperia où le génie a ouvert le chemin au bulldozer, rejetant en contrebas un mélange de carcasses tordues et d'arbustes grillés. Les reconnaissances notent ce *« véritable spectacle de désolation »* dont le groupe serait responsable en grande partie. Et d'ajouter :

---

71. Journal de marche du 1er groupe du 69e RAM.

72. Bouclier : tir linéaire de groupe sur un front de 900 m ; massue : tir en concentration sur un objectif de petites dimensions.

73. Journal des marches et opérations de l'AD 4.

74. Enseignements sur les opérations du Corps de montagne du 12 au 30 mai 1944.

75. Le chauffeur obtempère, mais s'empresse de retirer les plaques étoilées (témoignage du capitaine Mouly, du peloton d'avions du 69e RAM).

76. Désigné huit jours auparavant pour assurer la liaison avec le II Corps, il est finalement remplacé par le commandant Sauerbach, officier S.1 du RACL.

77. La nouvelle de sa mort est annoncée au I/RACL sur le réseau 608 en même temps que celle de l'EV Graceheur, parti avec une équipe sur le Majo et tué au début de l'attaque.

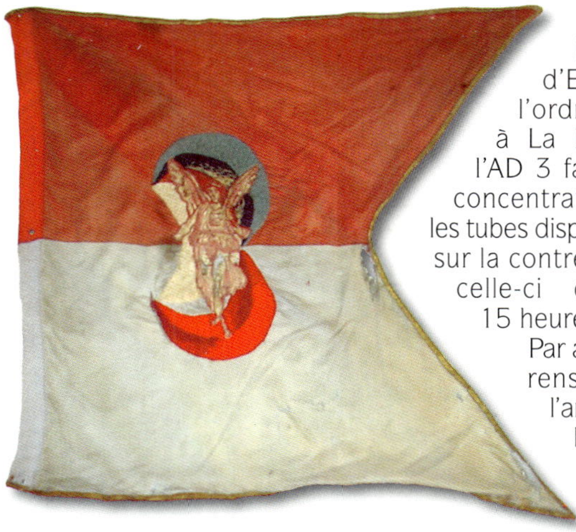

Fanion de commandement *de l'artillerie de la 3e division algérienne. (SHAT)*

« C'est vrai que les AD se réclament aussi de ces destructions ».

Restée célèbre dans les annales du Corps expéditionnaire d'Italie, l'affaire de la concentration d'artillerie d'Esperia débute le 15 mai. A 23 heures 40, grâce à l'interception d'un message radio, le 2e bureau du CEF informe le commandement de l'artillerie que le PC du 200. Panzergrenadier-Regiment[78] doit quitter Esperia pour San Oliva et Pontecorvo à 3 heures du matin. Le S.3 demande aussitôt à la 13th Brigade d'effectuer une concentration sur Esperia, puis sur San Oliva une heure plus tard. Le tir est déclenché d'autant plus aisément que les éléments en sont bien connus : la présence du P.C. avant de la 71. Infanterie-Division et la boucle de route, très fermée à cet endroit et constituant un passage obligé facile à battre, n'y sont pas étrangers.

Le 1er bataillon de grenadiers s'installe donc en avant d'Esperia en fin de nuit du 16, les canons antichars et automoteurs formés en barrage sur la route menant au col. Le colonel von Behr attend en fait le gros de son régiment qui arrive de Frosinone sur des voitures italiennes et lui donne par radio des consignes pour sa mise en place. Mais le dialogue a retenti jusqu'aux postes français indiscrètement à l'écoute et le CEF avertit immédiatement la 3e DIA que le 1er bataillon venant d'Esperia a reçu l'ordre de se porter à La Bastia : aussitôt l'AD 3 fait préparer une concentration de tous les tubes disponibles qui s'abat sur la contre-attaque quand celle-ci débouche vers 15 heures.

Par ailleurs, dès que le renseignement sur l'arrivée d'un second bataillon est connu au P.C. de Coreno, le capitaine Bonhoure, chef du 2e bureau, alerte à tout hasard le terrain de Cubs. C'est ainsi que l'équipage Candas-Delarboulas se trouve au-dessus de la zone quand, vers 18 heures, des colonnes d'artillerie hippomobile et de blindés sont repérées vers Esperia. Le général de Monsabert n'est pas au PC, mais le colonel Besançon y est, qui court à sa radio :

« Je fais donner le grand jeu », déclare-t-il, au moins 8 à 10 groupes !

Rameutant tous les groupes, le commandant de l'AD 3 leur prescrit d'être prêts à tirer sur le point où la route venant de San Oliva pénètre dans Esperia. Et il demande à l'observateur aérien d'indiquer le moment où la colonne blindée se présentera au col.

***17 mai 1944** au col d'Esperia. Les véhicules allemands détruits par la concentration des artilleries françaises et américaines ont été dégagés au bulldozer et s'entassent maintenant en contrebas de la route. (P. Ichac)*

Avers du fanion de la 4e batterie *du Régiment d'artillerie coloniale du Levant rappelant les combats de Merdjayoun en juin 1941. (Musée de l'Artillerie)*

« On devine la suite : Besançon, prévenu par l'observateur, fait ouvrir le feu à toute son artillerie sur l'objectif donné. La colonne est complètement détruite. Il n'en reste que châssis disloqués, ferrailles tordues. Ce qui a pu échapper aux coups directs est la proie des incendies, allumés par nos obus dans les réservoirs d'essence. Spectacle d'apocalypse que ce " massacre d'Esperia ".[79]*»*

Le général, qui se trouve à un P.C. en ligne et n'est au courant de rien, se précipite au micro pour demander ce qui se passe. A la radio, l'observateur du *Cub* jubile :

« En plein dedans ! » ne cesse-t-il de répéter.

Le lendemain matin, le 2e escadron du 4e RSM en reconnaissance aborde Esperia :

« Les scout cars de tête accélèrent l'allure, abordent un virage. Grincements de freins : tous les véhicules stoppent ; la route est encombrée par un convoi allemand qui vient d'être anéanti. Sur 300 mètres sont entassés des véhicules de toute sorte : chars, canons, voitures de liaison, camions, canons automoteurs. De ces décombres encore fumants se dégage une odeur âcre ; on entend les gémissements des blessés enchevêtrés sous cet amoncellement de ferrailles. L'un d'eux pris sous un canon tente de lever la tête et regarde avec des yeux hagards ; péniblement il lève le bras qui lui reste pour demander grâce.

La route à cet endroit est en corniche : aucun autre passage possible, il faut dégager la route. On met pied à terre ; une douzaine d'hommes se portent à pied au delà des décombres afin d'observer. Le reste du peloton commence à déblayer la route en attendant l'arrivée du bulldozer. De partout on retire des cadavres affreusement mutilés ou carbonisés ; de nombreux blessés sont retirés à grand peine ; l'un d'eux Alsacien, parlant français, explique que le convoi a été anéanti la veille au soir par notre artillerie. Le bulldozer arrive et commence son travail ; tous les débris de véhicules sont balancés dans le contrebas de la route. A 11 h 20, le passage est libre.[80]*»*

Ce sont en fait sept groupes, soit plus de 80 tubes, qui effectuent la concentration. Pour l'AD 3, elle se situe le 16 à 17 heures 05, comme en témoigne son journal de marche[81]. Côté artillerie du CEF, la vision de l'évènement est légèrement différente, même si l'on tient compte du décalage des comptes rendus. Ainsi, à 18 h 03, il est noté *« une concentration d'artillerie amie vers 17 h 10 sur la Bastia »*. Et, à 19 heures, le Cub de surveillance signale un bombardement extrêmement violent sur Esperia. Il est donc vraisemblable que deux concentrations ont été effectuées : l'une aux alentours de 17 heures sur le bataillon de La Bastia, l'autre vers 18-19 heures sur les colonnes d'Esperia. En revanche, chacun s'accorde sur le nombre de groupes : sept, mais lesquels ? En fait, huit groupes lourds ont pu participer à la concentration, dont six sous le contrôle de la 13th Brigade. D'ailleurs, lorsque, le 18 mai au soir, l'artillerie du CEF fait le bilan des missions de contrebatterie, elle note que le colonel Bank a été le témoin des tirs de 203

78. *Opérant isolément de sa division, il a été dépêché au sud du Liri pour recueillir ou renforcer les éléments de la 71. ID en retraite.*

79. *Général Poydenot,* L'artillerie du CEF en Italie, in Revue historique des armées n° spécial artillerie 1-2/1975.

80. Esperia ou « Mercure partez pour la Gloire », *récit de guerre.*

81. *Un autre texte de la 3e D.I.A. indique 16 h 45.*

sur le défilé et les lacets d'Esperia, une manière comme une autre de rendre hommage aux artilleurs américains !

L'Aviation d'Artillerie

Dans l'affaire d'Esperia, les Cubs jouent un rôle essentiel et déterminant. Généralement cantonnés pendant l'hiver au réglage des tirs et aux reconnaissances de zone, c'est en effet au cours de l'offensive de printemps qu'il peuvent enfin être utilisés à plein.

Les deux premiers avions, cédés par les Américains à la demande du général Juin, rejoignent le terrain de Mascara le 7 mai 1943. La « section d'avions de réglage d'artillerie » ainsi constituée passe successivement dans les divisions pour initier observateurs et batteries. Puis, à l'instar de la *Field Artillery*, le général Giraud décide que le CEF disposera d'une aviation propre spécialement organisée et équipée pour l'exécution des missions au profit de l'artillerie. Chaque groupe et chaque état-major d'AD seront ainsi dotés de deux avions servis par du personnel de la Guerre et de l'Air. Et autant par souci d'efficacité que pour éviter un conflit avec l'armée de l'air, Giraud suit l'avis de Juin : pilotes et mécaniciens seront initialement fournis par l'Air, le personnel de complément - dont les observateurs - par l'Artillerie.

Un centre d'entraînement est donc mis sur pied à Noisy-les-Bains, près de Mostaganem, pour transformer sur avion léger les pilotes qui rejoignent en fin de stage les « sections d'observation aérienne d'artillerie » équipées des nouveaux Piper *Cubs*. Une première série de six sections quitte ainsi Noisy en septembre, suivie par une autre début octobre. Et lorsque le CEF s'engage dans les Abruzzes, son artillerie dispose de douze sections autonomes dont l'emploi est basé sur les observations faites au cours de la période d'entraînement en AFN[82].

Or le *Cub*, équipé d'un simple moteur de 65 CV, est conçu pour opérer à des altitudes moyennes et les premiers vols sont désagréables et les équipages fortement gênés par les rabattants. Les dénivelées sont impressionnantes - 400 mètres des sommets de la chaîne à la cuvette d'Acquafondata, 1 000 avec la vallée du Volturno ou du Rapido - et le mauvais temps limite le nombre des missions, quand il n'abrège pas leur durée. A cela s'ajoute la menace des chasseurs qui, de temps à autre, viennent mitrailler le secteur. D'ailleurs, les artilleurs pensent au début ne pas avoir besoin des avions et, quoique bien accueillies, les sections sont peu utilisées. A la 2e DIM, par exemple, la 8e section n'effectue que trois missions et quatre heures de vol en février.

Mais, le 1er mars, une nouvelle instruction[83] est diffusée qui tient compte de l'expérience acquise au cours des premiers mois de campagne. Consacrant l'organisation en pelotons, elle autorise l'exécution de missions de liaison et de reconnaissance, et donne la possibilité aux avions de travailler au profit des fantassins et de tous ceux qui feront appel à eux. Enfin, pour l'offensive du Garigliano, il est prévu que certains *Cubs* soient utilisés pour faire parvenir des messages urgents ou transporter vers l'arrière des blessés graves[84].

Finalement, lorsque la campagne s'achève, le style de travail des vingt sections opérant alors en Italie est bien différent de celui des premiers mois d'entraînement sur le sol africain. D'abord, les nouvelles sections comportent plus de « biffins », car l'Air ne pouvant fournir le personnel nécessaire aux sections prévues par le plan de

__Juin 1944__ en Toscane. Equipages et Cubs *du peloton d'aviation d'artillerie de la 3e division algérienne. (OFIC)*

réarmement, la Guerre a dû recruter des pilotes titulaires du brevet civil et des mécaniciens auto et les instruire au centre de formation créé à Lourmel en janvier 1944. Puis, avec l'amélioration de la météo et la guerre de mouvement, pilotes et observateurs sortent du cadre strict du règlement et fournissent fréquemment une aide au commandement ou une assistance aux troupes au sol. Les équipages prennent aussi plus de risques et n'hésitent pas à voler au-dessus des lignes adverses, assurant surveillances, reconnaissances, relais radio, évacuations de blessés, parachutage même, notamment au cours de la poursuite.

Devant Radicofani

La marche sur Rome terminée, les éléments de la 1re DMI se regroupent au sud-ouest de la ville. Mais ce n'est qu'une pause... Le 9 juin, les commandants de brigade et de l'AD sont convoqués à la Division : une avant-garde motorisée est constituée et un groupe de 105 en fait partie. Le lieutenant-colonel Laurent-Champrosay retourne alors à son PC au sud de Tivoli et donne ses ordres :

« Le 2e groupe fera mouvement : batterie Morlon avec l'élément de tête, les deux autres avec le commandant Jonas en queue de colonne. Je partirai avec le QG tactique. Maubert[85] vous resterez pour coordonner le mouvement des autres groupes ».

A midi trente, le commandant du 194th FA Group ayant annoncé que ses deux bataillons de 155 Gun étaient mis sous les ordres de l'AD, il lui est demandé de les faire rejoindre sur la route n° 2 le lendemain. Puis la 4e batterie passe le carrefour de Ponte Lucano, point initial à l'ouest de Tivoli, et l'AD ferme la marche à 16 h 30. La colonne traverse ensuite Rome et emprunte la via Cassia jusqu'après Vetralla où le bivouac est monté. Le général Brosset l'a croisée sur la route :

« L'ennemi fuit » dit-il. Il faut absolument chercher le contact.

Un aspirant est donc dépêché auprès du lieutenant-colonel Maubert afin que les deux groupes de 155 rejoignent bien le lendemain. Pendant ce temps, l'avant-garde relève les Américains et prend contact avec la 6e DB sud-africaine progressant à l'est, tandis que le 2e groupe se met en position aux abords de Viterbe.

Dès le matin du 10, la Division demande que le reste du régiment rejoigne. Puis le général de Larminat passe au PC et donne des instructions au sujet des groupements adaptés. Et vers midi, des officiers des 17th et 194th Groups viennent en liaison[86]. En avant, le Monte Jugo est atteint et les batteries ont ouvert le feu, réglées par le *Cub* : devant Montefiascone, en effet, la résistance ennemie se raidit et le 2e groupe doit intervenir à plusieurs reprises.

Mais, le 11 à l'aube, le contact est perdu. Le 2e groupe longe alors la rive du lac de Bolsena, le 3e sur sa droite en direction d'Orvieto. L'ennemi, cependant, réagit à nouveau et contre-attaque ou s'infiltre entre les groupements. Heureusement, le 2e n'est plus seul : à 17 h 32, *« malgré une pagaïe sur le réseau »*, les 155 effectuent un premier tir de groupe observé et réglé par un des *Cubs* qui se relaient au-dessus de la zone. Et le 3e, en position à la

__Cendrier__, fabriqué avec le culot d'une douille d'obus, offert au général Chaillet par le peloton de liaison du CEF. (Coll. particulière)

82. Instruction n° 963 CEF/3 du 1.12.43.

83. Instruction sur l'emploi de l'aviation d'artillerie dans le CEF du 1.3.44.

84. Note n° 1328 CEF/3/S du 9.5.44 sur l'utilisation des Piper Cubs *au cours des prochaines campagnes. Quatre avions sont équipés pour les évacuations sanitaires.*

85. Commandant en second du 1er RA et parfois du groupement de 155.

86. Les bataillons de la 13th Brigade sont impatients d'être engagés. Mais l'arrivée de leurs officiers à une popote française à l'heure du déjeuner n'est peut-être pas fortuite.

Insigne du peloton *de la 3e DIA, baptisé Escadrille de Sienne par le général de Monsabert, réalisé d'après le fanion offert en Allemagne en 1945. (Coll. particulière)*

gare de Montefiascone, *« tire quelques concentrations à la demande de l'AD »*.

Le 12, la résistance ennemie est toujours aussi forte :

« A 5 h 30, nous partons occuper des positions à 4 km au nord de Montefiascone. L'ennemi déclenche une contre-attaque. Tirs d'artillerie assez violents. Blindés ennemis. Réaction de l'artillerie allemande assez forte. Le capitaine Briard est blessé et évacué. Le commandant Crespin est blessé.[87] »

Le 14, l'infanterie aborde la route n° 74 et le 15, Acquapendente est dépassé. Commence alors pour les artilleurs la guerre des mines :

« Les Allemands en font un emploi massif et le Génie est débordé. Il se borne, en première urgence, à déminer les routes. Mais les artilleurs utilisent aussi les petits chemins, les reconnaissances et les mises en batterie suivent de près la conquête du terrain. Les accidents sont nombreux et se produisent aussi bien dans la zone arrière que dans la zone avant. Les mines contre le personnel alternent avec les Tellermines. *L'insécurité dure indéfiniment. Une jeep saute sur un chemin où sont déjà passés cent véhicules. D'autre part, les destructions systématiques freinent la marche. A chaque instant, on se heurte à un pont coupé, à un tronçon de route démoli et il faut rebrousser chemin.[88] »*

Le 16, la progression se poursuit :

« A 12 heures départ 15 km NW de notre position. Itinéraire : Ouest Acquapendente puis plein Nord… Route de montagne en lacets au milieu d'une forêt de chênes magnifiques. Nous sommes obligés de nous arrêter à Acquapendente par suite de tirs d'artillerie allemands sur le pont détruit de la rivière Paglia. Embouteillage. Destructions. Cadavres sur les routes. La résistance allemande se durcit. Je fais la liaison le soir même avec l'AD. Quelle route, 60 km aller et retour. Retour à 2 heures du matin. Notre PC est au village de Trevinano pillé par les Allemands.[89] »

Le 17, le contact est pris en avant de la ligne *Frieda* basée sur Radicofani et le Monte Calcinajo.

« Nouvelle position à 1 km au Sud de St Casciano. Nous trouvons dans notre maison PC… une table " servie " que les Allemands ont évacué en hâte. Durs combats pour Radicofani. »

Le 18 dans l'après-midi, l'ennemi réagit vigoureusement et lance contre-attaque sur contre-attaque appuyées par des chars.

« Violente bataille. Nos canons donnent à fond. Un de mes P.U. saute sur une mine. Le chauffeur est blessé. Je fais la liaison avec l'AD. Je me rends au QG arrière pour recevoir du matériel. Il pleut. Les routes sont des bourbiers. Nous sommes tous très fatigués. On parle de relève, elle est nécessaire.[90] »

Dans l'après-midi, la liaison étant rompue avec la 3e DIA voisine, Champrosay veut absolument la rétablir pour connaître la position de ses éléments et éviter de tirer sur eux. Un officier part en reconnaissance et revient :

« On ne peut pas passer, la route est minée ».

Grosse colère du Colonel qui déclare :

« Moi j'y vais ».

Il quitte le PC de l'AD dans son command car précédé d'une jeep. Au pont de Scotte Morte sur la Paglia, non loin du Dodge téléphone du 3e groupe détruit par une mine, la jeep passe, mais le command car, dans les mêmes traces, saute.

A 20 heures, le téléphone sonne à l'AD. C'est le capitaine Messager, officier de renseignement :

« Le colonel est blessé, le radio et moi aussi. L'ambulance est là, qui va les emmener ».

Maubert part aussitôt se rendre compte, remplacé par le commandant Ravet. Un quart d'heure plus tard, le médecin du 4e groupe est au bout du fil :

« Le Colonel a une fracture fermée. Il est très choqué. Son radio également. Ils sont évacués sur l'ACL à la sortie d'Acquapendente. Le capitaine Messager est également blessé, mais il n'est pas nécessaire de l'évacuer ».

Dans la soirée, Maubert revient de l'Ambulance chirurgicale légère : la blessure du Colonel est plus grave que l'on ne pensait. Puis, à 22 h 25, le 1er groupe annonce que le lieutenant Quinsac[91], blessé à Radicofani avec l'aspirant Clémenti, vient de mourir. Au matin, l'état du Colonel empirant, Maubert rejoint l'ACL, mais il est trop tard.

Le lendemain 20 juin, Radicofani pris et dépassé, la Division durement éprouvée est relevée.

Fanion du 1er régiment *d'artillerie et sa garde en Tunisie en janvier 1944, à l'occasion de la remise de la fourragère par le général Koenig. (OFIC)*

« Tirez jusqu'au XVIIe siècle »

Le 22 juin à 18 heures, le général Chaillet fait une visite au PC de l'AD 3 à Castel del Piano et le colonel Besançon en profite pour lui parler du déficit en *Cubs*[92]. Mais Chaillet est en fait venu pour discuter des relations avec la 13th Brigade :

Au cours de la journée, les unités de tête sont arrivées au contact de la ligne Frieda protégeant les coupures de l'Orcia et de l'Ombrone. Pour la première fois depuis des semaines, l'artillerie adverse a été très active et un millier de coups ont été enregistrés dans le secteur. Des concentrations de plus de cent obus, plusieurs fois reprises, sont tombées sur les observatoires et les PC et des tirs systématiques de harcèlement ont été signalés. Enfin, à proximité du front, les Allemands ont tiré à vue sur tout objectif en mouvement.

Le 23, l'essence commence à manquer dans les groupes lourds et dix camions du RACL participent aux transports collectifs de carburant. A 13 heures, le 64e RAA au repos à Valentano ayant été averti qu'il sera adapté à la 3e DIA à partir de minuit, le lieutenant-colonel de Winter, adjoint du Colonel, part aussitôt en liaison au

87. Journal de M. Simonin, lieutenant au 1er RA des FFL, septembre 1943 - août 1944. *Le capitaine Briard, commandant la 8e batterie, sera amputé de la jambe gauche le lendemain.*
88. *Histoire de l'Artillerie de la 2e DIM 1942-1945, anonyme.*
89. Journal de M. Simonin.
90. *Ibid.*
91. *Adjoint de la 9e batterie, il en avait pris le commandement à la mort de son capitaine.*
92. *Il ne reste plus à l'AD que trois Cubs, qui effectuent jusqu'à trois missions par jour.*

Le colonel Laurent-Champrosay, commandant l'AD 1

Né le 19 août 1908 au Havre, Jean Laurent-Champrosay entre à Saint-Cyr en 1927 et choisit l'artillerie à sa sortie en 1929. Affecté au 1er RAC à Livourne en octobre 1931, il rejoint un an plus tard le RACM au Maroc. Rapatrié pour raison de santé après un an de séjour, il rejoint en octobre 1934 l'école d'artillerie de Fontainebleau pour suivre le cours d'officier instructeur d'équitation.

Désigné pour servir en Indochine, il rejoint le 4e RAC au Tonkin en juin 1935. Il est ensuite détaché comme capitaine au service géographique du territoire. De retour en métropole en avril 1938, il est affecté au 3e RAC à Joigny en octobre. Puis il embarque pour Dakar le 21 juin 1939 et rejoint le 6e RAC le 2 septembre. Enfin, le 1er avril 1940, il prend le commandement du groupe autonome d'artillerie coloniale n° 31.

Le 6 juillet 1940, il entraîne vers la Gold Coast une partie de la garnison de Bobo Dioulasso et, quelques mois plus tard, part pour la campagne d'Erythrée à la tête de l'artillerie de la brigade d'Orient. Après la Syrie, il forme comme chef d'escadron une seconde batterie puis rejoint la Libye avec la 1re BFL et participe aux combats de Bir Hakeim puis de l'Himeimat et de Tunisie. Le 9 septembre 1942, il est fait Compagnon de la Libération comme lieutenant-colonel au titre du 1er RA.

Lorsque la 1re DMI est constituée, c'est tout naturellement qu'il prend le commandement de son artillerie le 27 mars 1944 :

« De telles artilleries sont commandées dans les divisions de l'armée d'Afrique par des généraux de brigade chevronnés, assistés d'un ou deux colonels. Dans la bataille du Garigliano et dans la poursuite sur Sienne, il ne fut certes inférieur à aucun autre en rapidité, puissance, souplesse, précision. Il fut par contre gros mangeur de munitions, cinquante mille coups de canon en trois jours au débouché de l'attaque. Vingt mille obus en un jour sur Bolsena… Ignorant la fatigue, ayant supérieurement organisé son poste de commandement, son observation, ses liaisons et ses transmissions, il obtient de son régiment un rendement incomparable. Sans cesse il paye de sa personne à l'avant pour appuyer, reconnaître. Et c'est ainsi que le 18 juin 1944 devant Radicofani, il saute sur une mine au cours d'une reconnaissance. Il était âgé de trente-cinq ans, dix fois cité à l'ordre, commandeur de la Légion d'honneur[1] »

1. Allocution du général de Larminat lors de l'inauguration du « quartier d'artillerie Champrosay » à Melun en 1948. C'est évidemment devant Montefiascone qu'il a été tué.

PC de l'AD et les camions prêtés à la 4e DMM sont récupérés. Puis, dans la matinée du 24, l'EM et les deux groupes rejoignent Castel del Piano pour former le groupement d'appui direct du 4e Tirailleurs tunisiens.

L'organisation de l'artillerie est alors remaniée pour tenir compte du nouveau dispositif de la Division. A l'ouest de l'Ombrone, le III/69 et le I/64 sous les ordres du commandant Lejay restent avec le groupement Guillaume et les II et III/64 du groupement de Winter appuient le 4e RTT. A l'est de la rivière, les I et II/67 assurent respectivement l'appui direct des 7e et 3e RTA. Enfin, les III et IV/67 ainsi que le groupement Godfrey sont en action d'ensemble[93].

La Farma franchie et la ligne *Edith* débordée par l'ouest le 26, la marche vers Sienne peut commencer. La plupart des déplacements suivent maintenant le même processus. Stoppés devant une coupure par des armes automatiques, les fantassins demandent l'appui de l'artillerie qui annihile les résistances. Puis le génie construit un pont ou une dérivation au cours de la nuit et au petit matin, la coupure est franchie par l'artillerie d'appui direct qui suit le temps nécessaire pour couvrir les dix kilomètres habituels et se retrouver devant le même problème.

Le 27, la progression est plus sensible et l'activité de l'artillerie ennemie moins forte que les jours précédents. A midi, le général de Monsabert téléphone au commandant de l'AD et lui donne l'ordre de mettre le III/67 à la disposition du groupement Guillaume. Puis, dans l'après-midi, le PC se déplace de Civitella Marittima pour une ferme sur les lisières ouest du village de Santo.

L'état-major du groupement Missonier s'installe sous tentes dans le maquis au sud de Casale, où le II/RACL est en position depuis la veille. Le 1er groupe a également rejoint et demeure sur roues au sud du village :

« Ordre de départ à 8 heures, longue étape de 60 km avec de fortes déclivités. Nous nous déplaçons latéralement de 25 km et avançons de 15 en ligne droite. Un passage d'oued difficile, durée 4 h 30. L'itinéraire est mal jalonné, des éléments de la colonne se perdent dans un village de montagne, les freins des pièces chauffent. Enfin toute la colonne a rejoint à 16 heures la position d'attente près de Casale. Pas de point d'eau dans la région si ce n'est des citernes. Nous trouvons dans un fossé une remorque italienne toute neuve que nous récupérons.[94] »

C'est également le 27 qu'est diffusée une

3 juillet 1944. Bien que les éléments du 64e RAA adaptés à la Division algérienne « se voient frustrés de l'entrée à Sienne de la 3e DIA, dont ils ont cependant assuré l'appui décisif », *le lieutenant-colonel de Winter et un de ses chefs d'escadron n'ont pu résister au plaisir d'être ovationnés par les habitants de la ville restée intacte. (P. Ichac)*

première liste de six objectifs sur lesquels aucun tir ne doit être exécuté sans autorisation du commandant de l'AD 3[95]. Cette liste est bientôt accompagnée d'une carte renseignée, quotidiennement tenue à jour, des objectifs à ne pas bombarder. Cela gêne toutefois le commandant de l'AD car il ne peut complètement appuyer les tirailleurs, qui n'apprécient guère. La consigne est cependant scrupuleusement respectée, chacun parvenant à *« concilier ces pieuses nécessités avec la préoccupation d'assurer le succès de la manœuvre et de ménager la vie de [ses] hommes[96] »*.

Au cours de la nuit du 28 au 29, le IV/67, après avoir effectué un bond en avant sous une pluie battante, est soumis à un violent harcèlement. Au moins 400 coups de tous calibres tombent sur les positions de batterie et les alentours de la ferme isolée contenant tout l'EM, mais ne causent que des dégâts matériels.

Le 30 juin, la progression reprend et une nouvelle liste d'objectifs à épargner est diffusée, certains très proches de Sienne : couvent de l'Osservanza dont l'église fut reconstruite en 1476, château de Belcaro bâti au XIIe et agrandi au XVIe, Chartreuse de Pontignano au nord de la ville... Et, pour éviter toute confusion, l'artillerie d'action d'ensemble est placée sous le commandement direct de Besançon.

L'étendard du 1er régiment d'artillerie qui, comme les emblèmes de la 13e DBLE et du 1er RFM, est d'un modèle très particulier assez éloigné du modèle réglementaire. Sur l'avers figurent trois de noms de batailles d'Italie : « Garigliano », « Tivoli » *et* « Radicofani ». *(Historique du 1er RA)*

Le 2 juillet, le lieutenant-colonel Jamilloux, qui a servi sous les ordres du général de Monsabert en Algérie et commande maintenant le centre d'instruction des troupes algériennes et tunisiennes à Naples, se pose en *Cub* au PC près de Tocchi. Besançon s'y trouve alors, qui sollicite des instructions pour son artillerie :

« Mon général, si nécessaire, pourrai-je tirer sur Sienne ? »

« Si indispensable, mais seulement en ce cas, tirez jusqu'au XVIIe siècle ».

Ce qui exclue de fait la quasi totalité de la ville, que les Allemands évacuent d'ailleurs opportunément dans la nuit.

Au lever du jour, *« devançant les compagnies de tête, deux officiers, un artilleur et un fantassin, franchissent une coupure sans penser aux mines et les premiers pénètrent dans la ville. La jeep, lancée à toute allure, arrive sur la grande place de l'Hôtel-de-Ville. Il est 6 heures[97]»*.

Dix minutes plus tard, le capitaine Deforge signale à la radio du haut de la tour de Mangia l'entrée des premiers Français dans Sienne prise sans qu'un seul obus soit tombé sur la ville.

Mais pour les artilleurs marocains, la prise de Sienne ne signifie pas la fin des opérations et il faut attendre le 22 juillet pour qu'ils soient relevés par les Néo-Zélandais et les Hindous.

---

93. Ordre d'opérations n° 14 de l'AD 3 du 25.6.44.
94. Journal de marche de la 3e batterie du RACL.
95. Note n° 854 AD 3 du 27.6.44. Y figurent notamment l'abbaye de Monte Olivetto Maggiore, couvent bénédictin fondé au XIVe siècle au nord-est de Buonconvento et riche en œuvres d'art, et San Galgano, près de Monticiano, où se trouvent les ruines d'une fameuse église cistercienne.
96. Capitaine Heurgon, La victoire sous le signe des trois croissants *- Editions Pierre Vrillon, Alger 1946.*
97. Un groupe d'artillerie française en Italie, *op. cit. Il s'agit du chef de bataillon Tochon du III/4e RTT et du capitaine Deforge du III/64e RAA.*

La campagne terminée, le général Poydenot, nouvel Inspecteur de l'Artillerie[98], dresse alors le bilan de plus de sept mois de durs combats :

« Conduite dans des terrains très divers : hautes montagnes ou plaine, et dans des situations très diverses allant de la défensive pure et simple à la poursuite, cette campagne permet de dégager quelques leçons utiles en ce qui concerne l'emploi de l'Artillerie. Ces leçons seront d'un intérêt d'autant plus grand que, pour la première fois, l'Artillerie française était entièrement dotée d'un matériel nouveau : le matériel américain…

L'artillerie du CEF a tenu à honneur de remplir [son rôle] de façon parfaite ; l'estime qu'elle a su gagner auprès de ses camarades de l'infanterie a été la meilleure et la plus belle des récompenses qu'elle pouvait espérer ; c'est également la justification des pertes, sévères qu'elle a dû consentir.

Sans doute, l'excellence du matériel mis entre ses mains a été un des facteurs prépondérants de cette réussite ; cependant, il serait injuste de ne pas y voir également les résultats d'un long et minutieux travail qui avait fait des unités d'artillerie des formations d'élite, rappelant, en plus d'un point, la magnifique artillerie de 1914.[99] *»*

Il est alors évidemment trop tôt pour évoquer la communauté d'esprit liant alors artilleurs américains et français et la mystique de l'appui qui les anime, mais juste temps pour accorder des citations qui permettront plus tard d'inscrire sur les étendards : *Abruzzes* aux 63e et 67e RAA, *Garigliano*[100] au 1er RA[101] et aux 63e et 64e RAA, *Rome*[102] au 69e RAM, *Italie* 1943-1944 au RACL et aux canonniers marins.

Juillet 1944 en Toscane. *Les artilleurs du 64e RAA tirent les derniers coups de 105. (OFIC)*

98. Il a passé le commandement de l'AD 2 au colonel Lassus le 25.6.44.

99. Général Poydenot, Rapport de l'Inspection d'Artillerie concernant les enseignements à tirer de la campagne d'Italie, août 1944.

100. Le 30.5.47, la commission d'attribution décide de ramener à 3 le nombre d'inscriptions et supprime Garigliano pour le 67e.

101. Compagnon de la Libération le 7.8.45.

102. L'inscription Rome proposée initialement pour le 64e n'est finalement pas retenue.

Tableau de Roger Chapelet, *peintre de la Marine, représentant une pièce de 155 GPFT de la batterie de canonniers marins en pleine action. (R. Chapelet)*

DES CANONS ET DES CAMIONS

7 février 1944, à Cerasuolo. Pièce de 40 de la batterie B du *41e groupe colonial de DCA en protection du 2e groupe du 63e RAA.* (IWM IA 14704)

Lorsque les forces anglo-américaines débarquent en AFN, le souvenir de la campagne de France et des Stukas bombardant impunément les colonnes sur les routes et les batteries en position est dans tous les esprits. Ce n'est donc pas un hasard si la constitution de nombreuses unités de DCA figure en bonne place dans le programme de réarmement.

Ainsi, dès décembre 1942, il est prévu de mettre sur pied vingt-quatre groupes - un par division et douze de réserve générale -moitié au Maroc, moitié en Algérie. En août 1943, leur nombre est porté à vingt-cinq : seize de 40 et neuf de 90. Puis le plan du 23 janvier 1944 comporte quinze formations légères - huit endivisionnés, cinq de corps d'armée et deux de base - et sept lourdes.

Ces groupes s'inspirent directement des bataillons américains, ceux de 40 n'étant jamais affectés organiquement à une grande unité mais seulement adaptés temporairement. Ceci explique le terme « autonome » attribué à leur création et les changements successifs d'affectation pour certains.

Au sein du corps expéditionnaire, les groupes de 40 sont normalement chargés de la protection de l'artillerie et des zones de regroupement, dépôts, PC, itinéraires[1], tandis que ceux de 90 assurent la couverture générale et la protection des points sensibles ou importants. Cependant, aucun groupe lourd ne sera engagé au CEF qui devra se contenter de huit groupes légers dont quatre divisionnaires et compter sur la 5e armée pour le reste.

Les FTA des 2e et 3e divisions

Le 15 février 1943, le groupe de côte et de DCA du Maroc et une batterie du RACL constituent à Casablanca le 25e groupe colonial aux ordres du chef d'escadron Sainctavit. Ses canons de 40 Bofors américains lui sont remis une semaine plus tard, puis un renfort de cadres arrive de Dakar et, le 15 mars, l'instruction hâtive menée en vue d'un engagement en Tunisie s'achève. Mais la rapidité des événements fait abandonner l'idée d'y envoyer le groupe et l'instruction reprend donc de manière plus méthodique. Cédant alors la place au camp Bourgogne à un nouveau groupe colonial, il s'installe à Malakoff, aux lisières nord de Casablanca et reçoit, en avril et mai, un complément d'armement, les premiers véhicules et l'habillement américains.

Le 1er juin, il devient 41e groupe colonial des forces terrestres antiaériennes[2] et, un mois plus tard, rejoint Martimprey du Kiss[3] et la 2e Division marocaine, dont les FTA comprennent également le 32e groupe organique - créé le 1er avril à Marrakech autour de la 181e batterie et qui vient de rejoindre Nedroma - et le 40e groupe colonial de réserve générale rattaché pour l'instruction.

Tandis que les perceptions se poursuivent, chaque groupe est intégré dans un groupement tactique avec lequel il manœuvre :

« Pendant les premiers mois, il fut chargé de la protection des bivouacs de la 2e DIM dans les régions de Martimprey du Kiss et de Nemours ; les pelotons de pièce et les équipes de guet commençaient cet affût attentif de l'avion ennemi pouvant surgir à chaque instant de l'horizon, et n'accordant que quelques secondes pour le reconnaître et le prendre à partie…

Le 24 septembre, le Groupe change de zone : installation à Bou Sfer, centre d'entraînement aux opérations amphibies ; les exercices se succèdent sans interruption : embarquement sur maquettes, puis sur LST, manœuvres de débarquement sur les plages, écoles à feu sur manche et sur ballonnet… Le Groupe faisait la preuve de son degré d'instruction, chauffeurs, servants des pièces, guetteurs, transmissionnistes, rivalisaient d'adresse et d'habileté ; certaines équipes de pièces abattaient trois ballonnets sur quatre[4] ; le matériel était au complet, l'instruction n'avait plus à progresser… Enfin, dernière étape préparatoire, la période d'entraînement terminée, le Groupe prenait des bivouacs de repos près de Bou Tlélis.[5] »

Le 40e GCFTA - formé à partir de la 183e batterie autonome renforcée d'éléments du 1er bataillon du Régiment d'infanterie coloniale du Maroc - a entre-temps rejoint la 3e DIA à Sidi bel-Abbes et cédé le chef d'escadron Bescond qui prend le commandement du 41e groupe le 4 novembre[6]. Puis, huit jours plus tard, *« un ordre verbal du Général commandant la 2e DIM prescrit que le 41e groupe colonial de FTA prend la place du 32e groupe autonome de FTA. En conséquence, le 32e groupe reste jusqu'à nouvel ordre dans ses cantonnements[7] »*, tandis que le commandement des FTA et la SHR du 32e quittent Lourmel. Le 41e devenu groupe divisionnaire rejoint aussi Bizerte où, sans tarder, il embarque :

« Derniers préparatifs fiévreux mais enthousiastes, dernière main aux états TQM, si laborieusement élaborés et dont la contex-

1. Une batterie protège 6 à 7 km de route.
2. Avec le 40e groupe, il fait partie du groupement colonial n° 1 des FTA de RG.
3. Le groupe comprend alors 52 Réunionnais, 5 « Israélites français », 55 « Israélites indigènes nord-africains », 70 Indochinois et 143 Malgaches.
4. Les écoles à feu se déroulent au cap Falcon, près de la maison sur la dune où Albert Camus a écrit *La Peste*.
5. Chef d'escadron de Beauregard, *Le 41e Groupe au combat*, EAAA Nîmes, 1946.
6. Le commandant de Sainctavit est affecté à la direction du service des matériels du CEF.
7. Journal des marches et opérations des FTA de la 2e DIM.

ture, mélangeant les yards, les onces, les pieds cubiques et les tonnes volumétrique, était si obscure ![8] »

Parti le 20, le convoi arrive trois jours plus tard par une mer houleuse. Le débarquement s'effectue à Bagnoli, puis le groupe assure la protection de la zone de rassemblement de la Division.

Au 32e, la surprise a dû être grande et il faut attendre le 15 novembre pour que le changement d'affectation soit évoqué dans son journal de marche :

« Le 32e groupe passe en réserve générale et n'est plus groupe organique de la 2e DIM. Nous ne savons pas à quelle GU il est rattaché (la SHR quitte le Groupe et part avec les FTA de la 2e DIM). »

Que s'est-il donc passé ? Dès septembre, le général Juin a bien été informé de difficultés au groupe composé en majorité d'Israélites : les cadres ne suivent pas d'assez près la situation morale et matérielle de la troupe et les autorités d'emploi semblent manifester une certaine méfiance à son égard. Il a donc saisi le colonel Dupéron, commandant les FTA du CEF, afin que cette situation - *« incompatible avec la réglementation actuellement en vigueur qui a éliminé toutes distinctions basées sur la race ou la religion (ordonnance du 14 mars 1943 et décision du 22 mars du Commandant en chef) »* - soit immédiatement redressée. Et au commandant des FTA de la 2e DIM, il a demandé :

« d'user de tous ses moyens d'action dans la Division pour faire cesser le préjugé défavorable qui pèse sur le 32e groupe et de s'ingénier (par des manœuvres, exercices, démonstration, etc.) à prouver que ce groupe peut et doit être considéré au même titre que n'importe quelle autre unité combattante

- d'obtenir, par une action sur les cadres, la disparition du malaise intérieur dont souffre le 32e groupe, et pour cela :

• d'exiger des cadres israélites (dont l'insuffisance éventuelle n'a évidemment pas pour origine une question de race) une stricte application de la discipline et des prescriptions du Service intérieur ;

• de remplacer, en vue de faciliter l'action à entreprendre, les cadres du 32e groupe non israélites mais originaires d'Afrique du Nord par des cadres non israélites originaires de France, le préjugé racial étant chez ces derniers plus facile à éliminer que chez les premiers.

Ce remplacement est à étudier par un jeu de mutation entre les cadres des groupes de FTA du 1er corps de débarquement.

Pour conclure, il est rappelé qu'à l'heure où chacun se prépare à combattre, les distinctions de couleur et de race doivent s'effacer devant la seule qualification qui importe, celle de combattant.[9] »

Un commandant de groupe de l'époque apporte quelques éclaircissements :

« Le groupe organique était, à l'origine, le 32e. Il était formé de contingents en majeure partie israélites. On n'a jamais pu, à ma connaissance, reprocher à cette unité la moindre déficience ni technique, ni morale. Est-ce un reste de racisme traditionnel et la crainte d'incidents dans les contacts entre Marocains arabes ou berbères, et les canonniers du 32e groupe ?

Ce qu'il y a de sûr, c'est que la 2e DIM s'est appropriée le 41e groupe colonial. Ce groupe de RG, en renforcement à la Division à son débarquement à Naples au début de décembre 1943, est devenu organique. Le 32e a été rejeté " dans les ténèbres extérieures[10] ". »

Finalement, le 32e - embarqué à Oran et à Mers-el-Kebir et arrivé à Naples le 5 décembre - est mis à la disposition de la 2e DIM huit jours plus tard.

Insigne en laiton *des forces terrestres antiaériennes symbolisées par les canons croisés et la bombe de l'artillerie posés sur deux ailes déployées.* (Coll. particulière)

Le 22 décembre, le 34e groupe arrive à son tour[11], puis il rejoint Cardito, en cantonnement d'attente avant de monter en ligne. Commandé par le chef d'escadron Houot et destiné initialement à la 2e division blindée, il a été créé le 16 avril à Marrakech à partir d'unités dissoutes du Groupement 410, complétées par des Européens des Chantiers d'Algérie, des jeunes Indigènes et un renfort du 63e RAA.

Les chauffeurs transformés sur les voitures et camions américains et les canons de 40 au début de mai, les écoles à feu ont pu débuter à Mogador et Casablanca Puis, le groupe, considéré comme faisant partie de la réserve générale, prend l'appellation de « 34e groupe autonome de FTA » le 9 juin. Un mois plus tard et deux jours avant de quitter le Maroc pour rejoindre la 3e DIA en Algérie, le chef d'escadron Socquet en prend le commandement.

Il compte alors huit officiers d'active - la plupart ayant participé à la campagne de Tunisie - et quatre de réserve - trois établis au Maroc et un venu de France par l'Espagne, comme le commandant et le médecin lieutenant - plus neuf aspirants ou sous-lieutenants sortis de l'école de Mediouna en avril.

Constituant un tiers de l'effectif, les Marocains sont recrutés dans les douars ou les faubourgs de Marrakech, Safi, Mogador et Casablanca :

« Ils se sont engagés sous l'influence ou l'ordre des Caïds locaux ou attirés par la perspective d'une prime substantielle d'environ 6 400 francs pour 4 ans, bien plus que par sentiment national ou désir de faire la guerre. Plusieurs tris successifs ont permis d'éliminer les plus mauvais éléments (état moral ou physique). De ceux qui nous restent nous pouvons espérer obtenir de bons résultats en réprimant sévèrement les premières défaillances ou manquements graves à la discipline[12] ».

Les Français d'origine ou par naturalisation forment le reste de l'effectif. Ceux de la Métropole - 22 % - originaires de Paris, du Nord et de l'Est et engagés au groupement 410, constituent de loin les meilleurs soldats. Mêlés à ceux-ci se trouvent *« les Oranais dont beaucoup sont des produits mélangés de sang italien, maltais, espagnol et parfois israélite. Ils viennent dans la proportion de 27 % soit plus d'un quart de l'effectif. Certains d'entre eux sont parfaits et seront braves[13] »*.

Enfin, les derniers 17 % englobent les Français nés dans les autres provinces, au Maroc et en Tunisie et chacun d'eux est un cas d'espèce.

Pour le commandant du groupe, une formation *« comprenant des gens d'origines ethniques*

8. Le 41e Groupe au combat, *op. cit.*
9. *Note n° 995 CEF/3 du 10.9.43.*
10. *Général Louis Socquet,* Note sur les unités de FTA françaises affectées au CEF, *1972.*
11. *Personnel et matériel sont répartis sur quatre LCI, un* LST *et deux* Liberty ships.
12. *Rapport sur l'état d'esprit du 28.8.43.*
13. Note sur les unités de FTA françaises, *op. cit.*

19 août 1943. *Pièce de 40 Bofors du 38e groupe en position de tir, poste SCR 543 en station, lors de manœuvres au camp de Bedeau. C'est ce groupe qui, sept mois plus tard, cèdera ses tubes au 23e GAFTA partant pour l'Italie.* (©ECPAD/France)

Insignie de la batterie E *du 40e GCFTA peint au pochoir sur les panneaux signalant le PC et les positions de pièces.*

et sociales si différentes, offre des difficultés de commandement aux officiers et gradés ».

Installé dans la région de Lapasset, le 34e est alors rattaché au groupement du 7e RTA avec lequel il participe aux manœuvres de division puis au stage amphibie à Saint-Leu et Mers-el-Kebir. Le 10 octobre, enfin, le matériel est au complet. Viennent ensuite les écoles à feu aux caps Falcon et Carbon. Puis, le 3 décembre, la perception d'urgence du matériel en déficit précède le départ de Bou Tlélis pour Bizerte où le groupe s'installe en pleine nuit dans la boue d'une oliveraie. Réparti alors sur quatre LCI, un LST et deux *Liberty ships*, il débarque à Bagnoli et Naples le 22 décembre et gagne ensuite le cantonnement de Cardito.

L'unité organique de la Division algérienne est le 37e groupe créé le 1er avril 1943 par changement de dénomination du 23e groupe[14]. Commandé par le chef d'escadron Blancher, il est alors à l'instruction dans la région de Ténès, à proximité du centre d'organisation des FTA. Sa mise sur pied achevée, il rejoint le Constantinois puis gagne l'Oranie avec la Division. Associé au 3e RTA, il participe alors au stage à Arzew dont il protège le port. Puis, après une campagne de tir au cap Falcon, il rejoint Bizerte. De là, des cargos et des navires de débarquement le déposent à Naples le 29 décembre. Deux jours plus tard, il s'installe à Crispano avec la SHR de l'AD 3

Après avoir quitté la 2e DIM, allant de Ste Barbe du Tlélat à Laferrière, le 40e groupe colonial suit le stage à Arzew avec le 4e RTT et effectue les écoles à feu au cap Carbon. A Bizerte, il est réparti à partir du 16 décembre sur un LCI, quatre LST et deux *Liberty ships*. Ces derniers arrivent en baie de Naples le 28, suivis le 1er janvier par les LST. Puis les divers éléments se regroupent à Cardito.

« Une mission de couverture aérienne...[15] »

Après une étape intermédiaire à San Angelo d'Alife, le 41e groupe a pris position le 9 décembre de Colli, à Montaquila en protection de l'AD 2. Les hommes découvrent alors les charmes de la vallée du Volturno :

Casque lourd américain *de sous-lieutenant arborant l'ancre de marine de la Coloniale.* (Musée des Troupes de Marine)

« On imagine mal la somme d'ingéniosité dont il faut faire preuve pour protéger l'alvéole et l'abri individuel de ce nouvel élément fluide, insinuant et intarissable. Un autre ennemi ne tarda pas à se révéler : le froid ; dans ces sévères montagnes des Abruzzes, la neige fait rapidement son apparition et ce n'est pas sans souffrance que l'on doit rester attentif des heures à son poste au canon ou à la mitrailleuse sans autre espoir que de retrouver le soir un trou étroit envahi de boue glacé où l'on partagera entre camarades une maigre ration de " beans ".

Enfin la dernière épreuve était le feu ennemi : le 13 la batterie C à peine installée subit un tir d'artillerie de 150 coups et ce jour-là tombent les premiers du Groupe...[16] »

Lorsque l'attaque se déclenche sur la Cluse San Michele le 15 décembre, le 41e est donc associé par batterie à l'artillerie[17], tandis que le 32e prépare *« la substitution du point sensible constitué par le pont 2 km nord de Montaquila par celui de Scapoli[18] »*. Puis l'artillerie se déplace et avec

14. *Constitué le 15.2.43 avec notamment des éléments de la région d'Oran : 158e batterie de DCA de Canastel et CR du I/411 de Bouisseville.*
15. « Chargée d'une mission de couverture aérienne de l'itinéraire avancé de la Division, a occupé habilement et hardiment des positions difficiles et dangereuses exposées aux vues directes de l'ennemi » *(citation à l'ordre de la division de la batterie B/34).*
16. Le 41e Groupe au combat, *op. cit.*
17. *Batterie A et I/63, B et II/63, C et III/63, D et IV/63.*
18. *Ordre d'opérations n° 6 de la 2e DIM. Le 32e GAFTA est à la disposition de la 2e DIM depuis le 11.12.43.*

Du 2 au 7 décembre 1943, *sous une pluie battante, les batteries de tir du 41e groupe colonial de DCA rejoignent San Angelo d'Alife.* (IWM FF 692)

elle les batteries de FTA, de nuit et par une violente tempête de neige. Les premiers pieds gelés apparaissent et aussi les premières mines.

Le 3 janvier 1944, l'activité aérienne ennemie s'accroît brusquement et le secteur est survolé à plusieurs reprises par des chasseurs mitraillant les véhicules sur les routes. Des batteries, on compte pas moins de quinze FW 190 et Me 109 sur lesquels sont tirés plus de 600 coups de 40 et 1 500 de mitrailleuses de 50. Le 12, nouvelle incursion d'une soixantaine d'avions qui mitraillent et bombardent la vallée :

« Dix avions, dix Messerschmidt virevoltent à la verticale de Pozzili. S'il prend à un de ces oiseaux envie de piquer sur les convois qui se pressent sur la route ou sur les nombreuses troupes cantonnées dans les oliviers, ça sera joli ! La DCA veille et réagit violemment. Le ciel est noir d'éclatements. Plusieurs batteries vomissent sur les sinistres oiseaux tout ce qu'elles peuvent. Pam, pam, pam... A cadence de mitrailleuses les Bofors crachent. Un Messer descend à 500 m. Les mitrailleuses lourdes crépitent, les balles rouges encadrent l'appareil qui n'insiste pas...[19] »

A partir de ce moment, les groupes d'artillerie ne veulent plus se séparer de leur batterie car, dès que le temps se lève, les chasseurs allemands viennent par deux « faire des cartons » sur les routes du secteur.

A la Division algérienne, les premiers éléments du 37e GAFTA rejoignent Pozzili le 4 janvier pour assurer la protection des groupes de l'AD[20]. Le lendemain, la SHR s'installe à Venafro, puis le 40e groupe[21] gagne Prata Sannita pour couvrir le QG du CEF, suivi par le 34e groupe[22] qui rejoint Filignano et les positions du 64e RAA. Et, le 11 en début de soirée, un PC avancé des FTA 3 fonctionne à Filignano.

Le 12, la Division attaque à 8 heures. Renforcé par deux batteries du 34e, son groupe organique est toujours associé à l'artillerie de campagne. Une section de 40 a même pu être hissée pour assurer la protection du I/64 perché dans la montagne au-dessus de Filignano :

« Nos GMC n'étaient pas assez puissants pour faire gravir la pente, dans un chemin plein de grosses pierres, aux 2 400 kg de chaque pièce. Pour y parvenir, nous avions emprunté un bulldozer au Génie et nous étions tout fiers de notre exploit. Le commandant du groupe nous accueille plutôt fraîchement, craignant que nous le fassions repérer... Cinq jours plus tard, il faut que je retire cette section pour l'affecter à la protection du village de Casale, point de passage dangereux, au pied du Monna Casale enlevé le 13 janvier. Entre-temps, il y a eu le passage d'avions ennemis ce même jour. L'instantanéité de déclenchement du tir antiaérien a frappé les officiers du groupe. J'ai la satisfaction d'entendre le même chef d'escadron protester contre l'abandon où on le laisse...[23] »

A partir du 21 janvier, les FTA couvrent l'itinéraire Acquafondata - San Elia. Deux batteries du 40e protègent ensuite l'AD 3 en avant de San Elia et le 37e renforcé d'une batterie du 41e couvre l'artillerie en position dans la cuvette d'Acquafondata. Quant à l'itinéraire de Casale à San Elia, il est maintenant à la charge d'une batterie de half-tracks américains.

C'est à cette époque que des mesures sont prises pour protéger les Cubs menacés par la chasse ennemie. Il s'agit de les avertir par radio de la présence d'avions hostiles ou douteux et de les recueillir dans des zones bien protégées par la DCA où ils peuvent se réfugier en se posant ou simplement en volant au ras du sol. Six zones de recueil sont ainsi attribuées : Inferno au 40e, Ceretto et Acquafondata au 37e, Casale au 34e, Cerasuolo aux 32e et 41e, Scapoli au 32e[24].

Le 34e groupe a alors été récupéré par le CEF pour assurer la défense des arrières. Il se trouve ainsi aux premières loges le 15 mars, lorsqu'un *flight* de quadrimoteurs se trompe d'objectif et prend la vallée du Volturno pour celle du Rapido : de là-haut, le site de Venafro ressemble en effet à celui de Cassino, mais à l'échelle 1/3 ! Un tapis de bombes s'écrase ainsi sur la pente qui domine le QG du CEF à l'ouest. Un quart d'heure plus tard, un autre flight bombarde la ville suivi d'une troisième vague qui largue ses bombes vers Mignano et les échelons de la 4e DMM. Des commandants de batterie aux chefs de pièce, chacun a fait preuve de sang-froid et n'a pas donné l'ordre de tirer...

Mais avec le beau temps, les chasseurs ennemis reviennent aussi. Ainsi, le 22 mars, alors que commence la relève par les batteries polonaises, la Luftwaffe intervient avec une quinzaine de FW 190 et Me 109. Toutes les pièces du 32e et du 41e ouvrent le feu et en abattent cinq qui tombent dans les lignes amies. A la 3e DIA, on accorde au 37e deux chasseurs abattus parmi les treize aperçus[25]. Le général Juin saisit cette occasion pour féliciter les Forces terrestres antiaériennes du CEF pour les succès remportés - six avions abattus le 18 mars, sept le 22 - *« en dépit du caractère souvent ingrat de la permanence imposée par la mission et malgré les pertes subies à plusieurs reprises du fait de l'artillerie allemande*[26] ».

Enfin arrive la relève. Mais les FTA n'en sont pas pour autant au repos, car, tout en se remettant des épreuves de l'hiver, il leur faut assurer la protection de la zone que va occuper la 4e DMM.

Son groupe est le 33e, formé en mars 1943 à Marrakech. En avril, le commandant Glorieux en prend le commandement, puis le premier matériel américain est perçu. Et, lorsque la 3e division marocaine est créée le 9 mai, il est mis à sa disposition puis, deux semaines plus tard la division devenue 4e DMM, il passe en « réserve de commandement ».

Le 15 juillet, le 33e gagne l'Algérie et c'est dans la région d'Oran qu'il devient enfin élément orga-

Le colonel Dupéron, commandant les FTA du CEF

Né le 18 mai 1895 à Saint-Lô, René Dupéron entre à Polytechnique puis participe à la Grande Guerre au cours de laquelle il est blessé, cité deux fois et décoré de la Légion d'honneur.

Après un stage à l'école d'artillerie, il sert au 402e RA de 1923 à 1926 puis est reçu à l'école de guerre à l'issue de laquelle il est affecté à l'état-major de la 11e DI. Après avoir commandé une batterie au 8e RA de 1932 à 1934, il sert au 15e RA et est promu chef d'escadron en septembre 1935.

Chef du 3e bureau (opérations) du 2e corps d'armée le 1er septembre 1939, il devient chef de l'état-major de la 51e DI deux mois plus tard. Puis, après un séjour de deux mois à l'état-major du département de la Lozère, il est mis à la disposition du commandant supérieur des troupes du Levant le 19 octobre 1940.

Le 5 novembre 1941, il est affecté à l'état-major des FTA d'Afrique du Nord et est nommé lieutenant-colonel le 25 mars 1942. L'année suivante, il assure successivement le commandement des FTA du 19e corps le 3 mai, du groupement 411 le 22 septembre et du centre d'instruction des FTA de Ténès le 6 novembre. Colonel depuis le 25 septembre 1943, il prend le commandement des FTA du CEF le 10 février 1944.

Le 17 août, il est mis à la disposition du commandant des forces françaises en Grande-Bretagne, puis dirige la subdivision de l'Aube le 18 octobre.

Le 9 juin 1945, il est affecté à la direction générale du contrôle du désarmement et des effectifs avant d'être chargé, le 3 novembre, de la création et de la direction du Cours pratique de tir antiaérien à Nîmes. Promu général de brigade le 1er mars 1950, il est admis dans le cadre de réserve le 12 janvier 1952.

Il meurt le 18 juin 1976 à Versailles.

19. *Carnet de route de Louis Lucchini, inédit.*
20. *Batterie A et I/67, B et II/67, C et III/67, D et IV/67.*
21. *Rattaché pour l'emploi au 5th AAA Group de la 35th AAA Brigade et pour les services à la 3e DIA.*
22. *Rattaché au Commandement des FTA du CEF.*
23. *Général Louis Socquet,* Note sur l'action des FTA pendant la campagne d'Italie, *1972.*
24. *Instruction n° 441 FTACEF du 2.3.44 concernant l'établissement de zones de recueil pour les avions d'observation d'Artillerie.*
25. *Au total, 20 appareils sont abattus dans la zone contrôlée par la 34th AAA Brigade.*
26. *Note de service n° 935 CEF/3 du 26.3.44. Pour le 22.3.44, le 41e sera en fait crédité d'un seul avion abattu et le 32e de trois dont un probable.*

18 janvier 1944. *Si l'on ne sait à quel groupe colonial - 40e ou 41e - appartiennent ce gradé manipulant un générateur et les deux servants de la mitrailleuse de 50, leurs noms sont en revanche connus : Lucien Flores, Soucire Dembas et Diallo Bobaker.* (IWM TA 12 855)

***Avers du fanion** du 40e groupe colonial de DCA.*
(Musée des Troupes de Marine)

nique de la Division de montagne le 1er octobre. Il s'installe ensuite à Fort de l'Eau, tandis que la SHR embarque pour la Corse avec le 36e GAFTA qui suit depuis le Maroc. Le groupe participe ensuite à des manœuvres et aux écoles à feu à Guyotville. Ets, le 9 décembre, le chef d'escadron Serieyx[27] arrivé de Corse succède au commandant Glorieux qui a pris le commandement des FTA 4[28].

Suivant la Division, commandement et groupe gagnent ensuite l'Italie à partir d'Ajaccio, Mers el-Kebir et Bizerte. L'état-major arrive ainsi à Naples le 20 février et s'installe à Orta di Atella où la SHR les rejoint une semaine plus tard. Le personnel embarqué sur un paquebot anglais arrive le 3 mars et gagne à pied le cantonnement préparé à Caivano. Quant au convoi de matériel, il est attaqué le 5 au large de Bizerte et deux cargos sont coulés. Le *Christofer Gasden* arrive néanmoins à bon port le 10, suivi à cinq jours par le *Philander Knox* endommagé au cours de la traversée par un incendie à bord.

Le 20 mars, trois batteries partent d'Albanova pour prendre position dans la région de Campani - San Martino où elles relèvent les éléments du 47th Light AA Regiment britannique. Puis, le 28 avril, les FTA 4 - jusque-là renforcées par le 34e groupe - sont relevées de leur mission de protection des itinéraires et peuvent ainsi se consacrer à la protection de la Division en cours de mise en place.

Avec la 1re DMI attendue dans les jours qui viennent, un autre groupe devrait être disponible : le 21e groupe de DCA. A l'origine, la protection antiaérienne de la 1re DFL est confiée au 1er régiment de marche de DCA légère commandé par le capitaine de corvette Amyot d'Inville. Puis les fusiliers marins se séparent du Régiment et, le 8 septembre 1943, le lieutenant-colonel de Conchard[29] prend le commandement tandis qu'un important renfort envoyé de Ténès permet de former une batterie supplémentaire dans chacun des deux bataillons. En décembre, un détachement gagne Marrakech pour récupérer du personnel et un autre rejoint Casablanca percevoir. du matériel américain. Puis une équipe d'instructeurs américains est affectée le 9 janvier 1944 au 1er bataillon.

Mais le lendemain, Conchard est convoqué avec ses deux chefs de bataillon au PC de la DFL : « *L'état-major d'Alger* », leur annonce le général Brosset, « *a décidé de nous affecter le Bataillon des Antilles. Selon la formule américaine, un commandement des FTA divisionnaires commandé sera créé et les Antillais fourniront le groupe de DCA. En conséquence, le Régiment sera dissous à la fin de ce mois et son personnel réparti suivant ses préférences dans les unités de la Division* ».

Le 16 janvier, le régiment et ses deux bataillons disparaissent donc. Dix officiers - deux à l'état-major et par batterie - et une centaine de sous-officiers et artilleurs sont affectés comme instructeurs au nouveau « Groupe de DCA Antillais ». Et le reste du personnel est muté à sa convenance[30].

Le Bataillon des Antilles a fait un long chemin depuis que les volontaires ont quitté les Antilles françaises et la Trinidad en octobre 1942 ! Après Baltimore, la Nouvelle Orléans et Fort Dix, dans le New Jersey, ils ont constitué sur le type américain un « Bataillon de marche des Antilles n° 1 » parvenu à Casablanca le 13 septembre, après une traversée de 18 jours.

Jusqu'au 6 décembre, le BMA n° 1 reste à l'instruction près de Meknes, reçoit quelques renforts du Maroc et perd 170 hommes envoyés au Bataillon de réparation n° 654. Puis il rejoint Sousse où, le 18 janvier, il est intégré à la 1re DFL et prend l'appellation de 21e groupe antillais dont le commandant Lanlo venant de la 2e brigade prend le commandement le 25 mars.

Le matériel américain arrive peu à peu et des écoles à feu sur manche remorquée peuvent être organisées, puis les 40 Bofors anglais sont échangés contre des canons américains avec lesquels le groupe embarque à Bizerte et rejoint Albanova où il est présenté le 4 mai au Brigadier General Aaron Bradshaw, Antiaircraft Officer de la 5e armée, et aux commandants de la 34th AAA Brigade et des FTA du CEF.

Des officiers de la Brigade venus en inspection constatent que le matériel perçu à Tunis n'est pas utilisable en télécommande. En conséquence, des nouveaux 40 type américain sont perçus et grâce au commandant du 450th Automatic Weapons Bn[31] qui a proposé un programme d'instruction et l'aide de ses officiers et techniciens, des exercices de pointage puis une école à feu sont réalisés sur le terrain de Marcianise.

27. Adjoint des FTA 4 depuis le 13.9.43.
28. A la place du lieutenant-colonel Houot nommé commandant des FTA du 1er CA en Corse.
29. Pierre Vermeil de Conchard est le premier officier supérieur d'artillerie ayant rejoint les FFL en Angleterre en juin 1940.
30. Selon le général Socquet, il aurait servi à compléter les effectifs de l'artillerie de campagne.
31. Formé en Caroline du Nord, le 450th Bn (Colored) est composé de Noirs américains.

***4 février 1944**, dans le secteur de San Elia. La 2e section de la batterie C du 37e GAFTA, en protection des groupes de 105, est bombardée par l'artillerie ennemie.*
(IWM TA 14687)

« Il faut éviter d'attirer l'attention de l'ennemi »

Dans le nouveau secteur en arrière du Garigliano, le colonel Dupéron dispose maintenant de six groupes de 40 - trois divisionnaires et trois de réserve générale - et de la 34th AA Brigade[32] qui compte un bataillon de 37 automoteurs, trois de 40 et cinq batteries de 90. Les Américains fournissent également le centre de renseignements et de direction du tir[33] et les deux états-majors de groupement qui manquent aux Français. Il en résulte peu de difficultés, le colonel Anderson admettant parfaitement que le commandant des FTA du CEF dirige les opérations et les décisions étant prises après examen en commun.

« Quant à l'exécution, elle est facilitée par le fait que le Commandant des FTA et le Commandant de la 34e Brigade avaient déjà travaillé ensemble et qu'ils ont une connaissance parfaite de la langue anglaise d'une part et de la langue française d'autre part.[34] »

Dans le cadre de la manœuvre du CEF dont le succès dépend essentiellement du facteur vitesse, l'effort principal doit porter sur la protection du dispositif d'attaque et des passages du Garigliano. Or, de l'expérience des Abruzzes, il apparaît que la Luftwaffe engagera les appareils dont elle dispose en Italie[35] dans des attaques brèves et rapides, menées de plusieurs directions à la fois dans la vallée du Liri et contre les ponts sur le Garigliano. En conséquence, la protection des passages du fleuve sera confiée aux FTA de corps et la partie nord du secteur bénéficiera d'une défense suffisante[36].

Pour se faire, la 34th Brigade confie au 67th Regiment la protection de l'artillerie de corps, la couverture à moyenne et haute altitude et les tirs à terre. Au 505th Group échoit la protection des ponts du Garigliano, d'Harrogate et des arrières. En outre, une réserve mobile est constituée avec deux batteries de 37 automoteurs et les éléments non endivisionnés sont protégés par un groupement spécial placé aux ordres directs des FTA du CEF et constitué autour du 40e groupe.

Au début du séjour dans le nouveau secteur, la plupart des groupes sont en demi repos. Le 32e, par exemple, envoie une batterie au centre de Bagnoli, les autres n'ont que la moitié des pièces en position. Et pour la prise d'armes de la 2e DIM qui se déroule à Tora, il s'associe au 41e pour fournir la batterie de défilé et les six sections de protection.

Puis, le 30 avril, les commandants de batterie sont orientés sur leur future mission au cours d'une reconnaissance dans la région de Conche : *« Vous aurez chacun »* leur indique le commandant Juigner *« à défendre un groupe du 64e RAA qui doit prendre position dans la vallée du moyen Garigliano »*.

Le lendemain c'est au tour des chefs de section de se rendre sur le terrain avec leur capitaine reconnaître les positions et déterminer les emplacements, qui sont finalement arrêtés après une dernière reconnaissance avec les chefs de pièce.

Chaque batterie à tour de rôle envoie ensuite des corvées aménager les futures positions : emplacements de pièce, pistes d'accès, alvéoles... La A/32 gagne la première Santa Maria a Valogno protéger la piste du *Lévrier*. Afin de ne pas déceler inutilement la position, seules les pièces occupant des alvéoles déjà occupées ont le droit d'ouvrir le feu : les autres ne doivent se dévoiler qu'en cas d'attaque sérieuse. La D/32 se déplace la nuit suivante pour s'installer le 7 vers la piste du *Furet*[37]. Dans l'après-midi, le PC du groupe rejoint Conche. Puis la C/32 gagne la route *Girafe* alors que la B/32 met en batterie de part et d'autre de Conca où la base arrière demeure.

Début avril 1944, *position de batterie du 33e GAFTA dans la région de Lauro :* « Un canon antiaérien de 40 Bofors servi par des Français monte la garde dans la vallée du Garigliano, prêt à recevoir chaudement tout avion ennemi qui apparaîtrait ». (IWM TA 14737)

Dans le secteur de la 1re DMI, la mission du 34e groupe n'est définitivement arrêtée que le 6 mai. Elle consiste à assurer avec trois batteries la protection des groupes de l'AD 1, la quatrième accompagnant le II/RACL qui doit se déplacer dans le sillage de la Division.

Or, 40 et 155 ne sont pas du même pied. s'ils sont tous deux tractés par un GMC, le Bofors pèse une tonne de plus que l'obusier ; en revanche, le 155 est moins mobile que le 40. En conséquence, le commandant Socquet décide d'associer au groupe lourd une batterie qui pourra se déplacer par échelon de section et assurer ainsi une protection continue. Les deux autres unités précéderont toujours avec au moins une section le déplacement des premières batteries de 105 qui pourra être anticipé grâce aux liaisons établies.

« La zone d'emplacement est, pour deux batteries et demi, couverte par quelques avant-postes seulement. Les patrouilles allemandes traversent la rivière presque toutes les nuits et viennent jusqu'à la crête située à un peu moins de 1 500 mètres plus à l'est, donc à 600 mètres à peine des futures positions. De plus, la partie nord du secteur située à la tête de vallée qui redescend vers San Nicola est vue du nord de San Ambrogio et les obus tombent au moindre mouvement.[38] »

Les consignes sont strictes :

- Il faut éviter d'attirer l'attention de l'ennemi.

Mais il faut aussi organiser le terrain pour assurer une protection suffisante aux pièces. Heureusement, il fait beau, et la lune dispense sa lumière une grande partie de la nuit. Les alvéoles sont ainsi creusées par la majeure partie des pelotons de pièce entre la tombée de la nuit et le lever du jour, puis soigneusement dissimulées pendant la journée. Les pièces, moins aisées à camoufler, sont donc amenées au dernier moment. Et un réseau de sûreté constitué par des sentinelles doubles couvre l'exécution des travaux.

« Les canonniers marocains qui ont été prélevés sur les dépôts de tirailleurs » indique le commandant Socquet à ses capitaines *« sont tout désignés pour cette mission »* .

La mise en batterie est cependant délicate. Du village de Gallucio où l'on quitte la route de Sessa à Mignano, il faut suivre une mauvaise piste consolidée avec des troncs d'arbre, des plaques PSP et quelques cailloux jetés en vrac par les sapeurs britanniques lorsqu'ils occupaient le secteur. C'est la route du *Zébu* que le génie du CEF baptise pompeusement « piste empierrée » sur ses calques. Passant par le hameau évacué de Calabritto, on arrive à un col d'où deux kilomètres de lacets en pleine vue des Allemands conduisent à Cocuruzzo tout aussi désolé.

32. Formée le 10.2.41 à Fort Bragg, NC, la brigade rejoint l'AFN le 5.12.42 puis participe aux campagnes de Tunisie et de Sicile, avant de gagner le 6.3.44 Venafro où elle est rattachée au CEF.

33. GOR (Gun Operations Room) ou AAOR (Antiaircraft Operations Room), chargé de la centralisation et de l'exploitation des renseignements sur l'activité aérienne ennemie recueillis par le réseau de postes de guet.

34. Colonel Dupéron, Les FTA du CEF dans la bataille du Garigliano, *conférence au stage d'officiers supérieurs au cours pratique de tir antiaérien, 21.11.46.*

35. 115 bombardiers Ju 88, 35 chasseurs-bombardiers FW 190 et 130 chasseurs Me 109 selon les services de renseignement alliés.

36. Ordre particulier n° 78 FTACEF/OP-TS du 8.5.44 pour l'emploi des FTA dans la conquête de l'objectif O1 du corps d'armée.

37. Au cours de la mise en batterie, un camion passe sur un canonnier que le chauffeur n'avait pas vu couché dans l'herbe et l'homme doit être évacué sur l'hôpital 422.

38. Note sur l'action des FTA pendant la campagne d'Italie, *op. cit.*

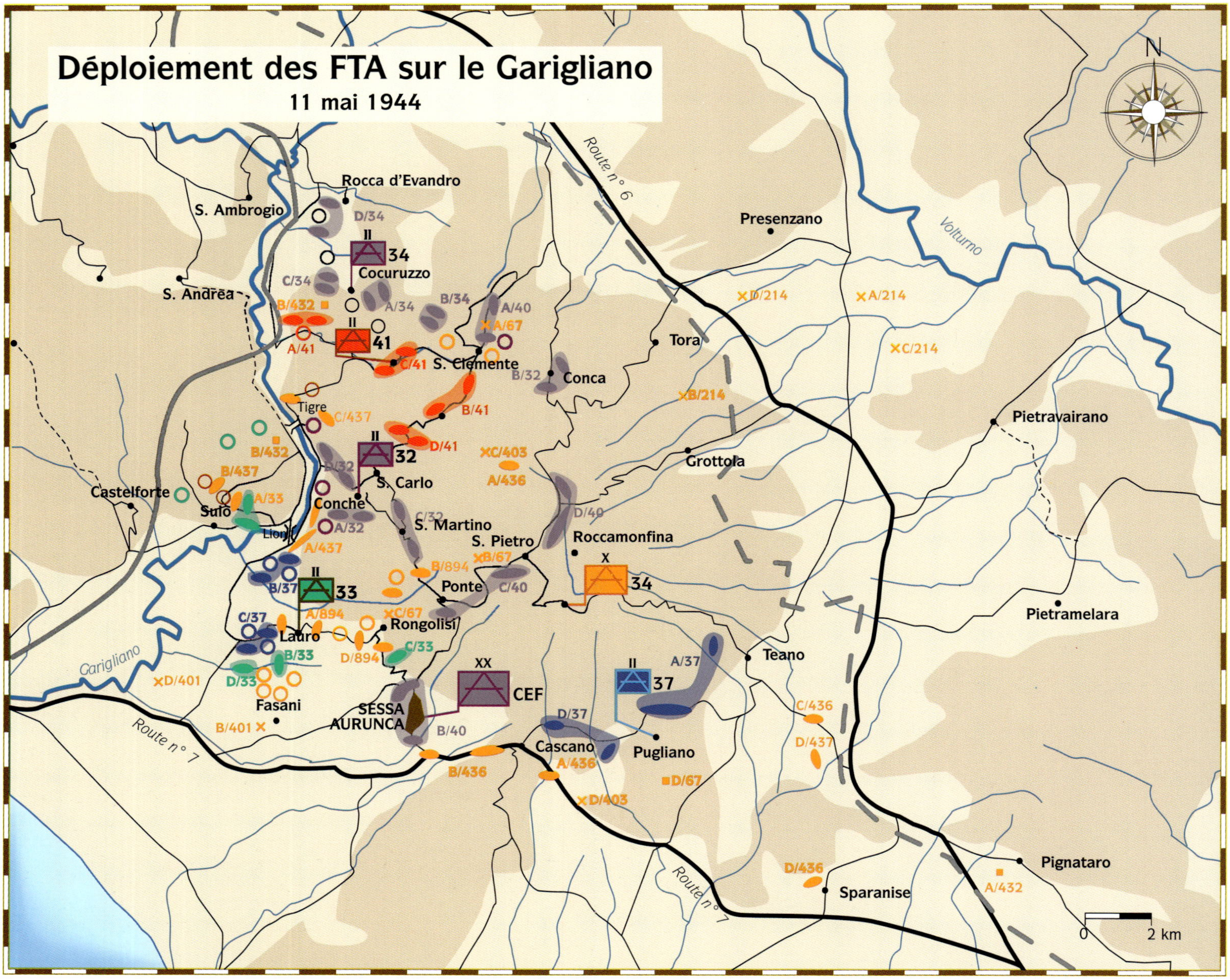

Commandement des FTA du CEF

Brigade antiaérienne

Groupe de FTA

Section de canons de 40 mm

Section de canons de 37 mm

Groupe d'artillerie

Batterie de 90 mm américaine

Le village domine en arrière le pli de terrain où les trois groupes de l'AD et les cinq sections de 40 vont s'installer.

« Aucun crédit routier ne vous est accordé » précise Socquet. *« Vous devrez monter immédiatement derrière le ravitaillement des unités en ligne et dégager la piste avant leur retour. Le créneau est donc de deux heures, de 23 à 1 heure du matin ».*

La mise en place se fait dans l'ordre : C/34 dans la nuit du 9 au 10, D/34 et section avancée de l'A/32 la nuit suivante. L'autre section reste avec le 1er groupe de 105 noyé au milieu d'un dispositif d'artillerie possédant sa propre protection. Et le PC s'installe le 10 au col de Cocuruzzo, près de celui de l'AD et à 500 mètres de la piste pour éviter d'être mitraillé par un avion qui ferait une passe sur le chemin. Enfin, un poste de guet de groupe est en place au Colle Acquapendola, à proximité de la C/34 et en liaison sur SCR 543 avec le GOR.

« Grâce à l'habileté des exécutants à tous les échelons, en particulier chauffeurs et chefs de pièce qui ont reconnu leurs itinéraires en détail les nuits précédentes, en venant creuser leurs alvéoles, tout va se passer sans aucun incident et surtout sans que l'ennemi s'en aperçoive. Les batteries ont laissé leurs échelons à l'est de Gallucio et l'on appréciera, comme déjà dans l'hiver, les fourneaux à essence américains qui permettent de manger chaud aux positions[39]. »

Au sud du dispositif, deux batteries du 37e GAFTA assurent la couverture de l'AD 3 en position au-delà de Lauro. Des reconnaissances détaillées ont été faites dans la journée du 1er mai et les travaux d'organisation de terrain entrepris dès qu'un emplacement de pièces était fixé. Là aussi, les consignes de sécurité sont draconiennes :

« Le déploiement doit s'effectuer dans le plus grand secret » précise le commandant Blancher. Les travaux d'organisation du terrain devront être soigneusement camouflés pendant leur exécution et les positions ne seront occupées qu'avec le minimum de personnel et de matériel. Aucune circulation de jour ne sera tolérée sur les parties de terrain vues de l'ennemi. En dehors des véhicules de liaison strictement indispensables, qui devront être bien camouflés, tous les autres seront ramenés à l'arrière : la B à son bivouac et la C à Pugliano. Sur les anciennes positions, les alvéoles laissés vides seront refermées avec soin et remises en état et un faux canon en bois sera, si possible, laissé à la place du matériel enlevé.

Enfin, le commandant de groupe précise les conditions d'ouverture du feu :

« En cas de survol par un avion de reconnaissance, arrêtez tout travail et faites abriter le personnel qui devra conserver pendant le temps nécessaire une immobilité absolue. Une fois en place, les batteries ne devront pas ouvrir le feu. Le tir ne sera exécuté, le cas échéant, que sur des avions attaquant directement la position ».

Les vingt-cinq véhicules autorisés pour la C/37 passent au point initial à Teano le 3 à 21 h 15 et par Ponte et le carrefour nord de Sessa gagnent la zone de Lauro. Le retour à partir de 4 h 30 se fait par la nationale 7. La B/37 se déplace la nuit suivante, mais en utilisant la Via Appia. Et pour assurer la couverture aérienne de la zone précédemment confiée à la batterie, quatre pièces des A et D/37 prennent position dans les alvéoles laissés libres.

39. *Ibid.*

Articulation des FTA du CEF 11 mai 1944

Commandement des FTA du CEF

Colonel Dupéron [1]		*Sessa Aurunca*
EM du 40e GCFTA		*lieutenant-colonel Le Berre*
Bie B	40	*PC du CEF*
Bies C et D	40	*route Conca - Sessa Aurunca*

FTA n° 1 [2]

Lieutenant-colonel Vermeil de Conchard [3]

poste de guet		
EM du 34e GAFTA		*chef d'escadron Socquet Cocuruzzo-Gaudi*
Bie A	40	*PC Avancé et I/1er RA*
Bie C	40	*II et III/1er RA*
Bie D	40	*IV/1er RA*
Btry B/432	37	

FTA N° 2

Chef d'escadron Blanchet

poste de guet		
EM du 41e GCFTA		*chef d'escadron Bescond Cologni*
Bie A	40	*II/63*
Bie B	40	*I/63*
Bie C	40	*IV/63*
Bie D	40	*III/63*
EM du 32e GAFTA		*chef d'escadron Juigner Conche*
Bie A	40	*III/64*
Bie B	40	*base arrière*
Bie C	40	*II/64*
Bie D	40	*I/64*

FTA de la 4e DMM

Lieutenant-colonel Glorieux

EM du 33e GAFTA		*chef d'escadron Serieyx Lauro*
Bies A, B, C, D	40	
EM du 37e GAFTA		*chef d'escadron Blancher Pugliano*
Bie B	40	*I et IV/67*
Bie C	40	*II et III/67*

FTA de la 3e DIA

Lieutenant-colonel Dabadie

Bie A/37	40	
Bie D/37	40	
Btry A/432	37	

34th AAA BRIGADE

Colonel John S. Robinson *Torano*
Antiaircraft Operation Room
6607th Gun Operations Room Platoon (Provisional)
4th Platoon, Company D, 84th Engineer Camouflage Bn

67th Coast Artillery Regt (Antiaircraft)

67th AAA Gun Bn [4]		
Btries A, B et C	90	*peuvent participer au tir à terre, équipent un poste de guet*
Btry D	90	*zone 3e DIA*
403rd AAA Gun Bn		
Btry C	90	*peut participer au tir à terre équipe un poste de guet*
Bie B/34	40	*I/RACL*
Bie A/40	40	*II/RACL*
894th AAA Automatic Weapons Bn [5]		
poste de guet		
Btries A, B, C et D	40	*protection de la 34th Brigade*

505th AAA Group

Colonel Roy

Btry B/436	40	*protection du PC du CEF*
437th AAA Automatic Weapons Bn		
poste de guet		
Btries A, B, C	40	*protection ponts du Garigliano*

Réserve mobile

Btries C et D 432	37	*protection des groupements blindés*

Réserve

432nd AAA Automatic Weapons Bn (Self-Propelled) [6]		
Btries A et B	37	
436 th AAA Automatic Weapons Bn		
Btries A, C et D/437	40	

Jusqu'au 11 mai, le secteur du CEF est finalement plutôt calme. Seuls quelques obus tombent à proximité des positions des FTA 2 mais sans causer de dégâts.

Du Garigliano à la Toscane

Les deux premiers jours de l'attaque, le dispositif d'artillerie - donc celui des FTA - n'est pratiquement pas modifié. Seul le 37e groupe se porte de part et d'autre du Garigliano à hauteur de Castelforte. Et l'aviation ennemie réagit faiblement.

Une heure et demi après le déclenchement de l'attaque, la batterie A/41 reçoit une soixantaine d'obus de mortiers. Les tirs se poursuivent jusqu'à 3 heures, fauchant les tirailleurs qui passent à proximité de la 7e pièce, et des rafales tombent dans la matinée. Mais cette fois de nouvelles tranchées ont été creusées.

Le 13 en début de matinée, un FW 190 - probablement de reconnaissance photo - survole à haute altitude la région à l'est du Garigliano. La nuit suivante, trois avions larguent isolément quelques bombes dans la vallée.

Mais à partir du 14, le dispositif commence à bouger : les capitaines partent en reconnaissance, bientôt suivis d'une section qui met en batterie, tandis que l'autre attend pour faire un

Insigne du 37e groupe *autonome de FTA de la 3e division algérienne.* (Coll. particulière)

nouveau bond. C'est le moment que la Luftwaffe choisit pour intervenir. Le 15 vers 22 heures, une douzaine d'appareils suivis par des guirlandes de fusées éclairantes qui donnent au paysage un aspect féerique, grenadent et mitraillent la vallée de Cassino jusqu'à la mer.

Quelques bombes tombent à proximité du 34e groupe, mais le seul bombardement sérieux a lieu vers Castelforte où se trouve le PC des FTA 3. Ne voyant pas les avions, les FTA 2 ne tirent pas, mais la réaction des autres batteries de 40 ou de 90 est très vive.

Dans la nuit du 17 au 18, un nouveau raid est accueilli par un tir nourri de DCA. Cette fois, les pièces du 34e ouvrent le feu instantanément au premier coup de sifflet des hommes de veille. Quelques fusées éclairent le paysage et des paquets de *windows*[40] tombent sur les positions. Des bombes aussi qui détruisent trois véhicules d'une équipe d'observation. A la batterie C, les deux servants de garde d'une pièce à moitié ensevelis par l'explosion d'une bombe près de leur alvéole, se dégagent rapidement et débarrassent tous les organes mobiles de leur canon de la terre qui les couvre avant d'ouvrir le feu.

Après cela, les groupes suivent l'artillerie de campagne qu'ils protègent. Au 34e groupe qui demeure avec la 1re DMI, les déplacements se font par « infiltration » et à aucun moment la moindre gêne en résulte. Les alvéoles rapidement creusées jouent leur rôle protecteur et aucune perte n'est à déplorer. Chaque pièce dispose de 200 sacs à terre qui sont placés en parapet, diminuant d'autant la profondeur de la fouille et la fatigue du personnel :

« A certains moments, le 19 après-midi à l'ouest de Chaia par exemple, pour que les mises en batterie se fassent à temps, les reconnaissances sont poussées alors que les coups d'armes lourdes d'infanterie arrivent

40. Feuilles d'aluminium utilisées comme leurre pour les radars de tir.

Nota :
1. A succédé au lieutenant-colonel de Vincelles le 22/25.2.44.
2. 21e GAFTA encore à l'instruction.
3. Informé le 12.5.44 seulement de sa promotion au grade de colonel à compter du 25.3.44.
4. AAA Gun Bn (Mobile) : équipé de 16 canons de 90 associés à un affût quadruple de 50, sans équivalent au CEF.
5. AAA AW Bn (Mobile) : comparable aux groupes de 40 français.
6. AAA AW Bn (SP) : équipé de 32 canons de 37 automoteurs et 16 affûts quadruples de 50 sur half-track, sans équivalent dans l'Armée française.

***14 mai 1944**, dans la région de San Andrea. Poste SCR 543 d'une batterie du 41e groupe colonial de DCA en station près d'un canon antichar de 7,5 cm Pak 40 détruit.* (©ECPAD/France)

***Pièces de 40** de la batterie B du 40ᵉ groupe colonial en protection du pont* Bailey *à la sortie sud de Sessa Aurunca en direction de la route n° 7.* (©ECPAD/France)

encore. Les pièces sont amenées voiture par voiture, et essuient fréquemment des rafales de mortiers; celles de mortiers à six tubes sont particulièrement désagréables. Puis la bataille s'éloigne et il faut de nouveau se déplacer. Mais quand on marche en avant, le moral monte et les forces physiques s'en trouvent décuplées.[41] »

A partir du 21 mai, les batteries du 37ᵉ ne sont plus rattachées automatiquement aux artilleurs et reçoivent les consignes directement du commandant de groupe. Puis la poursuite s'amorçant, les batteries suivent à vive allure, changeant de position constamment. Cependant, le 1ᵉʳ juillet, en raison de l'encombrement des routes, le groupe[42] doit s'arrêter. Et, trois jours plus tard, la Division ayant reçu l'ordre de regagner la région de Naples, il la protège dans son déplacement.

A cette époque, les 21ᵉ et 23ᵉ groupes sont également engagés.

Le 21ᵉ a d'abord été mis à la disposition du Train divisionnaire vingt GMC pour transporter du 13 au 28 mai troupes, vivres et munitions.

Fréquente avant l'offensive de mai, la pratique consistant à emprunter des véhicules aux groupes en position pour renforcer les moyens - toujours insuffisants - du Train, devient courante Rome dépassée. Le 17 juin, par exemple, cinquante camions sont enlevés au 32ᵉ pour transporter des troupes pendant une semaine. Puis, du 23 au 26, trente du 33ᵉ sont mis à la disposition du 69ᵉ RAM, tandis que le CEF prescrit la constitution par les groupes de réserve générale de deux unités auxiliaires de transport de quatre sections de vingt GMC chacune[43]. C'est ainsi que la « Compagnie de transport 23/32 » fonctionne du 25 juin au 29 juillet et que la « Compagnie de transport 34/40 » opère à partir du 27 juin.

Pendant ce temps, le 21ᵉ groupe a rejoint sa Division à Pontecorvo et relevé le 34ᵉ en protection de l'AD 1. Le 3 juin il change de position et vient assurer la protection des échelons et du terrain de *Cubs* au nord de Supino. Puis, le 9, il se porte de nuit vers le lac Nemi pour couvrir les itinéraires et les *Cubs*. Le lendemain, il s'installe au nord de Viterbe tandis que la batterie C/432, mise à la disposition des FTA 1, protège le nœud routier. Ce 10 juin et les cinq jours suivants, quarante véhicules servent à transporter le matériel de la 2ᵉ brigade de Pontecorvo à Frascati.

Le 12 en fin d'après-midi, la batterie A, en position sur la route n° 2 à l'est du lac de Bolsena, est soumise à un tir de mortiers qui cause les premières pertes du groupe. La nuit suivante, trois appareils survolent Montefiascone et lancent des chapelets de grenades anti-personnel. La C/21, qui assure la protection du QG 50, ouvre alors le feu, ce qui a pour effet d'attirer sur elle celui des avions : trois servants d'une mitrailleuse de 50 sont tués par une rafale et les grenades blessent six hommes à la batterie et deux à la SHR du groupe.

Après un bond à hauteur de San Lorenzo, de nouvelles positions sont reconnues le matin du 16 et occupées dans la soirée autour d'Acquapendente. Au cours de la mise en batterie de cette dernière, un tracteur et son canon sautent chacun sur une mine. Le pont arrière du camion est arraché et le canon inutilisable, mais l'équipe de pièce en est quitte pour la peur et quelques égratignures.

Puis, le 20, le groupe se porte dans la région de Bolsena, Montefiascone et Marta où la Division se rassemble avant de gagner Naples. Cinq jours plus tard, après une cérémonie au cimetière divisionnaire de Viterbe, le convoi prend la route pour Sabaudia et Albanova.

Le jour où le 21ᵉ quitte Montefiascone, le 23ᵉ GAFTA est à Capranica, au sud du lac de Vico. A 11 h 30, le colonel Dupéron vient prendre contact, passe les unités en revue et se fait présenter les officiers avant de déjeuner avec le commandant André.

Le 23ᵉ groupe des FTA a été formé le 16 juillet 1943 à Ténès par le chef d'escadron Cassagnou. Il a ensuite déménagé à Blida et effectué des écoles à feu à Tipaza au champ

41. Note sur l'action des FTA pendant la campagne d'Italie, op. cit. Il s'agit des Nebelwerfer.
42. Commandé depuis le 3.6.44 par le chef d'escadron Sousselier, son prédécesseur ayant rejoint l'EM des FTA du CEF.
43. Note n° 8699 CEF/3/4 du 21.6.44.

de tir du Chenoua. Puis, les deux premiers convois de matériel américain arrivés de Casablanca en octobre, il a fait mouvement sur Duperré.

Le 4 décembre, lors de l'apéritif offert par les sous-officiers aux officiers des batteries en l'honneur de la Ste Barbe, le commandant annonce officieusement le rattachement à la 8e DIA. Puis le groupe effectue avec les FTA de la 4e DMM et le 6e RTM des exercices amphibies sur la plage près de Fort-de-l'Eau.

Le 9 janvier 1944, il s'installe aux alentours d'Oran. Mais six jours plus tard, le chef de corps, reçu au cercle militaire à la table du général de Lattre de Tassigny, apprend la dissolution de la division et le rattachement probable du groupe à une division blindée. Le 31, le capitaine André[44], officier adjoint, succède au commandant Cassagnou affecté au 3e bureau de l'état-major de l'Armée B à Alger. Tandis que les écoles à feu ont lieu dans les dunes entre le cap Falcon et Aïn el Turck, la batterie B, après avoir défilé à Alger à l'occasion du 26e anniversaire de l'Armée rouge, rejoint Novi où elle reste à la disposition de l'école de Cherchell jusqu'au 25 mars.

Le 25 février, le groupe est provisoirement rattaché à la 1re DB. Puis il reverse au dépôt d'Oran six canons destinés à la 2e DB partant en Angleterre, qui sont remplacés le mois suivant par des pièces du 38e GAFTA. Le Groupe est en effet informé de son affectation CEF et, en conséquence, la perception à Oran du complément de matériel se poursuit alors à un rythme accéléré.

Le dimanche 14 mai, la fête de Jeanne d'Arc est marquée par un défilé de tout le groupe sur la place de Bouisseville et une grande messe chantée en plein air célébrée par l'aumônier. Puis, le 26, le groupe est alerté verbalement par la base maritime d'avoir à se tenir prêt à partir et, aussitôt, les états TQM sont établis pour chacune des batteries. Les véhicules embarquent d'abord avec leurs chauffeurs à Oran sur deux *Liberty ships*. Le personnel suit le 5 juin, mais à Mers el-Kebir et sur le transport de troupes anglais *Durban Castle*.

Le déchargement à Naples et Bagnoli achevé le 16, le chef d'escadron part aussitôt vers Rome en command car prendre contact avec le commandement des FTA du CEF. Puis le groupe fait mouvement vers le nord et atteint Capranica le 22. C'est là que, deux jours plus tard, le canonnier Lefèvre, qui se promenait dans les environs du camp avec des camarades, est tué par des Italiens. Son corps sera transporté le lendemain à Viterbe et enterré au petit cimetière des FFL[45].

A l'instar des autres groupes, le 23e fournit alors 54 GMC avec chauffeur et chef de voiture, plus la section de dépannage au complet, pour assurer le transport des troupes et du matériel de l'arrière à l'avant. Si bien que, lorsque les batteries changent de position, tous les véhicules restant au groupe doivent être utilisés successivement. La B/23 rejoint ainsi Radicofani le 29 et l'A/23 gagne Castel del Piano le lendemain. La D/32 s'installe le 5 juillet en protection du QG du CEF au sud de Radi. La C/32 suit le 7 pour protéger un terrain de *Cubs*, mais elle reçoit l'ordre en cours de route de s'établir près de Sienne où le PC et la batterie d'EM la rejoignent trois jours plus tard après une centaine de kilomètres et sept heures de route depuis Vetralla.

La fin de la campagne en Toscane n'a cependant rien d'une promenade militaire. Ainsi, le 9 juillet, plusieurs Stukas survolent la région de Poggibonsi à Sienne, mitraillant et larguant des sur les positions d'artillerie. Mais ce sont surtout les avions alliés qui, selon la formule de la 34th Brigade, *« commettent des actes hostiles sur les troupes amies dans la zone avant des combats »*. Le 2 juillet vers 19 heures, douze à seize P-40 aux cocardes britanniques mitraillent et bombardent le secteur du CEF pendant une trentaine de minutes. Six groupes ou bataillons ouvrent le feu et abattent trois ou quatre avions[46]. Le 14 à nouveau, cinq *Spitfire* bombardent en début de soirée la région de Colle di Val d'Elsa : les batteries du 33e tirent et endommagent un des chasseurs.

Mais l'artillerie allemande n'est pas en reste : le 18, une vingtaine d'obus tombent sur la position de la B/41, près de Castellina in Chianti, et deux canonniers malgaches sont tués sur le coup.

Les batteries du 23e groupe se déplacent l'une après l'autre faute des camions détachés aux compagnies de transport. Il est ainsi le dernier à quitter le secteur au nord de Sienne, juste derrière les éléments des divisions marocaines. Comme d'autres groupes avant lui, il gagne le camp de San Marinella[47], près de Civita Vecchia pour y effectuer des écoles à feu avant de rejoindre Naples. Dirigés par le Colonel Paul A. Roy du 505 th AAA Group, les stages de deux jours ont essentiellement pour but de faire travailler les pointeurs qui commencent à perdre les réflexes acquis.

Les derniers tués de la campagne sont probablement trois officiers du 17e groupe - lieutenant Gloerfelt, commandant la batterie B, sous-lieutenants Asenci et Carret - qui, le 5 août, sautent sur une mine lors d'une reconnaissance dans la région de Sabaudia.

Ce groupe lourd, formé en octobre 1943 à Ténès et commandé par le chef d'escadron Vuillot, a reçu ses canons de 90 américains à Casablanca. Ayant quitté le CIFTA en mai, il s'est embarqué à Mers el-Kebir pour arriver à Naples le 9 juin. Arrivé trop tard, il ne peut être engagé et rejoint donc San Marinella où il demeure du 15 au 23 juillet.

Pour le commandant du 34e groupe, engagé sans interruption du 4 janvier au 30 juillet 1944, *« l'apogée de la confiance acquise par tous dans la sécurité aérienne se situe le 14 juillet 1944 »*. Ce jour-là est organisée à Sienne, à quinze kilomètres des avant-postes, la première fête nationale en Europe libérée et la cérémonie d'adieux du CEF aux généraux alliés. Depuis la veille, trois pièces de la D/34 sont en place dans la ville. Et une section de la même batterie représente le groupe à la revue :

« Rassemblement des invités dans la loggia de la Mairie, discours, revue des détachements français rangés en éventail sur le Campo.

Un seul officier sans doute avait quand même un pincement de cœur : c'était le Commandant du 34e Groupe FTA, renforcé d'une batterie US de 37 automoteurs du 432e Bataillon.

Il avait l'honneur, combien redoutable, d'assurer en cette circonstance la protection immédiate de Sienne. Qui aurait pu jurer qu'un avion allemand en rase-mottes ne viendrait pas jeter la confusion dans l'ordonnance des festivités. Deux minutes de vol, à partir de la ligne de combat, l'amèneraient en position de tir... Avec le Campanile comme repère, il ne pouvait avoir aucune hésitation !

Heureusement Sienne était zone interdite aux avions alliés, ce qui évitait toute incertitude sur la nationalité de l'avion vu.

Mais enfin... Je dois à la vérité de dire que ce Commandant de Groupe a éprouvé une immense sensation de soulagement quand les " dernières chandelles furent éteintes".[48] »

Le chef d'escadron Socquet n'imagine certainement pas à ce moment que la campagne va se terminer pour lui et son groupe de manière dramatique. Le 29 juillet, il part avec le lieutenant Leymarie commandant la B/34 et quatre autres officiers en reconnaissance au-delà de Poggibonsi. Mais en chemin, ils sont interceptés par un groupe de parachutistes allemands et emmenés en captivité[49]. Le commandement par intérim est alors pris par le capitaine Makiewicz de la batterie C qui, le lendemain, emmène le groupe à San Marinella pour y effectuer des écoles à feu.

Finalement, seulement deux formations des FTA du CEF seront citées pour leur rôle en Italie : la batterie B du 34e groupe pour l'action du 15 janvier 1944 et le 41e groupe colonial pour l'ensemble de la campagne.

***Revers du fanion du 21e groupe colonial** de DCA portant l'insigne de la 1re DFL et l'inscription « Italie ».* (Musée des Troupes de Marine)

***A gauche :** Insigne du 33e groupe de FTA de la 4e division marocaine.* (Coll. particulière)

44. Nommé le 4.3.44 chef d'escadron à titre temporaire à compter du 25.12.43.
45. Son meurtrier, un garçon de 16 ans, est arrêté le 24 par la prévôté du CEF et les carabiniers.
46. Les FTA du CEF tirent 250 coups de 90, 1 000 de 37 ou 40, 14 400 de 50.
47. Le Firing Point se trouve au km 51 de la route n° 1 en bordure de mer.
48. Note sur l'action des FTA pendant la campagne d'Italie, op. cit.
49. Blessé, le chef d'escadron Socquet sera soigné dans un hôpital du Tessin, puis en Bavière avant de rejoindre un Stalag au nord de Munich où il sera libéré par les Américains de la 14th Armored Division. Quant au capitaine Leymarie, il sera interné dans un camp au sud de Berlin, libéré par les Soviétiques et rapatrié à Casablanca où il retrouvera son cabinet d'assurances.

LE GENIE OUVRE LA ROUTE

Janvier 1944, sur la route de Pozzili à Acquafondata, les sapeurs de la compagnie 180/3 disposent les éléments du pont Bailey *devant remplacer l'ouvrage détruit par l'ennemi. (©ECPAD/France)*

Dans le cadre du plan d'Anfa, il est prévu un bataillon du génie par division, quatre régiments de combat et deux d'armée, six bataillons de plage et un de ponts lourds, douze compagnies spécialisées. De son côté, l'Infanterie compte créer douze unités de pionniers[1].

Mais une fois le matériel des deux premières tranches livré en septembre 1943, force est de constater que le programme a pris du retard en ce qui concerne les éléments non endivisionnés et que deux bataillons de plage et huit compagnies spécialisées seulement sont constitués. Pour le reste, l'état-major escompte une mise sur pied à l'état de noyau dès l'arrivée du matériel américain[2]. Confronté à des choix douloureux mais persuadé de la nécessité de former le maximum de combattants de première ligne, l'EMGG a fait passer le Génie après les autres armes.

Cependant, le « plan du 23 janvier 1944 » est plus étoffé et l'Infanterie promet de doubler les effectifs des pionniers en incluant notamment trois bataillons de tirailleurs sénégalais. Techniquement, il consacre la disparition des unités de plage passées de mode et entérine la constitution de deux types de bataillon de DI imposée par la pénurie de personnel français en AFN.

En attendant, le CEF doit s'accommoder de cette pénurie et s'engager en Italie avec des moyens dérisoires.

Le Génie des 2e et 3e Divisions

Dissous à la mobilisation pour mettre sur pied deux bataillons divisionnaires, dont un participe à la campagne de France avec la 1re division marocaine, le 31e bataillon est reconstitué à Port-Lyautey au Maroc après l'armistice. En décembre 1941, il est rejoint par le 33e bataillon rapatrié du Levant, qui rejoint ensuite Fès où l'état-major et les deux compagnies sont regroupés en août 1942.

Après le débarquement anglo-saxon, les deux bataillons forment un seul organisme baptisé « dépôt de guerre du génie n° 31-33 » ayant pour mission la mise sur pied de nouvelles unités. Le 33e devient ainsi 142e BG[3] puis, affecté le 1er avril à la 2e DIM, il prend l'appellation de 87e BG[4]. Le lieutenant-colonel Pinson le quitte alors pour le Génie divisionnaire et le chef de bataillon Berthézène, rappelé à l'activité, prend le commandement le 1er mai alors que les premiers réservistes arrivent du dépôt.

Son matériel perçu à Hussein Dey, le bataillon quitte Fès pour Port-Say où l'activité est désormais entièrement consacrée à s'instruire et former les pionniers de la Division. Un champ de mines et pièges, une piste grillagée et un atelier de construction de portières sont ainsi organisés, tandis que les compagnies aménagent à la pelle, à l'explosif et au bulldozer des pistes dans le djebel.

Le général Juin prend contact le 13 août, suivi le 26 par le commandant du génie du CEF. Puis c'est la préparation de l'inspection de la commission franco-américaine. Le 2 septembre, une présentation est faite au général Roosevelt avec manœuvre de commando en collaboration avec le II/8e RTM, tirs à la mitrailleuse et au mortier de 81, débarquement et attaque de blockhaus. Et, le 8, alors que débute avec les tirailleurs l'instruction sur les mines et les ponts de circonstance, le général Jaubert[5] inspecte les chantiers de piste de Port-Say au cap Millouna.

Le 24, la compagnie 87/1 fait mouvement sur Bou Sfer avec le groupement A en vue de s'entraîner aux opérations d'embarquement et de débarquement sur la plage des Andalouses. Trois jours plus tard, c'est au tour de la 87/2 de s'installer avec le groupement B en bivouac au sud de St Leu, Puis, le 28, l'état-major et la 87/21 gagnent Lourmel tandis que le GD 2 rejoint St Leu.

Du 2 au 19 octobre, les compagnies participent à la formation amphibie à Port aux Poules, les unités de combat assurant l'instruction des troupes de toutes armes de leur groupement pour les mines, les destructions par l'infanterie et les obstacles de plage.

Puis tout le génie est regroupé à Bou Zadjar, sur le bord de mer. De là, les cadres disponibles se rendent à tout de rôle à Georges Clemenceau pour suivre une instruction sur la mise en œuvre du pont *Bailey* dispensée par le 3e bataillon de plage. C'est d'ailleurs là qu'est organisé du 2 au 7 novembre un premier stage de mines et pièges au profit d'une centaine de fantassins, cavaliers et artilleurs de la 2e DIM. Mais la Division faisant mouvement, le second stage doit être interrompu et les élèves sont renvoyés sur leurs corps respectifs.

Tandis que les véhicules chenillés embarquent à Oran, le bataillon vient bivouaquer à Charron. Puis, par Souma, Le Kroubs et Souk el Arba,

---

1. Les pionniers constituent une réserve de main d'œuvre que le commandement peut mettre à la disposition du génie, des services ou de la base d'opérations.
2. Programme de réarmement établi le 10.9.43, diffusé aux 3e et 4e bureaux comme document d'étude sous le n° 3030 EMGG/I-O du 25.9.43.
3. Ordre n° 1571 CSTM/I/O. M du 15.2.43.
4. Note n° 2355 CSTM/I/O. M du 17.3.43.
5. Commandant le génie de la 19e Région puis directeur général du génie.

il gagne Bizerte et, le 18 novembre, ses trois compagnies prennent place à bord de deux LST.

Deux jours plus tard, les deux bâtiments arrivent devant Pozzuoli et les unités débarquent dans le port de Coroglia[6] puis viennent bivouaquer dans un cratère de volcan éteint à gli Astroni.

En Algérie, le 19e régiment du génie est dissous à la mobilisation de 1939 et un éphémère 83e bataillon est créé à Constantine. Puis il est reconstitué à trois bataillons et deux d'entre eux sont engagés en Tunisie, dont le 1er - avec les 19 janvier hippo et 19 février auto - dès le 14 novembre 1942 avec la Division de marche de Constantine :

« Mal vêtu, mal armé, mal équipé et mal nourri, le Bataillon est engagé sans trêve, dans des conditions particulièrement dures. Malgré les difficultés sans nombre dues à l'hiver et au terrain, autant qu'à la résistance acharnée de l'ennemi et à la faiblesse de ses moyens, il assure la création et l'entretien des pistes, le dégagement et l'aménagement des itinéraires, le déminage, tout en prenant une part active aux principales opérations.[7] »

Après le défilé de la Victoire à Tunis, le Bataillon regagne Hussein Dey où il doit former le 83e bataillon de la 3e DIA.

Le 1er juin, les compagnies 19 janvier et 19 février deviennent donc 83/1 et 83/2, tandis que la 83/21 est créée avec en tout et pour tout un officier, un sous-officier et deux sapeurs.

Le lieutenant-colonel Delaleu, chef du génie à Colomb-Béchar, rejoint le Centre d'organisation le 12 juin puis la Division à Constantine le 24 et prend alors le commandement du génie divisionnaire.

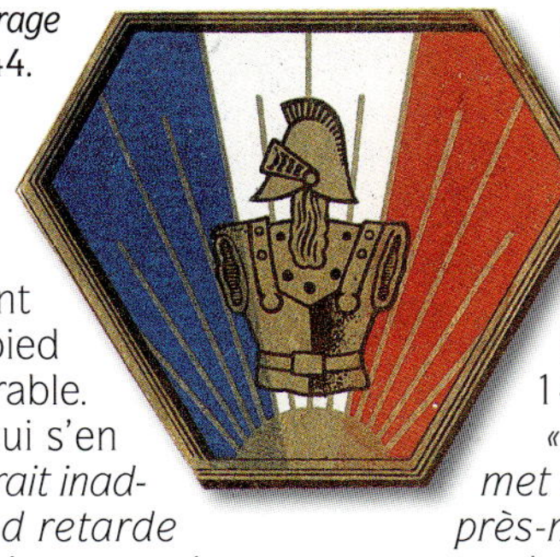

Insigne du Génie *du CEF figurant sur l'ouvrage* Le Génie dans la campagne d'Italie 1944. *(Coll. particulière)*

Le personnel du bataillon venant juste d'être désigné, sa mise sur pied a de ce fait pris un retard considérable. Pour le général de Monsabert, qui s'en plaint au 1er bureau d'Alger, *« il serait inadmissible que cette mise sur pied retarde celle de la 3e DIA »*. Il demande donc que des ordres fermes soient donnés afin que le bataillon puisse le rejoindre dans la zone de manœuvre au plus tard le 18 juillet[8].

La tâche incombe au chef de bataillon Rondot du centre d'organisation du génie d'Algérie, qui n'en peut mais. Il a bien constitué l'état-major et les bureaux administratifs des trois unités, mais de nombreux sous-officiers et sapeurs sont encore détachés aux chaînes de montage ou au transport et au convoyage du matériel américain. En conséquence, il demande le rappel du personnel employé à Alger et un délai jusqu'au 20 juillet.

Les ordres ayant été enfin donnés le 2 juillet, le personnel est affecté deux semaines plus tard et le Bataillon est rassemblé à Hussein Dey quatre jours après le délai accordé. Commandé par Rondot, il est alors à effectif complet avec 70 % environ du matériel technique et la moitié de l'habillement.

Le 3 août, tandis que lieutenant-colonel Delaleu visite le 3e bataillon de plage à Port aux Poules et prend contact avec le Génie de la 9e DIC en vue de créer une école de ponts à l'embouchure du Cheliff[9], le bataillon s'installe à Lapasset.

Le 1er septembre, Rondot est admis à l'hôpital d'Oran. Puis le matériel est inspecté par la commission franco-américaine. Et le 9, les compagnies rejoignent leur nouvelle zone d'entraînement avec les groupements à St Leu et en forêt de la Macta. Suivant celui de la Division, l'état-major s'installe à l'école de garçons de Perrégaux et la 83/21 monte le bivouac sur la route d'Oran le 14 septembre :

« Le temps incertain jusque-là se met carrément à l'orage et dans l'après-midi il pleut. Les seguias sont faites autour de tentes et à part quelques imprudents, personne ne semble devoir être mouillé quand brusquement l'eau dévale par le thalweg et en cinq minutes le camp est inondé. Seule la tente ordinaire, à proximité immédiate de la route, est hors de cause. Les sapeurs pataugent dans la boue gluante pour sauver leur paquetage. La table de la popote officiers flotte et s'en va. Rassemblement de toute la Compagnie pour sauver le matériel. La Section de Parc est particulièrement éprouvée. A la nuit, nous nous installons à 500 mètres plus loin vers Oran et à flanc de coteau. Distribution de vin et de café chauds.[10] »

Le 14 octobre, l'état-major occupe la salle des fêtes de St Denis du Sig tandis que la compagnie de commandement campe près d'un moulin au sud du village. Le brouillard est si dense que le déplacement s'est fait à faible allure et phares allumés.

6. *Parfois appelé Nisida, du nom de l'île reliée au continent par une jetée formant port.*

7. Historique du 32e Régiment du Génie, *juillet 1978.*

8. *Lettre n° 412/1 du 26.6.43.*

9. *L'école comportera également des ateliers: passages de vive force par l'infanterie, travaux de piste, réseaux de fil de fer, tranchées, abris...*

10. *Journal de marche de la Compagnie du génie 83/21.*

Les deux brèches *de 24 et 74 mètres du* Ponte *a* 25 archi *enjambant le Volturno sont comblées, du 6 au 19 janvier 1944, par deux* Bailey *lancés par la compagnie du génie 180/1 associée aux pionniers de la 10/201. (©ECPAD/France)*

Le 17, Rondot atteint de paludisme est mis à la disposition du directeur du Génie et le chef de bataillon Villette venant du COG le remplace. Une semaine plus tard, les compagnies quittent le bord de mer et gagnent la 83/1 st Denis et la 83/2 le lac des Gharabas, près de Ste Barbe du Tlélat pour poursuivre ses exercices de pontage.

Une revue a lieu le 13 novembre à Damesme au cours de laquelle le général Giraud décore de la croix de guerre avec palme les fanions[11] des unités héritières des compagnies 19 janvier et 19 février de Tunisie.

Dès lors, le GD 3 suit les traces du GD 2 : instruction *Bailey* sur la plage de Clemenceau, installation à Lourmel et à Bou Zadjar.

Puis, le 2 décembre dans l'après-midi, le Bataillon est mis en alerte. L'outillage est distribué et le complément en vivres et munitions perçu tandis que les effets français sont réintégrés. Le 4, jour de la Ste Barbe dignement fêtée, les sapeurs sont passés en revue par le général de Monsabert qui se fait présenter tous les officiers. Puis les half-tracks M2 et les angledozers rejoignent le 3e RSAR à Aïn el Arba en vue de leur chargement à Oran. L'état-major part ensuite de Lourmel et arrive à Bizerte, le bataillon suivant à deux jours. L'embarquement à la Pêcherie à bord de sept navires commence le 16 pour s'achever dix jours plus tard.

Le 22 décembre, les chenillés débarquent à Naples et l'état-major s'installe à Orta di Atella. Puis le 29, la 83/1 déposée à Nisida rejoint son échelon lourd cantonné depuis trois jours au château de la princesse di Blazo à Casapuzzano. Et le 31, les derniers véhicules arrivés, le Bataillon est entièrement rassemblé à Caivano.

Les bataillons de plage

Lorsque, au début de 1943, le plan d'Anfa est « mis en musique » par l'état-major d'Alger, la constitution de six bataillons de plage est prévue dans la perspective d'une participation du corps expéditionnaire à une opération de débarquement de vive force en Italie ou dans le Sud de la France. Il s'agit donc d'unités de circonstance, certes avant-garde du corps expéditionnaire, mais tout de même éloignées des idées ayant présidé à la conception de l'Armée nouvelle

Plusieurs mois passent... Le général Giraud - auquel le projet de débarquement tient à cœur - intervient alors[12] auprès de l'état-major Guerre, qui diffuse un premier tableau d'effectifs[13] et se tourne vers l'état-major des forces terrestres en AFN et en AOF afin que deux bataillons soient constitués sans délai.

Le CEF prend donc les choses en main et prescrit que *« les 2e et 3e bataillons de génie de plage seront mis sur pied en priorité respectivement à Orléansville et Hussein Dey de façon à pouvoir être enlevés dès que possible à partir du 16 juillet et être rendus à pied d'œuvre à l'Invasion Training Center de la baie d'Arzew vers le 20 juillet*[14] ». Leur transport sera réglé par le 4e bureau du CEF et le stationnement sur place défini par le colonel du Payrat, chef de la mission française à Port aux Poules.

Après entente avec AFHQ, il a été convenu que les deux bataillons recevraient une instruction spéciale et demeureraient ensuite au FAITC pour participer à l'entraînement des groupements d'instruction des 2e DIM et 3e DIA.

Pour les autres bataillons, la mise sur pied est envisagée le 1er à la mi-août, un deuxième ensuite et les deux derniers courant septembre : le commandant du Génie du CEF en est chargé après étude menée en liaison avec l'état-major du Génie en Afrique.

Le colonel Dromard, commandant du génie à Tunis, a été désigné le 18 mai *« pour assurer le commandement du génie et des travaux du CEF »*[15]. Mais il doit attendre le 1er juillet pour obtenir son adjoint « travaux » et la composition de l'état-major. Puis quinze jours sont encore nécessaires avant que le personnel soit réuni au complet au domaine El Kasnadjy à Cheragas, près d'Alger.

Parallèlement, l'état-major agit par la voie territoriale et ordonne à la 19e Région, le 16 juillet, de constituer les trois premiers bataillons qui *« doivent être chargés d'une mission de combat temporaire à l'issue de laquelle leur dissolution est envisagée »*. Chacun comprendra un état-major de groupe de compagnies, une compagnie de combat type génie de DI, constituée à Hussein Dey avec du personnel français de deux compagnies du Maroc et indigène de la 50e compagnie de sapeurs de chemin de fer, et deux de pionniers fournies par les 1ers bataillons des 202e et 203e régiments.

Mais à peine l'ordre de regroupement à Orléansville donné, la répartition des compagnies dans les bataillons est modifiée sans que cela ait d'ailleurs beaucoup d'effet sur les unités qui poursuivent leur mise sur pied en toute autonomie.

La compagnie de sapeurs du 2e Bataillon rejoint Clemenceau le 19, tandis que la 101e compagnie autonome, qui gardait des prisonniers de guerre assurant le déminage en Tunisie, embarque à Pont du Fahs et - devenue 2e compagnie de pionniers du 202e RPNA - s'installe à la Chiffa près de Blida. Puis, avec la Compagnie 203/2, elle effectue un bref séjour à Orléansville avant de rejoindre la Macta le 26 juillet.

Au 3e Bataillon, la 50e CSF - mise sur pied au Polygone d'Hussein Dey avec du personnel en provenance du Maroc et de trois unités ayant participé à la campagne de Tunisie - rejoint la Macta le 19 juillet, accompagnée de la Compagnie 203/1 formée à Guelma avec des unités de travailleurs. Ce même jour, la Compagnie 202/1 part de Blida pour Orléansville puis la Macta.

Chaque bataillon constitue alors trois « compagnies tactiques » composées d'une section du génie et de trois sections de pionniers afin de suivre l'entraînement au FAITC - transport dans les barges de débarquement, reconnaissance et balisage des plages, construction de pistes, installation de dépôts, manœuvres d'ensemble - complété par une instruction de spécialités : *waterproofing*, DUKW, bulldozer, conduite de véhicules.

Mais, le 29 juillet, l'entraînement des groupements de débarquement et les stages de cadres et d'officiers TQM sont suspendus. Il est néanmoins admis que les deux bataillons peuvent poursuivre sur place leur instruction génie[16], dirigée à partir du 5 août par le lieutenant-colonel Vaireaux arrivé de Tunis.

Or, ce même jour, l'Etat-major général demande au génie du CEF[17] d'étudier de toute urgence la mise sur pied de deux bataillons de réserve générale à partir des 2e et 3e

11. *Sur celui de la 83/1 est cousu un triangle de satin portant les inscriptions* Tunisie - Rebaou - Sbeitla - Pichon - Zaghouan *brodées par Mme Rochegude, directrice de l'Ecole supérieure de jeunes filles d'Alger.*

12. *Note n° 2148 EM/1 du 20.6.43 du général commandant en chef.*

13. *TEG n° 1941 EMGG/I-O du 25.6.43.*

14. *Note de service n° 384 EMG/3-CEF/TS du 9.7.43.*

15. *Note de service n° 1066 SMGP/EM du 18.5.43.*

16. *Note n° 489 EMG/CEF/3S du 27.7.43.*

17. *Suivant le mouvement de l'EM du CEF, l'équipe du colonel Dromard s'installera le 10.8.43 au quartier d'Eckmuhl à Oran.*

Organisation du Génie divisionnaire

L'organisation des bataillons divisionnaires engagés en Italie diffère selon la spécialisation et le moment de leur mise sur pied.

Les 83e et 87e bataillons sont dits du type « spécial français » à deux compagnies de combat de trois sections seulement. Leur compagnie de commandement comprend en particulier une section de parc avec engins mécaniques, matériel de pontage et service des eaux.

	Officiers	Sous-officiers	Troupe	Total	Véhicules
21e compagnie	6	15	108	129	31
1re compagnie	5	20	184	209	29
2e compagnie	5	20	184	209	29
total	16	55*	476**	547	89
Combat Battalion			768		

* dont 7 Indigènes. ** dont 237 Indigènes.

Le 88e bataillon à la même organisation, avec toutefois l'adjonction aux unités de combat d'une section de transport muletier de 43 muletiers et 40 mulets.

	Officiers	Sous-officiers	Troupe	Total	Véhicules	Mulets
21e compagnie	7	16	150	173	34	40
1re compagnie	5	20	184	209	29	-
2e compagnie	5	20	184	209	29	-
total	17	56*	668**	663	92	40

* dont 8 Indigènes. ** dont 275 Indigènes

Enfin, le 1er bataillon, créé sur le modèle institué en mars 1944, comporte une compagnie de combat supplémentaire.

	Officiers	Sous-officiers	Troupe	Total	Véhicules
21e compagnie	4	15	92	129	30
1re compagnie	5	21	153	209	22
2e et 3e compagnies	10	42	306	418	44
total	19	78*	551**	563	96
Combat Battalion	29	3	634	666	103

* dont 10 Indigènes. ** dont 280 Indigènes.

Revers du fanion *de la 1re compagnie du 101e Génie, légèrement différent de celui de 1943. Le sapeur chevauchant la tarasque a disparu et, sur l'avers,* « 101e Regt » *a remplacé* « 3e Bon » *et les inscriptions* « Ile d'Elbe » *et* « Rhin » *ont été ajoutées. (Salle d'honneur du 1er régiment du génie)*

bataillons[18]. Chacun devra comprendre un état-major, un élément de commandement, une compagnie de combat et deux de renforcement, plus un EM de groupe de bataillons pour l'ensemble.

Le 2e BG rejoint ainsi le centre de Ste Barbe du Tlélat avant de gagner Bou Sfer, tandis que le 3e BG s'installe à Clemenceau proche de l'école du Cheliff et des plages de la Stidia et de la Salamandre. Puis après avoir reçu l'instruction sur le pontage et le rétablissement des communications, les deux bataillons reviennent en baie d'Arzew pour travailler avec les groupements de la 3e DIA puis de la 2e DIM qui, à partir du 15 septembre, reprennent leur entraînement au FAITC.

Ainsi, jusqu'en décembre, les bataillons assurent sans interruption l'instruction de six grandes unités du corps expéditionnaire. Et l'intégration des unités dans le Génie se fait progressivement par l'affectation dans l'Arme des fantassins dans le courant de septembre, puis l'adoption d'une appellation plus conforme le 1er octobre [19].

*3 **août 1943** à Port aux Poules. Présentation du revers du fanion de la 1re compagnie du 3e bataillon de plage, future 1re du 101e régiment du génie. (OFIC)*

Insigne du 87e bataillon *du génie de la 2e division marocaine. (Coll. particulière)*

Or, à partir du 1er décembre, la 4e division marocaine s'entraîne en vue d'une opération amphibie à laquelle elle est susceptible de participer avec deux groupements tactiques régimentaires. Le 4 au petit matin, le 2e BG quitte donc Arzew en direction de Bizerte, tandis son matériel lourd part de la gare d'Oran en début d'après-midi. Mais, à 17 heures, l'EMGG donne l'ordre d'arrêter les éléments sur la route et de les renvoyer dans leur cantonnement ! Le Bataillon rejoint finalement le 16 les environs d'Alger où, réparti autour de Fort de l'Eau et Maison-Carrée, il entraîne pendant une dizaine de jours le groupement tactique du 6e Tirailleurs.

Il est ensuite décidé de reconstituer les deux bataillons du génie en unité de plage[20] avec de nouveaux tableaux d'effectifs et de dotations. Le personnel français de complément sera fourni par les centres d'organisation de l'infanterie d'Algérie et des transmetteurs seront détachés des compagnies d'exploitation 807/1 et 827/1 en attendant que les sapeurs soient en mesure de mettre en œuvre leur matériel.

Mais, le 23 janvier 1944, les bataillons de plage ne figurent plus dans le plan de réarmement. Tout au plus sont-ils encore mentionnés dans l'Aide-mémoire de l'officier d'état-major indiquant que le commandant du génie du corps expéditionnaire doit disposer d'un « *bataillon de plage à trois compagnies de sapeurs amphibies* ».

Consacrant cette désaffection, les 2e et 3e bataillons de plage changent d'ailleurs d'appellation et forment, théoriquement le 1er février, le 101e Génie. Il est également décidé que le bataillon installé près d'Alger ralliera l'Italie dans les meilleurs délais, suivi par celui d'Oranie dès que l'entraînement amphibie de la 4e DMM sera achevé.

18. Créé le 16.7.43, le 1er BGP est dissous le 13.8.43 et son personnel remis à la disposition du commandement au Maroc, du COG 19 et du 203e RPNA.
19. 2e BG - chef de bataillon Paqueteau, 3e BG - chef de bataillon Legendre.
20. Note de service n° 6868 EMGG/1-O du 29.12.43.

Le Bataillon du Méditerranée - Niger

Si la note sur l'emploi des armes insiste sur le « classicisme » du génie divisionnaire et envisage sa participation aux opérations de débarquement de vive force, rangées d'ailleurs dans la même catégorie que *« le franchissement des cours d'eau par les premiers éléments des troupes d'assaut »*, elle ne peut prévoir la création d'une unité tout à fait particulière, le bataillon du génie 180 issu de la compagnie de chemin de fer du Méditerranée-Niger.

Depuis mars 1941, une compagnie civile travaille à la réalisation d'une voie ferrée reliant l'AFN à l'AOF à travers le Sahara. Son matériel de terrassement mécanique se trouvant disponible avec le personnel de conduite après le débarquement de novembre 1942, le directeur général du réseau propose-t-il ses services au commandement. Des équipes de réparation et une unité de transport sont d'abord formées, puis le « Corps spécial du Méditerranée-Niger » est créé en février 1943[21].

Mobilisé sur place, le Corps MN reçoit pour mission la création, l'entretien ou la remise en état des aérodromes[22], et le rétablissement des communications routières pour ce qui concerne le matériel technique de terrassement.

Pendant cette période de mobilisation sont créés : un organe de commandement provisoire à Alger, un dépôt territorial à Oujda, un parc mobile à Maison-Carrée et des groupes de la valeur d'une compagnie[23]. Le matériel français est pris en compte par l'armée et le complément technique commandé aux Etats-Unis. Puis la militarisation effective du Corps MN est fixée en avril[24] et ses six compagnies techniques sont incluses dans le plan d'emploi du génie le mois suivant

Il faut cependant attendre août pour que, après de nombreuses transformations et le licenciement du personnel civil, le Corps trouve son assise[25]. Il constitue dès lors le Bataillon de génie 180 rattaché au dépôt n° 19 à Hussein Dey et composé de quatre unités spécialisées : 180/1 ponts lourds et voies ferrées, 180/2 transport et épuration des eaux, 180/3 routes et engins mécaniques, 180/4 parc et atelier[26].

Il s'agit là *« d'un bataillon de formule moderne, disposant d'un encadrement de qualité et d'un lot important d'engins, et susceptible, en conséquence, d'un rendement élevé[27] »*, cependant encore doté du seul matériel du MN, aucune décision n'ayant été prise pour l'attribution du matériel américain arrivant dans les ports. Quant au sous-effectif de fait ou imposé par l'état-major[28], il contraint à remanier les unités afin de sauvegarder la compagnie des engins et ne peut être résorbé qu'en autorisant le commandant du bataillon à engager pour la durée de la guerre des travailleurs étrangers qui faisaient partie du Corps avant sa militarisation[29].

Mais son unicité ne convient pas à un emploi sur plusieurs théâtres d'opération. Pour s'adapter au soutien des groupements de premier échelon du 1er corps de débarquement, les compagnies 180/2 et 180/4 sont ainsi réorganisées et mises en route sur La Senia début septembre. Puis elles perçoivent en octobre à Maison-Carrée des équipements et un premier lot important de matériel, tandis que les anciens véhicules sont reversés au dépôt.

Le tracteur lourd avec angledozer Caterpillar *D7 communément appelé bulldozer est l'un des plus gros engins de terrassement dont dispose le génie du CEF. (©ECPAD/France)*

Ensuite, pour renforcer la 180/4 du groupement n° 1, il est décidé de lui affecter la 180/1 comptant au groupement réservé. Celle-ci rejoint donc St Rémy le 23 octobre, mais comme ses effectifs sont déficitaires, il faut à nouveau une semaine pour la mettre à niveau. C'est alors que, le 29 octobre, la 180/2 quitte La Senia pour Maison-Carrée où elle est rattachée au 1er CA qui opère en Corse.

Mais ce n'est pas fini. En effet, les convois arrivés à Casablanca ne comportant aucun matériel de plage pour équiper les deux bataillons spécialisés, un lot d'engins - angledozers, grues, tracteurs - est constitué à leur intention. Et comme la 180/1 a également besoin du lot d'engins appropriés à sa spécialité, un détachement est formé pour le groupement n° 1 qui, pour des raisons d'entretien et de réparation, est rattaché à la 180/4 qui dispose d'ateliers.

Enfin, un nouveau remaniement des 180/2 et 180/4 est prescrit afin que ces deux unités soient organisées en fractions identiques.

Comme le note le commandement du génie du CEF, *« il est superflu d'insister sur les inconvénients multiples qu'entraînent des transformations successives, tant pour l'action des cadres que pour la cohésion des unités[30] »*. D'autant que le personnel français est constitué, non par affectation du dépôt n° 19, mais par appels individuels de rendement lent et irrégulier et que l'arrivée du matériel américain à Casablanca a lieu en dehors de toute prévision possible !

Malgré tous ces changements, l'instruction se poursuit : stage TQM à Arzew, franchissement à Ste Barbe du Tlélat, pont Bailey à Clemenceau et la Macta. Et, le 27 octobre, le général Dromard vient pour la première fois inspecter le Bataillon.

Ci-dessus : insigne du 83e bataillon du génie de la 3e division algérienne. (coll. particulière)

Le 15 novembre, la 180/4 reçoit l'ordre de se tenir prête à gagner une zone d'attente. Mais c'est seulement le 23 qu'avec un détachement de la 180/3 elle commence à embarquer à Oran pour quitter quatre jours plus tard le port.

Tandis que le matériel est chargé à bord des transports, le général Dromard, le colonel Labaume et le commandant Friedling[31] déjeunent à la popote de la 180/1 à Clemenceau avec l'état-major et les commandants de compagnie et leurs adjoints. Le Général leur a-t-il alors dévoilé ses projets ? En tout cas, une note reçue le 7 novembre précise la répartition des unités : 180/1 et 180/4 à la 1re armée, état-major et 180/3 à la 2e armée, compagnie 180/2 au 1er CA. Il est également indiqué que le Bataillon devrait se dédoubler et former un Xe BG avec les 180/2 et 180/3.

En fait, tout le bataillon - moins la compagnie de Corse - va se retrouver en Italie. Tandis que la 180/3 quitte Mers el-Kebir, l'EM et la 180/1 gagnent en effet Bizerte et embarquent à bord de LST le 28 décembre.

Les sapeurs de la 180/1 découvrent avec les artilleurs du 64e l'ordinaire américain dont *« le manque de vin provoque quelques grincements[32] »*. Enfin, le 31 à 8 heures, les LST

21. Ordonnance du 11.2.43 et Instruction n° 296 EMG/I-O du 23.2.43.

22. Par exemple, la compagnie MN 3, mise pendant deux mois à la disposition des Américains, transforme le terrain d'aviation de Telergma en aérodrome de campagne.

23. 9 officiers, 30 sous-officiers, 60 sapeurs européens, 400 Indigènes.

24. Modificatif n° 983 bis EMG/I-O du 10.4.43 à l'instruction du 23.2.43 et affectation le 13.4.43 du capitaine Carpentier, officier de réserve et ingénieur des ponts et chaussées.

25. Note n° 1042 EMG/I-O du 4.8.43 et TEG n° 1861 EMG/I-O du 28.8.43.

26. 35 officiers, 114 sous-officiers, 1 126 sapeurs dont 647 Musulmans algériens.

27. Note n° 1282 CEF/G/3 sans date sur le 180e BG.

28. Un mois après la parution du TEG, la note n° 7991 EMGG/1 du 24.9.43 fait connaître qu'il n'est pas possible de fournir la totalité des Français prévus par le TEG, soit une amputation d'environ 100 hommes.

29. Note de service n° 2991 EMG/I-O du 24.9.43.

30. Note n° 1282/3 sans date.

31. Adjoint « travaux » et chef d'état-major du commandant du génie du CEF.

32. JMO du Bataillon du Génie 180.

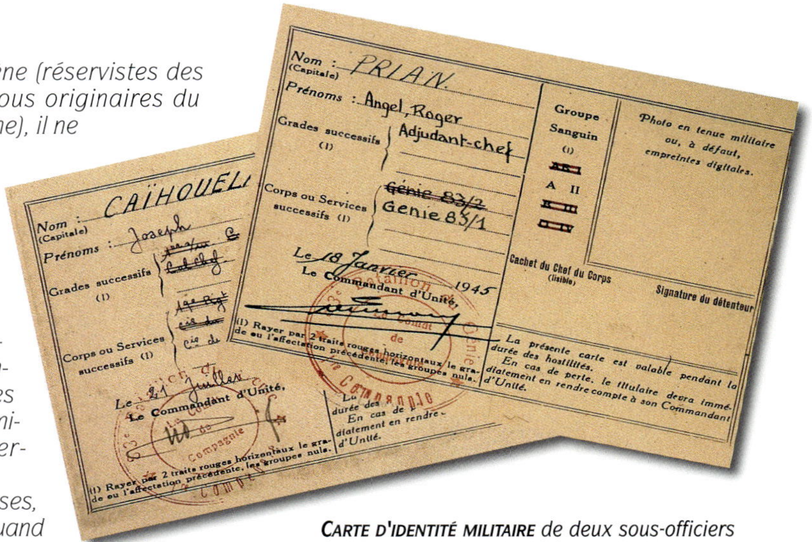

Carte d'identité militaire *de deux sous-officiers de la compagnie du génie 83/1. (Coll. particulière)*

passent devant Capri : la matinée est splendide, tous les hommes sont sur le pont. Mais en début d'après-midi, un grain violent s'abat sur la baie de Naples et le débarquement puis le déplacement à pied vers l'Area 2 se font sous une pluie battante.

Le Jour de l'An, la 180/1 rejoint Bagnoli et s'installe à l'usine *Ilva*, près de la 180/4 arrivée depuis un mois et affectée provisoirement à la Base 901.

Les pionniers nord-africains

Bien qu'initialement il soit prévu de former quatre régiments, la création du 204e est rapidement abandonnée. Et après quelques hésitations, car leurs premiers bataillons sont déjà constitués, il est décidé de porter les 202e et 203e à effectifs complets le 1er octobre[33]. Puis, en raison des difficultés pour trouver le personnel adéquat, la décision est prise de dissoudre le 203e le 1er février 1944[34].

Du 201e RPNA, on sait que le 2e bataillon est créé le 1er juillet à Bizot et qu'il rejoint Rabelais le 13 août, suivant de quelques jours le 3e bataillon installé à Renaud. Puis, le 15 septembre, le Régiment est mis temporairement à la disposition du commandant du génie du CEF

Pionniers de la 4e compagnie *du 201e RPNA établissant une déviation près d'un pont détruit par les Allemands dans le secteur d'Esperia. (P. Ichac)*

« pour recevoir l'instruction sur le sapeur pionnier et le rétablissement des communications en général ». L'état-major et le 1er bataillon sont ainsi instruits par le CIG de Ste Barbe et le 3e par le génie de la 1re DB[35]. Le 2e avec le génie de la 4e DMM, embarque à partir du 12 octobre pour la Corse et rejoint la Base 901/4.

Un rapport ultérieur donne une idée de la situation du 3e bataillon :

« A part un léger encadrement européen, le III/201e (à l'image du Régiment tout entier) est un bataillon indigène algérien.

De composition homogène (réservistes des classes 1935 et 1936, tous originaires du Département de Constantine), il ne présente cependant pas de réactions unanimes dans les manifestations de son état moral - et ceci est dû à plusieurs facteurs :

1.) A côté d'une majorité de fellahs arabes, durs à la fatigue quand un commandement vigilant les maintient au travail, figurent des cultivateurs et quelques demi-intellectuels kabyles à personnalité plus sensible.

2.) Les influences religieuses, heureusement bénéfiques quand on sait les exploiter avec doigté, sont nulles lorsqu'elles s'exercent sur un terrain déjà traversé par les influences politiques (on en connaît à cet égard l'évolution dans le Département de Constantine) [36] *».*

Fin décembre, le Régiment embarque avec la Division algérienne qu'il suit depuis le Constantinois. A son arrivée en Italie, le III/201 rejoint Frattaminore puis Venafro le 6 janvier 1944, tandis que le I/201 rattaché à la Base 901 s'installe caserne Granili pour travailler dans le port de Naples. C'est d'ailleurs au cours du déchargement du *Liberty ship F.A.C. Muhlenberg* chargé de vivres pour le CEF que, dans la nuit du 24 au 25 janvier, un de ses pionniers est blessé lors de l'explosion de deux bombes incendiaires. Puis les 3e et 4e compagnies partent renforcer le 87e BG et seuls demeurent à la disposition de la Base l'état-major et deux compagnies[37].

Quant au 202e RPNA, bien que sa création ait été prévue le 1er octobre 1943, il est ensuite décidé - en raison de la pénurie en personnel français et sous-officier indigène - de mettre sur pied son 1er bataillon le 15 novembre et ultérieurement la section de commandement régimentaire avec les deux autres bataillons[38].

Le I/202 est finalement formé avec des éléments provenant des bataillons de tradition des 1er et 29e RTA à Blida et du 9e Zouaves d'Alger. Venant de la division de Casablanca, le commandant Farret en assure le commandement, tandis que le lieutenant-colonel Brun arrivé du COI n° 1 de Port-Lyautey, « prend » le Régiment le 8 novembre. A peine rassemblé, le bataillon quitte Blida pour l'Oranie et Sassel où il s'installe le 25 à côté du PC régimentaire. La perception des véhicules et des effets américains commence quelques jours plus tard à Oran et à Casablanca. Puis, après un court séjour à Er Rahel, il part pour Bizerte transporté par des camions de la Division algérienne et passe Noël sous la guitoune à une dizaine de kilomètres du port.

Le 3 janvier 1944, le PC du du bataillon est enfin embarqué sur le Tarleton Brown et, après plusieurs jours d'attente dans le lac de Bizerte, il prend la direction de la Sicile et arrive à Bagnoli. Le 14, il s'installe près du PC régimentaire à Frattamaggiore, tandis que la 2e compagnie est détachée au dépôt de transmissions américain de Santa Maria et que les 3e et 4e travaillent déjà pour le compte de l'Intendance française à Venafro. Puis la 1re compagnie est détachée à Caserte au service du matériel de la 5e armée.

Le II/202, commandé par le chef de bataillon Comiti venant du Groupe des compagnies sahariennes de l'ouest, est constitué le 16 novembre avec des éléments de cinq unités de tradition : 1er, 9e et 29e RTA de Blida, Miliana et Kolea, 1er et 9e Zouaves de Guyotville et Tizi Ouzou.

Le 18 décembre, alors que deux convois arrivent de Casablanca et d'Oran avec le premier équipement américain, le Bataillon est avisé de son mouvement sur Bizerte. Quatre jours plus tard, en effet, il prend le train à El Affroun avec le commandant du Régiment et arrive à Karouba le 25, ayant perdu en chemin une dizaine de pionniers, probablement déserteurs.

Puis des « blocs » sont constitués, chaque compagnie étant affectée à un LST et l'embarquement commence. Le 31, après une excellente nuit passée à bord, le convoi de sept LST se met en route. La mer, légèrement agitée, devient mauvaise dans la nuit :

33. Note de service n° 3028 EMGG/I-O du 24.9.43.
34. Note de service n° 744 EMGG/I-O du 27.1.44.
35. Note de service n° 967 CEF/3-S du 8.12.43 sur l'instruction technique du 201e RP.
36. Rapport n° 1439/I du 19.10.44 du chef de bataillon Leca sur l'état d'esprit des militaires indigènes.
37. Elles seront relevées les 15 et 16.2.44 par les 5 et 7/202.
38. Le III/202 sera formé administrativement le 20.12.44 à Blida.

« Beaucoup de malades à bord. La tempête est sérieuse… Le convoi dissocié par le mauvais temps se regroupe. La mer se calme, mais il y a retard. Après la tombée du jour, une alerte provoquée par la présence d'une épave lumineuse crée un peu d'émotion à bord ».

Le 3 janvier, le jour se lève enfin sur une mer plate :

« Chacun se presse sur le pont pour jouir du spectacle. La pureté du ciel est contrariée par une immense traînée horizontale, la fumée du Vésuve qui s'étale en direction du sud. Nous avons déjà laissé derrière nous l'île de Capri. La colonne du convoi s'incline au pied du volcan, passe devant Naples et vient s'entasser en plein soleil, près du quai de l'île de Nisida où s'effectue le débarquement.

Nos véhicules automobiles sont mal en point. Tous ont été bosselés et meurtris au cours de la tempête. A 12 heures, les détachements des 1er et 2e bataillons se groupent à Bagnoli dans les ruines du Collège Ciano. La 6e compagnie manque au Bataillon.[39] »

***REVERS DE FANION** des unités du 2e bataillon du 101e régiment du génie, rare exemple d'utilisation de la lettre d'identification d'arme : en l'occurence le Y du Génie. (Salle d'honneur du 1er régiment du Génie)*

***AVERS DU FANION** de la 11e compagnie du 201e régiment de pionniers nord-africains. (SHAT)*

Les détachements gagnent ensuite Frattamaggiore où la 6e compagnie rejoint le 11 janvier, son bateau - resté en rade de Bizerte pendant trois jours à la suite d'avaries - n'ayant pu rejoindre qu'avec le convoi suivant. Le 12 enfin, le Bataillon gagne Venafro. Confiée à la 3e DIA, la 8/202 s'installe à Pozzili tandis que les trois autres unités sont mises à la disposition des travaux du génie.

Ainsi, l'absence d'une troisième compagnie dans les bataillons divisionnaires est partiellement atténuée par l'affectation d'une compagnie de pionniers :

« C'est une solution qui apporte, évidemment, aux Génies divisionnaires un appoint de main d'œuvre, mais il s'agit d'une main d'œuvre faiblement encadrée, sans aucune valeur technique ; elle peut rendre d'utiles services en période de stabilisation, pour les travaux courants, mais dans les périodes de combat et de mouvement en avant, elle ne saurait remplacer la compagnie du génie manquante.[40] »

Du Volturno au Rapido

Le 22 novembre 1943, les véhicules de la 180/4 sont chargés à Oran. Puis, quatre jours plus tard, le personnel quitte la *staging area* d'Assi ben Okba et embarque sur le paquebot *Llangilby Castle*, à bord duquel se trouve également le précurseur du commandement du génie du CEF.

Arrivée à Naples le 1er décembre, la compagnie rejoint Bagnoli tandis que le colonel Labaume s'installe à Maddaloni, puis prend contact à Caserte avec le *French Increment* et le Colonel Frank O. Bowman, *Engineer Officer* de la 5e armée.

Comme le note le journal de marche du 83e Génie[41], le général Dromard, arrive à Naples le 22 décembre. Le lendemain, il assiste au grand rapport[42], puis il rend visite au colonel Bowman. Le 24, il se rend en liaison auprès du commandant de la Base 901 et inspecte la 180/4, puis la messe de minuit réunit dans une église de Maddaloni tous les militaires français du QG. Le jour de Noël, le général Juin préside dans la grande salle du collège le déjeuner réunissant les officiers, sous-officiers et hommes de troupe français du quartier général. Puis les jours suivants sont consacrés à visiter les voisins - 10 Corps britannique, II et VI Corps américains - et les divers dépôts.

Le 3 janvier 1944, le commandement s'installe au séminaire de Prata Sanita, tandis que la direction des travaux demeurée à Maddaloni, constitue l'échelon arrière jusqu'au 7 janvier. Puis pionniers et sapeurs se mettent en place.

La 180/1 avec la 12/201e RPNA est chargée du rétablissement du pont des 25 arches enjambant le Volturno sur la route de Venafro à Isernia. La 180/3, renforcée de la 11/201, remplace à Pozzili les éléments du 39th Combat Regt et la 180/4 rejoint Quattro Venti pour prendre en charge les points d'eau exploités par la Company B du 405th Water Supply Bn. Quant au détachement d'engins, il s'installe avec les 9e et 10e compagnies de pionniers sur la route de Capriati à Isernia pour y construire une déviation dans la traversée d'un ravin.

Les Américains laissent sur place provisoirement une compagnie de transport de ponts et un bataillon du 36th Combat Regt qui doit assurer l'entretien des communications en arrière du génie de la 2e DIM et recevoir des stagiaires français à son école des mines installée à l'usine hydroélectrique de Colli.

***SAPEUR DU 2E BATAILLON** du génie utilisant un marteau piqueur alimenté en air comprimé par un compresseur Leroy. (OFIC)*

Le 13 janvier, le II/202e RPNA arrive à Venafro et les génies divisionnaires se déplacent vers l'avant - GD 2 à Scapoli et GD 3 à Casale -, un groupement du génie[43] constitué pour la circonstance devant assurer derrière lui le rétablissement des communications.

Progressivement, le dispositif se met en place. Ainsi, le 16, les éléments du 36th Regt sont remplacés par le 1er bataillon du 344th General Service Regt et l'état-major du 180e BG quitte Capriati pour Pozzili tandis que les camions *Bailey* de la F/175 rejoignent la 87e BG[44]. Et deux jours plus tard, le commandement du génie s'installe avec l'état-major du CEF au bivouac de Venafro.

En fait, le Génie est employé à peu près exclusivement aux travaux de communications, car les deux seules routes doivent supporter un trafic automobile intense dépassant les possibilités normales des routes de montagne. Il faut donc les élargir, aménager les virages, dégager la traversée des localités et les entretenir constamment pour éviter des dégradations irrémédiables.

Le CEF étant entièrement motorisé et ne disposant que d'un faible appoint de mulets pour les ravitaillements de l'extrême avant, ceux-ci doivent donc être normalement assurés par des camions. En l'absence de tout itinéraire carrossable en dehors des routes proprement dites, il est donc demandé aux sapeurs de créer une série de pistes desservant les positions d'infanterie et les emplacements de batterie.

39. *JMO du II/202e RPNA.*
40. Le Génie dans la campagne d'Italie 1944, *par le commandement du génie du CEF.*
41. *Curieusement, l'arrivée en Italie du général Dromard n'est pas mentionnée dans le JMO du commandement du génie du CEF.*
42. *Réunion des chefs de bureau et commandants d'armes et des services.*
43. *Aux ordres du commandant de la 180/3, il comprend également les 11 et 12/201, une section de construction de la 180/1, une d'engins de la 180/4 et une de la Co F, 175th General Service Regt.*
44. *Le Bataillon est également renforcé à Scapoli du 16.2.44 au 23.3.44 par la compagnie du génie italienne 1/51.*

En revanche, le déminage est limité aux quelques zones de parcours obligatoire.

Mais lorsque le CEF bascule dans la vallée du Rapido, outre l'aménagement des communications se pose leur dissimulation afin que le flot logistique puisse être maintenu vers les éléments combattant sur la rive droite. Un officier américain spécialiste du camouflage vient donc dans le secteur de la 3e DIA étudier puis dissimuler certains points exposés aux vues. Dans le même esprit, le tracé d'une piste reliant Acquafondata au lit de l'Inferno qui doublerait la route de San Elia est reconnu le 21 février. Et, quatre jours plus tard, la 180/3 renforcée du II/201e RPNA commence les travaux au fond du ravin.

De son côté, la 180/1 multiplie les points de passage sur le Rapido et maintient en état la route San Elia - Cassino rongée par le ruissellement de l'eau, en empilant de nuit des sacs à terre de part et d'autre de la chaussée.

C'est alors que la rivière en crue détruit la digue au gué à l'ouest de San Elia : la route de Cassino et les pistes alentour sont inondées et un seul itinéraire possible mais difficile permet d'atteindre Terelle par M'Villa. Pendant la nuit, la 180/1 remet la rivière dans son lit tandis que le 83e bataillon améliore le passage au gué de San Elia et canalise le Rio Secco. La circulation est finalement rétablie le 1er mars à 8 h 30. Mais l'alerte a été chaude !

Aussi des mesures sont prises afin que les liaisons ne soient plus interrompues. L'itinéraire vers Cairo par le pont *Bailey* au nord de M'Villa est d'abord ouvert aux camions. Puis un passage est aménagé pour les piétons et les mulets à hauteur de San Elia. Enfin, la route venant d'Acquafondata est réparée d'urgence avec des matériaux transportés par une dizaine de camions du Train et l'appoint de la 1re compagnie du 2e bataillon du génie dirigée d'urgence sur ce secteur.

Le 20 février 1944, un premier détachement du 2e BG est bien arrivé à Naples. Et, aussitôt, le commandant Paqueteau a reçu deux missions : prendre en charge la route du col d'Acquafondata à la cuvette de San Elia et aménager l'emplacement d'un centre d'instruction du génie près du pont des 25 arches. Il est apparu en effet que les unités rapidement instruites en AFN connaissaient superficiellement les nouveaux matériels de pontage américains et qu'il fallait reprendre l'entraînement au déminage en raison notamment de l'apparition de nouvelles mines allemandes.

C'est ainsi que dès que la situation est suffisamment calme, le CIG est créé sous la direction du colonel Labaume avec deux officiers détachés du 180e bataillon. L'instruction mines est dispensée par un groupe de sous-officiers prélevés dans les unités. Et l'école de pontage bénéficie du concours de la Company F du 175th Regiment qui fournit instructeurs et matériel, permettant ainsi au centre de traiter des ponts *Bailey*, *Treadway* et en charpente. Le centre voit ainsi passer des unités arrivant d'Italie[45] ou déjà en place et retirées temporairement de l'avant[46]. En outre, il dispense l'instruction sur les mines à d'autres éléments : 4e RTT, Transmissions, Essences.

Egalement dans la vallée se trouve la Chefferie du chef de bataillon Colletaz dont la tâche essentielle est d'effectuer divers travaux intéressant les Services : empierrement, clôtures, installation électrique des hôpitaux, accès aux dépôts d'essence, pistes d'envol pour Cubs, camp de prisonniers, cimetières...

Pour cela, elle doit faire appel à une main d'œuvre extérieure, en l'occurrence deux compagnies de pionniers et environ 260 ouvriers et terrassiers civils italiens.

Enfin, l'eau dans le secteur étant abondante et de bonne qualité, seuls les points d'eau légués par les Américains sont exploités par la 180/4 qui assure ainsi un débit moyen de 300 m³ quotidiens.

Le 5 mars, les deux compagnies du 344th Regt quittent le secteur. Et le lendemain, un officier de la 4th Indian Division vient s'informer des travaux à réaliser sur les pistes entre la cuvette de San Elia et la tête de pont du Rapido, et de la réglementation de la circulation sur ces itinéraires. Puis, le 8 mars, un Major du génie emmène une dizaine d'officiers visiter les principaux ponts rétablis dans le secteur de la 5e armée : Ponte Reale, Raviscanina, Dragoni, Ponte Annibale, Capoue, Cancello sur le Volturno et Teano sur le Savone.

D'ailleurs, le commandement du Génie est informé que le CEF doit changer de secteur et s'installer sur le Garigliano. En attendant, les deux divisions en ligne iront se reposer - 2e DIM au sud d'Isernia et 3e DIA à l'est de Salerne - et la première mission des sapeurs est maintenant de rétablir les communications dans ces zones et tirer les enseignements des opérations.

Celles-ci n'ont pas été sans pertes. Le travail dans la zone de l'avant sur des routes vues des observatoires ennemis et soumises à des tirs de harcèlement, de même que le minimum de déminage effectué, ont coûté 39 tués et 103 blessés.

La plupart l'ont été par l'artillerie, comme le sous-lieutenant Chabas, chef de section à la 83/1 :

« 27 janvier - Par le lieutenant Haon de la 83/2, on apprend qu'il faut, par ordre du lieutenant-colonel Chevillon commandant l'ID, créer des passages pour chars dans les digues du Rio Secco. J'envoie Chabas chez le lieutenant-colonel Bonjour qui commande le 3e RSAR. Il lui donne rendez-vous au gué le lendemain 6 h 30. Il aura la protection des chars.

28 janvier - Au moment où il faisait prendre les outils nécessaires dans un de ses Chevrolet pour aller faire une brèche pour les chars,

45. Cies 2/1, 2/3 et 82/1.
46. Cie 180/3 et une compagnie de pionniers.

Avril 1944, *secteur du Garigliano. Des sapeurs installent des filets de camouflage le long des routes vues de l'ennemi, afin de masquer les mouvements de véhicules. (©ECPAD/France)*

le sous-lieutenant Chabas est très grièvement blessé. Dans un ravin où il n'y avait pas de place pour mettre deux Chevrolet de front, un obus éclate à 20 cm de la roue arrière droite. Le sous-lieutenant a une jambe coupée, l'autre très abîmée. L'infirmier Aurousseau et Belbouche sont tués, Ben Maamar fortement blessé aux deux bras. Le sous-lieutenant Chabas meurt pendant son évacuation.[47] »

A la 83/2, l'adjudant-chef Fouché de la 83/2, parti avec son capitaine reconnaître le 2 février l'itinéraire San Elia - M'Villa - Cairo, est atteint mortellement par une balle. Alors qu'il ramène le corps du sous-officier avec des brancardiers américains, le capitaine Chambost est blessé à la jambe par une Schumine. Aussitôt évacué sur le 12th General Hospital à San Pietro, il est amputé au dessous du genou.

En dépit de ces pertes, le bilan de ce trimestre d'hiver est positif pour le Génie :

« *Il apparaît comme une période de mise en train. De cette période ingrate, les troupes sortent aguerries et confiantes en elles-mêmes.*

Le Génie est entré de plein pied dans l'utilisation des matériels mécaniques modernes et dans la mise en œuvre des moyens américains. En dehors des troupes, tous les organes du Service du Génie ont pris conscience de leur mission et ont pu être organisés et mis au point en conséquence.

Enfin des sentiments de confiance réciproque ont été noués avec le Génie américain et, tout particulièrement, avec le Commandant du Génie de la 5e armée[48] ».

Le secteur du Garigliano

Parti de Venafro le 11 mars par une journée presque printanière, le chef de bataillon Friedling roule en jeep en direction de Sessa Aurunca où il compte obtenir des renseignements sur le futur secteur. Cinq jours après le chef d'état-major du génie du CEF, un groupe d'officiers effectue une reconnaissance d'ensemble en vue d'arrêter les conditions de la relève et les Britanniques du 10 Corps leur font le point de la situation : itinéraires, champs de mines, travaux en cours, points d'eau, dépôts de ravitaillement, ressources locales...

Le PC du 2e BG quitte donc le secteur des Abruzzes pour s'installer le 17 mars près de Sessa. La 21e compagnie rejoint le lendemain San Clemente, tandis que les 2e et 3e gagnent les berges du Garigliano pour relever les sapeurs du 16th Engineer Group sur la rive droite et commencer à déminer les berges du fleuve. Puis les échelons arrières des deux unités s'établissent à Ponte tandis que le PC monte la tente à 400 mètres de San Clemente sur la route de Gallucio. Et, le 25 mars, la 1re compagnie prend les dernières consignes auprès des Anglais.

Puis avril arrive et avec lui deux autres bataillons divisionnaires. Le temps qui s'améliore et la perspective d'une offensive stimulent les énergies. Mais combien parmi les sapeurs savent que sur le Garigliano tout proche, les Français au temps de Louis XII avaient lancé sur le fleuve un pont flottant que justement Bayard, le chevalier « sans peur et sans reproche », avait défendu contre les Espagnols ?

Pour la plupart des formations du CEF, la période qui débute alors est faite de calme, presque de repos. Les éléments avancés tâtent par des patrouilles le dispositif ennemi, l'artillerie exécute quotidiennement quelques tirs de harcèlement, mais malgré cela chacun est en position d'attente et de préparation. Mais pour le Génie, en revanche, les six semaines d'avril à début mai sont marquées par une intense activité de part et d'autre du Garigliano.

Insigne de la 56th Division

Atteinte dès le 2 novembre 1943 par les Britanniques, la rive gauche du fleuve a été nettoyée le 6 décembre après trois jours de combat. Puis, dans la nuit du 17 janvier 1944, deux divisions ont atteint Minturno et les abords de Castelforte. Mais les Allemands contre-attaquant, le secteur a dû alors être renforcé par des commandos ramenés d'Anzio et une troisième division. L'attaque lancée dans la nuit du 7 au 8 février en direction du Faito s'est ensuite soldée par un échec.

Cependant, les Anglais disposent dès lors d'une tête de pont de cinq kilomètres de large sur trois de profondeur sur la rive droite[49]. La cuvette de Val di Sujo qui en occupe approximativement le centre a été ironiquement baptisée *Harrogate* par les Londoniens de la 56th Division.

Vu dans son ensemble, le secteur est partagé en deux zones par le Garigliano : à l'ouest la tête de pont, à l'est la région des PC, des bases et des services.

« *Etrange paysage que ce secteur. Le fleuve large de 40 à 60 mètres dévale à la vitesse de un à deux mètres par seconde entre des berges moyennement escarpées dans une vallée étroite, resserrée et dominée assez rapidement par des collines de 100 à 200 mètres de haut. Débouchant sur notre droite de la vallée du Liri (nom du Garigliano supérieur), il coule en direction générale nord-sud pour se jeter dans le golfe de Gaète.*

Du fleuve serpentant dans les creux de vallée on ne distingue que quelques fragments bleutés : un épais nuage de fumigènes lui assu-

47. JMO de la Compagnie du Génie 83/2.
48. Le Génie dans la campagne d'Italie 1944, *op. cit.*
49. Le 10 Corps a perdu 4 152 hommes pour la conquérir.

re en effet, jour et nuit, une couverture légère et floconneuse. Et là, à moins de trois kilomètres de la limite nord du secteur, deux pitons, les Morroni, sont les jumelles de l'ennemi qui fouillent ce brouillard artificiel pour essayer en vain de percer le mystère du Garigliano.

En détournant le regard vers le sud la vallée s'élargit rapidement en une plaine alluvionnaire d'une quinzaine de kilomètres de largeur et l'horizon s'éclaire soudain d'un trait d'argent, la mer.[50] »

La rive gauche est desservie par deux rocades :

- la route de Mignano à Sessa reliant Conca et Ponte, parfaitement camouflée par le Croce de 1 000 mètres d'altitude ;
- la route reliant San Clemente à Ponte par San Carlo, exposée aux vues ennemies et dominant le fleuve de 400 mètres environ.

Et seulement deux pénétrantes de qualité moyenne à mauvaise permettent alors de descendre vers le Garigliano à chaque extrémité du secteur.

Partant de Sessa, les Français font donc le « tour du propriétaire » guidés par les sapeurs du Royal Engineers. A Lauro, le laissez-passer délivré par le 10 Corps est contrôlé au poste de circulation. Car les ordres sont formels : nul ne doit s'aventurer dans la vallée sans raison valable. Dès la sortie du village, le silence d'établit comme si toute vie avait disparu et bientôt, la route devient franchement mauvaise. Par endroits elle est même cachée par d'immenses filets de camouflage. A un kilomètre du fleuve, voici la déviation, en terrain découvert. Et toujours le silence oppressant !

Les jeeps accélèrent, arrivent sur un canal longé par un chemin boueux plein de trous et de bosses. Puis un carrefour oblige à ralentir : déjà des sifflements et des éclatements indiquent que les visiteurs sont repérés. Après un kilomètre de course, de nouveaux filets les dissimulent enfin. Et tout à coup le Garigliano apparaît ! Un pont *Bailey* flottant l'enjambe, avec des rampes mobiles permettant de supporter les variations du niveau d'eau qui, depuis quelques semaines, s'est élevé de quatre mètres.

Un mauvais chemin longeant le canal de décharge mène aux ruines d'une usine électrique. Plus loin, suivant le canal d'amenée, il conduit au barrage dont les cinq piles en béton se dressent vers le ciel et les superstructures et les portes forment au fond de l'eau un amas de ferrailles sur lesquelles se précipitent les eaux tumultueuses aux dangereux remous. Une frêle passerelle italienne en kapok lancée en amont permet au piéton d'accéder à l'autre rive.

Un peu plus loin, des emplacements de portières sont préparés. Et, pour plus de sécurité, un transporteur aérien a été aménagé sur piles de huit mètres de haut pouvant supporter le poids d'une jeep ou d'un canon antichar.

Sur l'autre rive, une piste pour mulets en tapis de jute et une autre pour jeeps en treillis *summerfield* sont les seuls accès à la route longeant le fleuve et qui, sur deux kilomètres, est abritée par les contreforts ravinés de la montagne. Mais les vergers alentour sont truffés de mines et la route est bientôt coupée par une destruction. Un passage a bien été taillé dans la montagne, mais un énorme entonnoir envahi par les eaux près du barrage menace en cas de crue de le ruiner.

2 FÉVRIER 1944. Skipton Bridge *où aboutit la* Sun Track *venant de Lauro, photographié par le Sergeant Best, alors que la tête de pont sur la rive droite du Garigliano est tenue par les Britanniques. (IWM NA 11656)*

La route à sens unique est maintenant couverte par les fumigènes jusqu'au pont de bateaux de 60 mètres tapi dans le creux de la vallée, permettant le passage des camions chargés. La nuit tombe maintenant et jusqu'à San Clemente la jeep croise les véhicules descendant vers le fleuve, leurs chauffeurs guidés par la lueur de lampes électriques placées dans des boîtes de conserve percées de trous tournés vers l'arrière.

« *Le voilà donc le secteur du CEF ! Certes il n'est pas de tout repos et ceux qui avaient connu les pentes sévères de l'Apennin rêvaient d'un relief moins hostile.*[51] »

A l'issue de la reconnaissance, les Français rendent compte de son résultat :

« *Il n'y a plus de pont fixe. Les pénétrantes jusqu'au fleuve sont inexistantes, ou presque, en très mauvais état et exposées aux vues. On peut même dire que la circulation de jour sur celle du sud est impossible. Et le fleuve une fois franchi, seules des pistes muletières et une méchante piste* « jeepable » *permettent de ravitailler les unités* ».

Pour le Génie, il s'agit donc en premier lieu d'équiper la base de départ de l'offensive, c'est-à-dire, dans le secret, de multiplier les vois d'accès et de les poursuivre au plus près du front.

Les directives données par le général Dromard sont alors les suivantes :

- construire un réseau routier dense permettant à l'est du Garigliano de nombreux accès au fleuve ;
- disposer d'un nombre important de ponts assurant un gros débit et une large sécurité ;

50. *Direction centrale du génie,* Le Génie sur le Garigliano, *Imprimerie nationale de Fribourg.*
51. *Ibid.*

« **LES ALLEMANDS** ayant des vues sur presque toute la vallée, les routes et les ponts, une équipe de sapeurs entretient continuellement une épaisse nappe de fumée avec des pots fumigènes ». *(©ECPAD/France)*

- construire des pistes camouflées permettant le ravitaillement de la tête de pont.

Ces travaux sont à réaliser le plus rapidement possible avec le maximum de camouflage, mais l'effort doit d'abord porter sur les transversales et les deux pénétrantes.

En conséquence, les moyens sont initialement répartis ainsi :

• 82e bataillon de la 4e DMM dans la tête de pont ;

• 2e bataillon au nord du barrage, également chargé d'aménager pour les véhicules la piste de San Clemente à Conca ;

• 180e bataillon au sud, une fois relevés les sapeurs de la 6th Armoured Division le 28 mars au soir.

Enfin, la Chefferie d'Armée prend à son compte les arrières sur toute l'étendue du secteur et notamment les deux rocades[52].

A l'arrivée des bataillons des 2e DIM et 3e DIA, le dispositif s'étoffe tandis que des formations américaines - dont un régiment complet à deux bataillons - sont mises à la disposition du CEF pour appuyer l'action du génie dans la période préparatoire à l'offensive.

De la tête de pont à la zone arrière

Les sapeurs de la 2e section de la 82/1[53] chargés de déminer la zone entre le fleuve et la route qui le longe sont les premiers à passer sur la rive droite du Garigliano le 18 mars. La compagnie est alors rattachée au 2e BG en attendant l'arrivée de son Bataillon.

Avec la Division de montagne arrive en effet le 82e BG formé le 1er juin 1943 avec des éléments de l'annexe du COG d'Orléansville et un complément venu d'Hussein Dey. Jusqu'à la fin juin, habillement, équipements et véhicules sont perçus et, le 15 juillet, le bataillon est inspecté par le général Henry Martin. Une semaine plus tard, il rejoint la région de Tlemcen véhicules par la route, sections muletières et half-tracks en train.

Le chef de bataillon Bar commande alors le génie divisionnaire et le capitaine Lopez[54] le Bataillon. Chaque compagnie participe à l'instruction avec les régiments de tirailleurs et, le 16 août, une manœuvre réunit le GD 4 sur l'oued Khemis et le plan d'eau du barrage de Beni Bahdel : franchissement de vive force, construction de radeaux d'infanterie et d'un pont de bateaux M2, emploi des propulseurs...

Le 13 septembre, la 4e DMM faisant mouvement, le GD s'installe à Misserghin, avec les trois compagnies au bivouac dans le djebel proche. Et ce même jour, une section de la 82/1 embarque dans le port d'Alger sur le contre-torpilleur *Fantasque* à destination de la Corse.

Du 20 septembre au 10 octobre, le complément du matériel est perçu à Oran, puis le Bataillon prend la route de Fort-de-l'Eau. Un premier détachement embarque le 18 sur trois escorteurs et un cargo et gagne Ajaccio. Le reste du personnel suit à trois jours, les compagnies de combat rejoignant ensuite Corte et Bastia où tous les véhicules sont enfin rassemblés le 3 novembre.

Dès son arrivée au Bataillon le 3 janvier 1944, le commandant Montagner intervient auprès du général Sevez afin d'obtenir une compagnie de combat supplémentaire en raison de l'effectif plus important de la Division et des conditions particulières d'emploi du génie en montagne[55]. Mais, compte tenu de la pénurie générale, il est évident que cette demande n'a aucune chance d'être satisfaite !

Le 10 février, l'ordre de départ pour l'Italie est enfin donné. La 82/21 embarque la première le lendemain à Ajaccio pour Alger, d'où elle gagne Oran pour rejoindre Naples. Les autres éléments, quittant la Corse le 18 mars à bord du LST britannique *Bruiser*, rallient directement. Le regroupement a lieu à Albanova, puis la 82/2 rejoint la tête de pont et le PC s'installe le 15 avril au sud de Ponte, à proximité de la 82/21 et des échelons arrière des 82/1 et 82/2, tandis que les sections effectuent à tour de rôle des stages au CIG pour s'instruire sur le pont *Bailey*.

Le GD 4 n'ayant pas de chef[56], le commandant Paqueteau du 2e BG en assure le commandement provisoire jusqu'à ce que soit arrivé l'officier supérieur demandé d'urgence à la Direction centrale à Alger[57].

Sur la rive droite du Garigliano, le 2e Bataillon a entamé le premier, le 20 mars, les travaux d'aménagement en itinéraire jeepable de la piste muletière *Fleet Street*. Il entreprend également l'élargissement de la route *Chamois*[58] depuis le barrage *Léopard* jusqu'au pont *Tigre* et son prolongement vers le nord :

Grimpant sur les piles *du barrage sur le Garigliano, les sapeurs du 180e bataillon du génie en arasent les arrières becs pour supporter le pont du* Léopard, *un* Bailey *à quatre travées de 60 pieds. (©ECPAD/France)*

« Le 31 la route est ouverte pour les jeeps et ambulances. Trois kilomètres en dix jours, 150 mètres de dénivelé ! et dans quel terrain !

Le 82e Bataillon entreprend alors seul son élargissement. Le 11 avril, les camions peuvent passer, et le 6 mai, le bataillon, appelé à de nouvelles missions cède la place au 2e Bataillon qui finalement la gardera jusqu au jour de l'attaque.

Voilà une route qui facilitera considérablement les ravitaillements maintenant que

52. *Projet de plan de déploiement du génie n° 1133/3 du 26.3.44.*
53. *Arrivés à Naples le 27.2.44 à bord du croiseur italien* Montecuccoli.
54. *Commandant le 25.9.43, il prendra le poste d'adjoint au GD lorsque l'EM du bataillon sera supprimé le 6.11.43 avant d'être affecté au service du génie en Corse le 3.1.44.*
55. *Lettre n° 7821 BR du 11.1.44.*
56. *Le chef de bataillon Bar, malade, a été évacué sur Alger le 6.3.44.*
57. *Le 6.4.44, le capitaine Farines venant de la 82/1 prend à son tour le commandement provisoire. Puis, le 8.5.44, le chef de bataillon Labouérie, arrivé la veille par avion d'Alger, prend le commandement du GD 4. Quant au commandant Bar, promu lieutenant-colonel le 16.4.44 et toujours à l'hôpital, il est rayé des contrôles.*
58. *Les ouvrages et les itinéraires sont désormais baptisés de noms d'animaux, simples à retenir et qui frapperont l'imagination des Nord-Africains.*

*les camions accèdent sans difficulté à la cuvette d'*Harrogate.[59] *»*

High Street est mise en chantier dès le 29 mars. Deux jours plus tard, *Oxford Street* est prise en charge par la 82/1 qui vient enfin de récupérer les éléments demeurés en Corse. C'est d'ailleurs là que, le 1er avril, elle reçoit la visite du général Clark accompagné des généraux Juin et Sevez. La piste est finalement ouverte aux jeeps le 20 avril, puis elle est élargie pour les Dodge vers *Cheshire Street* :

« Le 1er mai, c'est chose faite tandis que sur High Street *tirailleurs et artilleurs renforcent dès le début nos sapeurs et nos pionniers. Ils savent bien que tout leur ravitaillement est conditionné par ces sacrées pistes taillées à l'explosif, au pic et à la masse dans un dédale de roches et de blocs erratiques sur ces collines lépreuses d'apocalypse.*

Six kilomètres de piste et la cote 550 est atteinte. Nos troupiers ne cachent pas leur joie en voyant les jeeps grimper allègrement jusqu'aux premières lignes. On se sent moins isolés, n'est-ce pas ? et c'est tout de même réconfortant de songer que la jeep remplacera le dos de mulet si, blessé, on devait être évacué. On travaille encore et l'on pousse jusqu'au col de Tre Pozzi à moins de 300 mètres des avant-postes.[60] *»*

Outre ces travaux routiers, le Bataillon aménage un abreuvoir pour mulets près du *Lion*, démine les emplacements futurs des formations sanitaires et construit deux observatoires sur l'Ornito et le Furlito achevés le 6 mai. A *Cheshire Street*, un centre de transmissions et des galeries pour l'AD sont aménagés en trois jours.

*« Dans la cuvette d'*Harrogate *également, un poste chirurgical de secours construit en rondins est particulièrement réussi, le premier coup de pioche a été donné le 18 avril et le bloc est achevé le 1er mai. Près de lui une piste d'envol pour Piper* Cub *a été aménagée, et des essais d'évacuation d'un blessé couché ont été couronnés de succès, c'est une innovation inattendue. Enfin, le PC avancé de la 4e DMM entrepris non loin de la cuvette est achevé le 4 mai tandis que le poste de secours régimentaire est livré la veille de l'attaque.*[61] *»*

Charles Street et *Low Street* sont aussi améliorées, cette dernière par le 87e BG qui entreprend son élargissement le 7 mai. Au 83e BG échoit la construction de la route *Ecureuil* qui, ouverte aux camions le 1er mai, est confiée au 180e BG le 6 à la relève.

Mis à la disposition du génie du CEF du 16 avril au 6 mai, les bataillons divisionnaires participent également à l'aménagement des itinéraires dans la zone avant. C'est d'ailleurs grâce à leur renfort que le programme complet d'équipement peut être réalisé avant l'attaque.

VUE AÉRIENNE *oblique prise le 6 janvier 1944 par un P-38 Lightning du 3rd Photographic Group. On aperçoit le Garigliano au premier plan et, en fond de tableau, les villages de Castelforte et San Cosimo e Damiano. (Coll. particulière)*

4ème D. M. M.

CORSE ITALIE

ORDRE GÉNÉRAL No 120

Le Général d'Armée JUIN, Commandant le Corps Expéditionnaire Français, CITE :

A L'ORDRE DU CORPS D'ARMÉE

LE 82e BATAILLON DU GÉNIE :

« Excellente Unité constituant les troupes du Génie de la 4e Division Marocaine de Montagne. Sous le commandement du Capitaine FARINES, Commandant le 82e Bataillon du Génie et des Commandants de Compagnies, Capitaine LAUGA, Commandant la 82/1, du Capitaine NAUCHE, Commandant la 82/2, Capitaine ZIVY, Commandant la 82/21. Cette unité ne prenant pas de repos depuis son arrivée en secteur, le 17 Mars 1944, a participé brillamment à l'équipement offensif du Secteur du GARIGLIANO, exécutant sous le feu de l'artillerie ennemie d'importants travaux d'organisation et de déminage.

Au cours des journées des 12, 13 et 14 Mai, serrant au plus près sur les Régiments de Tirailleurs, qui ont ouvert la brèche, elle a poussé des pistes au contact immédiat de l'ennemi dans un terrain difficile et miné.

A partir du 13 Mai et jusqu'au 2 Juin, au prix d'efforts ininterrompus et de pertes importantes (12 tués et 31 blessés) cette unité marchant à l'avant-garde et faisant 61 prisonniers, a rétabli la viabilité des itinéraires, ouvrant la route aux chars et contribué puissamment à l'exploitation du succès. »

La présente citation comporte l'attribution de la

Croix de Guerre avec Etoile de Vermeil

Signé : JUIN

P. C., le 20 Juillet 1944.

Pour copie conforme :

le Chef de Bataillon Farines

Cdt. le G. D. 4

VOSGES ALSACE

CITATION À L'ORDRE *du corps d'armée du 82e bataillon du génie de la 4e division marocaine. (Coll. particulière)*

Le 87e BG œuvre sur la route *Licorne* - appelée ensuite *Zébu* - reliant San Clemente à San Nicola par Calabritto et Cocuruzzo : élargissement de plates-formes, aménagement de déviations. La proximité des avant-postes allemands est parfois telle que certaines nuits des tirs d'artillerie sont nécessaires pour couvrir le bruit des engins au travail. Il est ensuite relevé le 6 mai par le 1er BG qui vient de débarquer. La piste *Furet* de San Carlo au fleuve lui incombe également, comme les emplacements de batterie de l'AD 2 et leurs pistes de desserte.

De son côté, le 2e BG, renforcé jusqu'au 30 mars par trois compagnies italiennes, entretient la piste de San Nicola à Rocca d'Evandro - tâche dangereuse en raison du découvert et de la proximité de l'ennemi - et construit la piste *Gazelle* longeant le fleuve entre le barrage et le pont *Tigre*. Il participe également à l'amélioration de la route *Mouflon* et à la création des pistes d'accès aux positions de batterie vers San Clemente puis au sud de Cocuruzzo.

Le 180e BG prend en charge les travaux sur les routes *Chamois* et *Gazelle* au sud du barrage, la route *Cabri* depuis *Lauro* et la déviation entièrement gravillonnée pour l'accès direct au pont du *Lionceau*[62]. La construction des pistes *Fouine* et *Lévrier*, ouvertes à circulation dès le 24 avril, est une de ses belles réalisations[63].

Parmi les travaux de l'avant, il faut également citer, exécutés soit par le 180e soit par la Chefferie, l'exploitation de bois aux environs de Lauro, le terrain de *Cub* de Roccamonfina, l'installation du groupe de fabrication de pain, des hôpitaux 401, 405 et 425, des formations chirurgicales mobiles, le centre de rassemblement des prisonniers de guerre, le cimetière de Lauro... Ajoutons enfin, une piste pour mulets et celle dite des chars ouvertes par déminage en direction de Castelforte les derniers jours précédant l'attaque dans les jardins piégés à l'ouest du fleuve, entre le *Lion* et Sujo.

59. Le Génie sur le Garigliano, *op. cit.*
60. *Ibid.*
61. *Ibid.*
62. *Cie 180/4 renforcée des 9e et 10e du 201e RPNA.*
63. *Cie 180/3 renforcée des 11e et 12e du 201e RPNA.*

Sanitaire d'un régiment *de la 4e division marocaine rejoignant la rive droite du Garigliano par le pont du* Lion *enveloppé de brouillard. (©ECPAD/France)*

En 40 jours, plus de 150 kilomètres d'itinéraires variés sont traités, dont 50 entièrement créés, 70 améliorés et le reste dégagé, éboué et entretenu. Le nombre de rocades passe de deux à trois dont deux avant et celui des pénétrantes de deux à six dont trois principales. Et dans la tête de pont, un circuit de deux routes « camionnables » et un ensemble de pistes muletières sont ouverts.

Dernier arrivé, le Bataillon du génie de la 1re DMI - qui, on l'a vu, relève le 87e génie dans la partie nord du secteur - joue un rôle modeste dans tous ces travaux préparatoires à l'offensive.

Ses origines remontent à la 1re compagnie de sapeurs-mineurs formée en Grande-Bretagne en juillet 1940. Après l'Erythrée et la Syrie, elle fusionne avec des ralliés venant principalement du 33e BG et devient 1re compagnie nord-africaine. D'autres unités sont progressivement constituées et en 1942, la 1re compagnie opère à Bir Hakeim et la 3e en Cyrénaïque. Très éprouvée, la 1re est relevée par la 2 qui, ayant perdu une grande partie de ses cadres à El Alamein, est relevée à son tour par la 6e.

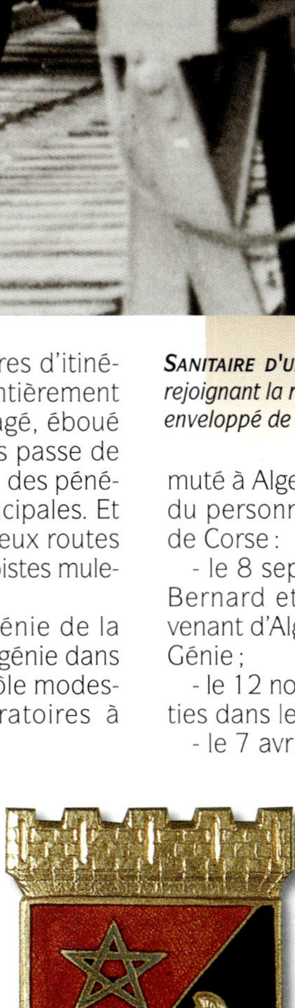

Ci-dessus : insigne du 82e bataillon du génie de la 4e division marocaine. (Coll. particulière)

L'étape suivante est la constitution, au début de 1943, du génie de la 1re DFL comprenant un état-major, une compagnie de parc et deux puis trois compagnies de sapeurs-mineurs entièrement équipées de matériel britannique.

La DFL revenue en Tunisie, le « 1er bataillon du génie divisionnaire » est progressivement constitué à Nabeul. Le commandant Tissier[64] prend le génie divisionnaire le 11 septembre, en remplacement du chef de bataillon Léotard muté à Alger. Et ses effectifs sont complétés par du personnel venant régulièrement d'AFN ou de Corse :

- le 8 septembre, les capitaines Riou, Lions, Bernard et les lieutenants Gioux et Arnaud venant d'Algérie, ainsi que 180 hommes du 19e Génie ;
- le 12 novembre, 137 recrues de Corse réparties dans les compagnies
- le 7 avril, trois sergents et 59 sapeurs indigènes du COG 35.

Le 7 décembre, le premier matériel américain arrive de Casablanca. Puis chaque section de combat effectue un stage d'une dizaine de jours à l'école de navigation et des ponts de circonstance installée à Djedeida par le 34e Génie afin de se familiariser avec le pont d'infanterie M2 américain.

Une troisième unité de combat est finalement mise sur pied[65] et le GD comprend ainsi les 1re, 2e (ex-6e) et 3e compagnies et la compagnie de commandement 1/21 (ex-parc). Le capitaine Neuville[66] est alors, selon les textes : adjoint au chef de corps, chef des troupes du génie ou commandant du 1er BG.

Puis ce sont les derniers préparatifs avant le départ pour Bône le 12 et Bizerte le 18, tandis que les derniers véhicules sont livrés et que rejoignent les permissionnaires du Levant. Enfin, le commandant Tissier quitte Nabeul et l'embarquement commence sur quatre *Liberty ships*. Le convoi reste cinq jours en rade de Bizerte avant d'appareiller le 29 au lever du jour. Après être passé au large de Pantellaria puis franchi le détroit de Messine, il arrive à Naples le 3 mai.

Une fois regroupés à Albanova, les éléments du GD se portent vers le Garigliano pour aménager l'accès aux positions de batterie et dégager une piste le long du fleuve :

« Grosse activité d'artillerie, et une quantité impressionnante de nouvelles batteries qui s'installent partout, ça ne va probablement tarder à se déclencher. En tout cas, l'optimisme règne, une de nos sections installe un camp pour les prisonniers que nous allons faire, on ne voit en l'air que des avions alliés, c'est quand même plus réconfortant qu'en 40.[67] »

Dans la zone arrière, le 87e BG[68] s'emploie à réparer les pénétrantes arrière 622 et 624. Des brèches de vingt à quatre-vingt mètres y ont été créées par les Allemands qu'il faut déblayer puis contourner par une déviation : le 8 avril, la circulation est ainsi rétablie. La route 725 est prise en compte par le 344th Regiment, tandis que le Chefferie se charge de la seconde rocade baptisée *Girafe* et de trois autres itinéraires sur lesquels passent quotidiennement de nombreux convois : *Lama* au sud, *Cabri* et *Mouflon* sur leur moitié arrière. Quant au 83e BG, il s'installe le 1er avril à San Giuliano et rétablit les itinéraires alentour.

Les camions bennes sillonnent les routes en soulevant d'abondants nuages de poussière que les arroseuses s'efforcent tant bien que mal de réduire en aspergeant de l'huile lourde. Des ponts *Bailey* sont remplacés

64. Polytechnicien, affecté le 15.1.42 au 1er bureau de l'EMA à Vichy, embarqué le 5.11.42 à Marseille à destination de l'AOF, débarqué le 9.11.42 à Alger et affecté le 10.12.42 au commandement du génie des forces françaises d'Afrique, chef d'EM du génie du CEF le 1.7.43.

65. Conformément à la note de service n° 2450 EMGG/1-O du 11.3.44.

66. Compagnon de la Libération le 20.11.44, comme l'aspirant Lassere de la Cie 1/1, blessé devant Pontecorvo le 22.5.44 et décédé à Bagnoli.

67. Louis Leclerc, Mémoires de guerre d'un Français Libre, *Les Editions La Bruyère, 1984.*

68. Il a rejoint Conca le 29.3.44.

Le Génie du CEF
11 mai 1944

Commandement du génie du CEF	
Général de brigade Dromard	Sessa Aurunca
Génie de la 1re DMI	
Chef de bataillon Tissier	San Clemente
1er Bataillon du Génie	capitaine Neuville
Compagnie 1/1	Conca
Compagnie 1/2	Calabritto
Compagnie 1/3	San Clemente
Compagnie 1/21	Conca
Génie de la 2e DIM	
Lieutenant-colonel Pinson[1]	PC avant piste Merzeau
	PC arrière Conche
87e Bataillon du Génie	lieutenant-colonel Berthézène
Compagnie 87/1	Conche
Compagnie 87/2	Low Street
Compagnie 87/21	Conche
3e compagnie du 201e RPNA	Low Street
Génie de la 3e DIA	
Colonel Delaleu[2]	PC avant Rongolise
	PC arrière San Giuliano
83e Bataillon du Génie	lieutenant-colonel Villette[3]
Compagnie 83/1	Pantano (rive droite)
Compagnie 83/2	San Luca (rive gauche)
Compagnie 83/21	
4e compagnie du 201e RPNA	
Génie de la 4e DMM	
Chef de bataillon Labouérie[4]	Ponte
82e Bataillon du Génie	capitaine Farines[5]
Compagnie 82/1	tête de pont
Compagnie 82/2	tête de pont
Compagnie 82/21	Ponte
1re compagnie du 201e RPNA	
2e bataillon du génie	
Chef de bataillon Paqueteau	barrage Léopard
Compagnie 2/1	piste Mouflon
Compagnie 2/2	barrage Léopard
Compagnie 2/3	pont Tigre
Compagnie 2/21	Mieli
2e compagnie du 201e RPNA	
180e bataillon du génie	
Chef de bataillon Carpentier[6]	
Compagnie 180/1	Garigliano
Compagnie 180/3	Garigliano
Compagnie 180/4	
3e bataillon du 201e régiment de pionniers nord-africains	
Chef de bataillon Leca	
9e compagnie	11e compagnie
10e compagnie	12e compagnie
Centre d'instruction du génie	
Chef de bataillon Kornmann	
Unités américaines en renforcement	
344th Engineer General Service Regt	
1st Bn	
2d Bn	
Co F, 175th Engineer General Service Regt	
Detachment, Co A, 85th Engineer Bn (Heavy Ponton)	
Co A, 405th Engineer Water Supply Bn	
1st Platoon, Co D, 84th Engineer Camouflage Bn	
Detachment, 172d Chemical Co (Smoke Generating)	

1. Colonel le 25.6.44.
2. Promu le 1.4.44, quitte le CEF pour l'AFN le 30.5.44.
3. Promu le 1.4.44, prend le GD 3 le 1.6.44.
4. A compter du 8.5.44. Gravement blessé le 19.7.44.
5. Commandant de la 82/1 à sa création, adjoint et chef de corps du 8.2e BG le 8.5.44, chef de bataillon le 25.6.44.
6. Promu le 1.4.44, annonce faite le 17.4.44.

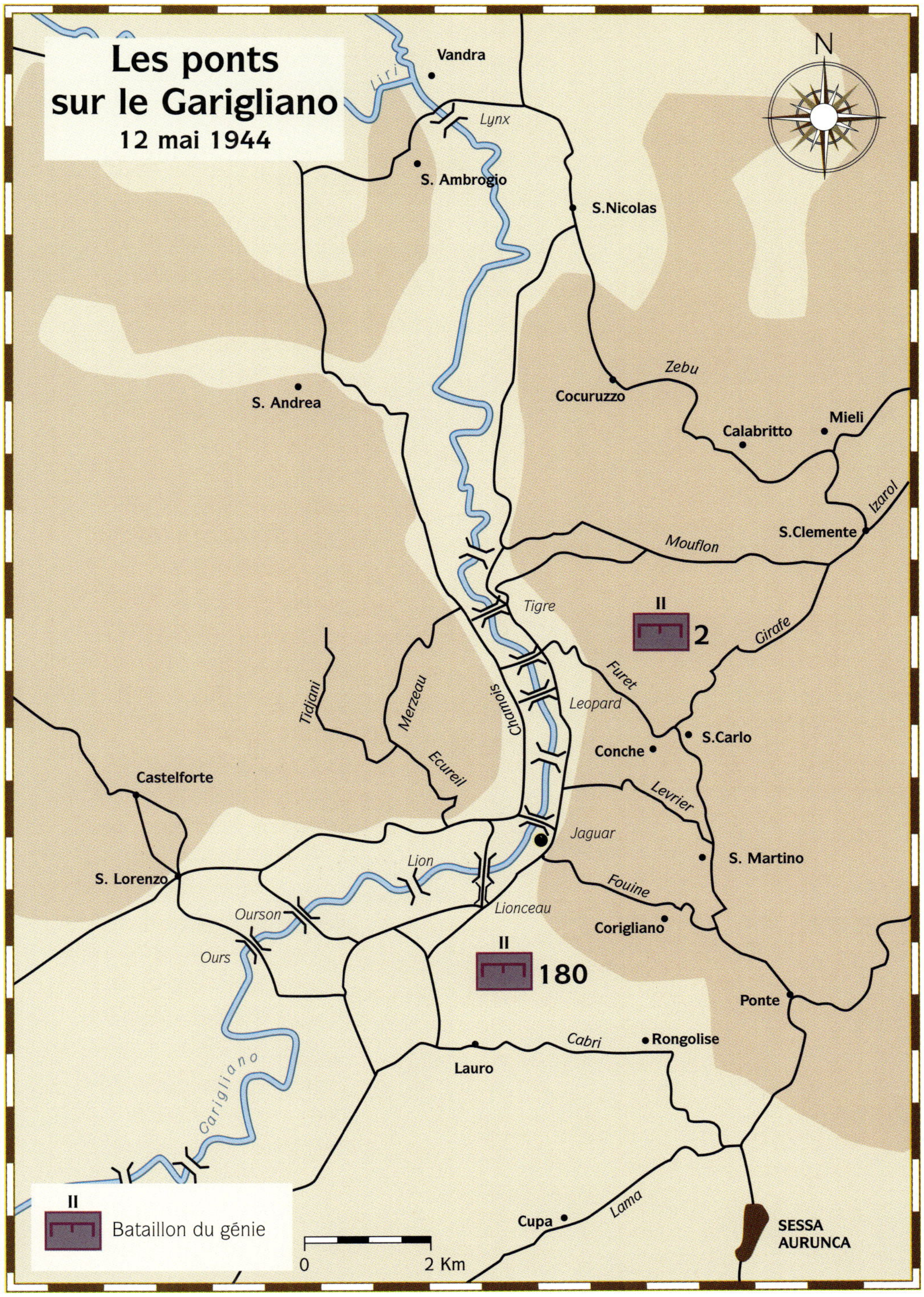

par des ouvrages semi-permanents et de nombreuses carrières sont exploitées, notamment celle de Mieli produisant 200 tonnes par jour et l'usine d'aluminium détruite à Ponte qui fournit en grosse quantité un sable brun d'assez bonne qualité.

L'une des premières missions du 2e BG est la création de toute pièce d'une route reliant Conca à San Clemente pour éviter les longs et nombreux détours par le nord. Le terrain difficile et broussailleux reconnu le 21 mars, le chantier démarre le lendemain et quinze jours plus tard, la route *Isard* est ouverte sur quatre kilomètres aux voitures légères. Trois semaines de travaux encore et elle livre passage aux convois le 30 avril. Le 344th Regt la prend ensuite en compte, comme la route *Girafe* qui d'une certaine manière la prolonge vers Sessa.

En matière d'instruction, le calme relatif du mois d'avril est mis à profit par les unités de sapeurs et de pionniers pour effectuer, par permutation circulaire, des séjours au CIG à Vezzarola ou à l'école de pontage et de navigation sur le Volturno de Brezza. La 180/1 est même envoyée quinze jours à la *School of Military Engineering* de Capoue pour s'y perfectionner dans l'emploi du *Bailey* flottant.

Bien que la région soit favorisée par la proximité du fleuve, la présence d'autant d'hommes, d'animaux et de véhicules pose évidemment le problème de l'eau. Les moyens de la 180/4 chargée de l'équipement et de l'exploitation et ceux des autres bataillons permettent de stocker 600 000 litres en bacs de toile, transporter quotidiennement 200 000 litres à dix kilomètres de distance et épurer par journée de huit heures 215 000 litres d'eau trouble ou 435 000 d'eau claire.

Cela est néanmoins insuffisant. Hôpitaux et boulangeries consomment d'ailleurs tant qu'auprès de chacun est installé un point sec[69]

69 Un « point sec » ne comporte que des réservoirs, bacs, nourrices, fûts alimentés par transports d'eau en provenance d'un « point humide » : source, puits, captage, canalisation.

Le général Dromard, commandant le génie du CEF

Né le 27 juillet 1894 à Givet, Robert Dromard fait ses études à Paris. Reçu à Polytechnique en octobre 1912, il est incorporé au 55e RA puis affecté en 1914 au 6e Génie où il est blessé en novembre. Lieutenant en avril 1916, il sert à l'armée d'Orient en juillet 1917, puis rejoint le 7e Génie en 1919 comme capitaine, avant de servir jusqu'en 1922 au 33e BG à Beyrouth.

Il rejoint ensuite Versailles, d'abord au 1er Génie, puis comme stagiaire et instructeur à l'école jusqu'en octobre 1925. Après l'école de guerre, il revient en novembre 1927 au 1er Génie qui, un an plus tard, devient 3e Génie. Chef de bataillon en 1930, il est affecté l'année suivante au 2e Génie à Metz.

En juin 1937, il rejoint comme lieutenant-colonel l'état-major de l'armée dont il devient chef du 1er bureau en septembre 1939. Promu colonel en juin 1940, il prend le commandement du département de l'Ain, puis en janvier 1942 le génie de Tunisie avec lequel il participe à la campagne.

Général de brigade en août 1943, il est nommé à la tête du génie du CEF en décembre. Il commande ensuite celui de l'Armée B devenue 1re armée, puis des troupes d'occupation en Allemagne.

Général de division en mars 1945, il devient chef de la division du réarmement militaire et industriel à Berlin en août 1946, puis il est chargé de diverses fonctions auprès du haut-commissaire aux affaires allemandes et autrichiennes.

En décembre 1948, il devient inspecteur du Génie et reçoit sa quatrième étoile en décembre 1950.

Passé dans le cadre de réserve le 21 juillet 1954, il meurt à Nantes le 11 février 1982.

ravitaillé par les citernes du génie. Et pour pallier le manque de sapeurs français, des Indigènes choisis parmi les plus doués sont confirmés dans la manœuvre des motopompes, des épurateurs et de l'installation des points d'eau en général autour desquels des consignes sévères de circulation sont appliquées. Ainsi, dans la semaine précédant l'attaque, 3 360 000 litres d'eau sont distribués par le génie du CEF avec un pic de plus de 500 000 litres dans la seule journée du 5 mai.

Initialement de huit, dont deux dans la tête de pont légués par les Britanniques, le nombre de points est doublé : six sur la rive droite et dix sur la rive gauche, dont quatre exploités par le 405th Bn à partir du 6 mai.

Outre le problème de l'eau se pose également celui des engins. Installée à l'entrée sud de Sessa, la section atelier de la 180/4 ne parvient naturellement pas à répondre à tous les besoins. Fin mars, par exemple, cinq bulldozers D7 sur neuf sont en réparation. Cette situation n'est d'ailleurs pas particulière au CEF et se retrouve à la 5e armée où, à l'inverse d'autres services, la 469th Engineer Maintenance Co peut difficilement venir au secours des Français.

Finalement, le problème est résolu par l'organisation d'ateliers mobiles avancés, les réparations importantes étant réservées à l'atelier principal. Quant aux engins détruits, ils sont remplacés dans un délai moyen de 48 heures et sans attendre la réception de ceux détériorés, grâce à l'excellente coopération entre le 4e bureau du génie du CEF, la 42e compagnie d'entrepôt et le dépôt du génie de la 5e armée.

Dromard dispose dès lors de six bataillons du génie et de deux de pionniers en renforcement des divisions et au CEF. Mais il aurait aimé en avoir davantage maintenant que quatre divisions sont en ligne. Dès le 21 mars, Juin a d'ailleurs demandé que ses moyens soient accrus : il verrait bien l'état-major du 101e RG coiffant les 2e et 3e BG et un bataillon de combat formant avec le 180e BG l'équivalent d'un régiment[70].

Le fleuve, les mines flottantes et les ponts

Mais, évidemment, le problème majeur du Génie est le maintien à tout prix des passages sur le fleuve.

Or, le niveau de l'eau est sujet à des variations quotidiennes de plus d'un mètre et, certaines années, les crues ont même atteint six voire dix mètres à Sujo. En outre, une série de barrages sur le Liri étant aux mains des Allemands, l'aviation alliée a tenté de détruire les vannes du plus important et de réduire la retenue d'eau, en vain.

La menace de crue inquiète donc en permanence le commandement. Au *Tigre*, des chevalets de circonstance sont installés de part et d'autre et des essais de repliement rapide sont effectués en coupant le pont et en le tirant à la rive. Enfin, une portière est en place en amont.

Les corps flottants - troncs d'arbre ou mines fluviales - sont également redoutés. Pour parer à cette menace, l'observatoire *Castor* est mis

70. Lettre n° 6985 CEF/4 du 31.3.44.

Venant de la rive gauche du Garigliano, une jeep de liaison traverse le fleuve sur le pont de bateaux M2 lancé deux kilomètres en amont du Tigre *par le 2e bataillon du génie. (©ECPAD/France)*

en place sur la rive droite au contact même des premiers éléments ennemis. Une station d'alerte est également installée sur l'autre rive à Vandra, une dizaine de kilomètres en amont du *Tigre*, d'où le Liri peut être observé aussi loin que possible. Et à chaque pont, un service de quart et un réseau spécialisé de transmissions par fil, radio et auto bénéficiant de la priorité absolue dénommée « priorité fleuve », permettent de donner l'alerte instantanément.

A Vandra, la berge est inaccessible de jour car l'ennemi tient la rive en face. Mais par temps clair, il est possible d'observer la surface de l'eau aux jumelles. En revanche, de nuit ou par temps brumeux, le guetteur peut se glisser furtivement parmi les mines jusqu'au fleuve sans être sûr toutefois de pouvoir observer. Pour remédier à cet inconvénient, « *il fallut imaginer d'installer un dispositif d'alerte automatique : il consistera en une boîte lestée, percée de deux orifices latéraux, contenant du sel, ainsi que les extrémités de deux fils téléphoniques reliés à une batterie et à une sonnerie placées dans le poste. Cette boîte sera suspendue à une branche d'un arbre de la berge, à un mètre au-dessus du niveau moyen du fleuve. En cas de crue, l'eau doit envahir la boîte, fermer le circuit en dissolvant le sel qui la rend conductrice et actionner la sonnerie. Le Sous-Lieutenant de Germiny, jeune chef de section plein d'ardeur et de cran, ira de nuit, mettre en place cet engin inédit*[71] ».

Chaque pont est alors placé sous la responsabilité d'un officier pouvant, en cas de nécessité, ordonner le repliement du pont et disposant au dépôt avancé américain du matériel *ad hoc* obtenu sur simple demande. Leur protection comprend un ensemble de barrages successifs : filins d'acier, grillages sur flotteurs, filet sous-marin et un service d'entretien est chargé de vérifier le matériel, les assemblages et les amarrages.

Il était temps ! Le 6 avril, soit cinq jours après l'ordre de mise en place du dispositif[72], un sous-officier du 2e BG découvre en observant la rive gauche à l'avant du *Tigre* une bouée sphérique surmontée d'une antenne télescopique. Prudemment, il ramène l'engin sur la berge et en prend un rapide croquis. Immédiatement prévenus, le capitaine Merzeau, commandant la 3e compagnie, et l'aspirant Tidjani, chef de la 2e section, s'approchent seuls de cet étrange engin pour l'examiner.

Merzeau est de formation polytechnicienne et Tidjani, jeune magistrat dans une petite ville d'Algérie et premier officier indigène du Génie. Leur compagnie, composée d'un quart de Métropolitains et pour trois quarts de Nord-africains, a été formée et entraînée à Arzew. Rompue à l'emploi du matériel américain, elle a déjà relevé plus de deux cents mines, aménagé plusieurs dépôts de munitions et un emplacement d'hôpital, créé une piste pour les jeeps sanitaires que les généraux Clark et Juin ont inauguré le 30 mars. Mais surtout elle a pris en charge le *Tigre*, le plus visé du secteur et constamment enveloppé de fumée artificielle.

« *Soudain, une violente détonation ébranle le fond de la vallée puis tout retombe dans le silence de cette fin d'après-midi. Au bord du fleuve lentement la fumée de l'explosion se dissipe ; les deux officiers ont été déchiquetés et rien ne subsiste plus au drame qui vient de se dérouler, rapide, brutal, dans un éclair !*

Deux caissettes à munitions suffisent pour rassembler les restes recueillis dans les environs. Nul ne percera jamais le mystère de l'explosion de ce diabolique engin. Merzeau et Tidjani emportent dans la tombe le secret de son déclenchement.[73] »

Dans la nuit du 8 au 9 avril, de nouveaux engins sont signalés qui endommagent les barrages de protection en amont du *Tigre*. Et au matin, le poste *Castor* signale deux mines à la dérive : l'une s'échoue rapidement, mais l'autre franchit les deux barrages et, atteinte par une balle, disparaît sous le pont. Les dragages n'ayant rien donné, il est replié à 18 heures puis une explosion secoue le fleuve. *Tigre* sauvé est relancé le lendemain matin au petit jour. Quant à la mine échouée, les Américains du

Sapeurs du 83e bataillon *du génie déminant un passage à l'aide du détecteur de mines SCR 625, baptisé « poêle à frire » par la troupe. (OFIC)*

Bomb Disposal la couvrent de neige carbonique et l'emmènent à leur laboratoire où, passée aux rayons X et démontée, elle livre son secret : une mise à feu électrique par pression sur la base de l'antenne complétée d'une destruction automatique par déclenchement d'horlogerie réglée de 0 à 6 jours.

Dans les jours qui suivent, des filets ramenés en toute hâte de Naples sont lancés en travers du fleuve. Mais ils sont très lourds à manipuler et le 11 seulement un premier filet est posé. Puis le 15 est aperçue filant vers le *Lion* une mine que des tireurs font exploser. Finalement, vingt barrages sont installés en moins d'une semaine et chaque pont - *Tigre*, *Jaguar* et *Lion* - en reçoit trois. Détruits par les mines, ils sont immédiatement rétablis par les équipes d'alerte parcourant le fleuve sur leurs flotteurs pneumatiques. Le lendemain, une crue menace le *Tigre* et submerge filets et barrages de protection qui sont remis en état et le pont renforcé est rouvert à la circulation.

Depuis quelques jours, l'observation attentive de la rive droite a permis de découvrir une plage à trois kilomètres en amont du *Tigre* qui pourrait bien servir aux Allemands pour lancer leurs mines. Pour en voir le cœur net, un caporal-chef se glisse alors chaque soir jusqu'au fleuve. Le dispositif est en place depuis 48 heures, quand le guetteur entend un bruit de moteur, puis des pas... La nuit est sombre, mais lorsque le clapotis révèle des hommes entrant dans l'eau, il n'y a plus de doute : les Allemands sont en train de mouiller des mines !

« *Allô, allô, priorité fleuve... Donnez-moi* Bouclier » demande le caporal-chef au téléphone. *Bouclier*, c'est le central de Mieli en prise directe avec les batteries. Instantanément toutes les communications aux standards sont coupées par cet ordre impératif.

« *Allô* Bouclier... *Alerte ! Mines flottantes* ».

Moins de dix minutes après, l'horizon s'embrase et, dans un bruit de tonnerre, une centaine d'obus pilonnent la plage...

Le 14 avril, les pistes menant à *Harrogate* sont débaptisées : *Fleet* et *Hight Streets* deviennent respectivement « Piste Capitaine Merzeau» et « Piste Aspirant Tidjani ». Quant à *Oxford Street*, elle prend le nom de l'aspirant Roussel[74] de la 82/1. Trois jours plus tard, la dernière mine, égarée sans doute, est enfin coulée au fusil à hauteur de l'observatoire *Castor*...

L'autre danger est l'artillerie dont les tirs sont chaque jour plus précis en dépit de l'écran de fumée. Ainsi le 1er avril dans l'après-midi, 48 heures après l'arrivée des Français, le *Tigre* est touché à plusieurs reprises : quatre bateaux coulent et la circulation est interrompue toute la nuit. Dans l'obscurité et l'eau glacée, les sapeurs travaillent sans relâche, tirent sur les cordages, tâtonnent, font le moins de bruit possible et, à l'aube, le pont est réparé. Puis, le lendemain, le pont anglais est remplacé par du matériel M2 plus sûr et surtout ne posant pas de problème de rechanges.

Un détachement de la 172d Chemical Co entretient le brouillard artificiel qui permet de circuler sans être trop repéré par l'ennemi. Des milliers de pots fumigènes sont nécessaires et ce n'est pas une mince affaire de maintenir en direction et en densité le nuage sensible à la direction du vent, à l'état hygrométrique de l'air et au temps clair ou couvert. Mais si les uns sont trompés, les autres sont gênés. Le matin surtout, lorsque rabattu vers le *Tigre* par le vent, il s'insinue dans le bivouac provoquant un concert de toux et d'éternuements. Le soir, au contraire, il remonte la vallée.

Cinq postes sont en place en amont du *Tigre*, alimentés par des pots couchés sur le sol de telle sorte qu'en fin de combustion chaque pot allume le suivant toutes les six minutes. Mais, le 12 avril vers midi, le vent tourne et le nuage s'engouffre dans un ravin latéral. Aussitôt, le pont est repéré et pendant une heure plus de 250 obus l'encadrent, mais sans l'atteindre. Puis, dans l'après-midi, c'est au tour du *Lion* d'être pris pour cible et s'il n'est pas touché, le *Lionceau*, petit ouvrage voisin sur le canal, est légèrement endommagé.

Deux jours plus tard au petit matin, le *Tigre* reçoit un coup au but et huit bateaux sont coulés. Sous les tirs intermittents, les sapeurs démontent et récupèrent le matériel

Insigne du 1er bataillon *du génie de la 1re division de marche d'infanterie. (Coll. particulière)*

71. Le Génie dans les campagnes d'Italie, de France et d'Allemagne - Anecdotes.
72. *Note n° 1134/3 du 29.3.44.*
73. Le Génie sur le Garigliano, *op. cit. Tidjani sera promu sous-lieutenant à titre indigène le 25.6.44.*
74. *Tué le 10.1.44 lors du déminage d'un dépôt de munitions abandonné par les Allemands à Migliacciaro, près de Ghisonaccia.*

dans la crasse des fumigènes. Et, à 13 heures, le pont est rétabli.

Le CEF obtient alors d'être doté du matériel déjà utilisé à Anzio. C'est ainsi que le 18 avril, un premier générateur de fumée est mis en place dans un fossé pare-éclats creusé au bulldozer à 600 mètres en amont du *Tigre*. Le brouillard est moins irritant, l'émission plus facile à régler et deux ou trois fûts d'huile suffisent chaque jour.

Les Allemands témoignent d'ailleurs de l'efficacité de cet écran dans une note du bureau opérations de l'état-major du maréchal Kesselring :

« L'ennemi a employé des fumigènes pour gêner notre observation et masquer des mouvements de troupes d'une importance sans précédent. Par exemple, la vallée du Garigliano toute entière a été recouverte de fumée pendant des heures et sur un front très large ; c'est ainsi que notre artillerie n'a pu s'opposer à des traversées du fleuve par l'ennemi et cela sans pouvoir observer quoi que ce soit. »

Le CEF ne peut cependant être tributaire de deux ponts flottants dont le matériel est à la limite de sécurité. En conséquence, le 27 avril, le Brigadier General Frank O. Bowman, décide

COUPURE DEVANT *Poggibonsi rétablie par le génie qui a lancé d'une rive à l'autre un simple pont* Bailey. *(©ECPAD/France)*

de remplacer le matériel M2 par un *Heavy Ponton* de classe 28. Deux jours plus tard, des officiers du 85th Bn reconnaissent le point choisi et, dans la nuit, le matériel sur semi-remorques, trop encombrant pour descendre par la piste *Mouflon*, est amené par la route *Cabri*. Enfin le pont replié est remplacé par le pont lourd le 1er mai.

Tigre Junior reçoit le baptême du feu le 6 mai : trois bateaux sont percés et le stock de fumigènes prend feu, risquant un moment de tout anéantir. Puis, à 23 heures, un nouveau tir laisse peu de répit aux sapeurs pour réparer les flotteurs. Il en sera ainsi jusqu'au déclenchement de l'offensive, le pont recevant quotidiennement une cinquantaine d'obus heureusement sans gros dégâts.

Le général Dromard a également prévu d'augmenter le nombre de passages. Dès le 23 mars, soit six jours avant de prendre possession du secteur, il confie au 180e BG la mission de construire des ouvrages *« à caractère semi-permanent sur supports fixes donnant au point de vue des communications le maximum de sécurité »*. Le Bataillon doit donc lancer le pont *Jaguar* entre le *Lion* et le barrage et monter le pont *Léopard* sur les restes de ce dernier.

L'emplacement de *Jaguar* - *Bailey* de 70 mètres à trois travées dont une sur site terrestre - est choisi à l'emplacement d'un ancien pont près de l'usine électrique. Le 7 avril, une portière de manœuvre est en place et les travaux d'ancrage sont réalisés. Puis le béton entre en action et quatre jours après la culée de gauche est terminée. Les éléments amenés par les camions sont ensuite montés et, le 15 à 11 h 30, le pont de classe 12 est lancé de rive à rive. Pour des raisons de sécurité, il reste cependant fermé à la circulation.

Les sapeurs de la 180/1, justement fiers de ce pont construit en moins de dix jours, ne sont pourtant pas au bout de leur peine. Le 20 avril, le filet de protection posé la veille doit être retiré en raison de la force du courant. Puis, le lendemain, c'est la pile en site aquatique de la rive gauche qui est détériorée par le courant et une reprise au béton de ciment rapide est nécessaire. Dans l'eau jusqu'à mi-corps, les sapeurs établissent immédiatement un batardeau et des épis de protection sont érigés en amont des corps de support. Le pont sauvé est ainsi ouvert le 30 avril en classe 12 et le 9 mai, grâce à l'établissement d'une nouvelle pile, il passe à la classe 30.

Le chantier du pont *Léopard* - quatre travées de 60 pieds - est ouvert deux kilomètres en amont le 8 avril. Il s'agit d'abord d'araser les arrières becs des piles pour obtenir une assise suffisante, puis de bétonner les plates-formes devant recevoir les éléments de *Bailey*. Il faut également achever de combler l'énorme entonnoir creusé par les Allemands et relier la route au barrage comme il faut bourre de terre le canal d'amener à l'usine électrique. Puis, au fur et à mesure que les travaux avancent, la section de camouflage du 84th Bn aide à tendre des filets de camouflage depuis le sommet des piles sur la rive gauche pour masquer notamment les engins au travail.

Le 30 avril, les surfaces d'appui sont terminées. Et le 4 mai, deux travées sont lancées par la 180/3 à titre d'exercice, puis rapidement récupérées. Il est entendu en effet que le lancement définitif n'aura lieu qu'au dernier moment dans la nuit précédant l'attaque afin d'éviter que l'ouvrage soir repéré et prématurément détruit.

La bataille du Garigliano et l'exploitation

Premier signe de l'imminence de l'attaque, le 87e BG remplacé sur la piste *Zébu* par le génie de la 1re DMI et sur la piste du *Furet* par le 2e bataillon, est remis le 6 mai à la disposition de sa Division. Puis, le lendemain, le 82e BG est relevé sur la piste *Merzeau* et le 83e BG rejoint la Division algérienne.

Le 8, le général Dromard réunit à Sessa Aurunca les commandants des six bataillons pour coordonner les moyens et l'action du génie au cours des prochaines opérations. Il part ensuite visiter le secteur du Garigliano avec le général Carpentier.

Le 11, la 180/1 lance à 4 heures du matin le pont *Léopard* ouvert à la circulation à 17 heures, puis la passerelle pour piétons au pont *Jaguar*. Le PC de la 180/3 passe sur la rive droite avec le détachement avancé d'atelier et d'engins, tandis que les 11 et 12/201e RPNA, organisées en sept sections de 35 travailleurs, se mettent en place à Pantano.

Le CEF dispose maintenant de quatre ponts et un cinquième est prêt à être lancé sur ordre du 3e bureau : le matériel *Treadway* est déposé à deux kilomètres du point choisi pour le franchissement, l'accès rive gauche aménagé et les reconnaissances ont été faites sur la rive droite.

Une fois l'attaque lancée, les bataillons divisionnaires peuvent enfin utiliser leurs équipages M2. Ainsi un pont est lancé par le 83e BG en face de Castelforte :

« A 21 heures tout le monde se dirige sans bruit vers la rivière. Le restant du matériel est amené et rapidement déchargé sur la berge.

- Alerte, l'ennemi lance quelques fusées.

Tout le monde s'aplatit. Aurait-il entendu quelques bruits ? Mais non, tout retombe dans le calme. La nuit est belle. Les lucioles dansent autour de nous. Le silence est impressionnant. Je regarde ma montre. Encore quelques minutes d'attente.

Tout à coup le le ciel s'illumine, suivi d'un bruit de tonnerre qui ne cessera qu'au lever du jour. C'est la préparation d'artillerie qui commence. Il est juste 23 heures.

Les obus sifflent au-dessus de nos têtes. C'est le moment d'agir. Aussitôt tout le monde bondit. Nous pouvons faire du bruit, l'ennemi ne risque pas de nous entendre. Les équipes de déminage traversent rapidement le Garigliano à bord d'un bateau afin d'ouvrir les accès à la grande route passant sur la rive droite.

Une cinquenelle est lancée au travers du cours d'eau, la construction du pont commence. Le travail est pénible, car la rive est abrupte et le matériel lourd.[75] »

A 3 heures, le dernier bateau est lancé et le fleuve franchi. Puis il reste à aménager les accès et au petit jour le pont de l'*Ourson* est terminé. C'est alors que le bulldozer venu en renfort saute sur une mine et deux sapeurs sont tués. Un dernier passage des démineurs et le pont est ouvert à la circulation des jeeps et ambulances à 10 heures.

Deux kilomètres en amont, un pont pour mulets à trois chemins de roulement est lancé par le 82e BG et, un peu plus loin, le 87e BG relie la piste *Furet* à la piste *Lombard*.

En fin de journée, sept ponts sont ainsi en place. En outre, le GD 3 a déminé devant les chars l'approche de Castelforte et, dans la montagne, le GD 2 continue d'élargir et améliorer les pistes conduisant aux premières lignes. Sur l'autre rive, le GD 1 a prolongé la route *Gazelle* au-delà du *Tigre*.

Cela ne va évidemment pas sans réaction de l'ennemi. Ainsi, le pont *Tigre* est soumis à un tir d'artillerie assez intense jusqu'à 4 heures du matin. Et le lendemain dans l'après-midi, des obus de gros calibre percent des bateaux et la circulation est interrompue pendant 26 heures. Le pont *Jaguar* est également touché à sa culée rive gauche, mais les dégâts peu importants sont vite réparés.

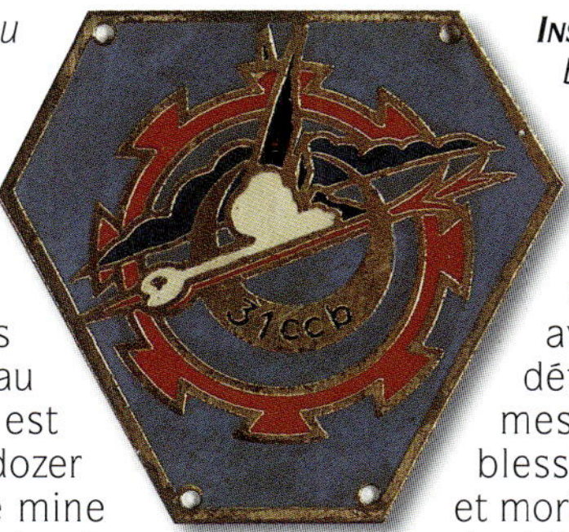

INSIGNE DE LA 31E COMPAGNIE *de camions bennes. (Coll. particulière)*

L'action se solde finalement par un propulseur coulé, un bulldozer du 2e BG endommagé par un obus et un autre avec un camion du 83e BG détruits par des mines. Neuf hommes ont été tués et vingt-trois blessés, la plupart par mines et mortiers.

Le 13, l'activité des sapeurs redouble. A 16 h 30, le pont de l'*Ours* - un *Treadway* classe 40 monté en face de Castelforte par la Cie F/175 et dont les accès et le raccordement avec le carrefour de San Lorenzo ont été aménagés par la 180/1 - est livré à la circulation. Dans le secteur de la 1re DMI, les routes de part et d'autre du fleuve sont rétablies et le pont M2, dont le montage a été entrepris la veille en début de matinée à partir de la rive droite par la Cie 1/1[76], est ouvert à 8 heures. Au 87e BG, un va et vient est construit sur le fleuve non loin de la route *Lévrier* et le prolongement de la piste *Tidjani* est entrepris : il faut en effet que les blessés soient évacués et les combattants ravitaillés à tout prix, car ils n'ont plus de rations et seulement un quart d'eau par homme a pu être distribué.

75. Le 83e Bataillon du Génie, *Imprimerie Raiffeisen, Neuwied.*

76. *Le capitaine Riou,* « évacué non blessé » *selon le JMO du 1er BG, est remplacé par le lieutenant Chèvre, arrivé au Bataillon le 4.5.44.*

1ER JUILLET 1944, *sur une route entre Colle di Val d'Elsa et Poggibonsi, des sapeurs construisent un pont de circonstance à base de poutres en bois. (©ECPAD/France)*

Avers du fanion *du 2e bataillon du 101e régiment du génie aux couleurs passées noir et rouge de l'arme. (Salle d'honneur du 1er régiment du génie)*

C'est alors que, dans l'après-midi, on apprend au GD 2 que San Andrea est dégagé. Aussitôt, le lieutenant-colonel Pinson change son plan d'action : le prolongement vers le Ruggero est abandonné et tous les moyens sont reportés vers Vallemajo. La 87/21 commence par transporter les pionniers de la 3/201 dans la soirée. Puis le 14, les compagnies de combat bivouaquées au nord de San Andrea commencent sans attendre à aménager un kilomètre de piste et en créer deux autres à travers les rochers. Grâce à l'emploi de mines ruches et de trois bulldozers R4, mais aussi à l'aide apportée par le 1er BG qui a pris en charge la partie d'itinéraire jusqu'au Colle Cervarone, la piste *Zibeline* est ouverte à une voie à 19 heures. Le 15 au matin, dix-sept jeeps dont celle du général Brosset sont déjà passées. Et dans l'après-midi, un groupe de 155 peut enfin l'emprunter pour mettre en batterie au-delà de Vallemajo. Mais, comme en rend compte au général Dody le commandant du GD 2 :

« Les travaux ont subi un retard de plus de six heures en raison de la circulation incessante des troupes de la 1re DMI montant en ligne, des mulets d'approvisionnement et de la descente du 5e RTM ».

Depuis la veille 14 mai, le 344th Regt s'occupe du réseau routier à l'est du fleuve, des ponts *Lion, Jaguar, Léopard* et *Tigre*, et du tronçon de route les reliant sur la rive droite. Mais le *Bailey* de 190 pieds qu'il comptait installer en aval de Vandra s'étant brisé pendant le montage, il est décidé de lancer à proximité un pont *Treadway* flottant. La Cie F/175 ouvre donc le chantier le 16 et le lendemain le pont *Lynx* est ouvert aux véhicules de classe 24. Dans le même temps, les ponts en matériel M2 sont repliés ainsi que les points d'eau d'*Harrogate*.

Le 18, le Génie de l'Armée prend en charge toute la vallée du Garigliano et déjà du matériel de pontage est poussé vers Ausonia et San Oliva.

« Ainsi, un équipement sans précédent a été réalisé ! Sur une portion de fleuve de 10 km environ, on trouve neuf ponts plus une passerelle et un va-et-vient, soit onze points de passages complétés à 9 km de là, en amont, par un pont de la classe 24. Il en résulte une sûreté dans les communications et une souplesse d'emploi qui ont permis au CEF, dès la rupture, de s'engouffrer en entier dans la tête de pont et de peser de toute sa masse sur un ennemi battu.

Les routes Zibeline, Hermine, Vison *sont maintenant largement ouvertes et déversent inlassablement en direction de la ligne* Hitler *un flot ininterrompu d'hommes, d'animaux et de véhicules de toutes sortes. Il faut avoir vu cette ruée et ces embouteillages pour comprendre le sens profond de ce mot, " axe de communications " dans une phase d'exploitation et de poursuite !* [77] »

Le 14 mai en effet, la ligne *Gustav* enfoncée, l'exploitation a débuté pour les quatre divisions du CEG et le groupement de tabors marocains. Pour cette phase de la manœuvre, il a été décidé a priori de laisser aux GD 1 et 2 la charge des communications du secteur nord et d'appliquer tous les moyens en soutien des GD 3 et 4 sur l'axe d'effort du CEF en direction d'Ausonia et Spigno à partir de Castelforte, sous réserve de modifier ultérieurement ce dispositif en fonction du déroulement des opérations. A la 3e DIA revient le 180e BG suivant dans son sillage et à la 4e DMM le2e BG pour couvrir l'axe San Lorenzo-Spigno, le 82e BG se chargeant d'aménager les pistes dans le massif du Petrella

Le 180e BG se regroupe donc à San Lorenzo. Il est rejoint par le centre de renseignements du génie organisé deux jours plus tôt à hauteur du pont *Jaguar* avec un officier du bataillon. Avec l'exploitation qui s'amorce, il devrait jouer un rôle primordial, rassemblant les informations sur les opérations et les travaux en cours, et transmettant les besoins supplémentaires en engins et matériel des unités.

Tandis que la 180/3 avec les 11 et 12/201 prend en charge les routes menant à Castelforte, le 2e BG se porte à l'ouest pour ouvrir un itinéraire vers Spigno. Mais le tracé prévu se révélant difficile à aménager, le II Corps sollicité laisse à la disposition des Français la route *Vison* passant par Colle Ceracoli. La 180/1 la prend alors en charge jusqu'à l'Ausente et le 2e BG celle de là à Spigno. Et, le 16 mai, les camions peuvent rejoindre la route de Formia, puis les jeeps et ambulances le pied du Petrella. Elle sera à double courant le lendemain sur tout son parcours.

Avec le Corps de montagne pénétrant dans le Petrella se pose le problème du ravitaillement en eau. En liaison avec les Américains, il est envisagé un moment d'établir un pipe-line dans le massif. Mais après reconnaissance, le projet est abandonné le 17. De même, mais pour des raisons de délai, est annulé l'aménagement des pistes muletières en pistes « jeepables ».

En conséquence, le GD 4 est regroupé à Spigno[78] le 18 en fin d'après-midi pour rejoindre Esperia le lendemain. Car tous les moyens du génie sont maintenant rassemblés sur l'axe Ausonia - Esperia - Pico, ce dernier point atteint le 25 mai par les trois bataillons de sapeurs et de pionniers.

De là menant à Colle Ferro, chaque division en ligne dispose d'un axe routier de valeur moyenne propice aux destructions. Au nord par Castro dei Volsci et Ceccano, le génie divisionnaire est appuyé par le groupe des bataillons 180 et III/201. Au sud par Lenola et Priverno, un nouveau venu, le 101e RG est engagé.

L'arrivée de ce dernier en Italie est signalée le 23 mai par le génie du CEF :

- L'EM et le 1er bataillon du 101e régiment du génie débarquent à Naples.

Sa constitution le 16 février 1944 est initialement confiée au commandant Legendre, chef de corps du 3e BG. Mais le départ du 2e BG rendant impossible sa formation, le 3e bataillon ne change d'appellation que le 30 mars et devient 1er du 101e. Le 1er avril, le lieutenant-colonel Ythier prend donc le commandement du Régiment qui ne comporte toujours qu'un seul bataillon et consacre toute son énergie à récupérer du personnel auprès de la DCG à Alger et du matériel à Oran ou Casablanca. Puis le 23, il ne comprend plus que deux compagnies de combat et un élément de la commandement, la 101/1 ayant embarqué précipitamment à Oran sur l'*Albert Michelson*. à destination de la Corse[79]

Tandis que munitions, habillement et matériel continuent d'être perçus, un premier détachement de matériel prend place le 13 mai sur le *Mac Henry*, tandis qu'à Assi Ben Okba des moniteurs américains poursuivent l'instruction sur les cuisines de campagne, l'épuration des eaux ou le matériel anti-gaz. Puis, le 23, le reste du régiment rejoint Mers el-Kebir et embarque à bord du transport de troupes anglais *Ascania*.

Le lieutenant-colonel Berthézène, *photographié en janvier 1944 alors qu'il observe à la jumelle les positions allemandes. (©ECPAD/France)*

Débarqué à Naples le 27 mai, les sapeurs retrouvent à Bagnoli leurs véhicules arrivés trois jours auparavant. Après que le contact ait été pris avec le génie du CEF, des officiers partent en reconnaissance, précédant la colonne de véhicules qui rejoint d'abord Pico pour être ensuite dirigée sur Amaseno où la liaison est assurée le 29 entre le chef de corps et le commandant Paqueteau du 2e bataillon.

Après Colle Ferro et alors que les premiers GIs entrent à Rome, on songe un moment à franchir le Tibre de vive force en amont de la ville et la 5e armée prévoit donc de mettre à la dispo-

77. Le Génie sur le Garigliano, *op. cit. Les routes* Hermine *et* Vison *relient Castelforte à Ausonia et Spigno.*
78. *Une section de chaque compagnie de combat progresse toutefois avec chacun des groupements tactiques.*
79. « Détachée pour exécuter une mission de plage », *la Cie 101/1 va participer à l'opération de l'île d'Elbe et ne rejoindra le bataillon qu'en septembre.*

14 juillet 1944, *place de la cathédrale Ste Catherine à San Gimignano. Un bulldozer Caterpillar R4 du 82e BG déblaie les rues. (©ECPAD/France)*

sition les équipages nécessaires[80]. Mais, le 5 juin, le CEF reçoit l'ordre de stopper et de laisser passer les blindés britanniques.

Lorsque la poursuite reprend vers le lac de Bolsena, le CEF dispose alors dans son secteur d'un réseau routier très développé avec une grande pénétrante par division :

- la route n° 2 grand débit de Viterbe à Florence par Sienne, axe important au titre armée et dont le rétablissement est à réaliser en priorité ;

- l'axe secondaire de Tuscania à Empoli par Sasso d'Ombrone, Colle di Val d'Elsa et Certaldo, itinéraire à débit important qui avec les fluctuations de la manœuvre devient temporairement l'axe principal du CEF.

Le 180e BG et le 101e RG sont respectivement appliqués sur chacun de ces axes, dans le sillage immédiat des génies divisionnaires, tandis que le génie d'armée - c'est-à-dire le 344th Regt adapté au CEF - est engagé en majeure partie sur la route n° 2.

Malgré la multitude des destructions mises en œuvre par les Allemands[81], le Génie réussit à rétablir les deux axes principaux, sans retarder le déroulement des opérations. L'effort porte évidemment sur la route n° 2 et sur les rocades de ravitaillement vers les dépôts de la 5e armée, nombre d'itinéraires secondaires n'étant l'objet que d'un rétablissement sommaire[82].

Le 24 juin, alors que le 1er BG regroupé au sud du lac de Bolsena s'apprête à partir pour Naples, Dromard espère bien encore franchir l'Arno avec le matériel[83] promis par la 5e armée. Le 30, une note d'information sur ce matériel est d'ailleurs diffusée aux unités en même temps que le 344th Regt est relevé pour rejoindre Naples.

Mais, le 6 juillet, le GD 3 prend à son tour la route du sud. Puis les départs s'accélèrent - 101e RG et I/201e RPNA le 17, GD 2 le 22, GD 4 et 180e BG le 23 - et les unités font en sens inverse le chemin où sont tombés 134 des leurs[84].

Parmi ces derniers figure le lieutenant-colonel Berthézène, disparu le 25 juin. Agé de 53 ans, vétéran de la Grande Guerre dont la croix s'ornait de douze palmes ou étoiles, il avait pris sa retraite à Meknès. C'est là que le général Dody lui demande de rejoindre son génie divisionnaire. C'est ainsi que le 10 avril 1943, le chef de bataillon de réserve Berthézène rappelé à l'activité est mis à la disposition du commandant du 87e Génie. Puis, le 1er mai, il prend en titre le commandement du Bataillon et est promu lieutenant-colonel en octobre.

Après les Abruzzes et la marche sur Rome, *« il vit intensément l'enthousiasme de ce mois de juin 1944 qui est pour le CEF un mois triomphal »*. C'est alors que les tirailleurs marocains sont stoppés devant Castiglione d'Orcia. Une attaque est montée pour enlever le village quand, le 25 au petit jour, on apprend que l'ennemi a décroché. Castiglione est aussitôt occupé, mais les rues sont obstruées et peut-être minées : il est fait appel aux sapeurs...

Alerté au PC de Campiglia d'Orcia, Berthézène saute dans sa jeep et arrive aux lisières sud du village où déjà la section du lieutenant Texier de la 87/2 est au travail. Deux itinéraires s'offrent pour atteindre la lisière nord du village : l'un qui le traverse, l'autre qui le contourne. Texier reconnaîtra le premier, son chef le second qui semble de parcours plus facile.

Le lieutenant-colonel arrive le premier à la lisière d'où il découvre la route qui descend de Castiglione, traverse l'Orcia et remonte vers San Quirico, objectif de la division. Mais quelle surprise ! Le pont sur la rivière est intact.

Saisissant ses jumelles, il scrute le pont à un kilomètre à peine : aucune activité autour de l'ouvrage sûrement miné, mais dont le dispositif de destruction n'a probablement pas joué. Il n'a plus qu'une pensée : neutraliser au plus tôt ce dispositif. Quelle aubaine si le pont reste intact. Il n'hésite pas et part seul, dépasse un poste avancé de tirailleurs et rencontre quelques dizaines de mètres plus loin un sergent et deux sapeurs qui déminent la route :

« Mon Colonel, attention, n'allez pas plus loin. Il n'y a pas d'éléments amis devant nous et la route n'est pas déminée ».

Mais ce ne sont pas arguments pour l'arrêter : *« On verra bien... »*

Et il poursuit de son pas ferme, disparaît au tournant de la route. Le pont ne saute pas, mais Berthézène ne reparaît pas.

Laconique, le journal de marche du GD 2 note : *« Lieutenant-colonel Berthézène disparu le matin dans la région de Podere-Posta »*. Et le Génie du CEF signale qu'il a disparu au cours de la reconnaissance d'un pont dans la région de San Quirico et toutes les recherches demeurant infructueuses, on présume qu'il a été fait prisonnier.

Vingt mois plus tard, sur les bords du Rhin à Saint-Goar, le général de Monsabert remet son drapeau au 1er régiment issu du 101e et encore commandé par le colonel Ythier. Les bataillons de la guerre ont alors en effet disparu, mais le souvenir de leurs faits d'armes est perpétué par l'inscription Italie 1943-1944 dans les plis des drapeaux des 1er, 3e, 19e, 32e et 33e régiments du génie, leurs héritiers.

---

80. 150 bateaux d'assaut M2, un pont d'infanterie, un Treadway *et un* Bailey *sur supports flottants.*

81. Au contraire de la marche sur Rome où les sapeurs en ont peu rencontré.

82. En deux mois, le génie du CEF lance 74 ponts, franchit 635 destructions et remet en état plus de 2 500 km de route.

83. 200 bateaux d'assaut M2, 2 ponts et 2 passerelles d'infanterie, 2 Treadway, *un* Heavy Ponton *et éventuellement un* Bailey *flottant.*

84. 12 officiers, 23 sous-officiers et 99 sapeurs, d'après le Mémorial du Génie 1943-1945.

TRANSMETTRE C'EST COMBATTRE

Poste SCR 284 *en station à terre, camouflé dans un bois, début mars 1944. Alimenté par génératrice à manivelle, il assure normalement les liaisons entre le PC du régiment de Tirailleurs et ses bataillons. (OFIC)*

Après l'armistice de 1940, les moyens des transmissions de l'Armée de transition en AFN sont limités. Cependant, grâce à la création des « cadres latéraux locaux nord-africains et d'Etat », du personnel et du matériel peuvent être conservés à l'insu des commissions d'armistice, au point de représenter un effectif supérieur à celui des troupes. En outre, dès janvier 1942, le commandant des transmissions en AFN, en accord avec l'EMA à Vichy[1] et selon les directives personnelles et confidentielles du général Juin, donne des instructions pour constituer treize unités mobilisables. Puis la mise sur pied d'un 42e bataillon rattaché au centre d'instruction des transmissions de Douera est entreprise, tandis que le 45e bataillon est formé à partir du 19e Génie.

Lorsque les forces anglo-américaines débarquent en novembre 1942, on trouve ainsi six compagnies du 41e bataillon au Maroc, celle du 43e groupe à Hussein Dey et quatre compagnies du 45e bataillon en Algérie.

Comme pour les autres armes, il s'agit d'abord de s'engager en Tunisie. Huit compagnies parties courant décembre avec les divisions de marche, la brigade légère mécanique d'Algérie ou le 19e corps, y rejoignent le 44e groupe replié sur le Kef.

Les Transmissions à l'image du *Signal Corps*

Mais en même temps s'amorce la transformation de l'Armée d'Afrique à laquelle le général Merlin, commandant les transmissions d'AFN, va consacrer toute son énergie. Très rapidement, il se rend compte qu'il sera difficile d'obtenir en quantité suffisante la documentation nécessaire auprès du *Signal Corps*. En conséquence, le commandant Miard est envoyé en mission aux Etats-Unis et à son retour deux mois plus tard, bien informé sur les méthodes américaines, il peut organiser de toute pièce avec deux autres officiers le « Service Matériel USA ».

Selon le général Merlin, la réussite de ce projet *« tient essentiellement au fait que nous avons constitué ce service à côté de notre vieux Service du Matériel des Transmissions et sans rien de commun. Ni personnel, ni matériel, ni locaux : le service nouveau était trop délicat pour ne pas avoir son indépendance totale[2] »*.

Il faut également instruire les jeunes provenant des Chantiers et perfectionner les sous-officiers à l'école de Douera créée à leur intention. Quant à l'état-major, il travaille tout l'hiver et le printemps à l'élaboration des nouveaux tableaux d'effectifs et de dotation.

Fin mai 1943, Merlin peut déclarer au général Giraud que le prochain retour dans leurs garnisons des compagnies ayant participé à la campagne de Tunisie rendra possible les aménagements nécessités par la mise sur pied des unités du corps de débarquement et du corps expéditionnaire :

« La situation d'ensemble des effectifs de l'arme des Transmissions est telle que toutes les unités en question pourront, à la date du 1er juillet, comporter un noyau important de personnel variant suivant leur degré d'urgence, entre la moitié et la totalité de leur effectif théorique.

La plupart de ces compagnies existent déjà, au titre des bataillons de l'Armée de Transition. Dispersées dans des garnisons multiples, elles seront en mesure de participer à l'instruction interarmes et aux manœuvres organisées par le commandement. Il semble donc qu'il n'y aurait pas d'inconvénients à créer prochainement les unités de transmissions du CEF et à les orienter sur leur mission future.[3] »

Au titre du corps de débarquement, il est prévu de mettre sur pied d'ici au 1er juin les quatre compagnies divisionnaires et les deux unités organiques : 811/1 et 811/2.

Au corps expéditionnaire, il est envisagé de fournir pour le commandant en chef le détachement 805 formé à partir de la 45/5 à Alger et la compagnie d'exploitation 807/2 à créer par le dépôt commun. En outre, la 45/5 mettra sur pied la 806/2 tandis que le bataillon de construction d'armée 806[4] donnera naissance aux 806/3 et 806/4.

Deux compagnies formées à Tunis sont prévues pour le 1er CA. Et au 2e CA, l'attribution d'unités de transmissions n'étant pas envisagée actuellement, la 62/81 formée par la 41/4 sera affectée à la 3e DB. Quant à la 41/2 rentrant de Tunisie et qui devrait constituer la 62/82, elle ne doit pas être dissoute mais rester provisoirement à Meknès où elle peut être utile en attendant.

Enfin, la compagnie 808 dite « d'écoutes radio et goniométrie aux Armées », est créée en avril à Hussein Dey à partir du groupement des contrôles radioélectriques. Mais le 1er juillet, alors que les deux unités du 1er corps sont constituées officiellement, la 808 - dont une des sections est prévue pour le CEF - est encore en cours de mise sur pied.

1. *Le 15.5.42, par décision n° 3600 EMA/1 du 4.5.42, les Transmissions constituent une Arme distincte du Génie.*
2. *Général Merlin,* Les Transmissions en AFN de 1934 à 1944, *conférence faite aux officiers de réserve de la région de Paris le 29.6.46.*
3. *Fiche n° 10497/TAF du 28.5.43.*
4. *Créé par note n° 220 EMG/I-O du 12.2.43.*

Finalement, lors de la remise en ordre au début de 1944, le programme est revu à la baisse avec seulement vingt-deux unités. Cette diminution par rapport au programme initial vient en partie de la dissolution réalisée ou prévue de divisions, mais aussi de la nécessité d'équiper des unités « hors programme ».

Pour le personnel, il a d'abord fallu organiser, à partir de juillet 1943, trois stages de quinze jours dans le parc du château d'Hydra transformé en centre de formation sous la tente pour les opérateurs et opératrices radio, puis instruire les recrues européennes et indigènes au centre d'organisation de Maison-Carrée ou former les mécaniciens de télétypes ou de postes radio à Alger, Oran et Casablanca.

Pour les perceptions de l'équipement américain, Merlin obtient que le matériel - à l'exception de celui des chars - soit réceptionné par les transmissions de la grande unité intéressée pour être ensuite distribué aux corps de troupe. Dans le même esprit, un centre d'instruction commun est créé le 1er septembre auprès de la compagnie de chacune des quatre divisions du Corps de débarquement.

En fin de compte, les choses se passent plutôt bien, le choix ayant été fait d'emblée de se conformer au système américain :

« Nous apprîmes à nos dépens que les Américains ne font rien à la légère et apportent dans l'exécution de leurs tâches, si ingrates soient-elles, une belle conscience. Ils ne comprennent pas notre système D, d'ailleurs ils ne savent pas ce que c'est. Par exemple, quand un commandant d'unité américaine demande du matériel, il dit :

- Voici mes droits, voici ce que j'ai.

Un point c'est tout. Personne ne met en doute sa déclaration et automatiquement, il reçoit la différence qui lui manque, mais ce n'est pas lui qui l'a précisée. Que nous sommes loin de nos états avec Nécessaires - Existants - Déficit, où chacun s'évertue à « carotter » les existants sachant que, trop souvent, il faut demander 10 pour avoir 3 ou 4.[5] »

C'est ainsi que, au moment où le CEF embarque pour l'Italie, les formations de transmission lui étant destinées sont prêtes. Issues des vieilles unités de l'Armée d'Afrique et maintenant équipées d'un matériel moderne et parfaitement adapté, elles se sont entraînées au Maroc et en Oranie au cours de nombreuses manœuvres. Chose tout à fait inhabituelle pour l'époque, on compte dans leurs rangs de nombreuses opératrices féminines.

Les « Merlinettes » et les Transmissions du CEF

Dès le 20 novembre 1942, Merlin propose la création d'un corps auxiliaire féminin dont le personnel - destiné à pallier la pénurie de spécialistes - serait entièrement militarisé pour servir dans les postes du territoire ou des grandes unités au-dessus de l'échelon division. Deux jours plus tard, Giraud approuve son projet et le « corps féminin des transmissions en Afrique française » voit le jour[6].

Confronté aux réalités matérielles et psychologiques du moment, Merlin, ardent défenseur de celles que l'on appelle affectueusement les « Merlinettes », doit se résoudre à de timides essais. Il va toutefois pouvoir mettre sur pied un système cohérent, comprenant notamment un véritable encadrement et un service social à usage interne.

L'instruction de décembre 1942 prévoit que les engagements seront souscrits pour un an au moins et pour la durée des hostilités au plus, l'âge minimum étant de 18 ans. Doivent alors être précisés l'emploi demandé et l'affectation désirée : formation d'AFN, d'AOF ou des armées... Selon leur aptitude professionnelle, vérifiée par une commission comprenant des officiers des Transmissions et des directeurs des PTT, les candidates sont classées en deux catégories : celles pouvant rendre immédiatement des services et celles devant recevoir préalablement une instruction technique.

Dans le second cas, trois mois d'instruction clôturés par un examen, plus deux mois probatoires sont prévus. Les nominations sont ensuite prononcées en fonction des besoins ou des qualités professionnelles, celles de chef d'équipe ou de section intervenant à l'issue d'un stage « d'instruction et de commandement ».

Les engagées sont placées sous l'autorité directe du commandant des transmissions de la grande unité correspondante ou du chef de service employeur. Car Merlin veut un corps totalement intégré aux Transmissions :

« Par l'Arme, pour l'Arme, dans l'Arme » déclare-t-il souvent.

Dès le 14 janvier 1943, des cours débutent à Alger pour 115 engagées et à la fin de ce mois, les transmissions du Maroc ouvrent leur propre école à Rabat. Et, le 15 mars, 54 téléphonistes et une trentaine de traductrices et secrétaires d'analyse peuvent être envoyées aux armées en Tunisie.

Cinq centres fonctionnent finalement afin d'atteindre l'objectif de 295 opératrices radio, 72 télétypistes et 360 standardistes que le général Merlin s'est fixé : Tunis dans l'ancienne école des cadres de Salambo, Constantine de manière éphémère, Maison-Carrée, Oran et Rabat. Les engagements se succèdent à une cadence régulière jusqu'à la fin octobre, puis le courant se ralentit fortement jusqu'à devenir nul.

Pendant l'instruction de base, les volontaires pour les armées et pour les territoires sont mélangées. Au bout d'une quinzaine de jours, les meilleures élèves sont conservées dans la spécialité radio et les autres sont aiguillées sur les catégories standardistes et télétypistes. L'instruction terminée, les « filles » sont affectées en doublure à des postes où elles s'initient à leur fonction réelle, avant d'être affectées selon leur souhait. Celles optant pour le CEF gagnent Hydra.

La formule de l'équipe - capable d'assurer 24 heures sur 24 par roulement le service d'un poste radio ou d'un standard, - est alors adoptée. L'équipe de quatre à six opératrices commandée par un « sergent » est aux ordres du chef de centre, officier ou sous-officier masculin. Plusieurs équipes sont « coiffées » par un chef de section féminin, aspirant ou sous-lieutenant, ayant la charge morale et disciplinaire en dehors des heures de travail, à moins qu'elle ne remplisse elle-même les fonctions de chef de centre. A la compagnie, on trouve une adjointe du rang de lieutenant et au commandement des transmissions divisionnaire, une adjointe capitaine :

« De cette façon, le Commandement, tout en restant masculin [est] à la fois tempéré dans le sens masculin et renforcé dans le sens féminin par la présence d'une femme à tous les échelons.[7] »

Merlin n'exclut pas, d'ailleurs, que dans l'avenir, les femmes officiers puissent remplacer à certains échelons leurs camarades masculins.

A GAUCHE : INSIGNE DE LA COMPAGNIE mixte des transmissions 87/84 de la 2e division marocaine. (SHAT)

5. Les Transmissions en AFN de 1934 à 1944, *op. cit.*
6. *Instruction n° 613 EMG/1-O du 18.12.42.*
7. *Général Merlin,* Les femmes dans l'arme des transmissions, *Paris le 25.3.47.*

***8 FÉVRIER 1944** à Alger. Le général Merlin remercie des sous-officiers du Signal Corps pour l'aide apportée à l'instruction des unités françaises. (National Archives)*

Ce système hiérarchique mixte nécessite la formation de nombreux cadres. Aussi le colonel Brygoo chargé de superviser la constitution du Corps féminin, organise en avril un premier stage à Douera qui fournit 17 officiers et 20 sous-officiers sur les 50 stagiaires rassemblées. Puis, grâce au soutien de la direction de la jeunesse au gouvernement général de l'Algérie, deux stages se déroulent en juin et juillet à Hydra.

En dépit de ces efforts, l'encadrement est jugé quantitativement insuffisant au moment où le CEF s'embarque pour l'Italie. Il est vrai que les Transmissions ont joué la qualité :

« Ayant besoin de recruter des opératrices d'une instruction supérieure à la moyenne, et ne pouvant donc compter sur la masse » déclare Merlin *« je me suis attaché dans toute la mesure du possible à donner au Corps Féminin des Transmissions une tenue morale susceptible de rassurer toutes les familles et de combattre la campagne de dénigrement systématique dont le recrutement féminin était l'objet ».*

Et il ajoute, dans la perspective d'une réquisition dont on parle alors beaucoup à Alger :

« Il me serait impossible d'appliquer les mêmes méthodes de tri à l'entrée, puis de surveillance constante, si je devais incorporer du personnel tout venant, provenant de la réquisition. La principale sanction, pratiquement même la seule actuellement efficace est l'exclusion du Corps. Il est aisé de comprendre qu'elle serait inefficace contre du personnel non volontaire ».

Soutenu par Giraud, Merlin obtient finalement gain de cause pour ses « merlinettes » : la formule des unités dites « géminées » est conservée. Des sections féminines pourront même accompagner les formations de transmissions de commandement du CEF - compagnie 811/2 et section d'écoutes de la 808/1 - où elles se substitueront à du personnel masculin[8].

Tenue de sortie *du sous-lieutenant Mireille Zammit, de la compagnie 807/1, portant les insignes de l'arme des Transmissions et du Signal Corps. (Musée des Troupes de Marine)*

Constituée le 1er juillet à Douera par le dépôt de Maison-Carrée, la compagnie d'exploitation 811/2 forme d'abord ses sections : commandement, radio, téléphone, télétype et échelon. Puis, fin août, elle s'installe à côté de la compagnie de construction 806/3 à Bou Sfer, où le groupement de télégraphie militaire 809/1 et le détachement de parc 810/1 lui sont rattachés. La section d'écoutes et de radiogoniométrie 808/2 d'Oran est alors affectée au CEF qu'elle rejoint à Bouisseville.

Le 1er octobre, la 811/2 - comprenant en fait tout le personnel masculin destiné à la 1re compagnie du 807e bataillon d'exploitation du corps expéditionnaire dont la formation n'est plus demandée par l'EMGG - devient la 807/1[9].

Les effectifs théoriques et le nombre de véhicules sont alors indiqués par le 1er bureau d'Alger en vue de l'embarquement[10] :

	Officiers	Européens	Indigènes	Total	Véhicules
Cies 806	6	60	203	269	53
Cie 807	10	253	79	342	77
SERG 808	1	73	6	80	9
GTM 809	3	72	3	78	7
Parc 810	3	74	52	129	32

Le 15 novembre, un premier détachement composé d'éléments des 807/1 et 806/3 embarque à Oran à bord de LST. Quittant le port deux jours plus tard, le convoi passe au large d'Alger, s'arrête quelques heures en rade de Bizerte, contourne la Sicile par l'ouest et arrive le 22 devant Bagnoli. Aussitôt débarqués, personnel et véhicules rejoignent Maddaloni où le QG du CEF doit s'installer.

Un second détachement suit huit jours plus tard avec les « merlinettes » :

« Equipées de matériels et d'uniformes américains, le 26 novembre, les sections Aubignac, Pons et Roy embarquèrent à Mers el-Kebir pour Naples. Le colonel Brygoo aurait souhaité les faire traverser sur un navire-hôpital américain. Au dernier moment, ceux-ci refusèrent. Ces redoutables combattantes auraient violé les conventions de Genève ! Elles durent quitter les lits, les draps blancs, le confort du navire-hôpital, non sans appréhension. Des navires du convoi précédent avaient été torpillés. Heureusement, fort bien traitées par les marins anglais, elles voyagèrent sans problème.[11] *»*

Le sergent René Gallet note le 26 novembre dans son cahier de marche :

« Embarquements de la compagnie sur le Letitia, *paquebot écossais. Sommes à Mers el-Kebir. Mangeons très bien à bord. Quitté la terre d'Afrique sans regrets. »*

A l'arrivée à Naples le 1er décembre, la mer est démontée, mais du bord la vue est splendide sur le Vésuve et la ville dont le port est encombré de bateaux coulés. Puis chacun rejoint Maddaloni et sa caserne de Bersaglieri où, comme c'est maintenant l'usage au cantonnement, une équipe est en permanence « de garde aux " merlinettes " ».

La section 808/2, embarquée à Mers el-Kebir le 18 novembre avec 25 radios et secrétaires d'analyse féminines, arrive discrètement à Naples, sans probablement se douter que l'état-major d'Alger a changé son appellation en « détachement 808 (Armée A) » puis « compagnie 808/1 ».

Les autres unités suivent et, le 9 décembre, le colonel Brygoo, maintenant commandant les transmissions du CEF, est en mesure de donner au Brigadier General Richard B. Moran, *Signal Officer* de la 5e armée un aperçu des formations dont il dispose :

- compagnie 807/1 d'exploitation radio et fil avec 12 % environ d'Indigènes ;
- détachement de compagnie 808/1 chargé des écoutes et radiogoniométries ;
- compagnies de construction 806/1, non encore arrivée, et 806/3 formées de monteurs marocains encadrés par un petit nombre de Français ;
- détachement 809/1 de la télégraphie militaire composé d'ouvriers des lignes provenant de l'administration civile des PTT ;
- détachement de parc 810/1 avec éléments de magasinage et ateliers de réparation[12].

***16 janvier 1943** à Alger. Lieutenant du Corps féminin des transmissions, portant sur le bras l'insigne de radiotélégraphiste, suivant l'instruction sur les centraux téléphoniques. (©ECPAD/France)*

Il précise que servent à la 807/1 et au 808/1 un certain nombre d'opératrices téléphonistes et radiotélégraphistes entièrement assimilées au personnel masculin.

8. Note de service n° 1684 EMGG/I-O du 24.8.43 abrogeant les dispositions de la note n° 1363 EMG/1 du 13.8.43.
9. Note de service n° 2862 EMGG/1 du 1.10.43.
10. Fiche n° 5191 EMG/1 du 15.11.43 à l'attention du 3e bureau.
11. Mireille Hui, Les Merlinettes, *Le Livre A l'Unité, Flayosc (Var), 1999.*
12. Note d'information n° 107 PVT/TCEF du 9.12.43.

Les formations des Transmissions

Les transmissions sont assurées :
- dans les petites unités, par du personnel des corps de troupe ;
- dans les grandes unités, par du personnel de l'Arme des Transmissions.

Dans le dernier cas, elles sont sous les ordres d'un commandant des transmissions, conseiller technique du général commandant de la grande unité, ayant autorité sur les officiers des transmissions des corps sur le plan technique.

La compagnie mixte divisionnaire

La CMT assure les transmissions entre les PC de la Division et ceux des corps.

Elle comprend un état-major, une section de commandement, une section d'échelon et cinq sections spécialisées : trois de construction de lignes, une d'exploitation fil et une radio.

La section fil dispose de 5 centraux téléphoniques dont deux à 40 directions, un central télégraphique et deux télétypes. La section radio comporte un SCR 299 pour assurer la liaison avec l'échelon supérieur, six SCR 193 sur command car, deux SCR 284 sur jeep et quelques récepteurs, dont un BC 312 pour l'écoute des réseaux de renseignements de l'aviation.

La compagnie de division de montagne a la même organisation que celle d'infanterie, Mais avec l'adjonction d'une section hippomobile de 45 mulets de bât avec leurs conducteurs.

	Officiers	Sous-officiers	Troupe	Total	Véhicules
CMT de DI	6	37	252	296*	56
CMT de DM	6	43	324	374**	56

* dont 3 sous-officiers et 25 soldats indigènes
** dont 4 sous-officiers et 148 soldats indigènes

Les transmissions du corps d'armée

Le commandant des transmissions du corps d'armée a l'attribution de chef de corps pour les deux unités de CA. La compagnie d'exploitation comprend deux sections d'exploitation et une section radio disposant notamment de 26 postes. La compagnie de construction comprend trois sections de construction en câble et une section de construction en fil nu.

	Officiers	Sous-officiers	Troupe	Total	Véhicules
CE de CA	6	31	216	253*	72
CC de CA	7	24	189	220**	53

* dont 1 sous-officiers et 52 soldats indigènes
** dont 1 sous-officiers et 125 soldats indigènes

Les transmissions du 1er corps de débarquement

Leur composition est définie à partir de mai 1943.

	Effectifs	Véhicules	Postes radio
cdt des transmissions	10	-	-
cdt des transmissions des étapes	4	-	-
cie de construction 811/1	264	45	1
cie d'exploitation 811/2	332	81	20
groupement TM 809/1	74	9	-
détachement de parc 810	126	32	117
Total	**810**	**156**	**138**

*14 **décembre 1943** à Scapoli. Transmetteur de la compagnie mixte 87/84 s'assurant avec son téléphone EE8 que la liaison est bien établie.*
(©ECPAD/France)

C'est en effet ce qui a été admis dès la formation à Hydra où les tenues françaises ont été échangées contre l'équipement américain et le pantalon, retaillé par les soins des filles, a remplacé pour longtemps la jupe. Les treillis d'homme et un passage chez le coiffeur pour une coupe obligatoire « à la garçonne » leur donnent maintenant un air de jeunes conscrits :

« *Nous n'allions pas être les combattants de premières lignes* », dira une ancienne de la compagnie 807/1 « *mais sur notre cœur le même insigne en cuivre, le coq gaulois dressé sur ses ergots, était placé*[13] ».

Depuis le 4 décembre, le PC du CEF fonctionne à Maddaloni et se pose alors la répartition des moyens « transmissions ». Selon Brygoo, ceux dont dispose le CEF lui permettent de fonctionner soit comme CA, soit comme détachement d'armée. En aucun cas il ne peut faire les deux en même temps :

« *Au moment où le CEF fonctionne comme corps en opérations, il faudra que le fractionnement de l'état-major corresponde à l'une ou l'autre des formules. Mais il sera impossible d'avoir par exemple :*
- à l'arrière, les éléments de commandement des services d'armée,
- à l'avant, un EM type CA fractionné lui-même en un PC avancé et un PC arrière.[14] »

Ne pouvant équiper téléphoniquement que deux centres, dont un seul avec éclairage, il demande que le fractionnement éventuel de l'état-major soit fixé dès maintenant afin que toutes les mesures utiles puissent être prévues.

__Poste radio SCR 284__, associé à un central téléphonique à six directions, constituant le PC d'une compagnie canons reliée au PC du colonel, à l'avion éventuel et aux observatoires. (©ECPAD/France)

13. Allusion à l'insigne de nationalité transformé en insigne du CEF, selon le témoignage de Mme Pierrette Vuillaume.
14. Note n° 5 PVT/XFT du 9.12.43.

Avers du fanion *du colonel Brygoo, commandant les transmissions du CEF en Italie puis de la 1re armée en France et en Allemagne.*
(Salle d'honneur du 8e régiment des transmissions)

Croisé le lendemain 10 dans l'après-midi à Naples, le général Carpentier donne sa réponse :

« *J'envisage de laisser le QG arrière à Maddaloni et de n'avoir qu'un PC avant là où il sera nécessaire* ».

« Assurer la transmission des messages »

L'année 1944 débute par l'arrivée de la compagnie de construction 806/1 et la constitution en unités administratives du détachement 808/1 (section d'écoutes et de gonio) et du détachement de parc 810/1 qui deviennent respectivement « compagnie d'écoutes et de radiogoniométrie n° 808/1 » et « compagnie de parc mobile de transmissions n° 810/1 ».

Créée le 1er mars 1943 à Taza à partir d'éléments provenant du dépôt de guerre n° 41, la 1re compagnie du bataillon de transmissions 806 fait mouvement vers l'est le 24 mai, gagnant successivement Medjez-el-Bab, Pont du Fahs, Gafour et Souk el Arba d'où elle reprend la route en sens inverse le 19 août.

Stationnée d'abord à Birtouta près d'Alger, elle regagne ensuite le Maroc et s'installe le 1er septembre à Casablanca, au bivouac du moulin de la Gaîté aux Roches Noires. Puis, son matériel perçu, elle repart le 18 novembre et rejoint le CEF à Bouisseville. Le 4 décembre, nouveau départ vers la Tunisie et Bizerte où son personnel embarque le dimanche 19 à bord d'un LCI britannique tandis que le matériel prend place sur deux LST.

Formé dans le goulet de Bizerte, le convoi de vingt-quatre LCI prend la mer dans la soirée et arrive le 21 à 8 heures devant Bagnoli. Deux heures plus tard le débarquement commence et le premier détachement gagne le cantonnement préparé à San Clemente, près de Caserte, où la compagnie est regroupée l'avant-veille de Noël.

Le 31 décembre, la 807/1 quitte Maddaloni pour Prata Sannita : le temps est affreux, la pluie battante et l'arrivée se fait de nuit après s'être trompé de route. Le lendemain, la 806/3 rejoint Pozzili. Pour le sergent Gallet, logé dans une ferme isolée, ce jour de l'An est triste :

« *Nous nous réveillons avec la neige. Il fait froid, la boue a encore augmenté. Ce soir, nous sommes invités par nos logeurs qui sont très gentils.* »

Le PC du CEF s'installe le 3 janvier à Prata Sannita où le central *Annibal* opère depuis deux jours, le PC arrière étant à Pratella associé au central *Alcide*. Puis, le 17, il se porte à Venafro et à partir de ce moment, les transmissions sont fractionnées en centre avant (2e et 3e bureaux), centre arrière (1er et 4e bureaux) et, éventuellement, centre tactique et PC mouvement.

La compagnie d'exploitation 807/1 est installée partie dans une oliveraie accrochée à des restanques, partie dans un vieux château fort où le personnel est à l'abri des obus qui tombent parfois dans la vallée. Elle dispose notamment de standards PTT à 50 directions montés sur remorque, groupés en deux centraux de 200 abonnés. Le centre de transmissions où 40 radios, 75 téléphonistes et 10 télétypistes féminines mettent en œuvre les liaisons par téléphone, télétype et radio. En outre sont associés au centre de messages du PC avant une section courrier, un atelier de chiffrement et une section d'interprètes.

Le 15 mars, alors que la campagne d'hiver tire à sa fin, la vallée du Volturno subit une attaque de l'aviation alliée :

« *Sommes bombardés toute la matinée de 8h30 à 12h30 par les Forteresses et les Mitchells américains ! Ces imbéciles se croient au-dessus de Cassino ! Il y a de nombreux morts civils et anglais. Chez nous, un chauffeur est enseveli sous une maison. Toute la matinée, avec Devillers, avons déterré des ensevelis sous les décombres. Dégageons quatre personnes dont deux morts. Décidément les Américains sont très forts !*[15] »

L'exploitation téléphonique est assurée par une section féminine, « *remarquable par sa cohésion, ses capacités professionnelles, son amabilité, enfin, que la phrase* " Annibal *écoute* " *a rendu populaire. Personnel féminin qui, à Venafro même a pu donner la preuve de son calme sous les bombes du plus gros calibre* ». Ainsi, après que les premières bombes américaines soient tombées sur le PC, le général Carpentier donne l'ordre d'évacuer tentes et roulottes jusqu'à la fin du bombardement sur Cassino. À midi, sortant d'un abri, il apprend que le personnel du central téléphonique, presque exclusivement féminin, est demeuré à son poste. Il s'y rend de suite pour féliciter les opératrices, qui répondent simplement :

« *Il fallait bien assurer la transmission des messages !* »

Les moyens filaires sont en effet plutôt utilisés, au point que l'officier radio du CEF a quelque peine à maintenir le moral de ses opératrices qui se morfondent en attendant un éventuel message. Passant une nuit près de la remorque où sont installés des postes d'écoutes, le colonel Brygoo entre dans une fureur violente en entendant chanter. Le lendemain, la coupable, remise de ses émotions, révèle « *que ce chant insolite était dû, simplement, à la joie manifestée à la réception du premier télégramme adressé au poste* ».

Les compagnies de construction de lignes du CEF sont tout aussi touchées. Ainsi, un télégraphiste de la 806/1 est mortellement blessé le 16 janvier lors du bombardement aérien du bivouac de Pozzili et, le 25, un sergent saute sur une mine près d'un chantier de déminage. Puis le 7 février, un sergent-chef et deux caporaux sont blessés alors qu'ils montaient une ligne à Cairo. Le lendemain, un sergent est atteint par des éclats d'obus à l'embranchement des routes San Elia - Vallerotondo. Et avant que n'arrive le renfort de trente Indigènes le 9 mars, la compagnie perd encore quatre blessés par mines ou obus d'artillerie. La 807/1 n'est pas non plus à l'abri, qui, le 2 février à Venafro, perd un caporal radio du centre *Annibal* tué par l'explosion d'une mine antipersonnel.

Des compagnies divisionnaires, la 87/84 arrive la première. Initialement 41/5 muletière à Agadir, elle a rejoint Meknès en janvier 1943 pour devenir, le 1er avril, l'unité de transmission de la 2e DIM. Son matériel américain perçu à Alger de mai à juillet, elle suit sa division à Martimprey du Kiss et à Lourmel. Puis elle prend la route de Bizerte où elle embarque le 18 novembre.

Mise à terre trois jours tard plus à Bagnoli, elle rejoint Campi Flegrei, puis bivouaque successivement à Caivano, Succivo, San Angelo d'Alife pour s'installer le 7 décembre au nord-est de Colli où la rejoint enfin son postcurseur. Du 11 au 13, la compagnie s'installe à Montaquila, près du PC avant de la Division et du commandant des transmissions, le chef de bataillon Desblanc.

C'est dans la montagne qu'elle subit les premières pertes : un télégraphiste le 14 puis un caporal-chef le 15, blessés à Scapoli par des éclats d'obus près du PC tactique. Le 12 janvier 1944, deux hommes disparaissent après que le village de Cerasuolo ait été bombardé par l'aviation. Et trois jours plus tard, le capitaine Labat qui la commande est blessé par un éclat d'obus alors qu'il roule en jeep sur la route de Scapoli à Cardito. L'aspirant Housty et le télégraphiste Varagnat qui l'accompagnent sont tués et lui-même évacué sur l'hôpital divisionnaire, meurt deux heures plus tard. Enfin, le 25, un télégraphiste est encore tué à la Selva.

15. *Cahier de marche de René Gallet, sergent à la 807/1, déposé au SHAT, Vincennes.*

Le colonel Brygoo, commandant les transmissions du CEF

Né le 8 janvier 1896 à Lille, Robert Brygoo est appelé dans la circonscription de Dunkerque. Nommé aspirant en 1915, il est blessé deux fois et termine la guerre comme lieutenant. Capitaine en 1925, il sert à la mission militaire au Brésil de 1930 à 1934 avant de suivre les cours à l'école de guerre. Chef de bataillon en décembre 1935, il est l'année suivante chef du service des transmissions du Levant puis y commande en 1940 le 43e bataillon.

Lieutenant-colonel en 1942, il est commandant adjoint des transmissions en AFN et à ce titre joue un rôle essentiel dans la création du corps féminin dont il dirige le centre de formation à Hydra. Promu colonel le 25 juin 1943, il est nommé, le 25 octobre, au commandement des transmissions du CEF, devenues le 23 juillet 1944 celles de l'Armée B.

Général de brigade le 25 décembre 1945 et commandant des transmissions des troupes d'occupation en Allemagne, il prend ensuite le commandement des transmissions en AFN en 1948 puis se porte volontaire pour l'Indochine. Débarqué à Saïgon le 3 septembre 1949, il prend le commandement des transmissions du commandant en chef des forces armées d'Extrême-Orient.

Général de division en 1951 et rapatrié le 3 juillet, il commande les transmissions du secteur Centre Europe, puis est nommé général de corps d'armée et passe dans le cadre de réserve en 1956. Il est alors grand officier de la Légion d'honneur, commandeur de l'ordre royal du Cambodge, du « Million d'éléphants » et du « Parasol blanc », officier de la Legion of Merit, du British Empire et du Mérite postal.

Il décède le 6 juillet 1983 à Versailles.

divisionnaires sont séparés en deux : commandement et services. En fonction des circonstances et surtout du terrain, un PC tactique très léger avec le général et un officier de son état-major peut être utilisé généralement associé à un observatoire.

Le 9 janvier, la relève s'achève et dès le 15, un central à douze directions est mis en place dans une cave du village d'Acquafondata. Puis un relais radio à proximité du col permet de suivre le trafic des différents réseaux et assurer, d'un versant à l'autre, le transit des télégrammes ne pouvant être transmis directement.

Au moment des combats sur le Belvédère, les liaisons téléphoniques deviennent difficiles. Les lignes traversant la montagne sont malaisées à entretenir et, dans la plaine, elles sont fréquemment coupées par les obus et doivent être réparées par les deux équipes détachées au 4e tirailleurs tunisiens. Heureusement, du fait de la position dominante du PC dans la descente du col d'Acquafondata, les liaisons radio en phonie sont excellentes de jour.

Puis arrive la période de stabilisation qui voit les liaisons - surtout téléphoniques - s'améliorer. On trouve à Acquafondata le central relevé à Casale par le central *Apéritif* du CEF et dans l'Inferno celui du PC avant et l'ensemble des estafettes. Plus loin, à Portella, un autre - avec le détachement de monteurs - relie les groupements en position au-delà de Cairo et vers San Elia. Avec eux, les liaisons radio ne sont plus assurées par 284, dont les portées se sont révélées insuffisantes lors des attaques de janvier, mais par SCR 193.

16. *Chef de bataillon Mettavant,* Les transmissions de la 3e DIA en Italie, *Revue des Transmissions n° 16 et 17, novembre et décembre 1947.*
17. *Chef de bataillon le 25.6.44.*

Central téléphonique *d'un régiment de tirailleurs camouflé sous les arbres, disposant de deux centraux BD 71 à six directions jumelés. (P. Ichac)*

Le 9 février, la 87/84 vient cantonner à Collemachia avant de rejoindre Filignano le 25. Le dispositif est maintenant rôdé : *Barberine* arrière, *Barberine* avant et un éventuel troisième PC, *Barberine* tactique.

L'autre compagnie mixte est celle de la 3e Division algérienne. Un an plus tôt, la compagnie 45/3 du Kroubs participait à la campagne de Tunisie avec la DMC. Devenue officiellement compagnie 83/84 de la 3e DIA le 1er juin, ses premiers éléments ont rejoint Inkermann en Oranie le 22 juillet. Puis, suivant les différents PC, elle est au Guelta, à Perrégaux, Saint Denis du Sig et Lourmel qu'elle quitte pour Bizerte. Le 15 décembre, un central téléphonique de campagne à douze directions est installé dans la zone d'attente pour faciliter les relations de l'état-major avec les principales autorités du port et de la ville. Puis les embarquements commencent qui se poursuivent pendant plus d'une semaine.

Le voyage dure environ trente-six heures, les convois - escortés par des destroyers et survolés de temps à autre par des avions alliés - longent les côtes siciliennes jusqu'au golfe de Palerme d'où ils piquent droit sur Naples. Le LST 197 qui transporte le gros du QG et de son détachement de transmissions arrive le matin du 31 en vue de la terre :

« Entre l'azur du ciel et le bleu de la Méditerranée, la baie de Naples, ensoleillée et dominée par la majestueuse silhouette du Vésuve, apparaît alors dans toute sa beauté. Mais, bientôt, le décor s'assombrit, l'orage éclate et c'est sous une pluie torrentielle que l'accostage a lieu quelques heures plus tard dans la rade de Bagnoli. Pluie sur le littoral, pluie et neige en montagne, tel sera le temps qui ne cessera de se manifester pendant toute la première partie de la campagne.[16] »

Le 6 janvier 1944, la division entame la relève des Américains. La radio n'est toujours pas utilisée afin de ne pas dévoiler la présence de nouvelles unités françaises. En revanche, tout repose sur les dix équipes de monteurs qui tendent les lignes et trient les nombreux câbles courant le long des routes et dans les villages. Au QG, le capitaine Mettavant[17] organise le travail et chacun prend connaissance des règles de procédure et des ordres pour les transmissions.

Progressivement, la compagnie adopte un dispositif qu'elle conservera tout au long de la campagne :

- très en avant, un détachement de construction actionné directement par le commandement des transmissions ;
- au niveau des PC, le personnel des différentes fractions, dont une équipe chargée de monter et entretenir les lignes d'abonnés ;
- suffisamment à l'arrière pour travailler à loisir, un échelon lourd regroupant services administratifs, ateliers, magasin technique et équipes d'exploitation fil et radio en réserve.

Le PC de la division est fractionné en deux éléments : *Belphégor* avant où se trouve généralement le commandant des transmissions, et *Belphégor* arrière. De même, les réseaux radio

12 janvier 1944 *à Baraconne. Monteur de lignes de la compagnie 806/3 récupérant les câbles tirés à même le sol et les fixant sur un poteau afin qu'ils ne soient pas sectionnés par un véhicule traversant le village. (US Army)*

CENTRE DES MESSAGES *du CEF installé dans une maison de Sessa Aurunca, devant l'equel sont stationnées deux jeeps du quartier général. L'une d'elles est munie de l'écriteau* Messenger *qui lui donne la priorité sur les itinéraires. (©ECPAD/France)*

Cependant la campagne d'hiver s'achève. Le 26 mars à midi, le 13 Corps ouvre un central avancé à Venafro, à proximité immédiate du central *Annibal*. Au même moment, ceux d'Acquafondata, de Pozzili et du carrefour des routes Filignano - Casale ferment tandis que les liaisons avec la 2ᵉ DIM sont supprimées. Puis, le 29 à 10 heures, tout le dispositif bascule sur le nouveau secteur.

La bataille du Garigliano

Le 29 mars, les éléments de la 807/1 quittent donc Venafro. De son côté, la 806/1 fait mouvement sur San Martino le 2 avril et prend en charge la pose et l'entretien du réseau d'alerte reliant les ponts sur le Garigliano et le PC avant de la 4ᵉ DMM au central avancé du CEF :

« *Ce réseau devra écouler en priorité toutes les communications relatives aux crues du Garigliano et à l'état des ponts du* Tigre *et du* Lion.[18] »

Le 9, le lieutenant Thévenot qui la commande est blessé accidentellement et doit être évacué. Puis, le 19, l'explosion d'une mine tue deux Marocains et en blesses deux autres.

Des renforts sont arrivés d'Oran, notamment le précurseur de la section technique 842/1. Et grâce à de nombreuses « merlinettes » venues étoffer les compagnies, un central *Accordéon* est ouvert à Ponte le 7 avril.

Pour les nouvelles arrivantes, le contact est plutôt rude :

« *Il a fallu tout de suite " se mettre dans le bain ", sans aucune indication, - et l'on se fait attraper parce que l'on ne va pas assez vite...*

La chambre où nous couchons est noire comme de la suie. Il y a des rats et six lits côte à côte. La seule eau potable que nous ayons, c'est celle que nous prenons à la source et que nous conservons précieusement dans des nourrices américaines. Autre problème : celui du linge. On le donne aux Italiennes, mais elles le repassent avec une casserole pleine de braises.[19] »

Au PC avant à Sessa, où la 807/1 met en œuvre le centre *Annibal*, on trouve dix officiers, disposant de leur propre popote, et dix-huit femmes, plus vingt-neuf de la 808. Au PC arrière à Roccamonfina, le *Message Center* est armé notamment par un officier et vingt femmes de la 807/1[20]. Enfin, à Orchi sont installées la trentaine de radios et de secrétaires d'analyse de la section féminine du groupement 809.

Arrive également dans le nouveau secteur la compagnie de la 4ᵉ DMM, dont le commandant des transmissions est le chef de bataillon Walter. Créée à Marrakech le 30 avril 1943, la 88/84 a rejoint Tlemcen et installé son premier centre le 14 juillet après avoir perçu son matériel à Casablanca. Deux mois plus tard, elle est à Misserghin et forme un détachement d'une cinquantaine de mulets.

Elle gagne ensuite les environs d'Alger et s'installe aux Pins Maritimes, puis au Lido de Fort-de-l'Eau. C'est de là que, le 18 janvier 1944, la liaison est établie en SCR 299 dans d'excellentes conditions avec les éléments stationnées en Corse.

Le 12 février, les cargos *Château Latour* et *Ville de Bougie* quittent Alger avec vingt-sept tonnes de matériel. Puis, trois jours plus tard, l'échelon avancé de la compagnie prend le train à Maison-Carrée et arrive à la Pêcherie de Bizerte le 18 en début de matinée. En soirée, les véhicules sont chargés sur le *Liberty ship Thomas Sully*, tandis le commandement prend place avec le QG divisionnaire sur le croiseur *Gloire* le lendemain. Puis le 24, l'échelon avancé embarque sur le croiseur *Duguay-Trouin* et les conducteurs sur le croiseur italien *Raimondo Montecuccoli*.

Le personnel arrivé à Naples entre le 20 et le 27 février se regroupe à Orta di Atella. Mais le *Thomas Sully* n'arrive en rade que le 4 mars et il faut attendre quatre jours encore pour que la trentaine de véhicules soient déchargés et rejoignent la compagnie. Enfin, le 19, le complément de la section d'exploitation rejoint tandis que les mulets débarquent le lendemain du bord du *Thomas B. Reed* venant d'Alger.

Depuis le 16 mars, le PC avant se met en place à Cescheto et le réseau téléphonique anglais est reconnu avec les officiers du *Signal Wire*. Puis la relève de la 4th Division débute tandis que les officiers de transmissions prennent contact au fur et à mesure de la mise en place des unités. Le 24, le chef de bataillon Riehl, « commandant des transmissions de la Brigade des goums », vient en visite tandis que le central *Duckling* du PC de combat sur le Garigliano est occupé. Le 26, le général Merlin accompagné du colonel Brygoo passe l'après-midi au PC avancé de la Division qui vient de prendre en charge le secteur.

Le 29, le CEF prend le secteur et, progressivement, le dispositif de la 4ᵉ DMM s'étoffe :

- installation des télétypes entre les PC divisionnaires et le CEF, reconnaissance d'un emplacement pour poste gonio de la compagnie 808 ;
- mise en place des postes radios en régime silence et détachement d'une équipe SCR 284[21] à la 88th Infantry Division ;

18. Ordre particulier n° 761/TCEF du 3.4.44.
19. Souvenirs d'Italie, *paru dans la revue des TOA.*
20. La compagnie compte alors 125 opératrices : 75 téléphonistes, 40 radios et 10 télétypistes.
21. Remplacé le lendemain par un SCR 245.

- prise en exploitation des centraux anglais *Harrogate* et *Duckling* qui deviennent *Brasserie* et *Briquet* ;
- écoute des émissions de l'Air Support de la 5e armée.

Début avril, Brygoo réunit à son PC de Casale San Ianni, les officiers des transmissions des divisions et des formations de réserve générale pour un déjeuner en plein air. Placée sous le signe de la camaraderie et de la bonne humeur, cette petite réunion, très réussie, se termine malheureusement sous la pluie qui se met à tomber dans le courant de l'après-midi

Puis Pâques arrive et, à cette occasion, l'ordinaire de la troupe est amélioré et charcuteries et pâtisseries sont portées dans les postes avancés.

Toujours optimiste, Brygoo demande des moyens supplémentaires en raison de l'accroissement du volume de troupes :

« Pour permettre à l'Armée d'Italie de vivre en Armée ou en Détachement d'Armée, il est nécessaire de compléter les unités de transmissions de réserves générales par l'envoi, avec leur matériel, des unités qui ont été retenues en AFN pour d'autres fins.[22] *»*

Rien ne lui parvient bien entendu et sa seule consolation, si l'on peut dire, est l'établissement d'une liaison télégraphique purement nationale[23] avec l'état-major de la défense nationale à Alger le 1er mai !

Les 8 et 9 mai, le nombre d'abonnés des six centraux du secteur est réduit afin de récupérer le maximum d'appareils téléphoniques, tandis qu'un dépôt avancé de matériel est constitué pour le ravitaillement et le dépannage rapide des corps de troupe.

A la 3e DIA, l'étroitesse du secteur contraint à échelonner en profondeur toutes les formations et à les relier téléphoniquement soit à des centraux de la Division, soit à des centraux arrières du CEF. C'est en particulier le cas de l'échelon lourd de la 83/84 qui, faute de place, est encore stationné à Sessa.

Un premier central *Alligator* est en place depuis plusieurs semaines près de Sujo dans

22. Note n° 975/TCEF du 22.4.44.
23. Avec deux postes italiens de 2 kW.

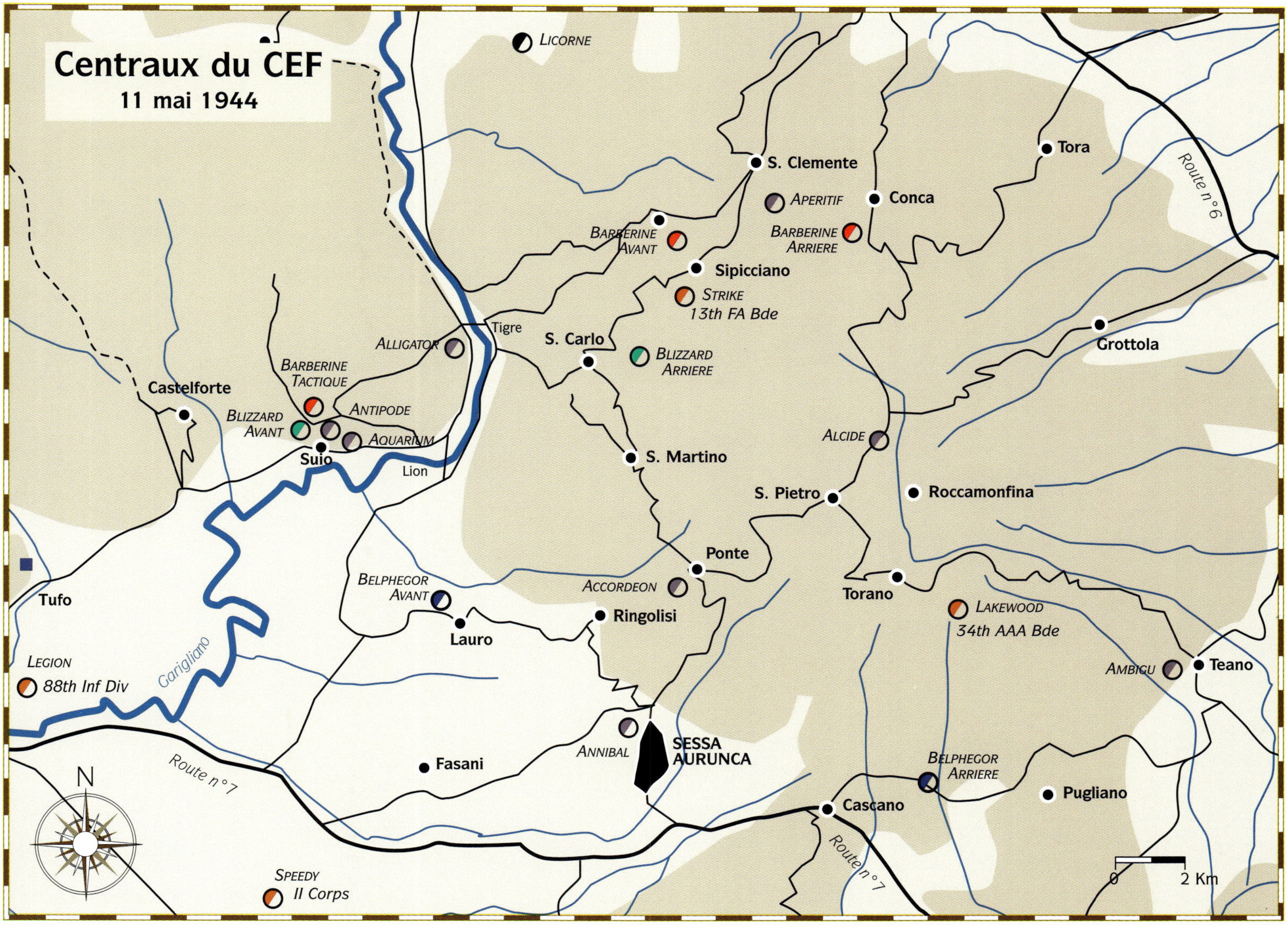

Centraux du CEF	• Annibal	28 mars	21 mai	PC avant du CEF, rejoint Ausonia.
	• Alcide	30 mars	23 mai	PC arrière du CEF, rejoint Annunziata.
	• Ambigu	2 avril	20 mai	Liaison PC arrière 3eDIA.
	• Accordeon	3 avril	21 mai	Liaison 4eDMM.
	• Alligator	15 avril	16 mai	Liaison PC avant.
	• Aperitif	24 avril	16 mai	Liaison 1reDMI, 2eDIM et 4eDMM.
	• Antipode	1er mai	17 mai	Liaison *Alligator* et *Aquarium*, rejoint Ausonia pour liaison 3e DIA.
	• Aquarium	5 mai	21 mai	Liaison *Annibal*, *Antipode* et *Alligator*.
Centraux de la 1re DMI	• Licorne			
Centraux de la 2e DIM	• Barberine arrière	27 mars	15 mai	
	• Barberine avant	10 mai	15 mai	
	• Barberine tactique	11 mai	15 mai	
Centraux de la 3e DIA	• Belphegor arrière	2 avril	15 mai	
	• Belphegor avant	11mai	15 mai	
Observatoire de la 3e DIA				
Centraux de la 4e DMM	• Blizzard arrière	22 mars		
	• Blizzard avant	9 mai	14 mai	
Centraux américains				

Insigne de la compagnie *mixte de transmissions n° 83/84 de la 3e division algérienne. (Coll. particulière)*

le secteur de la 4e DMM, auquel se sont raccrochés le groupement Guillebaud et le central de Lauro. Le second sur la rive droite est ouvert dans la soirée du 10 mai aux lisières de San Lorenzo, chez les Américains de la 88th :

« Pour le placer, il a fallu tromper la surveillance d'un ennemi déjà en éveil. Or, les abords du Garigliano sont dénudés, truffés de mines et la proximité des lignes commandait de travailler dans le plus grand silence. Dans la journée, le circuit venant de Lauro a été déroulé sur la rive gauche avec l'aide des démineurs du génie. Puis, par suite de l'éloignement des ponts et pour gagner du temps, le sergent Bour, sans bruit, a traversé la rivière à la nage. La câble alors amarré sur la rive droite a été repris au cours de la nuit et le circuit terminé tandis que le standard était mis en fonctionnement dans une maison de San Lorenzo reconnue depuis la veille.[24] »

Le central de Lauro est relié aux PC avant de la 88th et de la Division installée à Rongolisi le 11 dans l'après-midi. Y sont en outre abonnés : l'AD 3, les éléments des 3e et 7e RTA en réserve dans le voisinage, l'observatoire avancé du général de Monsabert et celui de Tufo établi très loin en zone américaine, mais donnant des vues indispensables sur les hauts de Castelforte.

En raison de l'éloignement de l'échelon lourd, un dépôt de matériel est à Lauro où sont également rassemblées les équipes de monteurs. Enfin, tous les postes radios sont groupés à Rongolisi, prêts à intervenir en cas de besoin.

Après la 4e DMM arrive en Italie la 1re DMI dont le commandant des transmissions est le chef de bataillon Piette depuis le 1er avril 1943.

A l'origine, c'est-à-dire au moment de la campagne de Tunisie, la DFL dispose d'un commandement, d'un parc et de deux compagnies de brigade. Puis le 1er bataillon de transmissions divisionnaire[25] est créé le 1er juillet 1943, comprenant outre la compagnie de commandement :

- 1re compagnie à deux sections fil et radio adaptée à l'état-major,
- 2e compagnie adaptée à l'AD et aux deux régiments d'artillerie,
- 3e compagnie pour les besoins de l'infanterie et du génie.

Le 2 septembre, le Bataillon rejoint Nabeul et ouvre un centre d'instruction. Puis, comme pour le reste de la DFL, il connaît de nombreux mouvements d'effectifs : départ pour Alger des Pondichériens rapatriables et de l'élément devant entrer dans la composition d'une compagnie de tradition, à peine compensé par l'arrivée de nouvelles recrues[26], rapatriement des « Autochtones » sur le Levant et des « Indigènes coloniaux »... En conséquence, la 2e compagnie doit être dissoute le 1er février 1944 et ce qu'il en reste forme une section de la 3e.

Insigne du 1er bataillon *des transmissions de la 1re division de marche d'infanterie. (Coll. particulière)*

Le 13 avril, alors que les derniers véhicules chargés de matériel reviennent de Casablanca, le détachement du QG avant formé par la 1re compagnie rejoint le camp de Sidi Ahmed pour embarquer une semaine plus tard sur le R.C. Brennan. Après une escale à Augusta, le convoi arrive à Naples le 26 et le détachement peut rejoindre Albanova le lendemain.

Tandis que les éléments de la 3e compagnie voyagent avec leur brigade, le QG arrière suit à neuf jours avec le *Tarleton Brown* et rejoint Albanova le 3 mai en fin d'après-midi, quelques heures avant que le QG avant parte pour San Clemente.

Le 10 mai à 2 heures du matin, la CMT 88/84 achève la mise en place des sections de construction dans les différents centraux : PC avant, central intermédiaire *Briquet*, PC de combat à *Cheshire*. A 18 h 15, les postes de radio partent à leur tour pour *Harrogate*, futur PC avant de la Division, suivis quatre plus tard par un premier détachement d'exploitation.

Le 11 en début de matinée, quinze mulets sont perçus par le détachement radio pour le transport des postes. Puis, à 22 heures, un second détachement d'exploitation part de Cescheto vers *Harrogate*. Cinq heures auparavant, le colonel Brygoo a réuni le personnel de la 807/1 pour annoncer le déclenchement de l'offensive générale.

Les premiers jours sont difficiles et les lignes fréquemment coupées et aussitôt rétablies. A la DFL, deux Indigènes sont portés disparus au cours de la première nuit, puis retrouvés le 12 après-midi à la 4e brigade.

Le lendemain à 20 heures, le long circuit reliant l'observatoire de Tufo au central de la 3e DIA à Lauro est interrompu pour la cinquième fois. Le caporal-chef Schalck part aussitôt en voiture avec les trois hommes de son équipe. Mais il semble qu'ils soient tombés dans une embuscade en franchissant le fleuve dans la nuit et que deux d'entre eux aient été capturés. Les corps du chef d'équipe et d'un 2e classe seront retrouvés par les Américains et transportés jusqu'à un hôpital du voisinage.

Le courrier et la victoire

Mais une fois la ligne *Gustav* enfoncée, la radio reprend ses droits. Le PC et les centres de transmissions se déplacent tous les trois ou quatre jours...

« On arrive au nouveau cantonnement : maison sale qui sent le " boche " ou tente individuelle dans la nature ; les bras sont las (on a chargé et déchargé les camions), l'humeur s'en ressent. Mais que le lendemain on apprenne une nouvelle victoire et un prochain déplacement du PC, oubliées les fatigues, tout le monde veut repartir.[27] »

Puis c'est l'arrivée à Rome :

« La Ville Eternelle, aux multiples visages, n'a pratiquement pas souffert de la guerre... Elle est pour le combattant une manière de récom-

Sergent américain *montrant à un transmetteur du CEF comment monter une ligne téléphonique. (IWM NYF 18615)*

24. Les transmissions de la 3e DIA en Italie, *op. cit.*
25. *13 officiers, 98 sous-officiers et 666 troupe dont 89 nord-africains et 87 syriens ou libanais.*
26. *A noter le retour de l'aspirant Cunin, fait prisonnier à Bir Hakeim et évadé d'Italie. Il sera blessé à la tête et évacué le 21.5.44.*
27. *Témoignage d'un officier féminin des transmissions.*

- 1ère Armée Française -
Transmissions

— ORDRE GENERAL N° 531 —

Le Général d'Armée de Lattre de Tassigny
Commandant en chef la 1ère Armée Française

Cite à l'Ordre du Corps d'Armée La Compagnie de Transmissions 807

"Compagnie d'Exploitation d'Armée qui, sous les ordres du Capitaine WOLFER, a de Decembre 1943 à Fevrier 1945, grâce aux qualités militaires et techniques ainsi qu'au travail anonyme et acharné de son personnel, assuré sans interruption ni repos l'exploitation de tous les Centraux Telephoniques, Postes Radio et Teletypes du Corps Expéditionnaire Français en Italie et de la 1ère Armée Française de Naples à Sienne et des Côtes de Provence aux Bords du Rhin. Chacun de ses membres, Officiers, sous-Officiers, Chauffeurs, Monteurs, Dépanneurs, Opérateurs et Opératrices, dans quelque emploi qu'il ait tenu, peut revendiquer sa part des succes dont l'Unité a eu le privilège de transmettre les ordres et les bulletins de victoire."

La Operatrice Vuillaume Paulette appartenu à la Cie de Transmissions 807 du 5 Mars 1944 au 28 Février 1945

PC le 17 Mars 1945
Le Colonel BRYGOO Commandant les Transmissions de la 1ère Armée Française

Citation à l'ordre *du corps d'armée de la compagnie de transmissions 807. (Musée de l'Armée, Paris)*

pense. Ses larges avenues baignées de soleil sont bientôt très fréquentées et les Romaines, aux toilettes multicolores, y mettent une note gaie et reposante qui fait, pour un temps, oublier la guerre. Uniformes et voitures alliées y fourmillent. Partout le vainqueur est bien accueilli et le soldat français, dont la langue est familière à la majorité des promeneurs, s'y sent un peu chez lui.[28] »

Au-delà du Tibre, la chaleur devient accablante et la lourde poussière blanchit les voitures, pâlit les visages et contraint au port des lunettes. La radio fonctionne à plein rendement alors que le réseau téléphonique est réduit à un ou deux circuits tirés sur un axe : la progression est telle qu'il n'est généralement pas possible de relier tous les groupements.

De nouvelles unités - pas celles que réclamait Brygoo, mais appartenant au 2e corps dont le lieutenant-colonel Babet commande les transmissions - entrent alors en ligne. Constituées en Tunisie le 1er juillet 1943, les compagnies 61/81 et 61/82 ont séjourné dans la région d'Alger avant de gagner Casablanca le 10 septembre pour y percevoir leur matériel américain.

Le 12 novembre, elles rejoignent St Cloud, qu'elles quittent un mois plus tard pour participer à des manœuvres dans la région de Relizane. Installées ensuite près du PC avant du 2e CA, elles embarquent le 31 mai à Bizerte sur le *Lincoln Steffens* avec la compagnie de QG 75. Après l'escale habituelle à Augusta, le convoi passe en vue du Stromboli puis arrive en rade de Naples le 5 juin en fin d'après-midi. Le personnel aussitôt à terre, le navire reprend le large le lendemain matin pour débarquer le matériel ultérieurement.

Le 10 juin, les compagnies enfin rassemblées prennent la route de Rome qu'elles traversent à midi pour s'installer à Cura Rurale où le premier centre est mis en exploitation. Puis suivant le Corps de poursuite, elles opèrent à Montefiascone, Bolsena, Acquapendente, Radicofani, Poronna, Castiglione del Bosco et Radi avant de retourner vers Naples le 5 juillet.

Enfin, tout au long de la campagne, l'acheminement du courrier - particulièrement important pour le maintien du moral de la troupe - est confié à la Poste aux Armées placée sous l'autorité de la Direction générale des transmissions.

La décision prise en juillet 1943[29] - que le général Merlin n'a ni provoquée ni sollicitée - lui impose de mettre sur pied le service postal du Corps expéditionnaire dans les meilleurs délais. Pour se faire, il propose et fait accepter qu'un bureau central soit créé à Alger, avec un relais à la base et un bureau frontière au niveau de l'armée. Pour les unités jusqu'au niveau bataillon et groupe, il est prévu de leur attribuer un numéro de secteur postal à cinq chiffres. Et il conseille de travailler en coopération étroite avec les services alliés.

La première difficulté vient des services douaniers qui ouvrent les colis venant d'Italie pour en contrôler et éventuellement taxer le contenu, non sans en retarder la livraison. Puis le commandement des transmissions doit se battre pour que les colis soient exonérés et l'affaire doit être traité territoire par territoire, chacun ayant son autonomie financière. Cela sera accepté fin mars 1944 pour l'Algérie, en mai pour la Tunisie et septembre

Fanion de Voiture *du colonel Brygoo. (Salle d'honneur du 8e régiment de transmissions)*

pour le Maroc. Une fois en Italie, la plus grande difficulté est de trouver des moyens de transport qui, avions américains ou navires britanniques, sont sous contrôle allié. Enfin, le dernier problème sera posé en juillet 1944 par le bureau régional du syndicat unique des travailleurs des PTT d'Alger qui s'insurgera contre la décision de juillet au nom du maintien des « *saines traditions d'un grand service public* ».

Sur le terrain, les choses se passent plutôt bien. A Maison-Blanche, le courrier est amené directement aux avions sans être obligatoirement déposé dans un bureau quelconque et aucun bateau ne quitte le port d'Alger sans que le BCM ne se soit vidé de ses colis à destination des soldats du CEF. Ainsi, en janvier 1944, une lettre met de deux à huit jours pour parvenir à son destinataire, soit une moyenne de cinq jours qui sera ramenée à trois en mai-juin.

Le courrier est évidemment soumis à la censure dite contrôle technique, mais la franchise lui est accordée jusqu'à vingt grammes et en, outre, les soldats peuvent écrire en métropole par le biais de la Croix-Rouge puis, à partir d'avril, par le service gratuit de messages institué par le Vatican.

A Bagnoli, le chef du bureau frontière entretient d'excellentes relations avec l'*Army Post*

Insigne de la compagnie *de transmissions 61/82 du 2e corps d'armée. (Coll. particulière)*

Office et la présence d'un postier au QG du CEF lui facilité l'obtention des véhicules nécessaires - Dodge pour le courrier quotidien et GMC pour les paquets - aux liaisons avec les bureaux divisionnaires[30]. Et l'intégration du directeur de la poste au PC avant du CEF, décidée par le général Juin, lui permet de s'organiser en fonction des mouvements prévus.

La déception causée par la décision de juillet 1943 est en fait de courte durée. D'abord parce que beaucoup de transmetteurs viennent de la poste, ensuite parce que les Transmissions - tout en renforçant ses maigres effectifs[31] - la laissent libre d'agir à sa guise jusqu'à la fin de la campagne.

Le 21 juillet, le sergent Gallet note dans son cahier : « *Le départ est fixé à demain matin cinq heures. Nous devons aller à côté de Naples. Ce soir le général Juin nous fait ses adieux. C'est infiniment simple et touchant. Un cadeau lui est remis au nom du CEF qui a terminé sa tâche. Nous sommes à 20 kilomètres à peine de Florence. Les Anglais nous relèvent. Que de chemin parcouru depuis le 1er décembre 1943 ! La campagne d'Italie est maintenant finie pour le CEF.* »

La veille, le Général a cité les compagnies 806/1 et 806/3 pour avoir assuré tout au long de la campagne les liaisons essentielles du commandement[32].

Le lendemain, la compagnie 83/84 de la Division algérienne obtient la croix de guerre avec un texte de citation illustrant parfaitement le rôle des transmissions au cours de la campagne :

« *Unité d'élite, qui, dans les durs combats du Monna Casale et du Belvédère, a pris une part glorieuse aux attaques et subi de lourdes pertes dans l'établissement jusqu'en première ligne et la réparation, sous le feu, des lignes téléphoniques, constamment coupées.*

Pendant les percées des lignes successive Gustave et Hitler et malgré la rapidité de la progression de Rome à Sienne, ses radios et ses monteurs ont rivalisé d'ardeur et d'abnégation pour suivre au plus près les premiers éléments d'infanterie.

Grâce à son allant et à ses sacrifices, a permis d'assurer de jour et de nuit, le jeu du commandement à travers un terrain difficile et semé de mines et malgré la violence du feu ennemi.[33] »

D'autres formations seront citées plus tard pour l'ensemble des campagnes de la Libération et en hommage aux unités constituées au Maroc et en Algérie ayant appartenu au CEF, l'inscription *Italie 1943-1944* sera portée sur les drapeaux des 41e et 45e régiments de transmissions créés en 1946[34].

28. Les transmissions de la 3e DIA en Italie, *op. cit.*
29. *Note de service n° 1303/Cab du 3.7.43.*
30. *BPM 507 - CEF, 555 - Base 901, 5 - 1re DMI, 416 - 2e DIM, 518 - 3e DIA, 417 - 4e DMM.*
31. *Pour un BPM divisionnaire : 2 officiers, 4 sous-officiers, 2 plantons.*
32. *Ordre général n° 120 du 20.7.44. Les deux compagnies ont perdu ensemble 6 tués et 26 blessés, dont 4 amputés.*
33. *Ordre général n° 171 du 22.7.43. La compagnie a eu 6 tués.*
34. *Les 42e et 53e RT, héritier des traditions de la CMT 83/84, seront crédités plus tard de l'inscription* Italie.

GMC, JEEPS ET MULETS

Colonne muletière *doublant les véhicules de la compagnie canons du 4e régiment de tirailleurs marocains en route vers Pastena. (©ECPAD/France)*

Tandis qu'une vingtaine de compagnies dotées de mulets ou de camions vétustes est engagée en Tunisie, les « tringlots[1] » d'AFN entament leur motorisation en Algérie et au Maroc. La tâche est immense. Non seulement il lui faut constituer les unités prévues au programme de réarmement, mais il doit également participer à la motorisation de l'Armée d'Afrique en formant en grande série des chauffeurs et des dépanneurs pour l'infanterie et le service de santé :

« Le problème qui nous fut posé fut le suivant : prendre des Arabes dans leur montagne, des Arabes n'ayant jamais été soldats, et trois mois après, les mettre sur la route au volant des GMC. Le problème fut résolu victorieusement, au grand étonnement de nos Alliés. Il fallut pour atteindre le but, improviser et organiser avec les très faibles ressources d'AFN des écoles de conduite, des usines à chauffeurs, former des moniteurs et des petits cadres, former des chauffeurs de GMC avec des voitures de tourisme de marque française, car le camion en état de marche n'existait pas : la campagne de Tunisie avait tout absorbé.[2] »

Les mois passent et le Train s'étoffe - notamment grâce à l'appoint d'un fort contingent de volontaires féminines - sans toutefois que petits cadres, chauffeurs ou spécialistes ne soient à aucun moment en nombre suffisant. En revanche, conçu pour la guerre, l'équipement *made in USA* est remarquable.

C'est ainsi que sont constituées des formations de quartier général, de circulation routière et de transport automobile, de style très différents, auxquelles viennent s'ajouter les unités muletières d'un corps expéditionnaire conçu pour intervenir en France et finalement engagé dans les Abruzzes.

« Rouler en auto c'est agréable »[3]

Lorsque le 26 juin 1943, le chef d'escadron Montintin prend le commandement du train de la 2e DIM, il dispose de deux compagnies créées le 1er avril par le dépôt de guerre n° 29 de Meknès autour d'un noyau de sous-officiers et de conducteurs indochinois : la 87e de quartier général et la 187e de transport divisionnaire. La première rejoint ensuite Saint-Ferdinand et la seconde s'installe à Aïn Khala pour percevoir le matériel américain à Maison-Carrée et à Alger. Puis, détachement après détachement, elles reviennent début juin à Meknès, qu'elles quittent un mois plus tard pour Martimprey du Kiss. La Division rejoignant ensuite l'Algérie, la CT s'installe à Bou Tlélis et la CQG à Lourmel.

Le 12 novembre, la 87/29[4] prend à nouveau la route et gagne Bizerte en six étapes, le DCR 2 contrôlant le déplacement de la Division tout le long du parcours. Quant à la 187e Cie[5], elle assure le transport d'une partie du matériel et du personnel des régiments de tirailleurs.

Débarquée à Bagnoli, la CQG[6] se regroupe à Frattaminore le 27 puis elle rejoint Roccaravindola le 11 décembre et se scinde en trois éléments : DCR, détachements de garde et auto avec le PC avant à Montaquila, section de commandement, atelier, essence et magasin à Roccaravindola, détachement de GMC et de Dodge à la disposition de la base divisionnaire à Alife. La 187e CT qui la suit n'a pas tous les camions ni le personnel dont elle devrait théoriquement disposer[7]. Une 287e compagnie de transport de personnel a bien été constituée au début du mois à Fès, mais elle doit percevoir son matériel à Casablanca[8].

Avec la Division arrive également le 501e groupe de transport officiellement créé le 1er juin à Aïn Kalaa, près de Cheragas, aux ordres du chef d'escadron Petit du 27e Train[9]. Il comprend théoriquement un peloton de commandement et trois compagnies de transport[10], chacune à quatre

1. Les soldats du Train des équipages furent dotées au 19e siècle d'une carabine à tringle, d'où leur sobriquet.
2. Général Boucaud, L'évolution du Train, enseignements tirés des campagnes du CEF en Italie et de la 1re Armée Française, *conférence aux officiers de l'EMA et des directions de services le 12 mars 1947.*
3. Chanson de la RR sur l'air de « Boire un petit coup ».
4. Etat-major, détachements de garde (section antichar et section de mitrailleuses) et de circulation (2 pelotons), prévôté, soit 72 officiers, 84 sous-officiers, 296 soldats dont 111 Indigènes, 88 véhicules théoriques.
5. Une section de commandement, 4 sections à deux rames de 12 GMC.
6. 6 officiers, 374 sous-officiers et troupe dont 76 Indigènes, détachement de garde et DCR compris.
7. 3 officiers, 15 sous-officiers au lieu de 21 et 104 conducteurs au lieu de 222, 5 jeeps sur 12, un Dodge 4x4 sur 8, 50 GMC sur 104.
8. Mise à la disposition de la base de Casablanca, elle ne rejoindra la 2e DIM qu'en France le 1.10.44.
9. Note de service n° 1502 EMG/I-O du 28.5.43.
10. Soit 13 officiers, 69 sous-officiers, 743 soldats dont 649 Indigènes et 652 véhicules.

sections de deux rames de onze GMC avec remorque, soit une capacité de 250 tonnes.

Sa 11e compagnie à St Pierre-St Paul provient de la dissolution de la 283e CT formée le mois précédent et qui travaillait au parc à fourrages d'Alger au profit de la base de transit alliée. A Ste Marie du Corso, la 12e compagnie - également formée par le centre d'instruction d'Aumale du 25e Train - est issue de la 383e CT. Et la 13e compagnie doit être mise sur pied par le 28e Train au centre de Rivoli. Enfin, la 287e CT - créée deux mois auparavant par le 29e Train à Meknès pour la 2e DIM - devient « 21e compagnie auto de transport du groupe de transport 501 ».

Fin juillet, le groupe est rassemblé à Oued Imbert et les premiers véhicules sont perçus à Oran. Puis la 21/501 est mise à la disposition de la base de Casablanca avec quatre autres compagnies du territoire ou de la 2e DIM.

Lorsque le CEF entame son mouvement, le groupe assure d'abord le transport des éléments du QG et de la Base 901. La 12/501 rejoint ensuite Assi ben Okba et le port d'Oran où elle prend place à bord de trois LST. Suivant deux jours plus tard, la 13/501 est chargée sur trois LST et un *Liberty ship*. Enfin, la 11/501 embarque à Bizerte sur quatre LST avec l'état-major du groupe et les premiers éléments de la compagnie sanitaire 531/27.

Parti le 17, le premier convoi de dix LST fait escale à Bizerte et arrive à Naples le 22, jour où le second convoi quitte Oran. Quant à celui de Tunisie, il appareille deux jours plus tard et rejoint Bagnoli le 27. Le GT 501 rassemblé est alors mis à la disposition de la Base 901 et logé dans le quartier du Vomero à Naples.

Une semaine plus tôt sont arrivés à Naples les premiers éléments du Régulateur général du CEF commandé par le chef d'escadron Frutière. Mis sur pied le 25 août[11] par le 27e Train, il comprend trois postes de zone[12] qui rejoignent aussitôt Oran. Le poste de RZ n° 3 est ensuite détaché auprès du commandement de la base où arrivent les approvisionnements par voie maritime, tandis que le n° 1 gagne Fort de l'Eau le 20 octobre puis rejoint la 4e DMM en Corse.

Un premier détachement voyageant sur l'*Alexander Graham Bell* avec l'échelon précurseur du CEF, arrive à Naples le 19 novembre. Puis les véhicules chargés sur deux *Liberty ships* et le personnel embarqué à Mers el-Kebir à bord du *Llangilby Castle* rejoignent l'Italie. Et, le 10 décembre, le régulateur général s'installe dans l'immeuble de la *Peninsular Base Section*.

La 5e armée souhaiterait alors employer les trois postes, mais le CEF n'y est pas favorable et préférerait conserver le régulateur général à Naples et placer les deux régulateurs de zone à la base de transit et à Caivano jusqu'à la fin des débarquements et du regroupement des troupes françaises attendues. Cette solution étant acceptée par les Américains, les éléments qui débarquent des LST à Bagnoli le 22 avec la compagnie de QG 161/27 sont ventilés : RZ n° 2 à Naples comme régulateur auprès de la base de transit et RZ n° 3 à Orta di Atella comme régulateur des mouvements entre Naples, Caivano et la 5e armée. Le chef de ce dernier est en même temps l'adjoint permanent du commandant d'armes de la zone de bivouac de Caivano.

Le 31 décembre arrive à Nisida la 21e compagnie du GT 502. C'est en fait l'ex-21/501 qui, après un mois à la base de Casablanca à transporter du matériel entre le port et les chaînes de montage, a travaillé au profit de celle d'Oran à partir du 24 septembre. Alors que le reste de son groupe est parti en Corse, elle gagne Bizerte sans que celui-ci soit prévenu et s'embarque dix jours plus tard sur trois LST britanniques. Affectée au 501 comme quatrième unité, elle relève alors la 13/501 qui rejoint le CEF et s'installe à Orsolano courant janvier, la 11/501 étant à Chaiano et la 12/501 à Marianella.

Arrivent ensuite les éléments du train de la 3e DIA, provenant de la division de marche de Constantine dont les compagnies 104 et 101/25[13] ont donné naissance le 4 mai 1943 aux 83e CQG et 183e CT. Comme ceux de la Division marocaine, ils ont ensuite rejoint l'Oranie où le DCR 83 a mis à profit les séjours à Arzew pour s'entraîner à flécher et jalonner les itinéraires des groupements de débarquement.

Le 9 décembre, le chef d'escadron Chabbert[14] commandant le train divisionnaire quitte Lourmel avec le PC intermédiaire et rejoint Bizerte. Les véhicules y sont d'abord embarqués, puis le personnel prend place à bord du *Walter Reed* et débarque le 26 dans le port de Naples sur un LCI avant de s'installer à Orta di Atella où se trouve déjà le PC avancé.

La 183e CT, dont les camions ont transporté du personnel vers les gares ou du matériel et de l'habillement destinés à la Division, ne part que le 19. La première étape jusqu'à Orléansville se déroule sans incident. Mais il pleut le lendemain à partir d'Affreville et la route, jusque-là facile, devient accidentée. Puis, dans la côte de Miliana, des camions de la RAF retardent la colonne tandis que des cars militaires roulant en sens inverse gênent les conducteurs. Après un casse-croûte sur la route près de Blida et le plein au dépôt anglais de L'Arba, la compagnie arrive en début d'après-midi à Fondouk où, après un repas chaud, les hommes dorment à la belle étoile car il fait très bon.

Le 21 décembre, la pluie cesse. Par Ménerville, Palestro et Bouïra, le convoi arrive au dépôt anglais de Beni Mansour. Le voyant arriver en ordre parfait, le planton dit à ses camarades :

« A very good French convoy ! »

Après le déjeuner pris sur le pouce à Mansourah, la colonne arrive à Bordj Bou Arreridj : il fait froid et un vent glacial fait regretter la douceur de la Mitidja. Le 22, *« journée de repos à Bordj. Il pleut toute la journée, les gradés et les hommes sont maussades. Heureusement que deux repas chauds et soignés les réconfortent »*. Le lendemain, il pleut toujours et le convoi roule lentement jusqu'à Aïn Abid où le lieutenant Graf, chef de la 2e section, offre l'hospitalité de sa ferme. Et les hommes qui désirent se rendre à Constantine peuvent emprunter les trois camions destinés au ramassage des permissionnaires du 67e RAA.

Les GMC rentrés de Constantine, la compagnie reprend la route. Après le déjeuner avant Duvivier, les pleins sont rapidement faits à Souk Ahras par des Britanniques et la colonne arrive à Souk el Arba à 18 h 50 après une étape difficile de montagne avec pluie et brouillard. Comme c'est la veille de Noël, le repas chaud pris à la mairie est accompagné d'un apéritif et d'un digestif.

Le lendemain 25 décembre, il fait beau et le convoi arrive en début d'après-midi à l'area de Bizerte où toutes les tentes sont dressées. Puis les camions détachés au bataillon médical et à un hôpital américain rejoignent tandis que d'autres sont mis à la disposition du QG et des services.

Le 28, un premier détachement d'une douzaine de véhicules prend place sur le LST 62. Mais en raison d'une avarie aux machines,

Revers du fanion *de la compagnie de transport 283/25 du Train de la 3e division algérienne portant les inscriptions « Tunisie » et « Italie ». (SHAT)*

il doit débarquer et revenir le lendemain pour être réparti dans quatre navires tandis que le gros de la compagnie s'installe sur le LST 366, les hommes dans les couchettes ou dans leurs camions.

Le convoi de six LST quitte Bizerte le 30 avec son escorte. Mais le lendemain dans l'après-midi,

11. Note de service n° 817 DGCRA/O du 17.5.43.
12. Soit 13 officiers, 6 sous-officiers et 14 hommes de troupe, plus 5 chauffeurs et téléphonistes européens et 14 chauffeurs et plantons indigènes, 4 jeeps et 4 Dodge 4x4.
13. Plus un fort contingent de gradés et conducteurs israélites venus du CIT d'Aumale.
14. Lieutenant-colonel le 25.3.44.

Piquet d'honneur *de la 21e compagnie du groupe de transport n° 502. Sur le fanion aux couleurs vert et blanc du Train figure l'insigne du 32e escadron dont l'unité est issue. (IWM NA 13 779)*

Revers du fanion du groupe des transmissions du Train du CEF portant les inscriptions « Acquafondata» , « San Elia » et « Garigliano ». (Musée du Train et des Equipages militaires)

le temps se gâte avec pluie et vent, et tout le monde est malade. Enfin la mer se calme et l'île de Capri apparaît. Mais seul un LST débarque ses véhicules à Baia et les autres doivent attendre en rade avant de venir à quai. La compagnie est finalement rassemblée au bivouac à Cassandrino d'où, le 3 janvier, les vingt-six camions chargés de matériel partent livrer aux diverses unités celui qui leur revient. Puis, quatre par quatre toutes les heures à partir de 6 heures du matin, les véhicules de la CQG gagnent Venafro où le PC s'installe au cours de la nuit du 4 au 5.

Depuis cinq jours, la Division algérienne monte en ligne et ses mouvements sont mis à profit par les postes de circulation de la Régulatrice routière 521 pour se roder dans des conditions atmosphériques difficiles.

La « route aux frissons »

Dans le cadre de la modernisation du Train, il est prévu que, à l'instar des formations constituées en 1939[15], le corps expéditionnaire dispose de deux éléments de circulation routière mis sur pied en Algérie et au Maroc et totalisant quinze pelotons.

La Régulatrice Routière 521/1 - comprenant l'état-major, la compagnie routière faisant fonction d'unité administrative et huit pelotons de circulation[16] - est donc créée le 16 août 1943 au centre d'organisation de Rivoli[17] au titre du 1er CD. Puis, en octobre, elle est renforcée par une section de ravitaillement en essence et les pelotons 3 et 6 sont détachés au 1er CA. Et le lieutenant-colonel Boucaud rejoignant le train du CEF, son adjoint[18], le chef d'escadron Tignières, prend sa suite.

Le 30 novembre, la compagnie rejoint Eckmuhl et les pelotons 1 et 4 s'installent à Valmy, le 2 à la caserne d'artillerie et les 5, 7 et 8 avec le CEF. Puis, début décembre, la RR part pour Bizerte où le matériel embarque sur le *William S. Thayer* le 13, tandis que le personnel prend place sur deux LCI les 18 et 19.

C'est le moment que choisit le 1er bureau d'Alger pour remanier les formations de circulation afin de mieux les adapter à la nouvelle organisation des forces[19]. Ainsi, les deux pelotons détachés au 1er CA en Corse deviennent autonomes et la 521/1 devenue RR d'armée n° 521 est rattachée au CEF. Quant au personnel et au matériel en excédent laissés en AFN ou à renvoyer d'Italie, il constitueront avec l'élément 521/2 en cours de formation au Maroc la RR d'armée n° 522 adaptée à la 2e armée. Le chef d'escadron Tignères a d'ailleurs reçu l'ordre le 17 décembre de rejoindre Oran pour prendre le commandement.

Parti de Bizerte, le convoi de vingt-quatre navires de débarquement arrive à Bagnoli le 21 et le personnel[20] aussitôt à terre est dirigé sur le cantonnement de Capelle di Cangiani. Puis une fois le *Thayer*[21] déchargé à Naples, la RR 521/28 au complet aux ordres du capitaine Paziot, régulateur routier, vient cantonner à Capriati. Implantée d'abord sur les routes reliant les points de débarquement aux chantiers de regroupement, elle assure ensuite le contrôle de l'entrée de la zone du CEF jusqu'à Venafro où commence l'action du DCR 83

Puis l'offensive se déroulant favorablement, le PC quitte Prata Sannita pour Venafro, la compagnie demeurant à Capriati tandis que la 13/501 mise à la disposition du CEF s'installe à San Angelo d'Alife.

C'est alors que, en raison des difficultés sur l'itinéraire Pozzili-Acquafondata[22] et des mouvements importants prévus, il est décidé de confier la garde de la route au commandement du train du CEF, chargé de coordonner les moyens de la RR et du DCR 83. Désormais, les postes de la RR s'implantent jusque dans la zone du PC avant de la Division et allègent d'autant la tâche du DCR.

Au nord, le terrain difficile et le climat rigoureux se conjuguent avec l'ennemi pour rendre aussi particulièrement difficile le travail du Train. La 2e DIM n'y dispose en fait que d'une route qui, de Colli à Atina, se glisse à travers un pays aux lignes indécises. L'itinéraire est étroit, sinueux et à sens unique dans la plupart des villages traversés : Roccaravindola, Colli, Scapoli, Cardito. L'artillerie allemande qui tire fréquemment sur les colonnes et l'indiscipline des conducteurs contraignent à placer la portion de route Colli - Cardito sous le contrôle du DCR et à limiter les convois de ravitaillement diurne à quatre véhicules. Et si l'aviation ennemie vient parfois mitrailler la vallée, ce sont les mines qui causent le plus de pertes : la jeep de l'officier adjoint de la 187e CT près de Scapoli le 11 janvier, un véhicule du DCR le 25 et un autre le 12 février à Cerasuolo...

Au sud, la Monna Casale prise, toute la 3e DIA s'engage sur l'axe Pozzili - Acquafondata : quinze kilomètres de route de montagne très étroite, encaissée, tortueuse et défoncée. Tous les ponts ont sauté et la traversée de Casale Cassinese est particulièrement difficile avec un

15. RR d'armée fonctionnant sur la zone des étapes ou RR arrière travaillant dans la zone des étapes du CQG.
16. A six postes (un gradé, 3 hommes et une jeep), soit un officier, 5 sous-officiers, 37 chauffeurs et plantons, 12 véhicules.
17. Note de service n° 803 EMG/I du 30.7.43.
18. Auparavant commandant du Train de la 2e DM du 1.5.43 au 25.6.43.
19. Note de service n° 6916 EMGG/I-O du 30.12.43.
20. 12 officiers, 220 troupe.
21. 3 officiers, 176 troupe, 138 véhicules.
22. Par exemple, il est indiqué au Régulateur que le 11.1.44 la montée en ligne du 4e RTT a été considérablement retardée à partir de Pozzili.

Engagé sur un passage difficile, un conducteur de GMC est guidé par un planton de la circulation, reconnaissable à son brassard vert et blanc. (OFIC)

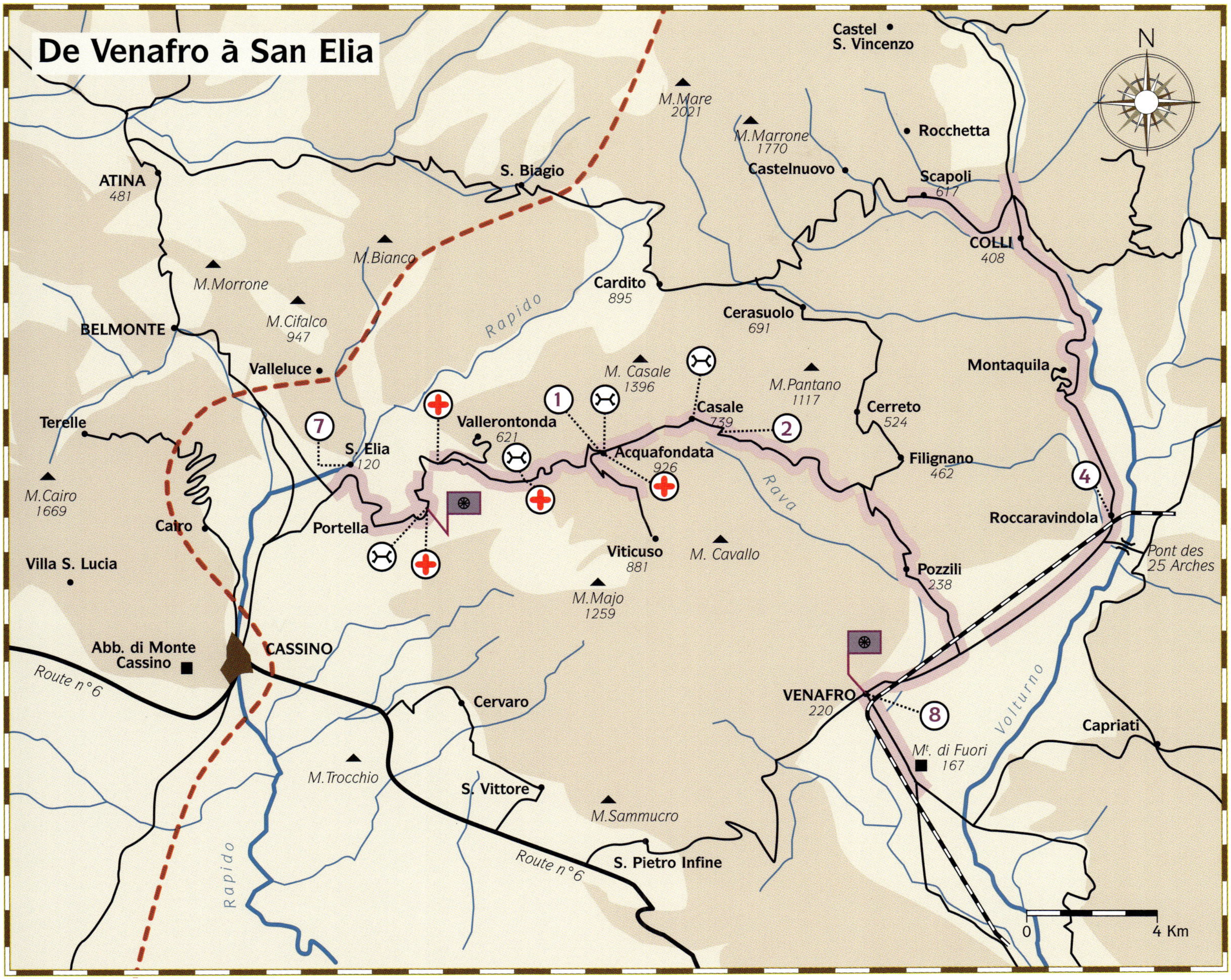

PC du Train et de la Régulatrice routière

Poste de secours

Poste de dépannage

PC de peloton de circulation

Zone des garages

Secteur de peloton

pont à l'entrée sud ne permettant pas l'accès aux véhicules lourds. Or c'est vers là que le 3e bureau dirige les renforts et que le 4e bureau stocke les munitions, si bien que les deux pelotons du DCR ne parviennent pas à réguler les mouvements :

« Les conducteurs de camions, les chauffeurs de VL comme les officiers au volant, ne respectent pas les règles élémentaires de circulation ; les véhicules se suivent au " touche touche ", et s'entassent à chaque arrêt ; les conducteurs essaient de doubler. En bref, chacun fait tout ce qu'il faut pour créer l'embouteillage monstre de 500 à 1000 véhicules entassés entre Pozzili et Casale, avançant à deux kilomètres à l'heure, restant plusieurs heures à la même place.[23] »

Alerté, l'état-major du CEF s'inquiète d'une situation qui, si elle se prolonge, peut compromettre les opérations. Le lieutenant-colonel Gillot, chef du 4e bureau, donne alors tout pouvoir au colonel Boucaud pour reprendre en mains la circulation dans toute la zone. La route Pozzili-Acquafondata est déclarée « route gardée » sous le contrôle du commandement du train. Un poste de régulation est implanté à l'entrée de l'itinéraire pour canaliser les mouvements tandis qu'un officier disposant de quelques postes de circulation est envoyé à Casale pour remettre de l'ordre. Mais la circulation est pratiquement interrompue et il lui faut six heures pour parcourir les dix kilomètres séparant Pozzili de Casale.

Le 14 janvier, un PC avancé s'installe donc à Casale. Mais ne disposant pas de postes radio en nombre suffisant, il ne peut empêcher que 250 mulets à bord de cinquante GMC bloqués devant le pont soient déchargés sans rampe, directement sur la route à sens unique et sous le feu de l'artillerie, créant ainsi un embouteillage monstre qui dure jusqu'au lendemain.

A la suite de cet incident, le capitaine Basset, adjoint du commandant du train, rejoint le 4e bureau de la Division et prend les choses en mains avec un officier de l'état-major de la RR 521, deux pelotons représentant quinze postes fixes et une section de transmissions. Constatant que les incidents des trois jours précédents ont été causés par une surcharge de l'itinéraire[24], le manque de liaisons entre les éléments de circulation et l'absence de discipline des usagers, il fait d'abord diminuer le nombre de véhicules lancés sur la route et met en place des postes de circulation reliés entre eux par des téléphones placés en dérivation pour lui permettre de connaître à tout moment la situation sur l'itinéraire. Puis des consignes sévères sont imposées : interdiction aux convois d'emprunter la route et aux véhicules encombrants

***Brassard aux couleurs** du Train porté par les plantons de la circulation routière.*
(Musée du Train et des Equipages militaires)

23. L'évolution du Train, *op. cit.*
24. *3 200 véhicules les 13 et 14.1.43 alors que le pont de Casale n'en accepte que 2 800 par 24 heures.*

Planton de la Régulatrice *routière assurant la circulation dans le secteur de San Elia. (©ECPAD/France)*

de se déplacer sans autorisation, défense de doubler, distances de marche et d'arrêt fixées à cent mètres.

Le 18, le dispositif de la RR est porté vers l'avant. Le peloton n° 1 quitte Capriati pour Capoue à la disposition du Régulateur général, le n° 2 - qui contrôlait le secteur de Pratella à Quattroventi - vient à Roccaravindola et au pont des 25 arches, le n° 5 quitte Vairano pour Venafro et le n° 7 Prata Sannita pour le secteur de Pozzili à Casale. Quant au peloton n° 8 en réserve à Capriati, il gagne Pozzili, bientôt rejoint par le n° 4 auparavant détaché à la base de Naples. Et, le 20, une section de pionniers de la 6/202e RPNA vient en renfort.

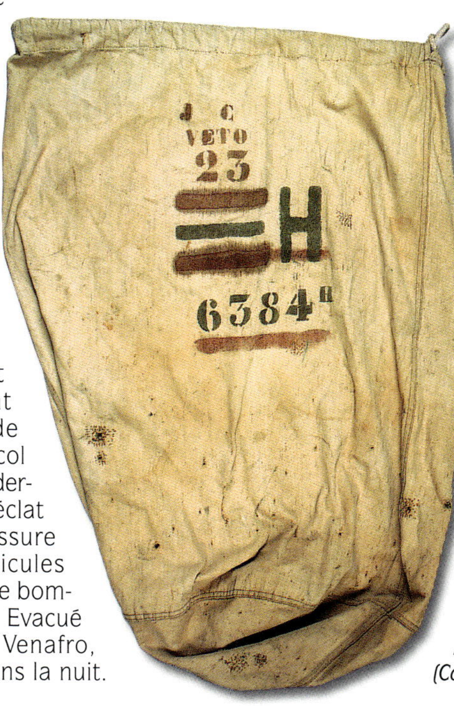

Sac à paquetage *du vétérinaire de la 388e compagnie de transport muletière de la 4e division marocaine. (Coll. particulière)*

Puis les troupes progressant, le PC avancé demande des postes supplémentaires. Le capitaine Paziot décide alors d'en envoyer deux du peloton de l'aspirant Basset et deux du lieutenant Basset qui s'installent de Casale à la piste de Vallerotonda. C'est au col d'Acquafondata que ce dernier est blessé par un éclat d'obus alors qu'il assure l'écoulement des véhicules rendu très difficile par le bombardement de la route. Evacué sur l'hôpital 422 à Venafro, il meurt le 2 février dans la nuit.

Le 7, le capitaine Basset déplace son PC au delà d'Acquafondata et la route de Casale jusqu'à San Elia est prise en charge par la RR.

Depuis la veille, en effet, la « route aux frissons » - comme l'appelle un reporter de Radio Alger - est prolongée jusqu'à San Elia et l'itinéraire se trouve maintenant sous les vues de l'ennemi. Aussi, lorsque deux jours plus tard un avion mitraille un camion et l'incendie à proximité du PC de la Division, l'artillerie allemande ouvre le feu sur les véhicules qui auraient dû s'arrêter à distance, causant la mort de trente hommes et en blessant plus de soixante-dix. Puis, le 12, un camion s'arrête parce qu'un obus est tombé devant lui et dix autres le rejoignent. Le tir d'efficacité ne se fait pas attendre : six véhicules détruits, douze morts, vingt blessés... Le 19 vers midi, un violent tir d'artillerie est déclenché sur la route de San Elia. Les deux chefs de poste tentent de dégager la route embouteillée par de nombreux véhicules abandonnés par leurs chauffeurs, mais l'un est tué et l'autre meurt au cours de son évacuation. Trois jours plus tard, nouveau tir : un maréchal des logis qui portait secours à un capitaine anglais est tué par un éclat et un autre blessé.

La circulation de jour est alors interdite aux véhicules lourds entre le col d'Acquafondata et San Elia. De nuit, un sens montant est établi de 18 à 24 heures puis le sens est inversé jusqu'à 6 heures. La distance entre les véhicules est fixée à deux cents mètres et il est absolument interdit de s'arrêter ou de doubler. Grâce à ces mesures et à l'énergie des cadres et des plantons chargés de faire respecter ces règles, les pertes sur cette portion de route deviennent relativement faibles.

Le DCR 83 pour son action du 12 janvier au 2 février et la RR 521 pour la période du 26 janvier au 28 février sont d'ailleurs cités le 3 avril. Mais si les incidents tout au long du parcours ont été rapidement résolus, c'est aussi parce que des transmetteurs entretenaient quatre-vingt-dix kilomètres de lignes téléphoniques et que des sapeurs remettaient sans cesse la route en état.

« Ceci se passait à Portella »

Si les camions assurent les ravitaillements jusqu'aux bases régimentaires, ce sont les mulets qui au-delà, dans la montagne, acheminent le ravitaillement, les vivres et les munitions jusqu'aux positions avancées, puis en ramènent les blessés. Le convoi muletier suit le cheminement le plus direct et le mieux abrité des vues de l'ennemi et se trouve, de ce fait, moins vulnérable et surtout plus rapide en terrain difficile que le convoi automobile. C'est pour cela que le général Juin a insisté pour que des unités muletières de réserve générale lui soient affectées et que l'état-major d'Alger en a inscrit neuf au tableau d'emploi du Train du 27 novembre 1943 : trois formées au Maroc, quatre en Algérie et deux en Tunisie.

Les 14e et 15e compagnies affectées le 1er novembre sont en fait les 288e et 388e CM ayant suivi la 4e DMM en Algérie et qui se trouvent ainsi aux environs de Misserghin lorsqu'il leur est annoncé sans crier gare qu'elles changent de numéro et sont versées à la réserve générale. Leur détachement auto embarque sur un *Liberty ship* le 18 novembre puis, neuf jours plus tard, la 14e compagnie et la 3e section de la 15e rejoignent le port d'Oran où les animaux[25], les vivres, le fourrage et l'eau potable sont chargés à l'aide de filets à bord de l'*Ile de Bréhat*. Le 29 en soirée, le cargo quitte le quai. Hommes et animaux sont répartis par section dans les cales et faux-ponts, chaque animal placé dans une stalle particulière. L'abreuvoir se fait au seau et la distribution de la ration[26] à la musette.

Le 30 à 11 heures, les bateaux prennent la mer et se joignent à un convoi venant de Gibraltar. Le 4 décembre, la soixantaine de navires se trouve au nord de Malte : la mer est houleuse et quelques hommes et animaux sont malades. Puis après une journée passée dans le port d'Augusta, le convoi arrive en baie de Naples le 7 dans la matinée. L'*Ile de Bréha*t accoste en face des silos du port encombré d'épaves, mais ne commence en fait à décharger qu'à partir de 19 heures. Sur le quai, le colonel Boucaud, présent à l'embarquement, assiste aussi à la manœuvre avec l'Intendant de la Base 901. Le détachement gagne ensuite la ferme Palomba à deux kilomètres au nord de Caivano où la rejoignent les véhicules déjà débarqués et venant d'Orta di Atella. Puis deux jours plus tard, le général Juin visite le bivouac et peut constater combien les commodités pour les animaux laissent à désirer.

La 14e CM gagne d'abord Santa Maria Oliveto, puis elle s'installe le 13 au sud de Colli à l'emplacement qu'occupait précédemment le QG de la 34th Infantry Division en lisière d'un bois de jeunes chênes, boueux et bordé de champs de mines mais proche de l'eau du Volturno. Les sections sont alors réparties dans la Division marocaine pour transporter les munitions : la 1re au 4e RTM à Scapoli, la 2e avec les spahis à Castel San Vincenzo, les 3e et 4e avec une rame de vingt-cinq mulets de la section de commandement aux 5e RTM et 4e groupe de tabors. C'est au cours de la mise en place de nuit que les premiers animaux disparaissent : un mulet blessé doit être achevé et un autre tombe dans les gorges du Volturno.

Puis aux accidents viennent s'ajouter les mines qui causent des pertes sur les pistes ou près du bivouac. Et la neige ayant succédé à la pluie, celui-ci devient d'ailleurs invivable et grâce au commandant Montintin, le PC peut s'installer, hommes et animaux, dans le dur entre Scapoli et Castelnuovo Mais, en montagne, les ravitaillements sont toujours aussi pénibles et plusieurs conducteurs doivent être évacués pour pieds de tranchée et blessures aux yeux par la neige.

Le reste de la 15e CM a pris place le 10 décembre sur le *Sainte-Maxime* qui suit la même route et arrive à Augusta le 17 dans la matinée pour en repartir le 20 dans l'après-midi. Au cours de la longue escale, les hommes découvrent les vivres anglais : pain, riz, lentilles, corned-beef, fromage, oranges, biscuits, lait... Puis, avec trois cargos italiens et anglais, le *Sainte-Maxime* passe le détroit de Messine

25. Dont les deux chevaux du général de Monsabert.
26. 5 kg d'avoine par jour et du fourrage.

Muletiers de l'échelon *du 11e Tabor marocain faisant une pause lors de la montée en ligne. (IWM EA 18 058)*

et rejoint Naples où hommes et animaux[27] débarquent jusque dans la matinée du 24. Trois convois successifs de camions du GT 501 transportent ensuite la compagnie à Roccaravindola où le bivouac est installé dans la boue le jour de Noël.

Egalement rattachée à la 2e DIM, elle se met alors en place : 1re section à Cerreto puis Collemacchia, 2e, 3e et 4e à Cerasuolo, deux cacolets détachés au poste de secours et quinze mulets prêtés au I/5e RTM pour assurer le ravitaillement en munitions. Les sections subissent des pertes et le bivouac de Montaquila est bombardé par des *« Spitfires allemands »*, mais c'est

Mulet de la 3e compagnie *du 8e bataillon médical photographié équipé de deux litières peu après l'arrivée de la 4e division marocaine en Italie. (IWM NA 13 884)*

la 1re qui est le plus touchée : deux blessés le 25 janvier lors de la relève des tirailleurs sur le Croce, trois le lendemain avec six mulets tués et dix-sept blessés.

Le 27, la 15e CM reçoit l'ordre de reconnaître un cantonnement à Franchetti et la 1re section doit faire, avec les dix-sept mulets restant, plusieurs voyages pour transporter le matériel :

« Les Allemands se sont infiltrés dans les lignes. Surpris d'entendre des pas, ils tirent sur les mulets à une cinquantaine de mètres. Les hommes se couchent, les animaux sont affolés. Cinq d'entre ces derniers se dirigent vers la patrouille ennemie qui décharge les vivres et renvoie les mulets.[28] »

Le lendemain, le bivouac s'organise tandis que la 14e CM quitte Scapoli pour Pantano :

« Village abrité mais occupé par une compagnie du 33e Génie, le PC du 8e RCA et des éléments du 13e d'Artillerie américaine. Quelques civils vivent dans les maisons épargnées par les bombardements, des constructions ont souffert

Avers du fanion *de la 21e compagnie muletière portant les inscriptions « Abruzzes » et « Toscane ». (Musée du Train et des Equipages militaires)*

et sont repoussantes d'ordures variées. Les mines sont nombreuses aux abords immédiats. Deux mulets tués étaient presque dans le centre du village.[29] »

Les deux compagnies marocaines sont suivies au cours du premier trimestre par quatre autres unités, originaires d'Algérie et de Tunisie.

La 17e CM, formée au quartier du 25e Train à Constantine, profite du voyage suivant de l'*Ile de Bréhat* pour rejoindre Naples le 31 décembre. Après trois jours en rade, le vapeur finit par accoster guidé par un pilote et débarquer dans la nuit deux sections qui gagnent la Palomba. Mais le terrain disponible étant réservé aux mulets des goumiers, elle doit s'installer deux kilomètres à l'ouest, dans une ferme que les derniers éléments rejoignent pour déjeuner. Puis le capitaine se rend à Naples changer un mandat contre des lires afin que le chef comptable puisse payer solde et prêt le soir.

Le 5 janvier à 22 heures, la compagnie est chargée sur des camions de la 13/501 qui, après un voyage fatigant, la débarquent au matin dans une oliveraie sur la rive droite du Volturno. Plusieurs mulets sont blessés, dont un si gravement que le vétérinaire doit l'abattre. Tandis que les animaux se reposent, le colonel Boucaud survient inopinément et donne quelques conseils pour leur entretien. Puis la compagnie mise à la disposition de la Division algérienne s'installe à Pozzili avec deux sections détachées au 3e RTA, une au 3e Spahis et la dernière à la base avancée de Concacasale.

Des animaux livrés par les Américains sont d'abord annoncés et les dispositions sont prises pour un échange. Puis aucun n'arrivant, on songe à en réquisitionner dans la région. Mais ce projet est vite abandonné, une compagnie muletière italienne de 150 animaux étant rattachée à la Division. Il faut ensuite céder vingt mulets au 3e RTA pour remplacer les siens complètement épuisés, puis constituer le 15 une section sanitaire avec du personnel fourni par la 8e compagnie du 202e RPNA[30].

La nuit suivante, au bivouac, quelques obus tombent entre les tentes, mais ce sont surtout les voisins du 3e bataillon médical qui ont des pertes. Les hommes ont compris la leçon : toute la matinée, pelles et pioches aident à creuser des trous. Et lorsque le tir reprend vers 14 heures, ils sont enterrés profondément[31].

---

27. 2 officiers, 171 troupe, 249 animaux. Se trouvent également à bord 129 goumiers et 120 animaux du 4e GTM et des munitions pour le dépôt d'Aversa.
28. Journal de marche de la 15e CM.
29. Journal de marche de la 14e CM.
30. 2 sous-officiers et 43 pionniers.
31. La Cie 17/27 sera citée à l'ordre de la division au titre de la 3e DIA le 28.2.44.

Le 15 février, la compagnie est à Portella d'où ses sections partent chaque nuit ravitailler les tirailleurs. Il leur faut d'abord passer au carrefour de Villa où les obus tombent drus, franchir ensuite au gué du Rapido avec quarante centimètres d'eau glacée, puis décharger les animaux et repartir avec les blessés, les siens et ceux des autres. Car les pertes sont importantes pour les 15e et 21e qui cohabitent : soixante hommes dont douze tués, deux à trois cents mulets en un mois.

Un matin, une des mules nommée Aïcha, énervée peut-être par les difficultés du chemin ou le frottement du bât sur son échine, se rebelle à sa manière. Après quelques braiments accompagnés de mouvements des oreilles, elle ralentit progressivement l'allure puis s'arque boute carrément sur ses postérieurs. Les « rraarraa zid » énergiques de son muletier ne donnent rien. Et le jour se lève et des mitrailleuses commencent à tirer comme un réveille-matin. Sans doute effrayée, Aïcha se couche sur le côté dans la neige fondue sous le regard atterré de son muletier. Rien n'y fait, ni les flatteries, ni les caresses, ni les coups de pied rageur. Il faut donc faire ce qui est prévu dans le service en campagne : débâter. Aussitôt dégagée, la mule se remet droite d'un coup de rein et part d'un trot aérien rejoindre la colonne qui serpente au loin...

A 7 heures, les mulets débâtés et abreuvés ont regagné leur écurie, mais le muletier n'est toujours pas rentré. Son chef de section décide de partir à sa recherche, Aïcha superbe et désinvolte sur ses talons. Le muletier apparaît justement au détour du chemin, accablé sous le poids. Il sait ce qui peut lui en coûter de perdre ainsi un bât : quinze jours de prison au moins, les cheveux coupés à ras, ce qui est bien gênant pour courir les Signorinas et le flous coupé aussi. A la vue de son chef de section, son visage s'illumine. Mais l'air hypocritement gêné d'Aïcha le fait sortir de ses gonds : de toutes ses forces, il jette le bât et ses 40 kg dans les pieds de la mule en criant « Nadin el Brehl » ! En conséquence de quoi, son capitaine lui porte huit pains pour avoir, dans un accès de colère, saccagé du matériel de harnachement appartenant à l'Etat :

« Ceci se passait à Portella... C'était la belle époque du CEF quand les généraux eux-mêmes ne dédaignaient pas une entrecôte de mulet bien saisie ou quelque brehlsteack saignant.[32] *»*

« Y'a des brêles sur tous les chemins[33] »

La quatrième unité affectée au CEF est la 21e CM formée le 16 novembre 1943 avec la 1re compagnie hippomobile du 26e Train. Son équipement français échangé contre du matériel américain perçu à Casablanca, elle s'est installée dans une ferme des environs de Tunis.

Revers du fanion *de la 187e compagnie de transport du Train de la 3e division algérienne symbolisé par les trois croissants et le pont sur le Rhummel inscrit dans une roue dentée, inspirés de l'insigne du 25e Train de Constantine. (SHAT)*

Au débouché *sur la piste* Tidjani, *dans la tête de pont du Garigliano, un planton du détachement de la 2e division marocaine assure la circulation des jeeps sanitaires. (OFIC)*

Arrivée à Naples, elle monte le 6 février le bivouac à la ferme Palomba où le capitaine Claudin, commandant les unités muletières du CEF, vient la visiter et déjeuner à la popote. Puis soixante-dix GMC de la Base la transportent à Santa Maria Oliveto, près d'un dépôt de munitions sous les oliviers. Le secteur postal lui est alors attribué[34] et le service géographique remet des cartes de la région en six exemplaires, tandis que le colonel Boucaud fait une visite le 10, suivi deux jours plus tard par le directeur du service vétérinaire du CEF. La veille, la 1re section avec quarante mulets a rejoint le 3e GTM du côté de Viticuso.

En haut : insigne du Train *: roue dentée et ailes déployées. (Coll. particulière)*

Mise sur pied dans les mêmes conditions que la 21e, la 22e CM embarque à Bizerte sur l'Indiana et rejoint Caivano le 8 février. Mais au lieu de rejoindre le CEF, elle est rattachée au Corps néo-zélandais et gagne Cervaro pour s'installer près de Portella.

Quelques jours après les deux unités tunisiennes arrive la 20e compagnie créée le 16 novembre 1943 à Rivoli avec une majorité de cadres venant de la 1re compagnie du 28e Train ayant participé à la campagne de Tunisie. Comme l'indique son journal de marche le 4 décembre, *« la Compagnie fait mouvement sur la ferme Ste Marguerite (commune de Rivoli) afin d'améliorer le cantonnement et éviter les rapports peu faciles avec la 221/28 (manque de cordialité entre les Chefs)».*

Le 8, il pleut toujours, *« le terre-plein pour les réservoirs est inondé. Le ravitaillement par la 221/28 laisse à désirer. Manque de moyens, et peu de bonne volonté. »*

Le 15 décembre, *« pluies continuelles. Le recomplètement des effectifs se poursuit. L'habillement des hommes est en cours. L'Intendance du Territoire ne sait pas bien ce qu'il y a lieu de faire. Il faut lui arracher chaque morceau de l'équipement. Personne ne fournit de tableau de dotation. L'EPSM donne les armes sans rechigner, mais, prend l'attache d'Alger pour fournir un crampon. Heureusement, les animaux ne sont pas arrivés ; Rivoli et sa région nagent sous un déluge. Les habitants évoquent les inondations de 1927. Le capitaine Rayeur*[35] *nous incite à trouver un cantonnement où les animaux seront à l'abri. La région de Noisy est prospectée pour éviter les souvenirs d'Aïn Sidi Chérif et se rapprocher de la Compagnie 231/28, où se trouvent des amis qui feront tout pour nous aider.*[36]*»*

La compagnie emménage donc dans les fermes autour de Noisy les Bains, en remboursement de repas chez la 231/28. Les mulets commencent à arriver du centre de rassemblement de Sidi bel Abbès, de mauvaise mine et n'ayant pas mangé depuis 48 heures. Ils sont répartis par section suivant leur taille, les hommes ayant subi le même classement. Pour tout arranger, la perception de fourrages qui devait se faire à Mazagran est maintenant fixée à Oran, quatre-vingt kilomètres plus loin. Un détachement part alors à Casablanca récupérer le matériel auto et les perceptions se poursuivent « malgré » l'Intendance.

Puis le 8 janvier 1944, c'est le départ - sans la dotation complète de bâts - pour la zone d'attente. A Port aux Poules, bivouac en face du bois de Pin inoccupé mais dont les Américains interdisent l'entrée. Assi Ameur ensuite, où plus de vingt hommes arrivent nu-pieds car *« les chaussures américaines sont échauffantes »*. Puis c'est l'installation à l'ancien quartier du 66e RAA à Eckmuhl :

« On attend le bateau qui voudra bien nous embarquer. Les ordres restent précis : faites des demandes... Pendant ce temps, les conducteurs ont fait un tour de service pour être déserteurs. Si nous restons ici, la Compagnie fondra.

32. Capitaine Maillard, Revue des TOA n° 3, décembre 1945.
33. Chanson de route de la 4e DMM.
34. La plupart des unités se plaignent de cette attribution tardive, cause d'un manque de courrier venant des familles.
35. Commandant l'escadron de tradition du COT 46.
36. JMO de la 20e CM.

Heureusement, le capitaine Rayeur nous a envoyé un renfort de dix conducteurs. »

Le *Mont Everest* est enfin désigné et la 20/28 embarque sans incident le 5 février, partageant les cales du navire avec la 31e compagnie de ramassage et le 10e Tabor. Mais la traversée est plutôt longue : appareillage le 8, escale à Augusta le 13, avarie de machines et réparation à Messine jusqu'au 16, arrivée en rade de Naples le17, débarquement le lendemain et installation à Caivano où il pleut tant que la compagnie est finalement autorisée à loger chez l'habitant.

Des bâts italiens - légèrement différents du modèle 1876 - sont alors livrés[37], que les conducteurs doivent ajuster à leurs animaux. La Compagnie gagne ensuite Cancello à pied : étape difficile de 42 kilomètres où les conducteurs novices apprennent à leurs dépens à mieux arrimer leur chargement. Puis elle rejoint Gusti et son commandant prend contact avec le 4e bureau de la 4e DMM pour recevoir les ordres.

La Division de montagne dispose alors à titre organique de deux unités muletières, mises sur pied à Meknès le 1er avril 1943 avec des cadres d'active et des conducteurs ayant trois à six mois de service. A l'origine 14e CM formée avec des éléments du 29e Train et 15e CM constituée par le 31e Train, elles ont été rattachées fin octobre à la Division en échange des compagnies 288 et 388.

Expédiées en Corse début décembre, sans aucun mulet et en tenue française de changement de corps, elles perçoivent des véhicules de récupération italiens à Ajaccio, des effets américains, 270 mulets et 34 chevaux italiens au détachement de rassemblement de Propriano, et des bâts italiens à Sartène. Puis elles rejoignent l'Italie : la 388/29 le 6 avril à bord du *Château-Latour* et du *Thomas Reed*, la 288/31 le 1er mai sur le *Bolton Hall*.

Lors de son précédent voyage, ce dernier a transporté la 18e compagnie formée en Algérie qui, débarquée à Naples le 5 avril, a séjourné deux semaines à la ferme Palomba avant de gagner Sessa Aurunca.

Avec l'arrivée de la 288e CM le CEF dispose maintenant de dix compagnies muletières[38] - deux divisionnaires, sept de réserve générale et une de ramassage sanitaire - relevant du commandement du train mais aussi de la direction du service vétérinaire.

Créée à Alger le 21 mai 1943 par le lieutenant-colonel Carnus, la direction s'est installée le 15 août à Eckmuhl. Son premier souci est de mettre au point ses dotations en personnel et matériel et de coordonner l'action des différents services intervenant dans la mise sur pied à Birtouta de l'Ambulance vétérinaire 541. Il lui faudra ensuite s'occuper des goums marocains qui emmènent avec eux de nombreux animaux, puis étudier les implications de l'engagement d'une brigade de spahis.

Constituée le 1er juillet à la dissolution des deux sections vétérinaires retour de Tunisie, l'AV 541 part pour Saf Saf le 16 août. Initialement organisée en une ambulance, un centre de traitement et une section mobile d'entretien, elle doit ensuite - comme bien d'autres unités des services - se scinder en deux pour s'adapter aux forces engagées en Corse et en Italie.

Le 15 novembre à 1 h 45 du matin, le vétérinaire commandant Illartein est appelé plusieurs fois au téléphone :

« En une nuit, l'Ambulance est mise en demeure de faire face à trois obligations : 1° division en deux unités ; 2° faire un mouvement de 120 km : 3° une des formations doit embarquer rapidement.[39] »

Le colonel Boucaud, commandant le train du CEF

Roger Boucaud est né le 20 décembre 1893 à Pellegrue en Gironde. Entré dans l'armée en octobre 1913, il accède rapidement à l'épaulette la guerre déclarée. Détaché dans l'artillerie, il sert ensuite comme observateur en avion à l'escadrille F 221 rattachée à l'artillerie du 13e Corps.

Après la guerre, il suit le premier cours automobile à Meaux, puis est affecté au 18e escadron du Train à Bordeaux avant de participer aux opérations de Syrie avec le 20e escadron à partir de 1920.

Après un séjour à l'école de Fontainebleau, il est détaché de 1928 à 1939 comme capitaine au cours équestre de Saumur où il forme des générations d'élèves officiers de réserve et d'active à qui il inculque le goût du risque et la passion du cheval.

Chef d'escadron à la déclaration de guerre, il prend la direction de la Régulatrice Routière de Belfort adaptée à la 8e armée. Il commande ensuite le 28e Train à Oran de 1940 à 1942, puis crée la Régulatrice routière 521 en août 1943.

Désigné le 25 septembre pour assurer le commandement du Train du CEF, il prend ensuite tout naturellement celui de la 1re armée et finalement des troupes d'occupation en Allemagne.

Général de brigade le 25 décembre 1945, il devient directeur en 1947, puis inspecteur le 25 juin 1948, enfin commandant supérieur du train le 20 mai 1949. Promu divisionnaire le 1er août, le premier de l'Arme. Atteint par la limite d'âge, il est rayé des contrôles le 30 décembre 1953.

Il meurt le 30 décembre 1978 à Villenave-d'Ornon en Gironde.

37. Le 1er CA a récupéré en Corse 1210 véhicules et 2 800 bâts italiens.

38. Les 10e, 11e et 12e CM formées en Tunisie et dans l'Est Constantinois sont également en Italie, mais rattachées à la VIIIe armée britannique depuis la Sicile.

39. JMO de l'AV 541.

Deux convois *se croisent sur l'étroite route constituant l'axe de la 3e division algérienne : l'un du Train montant vers le col d'Esperia, l'autre du 64e RAA roulant en direction de San Oliva avec un chargement de munitions de 105. (©ECPAD/France)*

Panneau de signalisation *de la 102e compagnie de transport conforme à la symbolique du* Royal Army Service Corps, *le nombre 69 excepté, adopté par la 1re DFL et conservé à la 1re DMI. (Musée de l'Armée, Paris)*

La 541/2 doit en effet être mise en route sur la Corse via Alger, tandis que la 541/1 rejoindra le CEF à Misserghin. Celle-ci, personnel embarqué l'*Aronda* et matériel sur sur le *William Tyler*, arrive finalement à Naples le 1er décembre et s'installe à Vairano avec une antenne poussée à Pozzili le 16 janvier. Le mois suivant, l'hôpital vétérinaire s'organise dans les écuries royales de Ste Marie de Capoue tandis que le groupe mobile des remontes s'installe près de Caserte. Puis, dans la seconde quinzaine de mars, l'AV 542 arrive sur le *John Morton* et le *Thomas Reed*, et se regroupe à Albanova avant de gagner Furnolo dans le nouveau secteur du Garigliano.

Du Garigliano à la Toscane

A partir du 10 mars, des équipes de la RR 521 explorent les itinéraires en direction de Salerne. Puis le capitaine Paziot[40] rend visite au commandant du 759th MP Battalion à Sparanise[41], tandis que deux de ses officiers reconnaissent les routes entre Mignano, Teano et la 725. C'est ainsi que se prépare la grande migration du secteur des Abruzzes vers celui du Garigliano.

Les compagnies muletières font le trajet à pied, tandis que les unités changeant de secteur ou partant au repos sont transportées grâce aux cinquante camions prêtés par la 5e armée et aux soixante autres de la compagnie 21/502[42] détachés une nuit sur deux. La capacité de transport automobile est toujours le point faible du train du CEF, dont l'unique groupe est en majeure partie imbriqué dans le système américain et actionné par lui. Arrive alors la 283e compagnie de transport, qui devrait permettre au commandement du train de se constituer un groupe léger.

Faisant théoriquement partie de la 3e DIA, la 283/25, créée le 16 août 1943 à St Ferdinand, était à la disposition de la base d'Oran depuis janvier 1944. Un premier détachement embarque pour l'Italie sur l'*Horace H. Lurton* faisant partie d'un convoi de 83 navires.

Le 11 avril, la mer est calme quand l'alerte générale est sonnée à 23 h 42 :

« Le convoi est attaqué par l'aviation ennemie. Le personnel est groupé sur le pont, en bon ordre et abrité derrière les tôles du bastingage. Tous les bâtiments ouvrent le feu, les avions ennemis lâchent des bombes éclairantes. Le combat dure jusqu'à 0 h 45. Deux avions ennemis sont abattus en flammes. Une torpille lâchée par un avion passe à tribord et en arrière du bateau. Un bâtiment du convoi est torpillé mais peut continuer son chemin. Un équipage allemand de l'avion abattu en mer est recueilli. Cinq blessés légers parmi les membres de l'équipage du bateau sont dénombrés. Nouvelle alerte à 3 heures. Quelques salves et tout rentre dans l'ordre.[43] »

Le bilan officiellement est un escorteur coulé et cinq avions abattus. Le *Lurton*, qui en a un à son actif, est autorisé à peindre une croix gammée sur sa cheminée.

Après l'escale à Augusta, c'est l'arrivée à Naples le 18 avril, le déplacement sur Aversa. et le transport du personnel et des bagages de la 1re DMI au profit de la Base 901. Puis le détachement embarqué sur l'*Edward Burleson* ayant rejoint, la 283/25 gagne San Pietro le 28 avril où elle est placée en réserve.

A la 4e DMM qui occupe le secteur, la 188e CT[44] dispose pour ses mouvements vers la tête de pont, généralement effectués dans la nuit, d'un crédit quotidien de 75 véhicules, le DCR 4 prenant le contrôle au passage du fleuve. La 88e compagnie de QG[45] - dont le personnel parti de Bizerte sur le croiseur *Duguay-Trouin* est arrivé à Naples le 25 février, suivi une semaine plus tard par les véhicules embarqués sur le *Thomas Sully* - s'est installée le 15 mars : PC avant à Cescheto, arrière à Ponte.

Avec la 1re DMI arrive le train divisionnaire commandé par le chef d'escadron Dulau : compagnie de QG n° 50 et DCR 1[46] sur le *R.C. Brennan* et le *Samuel Adams* les 26 et 27 avril, 101e et 103e compagnies auto sur le *John Gibbons*, le *John Trumbull* et le *George Bancroft* le 3 mai.

La 101e Cie a participé, sous diverses appellations, aux campagnes d'Erythrée, de Syrie et du *Western Desert*. En mars 1943, elle fusionne avec la 102e créée un an auparavant en Syrie pour former le 1er escadron du Train. Puis, le 1er septembre, l'escadron reçoit la 103e compagnie de transport de matériel tandis qu'un détachement de circulation routière est constitué sous les ordres du chef d'escadron Parazols.

Lorsque la 1re DMI est mise sur pied, il est décidé que les 101e et 102e CT resteront avec la Division pour le transport du personnel et du matériel et qu'un groupe de transport n° 505 comprenant les 103e et 104e CT la soutiendra[47]. Mais en raison des difficultés de recrutement, celles-ci ne peuvent être mises sur pied et, le 20 avril, la 102e compagnie de transport de personnel devient l'unique unité du GT 505 sous l'appellation de Cie 102/505.

A la veille du déclenchement de l'offensive, le 4e bureau et le commandement du train désirant se constituer une réserve, regroupent trois compagnies - 101e CT prélevée sur la 1re DMI, 21/502 et 283/25 - dont l'exploitation est confiée à la RR 521. Associées aux unités divisionnaires, elles approvisionneront par la route *Cabri* et le pont *Lion* les dépôts de munitions constitués sur la rive droite du Garigliano. C'est également le commandement du train qui répartit les compagnies muletières de transport ou de ramassage[48].

Un grand pas a donc été franchi depuis le début de la campagne. Initialement, Boucaud disposait d'un effectif très modeste et d'attributions limitées : conseil technique du commandement en matière d'emploi des unités, commandement administratif et disciplinaire, gestion du personnel...[49]. Puis, au cours de l'hiver, la prise en charge de l'axe de la 3e DIA et l'arrivée de nombreuses unités muletières modifient la donne. Mais c'est à partir du 25 avril, alors que l'offensive se prépare, qu'il joue pleinement son rôle en assurant la responsabilité entière des transports et surtout de la circulation.

Des mesures draconiennes sont d'abord prises pour conserver le plus grand secret et il est fait appel à la discipline des usagers des divisions qui, une fois n'est pas coutume, respectent les consignes. Puis tous les moyens de circulation sont centralisés entre les mains du commandant du train et un réseau téléphonique - comportant pas moins de 275 kilomètres de fil -relie les différents postes de part et d'autre du fleuve. pour lui permettre de contrôler les mouvements et renseigner le commandement sur leur déroulement. Et une fois un PC avancé établi à *Harrogate* le 1er mai, les DCR 2[50] et 4 prenant le contrôle de la zone avant.

L'avant-veille de l'attaque, la 5e section de la compagnie de transport 21/502 avec vingt-cinq GMC est affectée à la RR 521 dont les sept pelotons[51] sont maintenant répartis dans la profondeur, depuis la rocade jusqu'aux ponts *Jaguar* et *Lion*.

Ce même 10 mai, le 4e bureau précise l'organisation de la circulation au passage du Garigliano. Chaque division disposera en propre d'un itinéraire traversant le fleuve :

- route *Mouflon* et pont *Tigre* à la 1re DMI ;
- route *Lévrier*, route *Furet* et pont *Léopard* à la 2e DIM ;
- route *Fouine* et pont *Jaguar* à la 4e DMM ;
- route *Cabri* et pont *Lion* à la 3e DIA.

Cette répartition ne doit pas empêcher le passage d'éléments d'une division sur le pont voisin d'une autre, après accord entre les intéressés et la régulatrice routière. Il importe en effet que les mouvements conservent toute la souplesse désirable pour permettre l'alimentation aussi normale du combat.

Au delà du Garigliano, les 3e DIA et 4e DMM auront en commun la route vers Castelforte avec retour sur Lauro par le pont *Ours* dès qu'il sera lancé. Quant aux 2e DIM et 1re DMI, elles s'entendront pour l'utilisation de la partie commune de la route *Chamois* et le passage des blindés de la 1re DMI sur le pont *Léopard*.

Ci-dessus : insigne du Train *de la 2e division marocaine sur lequel on retrouve les symboles classiques : couleurs vert et blanc, cigogne. (Coll. particulière)*

40. Hospitalisé peu après pour une pneumonie contractée au PC avancé et promu chef d'escadron, il reprendra le commandement de la RR 521 le 24.4.444.

41. Dans l'armée américaine, la Military Police *assure les missions de circulation et de police qui dans l'armée française sont dévolues respectivement au Train et à la Prévôté.*

42. Remplace la 13/501 le 20.3.44.

43. JMO de la 283e compagnie auto de transport.

44. Créée le 1.4.43 à Marrakech, arrivée le 10.3.44 sur le LST 11.

45. Constituée le 16.11.42 à Marrakech, elle rejoint la 4e DMM à Casablanca le 22.4.43.

46. Ayant perdu 8 officiers sur 9 au cours de la campagne, le DCR 1 sera cité à l'ordre de la division en août 1944.

47. Note n° 1700 EMGG/I du 20.2.44.

48. 22e à la 1re DMI, 14e, 15e, 17e et 31e à la 2e DIM, 21e à la 3e DIA avec une section détachée au 4e RTM, 18e au 69e RAM et 20e au 2e RTM.

49. Instruction n° 738 EMGG/4 du 17.9.43 sur l'organisation et le fonctionnement des transports du CEF en opérations.

50. Cité à l'ordre de la division le 22.7.44.

51. Le peloton 3 a été constitué en mars avec un aspirant muté de la Base 901 et un renfort d'AFN.

La nuit suivante, sept cents véhicules et une centaine de chars empruntent la route *Cabri*. Puis le 11 à 19 heures, le Régulateur routier réunit les officiers de l'état-major et des pelotons pour leur communiquer l'heure H et préciser que les divisions ont liberté absolue de mouvements sur leurs axes à partir de cette heure.

Les pelotons 1, 4 et 5 sont alors placés pour la nuit et les jours suivants sous les ordres des divisions auxquelles appartiennent les pistes contrôlées. Puis, le 13, un PC avancé de la RR vient s'installer auprès de celui du commandement du train près du pont *Jaguar*.

A partir du 16 mai, le rythme de la progression est tel que les postes de circulation bougent constamment et qu'il est impossible de suivre une à une les diverses formations du Train jusqu'à Rome et en Toscane.

Néanmoins, au cours des premiers jours de l'offensive, les muletiers continuent à « marcher la route », car le terrain s'y prête et la progression est encore lente. Chaque division dispose d'au moins deux compagnies muletières en renforcement, généralement détachées par sections dans les régiments de tirailleurs[52].

Après Rome, *« débute alors l'époque ingrate. La guerre motorisée ayant repris ses droits, l'ennemi est loin. Pour pouvoir le rejoindre, fini les pistes de montagne si difficiles et pourtant si pittoresques. Il faut suivre la grande route sans fin dans la poussière et sous l'œil ironique des motorisés[53] »*.

Le 21 juin, la 19e CM débarquée du *Fort de Douaumont* est mise à la disposition de la 2e DIM. Puis arrive la 16e CM qui ne participe pas aux opérations.

Si le CEF n'a pas alors l'emploi des unités muletières, en revanche, le problème des moyens de transport automobiles se pose plus que jamais. Grâce aux FTA, il est possible de constituer un groupe à deux compagnies de GMC bien encadrées et dont le commandement est confié au capitaine Basset. Et un autre groupe de marche est formé avec les formations du Train venant d'arriver en Italie.

Le Groupe de transport n° 505 d'abord qui débarque à Naples le 26 mai comme élément organique du 2e CA. C'est ainsi que son état-major coiffe les Cies 283/25 et 21/502 opérant dans le cadre du CEF, tandis que la Cie 102/505 est détachée le 1er juin à la 5e armée avec laquelle elle demeure jusqu'à la fin de la campagne.

Le Groupe de transport n° 503 arrive ensuite à partir du 27 mai à bord de trois *Liberty ships*. Créé au Maroc le 16 octobre 1943 avec trois compagnies du GT 502 bis affecté à la base de Casablanca, il n'en comporte plus que deux le 1er février. Il reverse ensuite le matériel à la base et perçoit celui qui lui revient, puis il gagne Oran et embarque en deux détachements. A l'arrivée à Naples du second détachement le 5 juin, le chef d'escadron Ruaud est attendu sur le quai par le colonel Kennedy, commandant des unités de transport de la 5e armée, qui l'informe que le GT est mis à sa disposition. Puis le déchargement du matériel[54] commence et se poursuit jusqu'au 9, les véhicules rejoignant au fur et à mesure Cellole où la Compagnie 102/505 est intégrée au Groupe.

Le 7 juillet arrivent au PC de la RR à Lucignano trois pelotons de circulation débarqués à Naples[55]. L'état-major d'Alger a en effet décidé de mettre à la disposition du CEF des éléments de la RR 522, probablement pour les aguerrir avant l'engagement en France[56].

Déjà, deux divisions ont quitté la Toscane et ce qui reste du CEF se prépare à partir. Le grand mouvement vers le sud doit se faire :

- par la route, en trois étapes avec deux camps intermédiaires à Cesano et à Sabaudia, pour 6 400 véhicules organiques ;
- par mer à partir de Piombino pour les véhicules lourds et chenillés et le personnel non transporté sur les véhicules organiques ;
- par voie ferrée pour 4 800 animaux embarqués à Civita Vecchia.

C'est ainsi que, le 21 juillet, deux pelotons de la RR 521 font mouvement sur Rome pour guider les convois tandis qu'un autre contrôle leur passage à Sienne. Puis les trois derniers pelotons demeurés en Toscane partent successivement pour Naples, l'état-major fermant la marche le 24 juillet. Peut-être ne le savent-ils pas, mais depuis 0 heure, ils ne font plus partie du CEF mais de l'Armée B[57].

Ci-dessus : avers du fanion *de la 101e compagnie de transport portant notamment l'inscription* « Italie ». *(Musée du Train et des Equipages militaires)*

Convoi de mulets *lourdement chargés quittant San Gimignano à la suite des tirailleurs du 1er régiment de tirailleurs marocains. (©ECPAD/France)*

52. Ainsi, au moment de la prise de Pico : 14e et 17e à la 2e DIM, 15e et 21e à la 3e DIA, 18e et 20e à la 4e DMM et 22e à la 1re DMI.

53. La 388e compagnie muletière au cours des campagnes d'Italie, de France et d'Allemagne, 4e DMM, *23.5.45.*

54. Au lieu de GMC, le groupe est doté de 190 Dodge 6x6.

*55. Un élément est arrivé d'Alger le 29.6.44 sur l'*Empire Baxter *et un autre le 3.7.44 sur la* Ville d'Oran.

56. Décision n° 277 DN/3/S du 28.5.44.

57. En 1980, le 3e régiment de commandement et des services et les 503e, 505e et 512e régiments du Train se verront accordés l'inscription Italie. *Quant au 601e régiment de circulation routière, héritier de la RR 521, il recevra* Acquafondata.

LE SERVICE DE SANTE

Février 1944. *Les tentes de la formation chirurgicale mobile de la comtesse du Luart installées au pied du village de Casale Cassinese. (©ECPAD/France)*

Au contraire des autres services, celui de santé du corps expéditionnaire n'éprouve pas de difficulté pour recruter son personnel car, selon son directeur, *« un élan d'enthousiasme admirable emportait tous les cadres, quelle que fut leur origine. Chacun sollicitait l'honneur de servir, de partir pour cette expédition dont on supputait la destination...*[1]*»* De même, il s'adapte rapidement au système américain et en reconnaît les vertus.

Cependant le matériel tarde à arriver et il faut faire des choix. C'est ainsi que, en juillet 1943, l'état-major d'Alger donne l'ordre de subvenir par priorité absolue à la satisfaction des besoins du 1er corps de débarquement.

Il est ainsi initialement prévu d'équiper les quatre bataillons médicaux divisionnaires et six hôpitaux : un médical, un chirurgical, trois d'évacuation et un de campagne. Puis, les centres médicaux et chirurgicaux ayant disparu de l'organisation américaine, les seules formations de campagne finalement retenues sont du type mixte médico-chirurgical. Parallèlement sont constituées diverses formations typiquement nationales équipées avec du matériel français ou mixte.

Le suivi de la mise sur pied de toutes ces formations est confié au médecin général Hugonot, directeur du service de santé du CEF depuis le 18 mai 1943, dont l'autorité technique s'étend sur les directeurs des divisions, de la base et de la zone d'hospitalisation arrière[2].

Les bataillons médicaux

Avec le système américain est adoptée la répartition en deux échelons : le premier représenté par les postes de secours des régiments et bataillons et le second correspondant à la division. C'est à ce dernier niveau que se situe le bataillon médical qui, parmi les multiples nouveautés qu'apporte en AFN l'armée américaine, est l'une des plus remarquables :

« D'emblée, le terme lui-même suscita une vive curiosité : il avait pour nous une consonance nouvelle, un peu étrange et apparaissait comme un symbole un peu déroutant. Quelle était sa place dans l'organisation sanitaire que nous avions appris à connaître ? Quel était le rôle qu'impliquait une appellation d'apparence si militaire ? Dans quelle mesure se substituerait-il à notre Service de Santé divisionnaire, et plus particulièrement à notre groupe sanitaire ?

En fait, le bataillon médical de type américain représente, par rapport à ce qu'il remplace dans l'organisation française, une amélioration indiscutable. Où qu'il soit employé, il fournit un soutien largement étoffé et, à la fois, extrêmement souple. Il est susceptible d'apporter, partout où l'exige la situation, un fonctionnement toujours adapté.[3] *»*

Aux ordres d'un médecin lieutenant-colonel ou commandant, ayant le titre de commandant et non de médecin chef, le bataillon divisionnaire comporte trois compagnies de ramassage[4], adaptables à chacun des régiments de tirailleurs. Elles comprenant essentiellement une section de poste de secours de trois médecins et une section de ramassage disposant de trois médecins, 36 brancardiers et douze conducteurs de sanitaires.

La quatrième compagnie, dite de triage et de traitement[5], reçoit et oriente tous les blessés et malades de la division. Elle comporte deux sections de cinq médecins[6] et un dentiste, avec 50 brancards permettant d'abriter sous des tentes les malades et les blessés en instance d'évacuation.

L'effectif total du bataillon est de 538 hommes et femmes[7].

Bataillon médical de division d'infanterie

	Officiers		S/officiers		Troupe		Total		Véhicules
	santé	train	santé	train	santé	train	santé	train	
EM	5	-	-	-	-	-	5	-	-
Cie de cdt	3	1	11	2	18	19	32	22	11
1re CR	4	-	9	3	71	26	84	29	19
2e - 3e CR	8	-	18	6	142	52	168	58	38
4e CTT	14	-	10	1	103	22	127	23	12
	34	1	48	12	324	119	406	132	80

Il s'agit là d'une organisation théorique transposée du système américain mais dans

1. *Médecin général Hugonot et médecin commandant Parnet,* Le Service de Santé du Corps expéditionnaire français en Italie.
2. *Il dispose pour cela d'un EM particulier de 7 médecins, chirurgiens et pharmacien et de 4 officiers d'administration.*
3. *Ibid.*
4. *Equivalent américain :* Collecting Company.
5. *Equivalent américain :* Clearing Company.
6. *2 capitaines dont un chirurgien, 3 lieutenants dont un spécialiste d'ORL-ophtalmologie.*
7. *La proportion d'Indigènes est de 52 %.*

laquelle mécaniciens, conducteurs et dépanneurs n'appartiennent pas au service de santé mais au Train[8]. En outre, en raison du recrutement de personnel prévu dès juillet 1943, la répartition des sanitaires dans les compagnies est modifiée avec :

- au ramassage, un groupe de huit voitures conduites par du personnel masculin ;
- au triage, une section de douze voitures confiées à des conductrices sanitaires.

Deux de ces bataillons sont mis sur pied au titre du 1er corps de débarquement :

- le 9e BM du médecin commandant Boyrie, formé à Meknès puis à Port-Say et débarqué avec la 2e DIM à Nisida le 23 novembre 1943 ;
- le 3e BM du médecin commandant Vialleton, constitué à Sétif avec une majorité de personnel libéré par la campagne de Tunisie[9] et arrivé en Italie avec la 3e DIA un mois plus tard.

Puis le 1er BM du médecin lieutenant-colonel Le Bihan, constitué en Tunisie à partir du Groupe sanitaire divisionnaire n° 1 et de l'Ambulance chirurgicale légère[10] de la 1re DFL, rejoindra l'Italie en avril 1944

Une grande unité de montagne n'étant pas encore prévue dans l'US Army, le commandement français se voit donc contraint d'adopter pour la 4e division marocaine une formule originale compatible avec le système américain.

C'est ainsi que sa formation médicale est constituée sur le type division d'infanterie, deux compagnies de ramassage motorisées étant remplacées par deux unités muletières disposant d'une section de ramassage comprenant un groupe de quatre médecins et 42 brancardiers et un échelon muletier de 42 mulets[11].

La compagnie de triage et de traitement, entièrement équipée de matériel local camouflé, comprend une ambulance légère type Maroc installée initialement sous tentes françaises[12] et dotée d'un matériel technique également national : appareil radiologique, stérilisateur et fabrique de glace. Mais ces matériels et le poste radio Clinix doivent être finalement allotis sur des GMC après que les quatre camionnettes Laffly d'origine aient rendu l'âme à la première étape. Quant aux autres matériels français utilisés lors de la mise sur pied, ils sont progressivement remplacés par des matériels techniques d'exploitation ainsi que par de l'habillement américains, au fur et à mesure que se présentent des difficultés de remplacement.

Au total, le bataillon dispose théoriquement d'un effectif de 690[13], de 62 véhicules dont douze ambulances, de 40 chevaux de selle et 178 mulets.

le reste du bataillon qui s'installe en attente près de Sessa Aurunca.

« Tel qu'il fut constitué avec le matériel sorti des stocks et des camouflages, il ne fit pas mauvaise figure à côté du matériel " nouveau riche " de ses voisins et rendit d'excellents services dans la campagne de Corse et d'Italie.[14] »

Insigne du 9e bataillon *médical de la 2e division marocaine. (Coll. particulière)*

Les hôpitaux de campagne et d'évacuation

Après quelques mutations de spécialistes, il est prévu en septembre 1943 pour le 1er CD deux hôpitaux de campagne mis sur pied par la division d'Oran et quatre d'évacuation constitués par celle d'Alger.

Les Américains ont conçu le *Field Hospital* comme une formation essentiellement dissociable, dont les éléments sont susceptibles d'assurer le service médical et l'hospitalisation d'unités isolées, en général avancées. Fonctionnant rarement groupé, il est courant de voir en Italie une section installée au contact immédiat d'une compagnie de triage et de traitement de bataillon médical. Victime de sa capacité de dissociation, il est alors considéré comme une sorte de réserve.

Très élégant, *l'insigne de l'hôpital de campagne 421 est chargé de symboles : tente protégée par la croix rouge, drapeau tricolore, croissant d'Algérie et bleuet de France. (Coll. particulière)*

Pour les Français, moins riches en moyens sanitaires, l'emploi fractionné est interdit. En revanche, les formations chirurgicales « hors programme » - richement pourvues en personnel et matériel technique et d'une mobilité parfaitement adaptée à leur rôle de formations avancées - peuvent assurer le soutien chirurgical des bataillons médicaux de façon satisfaisante. C'est donc très rarement qu'une section d'hôpital de campagne est utilisée isolément. Et ce toujours sous la forme d'un précurseur, la portion centrale venant dès que possible se regrouper autour de son élément détaché. L'hôpital de campagne fonctionne ainsi presque toujours comme un hôpital d'évacuation avancé.

Commandé par un médecin lieutenant-colonel, médecin chef, assisté d'un lieutenant d'administration, gestionnaire, l'hôpital de campagne offre une capacité sous tentes de 300 lits. Il est théoriquement divisible en trois sections de triage et de traitement identiques, en principe de 100 lits, aux ordres d'un médecin commandant, chirurgien, avec une équipe de chirurgie courante, un service de radiologie et un laboratoire de campagne. Or tout le matériel n'est pas reçu en triple et chaque hôpital dispose d'un seul appareil radiologique et d'un seul équipement de laboratoire, une raison supplémentaire d'utiliser l'hôpital groupé.

En revanche, des améliorations sont apportées avant le départ pour l'Italie par l'attribution à chacun d'une cellule opératoire de type français, du matériel d'ORL-ophtalmologie[15] et de tables radio-chirurgicales, et l'affectation de trois équipes de réanimation, avec leur matériel. L'effectif théorique est de 256[16], la dotation de 61 tentes[17] et 33 véhicules, dont six sanitaires, permettant de transporter l'ensemble du matériel organique[18].

La mise sur pied des deux hôpitaux de campagne, confiée à la division territoriale d'Oran, débute en juillet 1943 à Sidi bel-Abbès. Elle est beaucoup plus lente que pour les bataillons médicaux, notamment en ce qui concerne le matériel qui n'arrive de Casablanca en quantité qu'à partir de septembre.

L'HC 422 du médecin lieutenant-colonel Le Guilhas ne se déploie ainsi sur place que le 29 septembre, pour fonctionner dix jours plus tard au profit d'unités voisines en cours de constitution. Quant à l'HC 425[19] du médecin lieutenant-colonel Chavialle[20], constitué en majeure partie avec du personnel provenant de l'ambulance de corps d'armée dissoute après la campagne de Tunisie, il se déploie le 25 octobre à Bou Tlelis et fonctionne ensuite au profit des troupes du secteur.

Ce déploiement avant le départ en campagne n'est pas sans intérêt : il permet au personnel de se familiariser avec le matériel américain et au médecin chef de connaître les possibilités d'installation et d'emploi de sa formation. En même temps s'affirme dès cette époque la « personnalité » de chaque hôpital, avec ses conceptions différentes quant à l'utilisation des matériels fournis, les améliorations apportées à l'organisation...

« Cette organisation, fruit d'une émulation incessante de tout le personnel, a pris assez rapidement, pour chaque formation, un type qu'elle a en général conservé au cours des des-

Bataillon médical de division de montagne

	Officiers		S/officiers		Troupe		Total		Vh	Animaux
	santé	train	santé	train	santé	train	santé	train		
EM	5	-	-	-	-	-	5	-	-	-
Cie de cdt	3	1	11	1	18	24	32	26	15	-
1re CR	4	-	9	2	71	27	84	29	20	-
2e CR	5	-	8	5	60	106	73	111	5	109
3e CR	5	-	8	5	60	106	73	111	5	109
4e CTT	14	-	10	-	93	29	117	29	17	
	36	1	46	13	302	292	384	306	62	218

N'étant pas soumis à l'hypothèque américaine, le 8e BM du médecin commandant Arthenac est rapidement mis sur pied dans la région de Tlemcen et gagne la Corse en décembre 1943, il gagne la Corse. De son côté, la 1re compagnie motorisée demeurée en Algérie rejoint l'Italie fin février 1944, suivie courant mars par

8. Dans l'US Army, ils appartiennent au Medical Department, comme d'ailleur le personnel spécialisé des corps de troupe.
9. Groupe sanitaire de la Division de marche de Constantine et Section sanitaire auto.
10. Constituant la compagnie de triage et traitement, l'ACL continue de former corps. C'est l'une des nombreuses particularités de la 1re DMI.
11. 16 cacolets, 8 litières et 18 pour le matériel, les bagages et les vivres.
12. Dix tentes américaines seront perçues à titre de prêt auprès des Américains en avril 1944.
13. La proportion d'Indigènes est de 63 %.
14. Le Service de Santé du Corps expéditionnaire français en Italie, *op. cit.*
15. Avec pour conséquence l'affectation des spécialistes correspondants normalement affectés dans les bataillons médicaux.
16. 21 officiers dont un du train, 18 infirmières, 19 sous-officiers dont un du train, 198 troupe dont 155 infirmiers et 43 conducteurs, soit 47 % d'Indigènes.
17. Dont 27 d'hospitalisation et 10 pyramidales.
18. Cette possibilité est très théorique : ainsi au cours de la campagne, jamais l'un d'eux ne pourra être déplacé en une seule fois un renfort du train.
19. Hôpital médical 422/2 jusqu'au 16.9.43.
20. DSS de la 4e DMM à partir du 6.1.44.

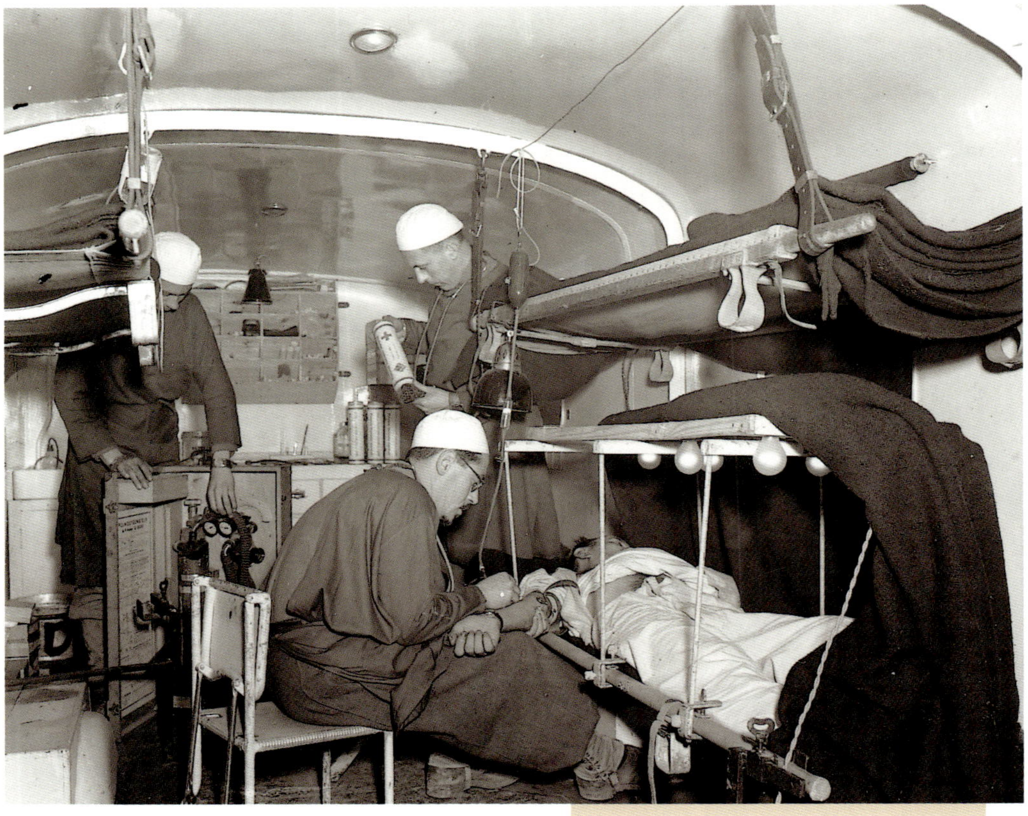

Opération de transfusion *et réanimation dans une formation chirurgicale mobile utilisant du matériel sanitaire français. (Musée du Service de Santé des Armées)*

tinées ultérieures, parmi les péripéties de la campagne, auxquelles les hôpitaux de campagne ont été, en raison de leur mobilité, particulièrement soumis.[21] »

Prévu dans le deuxième échelon et formé près d'Alger en décembre 1943, un troisième hôpital de campagne, le n° 421 affecté au 2e CA, débarquera tardivement à Naples le 5 juin et ne pourra fonctionner qu'en trois emplacements au nord de Rome.

L'autre type d'hôpital est dit « d'évacuation motorisé[22] ». C'est une formation sous tentes d'une capacité de 400 lits, prévue pour fonctionner uniquement groupée et destinée à la réception des blessés et malades de toutes catégories et à leur préparation en vue d'une évacuation lointaine.

Sa chefferie est en principe assurée par un médecin colonel, médecin chef, assisté d'un adjoint lieutenant-colonel ou commandant, d'une infirmière major et d'un capitaine d'administration gestionnaire.

Les services techniques comprennent trois sections :

- chirurgie comportant deux équipes de médecine générale, une maxillo-faciale, une orthopédique et deux de réanimation, et quatre chirurgiens spécialistes ;
- radiologie et laboratoire avec deux médecins et un pharmacien ;
- hospitalisation à neuf médecins.

Dès la mise sur pied, son matériel a été complété par deux cellules opératoires, de type français, qui ont permis l'installation en campagne de blocs opératoires.

L'effectif théorique est de 326[23], la dotation de 71 tentes[24] et 27 véhicules, dont deux sanitaires, assurant théoriquement une mobilité autonome, avec les mêmes réserves que celles faites pour les hôpitaux de campagne[25].

La mise sur pied des HEM est assez lente. Ainsi, l'hôpital 401 du médecin lieutenant-colonel Bonet commence à recevoir son matériel à Blida vers le 13 août 1943, puis il doit attendre jusqu'au 5 octobre pour pouvoir se déployer à Saint-Denis-du-Sig et y fonctionner treize jours plus tard. L'hôpital 415[26], son équipement américain reçu à la fin de septembre, rejoint début novembre la zone de regroupement du CEF en Oranie et s'installe à Aboukir sans fonctionner. Enfin, l'hôpital 405[27] du médecin lieutenant-colonel Dumas ne gagne Misserghin que le 30 novembre, au moment où les premiers éléments du CEF embarquent pour l'Italie.

Une fois ces trois hôpitaux mis sur pied, la 19e région reçoit l'ordre, en septembre 1943, de constituer des hôpitaux d'évacuation de structure identique, mais plus lourds et d'une capacité de 750 lits[28], devant servir d'hôpital de base ou de zone d'étapes. Par rapport aux précédents, l'effectif est majoré de deux infirmières, 16 sous-officiers et 50 hommes de troupe, avec seulement 8 véhicules.

En fait, les hôpitaux 412 et 413 affectés au 2e CA se constituent très lentement et n'étant rassemblés[29] en Italie qu'en juillet, ils ne pourront participer activement aux opérations du CEF.

Les formations sanitaires diverses

La participation américaine ne se borne pas aux importantes formations de traitement. C'est ainsi que la 19e région peut encore constituer un dépôt de ravitaillement sanitaire[30] comprenant essentiellement une partie médicaments gérée par un pharmacien commandant et une partie matériel sanitaire à la charge d'un commandant d'administration. Mais si ce DRS 451 n'arrive en Italie qu'en juin, il apporte avec lui dix *Maintenance Units*[31] ainsi qu'une section d'hospitalisation de type français alors fort bienvenue[32].

Quatre compagnies sanitaires automobiles[33] sont également mises sur pied, mais par le Train. Normalement placées au niveau armée, elles comprennent théoriquement quatre sections de vingt voitures chacune, deux d'entre elles étant servies par du personnel féminin[34].

Constituée en juin 1943, la compagnie 531/27 rejoint Rivoli deux mois plus tard et perçoit son matériel américain à Oujda, Oran et Alger en septembre. Avec une centaine de conductrices sur un effectif total de 250, elle débarque à Baia et est engagée dès le 10 décembre. Peu de temps avant la fin de la campagne, elle est rejointe par deux autres compagnies : la 533/32 formée en septembre 1943 à Casablanca et arrivée d'Oran à bord du *Tabitha Brown* le 6 juin, suivie dix jours plus tard par la 535/27 sur le *George Bancroft*.

Mais d'autres formations sont mises sur pied hors programme et ne bénéficient donc pas de la totalité des moyens américains. Parmi celles-ci figurent quatre éléments chirurgicaux qui vont rendre de grands services pendant toute la campagne.

21. Le Service de Santé du Corps expéditionnaire français en Italie, *op. cit.*
22. *Appellation adoptée par la 5e armée :* Casualty Clearing Hospital.
23. *38 officiers dont un du train, 37 infirmières soit une majoration de 13 par rapport au TEG, 31 sous-officiers dont un du train, 220 troupe dont 182 infirmiers et 38 conducteurs, soit 42 % d'Indigènes.*
24. *Dont 50 d'hospitalisation.*
25. *Les Américains les appellent d'ailleurs* Evacuation Hospital, Semimobile.
26. *HE 411/2 jusqu'au 16.9.43.*
27. *Hôpital chirurgical 401/2 jusqu'au 16.9.43.*
28. *TEG n° 357 et additif n° 1082 EMG/1 du 4.2.44, adapté du T/O 8-580.*
29. *Ils arrivent à Naples en plusieurs détachements du 16 mai au 20 juin à bord de navires hôpitaux et de* Liberty ships.
30. *Effectif 14 officiers, 114 sous-officiers et hommes de troupe.*
31. *Représentant l'approvisionnement pour 10 000 hommes pendant un mois.*
32. *Quoique très encombrante, elle comporte 1 000 couchettes, 400 brancards, 50 tentes et 5 cellules opératoires.*
33. *Dans l'US Army, elles appartiennent au* Medical Department *et sont organisées selon le T/O 8-315.*
34. *Effectif théorique 227 dont 6 officiers, 19 sous-officiers et 144 Indigènes.*

Décembre 1943. *Une conductrice de la 2e compagnie du 9e bataillon médical attend l'arrivée des blessés au relais d'ambulances de Scapoli. (©ECPAD/France)*

La formation chirurgicale mobile de Mme du Luart a été constituée grâce à la générosité d'un comité franco-américain. Engagée sur le front français en 1939-1940 et passée ensuite en Afrique du Nord, elle opère au Maroc puis en Tunisie. Puis, rééquipée et devenue FCM n° 1, elle rejoint le CEF à la veille du départ pour l'Italie. Sa capacité opératoire est alors assurée par trois équipes chirurgicales et 40 lits d'hospitalisation sous tentes, permettant d'y traiter les blessés intransportables. Parfaitement équipée sur camions[35], elle peut se mouvoir et se déployer, prête à fonctionner, dans de courts délais.

La deuxième FCM a été créée au Caire en 1941 par Mme Catroux, soucieuse de recevoir les blessés français soignés dans des hôpitaux britanniques. Le *Free French Fund Committee* de New York lui fournit une grande partie du matériel avec la participation des CRF des Indes, de Nouvelle-Calédonie, d'Egypte et de la compagnie des tramways du Caire. Elle quitte

Janvier 1944. *Sur la piste, près des mulets des tirailleurs algériens attendant d'être chargés, les jeeps sont prêtes à évacuer les blessés. (©ECPAD/France)*

Beyrouth pour l'Algérie en avril 1943. Ses voitures - 20 camions dont 5 techniques - sont alors révisées et améliorées, et un camion radiologique italien est récupéré. Constituée sur le même type que la formation du Luart, elle est cependant un peu moins étoffée en moyens et moins homogène dans sa constitution. Ainsi rajeunie, la FCM n° 2 s'installe aux environs de Saint-Denis-du-Sig. Puis elle rejoint Naples fin novembre 1943.

La FCM n° 3 est l'appellation[36] imposée en février 1944 de l'Ambulance Hadfield-Spears qui, créée en octobre 1940 avec des infirmières britanniques rapatriées de France, a participé ensuite aux opérations de l'Egypte à la Tunisie :

« Au cours de cette active et longue randonnée, la FCM n° 3 avait vu venir à elle un personnel extrêmement hétéroclite, dont le noyau, constitué de « nurses » et de « quakers » s'était enrichi d'apports de toutes races et de toutes religions. Les médecins et chirurgiens en étaient cependant tous français, beaucoup appartenaient au service de santé des troupes coloniales.[37] »

Au moment où la « Spears » embarque pour l'Italie en avril 1944, son effectif est de 167, dont 21 femmes[38]. Le parc auto comprend 55 véhicules, anglais en majorité.

Elément de tradition de la DFL, la formation du lieutenant-colonel Vernier ressemble plutôt à un hôpital chirurgical de 200 lits avec une capacité de déplacement comparable aux autres unités chirurgicales. Il a d'ailleurs même été question, en février 1944, de la transformer en hôpital de campagne.

Enfin, deux groupes chirurgicaux de trois équipes sont mis sur pied par la division territoriale d'Alger, mais seul le GCM n° 1 du médecin capitaine Larribère est affecté à la Base 901 du CEF en décembre 1943. Il constitue ensuite un élément de renfort destiné à s'accoler à une autre formation susceptible de l'administrer et le faire vivre.

Diverses autres unités sont constituées en dehors du programme. Ainsi du dépôt avancé de ravitaillement, élément léger, mobile en général, placé sur la ligne des hôpitaux primaires, dont il suit les mouvements. Constitué comme le DRS, ses moyens sont cependant plus réduits[39] et les Américains ne fournissant au départ que le service transport, ses détachements partent donc avec du matériel français. Le DARS 451/1[40] est ainsi rattaché à la base, ses gestionnaires étant comptables des médicaments et du matériel distribués sur place par les dépôts américains. Un autre dépôt, le 451/2, le rejoindra en avril 1944.

Egalement affecté à la base, le laboratoire 441/1 mis sur pied à Alger est entièrement équipé de matériel français. Aux ordres du médecin commandant Jude, il s'installe à Acerra avec l'organe de réanimation et de transfusion 441/3 chargé d'approvisionner régulièrement en sang frais ou conservé les formations de traitement et former des équipes spécialisées de réanimation.

Formées et équipées avec du matériel français, deux sections d'hygiène, de lavage et de désinfection opèrent le plus souvent au contact des hôpitaux de campagne, parfois au profit d'unités au repos.

Insigne du 3e bataillon *médical de la 3e division algérienne : le caducée du service de santé frappé des trois croissants de la division. (Coll. particulière)*

Enfin, la compagnie de ramassage muletière n° 31 du médecin capitaine Le Roux est créée en décembre 1943 avec du matériel provenant du groupement sanitaire muletier de Casablanca. Comprenant trois sections muletières et une section de brancardiers, elle arrive à Naples en février 1944[41].

Les Abruzzes

Partis d'Oranie, la direction du service de santé de la 2e DIM[42] et le 8e bataillon médical embarquent à Bizerte le 20 novembre 1943 sur les LST 197 et 357 qui appareillent le lendemain. Le 23 au matin, le convoi longe Capri à bâbord, puis le Vésuve apparaît et l'on devine Naples dans la brume. Malgré la houle, DSS et BM débarquent à midi à Nisida. Les unités de la division sont alors prévenues que malades et blessés doivent être évacués sur le 182d Station Hospital à Mostra, près de Bagnoli.

La DSS récupère le lendemain ses véhicules débarqués à Pozzuoli et, dans la soirée, elle gagne Frattaminore, près du PC de la division. Les secrétaires rejoignent le jour suivant avec la portion centrale du BM (commandement et triage) qui s'installe à la sortie sud du village. Les compagnies sont en place : 1re à la maternité de Caivano, 2e au bivouac à Succivo, 3e sous la tente à Casapuzzano près du 5e RTM.

Les jours suivants sont consacrés aux liaisons avec les services de santé du VI Corps auquel la division est rattachée et de la Base 901. Le Directeur est informé que désormais les sortants du 182d Hospital ne seront plus ramenés sur leur corps par le 9e BM, mais par la compagnie de base 901/5 au collège Ciano, et que l'hôpital américain ne voulant plus se charger d'enterrer les morts, c'est une compagnie du 201e Pionniers de la base qui s'en chargera.

Le 2 décembre, les éléments santé font mouvement sur Alife, par Caserte. La portion centrale du BM s'installe au nord du village et la 2e Cie dans deux fermes au nord-ouest, tandis que la 1re gagne San Angelo avec une ambulance en panne et un GMC aux tôles tordues après s'être frotté à une jeep dont le conducteur américain était ivre. La 3e Cie est à mi-chemin près d'un bivouac américain. Les six premiers malades sont évacués sur le 15th Evacuation Hospital[43].

Les consignes sont alors prises auprès de la 34th Infantry Division et du 109th Medical Battalion dont il va falloir chausser les bottes. Puis, le 8 décembre, le 4e RTM et la 1re Cie se préparent à relever les éléments

---

35. Techniques, opératoires, radiologiques, stérilisation, réanimation, atelier, lingerie, transport de personnel, etc.
36. Exactement « Formation chirurgicale Hadfield-Spears » (Formation Chirurgicale Mobile n° 3) selon le rectificatif n° 1770 EMG/I-O du 22.2.44.
37. Le Service de Santé du Corps expéditionnaire français en Italie, *op. cit.*
38. 16 officiers et 5 personnels féminins français, 92 sous-officiers et soldats (27 français et nord-africains, 65 d'Afrique noire), 16 infirmières et conductrices et 38 infirmiers et conducteurs britanniques.
39. 2 officiers, 35 sous-officiers et troupe, 10 véhicules.
40. Installé dans le building du Parti fasciste à Bagnoli.
41. 8 officiers, 22 Européens, 145 Indigènes, 20 chevaux, 89 mulets, 5 véhicules à bord du Mont Everest *le 18.2.44.*
42. DSS 2, médecin lieutenant-colonel Grimaldi.
43. Inondé à deux reprises, il quittera Alife pour Riardi le 15.12.43.

du 133d Regiment à l'ouest de Colli. Le lendemain, c'est au tour du 5e RTM et de la 2e Cie avec le 135th Regiment, tandis que 8e RTM et 3e Cie passent en réserve de division le lendemain. Arrivée la veille, une section féminine de sanitaires de la compagnie 531/27 doit assurer les évacuations de la CTT vers les hôpitaux. Le 11, la relève terminée, la portion centrale du 9e BM s'installe à Roccaravindola, à l'emplacement du Medical Battalion.

Le 12 au soir, tous les moyens santé sont donc en place : compagnies de ramassage au contact des postes de secours régimentaires, CTT et formation chirurgicale mobile, accolées, au débouché des chemins descendant de la montagne. A quinze kilomètres en arrière, l'hôpital de campagne 422 est relié par une bonne route. Et à Naples, où conduit l'excellente route n° 6, est provisoirement installé l'hôpital d'évacuation 401, jouant le rôle d'hôpital de base.

Dans son journal de marche, la DSS 2 note : *« La relève s'est opérée sans incident grave. Le secteur s'agite ; le nombre des blessés s'élève à ce jour à 60 environ et le nombre de tués à une vingtaine. On signale l'apparition de cas de pieds de tranchée, surtout au 4e RTM.*

Il est prescrit aux médecins des corps de troupe d'intervenir auprès des chefs de corps pour diminuer dans la mesure du possible le temps de garde en première ligne. Il est recommandé d'éviter l'immobilité prolongée et d'assurer des relèves fréquentes pour permettre aux hommes de se déchausser souvent.

Les chaussures américaines à semelles de caoutchouc ne sont pas très hygiéniques. Elles ne devraient pas être utilisées en montagne, l'hiver. Elles favorisent certainement la gelure des pieds. Si la guerre en montagne doit durer longtemps, il y a lieu de prévoir une amélioration des vêtements et des chaussures du soldat.[44] »

Le 14 décembre, à la tombée de la nuit, tirailleurs et goumiers marocains se lancent à l'assaut. Pour les blessés ramenés des premières lignes commence alors un long périple. Les brancardiers les transportent d'abord jusqu'à Castelnuovo où se trouve le poste de secours de la 2e Cie et de là ils sont amenés à la 1re Cie à Colli par les sanitaires de la section masculine. Puis, avec la section féminine, ils rejoignent la 1re section de la 4e compagnie de triage et traitement. La plupart sont ensuite évacués, après révision sanitaire, sur l'Hôpital 422 installé près de Vairano.

Dans cette guerre de montagne où tous les transports se font à bras, il faut dans certains cas jusqu'à quatre et cinq heures de brancardage et la tâche des brancardiers divisionnaires est très pénible. La « tactique sanitaire » adoptée alors se résume ainsi :

- n'utiliser que deux sections de brancardiers dans chaque action et garder la troisième en réserve au poste de secours de la compagnie de ramassage ;
- pousser aussi loin que possible les sanitaires pour limiter le brancardage ;
- installer le plus souvent une antenne avancée de PS de compagnie de ramassage ;
- multiplier les relais sanitaires autos.

Lorsque les combats s'arrêtent, le 31 décembre, 2 100 hommes ont été évacués de l'avant, dont 1 000 blessés et 450 « pieds gelés ». Et comme on ne dispose que de 780 lits au total, un grand nombre a dû être hospitalisé dans les formations américaines.

« Ce secours alors apporté par le Service de Santé des Etats-Unis est la première manifestation en Italie d'une aide qui ne devait jamais nous faire défaut. Il est remarquable de constater que si au sein de la 5e armée Américaine nous avons bénéficié de la plus grande autonomie possible, de la plus grande liberté dans nos projets et dans la réalisation de notre tâche, nous avons, de plus, trouvé auprès de nos alliés la plus large compréhension, le meilleur accueil à nos requêtes et même un désir spontané de nous faire profiter de leur étonnante richesse.[45] »

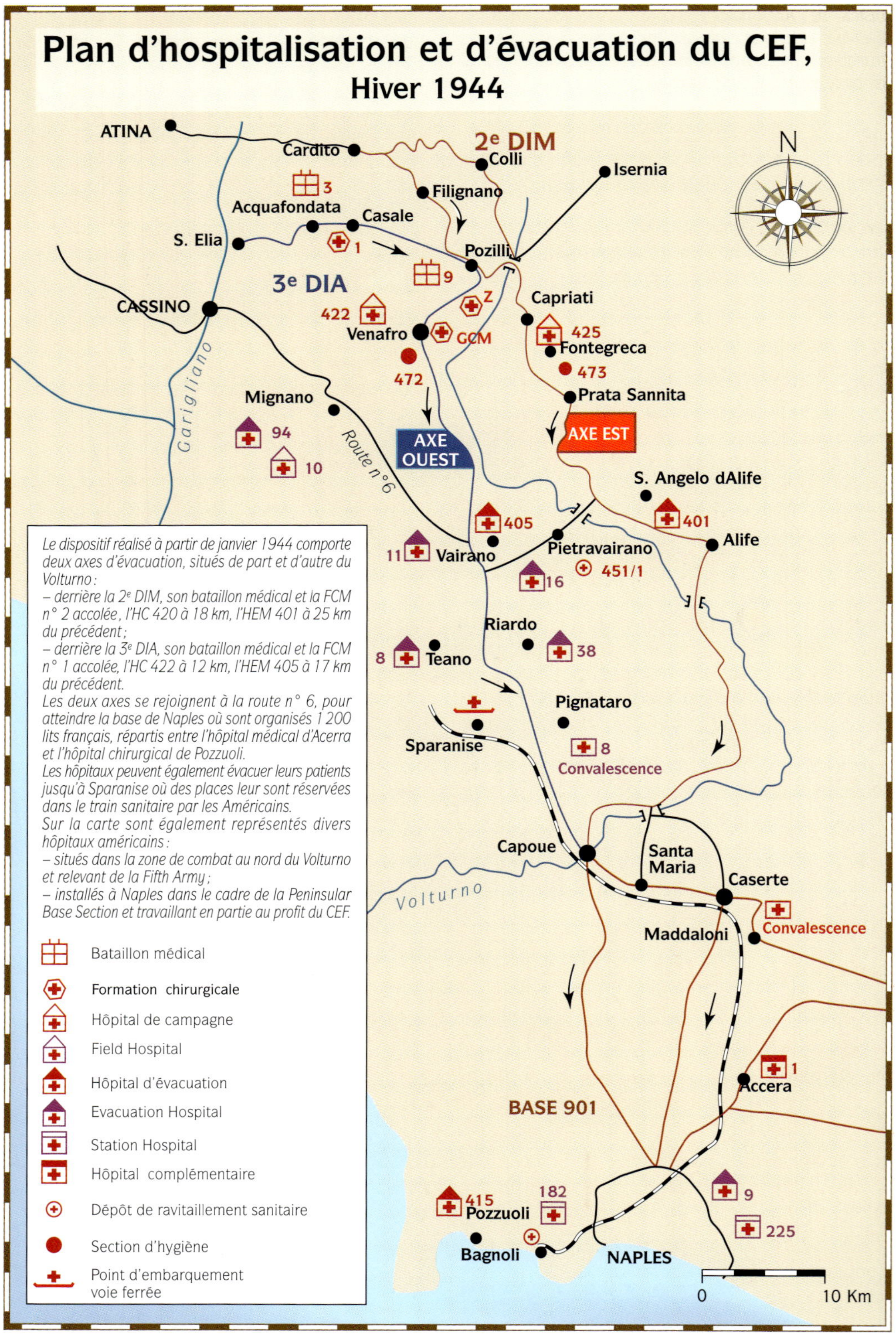

La bataille du Belvédère

Le 6 dans la nuit, la DSS 3[46] et le 9e BM arrivent à Venafro. Le temps est exécrable et il faut attendre le jour pour monter les tentes en attendant le départ des Américains. Puis l'attaque est déclenchée le 12 à 6 h 30 après une violente préparation d'artillerie :

« Le médecin colonel Lauzeral se rend aux deux Clearing Stations. *Les premiers blessés arrivent vers 10 h 30 au 9e BM, tandis que le 3e en a déjà reçu une dizaine. La lutte est violente et la défense tenace ; la progression est cependant satisfaisante. Le 3e BM signale l'extrême difficulté de la relève des blessés sur la gauche de son secteur où les brancardiers doivent transporter les blessés, à bras, sur des trajets de montagne de 7 à 8 km. Il demande avec insistance des cacolets, des litières, des mulets et des renforts de brancardiers.*[47] »

Le 13 au soir, après deux jours de combat, le total des évacués s'élève déjà à 3 623, dont 768 malades. Mulets et prisonniers emportent

44. *Le commandement américain arrive aux mêmes conclusions, avec 1 323 cas de* Trench Feet *en décembre.*
45. Le Service de Santé dans les combats de la Libération, *édition de l'Association Rhin et Danube.*
46. *Directeur : médecin lieutenant-colonel Vachet.*
47. *JMO de la DSS du CEF.* La Clearing Station *est constituée par la juxtaposition d'une section de la compagnie de triage et d'une unité chirurgicale mobile.*

Insigne de l'Ambulance *vétérinaire 541 à la symbolique évidente - étoile et croissant, montagnes, mulet, casque français - avec une touche légèrement guerrière : le fusil en bandoulière. (Coll. particulière)*

dès lors des blessés jusqu'aux pistes praticables aux jeeps que chacun s'ingénie à aménager pour deux et même quatre blessés couchés : *« Un procédé fort simple permet de fixer sur ce véhicule, dans le sens de sa longueur, un brancard que l'on adapte de la façon suivante : relever le pare-brise, placer le brancard de manière à ce que ses bras reposent, d'un côté sur le cadre du pare-brise, et de l'autre sur les supports de la capote, de chaque côté de la roue de secours. Le brancard sera fixé : à l'avant, au montant droit du cadre du pare-brise ; à l'arrière au pare-chocs pour un bras, et à l'anneau qui se trouve à proximité du système d'attelage de la remorque pour l'autre bras. Ainsi transformée, la Jeep pourra évacuer un blessé couché, plus un assis.*[48] »

A la CTT, installée avec le Groupe chirurgical mobile n° 1 dans le couvent de San Nicandro, sur la route Venafro-Pozzili, *« c'est un pittoresque spectacle qu'offrent les voitures sanitaires arrivant par un circuit créé dans le jardin, déposant leurs blessés qu'on aligne sur leurs brancards dans le cloître, les équipes chirurgicales opérant sans répit dans de petites cellules, hâtivement crépies à la chaux, cependant que quelques moines s'éclipsent, çà et là, derrière tant de mouvement*[49] ».

Quatre hôpitaux sont maintenant ouverts, avec une capacité de 1 600 lits. L'HEM 401 a quitté définitivement la base pour s'établir à Acerra dans un hôpital territorial italien et l'HEM 405 s'est installé sur l'emplacement de l'HC 422, poussé vers l'avant comme l'HC 425. Puis malades et blessés sont dirigés sur la Base, certains étant ensuite évacués sur l'Afrique du Nord par avion ou bateau. Le dispositif réalisé fin janvier comporte donc deux axes d'évacuation de part et d'autre du Volturno. Il demeurera ainsi jusqu'à la fin de mars, terme de la période de stabilité.

Le 25 janvier, l'opération préliminaire à la percée de la ligne *Gustav* est déclenchée par une compagnie du 4e RTT. Puis, le jour suivant, tout le régiment enfonce la position défensive des Allemands qui contre-attaquent furieusement. Les premiers blessés arrivent alors que la 1re section chirurgicale de la CTT du 3e BM s'installe à Casale, à proximité de la commandement. Leur évacuation nécessite des manipulations successives - brancardiers puis mulets, brancardiers à nouveau puis jeeps, enfin mulets puis sanitaires

Avers du fanion *de la 531e compagnie sanitaire automobile, œuvrant au profit du service de santé mais faisant partie du Train comme le rappellent le vert et le blanc. Comme cela est fréquent à l'époque, où l'imagination peut se donner libre cours sans formalisme excessif, c'est un personnage de Walt Disney, le canard Donald, que l'unité, issue du 27e Train, a choisi.*
(Musée du Train et des Equipages Militaires)

- et dans certains secteurs accidentés, le brancardage est presque impossible la nuit.

Le 26, le mauvais temps continue de retarder les évacuations, certains blessés ne parvienant qu'après 24 à 36 heures dans une formation chirurgicale. Et comme il n'existe qu'une seule voie d'évacuation de l'avant,

48. *Note de service n° 1408 du 21.1.44 de la DSS 3.*
49. Le Service de Santé dans les combats de la Libération, *op. cit.*

Mars 1944 à Casale. *Sanitaires de la 2e compagnie de ramassage du 3e bataillon médical et jeeps du 3e tirailleurs algériens postées au bord de « la route aux frissons » menant vers Acquafondata. (OFIC)*

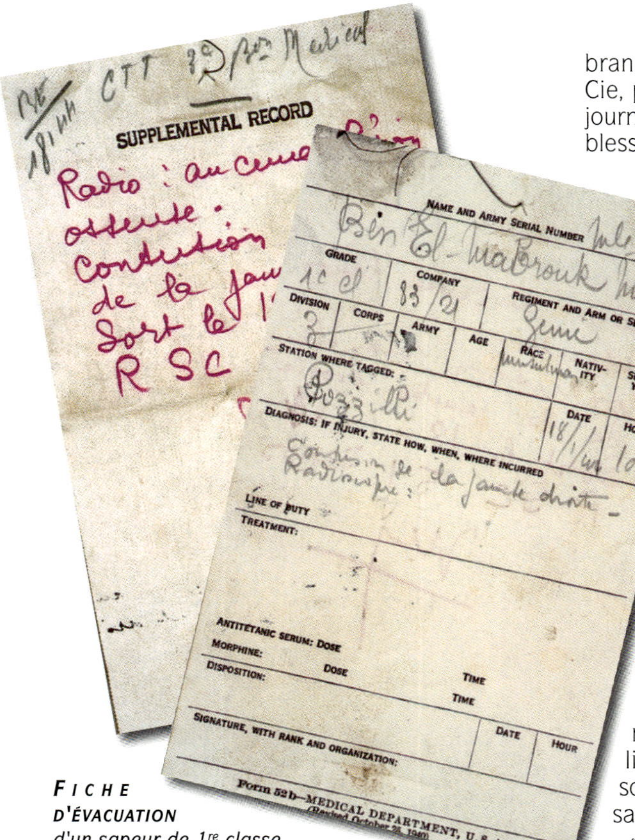
SUPPLEMENTAL RECORD

NAME AND ARMY SERIAL NUMBER: Ben El-Mabrouk ... Mle 550

GRADE: 1c cl | COMPANY: 83/21 | REGIMENT AND ARM OR SERVICE: Génie

DIVISION | CORPS | ARMY | AGE | RACE | NATIVITY | SERVICE, YEARS

STATION WHERE TAGGED: Pozzilli | DATE: 18/1/44 | HOUR: 10 h

DIAGNOSIS: IF INJURY, STATE HOW, WHEN, WHERE INCURRED

LINE OF DUTY

TREATMENT:

ANTITETANIC SERUM: DOSE

MORPHINE: DOSE | TIME

DISPOSITION: | TIME

SIGNATURE, WITH RANK AND ORGANIZATION: | DATE | HOUR

Form 52 b—MEDICAL DEPARTMENT, U. S. A.

Fiche d'évacuation *d'un sapeur de 1re classe de la compagnie de commandement du 83e bataillon du génie, blessé le 18 janvier 1944 et enregistré à Pozzili. (Coll. particulière)*

il est inutile de déplacer les postes de secours de compagnie. Le PS du médecin lieutenant Barone du II/4e RTT, installé dans une cave bétonnée et le plus avancé, reçoit la plupart des malades en raison de l'exiguïté du front. C'est là qu'arrivent les sanitaires.

Le 28, en raison des bombardements et des tirs de mitrailleuses, les brancardiers régimentaires ne peuvent à trois reprises successives atteindre le Belvédère. D'ailleurs, l'afflux de blessés est tel que la compagnie de triage est débordée. En conséquence, le DSS 3 demande un renfort maximum en sanitaires et en brancardiers. La compagnie sanitaire 531/27 est ainsi acheminée de Fontegreca sur San Elia en deux échelons pour éviter les risques de bombardement et le 7e RCA prête ses quatre voitures pour assurer les évacuations depuis la compagnie de triage. Il est également demandé au DCR de détourner sur le Bataillon médical tous les GMC descendant à vide : ils libéreront le triage des « petits blessés » pouvant voyager assis et non « shockés ».

Le point au-delà duquel les sanitaires ne peuvent plus avancer est pratiquement San Elia, dans la vallée du Rapido. Le 29 janvier, le médecin chef du 4e RTT y a fixé son poste de secours, dans une maison avec voûte pouvant résister aux obus de 88. Renforcé par le poste de la 1re compagnie de ramassage, il doit recevoir tous les évacués de l'avant et fonctionner comme poste divisionnaire très avancé avec une capacité de 30 brancards et 60 blessés assis. De là partiront vers le triage les sanitaires d'évacuation de la 1re Cie et, si besoin est, celles de renfort. Le 7e RTA a son PS sur la route Acquafondata-San Elia, à quelques kilomètres en arrière. Y attendent les sanitaires d'évacuation, que le médecin chef du régiment poussera sur San Elia si besoin est seulement, car le village est fréquemment bombardé.

Le DSS 3 constate alors avec satisfaction qu'aucun blessé grave n'a passé au PSR plus de deux heures, la plupart moins d'une heure, et note le courage de certains conducteurs et brancardiers. Le conducteur Solano de la 1re Cie, par exemple, va à deux reprises dans la journée du 27 rechercher avec sa sanitaire des blessés dans la vallée de l'Olivetta. Après avoir franchi à gué le Rapido, il emprunte une piste jusque-là suivies par les seules jeeps et rejoint le poste de secours situé au monastère de Casa Luciende. Au second voyage, il rencontre une patrouille allemande qui le laisse passer, sans tirer, bien qu'à portée de mitraillette[50].

Malgré l'arrivée incessante de blessés, la 4e Cie a poursuivi son installation à Casale. Deux circuits sont utilisés - arrivée et départ - et les tentes juxtaposées en forme de T réalisent un ensemble commode et pratique qui attire l'attention d'un médecin colonel américain venu en visite avec un médecin capitaine de la liaison française auprès de la 5e armée.

La 3e DIA a subi des pertes importantes[51]. Ses morts sont enterrés au cimetière divisionnaire de Venafro et le médecin lieutenant-colonel Vachet a prescrit que soient placées des croix ou stèles avec croissant pour les indigènes.

« J'attache personnellement » a-t-il dit *« la plus grande importance à ces marques de déférence envers nos disparus ».*

A la Base 901

Dans le plan de mise sur pied du 1er corps de débarquement, un certain nombre de formations sanitaires étaient prévues pour la base. Mais, du fait des circonstances, la plupart - groupe chirurgical n° 1, trois équipes chirurgicales mobiles, 531e Cie sanitaire - rejoignent le service de l'avant dès le début des opérations et seuls restent à Naples, l'ORT, le laboratoire d'armée, ainsi que, provisoirement, le dépôt avancé de ravitaillement sanitaire[52] et la section d'hospitalisation 481/1.

La première tâche du médecin colonel Bardon est de mettre sur pied rapidement un centre hospitalier de base à grande capacité. Or, dès ce moment-là, il est évident que les grandes formations fixes de 750 lits ne seront pas prêtes à temps : il lui faut donc puiser dans les hôpitaux présents et les ressources locales. C'est ainsi que le centre voit le jour le 15 décembre 1943 dans l'hôpital d'Acerra où, grâce au matériel trouvé sur place, 400 lits peuvent être maintenus en permanence en dépit des mouvements des formations qui s'y succèdent.

Simultanément, l'ancien hôpital militaire italien de Pozzuoli - en assez mauvais état mais avec un abondant matériel de couchage - est réquisitionné. L'HEM 415 y ouvre le 15 janvier 1944 avec 150 puis 600 lits.

Au même moment est également envisagée la constitution de deux hôpitaux complémentaires grâce au renfort accordé au lieutenant-colonel Zeller lors d'une liaison à Alger[53]. Mais c'est avec des officiers provenant de la DSS du CEF, des infirmiers, infirmières, secrétaires, personnel d'exploitation italiens et quelques conducteurs avec leurs véhicules cédés par l'hôpital 415 que, le 15 février, l'HEM 405 parti, un hôpital complémentaire d'armée peut être créé à Acerra avec une capacité de 1 200 lits. L'HEM 415 fonctionne alors comme hôpital chirurgical auquel sont rattachés les officiers, le personnel féminin et les spécialités, tandis que l'HCA n° 1 sert d'hôpital médical à la base et soigne également les prisonniers allemands[54].

La création d'un hôpital destiné aux officiers du CEF est décidée dans la deuxième quinzaine de mars par le général Hugonot. Toutes les catégories de blessés et malades y sont admises, à l'exception des crâniens reçus à Pozzuoli, des psychopathes et contagieux à Acerra et des maxillo-faciaux à Naples. Le bâtiment est contigu à l'hospice marin italien de Bagnoli, précédemment occupé par le DARS 451/1. De la terrasse, on découvre le golfe de Pozzuoli, Nisida, Ischia, Capri et une petite plage réservée aux patients. Après un mois de travaux, il ouvre ses portes à Bagnoli le 8 mai avec 110 puis 180 lits. La majorité du matériel a été achetée sur place et 37 employés italiens, surtout féminins, assistent le personnel français.

A la même époque ouvre l'Hôpital complémentaire d'armée n° 2 installé dans le Collège royal à Sessa Aurunca. Renforcé par le GCM n°1 venu de Pozzuoli, ses moyens d'évacuation sont fournis par la compagnie de QG 161/27 et la CSA n° 531.

Enfin, pour arrêter l'« hémorragie » des récupérables qui sont envoyés en AFN, la DSS crée deux centres de convalescence. Le premier de 400 lits est ouvert au Liceo de Maddaloni le 1er février, avec un service de mécanothérapie et même un théâtre. Un second de 600 lits est installé un peu plus tard au centre de repos de Bagnoli.

La période de repos est alors marquée par un accroissement du nombre de cas de maladies vénériennes, contre lequel le service est en partie impuissant :

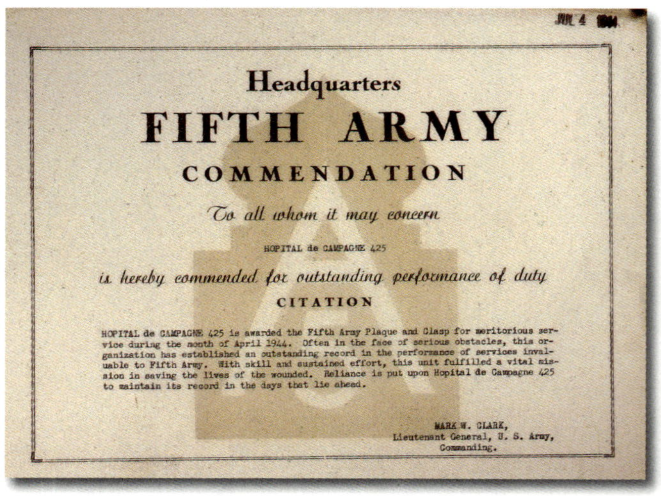
Headquarters

FIFTH ARMY

COMMENDATION

To all whom it may concern

HOPITAL de CAMPAGNE 425

is hereby commended for outstanding performance of duty

CITATION

HOPITAL de CAMPAGNE 425 is awarded the Fifth Army Plaque and Clasp for meritorious service during the month of April 1944. Often in the face of serious obstacles, this organization has established an outstanding record in the performance of services invaluable to Fifth Army. With skill and sustained effort, this unit fulfilled a vital mission in saving the lives of the wounded. Reliance is put upon Hopital de Campagne 425 to maintain its record in the days that lie ahead.

MARK W. CLARK,
Lieutenant General, U. S. Army,
Commanding.

Citation accordée *le 4 juillet 1944 par la 5e armée à l'hôpital de campagne 425 pour l'assistance apportée en avril. (Coll. particulière)*

50. *Proposé pour une citation à l'ordre de l'armée par le général de Monsabert, il ne sera en fait cité qu'à l'ordre de la brigade le 28.2.44.*
51. *264 tués dont 22 officiers, 1280 blessés dont 37 officiers, 547 disparus dont 5 officiers.*
52. *Dès janvier 1944, le DARS 451/1 doit d'ailleurs être scindé en deux éléments : l'un rejoint les formations de l'avant, l'autre demeure à la base.*
53. *10 médecins, 6 pharmaciens, 4 officiers d'administration, 25 infirmiers et 20 infirmières immédiatement ; 10 médecins dans un délai proche.*
54. *Lui sont accolés le laboratoire 441/1, l'ORT et, ultérieurement, un centre de dermatologie de 400 lits où, dès le 9.5.44, sont rassemblés 200 vénériens.*

« Des enquêtes dans les différentes formations hospitalières, il résulte que dans la plupart des cas, les malades n'ont pas pris, après les rapports sexuels, de précautions prophylactiques, ou les ont prises dans de mauvaises conditions. Il est indispensable que les médecins de toutes les unités mettent les hommes en garde contre les risques qu'ils courent lorsqu'ils ont des rapports avec les prostituées qu'ils sont appelés à rencontrer chaque fois qu'ils se rendent dans un centre de quelque importance.[55] »

Afin de faciliter la lutte anti-vénérienne, il est prescrit que tout homme partant en permission ou en mission dans un centre urbain ou suburbain reçoive, en même temps que son titre de permission ou son ordre de mission, une fiche lui donnant des conseils de prophylaxie, une pochette individuelle[56] et son mode d'emploi.

Le médecin général Hugonot, directeur du service de santé du CEF

Né le 7 juillet 1893 à Chaumont, Georges Hugonot entre à l'école du service de santé militaire à Lyon en octobre 1913. A la déclaration de guerre, il est affecté comme médecin auxiliaire au groupe de brancardiers de la 25e DI, puis à une compagnie du 4e Génie en juillet 1914 où il est nommé médecin aide-major de 2e classe. En 1916, il rejoint le 139e RI et est blessé en septembre. Un an plus tard, il est affecté à l'hôpital de Saint-Chamond, puis sert au 415e RI où il est blessé en septembre 1918.

En 1920, il rejoint l'Armée du Rhin puis les troupes d'occupation du Maroc en 1923. Sa carrière se déroule ensuite entre la région parisienne - 5e RI, hôpital du Val de Grâce, 19e escadron du train - et Lyon où il sert à l'école et à l'hôpital Desgenettes à partir de 1936.

Colonel en mars 1942, il prend la direction du service de santé des troupes de Tunisie un mois plus tard, puis celui du CEF en mai 1943. Général en août, il est affecté un an plus tard à l'état-major du délégué militaire opérations sud, puis prend la direction du service de la 14e région à Lyon en octobre 1944.

Il revient à Paris en avril 1946 où il dirige successivement l'école d'application du Val de Grâce, le service de la 1re région et le service de santé des armées en octobre 1951 comme médecin général inspecteur.

Admis en 2e section le 1er mai 1955, il meurt le 31 mai 1974 à Paris.

Avril 1944. *Sanitaire de la 1re compagnie de ramassage du 8e bataillon médical arrivant au poste de secours installé dans une maison en ruines au bord du Garigliano. (©ECPAD/France)*

Ci-dessous : insigne de la 31e compagnie *muletière de ramassage œuvrant dans le cadre du service de santé mais appartenant au Train, comme le rappellent les divers symboles. (Coll. particulière)*

Pour faire face à ce fléau, les conseils donnés sont sans fioriture :

« Permissionnaires, méfiez-vous... Toutes les femmes faciles que vous pouvez fréquenter sont malades. Vous devez donc :

1° Eviter d'avoir des rapports avec elles.

2° Si vous avez des rapports, utilisez votre préservatif.

3° Même si vous avez utilisé le préservatif, allez à la " Cabine prophylactique " *française ou à la* " Pro-Sta " *alliée, dans l'heure qui suit les rapports. Ces cabines vous recevront à toute heure du jour et de la nuit.*

4° Si vous n'allez pas à la " Cabine prophylactique ", *servez-vous de votre* " pochette individuelle " *dans l'heure qui suit les rapports. »*

Au mois de mai 1944, la Base 901 dispose ainsi de plus de 2 300 lits. Mais on est loin de la capacité théoriquement fixée à 6 % des effectifs, et il faut donc diriger un grand nombre des évacués sur les hôpitaux américains de la *Peninsular Base Section*.

Initialement, blessés européens et indigènes sont orientés vers les 182d et 225th Station Hospitals, où du personnel parle français, au point de saturer ces deux formations et de créer quelques problèmes, notamment au 225th où des goumiers se confectionnent des turbans avec les serviettes et échangent leurs plaques d'identité pour changer de lit.

Fin janvier, le 9th Evacuation Hospital arrive de Sicile à Bagnoli et jusqu'à la fin de la campagne, il fonctionnera comme hôpital médical pour le CEF. Du personnel de liaison y est détaché afin d'assurer la discipline, le courrier, la solde et autres tâches administratives, tandis que des sous-officiers français et nord-africains anglophones servent d'interprètes.

En plus de cet hôpital, la PBS assure pour l'offensive de mai un train quotidien de 350 places entre Sparanise et la base et l'appoint de trois hôpitaux : 64th General à Caserte et 27th Evacuation à Maddaloni, puis 81st Station venant de Bizerte.

En avril 1944, le service de santé reçoit un nouveau médicament : la pénicilline. Puis, à partir du 21 mai, une dotation de 30 millions d'unités mensuelles lui est allouée

Le CEF a alors gagné la bataille du Garigliano et s'apprête à marcher sur Rome.

Le Garigliano

Dans le secteur du Garigliano, les difficultés viennent de la séparation par le fleuve de la tête de pont et des éléments d'armée disposés sur le plateau dominant la rive gauche et dont les chemins d'accès sont rares et difficiles. En outre, une grande partie du secteur est aux vues des Allemands qui le dominent.

Si c'est au génie qu'incombe l'équipement du secteur et notamment l'aménagement de points d'eau, postes de secours, bandes d'envol pour *Cub*, hôpitaux et cimetières, il convient pour le service de santé :

- de porter le maximum de moyens sur la rive droite, menacée d'isolement, en fonction toutefois de l'espace restreint dont on y dispose ;
- d'organiser sur la rive opposée un système tel que l'évacuation soit assurée rapidement.

En ce qui concerne la tête de pont, il est ainsi décidé d'y installer, à la veille de l'attaque, les deux formations chirurgicales mobiles accolées à chacune des compagnies de triage des 2e et 4e divisions marocaines. En outre, compte tenu des difficultés de déplacement entre postes de secours et triages, une antenne chirurgicale du 8e BM est mise en place à *Harrogate*, au voisinage des PS régimentaires de la 4e DMM. Les blessés graves pourront y être réanimés et opérés avant d'être évacués sur l'hôpital 401 par des *Cubs*.

Le DSS 4 est à l'origine de cette innovation. En effet, dès le 14 avril, le lieutenant-colonel Chavialle s'est rendu auprès de l'escadrille installée près de Cascano afin de vérifier *« s'il est matériellement possible d'organiser un transport de blessés couchés »*. Puis le génie aménage un terrain dans la tête de pont et la CRD réalise un appareillage pouvant être adapté aux *Cubs*.

Le 3 mai, un premier essai est réalisé vers l'hôpital 401 avec le DSS à bord :

« L'exécution du projet sur la brèche depuis un mois est magnifique » rend compte Chavialle. *« On peut se réjouir à la pensée qu'un blessé grave pourra partir demain des lignes et se trouver en un quart d'heure dans un hôpital de campagne ».*

De manière plus classique, des relais d'une dizaine d'ambulances sont mis en place sur les deux pistes principales menant au fleuve sur la rive gauche. Les trois axes d'évacuation convergent

55. Note de service n° 1815 CEF/4 du 7.5.44.

56. Contient un morceau de toile carré, un tube d'étain muni d'un bouchon de caoutchouc, un tube blanc, un petit sac en toile et une feuille de papier imprimée.

ensuite vers Roccamonfina pour ne former qu'une seule voie vers les hôpitaux 401 et 405 à Teano. Ceux-ci évacueront ensuite sur le *Holding Hospital*[57] de Sparanise, d'où un train sanitaire partira chaque jour vers la base.

Le secteur de la 2e DIM comprend un haut plateau enserré de collines abruptes, impraticable aux voitures, sauf par une piste taillée secrètement au flanc du canyon dans lequel passe le Garigliano :

« *Dans la cuvette d'Harrogate, au nœud de la piste Merzeau et des sentiers muletiers qui rayonnent du Mass Ruggero vers les pitons qui le ceinturent, un gros poste de secours unique collectera les blessés et les embarquera en jeeps aménagées, peut-être même les ambulances pourront-elles monter jusque-là. Des mulets avec litières et cacolets desserviront la ligne de feu. Sur certains sentiers, il sera même possible de faire avancer quelques jeeps au plus près des postes de secours de bataillon. Trois ou quatre masures abandonnées se dressent au débouché sur le plateau de la piste Merzeau ; le poste de secours pourra abriter là ses blessés, installer une chambre de réanimation, organiser la plaque tournante avancée des évacuations. L'endroit est exposé aux coups de mortier et aux obus ; ces quelques murs de pierre nous apparaissent providentiels.*[58] »

Mais la 4e Cie du 9e bataillon ne peut raisonnablement s'installer dans la cuvette exposée aux tirs d'artillerie et envahie par les dépôts de munitions et autres.

Sur la berge rive droite, si exiguë qu'entre l'eau et la falaise à pic tombant du haut plateau, n'existe aucun terrain ni emplacement pour des tentes, sinon deux étroites langues de sable et d'alluvions situées, l'une entre les ponts du *Léopard* et du *Jaguar*, l'autre, un peu plus spacieuse, entre le *Léopard* et le *Tigre*, exposée aux feux de l'artillerie allemande. Mais l'espace est restreint et les mines nombreuses[59].

L'idée de limiter le déploiement de la CTT est vite abandonnée, car l'attaque nécessitera de disposer de moyens puissants. D'autant qu'existe un risque d'isolement par inondation ou rupture des ponts. C'est donc la solution inverse qui est choisie avec un gros bloc de triage, des tentes d'hospitalisation et un stock important de matériel et de vivres. Après reconnaissance et concertation, la première langue de sable - située à 1 m 50 au-dessus du niveau du fleuve - est choisie. Un bulldozer doit pouvoir abattre un peu de déblais, diminuer la pente et combler les trous. Une surface de 30 mètres sur 200 est ainsi disponible, qu'il faudra partager avec la FCM 2.

Afin de réduire l'isolement, une base importante de matériel, voitures et vivres est installée à Canale, sur la rive gauche. Elle sera chargée de porter secours à la tête de pont et d'assurer toutes les liaisons avec l'arrière et l'Hôpital 425.

A *Harrogate*, la 2e compagnie disposera d'un dépôt important pour faire face seule aux besoins de l'avant. Quant au stock de vivres, de brancards et de médicaments de la 4e compagnie, il sera entassé à l'endroit le plus élevé du terrain. Elle sera munie de cordages et, si possible, d'une barque. En outre, le génie installera un va-et-vient entre le terrain choisi et la rive opposée.

Le 7 mai, les pistes d'accès, le déminage et l'aménagement du terrain de la 4e Cie sont terminés. Et, deux jours plus tard à la tombée de la nuit, la CTT fait mouvement par la piste *Girafe*, puis la route 725 et la piste *Lévrier*. A 23 heures, la lune se lève alors que tous les véhicules ont

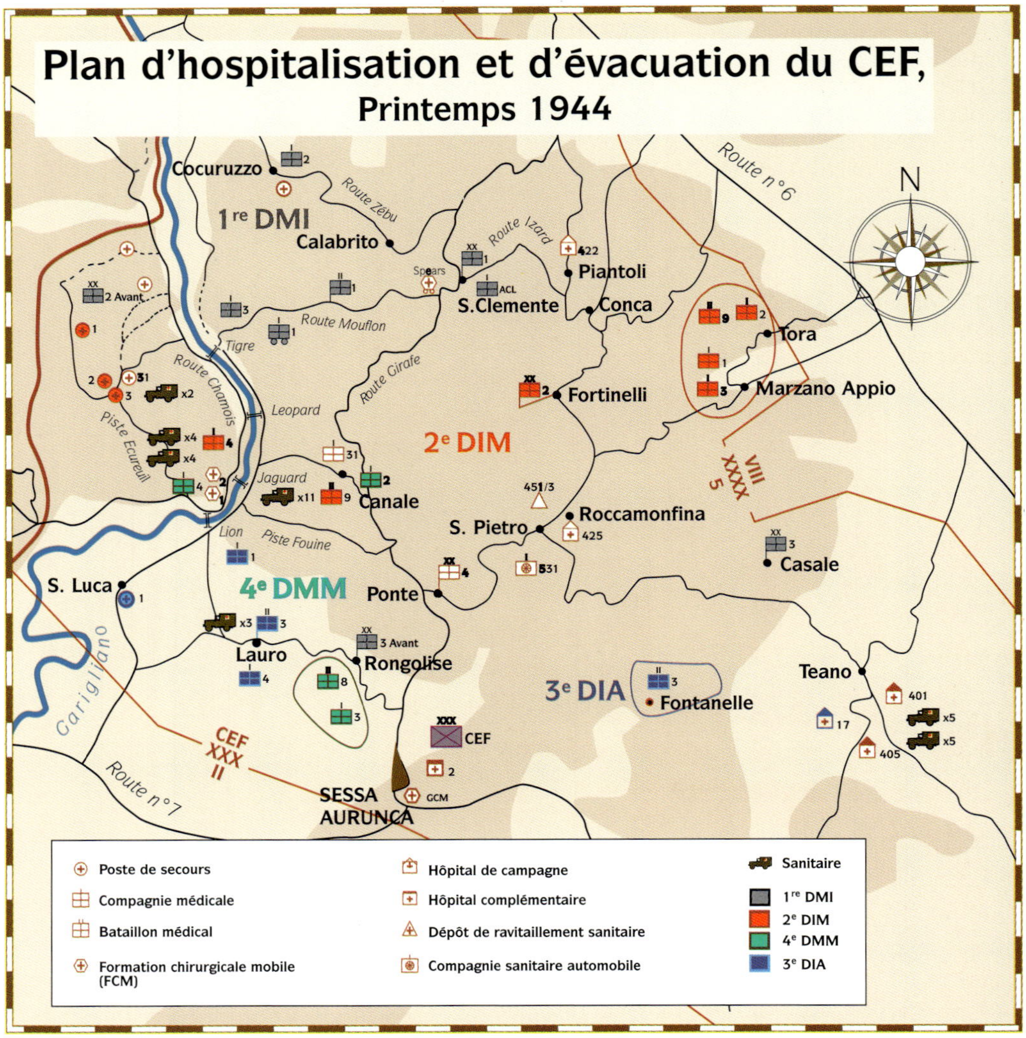

57. *Hôpital de rassemblement destiné à recueillir tous les « évacuables » et à les diriger, après triage, sur les hôpitaux de base.*
58. *Médecins commandants Igert et Luigi,* Le 9e Bataillon Médical au Garigliano.
59. *En revanche, la 4e DMM peut, dans une carrière près du pont du Lionceau, loger les tentes du triage et aménager un terre-plein pour les sanitaires.*

14 mai 1944. « Au bord de la route d'Ausonia à San Giorgio, dans un trou, est installé un poste de secours des troupes coloniales », *en l'occurence d'un bataillon de marche de la 4e brigade. (P. Ichac)*

été déchargés et renvoyés sur l'autre rive. Il ne reste sur place qu'une jeep, un GMC et les tonnes à eau.

Le bivouac s'organise tant bien que mal avec le matériel débarqué en vrac. Tributaire du terrain, il prend la forme d'un long couloir dans lequel se dérouleront les diverses opérations. Deux tentes sont réservées à la réception des blessés, précédant la tente de triage dans laquelle quatre équipes peuvent fonctionner simultanément. Une grande et une pyramidale sont attribuées à l'évacuation et les deux dernières abritent le service de réanimation et une salle d'opérations. Quatre tentes d'hospitalisa-

23 mai 1944. *Dans Pico définitivement conquis, une sanitaire de la 3e division algérienne voisine avec un convoi muletier, la colonne de Dodge de la compagnie antichar du 7e Tirailleurs et divers véhicules d'un régiment blindé. (P. Ichac)*

tion sont aménagées, l'une avec des lits, les autres avec des brancards. L'ensemble est complété par les tentes cuisine, pharmacie et bureau.

Dans la journée du 10 mai, le génie installe le bac permettant d'évacuer quelques blessés au cas où la crue attendue se produirait. Quelques hommes arrivent déjà, blessés par de mines...

La nuit suivante, les formations chirurgicales passent le fleuve et rejoignent la zone des triages des bataillons : la FCM n° 2 opérera les premières urgences du 9e et la FCM n° 1 celles du 8e.

« Le 11 mai à 14 heures, nous recevons l'ordre de nous déployer. L'attaque aura lieu dans la nuit. Les équipes de montage s'affairent autour des tentes qui surgissent littéralement de terre. En deux heures, la formation est prête. C'est notre plus beau record de vitesse. La nuit tombe. Un silence impressionnant règne sur toute la vallée du Garigliano. A 11 heures, brutalement, dans un fracas épouvantable, le ciel s'illumine de Cassino à la mer...[60] »

Revers du fanion *du 8e bataillon médical de la 4e division marocaine, réunissant la roue dentée et la croix rouge, symbolisant l'association du Train et du Service de santé. (Musée de l'Armée, Paris)*

Dès les premières heures du jour, les blessés commencent à arriver dans les formations sanitaires, atteints la plupart par éclats de mortier ou de mine.

Lorsque, à 9 h 45, le médecin général Hugonot, accompagné d'un officier de liaison de la 531e compagnie sanitaire, visite l'hôpital 425, celui-ci a reçu depuis minuit quatre-vingt-cinq blessés. Pour le dégager, ceux de 3e urgence sont alors évacués sur les hôpitaux 401 et 405 à Teano.

Dans le secteur de la 1re DMI[61], on compte une centaine de blessés à la 4e brigade et au groupement blindé qui l'appuie. A midi, on en dénombre 250. Les sanitaires des 2e et 3e compagnies de ramassage fonctionnent à plein et l'Ambulance Spears est bientôt débordée[62]. L' Ambulance chirurgicale reçoit alors l'ordre de déployer une section de triage qui ouvre à 17 heures. Puis, l'évacuation de Spears vers les hôpitaux de Teano et l'ouverture complète de l'ACL permettent d'assurer 60 lits pour la nuit qui vient.

Le DSS poursuit sa visite par le 8e BM et la FCM n° 1 qui ont déjà reçu environ 280 blessés et opéré une quinzaine de blessés graves.

Après avoir été pris sous un bombardement sur la piste *Chamois*, le Directeur gagne *Harrogate* où se trouve le général Sevez qui confirme que l'action a été très dure et exprime sa satisfaction pour la façon dont a fonctionné le service de santé. Puis il se rend au poste de secours de la 2e Cie du 9e BM qui reçoit dans la journée 684 blessés[63]. Tout près se trouve l'antenne chirurgicale où le médecin lieutenant Rémy a opéré huit blessés abdominaux. Plusieurs ont d'ailleurs été évacués sur l'hôpital 401 par *Cub*. La visite d'*Harrogate* s'achève enfin au poste de secours du 2e RTM.

A la descente vers le fleuve, le directeur inspecte la CTT du 9e BM qui, à midi, a déjà reçu 300 blessés, puis la FCM n° 2 où une vingtaine ont été opérés. Et sur le chemin du retour, il passe au relais de sanitaires posté sur la route *Cabri*.

L'afflux de blessés est tel que le dispositif d'évacuation de la DSS 2 doit être modifié. Douze ambulances des 1re et 2e Cies sont affectées au circuit de l'avant. Et sur le circuit de l'arrière, les quinze voitures de la section masculine de la 531e CSA sont successivement renforcées par six sanitaires de la 3e Cie. En outre, deux GMC et un Dodge sont mis dans le circuit pour transporter les blessés assis. Puis il est finalement fait appel à douze ambulances de la section féminine du 8e BM.

A 17 heures, le général Hugonot visite l'HCA n° 2 où 117 blessés sont passés. Puis il se rend à l'état-major du CEF et rend compte aux généraux Juin et Carpentier du fonctionnement du service :

« Malgré le nombre élevé de blessés reçus dans les formations[64]*, le ramassage, le traitement, les évacuations et également le ravitaillement sanitaire se sont effectués dans des conditions très satisfaisantes ».*

Mais, au milieu des combattants sévèrement éprouvés, plusieurs médecins ont été tués ou blessés. Ainsi, vers 16 heures, Chavialle rend compte que le médecin auxiliaire Valdener du I/2e RTM a été blessé et évacué. Quelques instants plus tard, c'est Grimaldi qui annonce la mort du médecin auxiliaire Benkeddache Mohamed du III/8e RTM à l'Ornito et l'évacuation de deux médecins blessés au cours de la nuit : le lieutenant Gérard du I/8e RTM et le sous-lieutenant Pheline du I/4e RTM.

Vers et au delà de Rome

Avec l'exploitation suivant la percée, le service de santé doit alors faire face à d'autres problèmes. En effet, plus que jamais en période de mouvement, à l'échelon divi-

Insigne de la formation *chirurgicale mobile n° 3, plus connue sous l'appellation d'Ambulance Hadfield-Spears, formation sanitaire franco-britannique comme le rappellent les deux drapeaux. Les initiales ACLCA et FHS signifient Ambulance chirurgicale légère de corps d'armée et Fondation Hadfield-Spears comme le rappellent également les armes des deux familles à gauche et à droite. (Coll. particulière)*

60. Le 9e Bataillon Médical au Garigliano, *op. cit.*
61. DSS 1 : médecin lieutenant-colonel Lotte.
62. Installée à San Clemente, elle reçoit 157 Français et un Britannique.
63. Dont 318 de la 2e DIM, 156 de la 4e DMM, 62 de la 1re DMI et 13 du 4e RTT. Les deux premiers bilans sont à comparer avec ceux des divisions voisines du II Corps : 544 pour la 85th et 369 pour la 88th .
64. Plus de 875 à 17 h, 1 250 en fin de soirée.

Casque américain *orné du signe de la Croix Rouge porté par les infirmiers et brancardiers des unités de réserve générale. (Coll. particulière)*

sionnaire, le blessé est avant tout un « voyageur » :

« *Un voyageur assis ou couché, chargé à une station, descendu à une autre, porté par des hommes, puis des mulets, des jeeps, des ambulances, des camions, mais surveillé, soigné, restauré à chaque étape de l'itinéraire.*[65] »

C'est donc le réseau de voies praticables qui impose non seulement le choix des emplacements de postes de secours ou de triage, mais également la forme de l'acte médical : pansement, immobilisation, réanimation, opération.

Le bataillon médical limite ainsi sa thérapeutique à une mise en état d'évacuation du blessé, en adaptant les soins, aussi exactement qu'il est possible, à l'effort physique et au délai exigés par le transport vers l'arrière. Et dans le cas où la FCM n'a pu suivre le rythme de la progression, c'est à la CTT que sont opérés les cas urgents.

Au Corps de montagne qui s'engage dans les Aurunci, l'antenne chirurgicale d'*Harrogate* est déplacée en secteur américain, à Spigno, au pied des monts. Et en attendant que la FCM n° 2 s'installe à Esperia, tous les blessés sont évacués sur l'hôpital 405 à Lauro et 425 à San Lorenzo. Mais à Spigno, la piste « jeepable » s'arrête à après le village et les brancardiers italiens mis à la disposition du médecin chef des Goums se révèlent insuffisants : même les évacuations par mulets sont difficiles.

L'installation à Esperia, le 20 mai, de la CTT et de la FCM ne résout pas pour autant le problème des évacuations, car l'emplacement ne permet pas de recevoir tous les blessés, notamment ceux du 8e RTM qui opère au nord-ouest. Aussi est-il demandé que des Cubs sanitaires soient utilisés. Mais la mission aérienne, prévue le 21 après reconnaissance d'un terrain praticable, ne peut être effectuée en raison du vent violent. Le résultat ne se fait pas attendre. Parmi les 149 patients reçus à l'hôpital 425 figurent de nombreux goumiers blessés depuis trois ou quatre jours. Des cas de gangrène gazeuse sont signalés parmi eux, ainsi que chez des prisonniers allemands.

14 juillet 1944, *place du Campo à Sienne. Infirmières et conductrices des formations sanitaires des 2e et 4e divisions marocaines défilent devant les généraux Alexander, Clark et Juin. (IWM)*

Pour pallier ces inconvénients, un échelon léger de ravitaillement associé à quatre sanitaires est formé afin d'opérer à l'extrémité des pistes dans la montagne. Puis la création de deux sections de triage permet d'effectuer de rapides mouvements tout en continuant à assurer soins et évacuations. Enfin, le 26 mai, la 1re Cie du 9e BM, relevée par la 31e compagnie muletière, rend les mulets prêtés avant l'offensive et avec ses véhicules constitue un poste de secours léger mobile, susceptible de renforcer la 4e Cie, et même de la suppléer lorsqu'elle fait mouvement.

Après Rome, alors que le Corps de poursuite est engagé à hauteur du lac de Bolsena, une nouvelle organisation doit être définie en fonction de l'arrivée de deux nouveaux hôpitaux et de la création d'un centre hospitalier à Rome.

Schématiquement, on trouve, de l'avant vers l'arrière : les trois FCM en principe à la disposition des divisions engagées, puis les hôpitaux de campagne 421, 422 et 425, et enfin les hôpitaux d'évacuation 401 et 405. L'hôpital d'évacuation 413, hôpital de base d'étapes, suit à proximité du terrain d'aviation sanitaire.

« *A leur tour, entraînés dans cette course en avant, les hôpitaux suivent par bonds. Tous les deux ou trois jours un hôpital se déplace ; le 10 juin, le 405, alors dernier de la file, fait un saut de 200 kilomètres ! Malheur à ceux qui ne peuvent aller vite ! Telle cette compagnie muletière de ramassage qui avait rendu les plus grands services dans les évacuations de la montagne, mais dont les pauvres " brêles " n'étaient plus capables que de repos...*[66] »

En effet, si dans les semaines suivant la bataille de mai le nombre des blessés diminue, le problème se pose du maintien des formations sanitaires au contact de troupes en progression constante. Pour le résoudre, les trois FCM sont d'abord mises à la disposition des divisions : totalement motorisées, se déplaçant et s'installant rapidement, elles demeureront ainsi au contact des bataillons médicaux.

La catégorisation et l'échelonnement classique des hôpitaux sous tentes disparaît ensuite. Sur chaque axe d'évacuation, c'est indifféremment l'hôpital le plus en arrière qui est porté le plus en avant possible. L'hôpital placé ainsi en pointe reçoit le grand flot des 1re et 2e urgences, renforcé, si besoin est, par le groupe chirurgical mobile durant les quelques jours que nécessite l'arrivée d'une autre formation en avant d'eux.

Enfin, les hôpitaux s'étant progressivement alourdis et les véhicules nécessaires étant généralement difficiles à obtenir à temps, le DSS du CEF décide d'enlever aux formations la plupart de leurs véhicules et de constituer un pool qui servira aux transports successifs de chacun.

« *Grâce à ces procédés et aux mouvements prévus à la naissance même du possible, grâce au repérage d'emplacements avancés et aux tours de force réalisés par certaines formations qui se scindèrent pour se déplacer sans cesser de fonctionner, le contact quotidien, permanent, fut maintenu.*[67] »

Grâce également au Génie qui procède au déminage des emplacements et installe un château d'eau là où elle fait défaut. Mais, avec la belle saison, les hôpitaux peuvent s'installer ex abrupto et fonctionner, sans qu'il soit nécessaire de faire appel aux bulldozers.

Ainsi, jusqu'à la fin des opérations en Toscane, les formations occupent chacune pas moins de cinq emplacements successifs.

Quant aux évacuations, elles deviennent problématiques à partir de Rome, à près de 250 kilomètres de Naples par la route. D'autant que le CEF ne dispose toujours que des quatre-vingt ambulances de la 531e compagnie.

Conscient de ces difficultés, le Brigadier General Joseph I. Martin, Fifth Army Surgeon, détache auprès du CEF une puis deux compagnies de ramassage et une compagnie sanitaire automobile[68]. Et l'arrivée d'AFN des compagnies n° 533 et 535 apporte quelque réconfort.

Du 13 au 24 juin, les évacuations s'effectuent vers le *Holding Hospital* de Sparanise, puis par train jusqu'à Naples. Ensuite, elles se font directement sur la base par voie aérienne. L'hôpital 422 joue en l'occurrence le rôle de *Holding Hospital* au bord du terrain d'envol qui, en un mois, occupe trois emplacements successifs.

Avers du fanion *de la 533e compagnie sanitaire automobile relevant du Train, dont on retrouve les couleurs traditionnelles. (Musée du Train et des Equipages militaires)*

65. Le 9e Bataillon Médical au Garigliano, *op. cit.*
66. Le Service de Santé dans les combats de la Libération, *op. cit.*
67. *Ibid.*
68. *403d Collecting Co du 161st Medical Bn (Separate) et 551st Ambulance Co, puis 406th Collecting Co du 162d Medical Bn (Separate).*

Insigne de l'hôpital *de campagne 425, nettement inspiré par ceux du Train dont on retrouve la roue dentée. (Coll. particulière)*

Une unité américaine[69] affectée au CEF contrôle l'approche et le décollage des *Dakota* transportant chacun 18 couchés ou 20 assis. Bientôt, les rotations atteignent 300 blessés par jour et, dans les dernières semaines de la campagne, pour 1 370 blessés transportés sur route, 4 500 empruntent la voie aérienne.

L'arrivée, tant attendue, de formations supplémentaires mises sur pied en AFN permet d'être moins tributaire des Américains en ce qui concerne les hospitalisations C'est dans cet esprit qu'est ouvert, dans les premiers jours de juillet, le centre hospitalier de Rome, destiné surtout à accueillir les récupérables à court et moyen termes. Il comporte plus d'un millier de lits répartis dans trois formations :

- l'hôpital de l'école Corradini avec 750 lits réservés aux « chirurgiens »;
- l'hôpital de l'école Baldi, où s'installe l'HCA n° 2 venu de Sessa Aurunca, avec 500 lits pour « médicaux »;
- l'hôpital des Sœurs Saint-Charles de Nancy, hôpital français de Rome, avec une centaine de lits réservés aux officiers et au personnel féminin.

Le 25 juin, le bilan depuis le début de la campagne s'élève à 6 577 tués et 32 426 évacués : 19 170 blessés, 10 545 malades et 2 711 accidentés. Parmi les 5 316 blessés et malades en traitement, 3 524 sont dans les hôpitaux américains et 2 292 dans les français. Et 5 334 patients ont été évacués sur l'AFN : 2 603 par avion et 4 731 par bateau.

Après une progression de plus de trois cents kilomètres, le CEF entre dans Sienne et le 6 juillet, la Direction du service de santé s'y installe, au terme d'une pérégrination qui, de la baie de Naples, l'a conduite jusqu'aux approches de Florence.

« Pas une journée des formations hospitalières n'avaient perdu le contact des bataillons médicaux : 37 350 y furent hospitalisés au cours de la campagne, parmi lesquels plus de 25 000 blessés. En fonction des moyens véritablement réduits dont disposait le Service de Santé français, un tiers environ des évacués fut dirigé sur l'Afrique du Nord : 7 516 par mer, 2 873 par voie aérienne.

Il y eut dans les formations sanitaires 1 162 décès, soit une proportion de 2 p. 100 du chiffre des hospitalisés.

Rien ne peut mieux que ces chiffres rendre compte à la fois de l'activité du Service de Santé et des beaux résultats qu'il a obtenu. Il les doit à une technique remarquablement mise au point et au parfait esprit de tous ; plus encore, peut-être, à la réelle communauté d'un esprit affermi par la certitude d'être sur la bonne route, vibrant de l'enthousiasme de la conquête, éclairé du luisant espoir de retrouver la France...[70] »

69. *402d Collecting Co du 161st Medical Bn (Separate).*
70. Le Service de Santé du Corps expéditionnaire français en Italie, *op. cit. A sa création à Metz en 1993, le 1er régiment médical portera sur son drapeau l'inscription* Italie 1943-1944.

Juin 1944, *en Toscane. Des infirmiers aident un soldat blessé à rejoindre l'ambulance qui l'emmènera jusqu'à un hôpital de campagne où les premiers soins lui seront prodigués. (IWM NYF 33587)*

LES SERVICES ET LA BASE 901

***8 avril 1944** à Naples. La nouba et un détachement d'honneur du 5e RTM participent à la cérémonie de descente des couleurs devant le Palais des Finances, immeuble abritant la* Peninsular Base Section. *(©ECPAD/France)*

La logistique n'est pas la première préoccupation des Français. Les Américains le leur reprochent d'ailleurs sans bien discerner si ce manque d'intérêt est réel ou feint.

Essentiellement pour des raisons de prestige national, le commandement français donne en effet la priorité aux formations combattantes au détriment des services, suivant en cela le souhait des cadres et de la troupe européenne qui répugnent à servir dans des formations ancillaires. Et, en réciprocité du précédent de la Grande Guerre, il compte sur les Américains pour lui fournir le soutien nécessaire. C'est ce malentendu qui va déclencher la « bataille des services » entre Alger et Washington.

Mais il y a services et services. Au niveau divisionnaire, ceux-ci ne posent pas de problème parce qu'ils sont prévus avec leur division. Mais pour le corps de débarquement, qui doit se contenter des « restes », c'est une autre affaire. La situation du CEF en Italie aurait donc pu être désespérée si la 5e armée et la *Peninsular Base Section* qui la soutient n'avaient pas adopté une attitude pragmatique et conciliante.

La Base 901

Au début d'octobre 1943, il est convenu entre les généraux Clark et Juin que les Français participeront aux opérations de la PBS dont la mise sur pied est prévue le 1er novembre et que la Base 901 attribuée au groupement n° 1 du Corps de débarquement[1] rejoindra Naples.

La mission d'une « base d'opérations » - au sein de laquelle sont regroupés services, moyens de transport, main d'œuvre et éléments de sécurité - est de permettre au commandement de se consacrer entièrement à la conduite des opérations. Son chef joue dans sa zone le rôle d'un directeur d'étapes, veille à la sécurité et équipe les arrières, dirige les ravitaillements, assure les évacuations et exploite les ressources locales pour la réparation des matériels ou les fabrications nécessaires. Ses éléments sont en conséquence d'une grande diversité : génie, transmissions, prévôté, pionniers, matériel, essences, intendance, service de santé, service « Z », trésor, postes, service social, aumônerie, sécurité militaire.

La base 901 commence à s'organiser dans le courant de la deuxième quinzaine d'août, son chef, le colonel Le Masle, rejoignant alors Alger venant du Régiment d'artillerie coloniale du Maroc. Puis l'état-major et les directions s'étoffent avec l'arrivée d'officiers de tous les horizons : médecin colonel Bardon de la division de Casablanca, lieutenant-colonel Morel de l'armée de l'air rappelé de congé définitif, chef d'escadrons Morel du 4e bureau de l'EMGG...

Formée par le 27e Train à Miliana, la compagnie de service de base 901/1 gagne Bab Ali et prend l'appellation de compagnie de commandement et de passage 901/3 en juillet tandis que la 901/5 est constituée dans les mêmes conditions à Birtouta le 5 août, sa dénomination initiale étant « compagnie de commandement de base plage ». Les deux unités font ensuite mouvement sur Aïn el Turck du 8 au 17 septembre. Les directions de service (matériel, essences, santé), le bureau de payeur et la prévôté s'installent d'abord à Alger et les formations de l'intendance de base sont mises sur pied à Oran.

Le 1er novembre, un premier élément embarque avec des officiers de l'état-major du CEF sur l'*Alexander Graham Bell* à Mers el-Kebir. Il comprend le commandant de la base et cinq directeurs de service : médecin colonel Bardon, intendant Bach de l'Intendance 301, lieutenant-colonel Foureaux du matériel, commandants Thévenot des essences et Polge du génie. C'est ce *Liberty ship* qui s'échoue dans le détroit de Messine et rallie Naples le 19 novembre avec une semaine de retard.

Un second détachement prend place avec ses véhicules à bord de trois navires - *Betty Zane*, *William B. Giles* et *Felipe de Neve* - les 6 et 7. Au départ d'Oran, le convoi est attaqué dans la nuit par des avions torpilleurs, sans aucune perte. Passant par le détroit de Messine, il rejoint Naples le 18 où les officiers sans troupe sont logés en ville et le détachement au collège Ciano à Bagnoli.

Entre-temps, le reste de la base a rejoint Assi ben Okba. Puis les véhicules embarquent à Oran dans la nuit du 14 au 15. Le personnel prend ensuite place à bord de quatre LST, mais en raison de l'arrivée tardive au port des états de filiation, la composition des détachements arrêtée la veille est modifiée à la dernière minute, ce qui amène une certaine confusion, comme en rend compte le commandant Capdeville :

« Le séjour dans les areas où rien n'était préparé pour recevoir des troupes sans matériel a inutilement compliqué les opérations. L'embarquement aurait été plus aisé à régler d'Aïn el Turck où l'état-major de base fonctionnait dans de bonnes conditions ».

Parti d'Oran le 17, le convoi de LST mouille un moment devant Bizerte puis contourne la Sicile par l'ouest et arrive en vue de Capri le 22. Le débarquement s'effectue sur les quais de Nisida dans l'après-midi par bateaux échelonnés et sans incident. Mais le mauvais temps et la nuit autant que le mélange des éléments de la base avec ceux du CEF et de la 2e DIM arrivés avec le même convoi, rendent difficile le déplacement vers Bagnoli.

Le 23, le commandement s'installe dans l'immeuble de l'Intendance des Finances occupé par le 4e bureau de la PBS. Et une semaine plus tard, le dernier détachement embarqué sur

1. *Note de service n° 142 CEF/4-S du 12.8.43 sur la constitution des bases.*

***Insigne de la compagnie 901/5**, dont la forme rappelle l'insigne général du Train et la tête de Maure la Base 903 avec laquelle la Base 901 a fusionné en juillet 1944. (Coll. particulière)*

le *Daniel D. Hill* arrive enfin. Trente jours se sont écoulés depuis le départ d'Oran du précurseur.

Le commandant et l'état-major de la base assurent la liaison entre la *Peninsular Base Section* américaine et les troupes françaises débarquant en Italie. Le service du transit[2] contrôle les mouvements de personnel et matériel du port et achemine les éléments sur leur propre destination. Et les directeurs des services sont en liaison directe avec les chefs de service américains correspondants de la PBS :

« *La PBS* » comme l'explique un officier de la Base 901 à tout nouvel arrivant, « *dépend du* Service of Supply *de NATOUSA*[3] *et non de la 5e armée. Sa mission est de recevoir, stocker et livrer à la demande toutes les catégories de matériels destinés aux troupes américaines, françaises et anglaises subordonnées à cette armée. De son côté, la 5e armée assure le fonctionnement des services de ravitaillement et d'entretien pour l'ensemble des troupes qui lui sont subordonnées.*

- Et qu'en est-il des Français ?

- Aussi bien à la base que dans les dépôts d'armée, les approvisionnements spéciaux aux troupes françaises sont stockés séparément. Par contre, les approvisionnements communs aux troupes françaises et américaines sont stockés sans distinction. Et nos formations de service sont utilisées dans le cadre de la PBS et de la 5e armée pour gérer plus spécialement les approvisionnements français, s'occuper du ravitaillement de nos troupes et renforcer les moyens américains ».

La Base 901 est en fait intégrée dans la PBS et à ses ordres. Son état-major constitue une section de celle-ci, avec un officier américain détaché en permanence auprès de son commandant. Les bureaux des différents services sont communs ou accolés[4]. Quant aux moyens de transport et à la main d'œuvre, ils sont mis en pool avec les Américains. Enfin, les éléments organiques de la base sont renforcés si besoin est en vertu d'un accord passé entre la PBS et la 5e armée.

En plus des opérations de débarquement et de transit, la base assure l'accueil des militaires de passage. La Cie 901/5 fonctionne ainsi à Bagnoli comme dépôt des isolés et un mess provisoire d'officiers est ouvert à partir du 1er décembre, un nombre suffisant de chambres et un dortoir ayant été réquisitionnés. Puis, dans les semaines qui suivent, mess et cercle d'officiers, foyer du soldat, coopérative, centre de convalescence et de repos sont organisés sous le contrôle du major de base ayant également autorité sur les *areas* et la zone de cantonnements et bivouacs de Caivano.

Le 1er janvier 1944, « Patrie », journal des combattants français en Italie, sort son premier numéro. Puis les deux centres d'instruction d'armée s'installent à Cardito et à Caivano. Et, le 17 février, un bataillon du 4e Tunisiens arrive au centre de repos de Bagnoli pour un séjour d'une semaine, suivi le lendemain par un autre du 7e Algériens.

Mais quel que soit l'effort fourni au profit de la Base 901, la PBS le juge insuffisant et s'en ouvre au Comité mixte de réarmement qui se retourne vers l'état-major d'Alger. Celui-ci, compte tenu des remaniements apportés au plan de réarmement, assure les Américains au début de février que deux compagnies d'entrepôt du génie et de dépôt des transmissions déjà mises sur pied vont rejoindre Naples, à charge pour la PBS de les équiper sur place. Et avant la fin du mois devraient suivre des formations du matériel et de l'intendance, puis le 1er bataillon de pionniers du 8e RTS, un état-major de bataillon de réparation et quatre compagnies munitions ou magasin[5].

En fait, le problème de la base entre dans celui plus vaste des services du corps expéditionnaire et du CEF en particulier.

Or, le jour même où les bureaux de la Base 901 s'installent dans l'immeuble de la PBS, la 5e armée annonce qu'elle assume désormais la complète responsabilité du soutien du CEF. Aussitôt, SOS NATOUSA à Oran demande que les Français y contribuent au maximum de leurs possibilités. Et comme il est prévu que trois unités combattantes sur huit de la 5e armée seront françaises, il considère que les services doivent être affectés à la PBS en proportion. Le commandement allié n'y voit d'ailleurs que des avantages, car cela lui permettra de combler son déficit et d'instruire sur le tas les formations françaises en vue du débarquement en France. C'est à partir de cette recommandation qu'est d'ailleurs élaborée par les Français la partie « services » du plan du 23 janvier 1944.

Fin janvier arrive et aucune unité n'est encore parvenue en Italie. Et si les rapports parvenus d'Italie confirment la bonne tenue au feu des deux divisions nord-africaines, ils indiquent aussi qu'elles sont arrivées sans la totalité de leur dotation initiale. Il est donc urgent que le CEF reçoive le soutien matériel nécessaire au maintien de sa capacité opérationnelle.

***6 mars 1944**. Après la visite du centre de repos de Bagnoli et de l'hôpital 413 à Pozzuoli, le général de Gaulle arrive au Foyer du Soldat et Féminin de la Base 901 à Naples. (©ECPAD/France)*

Fin mars 1944, quelques formations sont néanmoins prêtes à rejoindre l'Italie où, avec l'assentiment de Giraud, elles seront affectées au CEF pour être employées par la Base 901. Puis, signe de l'importance que le commandement français lui accorde, le général Gross en prend le commandement le 23 avril[6]. Et, le 12 mai, l'état-major quitte l'immeuble de la PBS et s'installe Rione Sirignano où il est plus autonome.

Enfin, au cours de la première quinzaine de juin, de nouvelles unités des services sont attribuées à la Base dont les effectifs ne cessent de croître :

	Officiers	Sous-officiers et troupe	Total
1er janvier	146	2543	2685
1er février	207	3612	3819
9 avril	252	3840	4092
14 mai	282	4398	4680
11 juin	327	5367	5694
10 juillet	343	5958	6031

Et en raison de son étendue, le territoire est maintenant divisé en trois zones : Albanova, Aversa et Caivano - Cardito[7].

Le général Gross, commandant la Base 901

Jean Gross est né le 1890 à. Après cinq années d'études au Prytanée militaire de la Flèche, il est incorporé au 100e RI à Tulle en 1910, puis entre à Saint-Cyr. A sa sortie en 1913, il rejoint le 3e Zouaves au Maroc.

Le 24 novembre 1914, il est blessé en France avec le 4e bataillon faisant partie de la Division marocaine. Capitaine en 1915, il prend une compagnie au 8e Zouaves en septembre, puis sert comme instructeur dans une école d'officiers en 1916 avant de rejoindre la 1re brigade marocaine.

En 1919, il se trouve à l'état-major de la subdivision de Marrakech, puis l'année suivante à celui du commandant des troupes du Maroc. Stagiaire à l'école de guerre de 1927 à 1928, il rejoint à l'issue l'état-major de la région de Paris. Chef de bataillon en 1931, il sert ensuite à l'EM du conseil supérieur de la guerre où il est promu lieutenant-colonel en 1938.

En 1940, il est à l'inspection générale de l'AFN à Rabat, puis il devient chef de la délégation des services de l'armistice qu'il quitte comme colonel pour prendre le commandement du 1er Zouaves à Alger en 1942.

Général de brigade en août 1943, il prend le 23 avril 1944 la direction de la Base 901 qu'il quitte en 1946 avec trois étoiles pour commander les forces françaises au Moyen-Orient où il termine sa carrière.

Vice-président du conseil municipal de Paris, il décède en février 1965.

---

2. *Dirigé par le capitaine de vaisseau Bross.*
3. North African Theater of Operations, US Army *que des esprits malins transforment en « North African Territories Occupied USA ».*
4. *Fiche n° 5026 CEF/4 du 7.12.43 sur l'organisation des services.*
5. *Lettre n° 1087 EMGG/I-O du 4.2.44.*
6. *Le colonel Lemasle quite Naples le 5.5.44 à bord du Potez de liaison.*
7. *Note de service n°3980/1 du 1.6.44.*

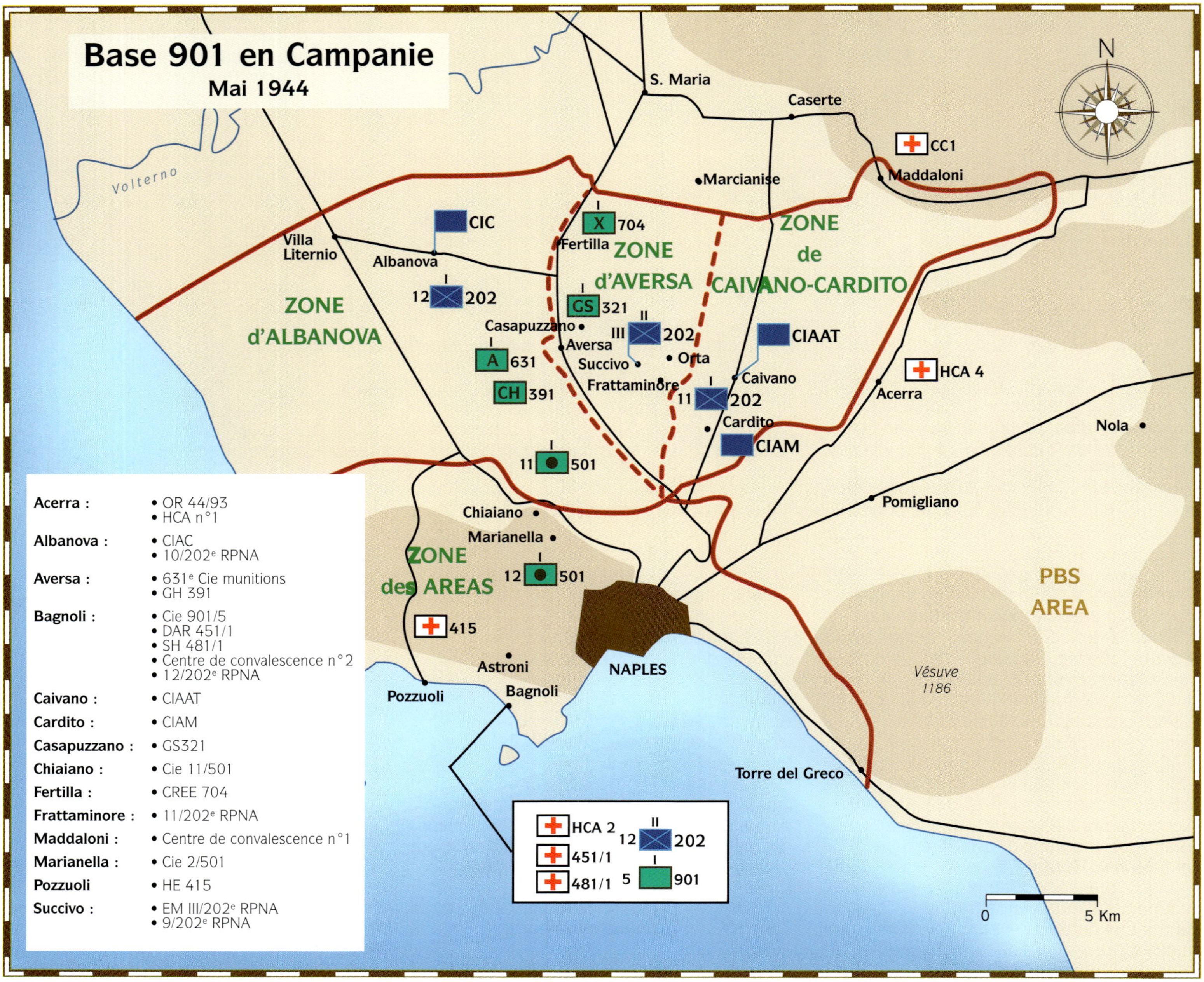

« Le Matériel, Arme moderne »[8]

Après la base, c'est le Matériel qui cause le plus de souci au CEF :

« Du côté français, il ne semble pas que l'urgence de la mise sur pied du Service du Matériel ait tenu, dans les préoccupations du Commandement, la place prépondérante que veulent lui voir attribuer les Américains. On s'attache à organiser le plus grand nombre possible d'unités combattantes, en rejetant au second plan, la question des Services. On consent au Matériel le tiers des effectifs qu'en première approximation il réclame. On pose le principe qu'il recevra le personnel des classes plus anciennes. On affecte aux unités combattantes une bonne partie des très rares spécialistes de l'industrie privée.[9] »

En mai 1943, avec l'arrivée des grands convois, les premières unités de réparation divisionnaires mises sur pied se mettent au travail. Les formations de réserve générale sont ensuite créées avec une proportion de 30 % d'Indigènes. Mais à court d'effectifs et ayant peu de possibilités de se former à leur future mission, elles végètent pendant des mois et doivent attendre la suppression de plusieurs divisions au début de 1944 pour que le personnel des régiments dissous leur soit attribué. Encore ces renforts, moralement affectés par la disparition de leurs unités, mettront-ils beaucoup de temps à s'adapter à leur nouvelle tâche.

A la fin de 1943, deux écoles assurent la formation des spécialistes à Meknès pour les cadres et à Dellys pour les ouvriers. Les premières unités, constituées avec les meilleurs éléments des établissements d'AFN, partent alors pour l'Italie où, travaillant en pool avec celles de l'*Ordnance*, elles assurent la réparation au 3e échelon du CEF.

Créée le 18 mai 1943, la direction du service du matériel du Corps expéditionnaire aux ordres du colonel Valentin[10] arrive ainsi à Naples le 25 novembre et se trouve rattachée à la 5e armée[11] dont l'*Ordnance Officer* est le Colonel Urban Niblo.

La DSM de la 2e DIM[12] embarque à Bizerte le 11 novembre suivie dix jours plus tard par la 7e compagnie de réparation.

Le 651e bataillon de réparation[13] débarque à Naples dans les premiers jours de décembre avec sa 1re compagnie qui rejoint Capriati a Volturno, suivie de près par la 2e. Puis l'administration par bataillon étant supprimée[14], les deux unités deviennent autonomes le 1er mai 1944 sous l'appellation de CMRM 651/1 et CLRM 651/2.

La 611e compagnie magasin est tout d'abord rattachée à la Base 901 et s'installe à l'usine Viscosa sur l'autostrade de Naples à Pompéi, près du détachement du 651e du chef d'escadron Toureille qui constitue le service auto de la Base.

La 632e compagnie munitions[15] embarque le 26 novembre. Elle est suivie le 22 décembre par section de commandement et trois détachements de la 631e qui sont ils sont rattachés à la Base[16].

Trois unités arrivent ensuite avec les convois transportant la 3e DIA, dont la DSM, créée en octobre 1943 à Perrégaux, est aux ordres du lieutenant-colonel Nicolas. La 3e CRD embarque fin décembre à Bizerte et rejoint Cassandrino,

---

8. *Titre de la conférence faite par le général Pelletier Doisy, directeur général du matériel, le 12.3.46 à l'Ecole de Guerre*

9. Le service du matériel en Afrique du Nord et pendant les opérations de la 1re armée française, *conférence faite par le général Le Troadec à Bourges le 8.7.47.*

10. *De l'artillerie coloniale détaché au service du matériel, remplacé en mai 1944 par le colonel Mozat.*

11. *Note n° 5805 CEF/4 du 31.1.44.*

12. *Directeur : capitaine puis chef d'escadron Perrault le 25.3.44.*

13. *Créé le 16.8.43 à Oran sous le n° 601, commandé par le lieutenant-colonel Servol.*

14. *Note de service n° 2895 EMGG/I du 21.3.44.*

15. *Créée le 1.7.43 à Mila.*

16. *Les trois autres détachements, envoyés en Corse et constitués en unités administratives par décision n° 5987 CEF/4 du 11.2.44, sont perdus pour la compagnie.*

Le général Juin et le colonel Niblo, Ordnance Officer, *déjeunent à la popote du 651e BRM à l'occasion de la remise au bataillon de la plaque de la 5e armée. (Coll. particulière)*

au nord de Naples, le jour de l'An. Puis, le 11 janvier, elle vient bivouaquer près de Venafro, dans une oliveraie sur la route d'Isernia.

Débarque ensuite la 3e compagnie auto du 651e BRM qui rejoint Capriati le 10 janvier. Dans le même convoi se trouve la 612e compagnie magasin[17] affectée d'abord à la Base, puis détachée auprès de la 5e armée le 16 janvier. 611e et 632e compagnies rejoignent ensuite le 6694th Ordnance Base Group de la 5e armée[18].

Enfin arrive d'Alger à bord du croiseur *Gloire*, la DSM de la 4e DMM créée en octobre 1943 à Misserghin aux ordres du capitaine Bourdet La 8e CRD[19] suit en deux détachements : le premier de Bizerte à Bagnoli le 10 mars sur un LST britannique, le second d'Oran à Naples le 17 à bord du *John Morton*.

Comme prévu, deux compagnies moyennes de réparation auto sont ensuite affectées au CEF : la 654/3 qui rejoint la 5e armée[20] après un court passage à la *Viscosa* et la 662/3 formée le 1er octobre 1943 à Tunis.

A cette époque arrivent également les éléments de la 1re DMI : la DSM du commandant Belan le 26 avril avec le QG divisionnaire, puis la 1re CRD sur le *Tarleton Brown* une semaine plus tard. Initialement organisés selon le système britannique en deux ateliers lourds et neuf légers, ils viennent d'adopter la structure américaine. L'AL 1 a ainsi mis sur pied la compagnie 652/3 à Grombalia et l'AL 2 - constitué fin 1941 à Beyrouth avec quelques cadres et des civils libanais, syriens et arméniens - la 1re compagnie à Fondouk.

D'autres formations sont encore expédiées en Italie, trop tard pour participer à l'offensive de printemps, mais suffisamment tôt pour acquérir une expérience qui leur sera précieuse ensuite. La 23e compagnie magasin constituée à Oran avec des éléments du 2e Zouaves arrive ainsi la première. Puis la 65e compagnie munitions formée à Blida rejoint le 62d Ordnance Bn le 3 juin. La CMRM 652/1, créée en Tunisie, est suivie par la 64e compagnie munitions embarquée le 30 mai. Voyageant sur le même bateau, l'état-major du 653e bataillon, créé le 1er mars à Meknès, rejoint Rome et le 14 juin à Capranica, il devient direction du service du matériel des éléments non endivisionnés du commandant Pacaud qui, décalée vers l'avant par rapport à la DSM du CEF, fonctionne en fait au profit du corps de poursuite.

Enfin débarquent, au cours de la seconde quinzaine de juin, l'état-major du 652e BRM[21] et la CMRA 652/3.

Au total, trois états-majors et quatorze compagnies de réserve générale sont ainsi engagés en Italie de décembre 1943 à juin 1944.

L'Intendance suivra...

La direction de l'intendance du CEF s'installe à Alger le 29 mai 1943. Les questions financières rapidement mises au point, l'autonomie est acquise et les intendances divisionnaires et du QG fonctionnent dans le cadre des instructions du temps de paix dès le 1er juillet. Outre une direction des étapes, il est alors prévu neuf intendances spécialisées, quatre gestions d'étapes ou de base, deux groupes de fabrication de pain, une compagnie de ravitaillement et transport de viande et une compagnie de COMA[22], plus un groupe d'exploitation dans chaque division.

Ci-dessus : insigne en laiton *du service du matériel. (SHAT)*

Avec les réparations, *le ravitaillement en munitions - ici des obus de 105 pour les HM3 de la compagnie canons du 3e RTA - est l'une des préoccupations du service du matériel. (©ECPAD/France)*

Mais comme ailleurs, les cadres et les spécialistes manquent pour compléter les formations, dont certaines partent d'ailleurs en Corse :

« Le Service de l'Intendance du Corps expéditionnaire français s'amenuisait, et d'autre part, une idée semblait prendre corps et couramment on prétendait que l'Intendance en Italie, ayant adopté les vivres américains, ne serait plus qu'un organe de distribution. Les ressources locales, pensait-on, étaient nulles et ne pouvaient être exploitées. Il fallut toute l'énergie de l'état-major du CEF pour arriver à une forme définitive qui parut suffisante et acceptable[23]. »

La plupart des formations prévues sont constituées et équipées à l'automne de 1943. Mais comme l'état-major a compté au plus juste, l'Intendance part donc avec des moyens réduits qu'elle va conserver en l'état tout au long de la campagne, ne recevant en renfort qu'une très faible part des autres éléments inclus dans le plan du 23 janvier 1944.

Les divisions du 1er corps de débarquement se regroupant peu à peu en Oranie, leurs groupes d'exploitation peuvent s'instruire sur le tas et les autres formations apporter leur aide à l'Intendance territoriale. Puis les premiers éléments gagnent l'Italie. Ainsi, lorsque la Direction, partie de la caserne d'Eckmuhl à Oran et embarquée à Bizerte, arrive à Naples le 21 décembre, plusieurs formations sont déjà à pied d'œuvre.

Un premier lot est arrivé le 30 novembre avec le convoi de six LST transportant, entre autres, le reliquat de la Base 901. Derrière l'intendance de la 2e DIM[24] installée à Maddaloni, l'Intendance de ravitaillement en vivres et viande 302 du commandant Tête fait fonction d'intendance d'étapes à Venafro. Là se trouvent également la gestion des subsistances d'étapes 323 et une compagnie du groupe de fabrication de pain n° 349 parties de Mers el-Kebir avec le précurseur de la Direction et débarquées le 2 décembre.

Le lot suivant comprend les éléments voyageant avec la 3e DIA[25] et qui relèvent les formations du CEF jusque-là provisoirement rattachées à la Base 901. Le service de transit, l'Intendance 301 et les gestions de subsistance 321 et d'habillement 391 s'installent, tandis que la gestion 323 puis l'Intendance 302 quittent la base courant décembre. En outre, la compagnie de ravitaillement et transport de viande n° 332[26] et la 381e compagnie de COMA[27] du commandant d'administration

17. Formée le 16.7.43 à Casablanca.
18. Le 18.2.44 sont ainsi réunis au sein du Group : 651e BRM moins la 3e compagnie, 611e, 612e, 631e et 632e compagnies, 4/202e RPNA.
19. Formée le 16.4.43 à Casablanca.
20. Sont maintenant rattachés au 2 660th Ordnance Group (Provisional) : 651e BRM, 611e et 612e CM, 631e et 632e CM, CMRM 654/3 et 4/202e RPNA.
21. Mis sur pied à Oran à partir de juillet 1943 avec des éléments provenant de la 1re DFL Ainsi, le 15.6.44, certains des ouvriers libanais employés à l'atelier fixe de la Base 901 voient le contrat les liant à l'armée renouvelé pour six mois.
22. Commis et ouvriers d'administration.
23. Notes sur le fonctionnement du Service de l'Intendance pendant la campagne d'Italie 1943-1944 rédigées par l'Intendant général Monginoux le 1.11.44, in Revue de l'Intendance n° 50.
24. Direction aux ordres de l'intendant militaire de 3e classe (commandant) Beffeyte et 9e GEI.
25. Direction aux ordres de l'intendant militaire de 2e classe (lieutenant-colonel) Dubois et 3e GEI créé le 1.7.43 à Constantine à partir de l'intendance de la DMC.
26. Créée le 11.6.43 à Fès, moins une section au 1er CA en Corse.
27. Moins un détachement au 1er CA en Corse.

Chargement de caisses *de rations de combat dans un dépôt de ravitaillement de la rive gauche du Garigliano. (OFIC)*

Lengrand arrivée le jour de l'An séjournent à la base durant le mois de janvier 1944, tandis que l'Intendance 310 et la section autonome de boulangerie tractée n° 352[28] rejoignent directement le CEF.

Avec la 4e DMM arrivent, aux alentours du 22 février, la direction de l'intendant Duluc et le 8e groupe d'exploitation[29].

Trois autres formations rejoignent du 14 au 27 avril, suffisamment tôt pour participer à l'offensive de mai avec le CEF : l'Intendance 313, la gestion d'étapes 325[30] et le 1er groupe d'exploitation de la 1re DMI.

Peu avant la fin de mai est engagée l'Intendance 311. Mais les deux dernières formations débarquées - GFP 351 et CRTV 336[31] - arrivent trop tard pour être employées.

Jusqu'à l'automne de 1943, les hommes du CEF sont donc nourris par l'Intendance à partir des ressources locales. Dans le même temps, la direction étudie comment les alimenter une fois arrivés sur le sol européen. Or les rations américaines ne conviennent pas tout à fait au goût français et contiennent beaucoup du porc contre-indiqué pour les Musulmans. Pour cette raison et par souci d'économie, il est convenu en septembre que les Français livreront aux Américains les denrées nécessaires produites par l'AFN et l'AOF[32] et que deux rations seront confectionnées : l'une pour Européen, l'autre pour Musulman. Puis il est décidé, fin octobre, que les Américains fourniront en outre toutes les rations de combat.

Insigne du 3e groupe *d'exploitation de l'intendance de la Division algérienne aux symboles évocateurs : grappe de raisin, épi de blé et abeille. (Coll. particulière)*

Finalement, il est établi pour des distributions rapides :

- une ration gratuite établie sur une base fixe, avec en plus du pain, du vin et de l'eau-de-vie ;
- des rations spéciales aux Musulmans, préparées en AFN et groupées par caisses de huit à seize rations.

Mais les Américains ne voulant pas admettre que les Français - percevant du pain et du vin en plus de la ration - soient mieux traités que les GIs, on enlève de la ration américaine des denrées représentant les calories correspondant au pain et au vin : beurre, lait, les œufs en totalité ou en partie. Ce qui a pour effet de rendre les rations d'une insupportable monotonie.

Mais dès le début des opérations alors que le froid se fait sentir, il apparaît que les rations françaises sont très insuffisantes en quantité et en éléments nutritifs, comme le sucre et la graisse. Le commandement français impute même à ces déficiences le nombre anormal de « pieds de tranchée ». Et à leur tour, les soldats français se considèrent moins bien traités que leurs frères d'arme américains.

Afin d'améliorer l'alimentation, une première mesure est prise autorisant les commandants d'unités administratives à engager des dépenses dans la limite de cinq francs par homme et par jour de l'effectif vivant à l'ordinaire, à l'exclusion des officiers et sous-officiers[33]. Puis Giraud intervient personnellement afin que les troupes du CEF reçoivent les mêmes rations que les GIs, mais avec du pain au lieu des biscuits américains et des conserves de viande à la place des boîtes de porc[34]. La 5e armée reconnaît d'ailleurs que le CEF ne reçoit pas une nourriture suffisante, mais SOS NATOUSA, ayant sans doute passé ses commandes, refuse de les modifier.

Comme toujours, le système américain est très logique mais trop rigide pour des Français : une fois lancée, la machine ne peut plus prendre d'autre direction que celle prévue. Or le 4e bureau se résigne difficilement à adopter le même échelonnement de vivres que les Américains et les denrées françaises - pain, vin, tabac - sont d'un transport difficile et nécessitent un convoiement particulier. Mais comme de toute manière il faut se mettre au diapason,

28. Créée le 1.8.43 à Maison-Carrée et embarquée à Bizerte le 31.12.43.
29. Créé le 16.4.43 au Maroc par le dépôt de la 32e COA.
30. Créée le 28.11.43 à Casablanca et embarquée à Oran le 10.4.44.
31. Transformée en avril 1944 en unité de réfrigération.
32. Eau de vie, vin, huile, légumes, fruits, lentilles, sardines, farine, pâtes alimentaires et café.
33. Note de service n° 5248 CEF/4 du 30.12.43.
34. La modification porterait le poids de la ration européenne à 2 150 g et la musulmane à 1 655 g.

un courant de ravitaillement spécial, parallèle au courant normal contrôlé par les Américains, est finalement organisé par la Gestion 323 pour les éléments du CEF proprement dit et par la Gestion 321 pour ceux de la base.

Après le problème du ravitaillement en vivres se pose celui de l'habillement. Là aussi, c'est la situation de la 2e DIM à son arrivée en Italie qui alerte le commandement allié. Car non seulement elle a embarqué sans toute sa dotation en matériel[35], mais il lui manque l'équipement d'hiver selon les standards de la 5e armée. Clark demande aussitôt à AFHQ l'autorisation de le délivrer aux troupes et, sans attendre la réponse, il en donne l'ordre à son propre service. En fait, la Division a bien reçu l'équipement normal, mais pas le supplément d'hiver autorisé par NATOUSA pour le théâtre italien. Et le commandement français, invité à faire les commandes correspondantes, a jugé que les dotations normales étaient suffisantes sans supplément.

En outre, bien que les Français aient assuré que les troupes partiraient d'AFN toutes équipées, les unités ou les renforts arrivent fréquemment incomplètement habillés. Le plus souvent d'ailleurs parce que l'état-major se soucie de satisfaire rapidement les demandes du CEF sans attendre l'achèvement des perceptions. Et comme la maintenance sur place n'est pas inépuisable et que le *Quartermaster* refuse, en toute logique, de l'augmenter, il faut donc acheminer en Italie ce qui aurait dû être perçu directement en AFN.

« Riz, pain, sel »[36] à la sauce locale

Pour l'intendance du CEF, le problème tout aussi urgent que l'habillement est la fabrication du pain. Elle dispose pour se faire du premier échelon du GFP 349, soit une fraction du groupe de commandement et les 1re et 3e compagnies.

Une boulangerie semi-fixe est d'abord installée à Frattaminore dans les locaux d'une usine de pâtes alimentaires. A ses deux fours fixes viennent s'ajouter dix fours français dans le dur ou sous la tente, mis en œuvre par la 3e compagnie et des ouvriers civils italiens. C'est elle qui livre le 8 décembre les premières rations défournées à la pelle de terrassier. Rattachée à l'Intendance de la base pour ce qui concerne l'emploi technique, la compagnie fournira jusqu'à 35 000 rations, le complément étant ensuite livré par les boulangers civils de Naples à concurrence de 60 000 rations.

De son côté, la 1re compagnie installe à Venafro ses deux boulangeries intercalées entre les batteries de 155 américaines qui tonnent jour et nuit et la première fournée est livrée le 26 décembre aux Marocains qui depuis leur départ d'AFN vivent au régime des biscuits.

Mais à cet emplacement imposé par le *Quartermaster*, les Français se trouvent néanmoins bien proches des premières lignes !

« Le 31 décembre, trois fours sont à remonter par suite du glissement des tôles provoqué par les salves tirées un peu trop près, puis c'est le baptême du feu. Des 105 allemands passent en hululant. Nos boulangeries sous les oliviers sont tapies en étages à flanc de coteau, tout passe au-dessus. Une tempête de vent et de pluie abat les tentes, noie en partie les installations ; c'est le 1er janvier 1944.

La compagnie de base joue son rôle automatiquement et ravitaille l'avant. L'équipe montage renforce la 1re compagnie et remet tout en place, huit fours sont réallumés le 2. Le travail de nuit est effectif par black-out complet dès le 3. Les scies circulaires ont permis de débiter planches et chevrons.[37] »

Mais la compagnie de l'avant s'habitue finalement au bruit des canons de campagne ou antiaériens et un emplacement est aménagé pour l'unité annoncée d'Algérie.

« Entre-temps, on fait cuire les oies des artilleurs américains qui nous ravitaillent en cigarettes ; tubes des 155 et des 40 Bofors, cheminées des fours constituent un étonnant complexe. Les commandos canadiens qui assurent la protection rapprochée adorent le pain français. En échange, ceux qui sont de repos la nuit viennent distribuer du café au lait chaud dans les boulangeries empuanties par les vapeurs de pétrole.[38] »

Le PC du groupe et la 1re compagnie sont donc rattachés à l'Intendance 302 de l'avant, qui dispose de la gestion d'étapes 323. En place à proximité les uns des autres, ces trois éléments sont accolés à un dépôt de vivres américain, maillon avant de la ligne de ravitaillement prenant naissance à Naples. Le tout s'intègre dans le système américain par l'intermédiaire de l'intendant du détachement de liaison auprès du QG de la 5e armée et sans que les ordres ou les instructions du *Chief Quartermaster*, du 4e bureau du CEF et de la direction de l'Intendance ne se télescopent trop souvent.

Fanion de la 1re compagnie du 201e régiment de pionniers nord-africains. (Musée de l'Infanterie)

Partie le 31 décembre de Bizerte, où elle a échangé ses camions Saurer contre des Lancia, la Section 352 débarque le 8 janvier à Nisida. Le lendemain à midi, les dix véhicules de la section partent en convoi juste derrière ceux de la formation chirurgicale n° 1. Et quatre jours plus tard, la boulangerie reçoit le baptême du feu et un de ses camions saute sur une mine au cours d'une corvée de bois.

Le matériel de la 2e compagnie du GFP 349 embarqué à Oran arrive à Naples le 3 janvier. Le personnel parti de Mers el-Kebir parvient le 15 devant Baia et gagne aussitôt Frattaminore. Puis le détachement rejoint Venafro où il trouve le matériel de la 3e compagnie installé et dépose le sien en réserve de groupe. Arrivées à midi, ses brigades de nuit chauffent dès 18 heures pour que celles de la 1re compagnie puissent enfin prendre un repos relatif dès le 21, après trente-quatre jours de dur labeur.

Enfin, véhicules et matériel de la 4e compagnie quittent Oran le 1er mars, suivis dix jours plus tard par le personnel qui embarque à Mers el-Kebir sur le vapeur Almazora à bord duquel voyagent également 80 femmes du BMC de la 4e DMM. Le second navire arrive néanmoins le premier le 14 et le lendemain la compagnie rassemblée rejoint Aversa[39].

Comme chacun en AFN est persuadé que l'Italie est vide de toute denrée, il n'est pas prévu initialement d'exploiter les ressources locales. En conséquence, le système de ravitaillement laborieusement mis sur pied jusqu'en janvier 1944 prévoit que tout viendra de l'arrière. C'est un inconvénient majeur, car l'ensemble des distributions dépend alors entièrement des arrivages :

« On ne sait trop pourquoi les bateaux n'arrivèrent pas et en pleine offensive le Corps expéditionnaire français manqua de vin et de tabac. Le vin et le tabac débarqués, il fallut encore lutter contre le vol.

On put parer à ces insuffisances pour le vin, un peu, grâce au vin viné, qui permit de donner une ration réduite. Ce vin alcoolisé à 20° devait être dédoublé, il fut distribué tel quel aux troupes, l'Intendance ne voulant pas être accusée de mouiller son vin. Il fut très bien accepté, surtout pendant la période d'hiver et surtout parce qu'il n'y en avait pas d'autre.[40] »

Mais il est aussi relativement aisé d'acheter du vin italien, grâce notamment à l'augmentation de la prime d'alimentation. C'est ainsi que la crise est conjurée et que la ration est portée d'un quart à un demi-litre, puis à trois quarts de litre sans problème. Au-delà de Rome, la pénurie de transport aurait pu être gênante, mais à ce moment-là les groupes d'exploitation s'approvisionnent directement sur le pays.

Avec le pain et le vin, le tabac est l'une des préoccupation du soldat français. Dès le début, le CEF en manque et jamais le problème ne sera vraiment résolu en dépit des achats de cigarettes italiennes et de l'aide des Américains. En tout cas, jamais les hommes ne recevront le rappel des rations non perçues.

Selon l'intendant Monginoux, les causes furent *« l'irrégularité des arrivages, les vols dus au manque de convoyeurs qui atteignirent des taux considérables et l'impossibilité pour l'Afrique du Nord de faire des convois plus importants »*.

Le problème des chaussures est tout aussi insoluble. Les *boots* américains à semelles de caoutchouc se révèlent dès les premiers jours impropres à la marche en montagne, dans la boue, le verglas ou la neige. On les appelle d'ailleurs dans la troupe les « chaussures éponges » ! L'état-major américain refusant les achats dans le commerce, seuls quelques-uns sont faits en fraude pour parer aux premières urgences. Puis les réclamations sont tellement justifiées

35. *Il lui manque en particulier 22 canons de 57 antichars.*
36. *Sobriquet dont le personnel de l'Intendance est parfois affublé par des esprits malveillants.*
37. *Commandant Bruniaux,* Notes sur le ravitaillement en pain pendant la campagne d'Italie 1943-1944, *in Revue de l'Intendance n° 16.*
38. *Ibid. Il s'agit de Forcemen de la 1st Special Service Force américano-canadienne arrivés à Venafro le 21.12.43.*
39. *A l'effectif de 286 le 1.12.43 et 405 le 15.1.44, le GFP 349 compte maintenant 529 militaires.*
40. Notes sur le fonctionnement du service de l'Intendance, *op. cit.*

Revers du fanion *de la 608e gestion mixte des subsistances et de fabrication de pain créée en Allemagne, faisant référence à ses divers éléments constitutifs, dont le GFP 349.*
(Musée du Commissariat)

qu'il accorde 70 000 paires tout cuir, ce qui permet de donner à chaque fantassin une paire de souliers cloutés.

En revanche, le CEF n'étant pas doté de blanchisserie, le lavage repose sur le secteur local. C'est ainsi qu'une entreprise civile équipée par la gestion d'habillement à Santa Maria, près de Capoue, traite quotidiennement une tonne de linge récupéré. Quant au lavage du linge de corps, les hommes, qui tous ont une solde acceptable, trouvent facilement, même sur le front, des blanchisseuses italiennes.

Reste le fond de l'ordinaire basé sur la ration américaine, sous ses diverses formes :

- ration K de combat, parfaitement conditionnée et correspondant aux vivres de réserve français ;
- ration C, destinée aux troupes engagées et pouvant se consommer sans cuisiner ;
- ration B, constituant la ration normale journalière.

Il existe encore la ration très confortable des hôpitaux et la ration U, si luxueuse et mythique, que les Français chantent sur l'air de *La Casquette du Père Bugeaud* :

« As-tu vu les rations U, les rations U ? »
« Ration U pour moi, c'est de l'inconnu ! »

Composée de dix menus journaliers, la B constitue en fait le quotidien des troupes. Chaque jour sont ainsi distribuées les denrées correspondant au menu, dans lequel les *Meat and Beans* et autres conserves américaines reviennent avec une décevante régularité. Or les Américains refusent tout ce qui pourrait améliorer ces menus : distribuer de la viande congelée, acheter de la viande fraîche ou changer la composition de la ration.

« On dut autoriser les substitutions, c'est-à-dire que, dans certaines conditions de temps, de quantité et de prix, les corps et les popotes furent autorisés à acheter de la viande fraîche et de la substituer à la conserve, des légumes frais et de les substituer aux légumes secs. On essaya bien de faire entrer les gestions des subsistances dans le circuit, mais cela se révéla impossible, les achats de viande ne pouvant se faire qu'en fraude, c'est-à-dire en petite quantité.[41] »

Le régime des substitutions ne permettant aucun contrôle et devenant une source d'abus, son application est rendue plus facile par la prime journalière portée à 7 francs 50 et l'organisation d'une coopérative associée à la compagnie de transport 332. Ainsi, toutes les semaines, chaque division reçoit environ vingt-cinq camions de légumes frais, fruits, bimbeloterie, liqueurs… une partie d'entre eux allant même jusqu'au PC des régiments en ligne.

Les troupes, restées en Campanie pendant plusieurs mois, prennent d'ailleurs des habitudes et ont leurs fournisseurs Puis arrivent de Tunisie 4 000 moutons et les Britanniques autorisent tardivement l'achat de 50 000 têtes en Calabre. C'est alors que, ayant dépassé Rome, les unités trouvent suffisamment de bétail pour que les conserves de la ration américaine servent uniquement de monnaie d'échange avec les Italiens.

Au total, l'Intendance du CEF achète avec l'autorisation de l'état-major allié des légumes, des fruits, du vin à volonté et quelques cigarettes. De la charcuterie pour l'ensemble et des fromages et beurre pour alimenter les popotes le sont sans autorisation, mais avec l'accord tacite des officiers américains locaux. Enfin, de la viande est acquise avec ou sans autorisation, viande que d'ailleurs les Italiens sont très heureux de vendre.

Fanion de commandement *de l'intendant général Monginoux.*
(Musée du Commissariat)

Les torches croisées[42]

Une fois le plan d'Anfa adopté, l'état-major demande en avril 1943 à la direction des essences d'étudier sous quelle forme peut être envisagé le ravitaillement en carburant des troupes en campagne. D'emblée, alors que chez les Américains la mission « carburants » est partagée entre *Engineers* et *Quartermaster* qui en assure la distribution, il est décidé que le service français prendra en charge la totalité des opérations. Pour le reste, il sera de fait entièrement soumis aux règles de l'US Army : emploi exclusif du jerrycan de 20 litres et dépôts aussi près que possible de la ligne de feu où les emballages pleins sont échangés contre les vides.

La solution adoptée pour l'encadrement des unités s'inspire également des méthodes d'outre-Atlantique, puisqu'il est fait appel au personnel de direction, de maîtrise et d'exécution des sociétés pétrolières en Afrique du Nord. Ainsi, après des négociations assez difficiles avec celles-ci, le service reçoit un contingent de deux cents spécialistes toutes catégories, le complément d'encadrement étant fourni par le train et l'artillerie.

Une première série de quatre compagnies de ravitaillement et d'exploitation est constituée à partir du 1er juin pour le 1er corps de débarquement. Chacune comprend quatre sections de ravitaillement et une d'exploitation de dépôts, avec un effectif de 370 hommes et un parc de 40 camions. La première est expédiée en Corse en octobre avec le 1er CA et les trois autres sont regroupées à Saint Cloud, près d'Oran.

Bien que l'état-major d'Alger les considère fin prêtes et équipées, les officiers de la *French Training Section* qui les visitent les 3 et 4 septembre ont un avis différent :

« La 704e a un très bon moral. Elle dispose de tout l'effectif et de tous ses camions, mais il manque les mitrailleuses et les fusils n'ont pas de cartouches. La section d'exploitation n'a pas de matériel et son instruction a donc pris un retard de deux à trois semaines. En revanche, l'entraînement des sections de ravitaillement est satisfaisant, toutes ayant déjà accompli des livraisons d'essence ».

Avers du fanion *du groupe de fabrication de pain n° 349 faisant référence à ses origines : fond bleu-gris et rouge de la couleur des écussons des sections de COMA et mosquée de la Place du gouvernement à Alger.*
(Musée du Commissariat)

La 702e se trouve dans le même état.

« Il manque dix conducteurs et les matériels d'exploitation et de transmissions. Elle sera prête à partir dès que le matériel de la section d'exploitation aura été livré et son instruction achevée, soit dans deux semaines ».

Grâce aux efforts de l'encadrement, pour lequel le 209th *Quartermaster* Bn à Sidi Chami organise des stages,et à l'excellent esprit du personnel, les unités sont néanmoins prêtes à temps pour partir en Italie.

Les premiers éléments de la 703e CREE embarquent à Mers el-Kebir et arrivent à Naples le 1er décembre. Une fois rassemblée, elle assure le ravitaillement aux dépôts 855 à Naples

41. *Ibid.*
42. *En juin 1943, le commandement choisit comme symbole destiné à figurer dans l'insigne distinctif du Service des essences, les deux torches croisées rappelant celles que les adorateurs du feu de l'Antiquité, en Perse notamment, entretenaient dans leurs temples avec l'huile suintant du sol.*

***Avers du fanion** de la direction des essences du CEF, de la 1re armée et des TOA, aux couleurs rouge et vert du service. (Salle du souvenir du SEA)*

et 850 à Fertilia. Puis relevée par la 704e, elle est mise à la disposition du chef d'escadron Cartier, directeur du service des essences du CEF, et rejoint Venafro au début de janvier 1944.

La 704e CREE partie par Bizerte se regroupe le 24 à Naples et prend en charge les dépôts 850 et 855 tandis que deux nouveaux postes de distribution sont ouverts à Naples conjointement avec les Britanniques. Elle constitue en outre deux équipes techniques : l'une composée de spécialistes d'oléoducs travaille au pipe-line vers Sparanise, l'autre répare la raffinerie de Naples. Ces travaux achevés le 18 mars, elles rejoignent San Felice, au nord de Capoue, pour participer à la construction des réservoirs de campagne et du pipe-line vers Cassino et l'embouchure du Garigliano.

Entre-temps, d'autres unités de la deuxième génération ont été constituées en AFN. Parmi celles-ci, la 702e du 2e CA - transformée en simple unité de ravitaillement, réservée, en principe, au seul transport de produits - rejoint Teano le 17 avril puis installe le 25 un dépôt sur la route de Mignano à San Clemente.

A la Base 901, la 704e occupe un troisième dépôt à Parolise, près d'Avellino, destiné au ravitaillement de la 1re DMI. Puis un détachement participe à la construction du pipe-line reliant Ceprano à Rome. Arrive ensuite la 713e CREE formée le 1er mars à Oujda par dédoublement de la 705e, qui relève le 30 juin la 704e à Fertilla et à Valmontone où un détachement a été poussé.

Le bataillon dont la mascotte s'appelle *Moïse*

La base, le matériel ou l'intendance ne peuvent en fait travailler sans la main d'œuvre fournie par les bataillons de pionniers qui sont donc répartis entre le génie et les services.

Ainsi, le I/201e RPNA du commandant Goudry, débarqué le 2 décembre, a deux compagnies affectées à la 5e armée tandis que l'état-major et les deux autres unités, restées à la disposition de la PBS en renforcement de la base, s'installent près du port.

Puis les éléments du III/202e RPNA du commandant Tatin, arrivés entre le 9 et le 25 janvier et rattachés à la PBS, bivouaquent à Secondigliano à l'Engineer Depot 250, avec la 11e compagnie détachée à Frattaminore. Entre-temps, deux unités du I/201 ont quitté la base pour rejoindre le 87e Génie et seuls demeurent l'état-major et les 1re et 2e compagnies, d'ailleurs relevés le 16 février par les 5e et 7e du 202e RPNA venues de Venafro.

A cette époque[43], outre le III/202 entièrement à la disposition de la Base, quatre autres bataillons sont engagés en Italie. Le I/201 travaille au profit des génies divisionnaires et le III/201 avec celui du CEF. Quant aux I et II/202, ils sont affectés au CEF dont ils assistent les services, avec chacun deux compagnies détachées à la 5e armée et à la Base 901.

Le général Juin demande alors que leur nombre soit doublé. Il n'en obtient qu'un seul, le bataillon du 8e tirailleurs sénégalais déjà annoncé. Constitué en janvier avec des éléments du régiment du Dahomey-Togo, le I/8e RTS du commandant Avenel part de Bizerte le 8 avril pour une traversée qui prend une allure de croisière touristique : messe de Pâques célébrée par l'aumônier, passage devant Malte puis route vers le port d'Augusta, traversée du détroit de Messine avec vue sur la silhouette massive du Stromboli... :

« La vie à bord est monotone ; le temps passe cependant partie à manger et dormir, partie à se promener sur le pont en discutant de choses et d'autres, le regard perdu dans le lointain. Nous faisons trois repas par jour, selon le régime anglais, plus le thé à 16 heures : le matin vers 8 heures, c'est le breakfast *; comme entrée en matières, c'est vraiment copieux ; vers midi, le* lunch, *repas normal ; à 18 heures, le* dinner *qui le cède en rien aux deux autres ».*

Le débarquement s'effectue le 14 et le bataillon bivouaque à Bagnoli dans un verger au pied d'un coteau couvert de vignobles. Les Américains campés à côté viennent admirer *Moïse* - le lion soudanais de Kayes, mascotte du Bataillon, que les tirailleurs appellent *Onaraba* en bambara - calme et repu.

Puis le CEF n'ayant toujours pas pris de décision sur son utilisation, le bataillon effectue une marche promenade jusqu'au cap Misene dont *« le parcours intéressant évoque des souvenirs antiques ».* Et les cadres de plusieurs compagnies visitent Pompéi... Dans la nuit du 25 au 26, la DCA entre en action et quelques éclats tombent dans le bivouac. Et toute la journée du 28, la pluie qui tombe sans arrêt transforme certaines tentes en baignoires.

Enfin, le 30 avril, le Bataillon est enlevé par une cinquantaine de camions et déposé près de Preta. Puis, à partir du 6 mai, les compagnies quittent le bivouac : 1re à la disposition de la gestion 323 à Teano, 2e au dépôt du matériel de Roccamonfina, 3e à Lauro pour décharger des munitions d'artillerie et 4e avec l'Intendance de la 1re DMI.

La préparation de l'offensive de mai

Le CEF est alors dans son nouveau secteur de part et d'autre du Garigliano[44]. Pour les services, celui-ci a deux inconvénients. Tout d'abord, l'ennemi ayant des vues sur une partie de la vallée et sur toutes les pentes à l'est, les bases divisionnaires et les dépôts - de munitions en particulier - doivent donc être maintenus en arrière du massif du Croce. Mais surtout, une crue subite du fleuve ou l'intervention de l'ennemi peuvent isoler la tête de pont avant ou au moment de l'offensive.

En conséquence, le 25 avril, le général Juin donne l'ordre suivant :

***En haut : insigne en laiton** du service de l'intendance. (SHAT)*

***Ci-contre : planche d'insignes** réalisés par l'Union Métallurgique Africaine à Alger, réputée pour être celle ayant été présentée au commandement de l'époque pour décision. Les deux insignes manquants sont ceux de nationalité et de la Garde. (Musée du Commissariat)*

43. Ce schéma restera valable jusqu'à la fin de la campagne.
44. Il compte maintenant 100 000 hommes et 13 000 animaux.

« L'équipement de la tête de pont devra être tel qu'il permette aux unités d'attaquer, de vivre et de combattre pendant cinq à six jours, même coupées de leurs arrières. Ceci implique de disposer dans la tête de pont d'approvisionnements (vivres, munitions, essence, etc.) en quantité suffisante pour que le délai de rétablissement des points de passage ne réagisse pas sur le rythme des opérations engagées.[45] »

Pour les approvisionnements, non compris ceux existant au titre de la 4e DMM, l'Intendance 313 est chargée de constituer et gérer 100 000 rations, dont 40 % en rations K et 60 % en rations C, plus 25 000 rations d'orge, réparties : deux tiers à *Harrogate* et un tiers en un dépôt sur la rive ouest. Le poids des vivres - calculé sur la base journalière pendant six jours de 15 000 hommes à 3 kg et 3 500 animaux à 5 kg - atteint ainsi 375 tonnes soit 150 rotations de camion.

En ce qui concerne les munitions, il est convenu qu'elles seront mises en dépôt organisés et camouflés à *Harrogate* et au pied des pentes de la tête de pont, la charge de transport étant évaluée à 825 rotations de camions. Cela représente 960 tonnes et 80 000 coups pour l'artillerie et un millier de tonnes, dont la moitié pour les canons et mortiers, pour l'infanterie, près des deux tiers étant stockés sur la rive droite

Enfin, 3 000 nourrices d'essence seront réparties : un tiers à *Harrogate* et deux tiers dans le dépôt déjà en place sur la rive ouest.

La capacité des deux itinéraires étant chacun de cent camions soit 500 tonnes ou deux bataillons par nuit et les transports et mouvements devant se faire dans l'ordre munitions et vivres, artillerie, infanterie, les délais nécessaires sont alors évalués par le 4e bureau à deux jours pour les reconnaissances détaillées préalables, cinq nuits pour la montée des munitions et des vivres et trois nuits pour les troupes. En conséquence, les transports devraient débuter le 30 avril au soir.

Enfin, le colonel commandant le 202e RPNA, désigné comme major de zone, sera chargé de coordonner dans la cuvette d'*Harrogate* l'activité des différentes parties intéressées et en particulier de veiller à l'application des mesures de dispersion et de camouflage.

La directive sur les services[46] diffusée deux jours après la note du général Juin, précise certains points. Il est demandé au génie d'assurer à partir du 5 mai l'approvisionnement en eau d'*Harrogate* à 80 m³ jour minimum. Par ailleurs, afin de réduire le trafic au dépôt de munitions de Roccamonfina, la 5e armée est sollicitée afin que les groupes lourds au nord, et si possible l'AD 1, puissent se ravitailler au dépôt de Mignano. Pour l'essence, un dépôt est à prévoir immédiatement au nord de Conca pour les 2e et 1re divisions.

Au-delà, il est prévu que les approvisionnements stockés à *Harrogate* servent à alimenter les divisions marocaines jusqu'au moment où elles pourront utiliser, l'une la route San Andrea - Vallemajo, l'autre la route Castelforte - Ausonia. A partir de là, elles seront normalement servies par leurs bases en épuisant d'abord les approvisionnements existant sur la rive droite.

Dès que la situation le permettra, les dépôts d'armée de munitions et d'essence seront poussés vers San Andrea et Castelforte - Sujo et des échelons de réparation, notamment d'engins blindés, rejoindront la région de Castelforte.

En ce qui concerne l'eau, la 5e armée devrait accorder un supplément de 1 000 à 1 500 jerrycans par division. Et le stationnement

***14 juillet à Sienne.** Particulièrement débonnaire ce jour-là,* Moïse *figure en bonne place dans le détachement du quartier général du CEF dont une compagnie sénégalaise assure la garde. (IWM NA 16828)*

et le mouvement des animaux devront être réglés afin que, aussi longtemps que possible, ils soient abreuvés dans le Garigliano. La répartition initiale des huit compagnies muletières de réserve générale est d'ailleurs la suivante : une compagnie à la 1re DMI, quatre à la 2e DIM, trois en réserve vers Sessa Aurunca et Rongolise. Ultérieurement, 2e DIM et 3e DIA disposeront de deux unités chacune, la 4e DMM des quatre autres.

Sur le plan santé, les bataillons médicaux passeront en priorité sur l'autre rive, tandis qu'un hôpital devra se mettre en place sans délai vers Rongolise, au débouché de l'itinéraire d'évacuation direct aménagé par le génie entre Castelforte et Lauro.

Le 25 avril, les pistes étant achevées par le génie, les transports commencent donc, exécutés exclusivement de nuit tandis que le camouflage des dépôts est effectué au fur et à mesure des arrivées. Puis le *Truckhead* - sorte de gare routière complémentaire auparavant installée à Sessa Aurunca - fonctionne au dépôt avancé du génie près du pont *Léopard*.

A partir du 5 mai, les munitions sont transportées sur la rive droite et à Lauro pour les batteries les plus avancées, les autres se ravitailleront aux dépôts d'armée. En même temps, des unités muletières de ravitaillement sont tenues prêtes à intervenir et le ravitaillement par parachutage est intégré dans le plan logistique.

Lorsque l'attaque est lancée le 11 mai, les dés sont déjà jetés pour l'ensemble des formations logistiques. La préparation minutieuse de l'offensive a en effet permis de pousser au maximum sur la base de départ les dépôts de ravitaillement de toute nature. Quant aux services de la 3e DIA maintenue initialement en réserve, ils sont prêts à faire un bond en avant.

Le combat, et donc le rôle des soutiens, change alors de nature. L'amplitude des bonds n'est plus conditionnée par la limite de portée de l'artillerie adverse, mais par la rapidité avec laquelle le génie rétablit les communications. De même que pour le ravitaillement en terrain montagneux, celui en essence prend alors un relief particulier.

Pour le Corps de montagne lancé dans le massif du Petrella, il s'agit de faire subsister et ravitailler en munitions 35 000 hommes et 7 000 animaux, sans un seul itinéraire routier. Pour se faire, les unités progressant uniquement par des pistes muletières doivent recevoir les animaux indispensables au transport d'un premier échelon de munitions et les vivres de précaution. Une première évaluation donne 3 300 mulets par régiment de tirailleurs, chiffre hors de proportion avec les renforts que l'on peut espérer. L'étude est donc reprise à partir des trains de combat organiques dont le chargement est modifié. Les bagages sont réduits au-dessous du minimum indispensable - pas de tentes ni de cuisines, une capote ou un couvre-pied par homme - et les munitions emportées ramenées à environ un quart d'unité de feu, sauf pour les mortiers. La ration d'eau est réduite d'un quart et l'orge d'un tiers[47]. Les unités peuvent alors être entièrement équipées sur le type muletier avec mille animaux de renforcement, soit quatre compagnies de transport.

La première partie de l'exploitation se déroule comme prévu. Le rétablissement de la piste *Vison* permet, entre autres, d'amener dès le troisième jour la base avancée - terminus du réseau routier - dans la plaine de l'Ausente et le quatrième jour jusqu'à Spigno. En revanche, la durée d'écoulement considérable des détachements sur les itinéraires muletiers - un kilomètre à l'heure pour les colonnes de 20 à 30 kilomètres - rejette les mulets loin derrière les unités qu'ils devraient pourvoir. De ce fait, les éléments engagés dans le Petrella doivent subsister pendant 48 heures sur leurs vivres de réserve :

45. Note n° 7499 CEF/4-TS du 25.4.44 sur l'équipement de la tête de pont en vue d'opérations offensives. Il est alors prévu qu'elle sera occupée par 4 régiments d'infanterie dont deux type montagne, 3 groupes de 75, 2 groupes de 105 et 2 batteries de 40.

46. Directive n° 7529 CEF/4-TS du 27.4.44.

47. Soit un litre et demi d'eau et 2 rations d'orge.

« En fait, l'alimentation d'une bataille sérieuse dans le Petrella aurait été très difficile. On put faire face aux besoins parce que le ravitaillement en munitions fut relativement faible.

Pendant cette période délicate, on demanda un ravitaillement par avion pour deux bataillons destiné aux éléments les plus avancés du groupement Guillaume. Ce ravitaillement trop partiel pour apporter une solution au problème d'ensemble fut en partie lancé dans les lignes ennemies. Ce ne fut qu'un épisode. D'ailleurs les difficultés nées, par la suite, du fait qu'un grand nombre de parachutes n'avaient pas été retournés, montrent que ce procédé, simple expérience, ne s'applique pas à une situation mouvant de tactique en montagne, dans l'état actuel de la tactique alliée.[48] »

Aussitôt la route Itri - Pico ouverte, le Corps de montagne se basant sur Itri déplace sa base avancée vers la Taverna, pendant que les compagnies muletières traversent le massif pour la rejoindre. A partir de ce moment, il dispose au milieu de sa zone d'action d'une route sur laquelle l'antenne de base est poussée au plus près des lignes à mesure de la progression et, de là, les compagnies rayonnent jusqu'aux unités.

A l'instar des autres divisions depuis le début de l'exploitation, les difficultés jusqu'alors concentrées sur le ravitaillement muletier se trouvent désormais reportées sur le ravitaillement auto, du fait de l'éloignement toujours plus grand des dépôts. Le problème ne peut être résolu qu'en portant la compagnie de transport divisionnaire à cent camions par un prélèvement forfaitaire imposé aux corps de troupe et il ne s'agit plus alors d'alimenter en orge mais de ravitailler en essence.

La marche sur Rome

Alors que le CEF se lance en direction de Rome, la direction des essences est libérée de la tutelle du *Quartermaster* de la 5e armée, les produits continuant évidemment à lui être fournis par la PBS.

Les compagnies font alors face *« à un travail considérable et déplacent leurs dépôts à une cadence extraordinaire. Les lignes de communication s'allongent démesurément depuis Naples où se trouve toujours la source de réapprovisionnement. Les chauffeurs ne quittent plus leur volant. Ils ont bien une " priorité " de circulation... mais il y avait tant d'autres " prioritaires " au CEF !*[49] ».

Pour répondre aux besoins, des sections de camions-citernes de 7 500 litres prêtés par la base viennent renforcer les compagnies, des pipe-lines sont posés et des dépôts de vrac remis en état dans les villes italiennes libérées. Mais en dépit de ces précautions, le service connaît des périodes encore plus difficiles. C'est ainsi que lors des combats de Radicofani, les chefs de dépôt doivent aller s'approvisionner dans la région de Valmontone, éloignée de 125 km, où aboutit l'oléoduc posé depuis Naples. Le ravitaillement ne peut alors être assuré qu'avec un supplément de camions mis à la disposition par le 4e bureau du CEF.

Les autres services connaissent la même frénésie qui s'empare du CEF la ligne *Gustav* enfoncée. Le 17 mai, la zone logistique de San Lorenzo se substitue à celle de Roccamonfina. Avec le colonel Huret, commandant le 202e RPNA, comme major de zone[50], elle englobe San Lorenzo, Castelforte, Sujo, le pont du *Lion*, Lauro, Castrese et le pont de l'*Ours*. Deux bataillons de main d'œuvre - II/9e RTA et I/8e RTS - sont à sa disposition :

Insigne du 8e RTS *sur lequel palmier et mosquée rappellent l'AOF dont le régiment est originaire. (Coll. particulière)*

Le 2e bataillon du 9e tirailleurs algériens qui arrive à San Lorenzo dans la matinée, a deux compagnies détachées provisoirement aux 3e DIA et 4e DMM. Quant au 1er bataillon du 8e RTS, il ne dispose en fait que de la 3e compagnie qui se trouve sur place depuis trois jours : la 1re est toujours à Teano avec l'Intendance et la 2e renforcée est à Roccamonfina. Dans la journée, cependant, *« une section de la 1re compagnie est transportée d'urgence près de Castelforte pour déminer les terrains qui doivent être occupés par les services de l'Intendance. La section spécialisée de la 1re part avec enthousiasme pour accomplir enfin un travail dangereux mais intéressant. Munie de détecteurs américains, la Section se met immédiatement à l'œuvre*[51] ».

48. Annexe du rapport de la 4e DMM sur les opérations du Corps de montagne consacrée au fonctionnement des ravitaillements du 11 mai au 4 juin 1944.
49. R.L., Le Service des essences pendant les campagnes 1942-1945 *in Revue historique des armées n° 1 :1956.*
50. Le major de zone est responsable de la répartition des zones de bivouac, de la discipline, du camouflage et de l'emploi des unités de main d'œuvre.
51. JMO du I/8e RTS.

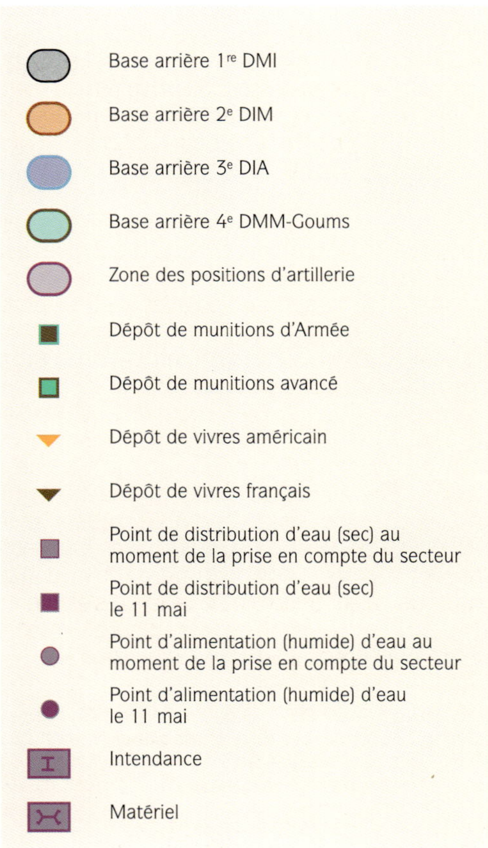

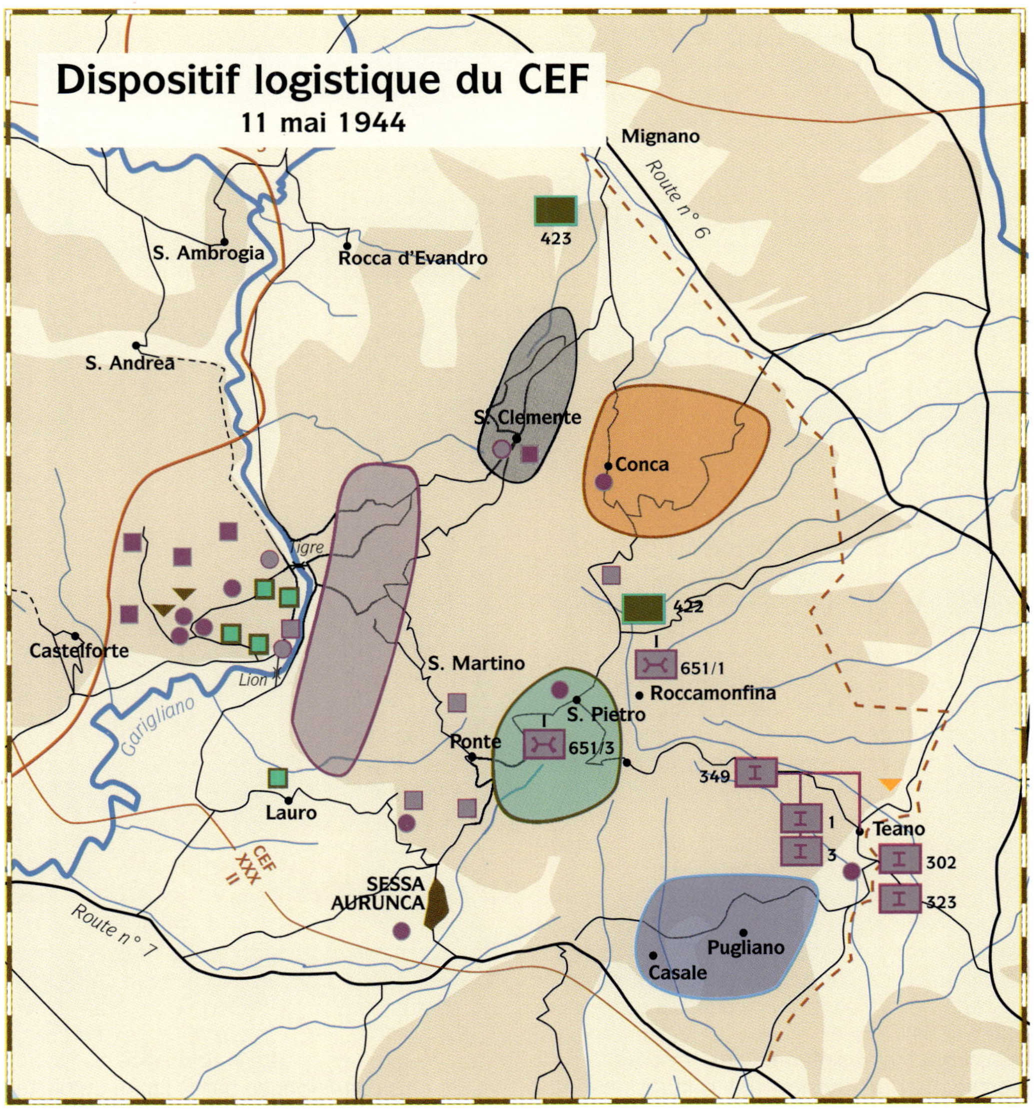

INSIGNE DE LA GESTION des subsistances d'étapes n° 325, sur lequel on retrouve l'abeille, « symbole du labeur continuel des commis et ouvriers d'administration ». *(Musée du Commissariat)*

Le 18, une autre section arrive en renfort :

« L'aspirant Malaganne chargé du déminage se porte spontanément au secours de quelques soldats américains qui se sont engagés imprudemment dans un champ de mines et dont deux sautent malheureusement sur un de ces engins ; avec beaucoup de sang-froid et de courage, le sauvetage des survivants est opéré.[52] »

La 3e compagnie installée près de Castelforte participe également au déminage qui se déroule sans incident.

Le PC s'installe à San Oliva le 22 mai et se trouve sous le feu de l'artillerie qui ne cause aucun dégât. Le chef de bataillon rend compte :

« Bonne attitude des Tirailleurs qui creusent leurs trous individuels sans s'émouvoir ».

Les unités sont alors largement dispersées : 1re à San Lorenzo et Esperia, 2e à quelques kilomètres au nord de Roccamonfina, 3e sur les pentes de San Oliva en avant du Monte d'Oro, 4e à San Giorgio au bord du Liri.

Pendant ce temps, les Gestions 323 et 325 accolées aux dépôt américains, se déplacent au plus près possible des troupes. Souvent, chaque gestion doit assurer la gérance de deux ou trois dépôts.

Le 26, tandis que la Compagnie 4/349 démonte à son tour et se tient en état d'alerte, la 1/349 et la section tractée font un bond de quatre-vingt kilomètres jusqu'à Campodimele à hauteur de la rocade Itri - Pico et la première fournée sort dans la nuit du 27 au 28

Le 27, la section de commandement du 1/8 rejoint Pico maintenant dégagé. La 3e compagnie se porte également en avant, à la disposition des artilleurs. Dans la journée, le PC reçoit la visite du général de Périer, inspecteur des troupes coloniales, *« qui laisse espérer que le Bataillon sera sans doute bientôt transformé en unité combattante ».*

Le lendemain, la 4e toujours avec la 1re DMI s'installe un peu en arrière de Pontecorvo. Et le 30, les compagnies font mouvement - 2e sur Pisterzo et 1re sur Amaseno - tandis que ferme à minuit la zone d'Ausonia et que s'ouvre celle d'Amaseno aux ordres du colonel Huret. Une « cage » de prisonniers doit y être ouverte, gardée par une compagnie du I/9e RTA, celle fonctionnant à Lenola étant prise en charge par le II/9e RTA venant de la zone de Pico.

Le 2 juin, la 4e compagnie du GFP 349 se porte à Amaseno. Puis après une étape de nuit le 5, la 3/349 rejoint Gavignano où le groupe de commandement la rejoint le lendemain.

Au 8e Tirailleurs, l'avance se poursuit, compagnie par compagnie, que le journal de marche du bataillon rapporte fidèlement :

« Le 5 juin... RAS. La bataille s'éloigne. La région bien qu'encore infestée de mines, commence à se repeupler, les habitants revenant des environs de Rome où ils s'étaient réfugiés. Les unités s'installent sommairement en prévision de nouveaux bonds. »

Le 6, le PC quitte Pico pour Gavignano. A la 4e compagnie, installée à Zagarola depuis deux jours, le capitaine Sechet *« rend compte de ce qu'il a eu un tirailleur tué et deux blessés la nuit. Il s'agit d'une imprudence de tirailleurs qui s'étaient écartés la nuit du bivouac malgré les ordres, dans une région toute nouvellement reprise et encore infestée d'ennemis bien armés ».*

Dans la matinée, la nouvelle du débarquement allié en France est connue grâce à la compagnie de munitions installée avec la 3e.

Mais avec l'occupation de Rome se posent de nouveaux problèmes :

« En quelques heures, il fallut organiser dans la Ville éternelle une Intendance, une Gestion, créer des mess, des foyers, faire sans hésitation et le plus rapidement possible une installation analogue à celle de Naples. L'Intendant Luonguo fut nommé Intendant de Rome ; il eut fort à faire.

Mais le CEF fut encore handicapé un peu plus en personnel. Ce ne fut pas le plus grave.[53] »

La poursuite jusqu'à Rome et Sienne

Les Américains ont en effet décidé, le 1er juin, de prendre en charge la totalité des fournitures à l'exception du vin, de l'eau-de-vie et de l'huile. Dès lors, gestions, dépôts et boulangeries sont actionnés directement par les officiers du *Quartermaster* de la 5e armée et un intendant détaché auprès d'eux sert d'intermédiaire et communique les ordres. Or les bases se déplacent alors le long de la côte, Rome doit être ravitaillé et surtout l'armée subit une crise aiguë des transports. Le CEF connaît donc à nouveau des jours pénibles : pas de vin, pas de tabac, ravitaillement en pain irrégulier...

17 MAI 1944, dans un dépôt de ravitaillement sur la rive droite du Garigliano. Alors que les éléments du Corps de montagne se dirigent vers Spigno, des soldats de la Division marocaine remplissent de « boules » de pain des sacs de jute qui seront ensuite chargés sur des mulets. (US Army)

Le 10, le PC du 1/8 fait mouvement sur Sutri, au nord de Rome, et le lendemain, la pluie qui tombe toute la matinée fait disparaître la poussière qui rendait les étapes si pénibles.

« Le 12 juin... Le chef de bataillon organise une excursion à Rome pour les Européens d'abord. Un camion transporte tout le personnel qui rentre au PC à 19 h 00 après une journée intéressante passée dans la " Ville éternelle " ».

Le 13 juin... Le PC du Bataillon fait mouvement sur Vetralla où il s'installe à partir de 8 h 00 dans le même bâtiment que le Major de Zone.

Le 14 juin... Les tirailleurs de la SCB sont conduits à Rome par camions. La visite de la ville malheureusement les intéresse peu. Par contre les Européens se sont plus à admirer les beautés de l'architecture romaine.[54] »

Le 22, la 2e - qui était à Grottarossa à la disposition de l'EM du CEF depuis quinze jours - s'installe à Castel del Piano et la 3e quitte San Lorenzo pour Radicofani. La 4e est maintenant au repos pour quelques jours au bord du lac de Bolsena, près de Capodimonte. La 1re enfin, rejoint Civita Vecchia où elle est mise à la disposition de l'Intendance. Le chef de bataillon qui lui rend visite le 25 y apprend que l'état-major et les 2e et 4e bataillons du Régiment[55] ont débarqué à Naples.

Le 29, le PC quitte Vetralla où il a séjourné quinze jours et *« à son arrivée à Arcidosso, le chef de bataillon rencontre chez le major de zone, le chef de corps, le colonel Boucher, qui est très heureux d'avoir rejoint la zone des opérations. »*

52. *Ibid.*
53. *Notes sur le fonctionnement du service de l'intendance pendant la campagne d'Italie, op. cit.*
54. *JMO du I/8e RTS.*
55. *Mis sur pied à Cotonou en février 1943, le IV/RTSDT est devenu II/8e RTS le 6.1.44 à Dakar. Le IV/8 a été formé le 1.3.44 au Maroc avec le III/16e RTS. Tous deux sont arrivés à Naples le 22.6.44.*

Ci-dessous : Revers du fanion du 2e bataillon du 9e régiment de tirailleurs algériens, sur lequel ont été cousus la bande de bras Tunisie *accordée à tous ceux ayant participé à la campagne et les « ailes » britanniques en souvenir des combats avec la 1st Parachute Brigade en novembre 1942. (Musée de l'Infanterie)*

De leur côté, les unités de fabrication participent à leur manière à la poursuite. La Section 352 rejoint Viterbe le 11 juin après une étape de 235 kilomètres. Mais les moyens font défaut pour transporter les compagnies du Groupe. Un premier détachement composé autour de la 1re compagnie est enlevé à Gavignano avec tous les camions disponibles et transporté à Viterbe pour armer des boulangeries civiles. Le matériel suivra quand on le pourra.

Le 18, la 2/349 - relevée par le GFP 351 qui vient de débarquer - parcourt trois cents kilomètres pour gagner Viterbe, suivie le lendemain par le PC et le matériel de la 1/349. Et le 21, la 4/349 rejoint, écoule son pain et attend les ordres.

A son retour de Naples le 2 juillet, le colonel Boucher du 8e RTS est informé de sa nomination comme « commandant de la place de Sienne ». Aussi, en attendant que la ville soit prise, il part en reconnaissance et se met en relation avec les différents services qu'il va commander. Et le 3 juillet, il entre avec les éléments de tête du CEF, accompagné de son état-major et de la 16e compagnie qui assure *« la garde et le maintien de l'ordre dans des circonstances difficiles et assez délicates du fait de la situation confuse et des exigences de certains éléments, soit disant résistants, de la population*[56] *»*.

Côté Intendance, tout est rentré à peu près dans l'ordre, à force de patience et d'ingéniosité, mais aussi parce que le CEF est maintenant dans une contrée très riche, pleine de bétail, de vin, de pommes de terre et que l'exploitation à tous les niveaux des ressources locales donne son plein.

Conscient du mauvais effet que l'absence de certaines denrées peut avoir sur le moral des troupes, le 4e bureau du CEF ne s'oppose pas alors à la création de coopératives où *« tous les foyers ont la possibilité de se rendre directement pour réaliser leurs achats »*, sous réserve que ce soit dans les règles. La confection de camions-bazars propres à chaque unité est même préconisée *« sur instructions à donner par les Généraux commandant les divisions et dans la mesure où les moyens le permettent*[57] *»*.

Au niveau du CEF, les « coopératives militaires» comprennent ainsi :

- à Naples, un dépôt central, un magasin de gros et un magasin de détail ;
- à Rome, un magasin de ventes au détail et un dépôt chargé des ventes en gros aux unités ;
- des camions-bazars se rendant à tour de rôle dans chacune des divisions et éventuellement dans les formations non endivisionnées.

Toutes facilités sont données pour les achats en gros : aucune formalité, commandes déposées avant 9 heures pour une livraison l'après-midi, paiement au comptant, remise de 5 % sur les prix de détail aux coopératives divisionnaires et foyers régimentaires officiellement reconnus, aucune limitation de quantité en principe.

Insigne de la 7e compagnie de réparation divisionnaire de la 2e division marocaine rassemblant enclume, capot de jeep et tube d'artillerie. (Coll. particulière)

La notice sur l'organisation et le fonctionnement, signée le 15 juin par l'intendant de 2e classe Lacaton directeur des coopératives, donne le ton :

« Bien que depuis son installation en Italie le Magasin Central ait dû s'approvisionner exclusivement sur le marché italien, il est en mesure d'offrir à sa clientèle une variété d'articles comparable à celle que l'on peut trouver dans les meilleurs magasins. Toutefois, achetant le plus souvent des fins de stock, le Magasin Central ne peut garantir, ni la stabilité des prix, ni le suivi des articles.

Cependant, le Magasin Central vient de recevoir des vins sélectionnés d'Algérie destinés à être mis en bouteilles. En attendant l'arrivée des bouchons et des étiquettes, ce vin sera vendu au litre. »

Les 130 articles[58] proposés à la vente sont répartis en dix rubriques : vins et liqueurs, papeterie et articles de bureau, articles de toilette, lingerie et nouveautés, chaussures, campement, articles de fumeur, maroquinerie, bimbeloterie, quincaillerie et articles de ménage, alimentation, fruits.

Quant au pain, il est fabriqué dans le civil pendant toute la période critique. A Sienne que la 4/349 rejoint le 4 juillet en fin de journée, des boulangeries civiles sont aussitôt équipées et la première fournée sort le 5. Puis arrivent successivement le PC, la Section 352 et la 3/349 et, à partir du 9, le centre avant fonctionne avec quatre boulangeries civiles et quatre fours américains de la 4/349, la SABT 352 à quatre fours Fouga et la 3/349 de seize fours.

Côté I/8e RTS, la SCB s'installe provisoirement au Palais de la Préfecture le 4 juillet dans la matinée, les officiers et les sous-officiers étant logés à l'hôtel. Puis elle occupe le lendemain, l'école professionnelle très moderne, mais sans eau ni électricité.

Les compagnies continuent de se déplacer. Toujours avec la Gestion 323 - qui n'en finit pas de rassembler ses éléments épars depuis Frascati, Rome, Civitavecchia et Arcidosso - la 1re rejoint Piombino. Au sud de Sienne, dans le sillage de la Gestion 325, la 3e quitte Radicofani pour les abords d'un petit château privé à Costalpino, où la rejoint la 4e venue de Santa Fiora. Puis deux sections de la 3e s'installent à San Antonio al Bosco, à la disposition d'un dépôt de munitions.

Mais déjà, les fours se sont éteints à Viterbe et le 14 juillet les 1re et 2e compagnies du GFP 349 avec deux sections de pionniers ont hissé les couleurs à l'hôtel de ville en présence du lieutenant-colonel britannique préfet de la province et de du major américain maire de la ville. Et la 2e compagnie du 8e RTS suivant l'état-major du CEF, est sur la route de Pescarola, au nord de Naples, où elle doit être chargée de *« faire des pistes pour le futur emplacement du CEF »*.

Le 24 juillet, le commandant Avenel reçoit l'ordre de gagner Piombino avec le personnel du I/8, les véhicules devant rejoindre directement par la route. Le 27, il quitte donc Sienne avec une partie de son état-major, puis les deux compagnies sont enlevées à Costalpino et déposées à Piombino. Commence alors un voyage pénible :

« Stationnement de quelques instants à l'area de départ de Piombino, car brusquement l'ordre d'embarquement est donné. Le bataillon doit rejoindre le port à pied en pleine chaleur à 14 h 30 par une route pénible à travers la montagne. Cette étape de 12 km est enlevée sans incidents. Arrivée à Piombino à 16 h 30. Embarquement immédiat sur le Liberty ship Alexander Mitchell, *où aucun aménagement n'a été prévu pour le transport d'une troupe nombreuse.*

Les trois compagnies du Bataillon parquées sur l'avant du cargo en même temps qu'une troupe importante d'Africains du Nord, se trouvent très à l'étroit, sans abris contre le soleil et sans aucune organisation hygiénique. Le séjour à bord s'annonce pénible. Les officiers restent sur le pont avec leurs hommes.[59] *»*

Le 28, le cargo reste en rade de Piombino et malgré tous ses efforts, le commandant du bataillon n'obtient aucune amélioration :

« Les officiers américains du bord, très courtois cependant, se désintéressent complètement de la situation difficile dans laquelle se trouve la troupe française entassée pêle-mêle sur un étroit espace, alors que les troupes d'autres nationalités et spécialement italiennes, bénéficient d'un régime nettement plus favorable. »

Le 29, le convoi de quatre *Liberty ships* arrive en rade de Naples à 18 heures. Mais ce n'est que le 31 à 10 heures que l'*Alexander Mitchell* entre dans le port. Puis, brusquement, l'ordre est donné de débarquer en une heure. Bien entendu, le délai donné étant trop court pour mettre à terre la troupe et les bagages, l'opération s'achève à 18 heures et de nombreux bagages sont détériorés, voire perdus à cause de la hâte et de la maladresse de l'équipage :

« Le chef de bataillon quitte le bord le dernier, non sans avoir formulé les justes observations que mérite cette pénible traversée faite dans des conditions aussi désobligeantes pour l'amour-propre des officiers et tirailleurs du Bataillon. Une fois à terre, le bataillon est enlevé en camions et rejoint les environs d'Albanova à Picolo. »

Pour les services, les opérations sont terminées et déjà se préparent celles de France.

---

56. Lettre du chef de bataillon d'Adeler commandant par intérim le 8e RTS, au commandant de la Delta Base en date du 24.7.45.

57. Note de service n° 8761 CEF/4 du 24.6.44.

58. Les fruits et légumes verts de saison sont exclusivement vendus en gros.

59. JMO du I/8e RTS. Avec le I/8e RTS voyagent des éléments des 201e et 202e RPNA, soit 16 officiers et 1 052 hommes.

EPILOGUE

Panorama de Sienne *vu de Grotti, 22 kilomètres au sud de la cité médiévale. (Coll. particulière)*

Le 23 juillet 1944 à minuit, le général de Lattre de Tassigny prend officiellement le commandement de l'ensemble des éléments de l'ex-CEF. Puis, le 3 août, le général Juin quitte l'Italie dans l'avion qui ramène le général de Gaulle à Alger. Ainsi s'achève l'intermède italien.

Après huit mois d'opérations, les soldats du CEFI peuvent être satisfaits : ils ont fait oublier la défaite de 1940 et montré au monde qu'ils savent utiliser les armes reçues des Etats-Unis, assurant de ce fait leur participation à la libération de la Métropole. Avant de partir, de Gaulle leur a d'ailleurs dit qu'ils avaient *« bien mérité de la Patrie »*.

Les Américains sont tout aussi admiratifs car, en forçant des défenses inviolées depuis des mois puis en enveloppant le dispositif allemand par la montagne, le CEF leur a ouvert la route de Rome. Le général Clark a donc proposé de transporter une division française par bateau jusqu'à Anzio, afin d'entrer ensemble dans la Ville éternelle, symbolisant ainsi aux yeux de tous la fraternité d'armes au sein de la 5e armée et le mérite des Français. Mais Juin a dû refuser : de Gaulle ne souhaite pas qu'une grande unité française soit placée sous un commandement qui ne soit pas national[1].

Imbriqué dans une armée de coalition dont il tire un avantage logistique, Juin est cependant soumis aux directives du pouvoir à Alger. Et au CEF, la discipline règne : dans la tradition de la « grande muette », on ne fait pas de politique. La mise à l'écart du général Giraud au début d'avril[2] ne suscite ainsi pas de réaction. Cela n'empêche pas chacun d'avoir son opinion et la majorité des Européens de suivre les événements en Afrique du Nord. Pas vraiment « giraudistes », ils sont généralement peu favorables à de Gaulle, rendu responsable du climat « IIIe République » régnant à Alger ou des agissements de la commission d'épuration à la recherche des « collaborateurs ». La rancune est tenace et, en juin et juillet, certains officiers trouvent un prétexte pour ne pas être décorés par le président du gouvernement provisoire ! L'hostilité à son égard est alors suffisamment perceptible pour que, venant annoncer à Juin sa relève par de Lattre, il craigne que le CEF n'entre en rébellion[3]. Cette crainte est évidemment vaine et c'est une armée disciplinée que de Lattre reçoit en héritage.

L'armée française en Italie, *brochure éditée au cours du 2e trimestre de 1945 par l'Office français d'édition et vendu au prix de 15 francs. (Coll. particulière)*

Grossies d'une division coloniale et des divisions blindées formées en Algérie et au Maroc, les forces de l'ex-CEF se retrouvent donc en Provence puis en Bourgogne où se livrent les dernières batailles de l'Armée d'outremer. En effet, le « blanchiment » des formations d'Afrique noire, l'amalgame des tirailleurs et des FFI dans les unités nord-africaines, les lourdes pertes subies dans les Vosges et en plaine d'Alsace compensées par l'arrivée d'AFN ou de Métropole de renforts non aguerris, modifient la substance de l'armée et lui donnent un caractère différent.

Quant aux chefs, ils s'en vont peu à peu. Remplacé par Guillaume, Monsabert succède à Larminat à la tête du 2e corps le 13 septembre et, cinq jours plus tard, Carpentier prend la place de Dody qui gagne Metz. Le 20 novembre, Brosset meurt dans un accident de voiture, tandis que, dix jours avant Noël, Sevez rejoint Juin à l'état-major de la Défense nationale.

Cinq mois sont alors passés depuis la fin des opérations en Italie et déjà leur souvenir s'estompe. Aussi, pour éclairer les Métropolitains libérés, deux opuscules sur la participation française aux campagnes de Tunisie et d'Italie sont publiés alors que la guerre s'achève. Celui sur l'Italie insiste notamment sur l'unité de l'armée retrouvée :

« Venus de tous les horizons métropolitains ou africains, nos soldats d'Italie ont su se comprendre, animés qu'ils étaient d'une égale volonté.

Les vétérans d'El Alamein et de Tunisie, les militaires de carrière de la vieille Armée d'Afrique, les jeunes gens qui, après l'Armistice, avaient grossi nos régiments africains dans l'espoir d'une reprise de la lutte, ceux qui au prix de souffrances considérables et souvent au risque de leur vie étaient venus de France pour combattre, les mobilisés enfin, européens et indigènes, ont rivalisé d'ardeur et de foi dans la victoire...

La presse s'est beaucoup attachée au côté pittoresque de ces troupes ; peut-être a-t-elle un peu méconnu le caractère héroïque de leur lutte, l'importance de leurs peines, l'étendue de leurs pertes. Les pages qui suivent... sont un hommage constant au courage de ces hommes, européens et indigènes qui, fraternellement unis dans la souffrance et trop souvent dans la mort, luttent avec un seul et même cœur pour leur Patrie : la France.

Elles sont aussi un témoignage de gratitude envers nos alliés, à qui nos régiments doivent leurs armes. »

Quittant Naples six mois auparavant, Juin avait déjà tiré les leçons de la campagne dans son dernier ordre du jour en forme de testament :

« Renouvelant les exploits accomplis naguère sur ce même sol par tant de héros de notre race, vous avez hâté l'heure de la Libération et projeté, sur le monde étonné, l'image de l'Armée française renaissante, intervenant sur le front d'Italie comme facteur déterminant de victoire...

Votre tâche n'est pas finie. Dans les jours qui vont suivre, vous aurez encore à combattre et à vaincre. Où que vous alliez, vous vous montrerez forts, unis et confiants, pareils à ce que vous fûtes toujours ici, au cours de cette inoubliable campagne.

Vous resterez marqués du signe victorieux du CEF, cette magnifique unité française dont toute ma fierté sera d'avoir été l'animateur et le chef. »

1. *Ce qui sera néanmoins le cas, deux mois plus tard, avec la Division Leclerc en France.*
2. *Le 8.4.44, il quitte ses fonctions de commandant en chef.*
3. *Témoignage du colonel Paillole à l'auteur.*

SIGLES ET ABREVIATIONS

AAA	Antiaircraft Artillery
AAAOR	Antiaircraft Artillery Operation Room
ABS	Atlantic Base Section
ACAM	antichar automoteur
ACL	ambulance chirurgicale légère
AD	artillerie divisionnaire
AEF	Afrique équatoriale française
AFHQ	Allied Force Headquarters
AFN	Afrique française du Nord
AL	atelier lourd
AM	automitrailleuse
AMG	Allied Military Government
AOF	Afrique occidentale française
BCM	bureau central militaire
BCP	bataillon de chasseurs à pied
BEM	batterie d'état-major
BFL	brigade française libre
BFM	bataillon de fusiliers marins
BG	bataillon du génie
BHR	batterie hors rang
BIMP	bataillon d'infanterie de marine et du Pacifique
BLT	Battalion Landing Team
BM	bataillon de marche
BM	bataillon médical
BMA	bataille de marche antillais
BMC	bordel militaire de campagne
BMNA	bataillon de marche nord-africain
Bn	Battalion
BP	bataillon du Pacifique
BRM	bataillon de réparation du matériel
BTS	bataillon de tirailleurs sénégalais
CA	corps d'armée
CAC	compagnie antichar
CC	capitaine de corvette
CCI	compagnie de canons d'infanterie
CD	corps de débarquement
CEF	corps expéditionnaire français
CEFI	corps expéditionnaire français en Italie
CFLN	comité français de libération nationale
GCE	goum de commandement et d'engins
CHR	compagnie hors rang
CIA	centre d'instruction d'armée
CIAAT	centre d'instruction d'armée algéro-tunisien
CIAC	centre d'instruction d'armée colonial
CIAM	centre d'instruction d'armée marocain
CIAMC	centre d'instruction d'armée marocain et colonial
CID	centre d'instruction divisionnaire
Cie	compagnie
CIG	centre d'instruction du génie
COI	centre d'organisation d'infanterie
CLRM	compagnie lourde de réparation du matériel
CM	compagnie de mortiers
CMRA	compagnie moyenne de réparation auto
CMRM	compagnie moyenne de réparation du matériel
CMT	compagnie mixte de transmissions
Co	Company
COG	centre d'organisation du génie
COMA	commis et ouvriers militaires d'administration
CRD	compagnie de réparation divisionnaire
CRE	compagnie de ravitaillement en essence
CREE	compagnie de ravitaillement et d'exploitationd'essence
CRTV	compagnie de ravitaillement et transport de viande
CSF	compagnie de sapeurs ferroviaires
CSTM	commandement supérieur des troupes du Maroc
DB	division blindée
DBLE	demi-brigade de légion étrangère
DCA	défense contre avions
DCB	défense contre blindés
DFL	division française libre
DI	division d'infanterie
DIA	division d'infanterie algérienne
DIC	division d'infanterie coloniale
DIM	division d'infanterie marocaine
DINA	division d'infanterie nord-africaine
DM	division marocaine
DMC	division de marche de Constantine
DMI	division de marche d'infanterie
DMI	division motorisée d'infanterie
DLO	détachement de liaison et d'observation
DMM	division marocaine de montagne
DMM	division de montagne marocaine
DMO	division de marche d'Oran
DMOS	délégué militaire pour les opérations - Sud
DSE	direction du service des essences
DSM	direction du service du matériel
DSS	direction du service de santé
DUKW	camion amphibie
EHR	escadron hors-rang
EM	état-major
EMA	état-major de l'armée
EMDN	état-major de la défense nationale
EMG	état-major général
EMGG	état-major général guerre
ERG	éléments de réserve générale
EV	enseigne de vaisseau
FA	Field Artillery
FAETC	Fifth Army Engineer Training Center
FAITC	Fifth Army Invasion Training Center
FALBTC	Fifth Army Leadership and Battle Training Center
FATDC	Fifth Army Tank Destroyer Center
FFL	forces françaises libres
FM	fusil-mitrailleur
FTA	forces terrestres antiaériennes
FTS	French Training Section
GAFTA	groupe autonome des forces terrestres antiaériennes
GCFTA	groupe colonial des forces terrestres antiaériennes
GD	groupement de débarquement
GD	génie divisionnaire
GE	groupe d'escadrons
GEI	groupe d'exploitation de l'intendance
GFP	groupe de fabrication de pain
GMC	General Motors Corporation
GOR	Gun Operations Room
GPF	grande portée Filloux
GSM	groupe de supplétifs marocains
GTM	groupe de tabors marocains
GTM	groupe de télégraphie militaire
GU	grande unité
ID	infanterie divisionnaire
ID	Infanterie-Division
ID	Infantry Division
JMO	journal des marches et opérations
LCI	Landing Craft, Infantry
LCM	Landing Craft, Medium
LCVP	Landing Craft, Vehicle and Personnel
LST	Landing Ship, Tank
MBS	Mediterranean Base Section
mdl	maréchal de logis
MN	Méditerranée-Niger
NATOUSA	North African Theater of Operations, US Army
ORIC	officier de réserve interprète et du chiffre
Pak	Panzer Abwehr Kanone
PBS	Peninsular Base Section
PC	poste de commandement
PCT	poste de commandement de tir
PRU	Photo Reconnaissance Unit
QG	quartier général
RA	régiment d'artillerie
RAA	régiment d'artillerie d'Afrique
RAC	régiment d'artillerie coloniale
RACL	régiment d'artillerie coloniale du Levant
RACM	régiment d'artillerie coloniale du Maroc
RADB	régiment d'artillerie de division blindée
RAM	régiment d'artillerie de montagne
RCA	régiment de chasseurs d'Afrique
RCG	régiment colonial du génie
Regt	Regiment
REI	régiment étranger d'infanterie
RFM	régiment de fusiliers marins
RG	réserve générale
RG	régiment de génie
RI	régiment d'infanterie
RIA	régiment d'infanterie alpine
RIC	régiment d'infanterie coloniale
RPNA	régiment de pionniers nord africains
RSA	régiment de spahis algériens
RSAR	régiment de spahis algériens de reconnaissance
RSM	régiment de spahis marocains
RSMR	régiment de spahis marocains de reconnaissance
RTA	régiment de tirailleurs algériens
RTM	régiment de tirailleurs marocains
RTS	régiment de tirailleurs sénégalais
RTT	régiment de tirailleurs tunisiens
SABT	section autonome de boulangerie tractée
SCAMA	service central des approvisionnements et matériels américains
SCB	section de commandement de bataillon
SCR	Signal Corps, Radio
SERG	section d'écoutes et de radiogoniométrie
SHR	section hors rang
SOAA	section d'observation aérienne d'artillerie
SOM	section d'observation et météo
SOS	Service of Supply
SP	secteur postal
SRA	service de renseignement d'artillerie
TD	tank destroyer
TDM	tableaux des dotation en matériel
TEG	tableaux des effectifs de guerre
TQM	Transport Quartermaster

REMERCIEMENTS

L'auteur tient à remercier pour leur aide les personnes ayant contribué à l'illustration de cet ouvrage :

- le général Bernard Devaux, directeur du musée de l'Armée à Paris, et ses collaborateurs
- le lieutenant-colonel Paul Malmassari, chef de la division Traditions du Service historique de l'armée de terre à Vincennes, ainsi que madame Catherine Glazas et l'adjudant Binet
- le lieutenant-colonel Jean-Louis Riccioli, conservateur du musée de l'Infanterie à Montpellier, aujourd'hui au musée de l'Emperi à Salon-de-Provence
- le lieutenant-colonel Antoine Champeaux, conservateur du musée des Troupes de Marine à Fréjus
- le lieutenant-colonel Bruno Duhesme, commandant le 1er régiment de spahis à Valence, et monsieur Jean-François Tixier, responsable patrimoine
- le lieutenant-colonel Gilles Aubagnac, conservateur du musée de l'Artillerie à Draguignan
- le colonel Pascal Krouault, commandant le 1er régiment du génie à Illkirch, et le capitaine Jean-Marie Mercklin, officier supérieur adjoint
- le colonel Bruno Le Du, commandant le 8e régiment des transmissions au Mont Valérien, et monsieur Yves Bouquillon, conservateur honoraire
- le lieutenant-colonel Daniel Labbé, conservateur du musée du Train et des Equipages militaires à Tours
- le colonel Jean-Pierre Legrand, conservateur du patrimoine historique du service des essences des armées, à Chalon-sur-Saône
- M. Roger Chapelet, peintre de la Marine
- le colonel Jean-Claude Rousseau
- MM. Jacques Amartin, Franck Bachmann, Jean Bouchery, Didier Corbonnois, Gilles Moreau et Jacques Sicard

Photographies de couvertures : ©ECPAD (au centre et en bas) collection particulière pour le document de fond. En quatrième de couverture © IWM IA 18475 et collections particulières.

Cet ouvrage a été réalisé sous la direction d'Alexandre THERS
Conception, création, mise en page et réalisation Alexandre THERS et Antoine POGGIOLI.
© Histoire & Collections 2003.
Conception de la couverture Jean-Marie MONGIN.

ISBN : 2-913903-93-2
Numéro d'éditeur : 2-913903
Dépôt légal : 4e trimestre 2003

Histoire & Collections
5, avenue de la République
F-75541 Paris Cédex 11
Téléphone 01 40 21 18 20
Fax 01 47 00 51 11

Cet ouvrage a été conçu, composé et réalisé par le studio graphique *Armes & Collections* entièrement sur stations informatiques intégrées.
Traitement de l'image : Studio A&C
Achevé d'imprimer en novembre 2003 sur les presses de Zure, Espagne, Union européenne.